Phänomenologie des Geistes

Georg W. F. Hegel

Phänomenologie des Geistes

Voltmedia

ISBN 3-937229-88-4

© Voltmedia GmbH, Paderborn
Die vorliegende Fassung beruht auf dem Text
der von Georg Lasson herausgegebenen Ausgabe.

Einbandgestaltung: Oliver Wirth, Bonn
Satz: Annika Wakup, Paderborn
Gesamtherstellung: Oldenbourg Taschenbuch GmbH, Kirchheim

Das Werk einschließlich aller seiner Teile ist urheberrechtlich geschützt. Jede Verwertung außerhalb der engen Grenzen des Urheberrechtsgesetzes ist ohne Zustimmung des Verlages unzulässig und strafbar. Das gilt insbesondere für Vervielfältigungen, Übersetzungen, Mikroverfilmungen und die Einspeicherung und Verarbeitung in elektronischen Systemen.

Inhalt.

Vorrede 9

Wissenschaft der Erfahrung des Bewußtseins.

Einleitung 69

[A. Bewußtsein.]

I. Die sinnliche Gewißheit;
   oder das Dieses und das Meinen 84
II. Die Wahrnehmung;
   oder das Ding und die Täuschung 96
III. Kraft und Verstand,
   Erscheinung und übersinnliche Welt 112

[B. Selbstbewußtsein.]

IV. Die Wahrheit der Gewißheit seiner selbst 144

   A. Selbständigkeit und Unselbständigkeit des
      Selbstbewußtseins; Herrschaft und Knecht-
      schaft 153

   B. Freiheit des Selbstbewußtseins; Stoizismus;
      Skeptizismus und das unglückliche
      Bewußtsein 164

[C.] [AA. Vernunft.]

V. Gewißheit und Wahrheit der Vernunft 189
   A. Beobachtende Vernunft 197
      a. Beobachtung der Natur 200
      b. Die Beobachtung des Selbstbewußtseins in seiner Reinheit und in seiner Beziehung auf äußre Wirklichkeit; logische und psychologische Gesetze 243
      c. Beobachtung der Beziehung des Selbstbewußtseins auf seine unmittelbare Wirklichkeit; Physiognomik und Schädellehre ... 250

   B. Die Verwirklichung des vernünftigen Selbstbewußtseins durch sich selbst 283
      a. Die Lust und die Notwendigkeit 291
      b. Das Gesetz des Herzens und der Wahnsinn des Eigendünkels 296
      c. Die Tugend und der Weltlauf 305

   C. Die Individualität, welche sich an und für sich selbst reell ist 315
      a. Das geistige Tierreich und der Betrug oder die Sache selbst 317
      b. Die gesetzgebende Vernunft 336
      c. Gesetzprüfende Vernunft 342

[BB. Der Geist.]

VI. Der Geist 350
   A. Der wahre Geist, die Sittlichkeit 354

    a. Die sittliche Welt, das menschliche und
       göttliche Gesetz, der Mann und das Weib .. 355
    b. Die sittliche Handlung, das menschliche
       und göttliche Wissen, die Schuld und das
       Schicksal 370
    c. Rechtszustand 384

B. Der sich entfremdete Geist; die Bildung 390
   I. Die Welt des sich entfremdeten Geistes 393
      a. Die Bildung und ihr Reich der
         Wirklichkeit 394
      b. Der Glaube und die reine Einsicht 425
   II. Die Aufklärung 433
      a. Der Kampf der Aufklärung mit dem
         Aberglauben 435
      b. Die Wahrheit der Aufklärung 462
  III. Die absolute Freiheit und der Schrecken ... 470

C. Der seiner selbst gewisse Geist. Die Moralität ... 481
    a. Die moralische Weltanschauung 482
    b. Die Verstellung 494
    c. Das Gewissen, die schöne Seele,
       das Böse und seine Verzeihung 507

[CC. Die Religion.]

VII. Die Religion 541
  A. Die natürliche Religion 550
    a. Das Lichtwesen 552
    b. Die Pflanze und das Tier 555
    c. Der Werkmeister 556

B. Die Kunst-Religion 560
   a. Das abstrakte Kunstwerk 564
   b. Das lebendige Kunstwerk 575
   c. Das geistige Kunstwerk 580

C. Die offenbare Religion 597

[DD. Das absolute Wissen.]

VIII. Das absolute Wissen 631

Vorrede.

Eine Erklärung, wie sie einer Schrift in einer Vorrede nach der Gewohnheit vorausgeschickt wird, – über den Zweck, den der Verfasser sich in ihr vorgesetzt, sowie über die Veranlassungen und das Verhältnis, worin er sie zu andern frühern oder gleichzeitigen Behandlungen desselben Gegenstandes zu stehen glaubt, – scheint bei einer philosophischen Schrift nicht nur überflüssig, sondern um der Natur der Sache willen sogar unpassend und zweckwidrig zu sein. Denn wie und was von Philosophie in einer Vorrede zu sagen schicklich wäre, – etwa eine historische *Angabe* der Tendenz und des Standpunkts, des allgemeinen Inhalts und der Resultate, eine Verbindung von hin und her sprechenden Behauptungen und Versicherungen über das Wahre – kann nicht für die Art und Weise gelten, in der die philosophische Wahrheit darzustellen sei. – Auch weil die Philosophie wesentlich im Elemente der Allgemeinheit ist, die das Besondere in sich schließt, so findet bei ihr mehr als bei andern Wissenschaften der Schein statt, als ob in dem Zwecke oder den letzten Resultaten die Sache selbst und sogar in ihrem vollkommenen Wesen ausgedrückt wäre, gegen welches die Ausführung eigentlich das Unwesentliche sei. In der allgemeinen Vorstellung hingegen, was z.B. Anatomie sei, etwa die Kenntnis der Teile des Körpers nach ihrem unlebendigen Dasein betrachtet, ist man überzeugt, die Sache selbst, den Inhalt dieser Wissenschaft, noch nicht zu besitzen, sondern außerdem um das Besondere sich bemühen zu müssen. – Ferner pflegt bei einem solchen Aggregate von Kenntnissen, das den Namen Wissenschaft nicht mit Recht führt, eine Konversation über Zweck und dergleichen Allgemeinheiten nicht von der historischen und begrifflosen Weise verschieden zu sein, in der auch von dem Inhalte selbst, diesen Nerven, Muskeln usf., gesprochen wird. Bei der Philosophie hingegen würde die Ungleichheit entstehen, daß von einer solchen Weise Gebrauch gemacht und diese doch von ihr selbst als unfähig, die Wahrheit zu fassen, aufgezeigt würde.

So wird auch durch die Bestimmung des Verhältnisses, das ein philosophisches Werk zu andern Bestrebungen über denselben Gegenstand zu haben glaubt, ein fremdartiges Interesse hereingezogen und das, worauf es bei der Erkenntnis der Wahrheit ankommt, verdunkelt. So fest der Meinung der Gegensatz des Wahren und des Falschen wird, so pflegt sie auch entweder Beistimmung oder Widerspruch gegen ein vorhandenes philosophisches System zu erwarten und in einer Erklärung über ein solches nur entweder das eine oder das andre zu sehen. Sie begreift die Verschiedenheit philosophischer Systeme nicht so sehr als die fortschreitende Entwicklung der Wahrheit, als sie in der Verschiedenheit nur den Widerspruch sieht. Die Knospe verschwindet in dem Hervorbrechen der Blüte, und man könnte sagen, daß jene von dieser widerlegt wird; ebenso wird durch die Frucht die Blüte für ein falsches Dasein der Pflanze erklärt, und als ihre Wahrheit tritt jene an die Stelle von dieser. Diese Formen unterscheiden sich nicht nur, sondern verdrängen sich auch als unverträglich miteinander. Aber ihre flüssige Natur macht sie zugleich zu Momenten der organischen Einheit, worin sie sich nicht nur nicht widerstreiten, sondern eins so notwendig als das andere ist; und diese gleiche Notwendigkeit macht erst das Leben des Ganzen aus. Aber der Widerspruch gegen ein philosophisches System pflegt teils sich selbst nicht auf diese Weise zu begreifen, teils auch weiß das auffassende Bewußtsein gemeinhin nicht, ihn von seiner Einseitigkeit zu befreien oder frei zu erhalten, und in der Gestalt des streitend und sich zuwider Scheinenden gegenseitig notwendige Momente zu erkennen.

Die Forderung von dergleichen Erklärungen so wie die Befriedigungen derselben gelten leicht dafür, das Wesentliche zu betreiben. Worin könnte mehr das Innere einer philosophischen Schrift ausgesprochen sein als in den Zwecken und Resultaten derselben, und wodurch diese bestimmter erkannt werden als durch ihre Verschiedenheit von dem, was das Zeitalter sonst in derselben Sphäre hervorbringt? Wenn aber ein solches Tun für mehr als für den Anfang des Erkennens, wenn es für das wirkliche Erkennen gelten soll, ist es in der Tat zu den Erfindungen zu rechnen, die Sache selbst zu umgehen und dieses beides zu verbinden, den Anschein des Ernstes und Bemühens um sie und die wirkliche Ersparung desselben. – Denn die Sache ist nicht in ihrem *Zwecke* erschöpft, sondern in ihrer *Ausführung*, noch ist das *Resultat* das *wirkliche* Ganze, sondern es zusammen mit seinem Werden; der Zweck für sich ist das unlebendige Allgemeine, wie die Tendenz das bloße Treiben, das seiner Wirklichkeit noch entbehrt; und das nackte Resultat ist der Leichnam, der die Tendenz hinter sich gelassen. – Ebenso ist die *Verschiedenheit* vielmehr die *Grenze* der Sache; sie ist da, wo die Sache aufhört, oder sie ist das, was diese nicht ist. Solche Bemühungen mit dem Zwecke oder den Resultaten, sowie mit den Verschiedenheiten und Beurteilungen des einen und des andern, sind daher eine leichtere Arbeit, als sie vielleicht scheinen. Denn statt mit der Sache sich zu befassen, ist solches Tun immer über sie hinaus; statt in ihr zu verweilen und sich in ihr zu vergessen, greift solches Wissen immer nach einem Andern und bleibt vielmehr bei sich selbst, als daß es bei der Sache ist und sich ihr hingibt. – Das leichteste ist, was Gehalt und Gediegenheit hat, zu beurteilen, schwerer, es zu fassen, das schwerste, was beides vereinigt, seine Darstellung hervorzubringen.

Der Anfang der Bildung und des Herausarbeitens aus der Unmittelbarkeit des substantiellen Lebens wird immer damit gemacht werden müssen, Kenntnisse *allgemeiner* Grundsätze und Gesichtspunkte zu erwerben, sich nur erst zu dem *Gedanken* der Sache *überhaupt* heraufzuarbeiten, nicht weniger sie mit Gründen zu unterstützen oder zu widerlegen, die konkrete und reiche Fülle nach Bestimmtheiten aufzufassen und ordentlichen Bescheid und ernsthaftes Urteil über sie zu erteilen zu wissen. Dieser Anfang der Bildung wird aber zunächst dem Ernste des erfüllten Lebens Platz machen, der in die Erfahrung der Sache selbst hineinführt; und wenn auch dies noch hinzukommt, daß der Ernst des Begriffs in ihre Tiefe steigt, so wird eine solche Kenntnis und Beurteilung in der Konversation ihre schickliche Stelle behalten.

Die wahre Gestalt, in welcher die Wahrheit existiert, kann allein das wissenschaftliche System derselben sein. Daran mitzuarbeiten, daß die Philosophie der Form der Wissenschaft näherkomme, – dem Ziele, ihren Namen der *Liebe* zum *Wissen* ablegen zu können und *wirkliches Wissen* zu sein, – ist es, was ich mir vorgesetzt. Die innere Notwendigkeit, daß das Wissen Wissenschaft sei, liegt in seiner Natur, und die befriedigende Erklärung hierüber ist allein die Darstellung der Philosophie selbst. Die *äußere* Notwendigkeit aber, insofern sie, abgesehen von der Zufälligkeit der Person und der individuellen Veranlassungen, auf eine allgemeine Weise gefaßt wird, ist dasselbe, was die *innere*, in der Gestalt nämlich, wie die Zeit das Dasein ihrer Momente vorstellt. Daß die Erhebung der Philosophie zur Wissenschaft an der Zeit ist, dies aufzuzeigen würde daher die einzig wahre Rechtfertigung der Versuche sein, die diesen Zweck haben, weil sie dessen Notwendigkeit dartun, ja sie ihn zugleich ausführen würde.

Indem die wahre Gestalt der Wahrheit in diese Wissenschaftlichkeit gesetzt wird, – oder was dasselbe ist, indem die Wahrheit behauptet wird, an dem *Begriffe* allein das Element ihrer Existenz zu haben, – so weiß ich, daß dies im Widerspruch mit einer Vorstellung und deren Folgen zu stehen scheint, welche eine so große Anmaßung als Ausbreitung in der Überzeugung des Zeitalters hat. Eine Erklärung über diesen Widerspruch scheint darum nicht überflüssig; wenn sie auch hier weiter nichts als gleichfalls eine Versicherung wie das, gegen was sie geht, sein kann. Wenn nämlich das Wahre nur in demjenigen oder vielmehr nur als dasjenige existiert, was bald Anschauung, bald unmittelbares Wissen des Absoluten, Religion, das Sein – nicht im Zentrum der göttlichen Liebe, sondern das Sein desselben selbst – genannt wird, so wird von da aus zugleich für die Darstellung der Philosophie vielmehr das Gegenteil der Form des Begriffs gefordert. Das Absolute soll nicht begriffen, sondern gefühlt und angeschaut, nicht sein Begriff, sondern sein Gefühl und Anschauung sollen das Wort führen und ausgesprochen werden.

Wird die Erscheinung einer solchen Forderung nach ihrem allgemeinern Zusammenhange aufgefaßt und auf die Stufe gesehen, worauf der *selbstbewußte Geist gegenwärtig* steht, so ist er über das substantielle Leben, das er sonst im Elemente des Gedankens führte, hinaus, – über diese Unmittelbarkeit seines Glaubens, über die Befriedigung und Sicherheit der Gewißheit, welche das Bewußtsein von seiner Versöhnung mit dem Wesen und dessen allgemeiner, der innern und äußern, Gegenwart besaß. Er ist nicht nur darüber hinausgegangen in das andere Extrem der substanzlosen Reflexion seiner in sich selbst, sondern auch über diese. Sein wesentliches Leben ist ihm nicht nur verloren; er ist sich auch dieses Verlustes und der Endlichkeit, die sein Inhalt ist, bewußt. Von den Trebern sich wegwendend, daß er im Argen liegt, bekennend und darauf schmähend, verlangt er nun von der Philosophie nicht sowohl das *Wissen* dessen, was er *ist*, als zur Herstellung jener Substantialität und der Gediegenheit des Seins erst wieder durch sie zu gelangen. Diesem Bedürfnisse soll sie also nicht so sehr die Verschlossenheit der Substanz aufschließen und diese zum Selbstbewußtsein erheben, – nicht so sehr das chaotische Bewußtsein zur gedachten Ordnung und zur Einfachheit des Begriffes zurückbringen, als vielmehr die Sonderungen des Gedankens zusammenschütten, den unterscheidenden Begriff unterdrücken und das *Gefühl* des Wesens herstellen, nicht sowohl *Einsicht* als *Erbauung* gewähren. Das Schöne, Heilige, Ewige, die Religion und Liebe sind der Köder, der gefordert wird, um die Lust zum Anbeißen zu erwecken; nicht der Begriff, sondern die Ekstase, nicht die kalt fortschreitende Notwendigkeit der Sache, sondern die gärende Begeisterung soll die Haltung und fortleitende Ausbreitung des Reichtums der Substanz sein.

Dieser Forderung entspricht die angestrengte und fast eifernd und gereizt sich zeigende Bemühung, die Menschen aus der Versunkenheit ins Sinnliche, Gemeine und Einzelne herauszureißen und ihren Blick zu den Sternen aufzurichten; als ob sie des Göttlichen ganz vergessend, mit Staub und Wasser, wie der Wurm, auf dem Punkte sich zu befriedigen stünden. Sonst hatten sie einen Himmel mit weitläufigem Reichtume von Gedanken und Bildern ausgestattet. Von allem, was ist, lag die Bedeutung in dem Lichtfaden, durch den es an den Himmel geknüpft war; an ihm, statt in *dieser* Gegenwart zu verweilen, glitt der Blick über sie hinaus, zum göttlichen Wesen, zu einer, wenn man so sagen kann, jenseitigen Gegenwart hinauf. Das Auge des Geistes mußte mit Zwang auf das Irdische gerichtet und bei ihm festgehalten werden; und es hat einer langen Zeit bedurft, jene Klarheit, die nur das Überirdische hatte, in die Dumpfheit und Verworrenheit, worin der Sinn des Diesseitigen lag, hineinzuarbeiten und die Aufmerksamkeit auf das Gegenwärtige als solches, welche *Erfahrung* genannt wurde, interessant und geltend zu machen. – Jetzt scheint die Not des Gegenteils vorhanden, der Sinn so sehr in dem Irdischen festgewurzelt, daß es gleicher Gewalt bedarf, ihn darüber zu erheben. Der Geist zeigt sich so arm, daß er sich, wie in der Sandwüste der Wanderer nach einem einfachen Trunk Wassers, nur nach dem dürftigen Gefühle des Göttlichen überhaupt für seine Erquickung zu sehnen scheint. An diesem, woran dem Geiste genügt, ist die Größe seines Verlustes zu ermessen.

Diese Genügsamkeit des Empfangens oder Sparsamkeit des Gebens ziemt jedoch der Wissenschaft nicht. Wer nur Erbauung sucht, wer die irdische Mannigfaltigkeit seines Daseins und des Gedankens in Nebel einzuhüllen und nach dem unbestimmten Genusse dieser unbestimmten Göttlichkeit verlangt, mag zusehen, wo er dies findet; er wird leicht selbst sich etwas vorzuschwärmen und damit sich aufzuspreizen die Mittel finden. Die Philosophie aber muß sich hüten, erbaulich sein zu wollen.

Noch weniger muß diese Genügsamkeit, die auf die Wissenschaft Verzicht tut, darauf Anspruch machen, daß solche Begeisterung und Trübheit etwas höheres sei als die Wissenschaft. Dieses prophetische Reden meint recht im

Mittelpunkte und der Tiefe zu bleiben, blickt verächtlich auf die Bestimmtheit (den H o r o s), und hält sich absichtlich von dem Begriffe und der Notwendigkeit entfernt als von der Reflexion, die nur in der Endlichkeit hause. Wie es aber eine leere Breite gibt, so auch eine leere Tiefe, wie eine Extension der Substanz, die sich in endliche Mannigfaltigkeit ergießt, ohne Kraft sie zusammenzuhalten, so eine gehaltlose Intensität, welche als lautere Kraft ohne Ausbreitung sich haltend, dasselbe ist, was die Oberflächlichkeit. Die Kraft des Geistes ist nur so groß als ihre Äußerung, seine Tiefe nur so tief, als er in seiner Auslegung sich auszubreiten und sich zu verlieren getraut. – Zugleich wenn dies begrifflose substantielle Wissen die Eigenheit des Selbst in dem Wesen versenkt zu haben und wahr und heilig zu philosophieren vorgibt, so verbirgt es sich dies, daß es statt dem Gotte ergeben zu sein, durch die Verschmähung des Maßes und der Bestimmung vielmehr nur bald in sich selbst die Zufälligkeit des Inhalts, bald in ihm die eigne Willkür gewähren läßt. – Indem sie sich dem ungebändigten Gären der Substanz überlassen, meinen sie, durch die Einhüllung des Selbstbewußtseins und Aufgeben des Verstands, die *Seinen* zu sein, denen Gott die Weisheit im Schlafe gibt; was sie so in der Tat im Schlafe empfangen und gebären, sind darum auch Träume.

Es ist übrigens nicht schwer zu sehen, daß unsre Zeit eine Zeit der Geburt und des Übergangs zu einer neuen Periode ist. Der Geist hat mit der bisherigen Welt seines Daseins und Vorstellens gebrochen, und steht im Begriffe, es in die Vergangenheit hinab zu versenken, und in der Arbeit seiner Umgestaltung. Zwar ist er nie in Ruhe, sondern in immer fortschreitender Bewegung begriffen. Aber wie beim Kinde nach langer stiller Ernährung der erste Atemzug jene Allmählichkeit des nur vermehrenden Fortgangs abbricht, –

ein qualitativer Sprung – und jetzt das Kind geboren ist, so reift der sich bildende Geist langsam und stille der neuen Gestalt entgegen, löst ein Teilchen des Baues seiner vorhergehenden W e l t nach dem andern auf, ihr Wanken wird nur durch einzelne Symptome angedeutet; der Leichtsinn wie die Langeweile, die im Bestehenden einreißen, die unbestimmte Ahnung eines Unbekannten sind Vorboten, daß etwas anderes im Anzuge ist. Dies allmähliche Zerbröckeln, das die Physiognomie des Ganzen nicht veränderte, wird durch den Aufgang unterbrochen, der, ein Blitz, in einem Male das Gebilde der neuen Welt hinstellt.

Allein eine vollkommne Wirklichkeit hat dies Neue so wenig als das eben geborne Kind; und dies ist wesentlich nicht außer acht zu lassen. Das erste Auftreten ist erst seine Unmittelbarkeit oder sein Begriff. So wenig ein Gebäude fertig ist, wenn sein Grund gelegt worden, so wenig ist der erreichte Begriff des Ganzen das Ganze selbst. Wo wir eine Eiche in der Kraft ihres Stammes und in der Ausbreitung ihrer Äste und den Massen ihrer Belaubung zu sehen wünschen, sind wir nicht zufrieden, wenn uns an Stelle dieser eine Eichel gezeigt wird. So ist die Wissenschaft, die Krone einer Welt des Geistes, nicht in ihrem Anfange vollendet. Der Anfang des neuen Geistes ist das Produkt einer weitläufigen Umwälzung von mannigfaltigen Bildungsformen, der Preis eines vielfach verschlungnen Weges und ebenso vielfacher Anstrengung und Bemühung. Er ist das aus der Sukzession wie aus seiner Ausdehnung in sich zurückgegangene Ganze, der gewordne *einfache Begriff* desselben. Die Wirklichkeit dieses einfachen Ganzen aber besteht darin, daß jene zu Momenten gewordnen Gestaltungen sich wieder von neuem, aber in ihrem neuen Elemente, in dem gewordenen Sinne entwickeln und Gestaltung geben.

Indem einerseits die erste Erscheinung der neuen Welt nur erst das in seine *Einfachheit* verhüllte Ganze oder sein allgemeiner Grund ist, so ist dem Bewußtsein dagegen der Reichtum des vorhergehenden Daseins noch in der Erinnerung gegenwärtig. Es vermißt an der neu erscheinenden Gestalt die Ausbreitung und Besonderung des Inhalts; noch mehr aber vermißt es die Ausbildung der Form, wodurch die Unterschiede mit Sicherheit bestimmt und in ihre festen Verhältnisse geordnet werden. Ohne diese Ausbildung entbehrt die Wissenschaft der allgemeinen *Verständlichkeit* und hat den Schein, ein esoterisches Besitztum einiger Einzelner zu sein; – ein esoterisches Besitztum: denn sie ist nur erst in ihrem Begriffe oder ihr Innres vorhanden; einiger Einzelner: denn ihre unausgebreitete Erscheinung macht ihr Dasein zum Einzelnen. Erst was vollkommen bestimmt ist, ist zugleich exoterisch, begreiflich, und fähig, gelernt und das Eigentum Aller zu sein. Die verständige Form der Wissenschaft ist der Allen dargebotene und für Alle gleichgemachte Weg zu ihr, und durch den Verstand zum vernünftigen Wissen zu gelangen ist die gerechte Forderung des Bewußtseins, das zur Wissenschaft hinzutritt; denn der Verstand ist das Denken, das reine Ich überhaupt; und das Verständige ist das schon Bekannte und das Gemeinschaftliche der Wissenschaft und des unwissenschaftlichen Bewußtseins, wodurch dieses unmittelbar in jene einzutreten vermag.

Die Wissenschaft, die erst beginnt und es also noch weder zur Vollständigkeit des Details noch zur Vollkommenheit der Form gebracht hat, ist dem Tadel darüber ausgesetzt. Aber wenn dieser ihr Wesen treffen soll, so würde er ebenso ungerecht sein, als es unstatthaft ist, die Forderung jener Ausbildung nicht anerkennen zu wollen. Dieser Gegensatz scheint der hauptsächlichste Knoten zu sein, an dem die wissenschaftliche Bildung sich gegenwärtig zerarbeitet und worüber sie sich noch nicht gehörig versteht. Der eine Teil pocht auf den Reichtum des Materials und die Verständlichkeit, der andre verschmäht wenigstens diese und pocht auf die unmittelbare Vernünftigkeit und Göttlichkeit. Wenn auch jener Teil, es sei durch die Kraft der Wahrheit allein oder auch durch das Ungestüm des andern zum Stillschweigen gebracht ist, und wenn er in Ansehung des Grunds der Sache sich überwältigt fühlte, so ist er darum in Ansehung jener Forderungen nicht befriedigt; denn sie sind gerecht, aber nicht erfüllt. Sein Stillschweigen gehört nur halb dem Siege, halb aber der Langeweile und Gleichgültigkeit, welche die Folge einer beständig erregten Erwartung und nicht erfolgten Erfüllung der Versprechungen zu sein pflegt.

In Ansehung des Inhalts machen die Andern sich es wohl zuweilen leicht genug, eine große Ausdehnung zu haben. Sie ziehen auf ihren Boden eine Menge Material, nämlich das schon Bekannte und Geordnete, herein, und indem sie sich vornehmlich mit den Sonderbarkeiten und Kuriositäten zu tun machen, scheinen sie um so mehr das übrige, womit das Wissen in seiner Art schon fertig war, zu besitzen, zugleich auch das noch Ungeregelte zu beherrschen, und somit alles der absoluten Idee zu unterwerfen, welche hiemit in Allem erkannt, und zur ausgebreiteten Wissenschaft gediehen zu sein scheint. Näher aber diese Ausbreitung betrachtet, so zeigt sie sich nicht dadurch zu Stande gekommen, daß ein und dasselbe sich selbst verschieden gestaltet hätte, sondern sie ist die gestaltlose Wiederholung des Einen und Desselben, das nur an das verschiedene Material äußerlich angewendet ist, und einen langweiligen Schein der Verschiedenheit erhält. Die für sich wohl wahre Idee bleibt in der Tat nur immer in ihrem Anfange stehen, wenn die Entwicklung in nichts als in einer solchen Wiederholung derselben Formel besteht. Die Eine unbewegte Form vom wissenden Subjekte an dem Vorhandenen herumgeführt, das Material in dies ruhende Element von außenher eingetaucht, dies ist so wenig, als willkürliche Einfälle über den Inhalt, die Erfüllung dessen, was gefordert wird, nämlich der aus sich entspringende Reichtum und sich selbst bestimmende Unterschied der Gestalten. Es ist vielmehr ein einfarbiger Formalismus, der nur zum Unterschiede des Stoffes, und zwar dadurch kommt, weil dieser schon bereitet und bekannt ist.

Dabei behauptet er diese Eintönigkeit und die abstrakte Allgemeinheit für das Absolute; er versichert, daß in ihr unbefriedigt zu sein, eine Unfähigkeit sei, sich des absoluten Standpunktes zu bemächtigen und auf ihm fest zu halten. Wenn sonst die leere Möglichkeit, sich etwas auch auf eine andere Weise vorzustellen, hinreichte, um eine Vorstellung zu widerlegen, und dieselbe bloße Möglichkeit, der allgemeine Gedanke, auch den ganzen positiven Wert des wirklichen Erkennens hatte, so sehen wir hier gleichfalls der allgemeinen Idee in dieser Form der Unwirklichkeit allen Wert zugeschrieben, und die Auflösung des Unterschiedenen und Bestimmten, oder vielmehr das weiter nicht entwickelte noch an ihm selbst sich rechtfertigende Hinunterwerfen desselben in den Abgrund des Leeren für spekulative Betrachtungsart gelten. Irgendein Dasein, wie es im *Absoluten* ist, betrachten, besteht hier in nichts anderem, als daß davon gesagt wird, es sei zwar jetzt von ihm gesprochen worden als von einem Etwas; im Absoluten, dem A = A, jedoch gebe es dergleichen gar nicht, sondern darin sei alles eins. Dies Eine Wissen, daß im Absoluten Alles gleich ist, der unterscheidenden und erfüllten oder Erfüllung suchenden und fordernden Erkenntnis entgegenzusetzen, – oder sein *Absolutes* für die Nacht auszugeben, worin, wie man zu sagen pflegt, alle Kühe schwarz sind, ist die Naivität der Leere an Erkenntnis. – Der Formalismus, den die Philosophie neuerer Zeit verklagt und geschmäht, und der sich in ihr selbst wieder erzeugte, wird, wenn auch seine Ungenügsamkeit bekannt und gefühlt ist, aus der Wissenschaft nicht verschwinden, bis das Erkennen der absoluten Wirklichkeit sich über seine Natur vollkommen klar geworden ist. – In der Rücksicht, daß die allgemeine Vorstellung, wenn sie dem, was ein Versuch ihrer Ausführung ist, vorangeht, das Auffassen der letztern erleichtert, ist es dienlich, das Ungefähre derselben hier anzudeuten, in der Absicht zugleich, bei dieser Gelegenheit einige Formen zu entfernen, deren Gewohnheit ein Hindernis für das philosophische Erkennen ist.

Es kommt nach meiner Einsicht, welche sich nur durch die Darstellung des Systems selbst rechtfertigen muß, alles darauf an, das Wahre nicht als *Substanz*, sondern eben so sehr als *Subjekt* aufzufassen und auszudrücken. Zugleich ist zu bemerken, daß die Substantialität so sehr das Allgemeine oder die *Unmittelbarkeit des Wissens* selbst, als auch diejenige, welche Sein oder Unmittelbarkeit *für das* Wissen ist, in sich schließt. – Wenn, Gott als die Eine Substanz zu fassen, das Zeitalter empörte, worin diese Bestimmung ausgesprochen wurde, so lag teils der Grund hievon in dem Instinkte, daß darin das Selbstbewußtsein nur untergegangen, nicht erhalten ist, teils aber ist das Gegenteil, welches das Denken als Denken festhält, die *Allgemeinheit* als solche, dieselbe Einfachheit oder ununterschiedne, unbewegte Substantialität; und wenn drittens das Denken das Sein der Substanz mit sich vereint und die Unmittelbarkeit oder das Anschauen als Denken erfaßt, so kommt es noch darauf an, ob dieses intellektuelle Anschauen nicht wieder in die träge Einfachheit zurückfällt, und die Wirklichkeit selbst auf eine unwirkliche Weise darstellt.

Die lebendige Substanz ist ferner das Sein, welches in Wahrheit *Subjekt*, oder was dasselbe heißt, welches in Wahrheit wirklich ist, nur insofern sie die Bewegung des Sichselbstsetzens, oder die Vermittlung des Sichanderswerdens mit sich selbst ist. Sie ist als Subjekt die reine *einfache Negativität*, ebendadurch die Entzweiung des Einfachen, oder die entgegensetzende Verdopplung, welche wieder die Negation dieser gleichgültigen Verschiedenheit und ihres Gegensatzes ist: nur diese sich *wiederherstellende* Gleichheit oder die Reflexion im Anderssein in sich selbst – nicht eine *ursprüngliche* Einheit als solche, oder *unmittelbare* als solche, ist das Wahre. Es ist das Werden seiner selbst, der Kreis, der sein Ende als seinen Zweck voraussetzt und zum Anfange hat, und nur durch die Ausführung und sein Ende wirklich ist.

Das Leben Gottes und das göttliche Erkennen mag also wohl als ein Spielen der Liebe mit sich selbst ausgesprochen werden; diese Idee sinkt zur Erbaulichkeit und selbst zur Fadheit herab, wenn der Ernst, der Schmerz, die Geduld und Arbeit des Negativen darin fehlt. *An sich* ist jenes Leben wohl die ungetrübte Gleichheit und Einheit mit sich selbst, der es kein Ernst mit dem Anderssein und der Entfremdung, so wie mit dem Überwinden dieser Entfremdung ist. Aber dies *Ansich*, ist die abstrakte Allgemeinheit, in welcher von seiner Natur, *für sich zu sein*, und damit überhaupt von der Selbstbewegung der Form abgesehen wird. Wenn die Form als dem Wesen gleich ausgesagt wird, so ist es eben darum ein Mißverstand, zu meinen, daß das Erkennen sich mit dem Ansich oder dem Wesen begnügen, die Form aber ersparen könne, – daß der absolute Grundsatz oder die absolute Anschauung die Ausführung des erstern oder die Entwicklung der andern entbehrlich mache. Gerade weil die Form dem Wesen so wesentlich ist, als es sich selbst, ist es nicht bloß als Wesen, d.h. als unmittelbare Substanz, oder als reine Selbstanschauung des Göttlichen zu fassen und auszudrücken, sondern ebensosehr als *Form* und im ganzen Reichtum der entwickelten Form; dadurch wird es erst als Wirkliches gefaßt und ausgedrückt.

Das Wahre ist das Ganze. Das Ganze aber ist nur das durch seine Entwicklung sich vollendende Wesen. Es ist von dem Absoluten zu sagen, daß es wesentlich *Resultat*, daß es erst am *Ende* das ist, was es in Wahrheit ist; und hierin eben besteht seine Natur, Wirkliches, Subjekt, oder Sichselbstwerden zu sein. So widersprechend es scheinen mag, daß das Absolute wesentlich als Resultat zu begreifen sei, so stellt doch eine geringe Überlegung diesen Schein von Widerspruch zurecht. Der Anfang, das Prinzip oder das Absolute, wie es zuerst und unmittelbar ausgesprochen wird, ist nur das Allgemeine. So wenig, wenn ich sage: *alle* Tiere, dies Wort für eine Zoologie gelten kann, ebenso fällt es auf, daß die Worte des Göttlichen, Absoluten, Ewigen usw. das nicht aussprechen, was darin enthalten ist; – und nur solche Worte drücken in der Tat die Anschauung als das Unmittelbare aus. Was mehr ist als ein solches Wort, der Übergang auch nur zu einem Satze, enthält ein *Anderswerden*, das zurückgenommen werden muß, ist eine Vermittlung. Diese aber ist das, was perhorresziert wird, als ob dadurch, daß mehr aus ihr gemacht wird denn nur dies, daß sie nichts absolutes und im Absoluten gar nicht sei, die absolute Erkenntnis aufgegeben wäre.

Dies Perhorreszieren stammt aber in der Tat aus der Unbekanntschaft mit der Natur der Vermittlung und des absoluten Erkennens selbst. Denn die Vermittlung ist nichts anders als die sich bewegende Sichselbstgleichheit, oder sie ist die Reflexion in sich selbst, das Moment des fürsichseienden Ich, die reine Negativität oder, auf ihre reine Abstraktion herabgesetzt, das *einfache Werden*. Das Ich oder das Werden überhaupt, dieses Vermitteln ist um seiner Einfachheit willen eben die werdende Unmittelbarkeit und das Unmittelbare selbst. – Es ist daher ein Verkennen der Vernunft, wenn die Reflexion aus dem Wahren ausgeschlossen und nicht als positives Moment des Absoluten erfaßt wird. Sie ist es, die das Wahre zum Resultate macht, aber diesen Gegensatz gegen sein Werden ebenso aufhebt, denn dies Werden ist ebenso einfach und daher von der Form des Wahren, im Resultate sich als *einfach* zu zeigen, nicht verschieden; es ist vielmehr eben dies Zurückgegangensein in die Einfachheit. – Wenn der Embryo wohl *an sich* Mensch ist, so ist er es aber nicht *für sich*; für sich ist er es nur als gebildete Vernunft, die sich zu dem *gemacht* hat, was sie *an sich* ist. Dies erst ist ihre Wirklichkeit. Aber dies Resultat ist selbst einfache Unmittelbarkeit, denn es ist die selbstbewußte Freiheit, die in sich ruht, und den Gegensatz nicht auf die Seite gebracht hat und ihn da liegen läßt, sondern mit ihm versöhnt ist.

Das Gesagte kann auch so ausgedrückt werden, daß die Vernunft das *zweckmäßige Tun* ist. Die Erhebung der vermeinten Natur über das mißkannte Denken und zunächst die Verbannung der äußern Zweckmäßigkeit hat die Form des *Zwecks* überhaupt in Mißkredit gebracht. Allein, wie auch A r i s t o t e l e s die Natur als das zweckmäßige Tun bestimmt, der Zweck ist das Unmittelbare, *Ruhende*, das Unbewegte, welches *selbst bewegend* ist; so ist es *Subjekt*. Seine Kraft zu bewegen, abstrakt genommen, ist das *Fürsichsein* oder die reine Negativität. Das Resultat ist nur darum dasselbe, was der Anfang, weil der *Anfang Zweck* ist; – oder das Wirkliche ist nur darum dasselbe, was sein Begriff, weil das Unmittelbare als Zweck das Selbst oder die reine Wirklichkeit in ihm selbst hat. Der ausgeführte Zweck oder das daseiende Wirkliche ist Bewegung und entfaltetes Werden; eben diese Unruhe aber ist das Selbst; und jener Unmittelbarkeit und Einfachheit des Anfangs ist es darum gleich, weil es das Resultat, das in sich Zurückgekehrte, – das in sich Zurückgekehrte aber eben das Selbst, und das Selbst die sich auf sich beziehende Gleichheit und Einfachheit ist.

Das Bedürfnis, das Absolute als *Subjekt* vorzustellen, bediente sich der Sätze: *Gott* ist das Ewige, oder die moralische Weltordnung oder die Liebe usf. In solchen Sätzen ist das Wahre nur geradezu als Subjekt gesetzt, nicht aber als die Bewegung des sich in sich selbst Reflektierens dargestellt. Es wird in einem Satze der Art mit dem Worte: *Gott*, angefangen. Dies für sich ist ein sinnloser Laut, ein bloßer Name; erst das Prädikat sagt, *was er ist*, ist seine Erfüllung und Bedeutung; der leere Anfang wird nur in diesem Ende ein wirkliches Wissen. Insofern ist nicht abzusehen, warum nicht vom Ewigen, der moralischen Weltordnung usf., oder wie die Alten taten, von reinen Begriffen, dem Sein, dem Einen usf., von dem, was die Bedeutung ist, allein gesprochen wird, ohne den sinnlosen Laut noch hinzuzufügen. Aber durch dies Wort wird eben bezeichnet, daß nicht ein Sein oder Wesen oder Allgemeines überhaupt, sondern ein in sich Reflektiertes, ein Subjekt gesetzt ist. Allein zugleich ist dies nur antizipiert. Das Subjekt ist als fester Punkt angenommen, an den als ihren Halt die Prädikate geheftet sind, durch eine Bewegung, die dem von ihm Wissenden angehört und die auch nicht dafür angesehen wird, dem Punkte selbst anzugehören; durch sie aber wäre allein der Inhalt als Subjekt dargestellt. In der Art, wie diese Bewegung beschaffen ist, kann sie ihm nicht angehören; aber nach Voraussetzung jenes Punkts kann sie auch nicht anders beschaffen, kann sie nur äußerlich sein. Jene Antizipation, daß das Absolute Subjekt ist, ist daher nicht nur nicht die Wirklichkeit dieses Begriffs, sondern macht sie sogar unmöglich; denn jene setzt ihn als ruhenden Punkt, diese aber ist die Selbstbewegung.

Unter mancherlei Folgerungen, die aus dem Gesagten fließen, kann diese herausgehoben werden, daß das Wissen nur als Wissenschaft oder als *System* wirklich ist und dargestellt werden kann; daß ferner ein sogenannter Grundsatz oder Prinzip der Philosophie, wenn er wahr ist, schon darum auch falsch ist, insofern er nur als Grundsatz oder Prinzip ist. – Es ist deswegen leicht ihn zu widerlegen. Die Widerlegung besteht darin, daß sein Mangel aufgezeigt wird; mangelhaft aber ist er, weil er nur das Allgemeine oder Prinzip, der Anfang ist. Ist die Widerlegung gründlich, so ist sie aus ihm selbst genommen und entwickelt, – nicht durch entgegengesetzte Versicherungen und Einfälle von außenher bewerkstelligt. Sie würde also eigentlich seine Entwicklung und somit die Ergänzung seiner Mangelhaftigkeit sein, wenn sie sich nicht darin verkennte, daß sie ihr *negatives* Tun allein beachtet und sich ihres Fortgangs und Resultates nicht auch nach seiner *positiven* Seite bewußt wird. – Die eigentliche *positive* Ausführung des Anfangs ist zugleich umgekehrt ebensosehr ein negatives Verhalten gegen ihn, nämlich gegen seine einseitige Form, erst *unmittelbar* oder *Zweck* zu sein. Sie kann somit gleichfalls als Widerlegung desjenigen genommen werden, was den *Grund* des Systems ausmacht, richtiger aber ist sie als ein Aufzeigen anzusehen, daß der *Grund* oder das Prinzip des Systems in der Tat nur sein *Anfang* ist.

Daß das Wahre nur als System wirklich, oder daß die Substanz wesentlich Subjekt ist, ist in der Vorstellung ausgedrückt, welche das Absolute als *Geist* ausspricht, – der erhabenste Begriff, und der der neuern Zeit und ihrer Religion angehört. Das Geistige allein ist das *Wirkliche*; es ist das Wesen oder *Ansichseiende*, – das sich *Verhaltende* und *Bestimmte*, das *Anderssein* und *Fürsichsein* – und [das] in dieser Bestimmtheit oder seinem Außersichsein in sich selbst Bleibende; – oder es ist *an und für sich*. – Dies Anundfürsichsein aber ist es erst für uns oder *an sich*, es ist die geistige *Substanz*. Es muß dies auch *für sich selbst*, muß das Wissen von dem Geistigen und das Wissen von sich als dem Geiste sein, d.h., es muß sich als *Gegenstand* sein, aber eben so unmittelbar als aufgehobener, in sich reflektierter Gegenstand. Er ist *für sich* nur für uns, in so fern sein geistiger Inhalt durch ihn selbst erzeugt ist; in so fern er aber auch für sich selbst für sich ist, so ist dieses Selbsterzeugen, der reine Begriff, ihm zugleich das gegenständliche Element, worin er sein Dasein hat, und er ist auf diese Weise in seinem Dasein für sich selbst in sich reflektierter Gegenstand. – Der Geist, der sich so entwickelt als Geist weiß, ist die *Wissenschaft*. Sie ist seine Wirklichkeit und das Reich, das er sich in seinem eigenen Elemente erbaut.

Das *reine* Selbsterkennen im absoluten Anderssein, dieser Äther *als solcher*, ist der Grund und Boden der Wissenschaft oder das *Wissen im allgemeinen*. Der Anfang der Philosophie macht die Voraussetzung oder Forderung, daß das Bewußtsein sich in diesem *Elemente* befinde. Aber dieses Element erhält seine Vollendung und Durchsichtigkeit selbst nur durch die Bewegung seines Werdens. Es ist die reine Geistigkeit als das *Allgemeine*, das die Weise der einfachen Unmittelbarkeit hat; – dies Einfache, wie es als solches *Existenz* hat, ist der Boden, der Denken, der nur im Geist ist. Weil dieses Element, diese Unmittelbarkeit des Geistes, das Substantielle überhaupt des Geistes ist, ist sie die *verklärte Wesenheit*, die Reflexion, die selbst einfach, die Unmittelbarkeit als solche für sich ist, das *Sein*, das die Reflexion in sich selbst ist. Die Wissenschaft verlangt von ihrer Seite an das Selbstbewußtsein, daß es in diesen Äther sich erhoben habe, um mit ihr und in ihr leben zu können und zu leben. Umgekehrt hat das Individuum das Recht zu fordern, daß die Wissenschaft ihm die Leiter wenigstens zu diesem Standpunkte reiche, ihm in ihm selbst denselben aufzeige. Sein Recht gründet sich auf seine absolute Selbständigkeit, die es in jeder Gestalt seines Wissens zu besitzen weiß, denn in jeder, sei sie von der Wissenschaft anerkannt oder nicht, und der Inhalt sei, welcher er wolle, ist es die absolute Form, d.h. es ist die *unmittelbare Gewißheit* seiner selbst und, wenn dieser Ausdruck vorgezogen würde, damit unbedingtes *Sein*. Wenn der Standpunkt des Bewußtseins von gegenständlichen Dingen im Gegensatze gegen sich selbst, und von sich selbst im Gegensatze gegen sie zu wissen, der Wissenschaft als das *Andre*, – das, worin es sich bei sich selbst weiß, vielmehr als der Verlust des Geistes – gilt, so ist ihm dagegen das Element der Wissenschaft eine jenseitige Ferne, worin es nicht mehr sich selbst besitzt. Jeder von diesen beiden Teilen scheint für den andern das Verkehrte der Wahrheit zu sein. Daß das natürliche Bewußtsein sich der Wissenschaft unmittelbar anvertraut, ist ein Versuch, den es, es weiß nicht von was angezogen, macht, auch einmal auf dem Kopfe zu gehen; der Zwang, diese ungewohnte Stellung anzunehmen und sich in ihr zu bewegen, ist eine so unvorbereitete als unnötig scheinende Gewalt, die ihm angemutet wird, sich anzutun. – Die Wissenschaft sei an ihr selbst, was sie will; im Verhältnisse zum unmittelbaren Selbstbewußtsein stellt sie sich als ein Verkehrtes gegen dieses dar, oder weil dasselbe in der Gewißheit seiner selbst das Prinzip seiner Wirklichkeit hat, trägt sie, indem es für sich außer ihr ist, die Form der Unwirklichkeit. Sie hat darum solches Element mit ihr zu vereinigen oder vielmehr zu zeigen, daß und wie es ihr selbst angehört. Als solcher Wirklichkeit entbehrend ist sie nur der Inhalt als das *Ansich*, der *Zweck*, der erst noch ein *Innres*, nicht als Geist, nur erst geistige Substanz ist. Dies *Ansich* hat sich zu äußern und *für sich* selbst zu werden, dies heißt nichts anders, als dasselbe hat das Selbstbewußtsein als eins mit sich zu setzen.

Dies Werden der *Wissenschaft überhaupt* oder des *Wissens* ist es, was diese *Phänomenologie* des Geistes darstellt. Das Wissen, wie es zuerst ist, oder der *unmittelbare Geist* ist das Geistlose, das *sinnliche Bewußtsein*. Um zum eigentlichen Wissen zu werden, oder das Element der Wissenschaft, das ihr reiner Begriff selbst ist, zu erzeugen, hat es durch einen langen Weg sich hindurch zu arbeiten. – Dieses Werden, wie es in seinem Inhalte und den Gestalten, die sich in ihm zeigen, sich aufstellen wird, wird nicht das sein, was man zunächst unter einer Anleitung des unwissenschaftlichen Bewußtseins zur Wissenschaft sich vorstellt; auch etwas anderes, als die Begründung der Wissenschaft; – so ohnehin als die Begeisterung, die wie aus der Pistole mit dem absoluten Wissen unmittelbar anfängt und mit andern Standpunkten dadurch schon fertig ist, daß sie keine Notiz davon zu nehmen erklärt.

Die Aufgabe, das Individuum von seinem ungebildeten Standpunkte aus zum Wissen zu führen, war in ihrem allgemeinen Sinn zu fassen und das allgemeine Individuum, der selbstbewußte Geist, in seiner Bildung zu betrachten. – Was das Verhältnis beider betrifft, so zeigt sich in dem allgemeinen Individuum jedes Moment, wie es die konkrete Form und eigne Gestaltung gewinnt. Das besondre Individuum ist der unvollständige Geist, eine konkrete Gestalt, in deren ganzem Dasein e i n e Bestimmtheit herrschend ist, und worin die andern nur in verwischten Zügen vorhanden sind. In dem Geiste, der höher steht als ein anderer, ist das niedrigere konkrete Dasein zu einem unscheinbaren Momente herabgesunken; was vorher die Sache selbst war, ist nur noch eine Spur; ihre Gestalt ist eingehüllt und eine einfache Schattierung geworden. Diese Vergangenheit durchläuft das Individuum, dessen Substanz der höherstehende Geist ist, in der Weise, wie der, welcher eine höhere Wissenschaft vornimmt, die Vorbereitungskenntnisse, die er längst inne hat, um sich ihren Inhalt gegenwärtig zu machen, durchgeht; er ruft die Erinnerung derselben zurück, ohne darin sein Interesse und Verweilen zu haben. Der einzelne muß auch dem Inhalte nach die Bildungsstufen des allgemeinen Geistes durchlaufen, aber als vom Geiste schon abgelegte Gestalten, als Stufen eines Wegs, der ausgearbeitet und geebnet ist; so sehen wir in Ansehung der Kenntnisse das, was in frühern Zeitaltern den reifen Geist der Männer beschäftigte, zu Kenntnissen, Übungen und selbst Spielen des Knabenalters herabgesunken und werden in dem pädagogischen Fortschreiten die wie im Schattenrisse nachgezeichnete Geschichte der Bildung der Welt erkennen. Dies vergangne Dasein ist bereits erworbnes Eigentum des allgemeinen Geistes, der die Substanz des Individuums und so ihm äußerlich erscheinend seine unorganische Natur ausmacht. – Die Bildung in dieser Rücksicht besteht, von der Seite des Individuums aus betrachtet, darin, daß es dies Vorhandne erwerbe, seine unorganische Natur in sich zehre und für sich in Besitz nehme. Dies ist aber von der Seite des allgemeinen Geistes als der Substanz nichts anders, als daß diese sich ihr Selbstbewußtsein gibt, ihr Werden und ihre Reflexion in sich hervorbringt.

Die Wissenschaft stellt sowohl diese bildende Bewegung in ihrer Ausführlichkeit und Notwendigkeit, wie das, was schon zum Momente und Eigentum des Geistes herabgesunken ist, in seiner Gestaltung dar. Das Ziel ist die Einsicht des Geistes in das, was das Wissen ist. Die Ungeduld verlangt das Unmögliche, nämlich die Erreichung des Ziels ohne die Mittel. Einesteils ist die *Länge* dieses Wegs zu ertragen, denn jedes Moment ist notwendig; – andernteils ist bei jedem sich zu *verweilen*, denn jedes ist selbst eine individuelle ganze Gestalt und wird nur absolut betrachtet, insofern seine Bestimmtheit als Ganzes oder Konkretes, oder das Ganze in der Eigentümlichkeit dieser Bestimmung betrachtet wird. – Weil die Substanz des Individuums, weil sogar der Weltgeist die Geduld gehabt, diese Formen in der langen Ausdehnung der Zeit zu durchgehen und die ungeheure Arbeit der Weltgeschichte, in welcher er in jeder den ganzen Gehalt seiner, dessen sie fähig ist, herausgestaltete, zu übernehmen, und weil er durch keine geringere das Bewußtsein über sich erreichen konnte, so kann zwar der Sache nach das Individuum nicht mit weniger seine Substanz begreifen; inzwischen hat es zugleich geringere Mühe, weil *an sich* dies vollbracht, – der Inhalt schon die zur Möglichkeit getilgte Wirklichkeit, die bezwungne Unmittelbarkeit, die Gestaltung bereits auf ihre Abbreviatur, auf die einfache Gedankenbestimmung, herabgebracht ist. Schon ein *Gedachtes*, ist der Inhalt *Eigentum* der Substanz; es ist nicht mehr das Dasein in die Form des *Ansichseins*, sondern nur das – weder mehr bloß ursprüngliche, noch in das Dasein versenkte – vielmehr bereits *erinnerte Ansich* in die Form des *Fürsichseins* umzukehren. Die Art dieses Tuns ist näher anzugeben.

Was auf dem Standpunkte, auf dem wir diese Bewegung hier aufnehmen, am Ganzen erspart ist, ist das Aufheben des *Daseins*; was aber noch übrig ist und der höhern Umbildung bedarf, ist die *Vorstellung* und die *Bekanntschaft* mit den Formen. Das in die Substanz zurückgenommene Dasein ist durch jene erste Negation nur erst *unmittelbar* in das Element des Selbsts versetzt; dieses ihm erworbne Eigentum hat also noch denselben Charakter unbegriffner Unmittelbarkeit, unbewegter Gleichgültigkeit wie das Dasein selbst; dieses ist so nur in die *Vorstellung* übergegangen. – Zugleich ist es damit ein *Bekanntes*, ein solches, mit dem der daseiende Geist fertig geworden, worin daher seine Tätigkeit und somit sein Interesse nicht mehr ist. Wenn die *Tätigkeit*, die mit dem Dasein fertig wird, selbst nur die Bewegung des besondern, sich nicht begreifenden Geistes ist, so ist dagegen das Wissen gegen die hiedurch zu Stande gekommne Vorstellung, gegen dies Bekanntsein gerichtet; es ist Tun des *allgemeinen Selbsts* und das Interesse des *Denkens*.

Das Bekannte überhaupt ist darum, weil es *bekannt* ist, nicht erkannt. Es ist die gewöhnlichste Selbsttäuschung wie Täuschung anderer, beim Erkennen etwas als bekannt voraus zu setzen, und es sich ebenso gefallen zu lassen; mit allem Hin- und Herreden kommt solches Wissen, ohne zu wissen wie ihm geschieht, nicht von der Stelle. Das Subjekt und Objekt usf., Gott, Natur, der Verstand, die Sinnlichkeit usf. werden unbesehen als bekannt und als etwas Gültiges zugrunde gelegt und machen feste Punkte sowohl des Ausgangs als der Rückkehr aus. Die Bewegung geht zwischen ihnen, die unbewegt bleiben, hin und her und somit nur auf ihrer Oberfläche vor. So besteht auch das Auffassen und Prüfen darin, zu sehen, ob jeder das von ihnen Gesagte auch in seiner Vorstellung findet, ob es ihm so scheint und bekannt ist oder nicht.

Das *Analysieren* einer Vorstellung, wie es sonst getrieben worden, war schon nichts anderes als das Aufheben der Form ihres Bekanntseins. Eine Vorstellung in ihre ursprünglichen Elemente auseinanderlegen, ist das Zurückgehen zu ihren Momenten, die wenigstens nicht die Form der vorgefundenen Vorstellung haben, sondern das unmittelbare Eigentum des Selbsts ausmachen. Diese Analyse kommt zwar nur zu *Gedanken*, welche selbst bekannte, feste und ruhende Bestimmungen sind. Aber ein wesentliches Moment ist dies *Geschiedne*, Unwirkliche selbst; denn nur darum, daß das Konkrete sich scheidet und zum Unwirklichen macht, ist es das sich Bewegende. Die Tätigkeit des Scheidens ist die Kraft und Arbeit des *Verstandes*, der verwundersamsten und größten, oder vielmehr der absoluten Macht. Der Kreis, der in sich geschlossen ruht, und als Substanz seine Momente hält, ist das unmittelbare und darum nicht verwundersame Verhältnis. Aber daß das von seinem Umfange getrennte Akzidentelle als solches, das Gebundne und nur in seinem Zusammenhange mit anderm Wirkliche ein eigenes Dasein und abgesonderte Freiheit gewinnt, ist die ungeheure Macht des Negativen; es ist die Energie des Denkens, des reinen Ichs. Der Tod, wenn wir jene Unwirklichkeit so nennen wollen, ist das Furchtbarste, und das Tote festzuhalten, das, was die größte Kraft erfordert. Die kraftlose Schönheit haßt den Verstand, weil er ihr dies zumutet, was sie nicht vermag.

Aber nicht das Leben, das sich vor dem Tode scheut und von der Verwüstung rein bewahrt, sondern das ihn erträgt, und in ihm sich erhält, ist das Leben des Geistes. Er gewinnt seine Wahrheit nur, indem er in der absoluten Zerrissenheit sich selbst findet. Diese Macht ist er nicht als das Positive, welches von dem Negativen wegsieht, wie wenn wir von etwas sagen, dies ist nichts oder falsch, und nun, damit fertig, davon weg zu irgend etwas anderem übergehen; sondern er ist diese Macht nur, indem er dem Negativen ins Angesicht schaut, bei ihm verweilt. Dieses Verweilen ist die Zauberkraft, die es in das Sein umkehrt. – Sie ist dasselbe, was oben das Subjekt genannt worden, welches darin, daß es der Bestimmtheit in seinem Elemente Dasein gibt, die abstrakte d.h. nur überhaupt *seiende* Unmittelbarkeit aufhebt, und dadurch die wahrhafte Substanz ist, das Sein oder die Unmittelbarkeit, welche nicht die Vermittlung außer ihr hat, sondern diese selbst ist.

Daß das Vorgestellte Eigentum des reinen Selbstbewußtseins wird, diese Erhebung zur Allgemeinheit überhaupt ist nur die Eine Seite, noch nicht die vollendete Bildung. – Die Art des Studiums der alten Zeit hat diese Verschiedenheit von dem der neuern, daß jenes die eigentliche Durchbildung des natürlichen Bewußtseins war. An jedem Teile seines Daseins sich besonders versuchend und über alles Vorkommende philosophierend, erzeugte es sich zu einer durch und durch betätigten Allgemeinheit. In der neuern Zeit hingegen findet das Individuum die abstrakte Form vorbereitet; die Anstrengung, sie zu ergreifen und sich zu eigen zu machen, ist mehr das unvermittelte Hervortreiben des Innern und abgeschnittne Erzeugen des Allgemeinen als ein Hervorgehen desselben aus dem Konkreten und der Mannigfaltigkeit des Daseins. Jetzt besteht darum die Arbeit nicht so sehr darin, das Individuum aus der unmittelbaren sinnlichen Weise zu reinigen und es zur gedachten und denkenden Substanz zu machen, als vielmehr in dem entgegengesetzten, durch das Aufheben der festen bestimmten Gedanken das Allgemeine zu verwirklichen und zu begeisten. Es ist aber weit schwerer, die festen Gedanken in Flüssigkeit zu bringen, als das sinnliche Dasein. Der Grund ist das vorhin Angegebene; jene Bestimmungen haben das Ich, die Macht des Negativen oder die reine Wirklichkeit zur Substanz und zum Element ihres Daseins; die sinnlichen Bestimmungen dagegen nur die urmächtige abstrakte Unmittelbarkeit oder das Sein als solches. Die Gedanken werden flüssig, indem das reine Denken, diese innere *Unmittelbarkeit*, sich als Moment erkennt, oder indem die reine Gewißheit seiner selbst von sich abstrahiert; – nicht sich wegläßt, auf die Seite setzt, sondern das *Fixe* ihres Sichselbstsetzens aufgibt, sowohl das Fixe des reinen Konkreten, welches Ich selbst im Gegensatze gegen unterschiedenen Inhalt ist, als das Fixe von Unterschiedenen, die im Elemente des reinen Denkens gesetzt, an jener Unbedingtheit des Ich Anteil haben. Durch diese Bewegung werden die reinen Gedanken *Begriffe*, und sind erst, was sie in Wahrheit sind, Selbstbewegungen, Kreise, das, was ihre Substanz ist, geistige Wesenheiten.

Diese Bewegung der reinen Wesenheiten macht die Natur der Wissenschaftlichkeit überhaupt aus. Als der Zusammenhang ihres Inhalts betrachtet, ist sie die Notwendigkeit und Ausbreitung desselben zum organischen Ganzen. Der Weg, wodurch der Begriff des Wissens erreicht wird, wird durch sie gleichfalls ein notwendiges und vollständiges Werden, so daß diese Vorbereitung aufhört, ein zufälliges Philosophieren zu sein, das sich an diese und jene Gegenstände, Verhältnisse und Gedanken des unvollkommenen Bewußtseins, wie die Zufälligkeit es mit sich bringt, anknüpft, oder durch ein hin und her gehendes Räsonnement, Schließen und Folgern aus bestimmten Gedanken das Wahre zu begründen sucht; sondern dieser Weg wird durch die Bewegung des Begriffs die vollständige Weltlichkeit des Bewußtseins in ihrer Notwendigkeit umfassen.

Eine solche Darstellung macht ferner den *ersten* Teil der Wissenschaft darum aus, weil das Dasein des Geistes als Erstes nichts anderes als das Unmittelbare oder der Anfang, der Anfang aber noch nicht seine Rückkehr in sich ist. Das *Element des unmittelbaren Daseins* ist daher die Bestimmtheit, wodurch sich dieser Teil der Wissenschaft von den andern unterscheidet. – Die Angabe dieses Unterschiedes führt zur Erörterung einiger fester Gedanken, die hiebei vorzukommen pflegen.

Das unmittelbare Dasein des Geistes, das *Bewußtsein*, hat die zwei Momente, des Wissens und der dem Wissen negativen Gegenständlichkeit. Indem in diesem Elemente sich der Geist entwickelt und seine Momente auslegt, so kommt ihnen dieser Gegensatz zu, und sie treten alle als Gestalten des Bewußtseins auf. Die Wissenschaft dieses Wegs ist Wissenschaft der *Erfahrung*, die das Bewußtsein macht; die Substanz wird betrachtet, wie sie und ihre Bewegung sein Gegenstand ist. Das Bewußtsein weiß und begreift nichts, als was in seiner Erfahrung ist; denn was in dieser ist, ist nur die geistige Substanz, und zwar als *Gegenstand* ihres Selbsts. Der Geist wird aber Gegenstand, denn er ist diese Bewegung, *sich* ein *anderes*, d.h. *Gegenstand seines Selbsts* zu werden und dieses Anderssein aufzuheben. Und die Erfahrung wird eben diese Bewegung genannt, worin das Unmittelbare, das Unerfahrne, d.h. das Abstrakte, es sei des sinnlichen Seins oder des nur gedachten Einfachen, sich entfremdet, und dann aus dieser Entfremdung zu sich zurückgeht und hiemit jetzt erst in seiner Wirklichkeit und Wahrheit dargestellt, wie auch Eigentum des Bewußtseins ist.

Die Ungleichheit, die im Bewußtsein zwischen dem Ich und der Substanz, die sein Gegenstand ist, stattfindet, ist ihr Unterschied, das *Negative* überhaupt. Es kann als der *Mangel* beider angesehen werden, ist aber ihre Seele oder das Bewegende derselben; weswegen einige Alte das *Leere* als das Bewegende begriffen, indem sie das Bewegende zwar als das *Negative*, aber dieses noch nicht als das Selbst erfaßten. – Wenn nun dies Negative zunächst als Ungleichheit des Ichs zum Gegenstande erscheint, so ist es ebensosehr die Ungleichheit der Substanz zu sich selbst. Was außer ihr vorzugehen, eine Tätigkeit gegen sie zu sein scheint, ist ihr eigenes Tun[,] und sie zeigt sich wesentlich Subjekt zu sein. Indem sie dies vollkommen gezeigt, hat der Geist sein Dasein seinem Wesen gleich gemacht; er ist sich Gegenstand, wie er ist, und das abstrakte Element der Unmittelbarkeit und der Trennung des Wissens und der Wahrheit ist überwunden. Das Sein ist absolut vermittelt; – es ist substantieller Inhalt, der ebenso unmittelbar Eigentum des Ichs, selbstisch oder der Begriff ist. Hiemit beschließt sich die Phänomenologie des Geistes. Was er in ihr sich bereitet, ist das Element des Wissens. In diesem breiten sich nun die Momente des Geistes in der *Form der Einfachheit* aus, die ihren Gegenstand als sich selbst weiß. Sie fallen nicht mehr in den Gegensatz des Seins und Wissens auseinander, sondern bleiben in der Einfachheit des Wissens, sind das Wahre, in der Form des Wahren, und ihre Verschiedenheit ist nur Verschiedenheit des Inhalts. Ihre Bewegung, die sich in diesem Elemente zum Ganzen organisiert, ist die *Logik* oder *spekulative Philosophie*.

Weil nun jenes System der Erfahrung des Geistes nur die *Erscheinung* desselben befaßt, so scheint der Fortgang von ihm zur Wissenschaft des *Wahren*, das in der *Gestalt des Wahren* ist, bloß negativ zu sein, und man könnte mit dem Negativen als dem *Falschen* verschont bleiben wollen und verlangen[,] ohne weiteres zur Wahrheit geführt zu werden; wozu sich mit dem Falschen abgeben? – Wovon schon oben die Rede war, daß sogleich mit der Wissenschaft sollte angefangen werden, darauf ist hier nach der Seite zu antworten, welche Beschaffenheit es mit dem Negativen als *Falschem* überhaupt hat. Die Vorstellungen hierüber hindern vornehmlich den Eingang zur Wahrheit. Dies wird Veranlassung geben, vom mathematischen Erkennen zu sprechen, welches das unphilosophische Wissen als das Ideal ansieht, das zu erreichen die Philosophie streben müßte, bisher aber vergeblich gestrebt habe.

Das *Wahre* und *Falsche* gehört zu den bestimmten Gedanken, die bewegungslos für eigne Wesen gelten, deren eines drüben, das andre hüben ohne Gemeinschaft mit dem andern isoliert und feststeht. Dagegen muß behauptet werden, daß die Wahrheit nicht eine ausgeprägte Münze ist, die fertig gegeben und so eingestrichen werden kann. Noch *gibt* es ein Falsches, so wenig es ein Böses gibt. So schlimm zwar als der Teufel ist das Böse und Falsche nicht, denn als dieser sind sie sogar zum besondern *Subjekte* gemacht; als Falsches und Böses sind sie nur *Allgemeine*, haben aber doch eigne Wesenheit gegen einander. – Das Falsche, denn nur von ihm ist hier die Rede, wäre das Andre, das Negative der Substanz, die als Inhalt des Wissens das Wahre ist. Aber die Substanz ist selbst wesentlich das Negative, teils als Unterscheidung und Bestimmung des Inhalts, teils als ein *einfaches* Unterscheiden, d.h. als Selbst und Wissen überhaupt. Man kann wohl falsch wissen. Es wird etwas falsch gewußt, heißt, das Wissen ist in Ungleichheit mit seiner Substanz. Allein eben diese Ungleichheit ist das Unterscheiden überhaupt, das wesentliches Moment ist. Es wird aus dieser Unterscheidung wohl ihre Gleichheit, und diese gewordene Gleichheit ist die Wahrheit. Aber sie ist nicht so Wahrheit, als ob die Ungleichheit weggeworfen worden wäre, wie die Schlacke vom reinen Metall, auch nicht einmal so, wie das Werkzeug von dem fertigen Gefäße wegbleibt, sondern die Ungleichheit ist als das Negative, als das Selbst im Wahren als solchem selbst noch unmittelbar vorhanden. Es kann jedoch darum nicht gesagt werden, daß das *Falsche* ein Moment oder gar einen Bestandteil des Wahren ausmache. Daß an jedem Falschen etwas Wahres sei, – in diesem Ausdrucke gelten beide, wie Öl und Wasser, die unmischbar nur äußerlich verbunden sind. Gerade um der Bedeutung willen, das Moment des *vollkommenen Andersseins* zu bezeichnen, müssen ihre Ausdrücke da, wo ihr Anderssein aufgehoben ist, nicht mehr gebraucht werden. So wie der Ausdruck der *Einheit* des Subjekts und Objekts, des Endlichen und Unendlichen, des Seins und Denkens usf. das Ungeschickte hat, daß Objekt und Subjekt usf. das bedeuten, was *sie außer ihrer Einheit* sind, in der Einheit also nicht als das gemeint sind, was ihr Ausdruck sagt, eben so ist das Falsche nicht mehr als Falsches ein Moment der Wahrheit.

Der *Dogmatismus* der Denkungsart im Wissen und im Studium der Philosophie ist nichts anderes als die Meinung, daß das Wahre in einem Satze, der ein festes Resultat ist, oder auch der unmittelbar gewußt wird, bestehe. Auf solche Fragen: wann Cäsar geboren worden, wie viele Toisen ein Stadium und welches betrug usf., soll eine *nette* Antwort gegeben werden, ebenso wie es bestimmt wahr ist, daß das Quadrat der Hypotenuse gleich der Summe der Quadrate der beiden übrigen Seiten des rechtwinkligen Dreiecks ist.

Aber die Natur einer solchen sogenannten Wahrheit ist verschieden von der Natur philosophischer Wahrheiten.

In Ansehung der *historischen* Wahrheiten, um ihrer kurz zu erwähnen, insofern nämlich das rein Historische derselben betrachtet wird, wird leicht zugegeben, daß sie das einzelne Dasein, einen Inhalt nach der Seite seiner Zufälligkeit und Willkür, Bestimmungen desselben, die nicht notwendig sind, betreffen. – Selbst aber solche nackte Wahrheiten wie die als Beispiel angeführte[n], sind nicht ohne die Bewegung des Selbstbewußtseins. Um eine derselben zu kennen, muß viel verglichen, auch in Büchern nachgeschlagen oder auf welche Weise es sei untersucht werden; auch bei einer unmittelbaren Anschauung wird erst die Kenntnis derselben mit ihren Gründen für etwas gehalten, das wahren Wert habe, obgleich eigentlich nur das nackte Resultat das sein soll, um das es zu tun sei.

Was die *mathematischen* Wahrheiten betrifft, so würde noch weniger der für einen Geometer gehalten werden, der die Theoreme Euklids *auswendig* wüßte, ohne ihre Beweise, ohne sie, wie man im Gegensatze sich ausdrücken könn[t]e, *inwendig* zu wissen. Ebenso würde die Kenntnis, die einer durch Messung vieler rechtwinkliger Dreiecke sich erwürbe, daß ihre Seiten das bekannte Verhältnis zueinander haben, für unbefriedigend gehalten werden. Die *Wesentlichkeit* des Beweises hat jedoch auch beim mathematischen Erkennen noch nicht die Bedeutung und Natur, Moment des Resultates selbst zu sein, sondern in diesem ist er vielmehr vorbei und verschwunden. Als Resultat ist zwar das Theorem *ein als wahr eingesehenes*. Aber dieser hinzugekommene Umstand betrifft nicht seinen Inhalt, sondern nur das Verhältnis zum Subjekt; die Bewegung des mathematischen Beweises gehört nicht dem an, was Gegenstand ist, sondern ist ein der

Sache *äußerliches* Tun. So zerlegt sich die Natur des rechtwinkligen Dreiecks nicht selbst so, wie es in der Konstruktion dargestellt wird, die für den Beweis des Satzes, der sein Verhältnis ausdrückt, nötig ist; das ganze Hervorbringen des Resultats ist ein Gang und Mittel des Erkennens. – Auch im philosophischen Erkennen ist das Werden des *Daseins* als Daseins verschieden von dem Werden des *Wesens* oder der innern Natur der Sache. Aber das philosophische Erkennen enthält erstens beides, da hingegen das mathematische nur das Werden des *Daseins*, d.h. des *Seins* der Natur der Sache im *Erkennen* als solchen darstellt. Fürs andre vereinigt jenes auch diese beiden besondern Bewegungen. Das innre Entstehen oder das Werden der Substanz ist ungetrennt Übergehen in das Äußere oder in das Dasein, Sein für anderes, und umgekehrt ist das Werden des Daseins das sich Zurücknehmen ins Wesen. Die Bewegung ist so der gedoppelte Prozeß und Werden des Ganzen, daß zugleich ein jedes das andre setzt und jedes darum auch beide als zwei Ansichten an ihm hat; sie zusammen machen dadurch das Ganze, daß sie sich selbst auflösen und zu seinen Momenten machen.

Im mathematischen Erkennen ist die Einsicht ein für die Sache äußerliches Tun; es folgt daraus, daß die wahre Sache dadurch verändert wird. Das Mittel, Konstruktion und Beweis, enthält daher wohl wahre Sätze; aber ebensosehr muß gesagt werden, daß der Inhalt falsch ist. Das Dreieck wird in dem obigen Beispiele zerrissen, und seine Teile zu andern Figuren, die die Konstruktion an ihm entstehen läßt, geschlagen. Erst am Ende wird das Dreieck wiederhergestellt, um das es eigentlich zu tun ist, das im Fortgange aus den Augen verloren wurde und nur in Stücken, die andern Ganzen angehörten, vorkam. – Hier sehen wir also auch die Negativität des Inhalts eintreten, welche eine Falschheit desselben eben so gut genannt werden müßte, als in der Bewegung des Begriffs das Verschwinden der festgemeinten Gedanken.

Die eigentliche Mangelhaftigkeit dieses Erkennens aber betrifft sowohl das Erkennen selbst, als seinen Stoff überhaupt. – Was das Erkennen betrifft, so wird vors erste die Notwendigkeit der Konstruktion nicht eingesehen. Sie geht nicht aus dem Begriffe des Theorems hervor, sondern wird geboten, und man hat dieser Vorschrift, gerade diese Linien, deren unendliche andere gezogen werden könnten, zu ziehen, blindlings zu gehorchen, ohne etwas weiter zu wissen, als den guten Glauben zu haben, daß dies zur Führung des Beweises zweckmäßig sein werde. Hintennach zeigt sich denn auch diese Zweckmäßigkeit, die deswegen nur eine äußerliche ist, weil sie sich erst hintennach, beim Beweise zeigt. – Ebenso geht dieser einen Weg, der irgendwo anfängt, man weiß noch nicht in welcher Beziehung auf das Resultat, das herauskommen soll. Sein Fortgang nimmt *diese* Bestimmungen und Beziehungen auf, und läßt andere liegen, ohne daß man unmittelbar einsähe, nach welcher Notwendigkeit; ein äußerer Zweck regiert diese Bewegung.

Die *Evidenz* dieses mangelhaften Erkennens, auf welche die Mathematik stolz ist, und womit sie sich auch gegen die Philosophie brüstet, beruht allein auf der Armut ihres *Zwecks* und der Mangelhaftigkeit ihres *Stoffs*, und ist darum von einer Art, die die Philosophie verschmähen muß. – Ihr *Zweck* oder Begriff ist die *Größe*. Dies ist gerade das unwesentliche, begrifflose Verhältnis. Die Bewegung des Wissens geht darum auf der Oberfläche vor, berührt nicht die Sache selbst, nicht das Wesen oder den Begriff, und ist deswegen kein Begreifen. – Der *Stoff*, über den die Mathematik den erfreulichen Schatz von Wahrheiten gewährt, ist der *Raum* und das *Eins*. Der Raum ist das Dasein, worein der Begriff seine Unterschiede einschreibt als in ein leeres, totes Element, worin sie ebenso unbewegt und leblos sind. Das *Wirkliche* ist nicht ein Räumliches, wie es in der Mathematik betrachtet wird; mit solcher Unwirklichkeit, als die Dinge der Mathematik sind, gibt sich weder das konkrete sinnliche Anschauen, noch die Philosophie ab. In solchem unwirklichen Elemente gibt es denn auch nur unwirkliches Wahres, d.h. fixierte, tote Sätze; bei jedem derselben kann aufgehört werden; der folgende fängt für sich von neuem an, ohne daß der erste sich selbst zum andern fortbewegte und ohne daß auf diese Weise ein notwendiger Zusammenhang durch die Natur der Sache selbst entstünde. – Auch läuft um jenes Prinzips und Elements willen – und hierin besteht das Formelle der mathematischen Evidenz – das Wissen an der Linie der *Gleichheit* fort. Denn das Tote, weil es sich nicht selbst bewegt, kommt nicht zu Unterschieden des Wesens, nicht zur wesentlichen Entgegensetzung oder Ungleichheit, daher nicht zum Übergange des Entgegengesetzten in das Entgegengesetzte, nicht zur qualitativen, immanenten, nicht zur Selbstbewegung. Denn es ist die Größe, der unwesentliche Unterschied, den die Mathematik allein betrachtet. Daß es der Begriff ist, der den Raum in seine Dimensionen entzweit und die Verbindungen derselben und in denselben bestimmt, davon abstrahiert sie; sie betrachtet z.B. nicht das Verhältnis der Linie zur Fläche; und wo sie den Durchmesser des Kreises mit der Peripherie vergleicht, stößt sie auf die Inkommensurabilität derselben, d.h. ein Verhältnis des Begriffs, ein Unendliches, das ihrer Bestimmung entflieht.

Die immanente, sogenannte reine Mathematik stellt auch nicht die *Zeit* als Zeit dem Raume gegenüber, als den zweiten Stoff ihrer Betrachtung. Die angewandte handelt wohl von ihr, wie von der Bewegung, auch sonst andern wirklichen Dingen, sie nimmt aber die synthetischen, d.h. Sätze ihrer Verhältnisse, die durch ihren Begriff bestimmt sind, aus der Erfahrung auf, und wendet nur auf diese Voraussetzungen ihre Formeln an. Daß die sogenannten Beweise solcher Sätze, als der vom Gleichgewichte des Hebels, dem Verhältnisse des Raums und der Zeit in der Bewegung des Fallens usf., welche sie häufig gibt, für Beweise gegeben und angenommen werden, ist selbst nur ein Beweis, wie groß das Bedürfnis des Beweisens für das Erkennen ist, weil es, wo es nicht mehr hat, auch den leeren Schein desselben achtet und eine Zufriedenheit dadurch gewinnt. Eine Kritik jener Beweise würde eben so merkwürdig als belehrend sein, um die Mathematik teils von diesem falschen Putze zu reinigen, teils ihre Grenze zu zeigen, und daraus die Notwendigkeit eines andern Wissens. – Was die *Zeit* betrifft, von der man meinen sollte, daß sie, zum Gegenstücke gegen den Raum, den Stoff des andern Teils der reinen Mathematik ausmachen würde, so ist sie der daseiende Begriff selbst. Das Prinzip der *Größe*, des begrifflosen Unterschiedes, und das Prinzip der *Gleichheit*, der abstrakten unlebendigen Einheit, vermag es nicht, sich mit jener reinen Unruhe des Lebens und absoluten Unterscheidung zu befassen. Diese Negativität wird daher nur als paralysiert, nämlich als das *Eins* zum zweiten Stoffe dieses Erkennens, das, ein äußerliches Tun, das Sichselbstbewegende zum Stoffe herabsetzt, um nun an ihm einen gleichgültigen, äußerlichen, unlebendigen Inhalt zu haben.

Die Philosophie dagegen betrachtet nicht die *unwesentliche* Bestimmung, sondern sie, insofern sie wesentliche ist; nicht das Abstrakte oder Unwirkliche ist ihr Element und Inhalt, sondern das *Wirkliche*, sich selbst Setzende und in sich Lebende, das Dasein in seinem Begriffe. Es ist der Prozeß, der sich seine Momente erzeugt und durchläuft, und diese ganze Bewegung macht das Positive und seine Wahrheit aus. Diese schließt also ebensosehr das Negative in sich, dasjenige, was das Falsche genannt werden würde, wenn es als ein solches betrachtet werden könnte, von dem zu abstrahieren sei. Das Verschwindende ist vielmehr selbst als wesentlich zu betrachten, nicht in der Bestimmung eines Festen, das vom Wahren abgeschnitten, außer ihm, man weiß nicht wo, liegen zu lassen sei, sowie auch das Wahre nicht als das auf der andern Seite ruhende, tote Positive. Die Erscheinung ist das Entstehen und Vergehen, das selbst nicht entsteht und vergeht, sondern an sich ist und die Wirklichkeit und Bewegung des Lebens der Wahrheit ausmacht. Das Wahre ist so der bacchantische Taumel, an dem kein Glied nicht trunken ist, und weil [er] jedes, indem es sich absondert, ebenso unmittelbar auflöst, – ist er ebenso die durchsichtige und einfache Ruhe. In dem Gerichte jener Bewegung bestehen zwar die einzelnen Gestalten des Geistes, wie die bestimmten Gedanken nicht, aber sie sind so sehr auch positive notwendige Momente, als sie negativ und verschwindend sind. – In dem *Ganzen* der Bewegung, es als Ruhe aufgefaßt, ist dasjenige, was sich in ihr unterscheidet und besonderes Dasein gibt, als ein solches, das sich *erinnert*, aufbewahrt, dessen Dasein das Wissen von sich selbst ist, wie dieses ebenso unmittelbar Dasein ist.

Von der *Methode* dieser Bewegung oder der Wissenschaft könnte es nötig scheinen, voraus das Mehrere anzugeben. Ihr Begriff liegt aber schon in dem Gesagten, und ihre eigentliche Darstellung gehört der Logik an oder ist vielmehr diese selbst. Denn die Methode ist nichts anderes als der Bau des Ganzen in seiner reinen Wesenheit aufgestellt. Von dem hierüber bisher Gangbaren aber müssen wir das Bewußtsein haben, daß auch das System der sich auf das, was philosophische Methode ist, beziehenden Vorstellungen einer verschollenen Bildung angehört. – Wenn dies etwa renommistisch oder revolutionär lauten sollte, von welchem Tone ich mich entfernt weiß, so ist zu bedenken, daß der wissenschaftliche Staat, den die Mathematik herlieh, – von Erklärungen, Einteilungen, Axiomen, Reihen von Theoremen, ihren Beweisen, Grundsätzen und dem Folgern und Schließen aus ihnen, – schon in der Meinung selbst wenigstens *veraltet* ist. Wenn auch seine Untauglichkeit nicht deutlich eingesehen wird, so wird doch kein oder wenig Gebrauch mehr davon gemacht; und wenn er nicht an sich gemißbilligt wird, so wird er doch nicht geliebt. Und wir müssen das Vorurteil für das Vortreffliche haben, daß es sich in den Gebrauch setze und beliebt mache. Es ist aber nicht schwer einzusehen, daß die Manier, einen Satz aufzustellen, Gründe für ihn anzuführen und den entgegengesetzten durch Gründe ebenso zu widerlegen, nicht die Form ist, in der die Wahrheit auftreten kann. Die Wahrheit ist die Bewegung ihrer an ihr selbst; jene Methode aber ist das Erkennen, das dem Stoffe äußerlich ist. Darum ist sie der Mathematik, die, wie bemerkt, das begrifflose Verhältnis der Größe zu ihrem Prinzip und den toten Raum wie das ebenso tote Eins zu ihrem Stoffe hat, eigentümlich und muß ihr gelassen werden. Auch mag sie in freierer Manier, d.h. mehr mit Willkür und Zufälligkeit gemischt, im gemeinen Leben, in einer Konversation oder historischen Belehrung mehr der Neugierde als der Erkenntnis, wie ungefähr auch eine Vorrede ist, bleiben. Im gemeinen Leben hat das Bewußtsein Kenntnisse, Erfahrungen, sinnliche Konkretionen, auch Gedanken, Grundsätze, überhaupt solches zu seinem Inhalte, das als ein Vorhandenes oder als ein festes ruhendes Sein oder Wesen gilt. Es läuft teils daran fort, teils unterbricht es den Zusammenhang durch die freie Willkür über solchen Inhalt und verhält sich als ein äußerliches Bestimmen und Handhaben desselben. Es führt ihn auf irgend etwas Gewisses, sei es auch nur die Empfindung des Augenblicks, zurück; und die Überzeugung ist befriedigt, wenn sie auf einem ihr bekannten Ruhepunkte angelangt ist.

Wenn aber die Notwendigkeit des Begriffs den losern Gang der räsonnierenden Konversation, wie den steifern des wissenschaftlichen Gepränges verbannt, so ist schon oben erinnert worden, daß seine Stelle nicht durch die Unmethode des Ahnens und der Begeisterung und die Willkür des prophetischen Redens ersetzt werden soll, welches nicht jene Wissenschaftlichkeit nur, sondern die Wissenschaftlichkeit überhaupt verachtet.

Ebensowenig ist, nachdem die Kantische, noch erst durch den Instinkt wiedergefundene, noch tote, noch unbegriffne *Triplizität* zu ihrer absoluten Bedeutung erhoben, damit die wahrhafte Form in ihrem wahrhaften Inhalte zugleich aufgestellt und der Begriff der Wissenschaft hervorgegangen ist, – derjenige Gebrauch dieser Form für etwas Wissenschaftliches zu halten, durch den wir sie zum leblosen Schema, zu einem eigentlichen Schemen, und die wissenschaftliche Organisation zur Tabelle herabgebracht sehen. – Dieser Formalismus, von dem oben schon im allgemeinen gesprochen wurde, und dessen Manier wir hier näher angeben wollen, meint die Natur und das Leben einer Gestalt begriffen und ausgesprochen zu haben, wenn er von ihr eine Bestimmung des Schemas als Prädikat ausgesagt, – es sei die Subjektivität oder Objektivität, oder auch der Magnetismus, die Elektrizität usf., die Kontraktion oder Expansion, der Osten oder Westen u. dgl., was sich ins Unendliche vervielfältigen läßt, weil nach dieser Weise jede Bestimmung oder Gestalt bei der andern wieder als Form oder Moment des Schemas gebraucht werden und jede dankbar der andern denselben Dienst leisten kann, – ein Zirkel von Gegenseitigkeit, wodurch man nicht erfährt, was die Sache selbst, weder was die eine noch die andre ist. Es werden dabei teils sinnliche Bestimmungen aus der gemeinen Anschauung aufgenommen, die freilich etwas anderes *bedeuten* sollen, als sie sagen, teils wird das an sich Bedeutende, die reinen Bestimmungen des Gedankens, wie Subjekt, Objekt, Substanz, Ursache, das Allgemeine usf. gerade so unbesehen und unkritisch gebraucht wie im gemeinen Leben und wie Stärken und Schwächen, Expansion und Kontraktion, so daß jene Metaphysik so unwissenschaftlich ist als diese sinnlichen Vorstellungen.

Statt des innern Lebens und der Selbstbewegung seines Daseins wird nun eine solche einfache Bestimmtheit von der Anschauung, d.h. hier dem sinnlichen Wissen, nach einer oberflächlichen Analogie ausgesprochen und diese äußerliche und leere Anwendung der Formel die *Konstruktion* genannt. – Es ist mit solchem Formalismus derselbe Fall als mit jedem. Wie stumpf müßte der Kopf sein, dem nicht in einer Viertelstunde die Theorie, daß es asthenische, sthenische und indirekt asthenische Krankheiten und ebenso viele Heilpläne gebe, beigebracht [werden], und der nicht [hoffen könnte], da ein solcher Unterricht noch vor kurzem dazu hinreichte, aus einem Routinier in dieser kleinen Zeit in einen theoretischen Arzt verwandelt werden zu können? Wenn der naturphilosophische Formalismus etwa lehrt, der Verstand sei die Elektrizität, oder das Tier sei der Stickstoff, oder auch *gleich* dem Süd oder Nord usf., oder repräsentiere ihn, so nackt, wie es hier ausgedrückt ist, oder auch mit mehr Terminologie zusammengebraut, so mag über solche Kraft, die das weit entlegen Scheinende zusammengreift, und über die Gewalt, die das ruhende Sinnliche durch diese Verbindung erleidet und die ihm dadurch den Schein eines Begriffes erteilt, die Hauptsache aber, den Begriff selbst oder die Bedeutung der sinnlichen Vorstellung auszusprechen, erspart, – es mag hierüber die Unerfahrenheit in ein bewunderndes Staunen geraten, darin eine tiefe Genialität verehren, so wie an der Heiterkeit solcher Bestimmungen, da sie den abstrakten Begriff durch Anschauliches ersetzen und erfreulicher machen, sich ergötzen und sich selbst zu der geahnten Seelenverwandtschaft mit solchem herrlichen Tun Glück wünschen. Der Pfiff einer solchen Weisheit ist sobald erlernt, als es leicht ist, ihn auszuüben; seine Wiederholung wird, wenn er bekannt ist, so unerträglich als die Wiederholung einer eingesehenen Taschenspielerkunst. Das Instrument dieses gleichtönigen Formalismus ist nicht schwerer zu handhaben als die Palette eines Malers, auf der sich nur zwei Farben befinden würden, etwa Rot und Grün, um mit jener eine Fläche anzufärben, wenn ein historisches Stück, mit dieser, wenn eine Landschaft verlangt wäre. – Es würde schwer zu entscheiden sein, was dabei größer ist, die Behaglichkeit, mit der alles, was im Himmel, auf Erden und unter der Erden ist, mit solcher Farbenbrühe angetüncht wird, oder die Einbildung auf die Vortrefflichkeit dieses Universalmittels; die eine unterstützt die andere. Was diese Methode, allem Himmlischen und Irdischen, allen natürlichen und geistigen Gestalten die paar Bestimmungen des allgemeinen Schemas aufzukleben und auf diese Weise alles einzurangieren, hervorbringt, ist nichts geringeres als ein sonnenklarer Bericht über den Organismus des Universums, nämlich eine Tabelle, die einem Skelette mit angeklebten Zettelchen oder den Reihen verschlossner Büchsen mit ihren aufgehefteten Etiketten in einer Gewürzkrämerbude gleicht, die so deutlich als das eine und das andre ist, und die, wie dort von den Knochen Fleisch und Blut weggenommen, hier aber die eben auch nicht lebendige Sache in den Büchsen verborgen ist, auch das lebendige Wesen der Sache weggelassen oder verborgen hat. – Daß sich diese Manier zugleich zur einfarbigen absoluten Malerei vollendet, indem sie auch, der Unterschiede des Schemas sich schämend, sie als der Reflexion angehörig in der Leerheit des Absoluten versenkt, auf daß die reine Identität, das formlose Weiße, hergestellt werde, ist oben schon bemerkt worden. Jene Gleichfarbigkeit des Schemas und seiner leblosen Bestimmungen und diese absolute Identität, und das Übergehen von einem zum andern, ist eines gleich toter Verstand als das andere, und gleich äußerliches Erkennen.

Das Vortreffliche kann aber dem Schicksale nicht nur nicht entgehen, so entlebt und entgeistet zu werden und so geschunden, seine Haut vom leblosen Wissen und dessen Eitelkeit umgenommen zu sehen. Vielmehr ist noch in diesem Schicksale selbst die Gewalt, welche es auf die Gemüter, wenn nicht auf Geister, ausübt, zu erkennen, sowie die Herausbildung zur Allgemeinheit und Bestimmtheit der Form, in der seine Vollendung besteht und die es allein möglich macht, daß diese Allgemeinheit zur Oberflächlichkeit gebraucht wird.

Die Wissenschaft darf sich nur durch das eigne Leben des Begriffs organisieren; in ihr ist die Bestimmtheit, welche aus dem Schema äußerlich dem Dasein aufgeklebt wird, die sich selbst bewegende Seele des erfüllten Inhalts. Die Bewegung des Seienden ist, sich einesteils ein Anders und so zu seinem immanenten Inhalte zu werden; andernteils nimmt es diese Entfaltung oder dies sein Dasein in sich zurück, d.h., macht sich selbst zu einem *Momente* und vereinfacht sich zur Bestimmtheit. In jener Bewegung ist die *Negativität* das Unterscheiden und das Setzen des *Daseins*: in diesem Zurückgehen in sich ist sie das Werden der *bestimmten Einfachheit*. Auf diese Weise ist es, daß der Inhalt seine Bestimmtheit nicht von einem andern empfangen und [sich] aufgeheftet zeigt, sondern er gibt sie sich selbst und rangiert sich aus sich zum Momente und zu einer Stelle des Ganzen. Der tabellarische Verstand behält für sich die Notwendigkeit und den Begriff des Inhalts, das, was das Konkrete, die Wirklichkeit und lebendige Bewegung der Sache ausmacht, die er rangiert, oder vielmehr behält er dies nicht für sich, sondern kennt es nicht; denn wenn er diese Einsicht hätte, würde er sie wohl zeigen. Er kennt nicht einmal das Bedürfnis derselben; sonst würde er sein Schematisieren unterlassen oder wenigstens sich nicht mehr damit wissen als mit einer Inhaltsanzeige; er gibt nur die Inhaltsanzeige, den Inhalt selbst aber liefert er nicht. – Wenn die Bestimmtheit, auch eine solche wie z.B. Magnetismus, eine an sich konkrete oder wirkliche ist, so ist sie doch zu etwas Totem herabgesunken, da sie von einem andern Dasein nur prädiziert und nicht als immanentes Leben dieses Daseins, oder wie sie in diesem ihre einheimische und eigentümliche Selbsterzeugung und Darstellung hat, erkannt ist. Diese Hauptsache hinzuzufügen, überläßt der formelle Verstand den Andern. – Statt in den immanenten Inhalt der Sache einzugehen, übersieht er immer das Ganze und steht über dem einzelnen Dasein, von dem er spricht, d.h. er sieht es gar nicht. Das wissenschaftliche Erkennen erfordert aber vielmehr, sich dem Leben des Gegenstandes zu übergeben oder was dasselbe ist, die innere Notwendigkeit desselben vor sich zu haben und auszusprechen. Sich so in seinen Gegenstand vertiefend, vergißt es jener Übersicht, welche nur die Reflexion des Wissens aus dem Inhalte in sich selbst ist. Aber in die Materie versenkt und in deren Bewegung fortgehend, kommt es in sich selbst zurück, aber nicht eher als darin, daß die Erfüllung oder der Inhalt sich in sich zurücknimmt, zur Bestimmtheit vereinfacht, sich selbst zu e i n e r Seite eines Daseins herabsetzt und in seine höhere Wahrheit übergeht. Dadurch emergiert das einfache sich übersehende Ganze selbst aus dem Reichtume, worin seine Reflexion verloren schien.

Dadurch überhaupt, daß, wie es oben ausgedrückt wurde, die Substanz an ihr selbst Subjekt ist, ist aller Inhalt seine eigene Reflexion in sich. Das Bestehen oder die Substanz eines Daseins ist die Sichselbstgleichheit; denn seine Ungleichheit mit sich wäre seine Auflösung. Die Sichselbstgleichheit aber ist die reine Abstraktion; diese aber ist das *Denken*. Wenn ich sage *Qualität*, sage ich die einfache Bestimmtheit; durch die Qualität ist ein Dasein von einem andern unterschieden, oder ist ein Dasein; es ist für sich selbst, oder es besteht durch diese Einfachheit mit sich. Aber dadurch ist es wesentlich der *Gedanke*. – Hierin ist es begriffen, daß das Sein Denken ist; hierin fällt die Einsicht, die dem gewöhnlichen begrifflosen Sprechen von der Identität des Denkens und Seins abzugehen pflegt. – Dadurch nun, daß das Bestehen des Daseins die Sichselbstgleichheit oder die reine Abstraktion ist, ist es die Abstraktion seiner von sich selbst, oder es ist selbst seine Ungleichheit mit sich und seine Auflösung, – seine eigne Innerlichkeit und Zurücknahme in sich, – sein Werden. – Durch diese Natur des Seienden[,] und insofern das Seiende diese Natur für das Wissen hat, ist dieses nicht die Tätigkeit, die den Inhalt als ein Fremdes handhabt, nicht die Reflexion in sich aus dem Inhalte heraus; die Wissenschaft ist nicht jener Idealismus, der an die Stelle des *behauptenden* Dogmatismus als ein *versichernder Dogmatismus oder der Dogmatismus* der *Gewißheit seiner selbst* trat, sondern – indem das Wissen den Inhalt in seine eigne Innerlichkeit zurückgehen sieht, ist seine Tätigkeit vielmehr sowohl versenkt in ihn, denn sie ist das immanente Selbst des Inhalts, als zugleich in sich zurückgekehrt, denn sie ist die reine Sichselbstgleichheit im Anderssein; so ist sie die List, die der Tätigkeit sich zu enthalten scheinend, zusieht, wie die Bestimmtheit und ihr konkretes Leben darin eben, daß es seine Selbsterhaltung und besonderes Interesse zu treiben vermeint, das Verkehrte, sich selbst auflösendes und zum Moment des Ganzen machendes Tun ist.

Wenn oben die Bedeutung des *Verstandes* nach der Seite des Selbstbewußtseins der Substanz angegeben wurde, so erhellt aus dem hier Gesagten seine Bedeutung nach der Bestimmung derselben als seiender. – Das Dasein ist Qualität, sich selbst gleiche Bestimmtheit oder bestimmte Einfachheit, bestimmter Gedanke; dies ist der Verstand des Daseins. Dadurch ist es N u s, als für welchen A n a x a g o r a s zuerst das Wesen erkannte. Die nach ihm begriffen bestimmter die Natur des Daseins als E i d o s oder I d e a, d.h. *bestimmte Allgemeinheit, Art*. Der Ausdruck *Art* scheint etwa zu gemein und zu wenig für die Ideen, für das Schöne und Heilige und Ewige zu sein, die zu dieser Zeit grassieren. Aber in der Tat drückt die Idee nicht mehr noch weniger aus als Art. Allein wir sehen jetzt oft einen Ausdruck, der einen Begriff bestimmt bezeichnet, verschmäht und einen andern vorgezogen, der, wenn es auch nur darum ist, weil er einer fremden Sprache angehört, den Begriff in Nebel einhüllt und damit erbaulicher lautet. – Eben darin, daß das Dasein als Art bestimmt ist, ist es einfacher Gedanke; der N u s, die Einfachheit, ist die Substanz. Um ihrer Einfachheit oder Sichselbstgleichheit willen erscheint sie als fest und bleibend. Aber diese Sichselbstgleichheit ist ebenso Negativität; dadurch geht jenes feste Dasein in seine Auflösung über. Die Bestimmtheit scheint zuerst es nur dadurch zu sein, daß sie sich auf *Andres* bezieht, und ihre Bewegung scheint ihr durch eine fremde Gewalt angetan zu werden; aber daß sie ihr Anderssein selbst an ihr hat und Selbstbewegung ist, dies ist eben in jener *Einfachheit* des Denkens selbst enthalten; denn diese ist der sich selbst bewegende und unterscheidende Gedanke, und die eigene Innerlichkeit, der reine *Begriff*. So ist also die *Verständigkeit* ein Werden, und als dies Werden ist sie die *Vernünftigkeit*.

In dieser Natur dessen, was ist, in seinem Sein sein Begriff zu sein, ist es, daß überhaupt die *logische Notwendigkeit* besteht; sie allein ist das Vernünftige und der Rhythmus des organischen Ganzen, sie ist ebensosehr *Wissen* des Inhalts, als der Inhalt Begriff und Wesen ist, – oder sie allein ist das *Spekulative*. – Die konkrete Gestalt, sich selbst bewegend, macht sich zur einfachen Bestimmtheit; damit erhebt sie sich zur logischen Form und ist in ihrer Wesentlichkeit; ihr konkretes Dasein ist nur diese Bewegung und ist unmittelbar logisches Dasein. Es ist darum unnötig, dem konkreten Inhalt den Formalismus äußerlich anzutun; jener ist an ihm selbst das Übergehen in diesen, der aber aufhört, dieser äußerliche Formalismus zu sein, weil die Form das einheimische Werden des konkreten Inhalts selbst ist.

Diese Natur der wissenschaftlichen Methode, teils von dem Inhalte ungetrennt zu sein, teils sich durch sich selbst ihren Rhythmus zu bestimmen, hat, wie schon erinnert, in der spekulativen Philosophie ihre eigentliche Darstellung. – Das hier Gesagte drückt zwar den Begriff aus, kann aber für nicht mehr als für eine antizipierte Versicherung gelten. Ihre Wahrheit liegt nicht in dieser zum Teil erzählenden Exposition und ist darum auch ebenso wenig widerlegt, wenn dagegen versichert wird, dem sei nicht so, sondern es verhalte sich damit so und so, wenn gewohnte Vorstellungen als ausgemachte und bekannte Wahrheiten in Erinnerung gebracht und hererzählt, oder auch aus dem Schreine des innern göttlichen Anschauens Neues aufgetischt und versichert wird. – Eine solche Aufnahme pflegt die erste Reaktion des Wissens, dem etwas unbekannt war, dagegen zu sein, um die Freiheit und eigne Einsicht, die eigne Autorität gegen die fremde, denn unter dieser Gestalt erscheint das jetzt zuerst Aufgenommene, zu retten, – auch um den Schein und die Art von Schande, die darin liegen soll, daß etwas gelernt worden sei, wegzuschaffen; so wie bei der Beifall gebenden Annahme des Unbekannten die Reaktion derselben Art in dem besteht, was in einer andren Sphäre das ultrarevolutionäre Reden und Handeln war.

Worauf es deswegen bei dem *Studium* der *Wissenschaft* ankommt, ist, die Anstrengung des Begriffs auf sich zu nehmen. Sie erfordert die Aufmerksamkeit auf ihn als solchen, auf die einfachen Bestimmungen, z.B. des *Ansichseins*, des *Fürsichseins*, der *Sichselbstgleichheit* usf.; denn diese sind solche reine Selbstbewegungen, die man Seelen nennen könnte, wenn nicht ihr Begriff etwas Höheres bezeichnete als diese. Der Gewohnheit, an Vorstellungen fortzulaufen, ist die Unterbrechung derselben durch den Begriff ebenso lästig als dem formalen Denken, das in unwirklichen Gedanken hin und her räsonniert. Jene Gewohnheit ist ein materielles Denken zu nennen, ein zufälliges Bewußtsein, das in den Stoff nur versenkt ist, welchem es daher sauer ankommt, aus der Materie zugleich sein Selbst rein herauszuheben und bei sich zu sein. Das andere, das Räsonnieren, hingegen ist die Freiheit von dem Inhalt und die Eitelkeit über ihn; ihr wird die Anstrengung zugemutet, diese Freiheit aufzugeben, und statt das willkürlich bewegende Prinzip des Inhalts zu sein, diese Freiheit in ihn zu versenken, ihn durch seine eigne Natur, d.h. durch das Selbst als das seinige, sich bewegen zu lassen und diese Bewegung zu betrachten. Sich des eignen Einfallens in den immanenten Rhythmus der Begriffe entschlagen, in ihn nicht durch die Willkür und sonst erworbene Weisheit eingreifen, diese Enthaltsamkeit ist selbst ein wesentliches Moment der Aufmerksamkeit auf den Begriff.

Es sind an dem räsonnierenden Verhalten die beiden Seiten bemerklicher zu machen, nach welchen das begreifende Denken ihm entgegengesetzt ist. – Teils verhält sich jenes negativ gegen den aufgefaßten Inhalt, weiß ihn zu widerlegen und zunichte zu machen. Daß dem nicht so sei, diese Einsicht ist das bloß *Negative*; es ist das Letzte, das nicht selbst über sich hinaus zu einem neuen Inhalt geht; sondern um wieder einen Inhalt zu haben, muß etwas A n d e r e s irgendwoher vorgenommen werden. Es ist die Reflexion in das leere Ich, die Eitelkeit seines Wissens. – Diese Eitelkeit drückt aber nicht nur dies aus, daß dieser Inhalt eitel, sondern auch, daß diese Einsicht selbst es ist; denn sie ist das Negative, das nicht das Positive in sich erblickt. Dadurch, daß diese Reflexion ihre Negativität selbst nicht zum Inhalte gewinnt, ist sie überhaupt nicht in der Sache, sondern immer darüber hinaus; sie bildet sich deswegen ein, mit der Behauptung der Leere immer weiter zu sein als eine inhaltsreiche Einsicht. Dagegen, wie vorhin gezeigt, gehört im begreifenden Denken das Negative dem Inhalte selbst an und ist sowohl als seine *immanente* Bewegung und Bestimmung, wie als *Ganzes* derselben das *Positive*. Als Resultat aufgefaßt ist es das aus dieser Bewegung herkommende, das *bestimmte* Negative, und hiemit ebenso ein positiver Inhalt.

In Ansehung dessen aber, daß solches Denken einen Inhalt hat, es sei der Vorstellungen oder Gedanken, oder der Vermischung beider, hat es eine andre Seite, die ihm das Begreifen erschwert. Die merkwürdige Natur derselben hängt mit dem oben angegebenen Wesen der Idee selbst enge zusammen, oder drückt sie vielmehr aus, wie sie als die Bewegung erscheint, die denkendes Auffassen ist. – Wie nämlich in seinem negativen Verhalten, wovon soeben die Rede war, das räsonnierende Denken selber das Selbst ist, in das der Inhalt zurückgeht, so ist dagegen in seinem positiven Erkennen das Selbst ein vorgestelltes *Subjekt*, worauf sich der Inhalt als Akzidens und Prädikat bezieht. Dies Subjekt macht die Basis aus, an die er geknüpft wird und auf der die Bewegung hin und wieder läuft. Anders verhält es sich im begreifenden Denken. Indem der Begriff das eigene Selbst des Gegenstandes ist, das sich als *sein Werden* darstellt, ist es nicht ein ruhendes Subjekt, das unbewegt die Akzidenzen trägt, sondern der sich bewegende und seine Bestimmungen in sich zurücknehmende Begriff. In dieser Bewegung geht jenes ruhende Subjekt selbst zugrunde; es geht in die Unterschiede und den Inhalt ein und macht vielmehr die Bestimmtheit, d.h. den unterschiednen Inhalt wie die Bewegung desselben aus, statt ihr gegenüberstehen zu bleiben. Der feste Boden, den das Räsonnieren an dem ruhenden Subjekte hat, schwankt also, und nur diese Bewegung selbst wird der Gegenstand. Das Subjekt, das seinen Inhalt erfüllt, hört auf, über diesen hinauszugehen, und kann nicht noch andere Prädikate oder Akzidenzen haben. Die Zerstreutheit des Inhalts ist umgekehrt dadurch unter das Selbst gebunden; er ist nicht das Allgemeine, das frei vom Subjekte mehrern zukäme. Der Inhalt ist somit in der Tat nicht mehr Prädikat des Subjekts, sondern ist die Substanz, ist das Wesen und der Begriff dessen, wovon die Rede ist. Das vorstellende Denken, da seine Natur ist, an den Akzidenzen oder Prädikaten fortzulaufen und mit Recht, weil sie nicht mehr als Prädikate und Akzidenzen sind, über sie hinauszugehen, wird, indem das, was im Satze die Form eines Prädikats hat, die Substanz selbst ist, in seinem Fortlaufen gehemmt. Es erleidet, es so vorzustellen, einen Gegenstoß. Vom Subjekte anfangend, als ob dieses zum Grunde liegen bliebe, findet es, indem das Prädikat vielmehr die Substanz ist, das Subjekt zum Prädikat übergegangen und hiemit aufgehoben; und indem so das, was Prädikat zu sein scheint, zur ganzen und selbständigen Masse geworden, kann das Denken nicht frei herumirren, sondern ist durch diese Schwere aufgehalten. – Sonst ist zuerst das Subjekt als das *gegenständliche* fixe Selbst zu Grunde gelegt; von hier aus geht die notwendige Bewegung zur Mannigfaltigkeit der Bestimmungen oder der Prädikate fort; hier tritt an die Stelle jenes Subjekts das wissende Ich selbst ein und ist das Verknüpfen der Prädikate und das sie haltende Subjekt. Indem aber jenes erste Subjekt in die Bestimmungen selbst eingeht und ihre Seele ist, findet das zweite Subjekt, nämlich das wissende, jenes, mit dem es schon fertig sein und worüber hinaus es in sich zurückgehen will, noch im Prädikate vor, und statt in dem Bewegen des Prädikats das Tuende als Räsonnieren, ob jenem dies oder jenes Prädikat beizulegen wäre, sein zu können, hat es vielmehr mit dem Selbst des Inhalts noch zu tun, soll nicht für sich, sondern mit diesem zusammensein.

Formell kann das Gesagte so ausgedrückt werden, daß die Natur des Urteils oder Satzes überhaupt, die den Unterschied des Subjekts und Prädikats in sich schließt, durch den spekulativen Satz zerstört wird, und der identische Satz, zu dem der erstere wird, den Gegenstoß zu jenem Verhältnisse enthält. – Dieser Konflikt der Form eines Satzes überhaupt und der sie zerstörenden Einheit des Begriffs ist dem ähnlich, der im Rhythmus zwischen dem Metrum und dem Akzente stattfindet. Der Rhythmus resultiert aus der schwebenden Mitte und Vereinigung beider. So soll auch im philosophischen Satze die Identität des Subjekts und Prädikats den Unterschied derselben, den die Form des Satzes ausdrückt, nicht vernichten, sondern ihre Einheit [soll] als eine Harmonie hervorgehen. Die Form des Satzes ist die Erscheinung des bestimmten Sinnes oder der Akzent, der seine Erfüllung unterscheidet; daß aber das Prädikat die Substanz ausdrückt und das Subjekt selbst ins Allgemeine fällt, ist die *Einheit*, worin jener Akzent verklingt.

Um das Gesagte durch Beispiele zu erläutern, so ist in dem Satz: *Gott ist das Sein*, das Prädikat *das* Sein; es hat substantielle Bedeutung, in der das Subjekt zerfließt. Sein soll hier nicht Prädikat, sondern das Wesen sein; dadurch scheint Gott aufzuhören, das zu sein, was er durch die Stellung des Satzes ist, nämlich das feste Subjekt. – Das Denken, statt im Übergange vom Subjekte zum Prädikate weiter zu kommen, fühlt sich, da das Subjekt verloren geht, vielmehr gehemmt und zu dem Gedanken des Subjekts, weil es dasselbe vermißt, zurückgeworfen; oder es findet, da das Prädikat selbst als ein Subjekt, als *das* Sein, als das *Wesen* ausgesprochen ist, welches die Natur des Subjekts erschöpft, das Subjekt unmittelbar auch im Prädikate; und nun, statt daß es im Prädikate in sich gegangen die freie Stellung des Räsonnierens erhielte, ist es in den Inhalt noch vertieft, oder wenigstens ist die Forderung vorhanden, in ihn vertieft zu sein. – So auch wenn gesagt wird: das *Wirkliche* ist das *Allgemeine*, so vergeht das Wirkliche als Subjekt in seinem Prädikate. Das Allgemeine soll nicht nur die Bedeutung des Prädikats haben, so daß der Satz dies aussagte, das Wirkliche sei allgemein; sondern das Allgemeine soll das Wesen des Wirklichen ausdrücken. – Das Denken verliert daher so sehr seinen festen gegenständlichen Boden, den es am Subjekte hatte, als es im Prädikate darauf zurückgeworfen wird, und in diesem nicht in sich, sondern in das Subjekt des Inhalts zurückgeht.

Auf diesem ungewohnten Hemmen beruhen großenteils die Klagen über die Unverständlichkeit philosophischer Schriften, wenn anders im Individuum die sonstigen Bedingungen der Bildung, sie zu verstehen, vorhanden sind. Wir sehen in dem Gesagten den Grund des ganz bestimmten Vorwurfs, der ihnen oft gemacht wird, daß Mehreres erst wiederholt gelesen werden müsse, ehe es verstanden werden könne; – ein Vorwurf, der etwas Ungebührliches und Letztes enthalten soll, so daß er, wenn er gegründet, weiter keine Gegenrede zulasse. – Es erhellt aus dem Obigen, welche Bewandtnis es damit hat. Der philosophische Satz, weil er Satz ist, erweckt die Meinung des gewöhnlichen Verhältnisses des Subjekts und Prädikats und des gewohnten Verhaltens des Wissens. Dies Verhalten und die Meinung desselben zerstört sein philosophischer Inhalt; die Meinung erfährt, daß es anders gemeint ist, als sie meinte; und diese Korrektion seiner Meinung nötigt das Wissen, auf den Satz zurückzukommen und ihn nun anders zu fassen.

Eine Schwierigkeit, die vermieden werden sollte, macht die Vermischung der spekulativen und der räsonnierenden Weise aus, wenn einmal das vom Subjekte Gesagte die Bedeutung seines Begriffs hat, das andere Mal aber auch nur die Bedeutung seines Prädikats oder Akzidens. – Die eine Weise stört die andere, und erst diejenige philosophische Exposition würde es erreichen, plastisch zu sein, welche strenge die Art des gewöhnlichen Verhältnisses der Teile eines Satzes ausschlösse.

In der Tat hat auch das nicht spekulative Denken sein Recht, das gültig, aber in der Weise des spekulativen Satzes nicht beachtet ist. Daß die Form des Satzes aufgehoben wird, muß nicht nur auf *unmittelbare* Weise geschehen, nicht durch den bloßen Inhalt des Satzes. Sondern diese entgegengesetzte Bewegung muß ausgesprochen werden; sie muß nicht nur jene innerliche Hemmung, sondern dies Zurückgehen des Begriffs in sich muß *dargestellt* sein. Diese Bewegung, welche das ausmacht, was sonst der Beweis leisten sollte, ist die dialektische Bewegung des Satzes selbst. Sie allein ist das *wirkliche* Spekulative, und nur das Aussprechen derselben ist spekulative Darstellung. Als Satz ist das Spekulative nur die *innerliche* Hemmung und die nicht*daseiende* Rückkehr des Wesens in sich. Wir sehen uns daher oft von philosophischen Expositionen an dieses *innre* Anschauen verwiesen und dadurch die Darstellung der dialektischen Bewegung des Satzes erspart, die wir verlangten. – Der *Satz* soll ausdrücken, *was* das Wahre ist, aber wesentlich ist es Subjekt; als dieses ist es nur die dialektische Bewegung, dieser sich selbst erzeugend, fortleitende und in sich zurückgehende Gang. – Bei dem sonstigen Erkennen macht der Beweis diese Seite der ausgesprochnen Innerlichkeit aus. Nachdem aber die Dialektik vom Beweise getrennt worden, ist in der Tat der Begriff des philosophischen Beweisens verloren gegangen.

Es kann hierüber erinnert werden, daß die dialektische Bewegung gleichfalls Sätze zu ihren Teilen oder Elementen habe; die aufgezeigte Schwierigkeit scheint daher immer zurückzukehren und eine Schwierigkeit der Sache selbst zu sein. – Es ist dies dem ähnlich, was beim gewöhnlichen Beweise so vorkommt, daß die Gründe, die er gebraucht, selbst wieder einer Begründung bedürfen, und so fort ins Unendliche. Diese Form des Begründens und Bedingens gehört aber jenem Beweisen, von dem die dialektische Bewegung verschieden ist, und somit dem äußerlichen Erkennen an. Was diese selbst betrifft, so ist ihr Element der reine Begriff; hiemit hat sie einen Inhalt, der durch und durch Subjekt an ihm selbst ist. Es kommt also kein solcher Inhalt vor, der als zum Grunde liegendes Subjekt sich verhielte, und dem seine Bedeutung als ein Prädikat zukäme; der Satz ist unmittelbar eine nur leere Form. – Außer dem sinnlich angeschauten oder vorgestellten Selbst ist es vornehmlich der Name als Name, der das reine Subjekt, das leere begrifflose Eins bezeichnet. Aus diesem Grunde kann es z.B. dienlich sein, den Namen: *Gott* zu vermeiden, weil dies Wort nicht unmittelbar zugleich Begriff, sondern der eigentliche Name, die feste Ruhe des zum Grunde liegenden Subjekts ist; da hingegen z.B. das Sein oder das Eine, die Einzelheit, das Subjekt usf. selbst auch unmittelbar Begriffe andeuten. – Wenn auch von jenem Subjekte spekulative Wahrheiten gesagt werden, so entbehrt doch ihr Inhalt des immanenten Begriffs, weil er nur als ruhendes Subjekt vorhanden ist, und sie bekommen durch diesen Umstand leicht die Form der bloßen Erbaulichkeit. – Von dieser Seite wird also auch das Hindernis, das in der Gewohnheit liegt, das spekulative Prädikat nach der Form des Satzes, nicht als Begriff und Wesen zu fassen, durch die Schuld des philosophischen Vortrags selbst vermehrt und verringert werden können. Die Darstellung muß, der Einsicht in die Natur des Spekulativen getreu, die dialektische Form behalten und nichts hereinnehmen, als insofern es begriffen wird und der Begriff ist.

So sehr als das räsonnierende Verhalten ist dem Studium der Philosophie die nicht räsonnierende Einbildung auf ausgemachte Wahrheiten hinderlich, auf welche der Besitzer es nicht nötig zu haben meint zurückzukommen, sondern sie zugrunde legt und sie aussprechen zu können glaubt, sowie durch sie richten und absprechen. Von dieser Seite tut es besonders not, daß wieder ein ernsthaftes Geschäfte aus dem Philosophieren gemacht werde. Von allen Wissenschaften, Künsten, Geschicklichkeiten, Handwerken gilt die Überzeugung, daß, um sie zu besitzen, eine vielfache Bemühung des Erlernens und Übens derselben nötig ist. In Ansehung der Philosophie dagegen scheint jetzt das Vorurteil zu herrschen, daß, wenn zwar jeder Augen und Finger hat, und wenn er Leder und Werkzeug bekommt, er darum nicht imstande sei, Schuhe zu machen – jeder doch unmittelbar zu philosophieren und die Philosophie zu beurteilen verstehe, weil er den Maßstab an seiner natürlichen Vernunft dazu besitze, – als ob er den Maßstab eines Schuhes nicht an seinem Fuße ebenfalls besäße. – Es scheint gerade in den Mangel von Kenntnissen und von Studium der Besitz der Philosophie gesetzt zu werden und diese da aufzuhören, wo jene anfangen. Sie wird häufig für ein formelles, inhaltleeres Wissen gehalten, und es fehlt sehr an der Einsicht, daß, was auch dem Inhalte nach in irgendeiner Kenntnis und Wissenschaft Wahrheit ist, diesen Namen allein dann verdienen kann, wenn es von der Philosophie erzeugt worden; daß die andern Wissenschaften, sie mögen es mit Räsonnieren, ohne die Philosophie, versuchen, soviel sie wollen, ohne sie nicht Leben, Geist, Wahrheit in ihnen zu haben vermögen.

In Ansehung der eigentlichen Philosophie sehen wir für den langen Weg der Bildung, für die ebenso reiche als tiefe Bewegung, durch die der Geist zum Wissen gelangt, die unmittelbare Offenbarung des Göttlichen und den gesunden Menschenverstand, der sich weder mit andrem Wissen noch mit dem eigentlichen Philosophieren bemüht und gebildet hat, sich unmittelbar als ein vollkommenes Äquivalent und so gutes Surrogat ansehen, als etwa die Zichorie ein Surrogat des Kaffees zu sein gerühmt wird. Es ist nicht erfreulich zu bemerken, daß die Unwissenheit und die form- wie geschmacklose Roheit selbst, die unfähig ist, ihr Denken auf einen abstrakten Satz, noch weniger auf den Zusammenhang mehrerer festzuhalten, bald die Freiheit und Toleranz des Denkens, bald aber Genialität zu sein versichert. Die letztere, wie jetzt in der Philosophie, grassierte bekanntlich einst ebenso in der Poesie; statt Poesie aber, wenn das Produzieren dieser Genialität einen Sinn hatte, erzeugte es triviale Prose oder, wenn es über diese hinausging, verrückte Reden. So jetzt ein natürliches Philosophieren, das sich zu gut für den Begriff und durch dessen Mangel für ein anschauendes und poetisches Denken hält, bringt willkürliche Kombinationen einer durch den Gedanken nur desorganisierten Einbildungskraft zu Markte, – Gebilde, die weder Fisch noch Fleisch, weder Poesie noch Philosophie sind.

Dagegen im ruhigern Bette des gesunden Menschenverstandes fortfließend, gibt das natürliche Philosophieren eine Rhetorik trivialer Wahrheiten zum besten. Wird ihm die Unbedeutendheit derselben vorgehalten, so versichert es dagegen, daß der Sinn und die Erfüllung in seinem Herzen vorhanden sei, und auch so bei andern vorhanden sein müsse, indem es überhaupt mit der Unschuld des Herzens und der Reinheit des Gewissens u. dgl. letzte Dinge gesagt zu haben meint, wogegen weder Einrede stattfinde, noch etwas weiteres gefodert werden könne. Es war aber darum zu tun, daß das Beste nicht im Innern zurückbliebe sondern aus diesem Schachte zu Tage gefördert werde. Letzte Wahrheiten jener Art vorzubringen, diese Mühe konnte längst erspart werden; denn sie sind längst etwa im Katechismus, in den Sprichwörtern des Volks usf. zu finden. – Es ist nicht schwer, solche Wahrheiten an ihrer Unbestimmtheit oder Schiefheit zu fassen, oft die gerade entgegengesetzte ihrem Bewußtsein in ihm selbst aufzuzeigen. Es wird, indem es sich aus der Verwirrung, die in ihm angerichtet wird, zu ziehen bemüht, in neue verfallen und wohl zu dem Ausbruche kommen, daß ausgemachtermaßen dem *so* und *so*, jenes aber *Sophistereien* seien, – ein Schlagwort des gemeinen Menschenverstandes gegen die gebildete Vernunft, wie den Ausdruck: *Träumereien* die Unwissenheit der Philosophie sich für diese ein für allemal gemerkt hat. – Indem jener sich auf das Gefühl, sein inwendiges Orakel beruft, ist er gegen den, der nicht übereinstimmt, fertig; er muß erklären, daß er dem weiter nichts zu sagen habe, der nicht dasselbe in sich finde und fühle; – mit andern Worten, er tritt die Wurzel der Humanität mit Füßen. Denn die Natur dieser ist, auf die Übereinkunft mit andern zu dringen, und ihre Existenz nur in der zustande gebrachten Gemeinsamkeit der Bewußtsein[e]. Das Widermenschliche, das Tierische besteht darin, im Gefühle stehen zu bleiben und nur durch dieses sich mitteilen zu können.

Wenn nach einem königlichen Wege zur Wissenschaft gefragt würde, so kann kein bequemerer angegeben werden, als der, sich auf den gesunden Menschenverstand zu verlassen und, um übrigens auch mit der Zeit und mit der Philosophie fortzuschreiten, Rezensionen von philosophischen Schriften, etwa gar die Vorreden und ersten Paragraphen derselben zu lesen; denn diese geben die allgemeinen Grundsätze, worauf alles ankommt, und jene neben der historischen Notiz noch die Beurteilung, die sogar, weil sie Beurteilung ist, über das Beurteilte hinaus ist. Dieser gemeine Weg macht sich im Hausrocke; aber im hohenpriesterlichen

Gewande schreitet das Hochgefühl des Ewigen, Heiligen, Unendlichen einher – einen Weg, der vielmehr schon selbst das unmittelbare Sein im Zentrum, die Genialität tiefer origineller Ideen und hoher Gedankenblitze ist. Wie jedoch solche Tiefe noch nicht den Quell des Wesens offenbart, so sind diese Raketen noch nicht das Empyreum. Wahre Gedanken und wissenschaftliche Einsicht ist nur in der Arbeit des Begriffes zu gewinnen. Er allein kann die Allgemeinheit des Wissens hervorbringen, welche weder die gemeine Unbestimmtheit und Dürftigkeit des gemeinen Menschenverstandes, sondern gebildete und vollständige Erkenntnis, noch die ungemeine Allgemeinheit der durch Trägheit und Eigendünkel von Genie sich verderbenden Anlage der Vernunft, sondern die zu ihrer einheimischen Form gediehene Wahrheit, – welche fähig ist, das Eigentum aller selbstbewußten Vernunft zu sein.

Indem ich das, wodurch die Wissenschaft existiert, in die Selbstbewegung des Begriffes setze, so scheint die Betrachtung, daß die angeführten und noch andre äußre Seiten der Vorstellungen unserer Zeit über die Natur und Gestalt der Wahrheit hievon abweichen, ja ganz entgegen sind, einem Versuche, das System der Wissenschaft in jener Bestimmung darzustellen, keine günstige Aufnahme zu versprechen. Inzwischen kann ich bedenken, daß, wenn z.B. zuweilen das Vortreffliche der Philosophie P l a t o s in seine wissenschaftlich wertlosen Mythen gesetzt wird, es auch Zeiten gegeben, welche sogar Zeiten der Schwärmerei genannt werden, worin die a r i s t o t e l i s c h e Philosophie um ihrer spekulativen Tiefe willen geachtet und der Parmenides des Plato, wohl das größte Kunstwerk der alten *Dialektik*, für die wahre Enthüllung und den *positiven Ausdruck des göttlichen Lebens* gehalten wurde, und sogar bei vieler Trübheit dessen, was die *Ekstase* erzeugte, diese mißverstandne Ekstase in der Tat nichts andres als *der reine Begriff* sein sollte, – daß ferner das Vortreffliche der Philosophie unserer Zeit seinen Wert selbst in die Wissenschaftlichkeit setzt, und wenn auch die andern es anders nehmen, nur durch sie in der Tat sich geltend macht. Somit kann ich auch hoffen, daß dieser Versuch, die Wissenschaft dem Begriffe zu vindizieren und sie in diesem ihrem eigentümlichen Elemente darzustellen, sich durch die innre Wahrheit der Sache Eingang zu verschaffen wissen werde. Wir müssen überzeugt sein, daß das Wahre die Natur hat, durchzudringen, wenn seine Zeit gekommen, und daß es nur erscheint, wenn diese gekommen, und deswegen nie zu früh erscheint, noch ein unreifes Publikum findet; auch daß das Individuum dieses Effekts bedarf, um das, was noch seine einsame Sache ist, daran sich zu bewähren, und die Überzeugung, die nur erst der Besonderheit angehört, als etwas Allgemeines zu erfahren. Hiebei aber ist häufig das Publikum von denen zu unterscheiden, welche sich als seine Repräsentanten und Sprecher betragen. Jenes verhält sich in manchen Rücksichten anders als diese, ja selbst entgegengesetzt. Wenn es gutmütigerweise die Schuld, daß ihm eine philosophische Schrift nicht zusagt, eher auf sich nimmt, so schieben hingegen diese, ihrer Kompetenz gewiß, alle Schuld auf den Schriftsteller. Die Wirkung ist in jenem stiller als das Tun dieser Toten, wenn sie ihre Toten begraben. Wenn jetzt die allgemeine Einsicht überhaupt gebildeter, ihre Neugierde wachsamer und ihr Urteil schneller bestimmt ist, so daß die Füße derer, die dich hinaustragen werden, schon vor der Türe stehen, so ist hievon oft die langsamere Wirkung zu unterscheiden, welche die Aufmerksamkeit, die durch imponierende Versicherungen erzwungen wurde, so wie den wegwerfenden Tadel berichtigt und einem Teile eine Mitwelt erst in einiger Zeit gibt, während ein anderer nach dieser keine Nachwelt mehr hat.

Weil übrigens in einer Zeit, worin die Allgemeinheit des Geistes so sehr erstarkt und die Einzelheit, wie sich gebührt, um soviel gleichgültiger geworden ist, auch jene an ihrem vollen Umfang und gebildeten Reichtum hält und ihn fordert, der Anteil, der an dem gesamten Werke des Geistes auf die Tätigkeit des Individuums fällt, nur gering sein kann, so muß dieses, wie die Natur der Wissenschaft schon es mit sich bringt, sich um so mehr vergessen, und zwar werden und tun, was es kann, aber es muß ebenso weniger von ihm gefordert werden, wie es selbst weniger von sich erwarten und für sich fordern darf.

Wissenschaft der Erfahrung des Bewußtseins.

Einleitung

Es ist eine natürliche Vorstellung, daß, eh in der Philosophie an die Sache selbst, nämlich an das wirkliche Erkennen dessen, was in Wahrheit ist, gegangen wird, es notwendig sei, vorher über das Erkennen sich zu verständigen, das als das Werkzeug, wodurch man des Absoluten sich bemächtige, oder als das Mittel, durch welches hindurch man es erblicke, betrachtet wird. Die Besorgnis scheint gerecht, teils, daß es verschiedene Arten der Erkenntnis geben und darunter eine geschickter als eine andere zur Erreichung dieses Endzwecks sein möchte, hiemit durch falsche Wahl unter ihnen, – teils auch daß, indem das Erkennen ein Vermögen von bestimmter Art und Umfange ist, ohne die genauere Bestimmung seiner Natur und Grenze, Wolken des Irrtums statt des Himmels der Wahrheit erfaßt werden. Diese Besorgnis muß sich wohl sogar in die Überzeugung verwandeln, daß das ganze Beginnen, dasjenige, was an sich ist, durch das Erkennen dem Bewußtsein zu erwerben, in seinem Begriffe widersinnig sei und zwischen das Erkennen und das Absolute eine sie schlechthin scheidende Grenze falle. Denn ist das Erkennen das Werkzeug, sich des absoluten Wesens zu bemächtigen, so fällt sogleich auf, daß die Anwendung eines Werkzeugs auf eine Sache sie vielmehr nicht läßt, wie sie für sich ist, sondern eine Formierung und Veränderung mit ihr vornimmt. Oder ist das Erkennen nicht Werkzeug unserer Tätigkeit, sondern gewissermaßen ein passives Medium, durch welches hindurch das Licht der Wahrheit an uns gelangt, so erhalten wir auch so sie nicht, wie sie an sich, sondern wie sie durch und in diesem Medium ist. Wir gebrauchen in beiden Fällen ein Mittel, welches unmittelbar das Gegenteil seines Zwecks hervorbringt; oder das Widersinnige ist vielmehr, daß wir uns überhaupt eines Mittels bedienen. Es scheint zwar, daß diesem Übelstande durch die Kenntnis der Wirkungsweise des *Werkzeugs* abzuhelfen steht, denn sie macht es möglich, den Teil, welcher in der Vorstellung, die wir durch es vom Absoluten erhalten, dem Werkzeuge angehört, im Resultate abzuziehen und so das Wahre rein zu erhalten. Allein diese Verbesserung würde uns in der Tat nur dahin zurückbringen, wo wir vorher waren. Wenn wir von einem formierten Dinge das wieder wegnehmen, was das Werkzeug daran getan hat, so ist uns das Ding – hier das Absolute – gerade wieder so viel als vor dieser somit überflüssigen Bemühung. Sollte das Absolute durch das Werkzeug uns nur überhaupt näher gebracht werden, ohne etwas an ihm zu verändern, wie etwa durch die Leimrute der Vogel, so würde es wohl, wenn es nicht an und für sich schon bei uns wäre und sein wollte, dieser List spotten; denn eine List wäre in diesem Falle das Erkennen, da es durch sein vielfaches Bemühen ganz etwas anderes zu treiben sich die Miene gibt, als nur die unmittelbare und somit mühelose Beziehung hervor zu bringen. Oder wenn die Prüfung des Erkennens, das wir als ein *Medium* uns vorstellen, uns das Gesetz seiner Strahlenbrechung kennen lehrt, so nützt es eben so nichts, sie im Resultate abzuziehen; denn nicht das Brechen des Strahls, sondern der Strahl selbst, wodurch die Wahrheit uns berührt, ist das Erkennen, und dieses abgezogen, wäre uns nur die reine Richtung oder der leere Ort bezeichnet worden.

Inzwischen, wenn die Besorgnis, in Irrtum zu geraten, ein Mißtrauen in die Wissenschaft setzt, welche ohne dergleichen Bedenklichkeiten ans Werk selbst geht und wirklich erkennt, so ist nicht abzusehen, warum nicht umgekehrt ein Mißtrauen in dies Mißtrauen gesetzt und besorgt werden soll, daß diese Furcht zu irren schon der Irrtum selbst ist. In der Tat setzt sie etwas und zwar manches als Wahrheit voraus und stützt darauf ihre Bedenklichkeiten und Konsequenzen, was selbst vorher zu prüfen ist, ob es Wahrheit sei. Sie setzt nämlich *Vorstellungen* von dem *Erkennen* als einem *Werkzeuge* und *Medium*, auch einen *Unterschied unserer selbst von diesem Erkennen* voraus; vorzüglich aber dies, daß das Absolute *auf einer Seite* stehe und *das Erkennen auf der andern Seite* für sich und getrennt von dem Absoluten doch etwas Reelles, oder hiemit, daß das Erkennen, welches, indem es außer dem Absoluten, wohl auch außer der Wahrheit ist, doch wahrhaft sei, eine Annahme, wodurch das, was sich Furcht vor dem Irrtume nennt, sich eher als Furcht vor der Wahrheit zu erkennen gibt.

Diese Konsequenz ergibt sich daraus, daß das Absolute allein wahr, oder das Wahre allein absolut ist. Sie kann abgelehnt werden durch den Unterschied, daß ein Erkennen, welches zwar nicht, wie die Wissenschaft will, das Absolute erkennt, doch auch wahr, und das Erkennen überhaupt, wenn es dasselbe zu fassen zwar unfähig sei, doch anderer Wahrheit fähig sein könne. Aber wir sehen nachgerade, daß solches Hin- und Herreden auf einen trüben Unterschied zwischen einem absoluten Wahren und einem sonstigen Wahren hinaus läuft, und das Absolute, das Erkennen usf. Worte sind, welche eine Bedeutung voraussetzen, um die zu erlangen es erst zu tun ist.

Statt mit dergleichen unnützen Vorstellungen und Redensarten von dem Erkennen als einem Werkzeuge, des Absoluten habhaft zu werden, oder als einem Medium, durch das hindurch wir die Wahrheit erblicken usf., – Verhältnisse, worauf wohl alle diese Vorstellungen von einem Erkennen, das vom Absoluten, und einem Absoluten, das von dem Erkennen getrennt ist, hinauslaufen, – statt mit den Ausreden, welche das Unvermögen der Wissenschaft aus der Voraussetzung solcher Verhältnisse schöpft, um von der Mühe der Wissenschaft zugleich sich zu befreien und zugleich sich das Ansehen eines ernsthaften und eifrigen Bemühens zu geben, so wie statt mit Antworten auf alles dieses sich herumzuplacken, könnten sie als zufällige und willkürliche Vorstellungen geradezu verworfen und der damit verbundne Gebrauch von Worten als dem Absoluten, dem Erkennen, auch dem Objektiven und Subjektiven und unzähligen andern, deren Bedeutung als allgemein bekannt vorausgesetzt wird, sogar als Betrug angesehen werden. Denn das Vorgeben, teils daß ihre Bedeutung allgemein bekannt ist, teils auch, daß man selbst ihren Begriff hat, scheint eher nur die Hauptsache ersparen zu sollen, nämlich diesen Begriff zu geben. Mit mehr Recht dagegen könnte die Mühe gespart werden, von solchen Vorstellungen und Redensarten, wodurch die Wissenschaft selbst abgewehrt werden soll, überhaupt Notiz zu nehmen, denn sie machen nur eine leere Erscheinung des Wissens aus, welche vor der auftretenden Wissenschaft unmittelbar verschwindet. Aber die Wissenschaft darin, daß sie auftritt, ist sie selbst eine Erscheinung; ihr Auftreten ist noch nicht sie in ihrer Wahrheit ausgeführt und ausgebreitet. Es ist hiebei gleichgültig, sich vorzustellen, daß *sie* die Erscheinung ist, weil sie *neben anderem* auftritt, oder jenes andere unwahre Wissen ihr Erscheinen zu nennen. Die Wissenschaft muß sich aber von diesem Scheine befreien; und sie kann dies nur dadurch, daß sie sich gegen ihn wendet. Denn sie kann ein Wissen, welches nicht wahrhaft ist, weder als eine gemeine Ansicht der Dinge nur verwerfen und versichern, daß sie eine ganz andere Erkenntnis und jenes Wissen für sie gar nichts ist, noch sich auf die Ahndung eines bessern in ihm selbst berufen. Durch jene *Versicherung* erklärte sie ihr *Sein* für ihre Kraft; aber das unwahre Wissen beruft sich eben so darauf, daß *es ist*, und *versichert*, daß ihm die Wissenschaft nichts ist; *ein* trockenes Versichern gilt aber gerade soviel als ein anderes. Noch weniger kann sie sich auf die bessere Ahndung berufen, welche in dem nicht wahrhaften Erkennen vorhanden, und in ihm selbst die Hinweisung auf sie sei; denn einesteils beriefe sie sich ebenso wieder auf ein Sein, andernteils aber auf sich als auf die Weise, wie sie im nicht wahrhaften Erkennen ist, d.h. auf eine schlechte Weise ihres Seins, und auf ihre Erscheinung vielmehr als darauf, wie sie an und für sich ist. Aus diesem Grunde soll hier die Darstellung des erscheinenden Wissens vorgenommen werden.

Weil nun diese Darstellung nur das erscheinende Wissen zum Gegenstande hat, so scheint sie selbst nicht die freie, in ihrer eigentümlichen Gestalt sich bewegende Wissenschaft zu sein, sondern sie kann von diesem Standpunkte aus als der Weg des natürlichen Bewußtseins, das zum wahren Wissen dringt, genommen werden, oder als der Weg der Seele, welche die Reihe ihrer Gestaltungen, als durch ihre Natur ihr vorgesteckter Stationen, durchwandert, daß sie sich zum Geiste läutere, indem sie durch die vollständige Erfahrung ihrer selbst zur Kenntnis desjenigen gelangt, was sie an sich selbst ist.

Das natürliche Bewußtsein wird sich erweisen, nur Begriff des Wissens oder nicht reales Wissen zu sein. Indem es aber unmittelbar sich vielmehr für das reale Wissen hält, so hat dieser Weg für es negative Bedeutung, und ihm gilt das vielmehr für Verlust seiner selbst, was die Realisierung des

Begriffs ist; denn es verliert auf diesem Wege seine Wahrheit. Er kann deswegen als der Weg des *Zweifels* angesehen werden, oder eigentlicher als der Weg der Verzweiflung; auf ihm geschieht nämlich nicht das, was unter Zweifeln verstanden zu werden pflegt, ein Rütteln an dieser oder jener vermeinten Wahrheit, auf welches ein gehöriges Wiederverschwinden des Zweifels und eine Rückkehr zu jener Wahrheit erfolgt, so daß am Ende die Sache genommen wird wie vorher. Sondern er ist die bewußte Einsicht in die Unwahrheit des erscheinenden Wissens, dem dasjenige das Reellste ist, was in Wahrheit vielmehr nur der nichtrealisierte Begriff ist. Dieser sich vollbringende Skeptizismus ist darum auch nicht dasjenige, womit wohl der ernsthafte Eifer um Wahrheit und Wissenschaft sich für diese fertig gemacht und ausgerüstet zu haben wähnt; nämlich mit dem *Vorsatze*, in der Wissenschaft auf die Autorität sich den Gedanken anderer nicht zu ergeben, sondern alles selbst zu prüfen und nur der eigenen Überzeugung zu folgen, oder besser noch, alles selbst zu produzieren, und nur die eigne Tat für das Wahre zu halten. Die Reihe seiner Gestaltungen, welche das Bewußtsein auf diesem Wege durchläuft, ist vielmehr die ausführliche Geschichte der *Bildung* des Bewußtseins selbst zur Wissenschaft. Jener Vorsatz stellt die Bildung in der einfachen Weise des Vorsatzes als unmittelbar abgetan und geschehen vor; dieser Weg aber ist gegen diese Unwahrheit die wirkliche Ausführung. Der eigenen Überzeugung folgen ist allerdings mehr, als sich der Autorität ergeben; aber durch die Verkehrung des Dafürhaltens aus Autorität in Dafürhalten aus eigener Überzeugung ist nicht notwendig der Inhalt desselben geändert und an die Stelle des Irrtums Wahrheit getreten. Auf die Autorität anderer oder aus eigener Überzeugung im Systeme des Meinens und des Vorurteils zu stecken unterscheidet sich voneinander allein durch die Eitelkeit, welche der letztern Weise beiwohnt. Der sich auf den ganzen Umfang des erscheinenden Bewußtseins richtende Skeptizismus macht dagegen den Geist erst geschickt zu prüfen, was Wahrheit ist, indem er eine Verzweiflung an den sogenannten natürlichen Vorstellungen, Gedanken und Meinungen zustande bringt, welche es gleichgültig ist, eigene oder fremde zu nennen, und mit welchen das Bewußtsein, das *geradezu* ans Prüfen geht, noch erfüllt und behaftet, dadurch aber in der Tat dessen unfähig ist, was es unternehmen will.

Die *Vollständigkeit* der Formen des nicht realen Bewußtseins wird sich durch die Notwendigkeit des Fortganges und Zusammenhanges selbst ergeben. Um dies begreiflich zu machen, kann im allgemeinen zum Voraus bemerkt werden, daß die Darstellung des nicht wahrhaften Bewußtseins in seiner Unwahrheit, nicht eine bloß *negative* Bewegung ist. Eine solche einseitige Ansicht hat das natürliche Bewußtsein überhaupt von ihr; und ein Wissen, welches diese Einseitigkeit zu seinem Wesen macht, ist eine der Gestalten des unvollendeten Bewußtseins, welche in den Verlauf des Weges selbst fällt und darin sich darbieten wird. Sie ist nämlich der Skeptizismus, der in dem Resultate nur immer das *reine Nichts* sieht und davon abstrahiert, daß dies Nichts bestimmt das Nichts *dessen* ist, *woraus es resultiert*. Das Nichts ist aber nur, genommen als das Nichts dessen, woraus es herkommt, in der Tat das wahrhafte Resultat; es ist hiemit selbst ein *bestimmtes* und hat einen *Inhalt*. Der Skeptizismus, der mit der Abstraktion des Nichts oder der Leerheit endigt, kann von dieser nicht weiter fortgehen, sondern muß es erwarten, ob und was ihm etwa Neues sich darbietet, um es in denselben leeren Abgrund zu werfen. Indem dagegen das Resultat, wie es in Wahrheit ist, aufgefaßt wird, als *bestimmte* Negation, so ist damit unmittelbar eine neue Form entsprungen, und in der Negation der Übergang gemacht, wodurch sich der Fortgang durch die vollständige Reihe der Gestalten von selbst ergibt.

Das *Ziel* aber ist dem Wissen ebenso notwendig als die Reihe des Fortganges gesteckt; es ist da, wo es nicht mehr über sich selbst hinauszugehen nötig hat, wo es sich selbst findet und der Begriff dem Gegenstande, der Gegenstand dem Begriffe entspricht. Der Fortgang zu diesem Ziele ist daher auch unaufhaltsam und auf keiner frühern Station Befriedigung zu finden. Was auf ein natürliches Leben beschränkt ist, vermag durch sich selbst nicht über sein unmittelbares Dasein hinauszugehen; aber es wird durch ein anderes darüber hinausgetrieben, und dies Hinausgerissenwerden ist sein Tod. Das Bewußtsein aber ist für sich selbst sein *Begriff*, dadurch unmittelbar das Hinausgehen über das Beschränkte und, da ihm dies Beschränkte angehört, über sich selbst; mit dem Einzelnen ist ihm zugleich das Jenseits gesetzt, wäre es auch nur, wie im räumlichen Anschauen, *neben* dem Beschränkten. Das Bewußtsein leidet also diese Gewalt, sich die beschränkte Befriedigung zu verderben, von ihm selbst. Bei dem Gefühle dieser Gewalt mag die Angst vor der Wahrheit wohl zurücktreten und sich dasjenige, dessen Verlust droht, zu erhalten streben. Sie kann aber keine Ruhe finden; es sei, daß sie in gedankenloser Trägheit stehen bleiben will; der Gedanke verkümmert die Gedankenlosigkeit, und seine Unruhe stört die Trägheit; oder daß sie als Empfindsamkeit sich befestigt, welche alles in *seiner Art gut* zu finden versichert; diese Versicherung leidet eben so Gewalt von der Vernunft, welche gerade darum etwas nicht gut findet, insofern es eine Art ist. Oder die Furcht der

Wahrheit mag sich vor sich und andern hinter dem Scheine verbergen, als ob gerade der heiße Eifer für die Wahrheit selbst es ihr so schwer, ja unmöglich mache, eine andere Wahrheit zu finden als die einzige der Eitelkeit, immer noch gescheiter zu sein als jede Gedanken, welche man aus sich selbst oder von andern hat; diese Eitelkeit, welche sich jede Wahrheit zu vereiteln, daraus in sich zurückzukehren versteht und an diesem eignen Verstande sich weidet, der alle Gedanken immer aufzulösen und statt alles Inhalts nur das trockne Ich zu finden weiß, ist eine Befriedigung, welche sich selbst überlassen werden muß; denn sie flieht das Allgemeine und sucht nur das Fürsichsein.

Wie dieses vorläufig und im allgemeinen über die Weise und Notwendigkeit des Fortgangs gesagt worden ist, so kann noch über die *Methode der Ausführung* etwas zu erinnern dienlich sein. Diese Darstellung als ein *Verhalten* der *Wissenschaft* zu dem *erscheinenden* Wissen, und als *Untersuchung* und *Prüfung der Realität des Erkennens* vorgestellt, scheint nicht ohne irgend eine Voraussetzung, die als *Maßstab* zu Grunde gelegt wird, statt finden zu können. Denn die Prüfung besteht in dem Anlegen eines angenommenen Maßstabes, und in der sich ergebenden Gleichheit oder Ungleichheit dessen, was geprüft wird, mit ihm, die Entscheidung, ob es richtig oder unrichtig ist; und der Maßstab überhaupt, und ebenso die Wissenschaft, wenn sie der Maßstab wäre, ist dabei als das *Wesen* oder als *das Ansich* angenommen. Aber hier, wo die Wissenschaft erst auftritt, hat weder sie selbst, noch was es sei, sich als das Wesen oder als das Ansich gerechtfertigt; und ohne ein solches scheint keine Prüfung stattfinden zu können.

Dieser Widerspruch und seine Wegräumung wird sich bestimmter ergeben, wenn zuerst an die abstrakten Bestimmungen des Wissens und der Wahrheit erinnert wird, wie sie an dem Bewußtsein vorkommen. Dieses *unterscheidet* nämlich etwas von sich, worauf es sich zugleich *bezieht*; oder wie dies ausgedrückt wird: es ist etwas *für dasselbe*; und die bestimmte Seite dieses *Beziehens* oder des *Seins* von etwas *für ein Bewußtsein* ist das *Wissen*. Von diesem Sein für ein anderes unterscheiden wir aber das *Ansichsein*; das auf das Wissen Bezogene wird ebenso von ihm unterschieden und gesetzt als *seiend* auch außer dieser Beziehung; die Seite dieses Ansich heißt *Wahrheit*. Was eigentlich an diesen Bestimmungen sei, geht uns weiter hier nichts an; denn indem das erscheinende Wissen unser Gegenstand ist, so werden auch zunächst seine Bestimmungen aufgenommen, wie sie sich unmittelbar darbieten; und so wie sie gefaßt worden sind, ist es wohl, daß sie sich darbieten.

Untersuchen wir nun die Wahrheit des Wissens, so scheint es, wir untersuchen, was es *an sich* ist. Allein in dieser Untersuchung ist es *unser* Gegenstand, es ist *für uns*; und das *Ansich* desselben, welches sich ergäbe, wäre so vielmehr sein Sein *für uns*; was wir als sein Wesen behaupten würden, wäre vielmehr nicht seine Wahrheit, sondern nur unser Wissen von ihm. Das Wesen oder der Maßstab fiele in uns, und dasjenige, was mit ihm verglichen, und über welches durch diese Vergleichung entschieden werden sollte, hätte ihn nicht notwendig anzuerkennen.

Aber die Natur des Gegenstandes, den wir untersuchen, überhebt dieser Trennung oder dieses Scheins von Trennung und Voraussetzung. Das Bewußtsein gibt seinen Maßstab an ihm selbst, und die Untersuchung wird dadurch eine Vergleichung seiner mit sich selbst sein; denn die Unterscheidung, welche soeben gemacht worden ist, fällt in es. Es ist in ihm eines *für ein* anderes, oder es hat überhaupt die Bestimmtheit des Moments des Wissens an ihm; zugleich ist ihm dies andere nicht nur *für es*, sondern auch außer dieser Beziehung oder *an sich*; das Moment der Wahrheit. An dem also, was das Bewußtsein innerhalb seiner für das *Ansich* oder das *Wahre* erklärt, haben wir den Maßstab, den es selbst aufstellt, sein Wissen daran zu messen. Nennen wir das *Wissen* den *Begriff*, das Wesen oder das *Wahre* aber das Seiende oder den *Gegenstand*, so besteht die Prüfung darin, zuzusehen, ob der Begriff dem Gegenstande entspricht. Nennen wir aber *das Wesen* oder das Ansich *des Gegenstandes den Begriff* und verstehen dagegen unter dem *Gegenstande* ihn als *Gegenstand*, nämlich wie er *für ein anderes* ist, so besteht die Prüfung darin, daß wir zusehen, ob der Gegenstand seinem Begriff entspricht. Man sieht wohl, daß beides dasselbe ist; das Wesentliche aber ist, dies für die ganze Untersuchung festzuhalten, daß diese beiden Momente, *Begriff und Gegenstand, Füreinanderes-* und *Ansichselbstsein*, in das Wissen, das wir untersuchen, selbst fallen, und hiemit wir nicht nötig haben, Maßstäbe mitzubringen und *unsere* Einfälle und Gedanken bei der Untersuchung zu applizieren; dadurch, daß wir diese weglassen, erreichen wir es, die Sache, wie sie *an* und *für sich* selbst ist, zu betrachten.

Aber nicht nur nach dieser Seite, daß Begriff und Gegenstand, der Maßstab und das zu Prüfende, in dem Bewußtsein selbst vorhanden sind, wird eine Zutat von uns überflüssig, sondern wir werden auch der Mühe der Vergleichung beider und der eigentlichen *Prüfung* überhoben, so daß, indem das Bewußtsein sich selbst prüft, uns auch von dieser Seite nur das reine Zusehen bleibt. Denn das Bewußtsein ist einerseits Bewußtsein des Gegenstandes, anderseits Bewußtsein seiner selbst; Bewußtsein dessen, was ihm das Wahre ist, und Bewußtsein seines Wissens davon. Indem beide *für dasselbe* sind, ist es selbst ihre Vergleichung; es wird *für dasselbe*, ob sein Wissen von dem Gegenstande diesem entspricht oder nicht. Der Gegenstand scheint zwar für dasselbe nur so zu sein, wie es ihn weiß; es scheint gleichsam nicht dahinter kommen zu können, wie er, *nicht für dasselbe*, sondern wie er *an sich* ist, und also auch sein Wissen nicht an ihm prüfen zu können. Allein gerade darin, daß es überhaupt von einem Gegenstande weiß, ist schon der Unterschied vorhanden, daß *ihm* etwas das *Ansich*, ein anderes Moment aber das Wissen oder das Sein des Gegenstandes *für das* Bewußtsein ist. Auf dieser Unterscheidung, welche vorhanden ist, beruht die Prüfung. Entspricht sich in dieser Vergleichung beides nicht, so scheint das Bewußtsein sein Wissen ändern zu müssen, um es dem Gegenstande gemäß zu machen; aber in der Veränderung des Wissens ändert sich ihm in der Tat auch der Gegenstand selbst, denn das vorhandene Wissen war wesentlich ein Wissen von dem Gegenstande: mit dem Wissen wird auch er ein anderer, denn er gehörte wesentlich diesem Wissen an. Es wird hiemit dem Bewußtsein, daß dasjenige, was ihm vorher das *Ansich* war, nicht an sich ist, oder daß es nur *f ü r e s an sich* war. Indem es also an seinem Gegenstande sein Wissen diesem nicht entsprechend findet, hält auch der Gegenstand selbst nicht aus; oder der Maßstab der Prüfung ändert sich, wenn dasjenige, dessen Maßstab er sein sollte, in der Prüfung nicht besteht; und die Prüfung ist nicht nur eine Prüfung des Wissens, sondern auch ihres Maßstabes.

Diese *dialektische* Bewegung, welche das Bewußtsein an ihm selbst, sowohl an seinem Wissen als an seinem Gegenstande ausübt, *insofern ihm der neue wahre Gegenstand daraus entspringt*, ist eigentlich dasjenige, was *Erfahrung* genannt wird. Es ist in dieser Beziehung an dem soeben erwähnten Verlaufe ein Moment noch näher herauszuheben, wodurch sich über die wissenschaftliche Seite der folgenden Darstellung ein neues Licht verbreiten wird. Das Bewußtsein weiß *etwas*, dieser Gegenstand ist das Wesen oder das *Ansich*; er ist aber auch für das Bewußtsein das *Ansich*; damit tritt die Zweideutigkeit dieses Wahren ein. Wir sehen, daß das Bewußtsein jetzt zwei Gegenstände hat, den einen das erste *Ansich*, den zweiten, das *Für-es-sein dieses Ansich*. Der letztere scheint zunächst nur die Reflexion des Bewußtseins in sich selbst zu sein, ein Vorstellen, nicht eines Gegenstandes, sondern nur seines Wissens von jenem ersten. Allein wie vorhin gezeigt worden, ändert sich ihm dabei der erste Gegenstand; er hört auf[,] das Ansich zu sein, und wird ihm zu einem solchen, der nur *für es* das *Ansich* ist; somit aber ist dann dies: *das Für-es-sein dieses Ansich*, das Wahre, das heißt aber, dies ist das *Wesen*, oder sein *Gegenstand*. Dieser neue Gegenstand enthält die Nichtigkeit des ersten, er ist die über ihn gemachte Erfahrung.

An dieser Darstellung des Verlaufs der Erfahrung ist ein Moment, wodurch sie mit demjenigen nicht übereinzustimmen scheint, was unter der Erfahrung verstanden zu werden pflegt. Der Übergang nämlich vom ersten Gegenstande und dem Wissen desselben zu dem andern Gegenstande, *an dem* man sagt, daß die Erfahrung gemacht worden sei, wurde so angegeben, daß das Wissen vom ersten Gegenstande, oder das *Für-das-Bewußtsein* des ersten Ansich, der zweite Gegenstand selbst werden soll. Dagegen es sonst scheint, daß wir die Erfahrung von der Unwahrheit unseres ersten Begriffs *an einem andern* Gegenstande machen, den wir zufälliger Weise und äußerlich etwa finden, so daß überhaupt nur das reine *Auffassen* dessen, was an und für sich ist, in uns falle. In jener Ansicht aber zeigt sich der neue Gegenstand als geworden durch eine *Umkehrung des Bewußtseins* selbst. Diese Betrachtung der Sache ist unsere Zutat, wodurch sich die

Reihe der Erfahrungen des Bewußtseins zum wissenschaftlichen Gange erhebt, und welche nicht für das Bewußtsein ist, das wir betrachten. Es ist aber dies in der Tat auch derselbe Umstand, von welchem oben schon in Ansehung des Verhältnisses dieser Darstellung zum Skeptizismus die Rede war, daß nämlich das jedesmalige Resultat, welches sich an einem nicht wahrhaften Wissen ergibt, nicht in ein leeres Nichts zusammenlaufen dürfe, sondern notwendig als Nichts *desjenigen, dessen Resultat* es ist, aufgefaßt werden müsse; ein Resultat, welches das enthält, was das vorhergehende Wissen Wahres an ihm hat. Dies bietet sich hier so dar, daß, indem das, was zuerst als der Gegenstand erschien, dem Bewußtsein zu einem Wissen von ihm herabsinkt und das Ansich, zu einem Für-das-*Bewußtsein-Sein des Ansich wird*, dies der neue Gegenstand ist, womit auch eine neue Gestalt des Bewußtseins auftritt, welcher etwas anderes das Wesen ist als der vorhergehenden. Dieser Umstand ist es, welcher die ganze Folge der Gestalten des Bewußtseins in ihrer Notwendigkeit leitet. Nur diese Notwendigkeit selbst, oder die *Entstehung* des neuen Gegenstandes, der dem Bewußtsein, ohne zu wissen, wie ihm geschieht, sich darbietet, ist es, was für uns gleichsam hinter seinem Rücken vorgeht. Es kommt dadurch in seine Bewegung ein Moment des *Ansich-* oder *Fürunsseins*, welches nicht für das Bewußtsein, das in der Erfahrung selbst begriffen ist, sich darstellt; der *Inhalt* aber dessen, was uns entsteht, ist *für es,* und wir begreifen nur das Formelle desselben oder sein reines Entstehen; *für es* ist dies Entstandene nur als Gegenstand, *für uns* zugleich als Bewegung und Werden.

Durch diese Notwendigkeit ist dieser Weg zur Wissenschaft selbst schon *Wissenschaft*, und nach ihrem Inhalte hiemit Wissenschaft der *Erfahrung des Bewußtseins*.

Die Erfahrung, welche das Bewußtsein über sich macht, kann ihrem Begriffe nach nichts weniger in sich begreifen als das ganze System desselben, oder das ganze Reich der Wahrheit des Geistes, so daß die Momente derselben in dieser eigentümlichen Bestimmtheit sich darstellen, nicht abstrakte, reine Momente zu sein, sondern so, wie sie für das Bewußtsein sind, oder wie dieses selbst in seiner Beziehung auf sie auftritt, wodurch die Momente des Ganzen *Gestalten des Bewußtseins* sind. Indem es zu seiner wahren Existenz sich forttreibt, wird es einen Punkt erreichen, auf welchem es seinen Schein ablegt, mit Fremdartigem, das nur für es und als ein anderes ist, behaftet zu sein, oder wo die Erscheinung dem Wesen gleich wird, seine Darstellung hiemit mit eben diesem Punkte der eigentlichen Wissenschaft des Geistes zusammenfällt; und endlich, indem es selbst dies sein Wesen erfaßt, wird es die Natur des absoluten Wissens selbst bezeichnen.

[A. Bewußtsein.]

I.
Die sinnliche Gewißheit;
oder das **Dieses** und das **Meinen**.

Das Wissen, welches zuerst oder unmittelbar unser Gegenstand ist, kann kein anderes sein als dasjenige, welches selbst unmittelbares Wissen, *Wissen* des *Unmittelbaren* oder *Seienden* ist. Wir haben uns ebenso *unmittelbar* oder *aufnehmend* zu verhalten, also nichts an ihm, wie es sich darbietet, zu verändern und von dem Auffassen das Begreifen abzuhalten.

Der konkrete Inhalt der *sinnlichen Gewißheit* läßt sie unmittelbar als die *reichste* Erkenntnis, ja als eine Erkenntnis von unendlichem Reichtum erscheinen, für welchen ebensowohl, wenn wir im Raume und in der Zeit, als worin er sich ausbreitet, *hinaus-*, als wenn wir uns ein Stück aus dieser Fülle nehmen und durch Teilung in dasselbe *hineingehen*, keine Grenze zu finden ist. Sie erscheint außerdem als die *wahrhafteste*; denn sie hat von dem Gegenstande noch nichts weggelassen, sondern ihn in einer ganzen Vollständigkeit vor sich. Diese *Gewißheit* aber gibt in der Tat sich selbst für die abstrakteste und ärmste *Wahrheit* aus. Sie sagt von dem, was sie weiß, nur dies aus: es *ist*; und ihre Wahrheit enthält allein das *Sein* der Sache. Das Bewußtsein seinerseits ist in dieser Gewißheit nur als reines *Ich*; oder *Ich* bin darin nur als reiner *Dieser* und der Gegenstand ebenso nur als reines *Dieses*. Ich, *dieser*, bin *dieser* Sache nicht darum *gewiß*, weil *Ich* als Bewußtsein hiebei mich entwickelte und mannigfaltig den Gedanken bewegte. Auch nicht darum, weil *die Sache*, deren ich gewiß bin, nach einer Menge unterschiedener Beschaffenheiten, eine reiche Beziehung an ihr selbst oder ein vielfaches Verhalten zu andern wäre. Beides geht die Wahrheit der sinnlichen Gewißheit nichts an; weder Ich noch die Sache hat darin die Bedeutung einer mannigfaltigen Vermittlung, Ich nicht die Bedeutung eines mannigfaltigen Vorstellens oder Denkens, noch die Sache die Bedeutung mannigfaltiger Beschaffenheiten: sondern die Sache *ist*, und sie *ist*, nur weil sie *ist*; sie *ist*, dies ist dem sinnlichen Wissen das Wesentliche, und dieses reine *Sein* oder diese einfache Unmittelbarkeit macht ihre *Wahrheit* aus. Eben so ist die Gewißheit als *Beziehung unmittelbare* reine Beziehung: das Bewußtsein ist *Ich*, weiter nichts, ein reiner *Dieser*; der *Einzelne* weiß reines Dieses, oder *das Einzelne*.

An dem *reinen Sein* aber, welches das Wesen dieser Gewißheit ausmacht und welches sie als ihre Wahrheit aussagt, spielt, wenn wir zusehen, noch vieles andere beiher. Eine wirkliche sinnliche Gewißheit ist nicht nur diese reine Unmittelbarkeit, sondern ein *Beispiel* derselben. Unter den unzähligen dabei vorkommenden Unterschieden finden wir allenthalben die Hauptverschiedenheit, daß nämlich in ihr sogleich aus dem reinen Sein die beiden schon genannten *Diesen*, ein *Dieser als Ich*, und ein *Dieses als Gegenstand* herausfallen. Reflektieren *wir* über diesen Unterschied, so ergibt sich, daß weder das eine noch das andere nur *unmittelbar*, in der sinnlichen Gewißheit ist, sondern zugleich als *vermittelt*; Ich habe die Gewißheit *durch* ein anderes, nämlich die Sache; und diese ist ebenso in der Gewißheit *durch* ein anderes, nämlich durch Ich.

Diesen Unterschied des Wesens und des Beispiels, der Unmittelbarkeit und der Vermittlung, machen nicht nur wir, sondern wir finden ihn an der sinnlichen Gewißheit selbst; und in der Form, wie er an ihr ist, nicht wie wir ihn soeben bestimmten, ist er aufzunehmen. Es ist in ihr eines als das einfache unmittelbar Seiende oder als das Wesen gesetzt, *der Gegenstand*, das andere aber, als das Unwesentliche und Vermittelte, welches darin nicht *an sich*, sondern durch ein anderes ist, Ich, *ein Wissen*, das den Gegenstand nur darum weiß, weil *er* ist, und das sein oder auch nicht sein kann. Der Gegenstand aber *ist*, das Wahre, und das Wesen; er *ist*, gleichgültig dagegen ob er gewußt wird oder nicht; er bleibt, wenn er auch nicht gewußt wird; das Wissen aber ist nicht, wenn nicht der Gegenstand ist.

Der Gegenstand ist also zu betrachten, ob er in der Tat, in der sinnlichen Gewißheit selbst, als solches Wesen ist, für welches er von ihr ausgegeben wird; ob dieser sein Begriff, Wesen zu sein, dem entspricht, wie er in ihr vorhanden ist. Wir haben zu dem Ende nicht über ihn zu reflektieren und nachzudenken, was er in Wahrheit sein möchte, sondern ihn nur zu betrachten, wie ihn die sinnliche Gewißheit an ihr hat.

Sie ist also selbst zu fragen: *Was ist das Diese?* Nehmen wir es in der doppelten Gestalt seines Seins als das *Jetzt* und als das *Hier*, so wird die Dialektik, die es an ihm hat, eine so verständliche Form erhalten, als es selbst ist. Auf die Frage: *was ist das Jetzt?* antworten wir also zum Beispiel: *das Jetzt ist die Nacht*. Um die Wahrheit dieser sinnlichen Gewißheit zu prüfen, ist ein einfacher Versuch hinreichend. Wir schreiben diese Wahrheit auf; eine Wahrheit kann durch Aufschreiben nicht verlieren; eben so wenig dadurch, daß wir sie aufbewahren. Sehen wir *jetzt, diesen Mittag*, die aufgeschriebene Wahrheit wieder an, so werden wir sagen müssen, daß sie schal geworden ist.

Das Jetzt, welches Nacht ist, wird *aufbewahrt*, d.h. es wird behandelt als das, für was es ausgegeben wird, als ein *Seiendes*; es erweist sich aber vielmehr als ein Nichtseiendes. Das

Jetzt selbst erhält sich wohl, aber als ein solches, das nicht Nacht ist; ebenso erhält es sich gegen den Tag, der es jetzt ist, als ein solches, das auch nicht Tag ist, oder als ein *Negatives* überhaupt. Dieses sich erhaltende Jetzt ist daher nicht ein unmittelbares, sondern ein vermitteltes; denn es ist als ein bleibendes und sich erhaltendes *dadurch* bestimmt, daß anderes, nämlich der Tag und die Nacht, nicht ist. Dabei ist es eben noch so einfach als zuvor, *Jetzt*, und in dieser Einfachheit gleichgültig gegen das, was noch bei ihm herspielt; so wenig die Nacht und der Tag sein Sein ist, ebensowohl ist es auch Tag und Nacht; es ist durch dies sein Anderssein gar nicht affiziert. Ein solches Einfaches, das durch Negation ist, weder Dieses noch Jenes, ein *Nichtdieses*, und ebenso gleichgültig, auch Dieses wie Jenes zu sein, nennen wir ein *Allgemeines*; das Allgemeine ist also in der Tat das Wahre der sinnlichen Gewißheit.

Als ein Allgemeines *sprechen* wir auch das Sinnliche *aus*; was wir sagen, ist: *Dieses*, d.h. das *allgemeine Diese*, oder: *es ist*, d.h. das *Sein überhaupt*. Wir *stellen* uns dabei freilich nicht das allgemeine Diese oder das Sein überhaupt *vor*, aber wir *sprechen* das Allgemeine *aus*; oder wir sprechen schlechthin nicht, wie wir es in dieser sinnlichen Gewißheit *meinen*. Die Sprache aber ist, wie wir sehen, das Wahrhaftere; in ihr widerlegen wir selbst unmittelbar unsere *Meinung*, und da das Allgemeine das Wahre der sinnlichen Gewißheit ist und die Sprache nur dieses Wahre ausdrückt, so ist es gar nicht möglich, daß wir ein sinnliches Sein, das wir *meinen*, je sagen können.

Es wird derselbe Fall sein mit der andern Form des Dieses, mit *dem Hier*. *Das Hier* ist z.B. *der Baum*. Ich wende mich um, so ist diese Wahrheit verschwunden und hat sich in die entgegengesetzte verkehrt: *Das Hier ist nicht ein Baum*, sondern vielmehr *ein Haus*. Das *Hier* selbst verschwindet nicht;

sondern *es ist* bleibend im Verschwinden des Hauses, Baumes usf., und gleichgültig, Haus, Baum zu sein. Das *Dieses* zeigt sich also wieder als *vermittelte Einfachheit*, oder als *Allgemeinheit*.

Dieser sinnlichen Gewißheit, indem sie an ihr selbst das Allgemeine als die Wahrheit ihres Gegenstandes erweist, bleibt also das *reine Sein* als ihr Wesen, aber nicht als Unmittelbares, sondern [als] ein solches, dem die Negation und Vermittlung wesentlich ist, hiemit nicht als das, was wir unter dem *Sein meinen*, sondern das *Sein* mit der *Bestimmung*, daß es die Abstraktion oder das rein Allgemeine ist; und *unsere Meinung*, für welche das Wahre der sinnlichen Gewißheit nicht das Allgemeine ist, bleibt allein diesem leeren oder gleichgültigen Jetzt und Hier gegenüber noch übrig.

Vergleichen wir das Verhältnis, in welchem das *Wissen* und der *Gegenstand* zuerst auftrat, mit dem Verhältnisse derselben, wie sie in diesem Resultate zu stehen kommen, so hat es sich umgekehrt. Der Gegenstand, der das Wesentliche sein sollte, ist nun das Unwesentliche der sinnlichen Gewißheit, denn das Allgemeine, zu dem er geworden ist, ist nicht mehr ein solches, wie er für sie wesentlich sein sollte, sondern sie ist jetzt in dem Entgegengesetzten, nämlich in dem Wissen, das vorher das Unwesentliche war, vorhanden. Ihre Wahrheit ist in dem Gegenstande als *meinem* Gegenstande, oder im *Meinen*; er ist, weil *Ich* von ihm weiß. Die sinnliche Gewißheit ist also zwar aus dem Gegenstande vertrieben, aber dadurch noch nicht aufgehoben, sondern nur in das Ich zurückgedrängt; es ist zu sehen, was uns die Erfahrung über diese ihre Realität zeigt.

Die Kraft ihrer Wahrheit liegt also nun im *Ich*, in der Unmittelbarkeit meines *Sehens*, *Hörens* usf.; das Verschwinden des einzelnen Jetzt und Hier, das wir meinen, wird dadurch abgehalten, daß *Ich* sie festhalte. *Das Jetzt ist Tag*, weil ich ihn sehe; *das Hier ein Baum*, eben darum. Die sinnliche Gewißheit erfährt aber in diesem Verhältnisse dieselbe Dialektik an ihr als in dem vorigen. *Ich, dieser*, sehe den Baum, und *behaupte den Baum als das Hier*; ein *anderer Ich* sieht aber das Haus und behauptet, das Hier sei nicht ein Baum, sondern vielmehr ein Haus. Beide Wahrheiten haben dieselbe Beglaubigung, nämlich die Unmittelbarkeit des Sehens und die Sicherheit und Versicherung beider über ihr Wissen; die eine verschwindet aber in der andern.

Was darin nicht verschwindet, ist *Ich*, als *allgemeines*, dessen Sehen weder ein Sehen des Baums noch dieses Hauses, sondern ein einfaches Sehen ist, das durch die Negation dieses Hauses usf. vermittelt, darin ebenso einfach und gleichgültig gegen das, was noch beiher spielt, gegen das Haus, den Baum ist. Ich ist nur allgemeines, wie *Jetzt, Hier oder Dieses* überhaupt; ich meine wohl einen *einzelnen Ich*, aber so wenig ich das, was ich bei Jetzt, Hier meine, sagen kann, so wenig bei Ich. Indem ich sage, *dieses Hier, Jetzt* oder ein *Einzelnes*, sage ich *a l l e Diese, alle Hier, Jetzt, Einzelne*; ebenso, indem ich sage, *Ich, dieser einzelne Ich*, sage ich überhaupt, *a l l e Ich*; jeder ist das, was ich sage: *Ich, dieser, einzelne, Ich*. Wenn der Wissenschaft diese Forderung als ihr Probierstein, auf dem sie schlechthin nicht aushalten könnte, vorgelegt wird, ein sogenanntes *dieses Ding* oder *einen diesen Menschen* zu deduzieren, konstruieren, a priori zu finden, oder wie man dies ausdrücken will, so ist billig, daß die Forderung *sage*, welches *dieses* Ding oder welchen *diesen* Ich sie meine; aber dies zu sagen ist unmöglich.

Die sinnliche Gewißheit erfährt also, daß ihr Wesen weder in dem Gegenstande noch in dem Ich, und die Unmittelbarkeit weder eine Unmittelbarkeit des einen noch des andern ist, denn an beiden ist das, was Ich meine, vielmehr ein Unwesentliches, und der Gegenstand und Ich sind Allgemeine, in welchen dasjenige Jetzt und Hier und Ich, das ich meine, nicht bestehen bleibt, oder *ist*. Wir kommen hiedurch dahin, das *Ganze* der sinnlichen Gewißheit selbst als ihr *Wesen* zu setzen, nicht mehr nur ein Moment derselben, wie in den beiden Fällen geschehen ist, worin zuerst der dem Ich entgegengesetzte Gegenstand, dann Ich ihre Realität sein sollte. Es ist also nur die *ganze* sinnliche Gewißheit selbst, welche an ihr als *Unmittelbarkeit* festhält und hiedurch alle Entgegensetzung, die im vorherigen stattfand, aus sich ausschließt.

Diese reine Unmittelbarkeit geht also das Anderssein des Hier als Baums, welches in ein Hier, das Nichtbaum ist, das Anderssein des Jetzt als Tages, das in ein Jetzt, das Nacht ist, übergeht, oder ein anderes Ich, dem etwas anderes Gegenstand ist, nichts mehr an. Ihre Wahrheit erhält sich als sich selbst gleichbleibende Beziehung, die zwischen dem Ich und dem Gegenstande keinen Unterschied der Wesentlichkeit und Unwesentlichkeit macht und in die daher auch überhaupt kein Unterschied eindringen kann. Ich, dieser, behaupte also das Hier als Baum und wende mich nicht um, so daß mir das Hier zu einem Nichtbaume würde; ich nehme auch keine Notiz davon, daß ein anderer Ich das Hier als Nichtbaum sieht, oder daß Ich selbst ein anderes Mal das Hier als Nichtbaum, das Jetzt als Nichttag nehme; sondern Ich bin reines Anschauen; Ich für mich bleibe dabei, das Jetzt ist Tag, oder auch dabei, das Hier ist Baum, vergleiche auch nicht das Hier und Jetzt selbst miteinander, sondern ich halte an *einer* unmittelbaren Beziehung fest: das Jetzt ist Tag.

Da hiemit diese Gewißheit nicht mehr herzutreten will, wenn wir sie auf ein Jetzt, das Nacht ist, oder auf einen Ich, dem es Nacht ist, aufmerksam machen, so treten wir zu ihr hinzu, und lassen uns das Jetzt zeigen, das behauptet wird. *Zeigen* müssen wir es uns lassen; denn die Wahrheit dieser unmittelbaren Beziehung ist die Wahrheit *dieses* Ich, der sich auf ein *Jetzt* oder ein *Hier* einschränkt. Würden wir *nachher* diese Wahrheit vornehmen oder *entfernt* davon stehen, so hätte sie gar keine Bedeutung; denn wir höben die Unmittelbarkeit auf, die ihr wesentlich ist. Wir müssen daher in denselben Punkt der Zeit oder des Raums eintreten, sie uns zeigen, d.h. uns zu demselben diesen Ich, welches das gewiß Wissende ist, machen lassen. Sehen wir also, wie das Unmittelbare beschaffen ist, das uns aufgezeigt wird.

Es wird das *Jetzt* gezeigt, *dieses Jetzt*. *Jetzt*; es hat schon aufgehört zu sein, indem es gezeigt wird; das *Jetzt*, das *ist*, ist ein anderes als das gezeigte, und wir sehen, daß das Jetzt eben dieses ist: indem es ist, schon nicht mehr zu sein. Das Jetzt, wie es uns gezeigt wird, ist es ein *gewesenes*, und dies ist seine Wahrheit; es hat nicht die Wahrheit des Seins. Es ist also doch dies wahr, daß es gewesen ist. Aber was *gewesen* ist, ist in der Tat *kein Wesen; es i s t nicht*, und um das Sein war es zu tun.

Wir sehen also in diesem Aufzeigen nur eine Bewegung und folgenden Verlauf derselben: 1. Ich zeige das Jetzt auf, es ist als das Wahre behauptet; ich zeige es aber als Gewesenes oder als ein Aufgehobenes, hebe die erste Wahrheit auf, und 2. Jetzt behaupte ich als die zweite Wahrheit, daß es *gewesen*, aufgehoben ist. 3. Aber das Gewesene ist nicht; ich hebe das Gewesen- oder Aufgehobensein, die zweite Wahrheit auf, negiere damit die Negation des Jetzt, und kehre so zur ersten Behauptung zurück, daß *Jetzt* ist. Das Jetzt und das Aufzeigen des Jetzt ist also so beschaffen, daß weder das Jetzt, noch das Aufzeigen des Jetzt ein unmittelbares

Einfaches ist, sondern eine Bewegung, welche verschiedene Momente an ihr hat; es wird *Dieses* gesetzt, es wird aber vielmehr *ein anderes* gesetzt, oder das Diese wird aufgehoben: und dieses *Anderssein* oder Aufheben des ersten wird selbst *wieder aufgehoben* und so zu dem ersten zurückgekehrt. Aber dieses in sich reflektierte erste ist nicht ganz genau dasselbe, was es zuerst, nämlich ein *Unmittelbares*, war; sondern es ist eben *ein in sich Reflektiertes* oder *Einfaches*, welches im Anderssein bleibt, was es ist: ein Jetzt, welches absolut viele Jetzt ist; und dies ist das wahrhafte Jetzt, das Jetzt als einfacher Tag, das viele Jetzt in sich hat, Stunden; ein solches Jetzt, eine Stunde, ist ebenso viele Minuten, und diese Jetzt gleichfalls viele Jetzt usf. – Das *Aufzeigen* ist also selbst die Bewegung, welche es ausspricht, was das Jetzt in Wahrheit ist, nämlich ein Resultat oder eine Vielheit von Jetzt zusammengefaßt; und das Aufzeigen ist das Erfahren, daß Jetzt *Allgemeines* ist.

Das *aufgezeigte Hier*, das ich festhalte, ist ebenso ein *dieses* Hier, das in der Tat *nicht dieses* Hier, sondern ein Vorn und Hinten, ein Oben und Unten, ein Rechts und Links ist. Das Oben ist selbst ebenso dieses vielfache Anderssein in oben, unten usf. Das Hier, welches aufgezeigt werden sollte, verschwindet in andern Hier, aber diese verschwinden ebenso; das Aufgezeigte, Festgehaltene und Bleibende ist ein *negatives Dieses*, das nur so *ist*, indem die *Hier*, wie sie sollen, genommen werden, aber darin sich aufheben; es ist eine einfache Komplexion vieler Hier. Das Hier, das gemeint wird, wäre der Punkt; er *ist* aber nicht: sondern, indem er als seiend aufgezeigt wird, zeigt sich das Aufzeigen, nicht unmittelbares Wissen, sondern eine Bewegung von dem gemeinten Hier aus durch viele Hier in das allgemeine Hier zu sein, welches, wie der Tag eine einfache Vielheit der Jetzt, so eine einfache Vielheit der Hier ist.

Es erhellt, daß die Dialektik der sinnlichen Gewißheit nichts anders als die einfache Geschichte ihrer Bewegung oder ihrer Erfahrung, und die sinnliche Gewißheit selbst nichts anders als nur diese Geschichte ist. Das natürliche Bewußtsein geht deswegen auch zu diesem Resultate, was an ihr das Wahre ist, immer selbst fort und macht die Erfahrung darüber; aber vergißt es nur ebenso immer wieder und fängt die Bewegung von vorne an. Es ist daher zu verwundern, wenn gegen diese Erfahrung, als allgemeine Erfahrung, auch als philosophische Behauptung, und gar als Resultat des Skeptizismus aufgestellt wird: die Realität oder das Sein von äußern Dingen als *diesen*, oder sinnlichen, habe absolute Wahrheit für das Bewußtsein. Eine solche Behauptung weiß zugleich nicht, was sie spricht, weiß nicht, daß sie das Gegenteil von dem sagt, was sie sagen will. Die Wahrheit des sinnlichen *Diesen* für das Bewußtsein soll allgemeine Erfahrung sein; aber vielmehr ist das Gegenteil allgemeine Erfahrung; jedes Bewußtsein hebt eine solche Wahrheit, wie z.B. *das Hier ist ein Baum*, oder *das Jetzt ist Mittag*, selbst wieder auf und spricht das Gegenteil aus: das Hier ist *nicht* ein Baum, *sondern* ein Haus; und was in dieser die erste aufhebenden Behauptung wieder eine ebensolche Behauptung eines sinnlichen Diesen ist, hebt es sofort ebenso auf; und wird in aller sinnlichen Gewißheit in Wahrheit nur dies erfahren, was wir gesehen haben, daß *Dieses* nämlich als ein *Allgemeines*, das Gegenteil dessen [ist], was jene Behauptung allgemeine Erfahrung zu sein versichert. – Bei dieser Berufung auf die allgemeine Erfahrung kann es erlaubt sein, die Rücksicht auf das Praktische zu antizipieren. In dieser Rücksicht kann denjenigen, welche jene Wahrheit und Gewißheit der Realität der sinnlichen Gegenstände behaupten, gesagt werden, daß sie in die unterste Schule der Weisheit, nämlich in die alten Eleusischen Mysterien der Ceres und des Bacchus zurückzuweisen sind und das Geheimnis des Essens des Brotes und des Trinkens des Weines erst zu lernen haben; denn der in diese Geheimnisse Eingeweihte gelangt nicht nur zum Zweifel an dem Sein der sinnlichen Dinge, sondern zur Verzweiflung an ihm, und vollbringt in ihnen teils selbst ihre Nichtigkeit, teils sieht er sie vollbringen. Auch die Tiere sind nicht von dieser Weisheit ausgeschlossen, sondern erweisen sich vielmehr am tiefsten in sie eingeweiht zu sein; denn sie bleiben nicht vor den sinnlichen Dingen als an sich seienden stehen, sondern, verzweifelnd an dieser Realität und in der völligen Gewißheit ihrer Nichtigkeit langen sie ohne weiteres zu und zehren sie auf; und die ganze Natur feiert, wie sie, diese offenbare[n] Mysterien, welche es lehren, was die Wahrheit der sinnlichen Dinge ist.

Die, welche solche Behauptung aufstellen, sagen aber, gemäß vorhergehenden Bemerkungen, auch selbst unmittelbar das Gegenteil dessen, was sie meinen, – eine Erscheinung, die vielleicht am fähigsten ist, zum Nachdenken über die Natur der sinnlichen Gewißheit zu bringen. Sie sprechen von dem Dasein *äußerer* Gegenstände, welche noch genauer, als *wirkliche*, absolut *einzelne, ganz persönliche, individuelle* Dinge, deren jedes seines absolut gleichen nicht mehr hat, bestimmt werden können; dies Dasein habe absolute Gewißheit und Wahrheit. Sie meinen *dieses* Stück Papier, worauf ich *dies* schreibe oder vielmehr geschrieben habe; aber was sie meinen, sagen sie nicht. Wenn sie wirklich dieses Stück Papier, das sie meinen, *sagen* wollten, und sie wollten *sagen*, so ist dies unmöglich, weil das sinnliche Diese, das gemeint wird, der Sprache, die dem Bewußtsein, dem an sich Allgemeinen angehört, *unerreichbar* ist. Unter dem wirklichen Versuche, es zu sagen, würde es daher vermodern; die seine Beschreibung angefangen, könnten sie nicht vollenden, sondern müßten sie andern überlassen, welche von einem Dinge zu sprechen, das nicht *ist*, zuletzt selbst eingestehen würden. Sie meinen also wohl *dieses* Stück Papier, das hier ein ganz anderes als das obige ist; aber sie sprechen „wirkliche *Dinge, äußere* oder *sinnliche Gegenstände, absolut einzelne* Wesen" usf., d.h. sie sagen von ihnen nur das *Allgemeine*; daher, was das Unaussprechliche genannt wird, nichts anderes ist als das Unwahre, Unvernünftige, bloß Gemeinte. – Wird von etwas weiter nichts gesagt, als daß es *ein wirkliches Ding*, ein *äußerer Gegenstand* ist, so ist es nur als das Allerallgemeinste und damit viel mehr seine *Gleichheit* mit allem, als die Unterschiedenheit ausgesprochen. Sage ich: ein *einzelnes Ding*, so sage ich es vielmehr ebenso als ganz *Allgemeines*, denn Alle sind ein einzelnes Ding; und gleichfalls *dieses* Ding ist alles, was man will. Genauer bezeichnet, als *dieses Stück Papier*, so ist *alles* und *jedes* Papier *ein dieses* Stück Papier, und ich habe nur immer das Allgemeine gesagt. Will ich aber dem Sprechen, welches die göttliche Natur hat, die Meinung unmittelbar zu verkehren, zu etwas anderem zu machen und so sie gar nicht *zum Worte kommen* zu lassen, dadurch nachhelfen, daß ich dies Stück Papier *aufzeige*, so mache ich die Erfahrung, was die Wahrheit der sinnlichen Gewißheit in der Tat ist: ich zeige es auf, als ein *Hier*, das ein Hier anderer Hier, oder an ihm selbst ein *einfaches Zusammen* vieler *Hier*, d.h. ein Allgemeines ist; ich nehme so es auf, wie es in Wahrheit ist, und statt ein Unmittelbares zu wissen, *nehme ich wahr*.

II.
Die Wahrnehmung;
oder das Ding und die Täuschung.

Die unmittelbare Gewißheit nimmt sich nicht das Wahre, denn ihre Wahrheit ist das Allgemeine; sie aber will das *Diese* nehmen. Die Wahrnehmung nimmt hingegen das, was ihr das Seiende ist, als Allgemeines. Wie die Allgemeinheit ihr Prinzip überhaupt, so sind auch ihre in ihr unmittelbar sich unterscheidenden Momente, Ich ein allgemeines und der Gegenstand ein allgemeiner. Jenes Prinzip ist uns *entstanden*, und unser Aufnehmen der Wahrnehmung daher nicht mehr ein erscheinendes Aufnehmen, wie der sinnlichen Gewißheit, sondern ein notwendiges. In dem Entstehen des Prinzips sind zugleich die beiden Momente, die an ihrer Erscheinung nur *herausfallen*, geworden; das eine nämlich die Bewegung des Aufzeigens, das andere dieselbe Bewegung, aber als Einfaches; jenes das *Wahrnehmen*, dies der *Gegenstand*. Der Gegenstand ist dem Wesen nach dasselbe, was die Bewegung ist, sie die Entfaltung und Unterscheidung der Momente, er das Zusammengefaßtsein derselben. Für uns oder an sich ist das Allgemeine als Prinzip das *Wesen* der Wahrnehmung, und gegen diese Abstraktion die beiden Unterschiednen, das Wahrnehmende und das Wahrgenommene, das *Unwesentliche*. Aber in der Tat, weil beide selbst das Allgemeine oder das Wesen sind, sind sie beide wesentlich; indem sie aber sich als Entgegengesetzte aufeinander beziehen, so kann in der Beziehung nur das eine das Wesentliche sein, und der Unterschied des Wesentlichen und Unwesentlichen muß sich an sie verteilen. Das eine als das Einfache bestimmt, der Gegenstand, ist das Wesen, gleichgültig dagegen, ob er wahrgenommen wird oder nicht; das Wahrnehmen aber als die Bewegung ist das Unbeständige, das sein kann oder auch nicht, und das Unwesentliche.

Dieser Gegenstand ist nun näher zu bestimmen, und diese Bestimmung aus dem Resultate, das sich ergeben, kurz zu entwickeln; die ausgeführtere Entwicklung gehört nicht hieher. Da sein Prinzip[,] das Allgemeine, in seiner Einfachheit ein *vermitteltes* ist, so muß er dies als seine Natur an ihm ausdrücken; er zeigt sich dadurch als *das Ding von vielen Eigenschaften*. Der Reichtum des sinnlichen Wissens gehört der Wahrnehmung, nicht der unmittelbaren Gewißheit an, an der er nur das Beiherspielende war; denn nur jene hat die *Negation*, den Unterschied oder die Mannigfaltigkeit an ihrem Wesen.

Das Dieses ist also gesetzt als *nicht dieses* oder als *aufgehoben*; und damit nicht Nichts, sondern ein bestimmtes Nichts oder *ein Nichts von einem Inhalte*, nämlich *dem Diesen*. Das Sinnliche ist hiedurch selbst noch vorhanden, aber nicht, wie es in der unmittelbaren Gewißheit sein sollte, als das gemeinte Einzelne, sondern als Allgemeines oder als das, was sich als *Eigenschaft* bestimmen wird. Das *Aufheben* stellt seine wahrhafte gedoppelte Bedeutung dar, welche wir an dem Negativen gesehen haben: es ist ein *Negieren* und ein *Aufbewahren* zugleich; das Nichts, als *Nichts des Diesen*, bewahrt die Unmittelbarkeit auf und ist selbst sinnlich, aber eine allgemeine Unmittelbarkeit. – Das Sein aber ist ein Allgemeines dadurch, daß es die Vermittlung oder das Negative an ihm hat; indem es dies an seiner Unmittelbarkeit *ausdrückt*, ist es eine *unterschiedene, bestimmte* Eigenschaft. Damit sind zugleich *viele* solche Eigenschaften, eine die negative der andern, gesetzt. Indem sie in der *Einfachheit* des Allgemeinen ausgedrückt sind, beziehen sich diese *Bestimmtheiten*, die eigentlich erst durch eine ferner hinzukommende Bestimmung Eigenschaften sind, *auf sich selbst*, sind *gleichgültig* gegeneinander, jede für sich, frei von der andern. Die einfache sich selbst gleiche Allgemeinheit selbst aber ist wieder von diesen ihren Bestimmtheiten unterschieden und frei; sie ist das reine Sichaufsichbeziehen oder das *Medium*, worin diese Bestimmtheiten alle sind, sich also in ihr als in einer *einfachen* Einheit *durchdringen*, ohne sich aber *zu berühren*; denn eben durch die Teilnahme an dieser Allgemeinheit sind sie gleichgültig für sich. – Dies abstrakte allgemeine Medium, das die *Dingheit* überhaupt oder das *reine Wesen* genannt werden kann, ist nichts anderes als das *Hier* und *Jetzt*, wie es sich erwiesen hat, nämlich als ein *einfaches Zusammen* von vielen; aber die vielen sind *in ihrer Bestimmtheit* selbst *einfach Allgemeine*. Dies Salz ist einfaches Hier und zugleich vielfach; es ist weiß und *auch* scharf, *auch* kubisch gestaltet, *auch* von bestimmter Schwere usw. Alle diese vielen Eigenschaften sind in Einem einfachen *Hier*, worin sie sich also durchdringen; keine hat ein anderes Hier als die andere, sondern jede ist allenthalben, in demselben worin die andere ist; und zugleich, ohne durch verschiedene Hier geschieden zu sein, affizieren sie sich in dieser Durchdringung nicht; das Weiße affiziert oder verändert das Kubische nicht, beide nicht das Scharfe usw., sondern da jede selbst einfaches *Sichaufsichbeziehen* ist, läßt sie die andern ruhig und bezieht sich nur durch das gleichgültige *Auch* auf sie. Dieses *Auch* ist also das reine Allgemeine selbst, oder das Medium, die sie so zusammenfassende *Dingheit*.

In diesem Verhältnisse, das sich ergeben hat, ist nur erst der Charakter der positiven Allgemeinheit beobachtet und entwickelt; es bietet sich aber noch eine Seite dar, welche auch hereingenommen werden muß. Nämlich wenn die vielen bestimmten Eigenschaften schlechterdings gleichgültig wären und sich durchaus nur auf sich selbst bezögen, so wären sie keine *bestimmte[n]*; denn sie sind dies nur, insofern sie sich *unterscheiden* und sich *auf andere* als entgegengesetzte *beziehen*. Nach dieser Entgegensetzung aber können sie nicht in der einfachen Einheit ihres Mediums zusammen sein, die ihnen ebenso wesentlich ist als die Negation; die Unterscheidung derselben, insofern sie nicht eine gleichgültige, sondern ausschließende, anderes negierende ist, fällt also außer diesem einfachen Medium; und dieses ist daher nicht nur ein *Auch*, gleichgültige Einheit, sondern auch *Eins, ausschließende Einheit*. – Das Eins ist das *Moment der Negation*, wie es selbst auf eine einfache Weise sich auf sich bezieht, und Anderes ausschließt; und wodurch die *Dingheit* als *Ding* bestimmt ist. An der Eigenschaft ist die Negation als *Bestimmtheit*, die unmittelbar eins ist mit der Unmittelbarkeit des Seins, welche durch diese Einheit mit der Negation Allgemeinheit ist; als *Eins* aber ist sie, wie sie von dieser Einheit mit dem Gegenteil befreit und an und für sich selbst ist.

In diesen Momenten zusammen ist das Ding als das Wahre der Wahrnehmung vollendet, soweit es nötig ist, es hier zu entwickeln. Es ist α) die gleichgültige passive Allgemeinheit, das *Auch* der vielen Eigenschaften, oder vielmehr *Materien*, β) die Negation ebenso als einfach; oder das *Eins*, das Ausschließen entgegengesetzter Eigenschaften, und γ) die vielen *Eigenschaften* selbst, die Beziehung der zwei ersten Momente, die Negation, wie sie sich auf das gleichgültige Element bezieht und sich darin als eine Menge von Unterschieden ausbreitet; der Punkt der Einzelheit in dem Medium des Bestehens in die Vielheit ausstrahlend. Nach der Seite, daß diese Unterschiede dem gleichgültigen Medium angehören, sind sie selbst allgemein, beziehen sich nur auf sich, und affizieren sich nicht; nach der Seite aber, daß sie der negativen Einheit angehören, sind sie zugleich ausschließend; haben aber diese entgegengesetzte Beziehung notwendig an Eigenschaften, die aus *i h r e m Auch* entfernt sind. Die sinnliche Allgemeinheit oder die *unmittelbare* Einheit des Seins und des Negativen ist erst so *Eigenschaft*, insofern das Eins und die reine Allgemeinheit aus ihr entwickelt und voneinander unterschieden sind und sie diese miteinander zusammenschließt; diese Beziehung derselben auf die reinen wesentlichen Momente vollendet erst das *Ding*.

So ist nun das Ding der Wahrnehmung beschaffen; und das Bewußtsein ist als Wahrnehmendes bestimmt, insofern dies Ding sein Gegenstand ist; es hat ihn *nur zu nehmen*, und sich als reines Auffassen zu verhalten; was sich ihm dadurch ergibt, ist das Wahre. Wenn es selbst bei diesem Nehmen etwas täte, würde es durch solches Hinzusetzen oder Weglassen die Wahrheit verändern. Indem der Gegenstand das Wahre und Allgemeine, sich selbst Gleiche, das Bewußtsein sich aber das Veränderliche und Unwesentliche ist, kann es ihm geschehen, daß es den Gegenstand unrichtig auffaßt und sich täuscht. Das Wahrnehmende hat das Bewußtsein der Möglichkeit der Täuschung; denn in der Allgemeinheit, welche das Prinzip ist, ist das *Anderssein* selbst unmittelbar für es, aber als das *Nichtige*, Aufgehobene. Sein Kriterium der Wahrheit ist daher die *Sichselbstgleichheit*, und sein Verhalten, als sich selbst gleiches aufzufassen. Indem zugleich das Verschiedene für es ist, ist es ein Beziehen der verschiedenen Momente seines Auffassens aufeinander; wenn sich aber in dieser Vergleichung eine Ungleichheit auftut, so ist dies nicht eine Unwahrheit des Gegenstandes, denn er ist das sich selbst Gleiche, sondern des Wahrnehmens.

Sehen wir nun zu, welche Erfahrung das Bewußtsein in seinem wirklichen Wahrnehmen macht. Sie ist *für uns* in der soeben gegebenen Entwicklung des Gegenstandes und des Verhaltens des Bewußtseins zu ihm schon enthalten; und wird nur die Entwicklung der darin vorhandenen Widersprüche sein. – Der Gegenstand, den Ich aufnehme, bietet sich als *rein Einer* dar; auch werde ich die Eigenschaft an ihm gewahr, die *allgemein* ist, dadurch aber über die Einzelheit hinausgeht. Das erste Sein des gegenständlichen Wesens als eines Einen war also nicht sein wahres Sein; da *er* das Wahre ist, fällt die Unwahrheit in mich, und das Auffassen war nicht richtig. Ich muß um der *Allgemeinheit* der Eigenschaft willen das gegenständliche Wesen vielmehr als eine *Gemeinschaft* überhaupt nehmen. Ich nehme nun ferner die Eigenschaft wahr als *bestimmte*, anderem *entgegengesetzte* und es ausschließende. Ich faßte das gegenständliche Wesen also in der Tat nicht richtig auf, als ich es als eine *Gemeinschaft* mit andern oder als die Kontinuität bestimmte, und muß vielmehr um der *Bestimmtheit* der Eigenschaft willen die Kontinuität trennen und es als ausschließendes Eins setzen. An dem getrennten Eins finde ich viele solche Eigenschaften, die einander nicht affizieren, sondern gleichgültig gegeneinander sind; ich nahm den Gegenstand also nicht richtig wahr, als ich ihn als ein *Ausschließendes* auffaßte, sondern er ist, wie vorhin nur Kontinuität überhaupt, so jetzt ein allgemeines *gemeinschaftliches Medium*, worin viele Eigenschaften als sinnliche *Allgemeinheiten*, jede für sich ist und als *bestimmte* die andern ausschließt. Das Einfache und Wahre, das ich wahrnehme, ist aber hiemit auch nicht ein allgemeines Medium, sondern die *einzelne Eigenschaft* für sich, die aber so weder Eigenschaft noch ein bestimmtes Sein ist; denn sie ist nun weder an einem Eins, noch in Beziehung auf andere. Eigenschaft ist sie aber nur am Eins und bestimmt nur in Beziehung auf andere. Sie bleibt als dies reine Sichaufsichselbstbeziehen nur *sinnliches Sein* überhaupt, da sie den Charakter der Negativität nicht mehr an ihr hat; und das Bewußtsein, für welches jetzt ein sinnliches Sein ist, ist nur ein *Meinen*, d.h., es ist aus dem Wahrnehmen ganz heraus und in sich zurückgegangen. Allein das sinnliche Sein und Meinen geht selbst in das Wahrnehmen über; ich bin zu dem Anfang zurückgeworfen und wieder in denselben, sich in jedem Momente und als Ganzes aufhebenden Kreislauf hineingerissen.

Das Bewußtsein durchläuft ihn also notwendig wieder, aber zugleich nicht auf dieselbe Weise wie das erstemal. Es hat nämlich die Erfahrung über das Wahrnehmen gemacht, daß das Resultat und das Wahre desselben seine Auflösung oder die Reflexion in sich selbst aus dem Wahren ist. Es hat sich hiemit für das Bewußtsein bestimmt, wie sein Wahrnehmen wesentlich beschaffen ist, nämlich nicht ein einfaches reines Auffassen, sondern *in seinem Auffassen* zugleich aus dem Wahren *heraus in sich reflektiert* zu sein. Diese Rückkehr des Bewußtseins in sich selbst, die sich in das reine Auffassen unmittelbar, – denn sie hat sich als dem Wahrnehmen wesentlich gezeigt, – *einmischt*, verändert das Wahre. Das Bewußtsein erkennt diese Seite zugleich als die seinige und nimmt sie auf sich, wodurch es also den wahren Gegenstand rein erhalten wird. – Es ist hiemit jetzt, wie es bei der sinnlichen Gewißheit geschah, an dem Wahrnehmen die Seite vorhanden, daß das Bewußtsein in sich zurückgedrängt wird, aber zunächst nicht in dem Sinne, in welchem dies bei jener der Fall war, als ob in es die *Wahrheit* des Wahrnehmens fiele; sondern vielmehr erkennt es, daß die *Unwahrheit*, die darin vorkommt, in es fällt. Durch diese Erkenntnis aber ist es zugleich fähig, sie aufzuheben; es unterscheidet sein Auffassen des Wahren von der Unwahrheit seines Wahrnehmens, korrigiert diese, und insofern es diese Berichtigung selbst vornimmt, fällt allerdings die Wahrheit, als Wahrheit des *Wahrnehmens in dasselbe*. Das Verhalten des Bewußtseins, das nunmehr zu betrachten ist, ist also so beschaffen, daß es nicht mehr bloß wahrnimmt, sondern auch seiner Reflexion in sich bewußt ist und diese von der einfachen Auffassung selbst abtrennt.

Ich werde also zuerst des Dings als *Eines* gewahr und habe es in dieser wahren Bestimmung festzuhalten; wenn in der Bewegung des Wahrnehmens etwas dem Widersprechendes vorkommt, so ist dies als meine Reflexion zu erkennen. Es kommen nun in der Wahrnehmung auch verschiedene Eigenschaften vor, welche Eigenschaften des Dings zu sein scheinen; allein das Ding ist Eins, und von dieser Verschiedenheit, wodurch es aufhörte, Eins zu sein, sind wir uns bewußt, daß sie in uns fällt. Dies Ding ist also in der Tat nur weiß, an *unser* Auge gebracht, scharf *auch*, an *unsre* Zunge, *auch* kubisch, an *unser* Gefühl usf. Die gänzliche Verschiedenheit dieser Seiten nehmen wir nicht aus dem Dinge, sondern aus uns; sie fallen uns an unserem von der Zunge ganz unterschiedenen Auge usf. so auseinander. Wir sind somit das *allgemeine Medium*, worin solche Momente sich absondern und für sich sind. Hiedurch also, daß wir die Bestimmtheit, allgemeines Medium zu sein, als unsre Reflexion betrachten, erhalten wir die Sichselbstgleichheit und Wahrheit des Dinges, Eins zu sein.

Diese *verschiedenen Seiten*, welche das Bewußtsein auf sich nimmt, sind aber, jede so für sich, als in dem allgemeinen Medium sich befindend betrachtet, *bestimmt*; das Weiße ist nur in Entgegensetzung gegen das Schwarze usf., und das Ding Eins gerade dadurch, daß es andern sich entgegensetzt. Es schließt aber andere nicht, insofern es Eins ist, von sich aus; denn Eins zu sein ist das allgemeine Aufsichselbstbeziehen, und dadurch, daß es Eins ist, ist es vielmehr allen gleich; sondern durch die *Bestimmtheit*. Die Dinge selbst also sind *an und für sich bestimmte*; sie haben Eigenschaften, wodurch sie sich von andern unterscheiden. Indem die *Eigenschaft* die *eigene* Eigenschaft des Dinges oder eine Bestimmtheit an ihm selbst ist, hat es *mehrere* Eigenschaften. Denn vors erste ist das Ding das Wahre, es ist *an sich selbst*; und was an ihm ist, ist an ihm als sein eigenes Wesen, nicht um anderer willen; also sind zweitens die bestimmten Eigenschaften nicht nur um anderer Dinge willen und für andere Dinge, sondern an ihm selbst; sie sind aber bestimmte Eigenschaften *an ihm* nur, indem sie mehrere sich voneinander unterscheidende sind und drittens, indem sie so in der Dingheit sind, sind sie an und für sich und gleichgültig gegeneinander. Es ist also in Wahrheit das Ding selbst, welches weiß, und *auch* kubisch, *auch* scharf usf. ist, oder das Ding ist das *Auch*, oder das *allgemeine Medium*, worin die vielen Eigenschaften außereinander bestehen, ohne sich zu berühren und aufzuheben; und so genommen wird es als das Wahre genommen.

Bei diesem Wahrnehmen nun ist das Bewußtsein zugleich sich bewußt, daß es sich *auch* in sich selbst reflektiert und in dem Wahrnehmen das dem *Auch* entgegengesetzte Moment vorkommt. Dies Moment aber ist *Einheit* des Dings mit sich selbst, welche den Unterschied aus sich ausschließt. Sie ist es demnach, welche das Bewußtsein auf sich zu nehmen hat; denn das Ding selbst ist das *Bestehen der vielen verschiedenen* und *unabhängigen Eigenschaften*. Es wird also von dem Dinge gesagt: *es ist* weiß, *auch* kubisch und auch scharf usf. Aber *insofern* es weiß ist, ist es nicht kubisch, und *insofern* es kubisch und auch weiß ist, ist es nicht scharf usf. Das *Ineinssetzen* dieser Eigenschaften kommt nur dem Bewußtsein zu, welches sie daher an dem Ding nicht in Eins fallen zu lassen hat. Zu dem Ende bringt es das *Insofern* herbei, wodurch es sie auseinander und das Ding als das Auch erhält. Recht eigentlich wird das *Einssein* von dem Bewußtsein erst so auf sich genommen, daß dasjenige, was Eigenschaft genannt wurde, als *freie Materie* vorgestellt wird. Das Ding ist auf diese Weise zum wahrhaften *Auch* erhoben, indem es eine Sammlung von Materien, und, statt Eins zu sein, zu einer bloß umschließenden Oberfläche wird.

Sehen wir zurück auf dasjenige, was das Bewußtsein vorhin auf sich genommen und jetzt auf sich nimmt, was es vorhin dem Dinge zuschrieb und jetzt ihm zuschreibt, so ergibt sich, daß es abwechslungsweise ebensowohl sich selbst als auch das Ding zu beidem macht, zum reinen, vielheitslosen *Eins*, wie zu einem in selbständige Materien aufgelösten *Auch*. Das Bewußtsein findet also durch diese Vergleichung, daß nicht nur *sein* Nehmen des Wahren die *Verschiedenheit des Auffassens* und *des in sich Zurückgehens* an ihm hat, sondern daß vielmehr das Wahre selbst, das Ding, sich auf diese gedoppelte Weise zeigt. Es ist hiemit die Erfahrung vorhanden, daß das Ding sich *für das* auffassende *Bewußtsein* auf eine bestimmte Weise *darstellt*, aber *zugleich* aus der Weise, in der es sich darbietet, *heraus* und *in sich reflektiert ist*, oder an ihm selbst eine entgegengesetzte Wahrheit hat.

Das Bewußtsein ist also auch aus dieser zweiten Art, sich im Wahrnehmen zu verhalten, nämlich das Ding als das wahre Sichselbstgleiche, sich aber für das Ungleiche, für das aus der Gleichheit heraus in sich Zurückgehende zu nehmen, selbst heraus, und der Gegenstand ist ihm jetzt diese ganze Bewegung, welche vorher an den Gegenstand und an das Bewußtsein verteilt war. Das Ding ist *Eins*, in sich reflektiert; es ist *für sich*, aber es ist auch *für ein anderes*; und zwar ist es [ebenso] ein *Anderes* für sich, *als es* für anderes ist. Das Ding ist hienach für sich und *auch* für ein Anderes, ein *gedoppeltes* verschiedenes Sein, aber es ist *auch Eins*; das Einssein aber widerspricht dieser seiner Verschiedenheit; das Bewußtsein hätte hienach dies Ineinssetzen wieder auf sich zu nehmen und von dem Dinge abzuhalten. Es müßte also sagen, daß das Ding, *insofern* es für sich ist, nicht für anderes ist. Allein dem Dinge selbst kommt auch das Einssein zu, wie das Bewußtsein erfahren hat; das Ding ist wesentlich in sich reflektiert. Das *Auch* oder der gleichgültige Unterschied fällt also wohl ebenso in das Ding als das *Einssein*, aber da beides verschieden, nicht in dasselbe, sondern in *verschiedene* Dinge; der Widerspruch, der an dem gegenständlichen Wesen überhaupt ist, verteilt sich an zwei Gegenstände. Das Ding ist also wohl an und für sich, sich selbst gleich, aber diese Einheit mit sich selbst wird durch andere Dinge gestört; so ist die Einheit des Dings erhalten, und zugleich das Anderssein außer ihm, so wie außer dem Bewußtsein.

Ob nun zwar so der Widerspruch des gegenständlichen Wesens an verschiedene Dinge verteilt ist, so wird darum doch an das abgesonderte einzelne Ding selbst der Unterschied kommen. Die *verschiedenen Dinge* sind also *für sich* gesetzt; und der Widerstreit fällt in sie so gegenseitig, daß jedes nicht von sich selbst, sondern nur von dem andern verschieden ist. Jedes ist aber hiemit *selbst als ein Unterschiedenes* bestimmt und hat den wesentlichen Unterschied von den andern *an ihm*, aber zugleich nicht so, daß dies eine Entgegensetzung an ihm selbst wäre, sondern es für sich ist *einfache Bestimmtheit*, welche seinen *wesentlichen*, es von andern unterscheidenden Charakter ausmacht. In der Tat ist zwar, da die Verschiedenheit an ihm ist, dieselbe notwendig als *wirklicher* Unterschied mannigfaltiger Beschaffenheit an ihm. Allein weil die Bestimmtheit das *Wesen* des Dinges ausmacht, wodurch es von andern sich unterscheidet und für sich ist, so ist diese sonstige mannigfaltige Beschaffenheit das *Unwesentliche*. Das Ding hat hiemit zwar in seiner Einheit das *gedoppelte Insofern* an ihm, aber mit *ungleichem Werte*, wodurch dies Entgegengesetztsein also nicht zur wirklichen Entgegensetzung des Dings selbst wird; sondern insofern dies durch seinen *a b s o l u t e n Unterschied* in Entgegensetzung kommt, hat es sie gegen ein anderes Ding außer ihm. Die sonstige Mannigfaltigkeit aber ist zwar auch notwendig an dem Dinge, so daß sie nicht von ihm wegbleiben kann, aber sie ist ihm *unwesentlich*.

Diese Bestimmtheit, welche den wesentlichen Charakter des Dings ausmacht und es von allen andern unterscheidet, ist nun so bestimmt, daß das Ding dadurch im Gegensatze mit andern ist, aber sich darin für sich erhalten soll. Ding aber, oder für sich seiendes Eins ist es nur, insofern es nicht, in dieser Beziehung auf andere steht; denn in dieser Beziehung ist vielmehr der Zusammenhang mit anderem gesetzt, und Zusammenhang mit anderem ist das Aufhören des Fürsichseins. Durch den *absoluten Charakter* gerade und seine Entgegensetzung *verhält* es sich zu *andern* und ist wesentlich nur dies Verhalten; das Verhältnis aber ist die Negation seiner Selbständigkeit und das Ding geht vielmehr durch seine wesentliche Eigenschaft zugrunde.

Die Notwendigkeit der Erfahrung für das Bewußtsein, daß das Ding eben durch die Bestimmtheit, welche sein Wesen und sein Fürsichsein ausmacht, zugrunde geht, kann kurz dem einfachen Begriffe nach so betrachtet werden. Das Ding ist gesetzt als *Fürsichsein*, oder als absolute Negation alles Andersseins, daher absolute, nur sich auf sich beziehende Negation; aber die sich auf sich beziehende Negation ist Aufheben *seiner selbst*, oder [dies,] sein Wesen in einem Andern zu haben.

In der Tat enthält die Bestimmung des Gegenstandes, wie er sich ergeben hat, nichts anderes; er soll eine wesentliche Eigenschaft, welche sein einfaches Fürsichsein ausmacht, bei dieser Einfachheit aber auch die Verschiedenheit an ihm selbst haben, welche zwar *notwendig* sein, aber nicht die *wesentliche* Bestimmtheit ausmachen soll. Aber dies ist eine Unterscheidung, welche nur noch in den Worten liegt; das *Unwesentliche*, welches doch zugleich *notwendig* sein soll, hebt sich selbst auf oder ist dasjenige, was soeben die Negation seiner selbst genannt wurde.

Es fällt hiemit das letzte *Insofern* hinweg, welches das Fürsichsein und das Sein für anderes trennte; der Gegenstand ist vielmehr *in einer und derselben Rücksicht das Gegenteil seiner selbst: für sich, insofern er für anderes,* und *für anderes, insofern er für sich ist*. Er ist *für sich*, in sich reflektiert, Eins; aber dies für sich, in sich reflektiert, Eins sein ist mit seinem Gegenteile, *dem Sein für ein Anderes*, in einer Einheit und darum nur als Aufgehobenes gesetzt; oder dies *Fürsichsein* ist ebenso *unwesentlich* als dasjenige, was allein das Unwesentliche sein sollte, nämlich das Verhältnis zu anderem.

Der Gegenstand ist hiedurch in seinen reinen Bestimmtheiten oder in den Bestimmtheiten, welche seine Wesenheit ausmachen sollten, ebenso aufgehoben, als er in seinem sinnlichen Sein zu einem Aufgehobenen wurde. Aus dem sinnlichen Sein wird er ein Allgemeines; aber dies Allgemeine ist, da es *aus dem Sinnlichen herkommt*, wesentlich durch dasselbe *bedingt* und daher überhaupt nicht wahrhaft sichselbstgleiche, sondern *mit einem Gegensatze affizierte* Allgemeinheit, welche sich darum in die Extreme der Einzelheit und Allgemeinheit, des Eins der Eigenschaften und des Auchs der freien

Materien trennt. Diese reinen Bestimmtheiten scheinen die *Wesenheit* selbst auszudrücken, aber sie sind nur ein *Fürsichsein*, welches mit dem *Sein für ein Anderes* behaftet ist; indem aber beide wesentlich *in einer Einheit* sind, so ist jetzt die unbedingte absolute Allgemeinheit vorhanden, und das Bewußtsein tritt hier erst wahrhaft in das Reich des Verstandes ein.

Die sinnliche Einzelheit also verschwindet zwar in der dialektischen Bewegung der unmittelbaren Gewißheit und wird Allgemeinheit, aber nur *sinnliche Allgemeinheit*. Das Meinen ist verschwunden, und das Wahrnehmen nimmt den Gegenstand, wie er *an sich* ist, oder als Allgemeines überhaupt; die Einzelheit tritt daher an ihm, als wahre Einzelheit, als *Ansichsein* des *Eins* hervor oder als *Reflektiertsein in sich selbst*. Es ist aber noch ein *bedingtes* Fürsichsein, *neben welchem* ein anderes Fürsichsein, die der Einzelheit entgegengesetzte und durch sie bedingte Allgemeinheit vorkommt; aber diese beiden widersprechenden Extreme sind nicht nur *neben einander*, sondern in Einer Einheit, oder, was dasselbe ist, das Gemeinschaftliche beider, das *Fürsichsein ist* mit dem Gegensatze überhaupt behaftet, d.h. es ist zugleich nicht ein *Fürsichsein*. Diese Momente sucht die Sophisterei des Wahrnehmens von ihrem Widerspruche zu retten und durch die Unterscheidung der *Rücksichten*, durch das *Auch* und *Insofern* festzuhalten, so wie endlich durch die Unterscheidung des *Unwesentlichen* und eines ihm entgegengesetzten *Wesens* das Wahre zu ergreifen. Allein diese Auskunftsmittel, statt die Täuschung in dem Auffassen abzuhalten, erweisen sich vielmehr selbst als nichtig; und das Wahre, das durch diese Logik des Wahrnehmens gewonnen werden soll, erweist sich in Einer und derselben Rücksicht das Gegenteil zu sein, und hiemit zu seinem Wesen die unterscheidungs- und bestimmungslose Allgemeinheit zu haben.

Diese leeren Abstraktionen der *Einzelheit* und der ihr entgegengesetzten *Allgemeinheit*, so wie des *Wesens*, das mit einem Unwesentlichen verknüpft, eines *Unwesentlichen*, das doch zugleich notwendig ist, sind die Mächte, deren Spiel der wahrnehmende, oft sogenannte gesunde Menschenverstand ist; er, der sich für das gediegne reale Bewußtsein nimmt, ist im Wahrnehmen nur das Spiel *dieser Abstraktionen;* er ist überhaupt immer da am ärmsten, wo er am reichsten zu sein meint. Indem er von diesen nichtigen Wesen herumgetrieben, von dem einen dem andern in die Arme geworfen wird und durch seine Sophisterei abwechslungsweise jetzt das eine, dann das gerade Entgegengesetzte festzuhalten und zu behaupten bemüht, sich der Wahrheit widersetzt, meint er von der Philosophie, sie habe es nur mit *Gedankendingen* zu tun. Sie hat in der Tat auch damit zu tun, und erkennt sie für die reinen Wesen, für die absoluten Elemente und Mächte; aber damit erkennt sie dieselben zugleich *in ihrer Bestimmtheit*, und ist darum Meister über sie, während jener wahrnehmende Verstand sie für das Wahre nimmt, und von ihnen aus einer Irre in die andere geschickt wird. Er selbst kommt nicht zu dem Bewußtsein, daß es solche einfache Wesenheiten sind, die in ihm walten, sondern er meint es immer mit ganz gediegnem Stoffe und Inhalte zu tun zu haben, so wie die sinnliche Gewißheit nicht weiß, daß die leere Abstraktion des reinen Seins ihr Wesen ist; aber in der Tat sind sie es, an welchen er durch allen Stoff und Inhalt hindurch und hin und her läuft; sie sind der Zusammenhalt und die Herrschaft desselben, und allein dasjenige, was, das Sinnliche *als Wesen* für das Bewußtsein ist, was seine Verhältnisse zu ihm bestimmt und woran die Bewegung des Wahrnehmens und seines Wahren abläuft. Dieser Verlauf, ein beständig abwechselndes Bestimmen des Wahren und

Aufheben dieses Bestimmens, macht eigentlich das tägliche und beständige Leben und Treiben des wahrnehmenden und in der Wahrheit sich zu bewegen meinenden Bewußtseins aus. Es geht darin unaufhaltsam zu dem Resultate des gleichen Aufhebens aller dieser wesentlichen Wesenheiten oder Bestimmungen fort, ist aber in jedem einzelnen Momente nur dieser *Einen Bestimmtheit* als des Wahren sich bewußt und dann wieder der entgegengesetzten. Es wittert wohl ihre Unwesenheit; sie gegen die drohende Gefahr zu retten, geht es zur Sophisterei über, das was es selbst soeben als das Nichtwahre behauptete, jetzt als das Wahre zu behaupten. Wozu diesen Verstand eigentlich die Natur dieser unwahren Wesen treiben will, die Gedanken von jener *Allgemeinheit* und *Einzelheit*, vom *Auch* und *Eins*, von jener *Wesentlichkeit*, die mit einer *Unwesentlichkeit notwendig* verknüpft ist, und von einem *Unwesentlichen*, das doch notwendig ist, – die *Gedanken* von diesen Unwesen *zusammenzubringen* und sie dadurch aufzuheben, dagegen sträubt er sich durch die Stützen des *Insofern* und der verschiedenen *Rücksichten*, oder dadurch, den einen Gedanken auf sich zu nehmen, um den andern getrennt und als den wahren zu erhalten. Aber die Natur dieser Abstraktionen bringt sie an und für sich zusammen, der gesunde Verstand ist der Raub derselben, die ihn in ihrem wirbelnden Kreise umhertreiben. Indem er ihnen die Wahrheit dadurch geben will, daß er bald die Unwahrheit derselben auf sich nimmt, bald aber auch die Täuschung einen Schein der unzuverlässigen Dinge nennt und das Wesentliche von einem ihnen Notwendigen und doch Unwesentlichseinsollenden abtrennt, und jenes als ihre Wahrheit gegen dieses festhält, erhält er ihnen nicht ihre Wahrheit, sich aber gibt er die Unwahrheit.

III.
Kraft und Verstand,
Erscheinung und übersinnliche Welt.

Dem Bewußtsein ist in der Dialektik der sinnlichen Gewißheit das Hören und Sehen usw. vergangen, und als Wahrnehmen ist es zu Gedanken gekommen, welche es aber erst im unbedingt Allgemeinen zusammenbringt. Dies Unbedingte wäre nun selbst wieder nichts anders als das auf eine Seite tretende *Extrem* des *Fürsichseins*, wenn es als ruhiges einfaches Wesen genommen würde, denn so träte ihm das Unwesen gegenüber; aber auf dieses bezogen wäre es selbst unwesentlich und das Bewußtsein nicht aus der Täuschung des Wahrnehmens herausgekommen; allein es hat sich als ein solches ergeben, welches aus einem solchen bedingten Fürsichsein in sich zurückgegangen ist. – Dies unbedingte Allgemeine, das nunmehr der wahre Gegenstand des Bewußtseins ist, ist noch als *Gegenstand* desselben; es hat seinen *Begriff* als *Begriff* noch nicht erfaßt. Beides ist wesentlich zu unterscheiden; dem Bewußtsein ist der Gegenstand aus dem Verhältnisse zu einem andern in sich zurück gegangen, und hiemit *an sich* Begriff geworden; aber das Bewußtsein ist noch nicht für sich selbst der Begriff, und deswegen erkennt es in jenem reflektierten Gegenstande nicht sich. *Für uns* ist dieser Gegenstand durch die Bewegung des Bewußtseins so geworden, daß dieses in das Werden desselben verflochten, und die Reflexion auf beiden Seiten dieselbe, oder nur Eine ist. Weil aber das Bewußtsein in dieser Bewegung nur das gegenständliche Wesen, nicht das Bewußtsein als solches zu seinem Inhalte hatte, so ist für es das Resultat in gegenständlicher Bedeutung zu setzen und das Bewußtsein noch von dem Gewordenen zurücktretend, so daß ihm dasselbe als Gegenständliches das Wesen ist.

Der Verstand hat damit zwar seine eigne Unwahrheit und die Unwahrheit des Gegenstandes aufgehoben; und was ihm dadurch geworden, ist der Begriff des Wahren; als *an sich* seiendes Wahres, das noch nicht Begriff ist, oder das des *Fürsichseins* des Bewußtseins entbehrt, und das der Verstand, ohne sich darin zu wissen, gewähren läßt. Dieses treibt sein Wesen für sich selbst; so daß das Bewußtsein keinen Anteil an seiner freien Realisierung hat, sondern ihr nur zusieht und sie rein auffaßt. *Wir* haben hiemit noch vors erste an seine Stelle zu treten und der Begriff zu sein, welcher das ausbildet, was in dem Resultate enthalten ist; an diesem ausgebildeten Gegenstande, der dem Bewußtsein als ein Seiendes sich darbietet, wird es sich erst zum begreifenden Bewußtsein.

Das Resultat war das unbedingt Allgemeine, zunächst in dem negativen und abstrakten Sinne, daß das Bewußtsein seine einseitigen Begriffe negierte und sie abstrahierte, nämlich sie aufgab. Das Resultat hat aber an sich die positive Bedeutung, daß darin die Einheit des *Fürsichseins* und *des für ein Anderes Seins*, oder der absolute Gegensatz unmittelbar als dasselbe Wesen gesetzt ist. Es scheint zunächst nur die Form der Momente zueinander zu betreffen; aber das Fürsichsein und das Füranderessein ist ebensowohl der *Inhalt* selbst, weil der Gegensatz in seiner Wahrheit keine andere Natur haben kann, als die sich im Resultate ergeben hat, daß nämlich der in der Wahrnehmung für wahr gehaltene Inhalt in der Tat nur der Form angehört und in ihre Einheit sich auflöst. Dieser Inhalt ist zugleich allgemein; es kann keinen andern Inhalt geben, der durch seine besondere Beschaffenheit sich dem entzöge, in diese unbedingte Allgemeinheit zurückzugehen. Ein solcher Inhalt wäre irgend eine bestimmte Weise, für sich zu sein und zu anderem sich zu verhalten. Allein *für sich zu sein* und *zu anderem sich zu verhalten überhaupt*, macht seine *Natur* und *Wesen* aus, deren Wahrheit ist, unbedingt Allgemeines zu sein; und das Resultat ist schlechthin allgemein.

Weil aber dies unbedingt Allgemeine Gegenstand für das Bewußtsein ist, so tritt an ihm der Unterschied der Form und des Inhalts hervor, und in der Gestalt des Inhalts haben die Momente das Aussehen, in welchem sie sich zuerst darboten, einerseits allgemeines Medium vieler bestehender Materien, und anderseits in sich reflektiertes Eins, worin ihre Selbständigkeit vertilgt ist, zu sein. Jenes ist die Auflösung der Selbständigkeit des Dinges oder die Passivität, die ein Sein für ein Anderes ist, dies aber das Fürsichsein. Es ist zu sehen, wie diese Momente in der unbedingten Allgemeinheit, die ihr Wesen ist, sich darstellen. Es erhellt zunächst, daß sie dadurch, daß sie nur in dieser sind, überhaupt nicht mehr auseinander liegen, sondern wesentlich an ihnen selbst sich aufhebende Seiten sind, und nur das Übergehen derselben ineinander gesetzt ist.

Das eine Moment erscheint also als das auf die Seite getretene Wesen, als allgemeines Medium oder als das Bestehen selbständiger Materien. Die *Selbständigkeit* dieser Materien aber ist nichts anders als dies Medium; oder dies *Allgemeine* ist durchaus die *Vielheit* solcher verschiedenen Allgemeinen. Das Allgemeine ist an ihm selbst in ungetrennter Einheit mit dieser Vielheit, heißt aber: diese Materien sind, jede wo die andere ist; sie durchdringen sich gegenseitig, – ohne aber sich zu berühren, weil umgekehrt das viele Unterschiedene eben so selbständig ist. Damit ist zugleich auch ihre reine Porosität oder ihr Aufgehobensein gesetzt. Dies

Aufgehobensein wieder oder die Reduktion dieser Verschiedenheit zum *reinen Fürsichsein* ist nichts anders als das Medium selbst und dies die *Selbständigkeit* der Unterschiede. Oder die selbständig gesetzten gehen unmittelbar in ihre Einheit, und ihre Einheit unmittelbar in die Entfaltung über, und diese wieder zurück in die Reduktion. Diese Bewegung ist aber dasjenige, was *Kraft* genannt wird: das eine Moment derselben, nämlich sie als Ausbreitung der selbständigen Materien in ihrem Sein[,] ist ihre *Äußerung*; sie aber als das Verschwundensein derselben ist die aus ihrer Äußerung in sich *zurückgedrängte*, oder die *eigentliche Kraft*. Aber erstens die in sich zurückgedrängte Kraft *muß* sich äußern; und zweitens in der Äußerung ist sie ebenso *in sich* selbst seiende Kraft, als sie in diesem Insichselbstsein Äußerung ist. – Indem wir so beide Momente in ihrer unmittelbaren Einheit erhalten, so ist eigentlich der Verstand, dem der Begriff der Kraft angehört, *der Begriff*, welcher die unterschiedenen Momente als unterschiedene trägt; denn *an ihr selbst* sollen sie nicht unterschieden sein; der Unterschied ist hiemit nur im Gedanken. – Oder es ist im Obigen nur erst der Begriff der Kraft, nicht ihre Realität gesetzt worden. In der Tat aber ist die Kraft das unbedingt Allgemeine, welches, was es *für ein Anderes*, eben so an sich selbst ist; oder welches den Unterschied – denn er ist nichts anderes als das für *ein Anderes* Sein, – an ihm selbst hat. Daß also die Kraft in ihrer Wahrheit sei, muß sie ganz vom Gedanken frei gelassen und als die Substanz dieser Unterschiede gesetzt werden, d.h. *einmal, sie* als diese ganze Kraft wesentlich *an und für sich* bleibend, und *dann* ihre *Unterschiede* als *substantiell*, oder als für sich bestehende Momente. Die Kraft als solche oder als in sich zurückgedrängte ist hiemit für sich als ein *ausschließendes Eins*, welchem die Entfaltung der Materien *ein anderes beste-*

hendes Wesen ist, und es sind so zwei unterschiedne selbständige Seiten gesetzt. Aber die Kraft ist auch das Ganze, oder sie bleibt, was sie ihrem Begriffe nach ist; nämlich diese *Unterschiede* bleiben reine Formen, oberflächliche *verschwindende Momente. Die Unterschiede* der in sich *zurückgedrängten* eigentlichen Kraft und der *Entfaltung* der selbständigen Materien wären zugleich gar nicht, wenn sie nicht ein *Bestehen* hätten, oder die Kraft wäre nicht, wenn sie nicht auf diese entgegengesetzte Weise *existierte*; aber, sie existiert auf diese entgegengesetzte Weise, heißt nichts anderes, als beide Momente sind selbst zugleich *selbständig*. – Diese Bewegung des sich beständig Verselbständigens der beiden Momente und ihres sich wieder Aufhebens ist es also, was zu betrachten ist. – Es erhellt im allgemeinen, daß diese Bewegung nichts anderes ist als die Bewegung des Wahrnehmens, worin die beiden Seiten, das Wahrnehmende und das Wahrgenommene zugleich, einmal als das *Auffassen* des Wahren eins und ununterschieden, dabei aber ebensowohl jede Seite in sich *reflektiert* oder für sich ist. Hier sind diese beiden Seiten Momente der Kraft; sie sind ebensowohl in einer Einheit, als diese Einheit, welche gegen die für sich seienden Extreme als die Mitte erscheint, sich immer in eben diese Extreme zersetzt, die erst dadurch sind. – Die Bewegung, welche sich vorhin als das sich selbst Vernichten widersprechender Begriffe darstellte, hat also hier die *gegenständliche* Form und ist Bewegung der Kraft, als deren Resultat das unbedingt Allgemeine als *Ungegenständliches* oder als *Innres* der Dinge hervorgeht.

Die Kraft ist, wie sie bestimmt worden, indem sie als *solche* oder als *in sich reflektiert* vorgestellt wird, die eine Seite ihres Begriffs; aber als ein substantiiertes Extrem, und zwar das unter der Bestimmtheit des Eins gesetzte. Hiemit ist das *Bestehen* der entfalteten Materien aus ihr ausgeschlossen, und ein

Anderes als sie. Indem es notwendig ist, daß *sie selbst* dieses *Bestehen* sei, oder daß sie sich *äußere*, so stellt sich ihre Äußerung so vor, daß *jenes Andere* zu ihr *hinzutritt* und sie sollizitiert. Aber in der Tat, indem sie *notwendig* sich äußert, hat sie dies, was als ein anderes Wesen gesetzt war, an ihr selbst. Es muß zurückgenommen werden, daß sie als *ein Eins*, und ihr Wesen, sich zu äußern, als ein Anderes, zu ihr von außen Hinzutretendes gesetzt wurde; sie ist vielmehr selbst dies allgemeine Medium des Bestehens der Momente als Materien; oder *sie hat sich geäußert*, und was das andere Sollizitierende sein sollte, ist sie vielmehr. Sie existiert also jetzt als das Medium der entfalteten Materien. Aber sie hat gleich wesentlich die Form des Aufgehobenseins der bestehenden Materien, oder ist wesentlich *Eins; dies Einssein* ist hiemit *jetzt*, da *sie* gesetzt ist als das Medium von Materien, *ein Anderes als sie*, und sie hat dies ihr Wesen außer ihr. Indem sie aber notwendig dies sein muß, als was sie *noch nicht* gesetzt ist, so *tritt dies Andere hinzu* und sollizitiert sie zur Reflexion in sich selbst oder hebt ihre Äußerung auf. In der Tat aber ist *sie selbst* dieses in sich Reflektiertsein oder dies Aufgehobensein der Äußerung; das Einssein verschwindet, *wie* es erschien, nämlich als *ein Anderes; sie ist es selbst*, sie ist in sich zurückgedrängte Kraft.

Das, was als Anderes auftritt und sie sowohl zur Äußerung als zur Rückkehr in sich selbst sollizitiert, ist, wie sich unmittelbar ergibt, *selbst Kraft*; denn das Andre zeigt sich ebensowohl als allgemeines Medium, wie als Eins und so, daß jede dieser Gestalten zugleich nur als verschwindendes Moment auftritt. Die Kraft ist hiemit dadurch, daß ein Anderes für sie und sie für ein Anderes ist, überhaupt noch nicht aus ihrem Begriffe herausgetreten. Es sind aber zugleich zwei Kräfte vorhanden, der Begriff beider zwar derselbe, aber aus seiner Einheit in die Zweiheit herausgegangen. Statt daß der Gegensatz durchaus wesentlich nur Moment bliebe, scheint er sich durch die Entzweiung in ganz *selbständige Kräfte* der Herrschaft der Einheit entzogen zu haben. Was es mit dieser Selbständigkeit für eine Bewandtnis hat, ist näher zu sehen. Zunächst tritt die zweite Kraft als das Sollizitierende, und zwar als allgemeines Medium seinem Inhalte nach gegen die auf, welche als sollizitierte bestimmt ist; indem aber jene wesentlich Abwechslung dieser beiden Momente und selbst Kraft ist, so ist sie in der Tat gleichfalls *nur erst* allgemeines Medium, *indem sie dazu sollizitiert wird*, und ebenso auch nur negative Einheit oder zum Zurückgehen der Kraft Sollizitierendes, *dadurch, daß sie sollizitiert wird*. Es verwandelt sich hiemit auch dieser Unterschied, der zwischen beiden stattfand, daß das eine das *Sollizitierende*, das andere das *Sollizitierte* sein sollte, in dieselbe Austauschung der Bestimmtheiten gegeneinander.

Das Spiel der beiden Kräfte besteht hiemit in diesem entgegengesetzten Bestimmtsein beider, ihrem Füreinandersein in dieser Bestimmung und der absoluten unmittelbaren Verwechslung der Bestimmungen, – einem Übergange, wodurch allein diese Bestimmungen sind, in denen die Kräfte *selbständig* aufzutreten scheinen. Das Sollizitierende ist z.B. als allgemeines Medium und dagegen das Sollizitierte als zurückgedrängte Kraft gesetzt; aber jenes ist allgemeines Medium selbst nur dadurch, daß das Andere zurückgedrängte Kraft ist; oder diese ist vielmehr das Sollizitierende für jenes, und macht dasselbe erst zum Medium. Jenes hat nur durch das Andere seine Bestimmtheit und ist sollizitierend, nur insofern es vom andern dazu sollizitiert wird, sollizitierend zu sein; und es verliert eben so unmittelbar diese ihm gegebene Bestimmtheit; denn diese geht an das andere über oder vielmehr ist schon an dasselbe übergegangen; das fremde die Kraft Sollizitierende tritt als allgemeines Medium auf, aber nur dadurch, daß es von ihr dazu sollizitiert worden ist; d.h. aber, *sie setzt* es so und *ist* vielmehr *selbst wesentlich* allgemeines Medium; sie setzt das Sollizitierende so, darum weil diese andere Bestimmung ihr wesentlich, d.h. weil *sie vielmehr sie selbst ist*.

Zur Vervollständigung der Einsicht in den Begriff dieser Bewegung kann noch darauf aufmerksam gemacht werden, daß sich die Unterschiede selbst in einem gedoppelten Unterschiede zeigen, *einmal* als Unterschiede *des Inhalts*, indem das eine Extrem in sich reflektierte Kraft, das andere aber Medium der Materien ist; das *andremal* als Unterschiede der *Form*, indem das eine Sollizitierendes, das andre Sollizitiertes, jenes tätig, dies passiv ist. Nach dem Unterschiede des Inhalts *sind* sie überhaupt, oder für uns unterschieden; nach dem Unterschiede der Form aber sind sie selbständig, in ihrer Beziehung sich voneinander selbst abscheidend und entgegengesetzt. Daß so die Extreme nach diesen beiden Seiten nichts *an sich*, sondern diese Seiten, worin ihr unterschiedenes Wesen bestehen sollte, nur verschwindende Momente, ein unmittelbares Übergehen jeder in die entgegengesetzte sind, dies wird für das Bewußtsein in der Wahrnehmung der Bewegung der Kraft. Für uns aber war, wie oben erinnert, auch noch dies, daß an sich die Unterschiede als *Unterschiede des Inhalts und der Form* verschwanden, und auf der Seite der Form dem Wesen nach das *Tätige, Sollizitierende* oder *Fürsichseiende* dasselbe [war], was auf der Seite des Inhalts als in sich zurückgedrängte Kraft; das Passive, *Sollizitierte* oder für ein Anderes Seiende auf der Seite der Form dasselbe, was auf der Seite des Inhalts als allgemeines Medium der vielen Materien sich darstellte.

Es ergibt sich hieraus, daß der Begriff der Kraft durch die Verdopplung in zwei Kräfte *wirklich* wird, und wie er dies wird. Diese zwei Kräfte existieren als für sich seiende Wesen; aber ihre Existenz ist eine solche Bewegung gegeneinander, daß ihr Sein vielmehr ein reines *Gesetztsein durch ein Anderes* ist, d.h., daß ihr Sein vielmehr die reine Bedeutung des *Verschwindens* hat. Sie sind nicht als Extreme, die etwas Festes für sich behielten und nur eine äußere Eigenschaft gegeneinander in die Mitte und in ihre Berührung schickten; sondern was sie sind, sind sie nur in dieser Mitte und Berührung. Es ist darin unmittelbar ebensowohl das in sich Zurückgedrängt- oder *das Fürsichsein* der Kraft wie die Äußerung, das Sollizitieren wie das Sollizitiertsein; diese Momente hiemit nicht an zwei selbständige Extreme verteilt, welche sich nur eine entgegengesetzte Spitze böten, sondern ihr Wesen ist dies schlechthin, jedes nur durchs andere, und was jede so durchs andere ist, unmittelbar nicht mehr zu sein, indem sie es ist. Sie haben hiemit in der Tat keine eignen Substanzen, welche sie trügen und erhielten. Der *Begriff* der Kraft erhält sich vielmehr als *das Wesen* in seiner *Wirklichkeit* selbst; die *Kraft als wirkliche* ist schlechthin nur in der *Äußerung*, welche zugleich nichts anders als ein Sichselbstaufheben ist. Diese *wirkliche* Kraft vorgestellt als frei von ihrer Äußerung und für sich seiend, ist sie die in sich zurückgedrängte Kraft; aber diese Bestimmtheit ist in der Tat, wie sich ergeben hat, selbst nur ein Moment der *Äußerung*. Die Wahrheit der Kraft bleibt also nur der *Gedanke* derselben; und haltungslos stürzen die Momente ihrer Wirklichkeit, ihre Substanzen und ihre Bewegung in eine ununterschiedene Einheit zusammen, welche nicht die in sich zurückgedrängte Kraft ist (denn diese ist selbst nur ein solches Moment), sondern diese Einheit ist *ihr Begriff als Begriff*. Die Realisierung der Kraft ist also zugleich Verlust der Realität; sie ist darin vielmehr ein ganz Anderes geworden, nämlich diese *Allgemeinheit*, welche der Verstand zuerst oder unmittelbar als ihr Wesen erkennt, und welche sich auch als ihr Wesen an ihrer seinsollenden Realität[,] an den wirklichen Substanzen erweist.

Insofern wir *das erste* Allgemeine als den *Begriff* des Verstandes betrachten, worin die Kraft noch nicht für sich ist, so ist das zweite jetzt ihr *Wesen*, wie es sich *an* und *für sich* darstellt. Oder umgekehrt, betrachten wir das erste Allgemeine als das *Unmittelbare*, das ein *wirklicher* Gegenstand für das Bewußtsein sein sollte, so ist dies zweite als das *Negative* der sinnlich gegenständlichen Kraft bestimmt; es ist sie, wie sie in ihrem wahren Wesen nur als *Gegenstand des Verstandes* ist; jenes erste wäre die in sich zurückgedrängte Kraft oder sie als Substanz; dies zweite aber ist das *Innere* der Dinge, als *Inneres*, welches mit dem Begriffe als Begriff dasselbe ist.

Dieses wahrhafte Wesen der Dinge hat sich jetzt so bestimmt, daß es nicht unmittelbar für das Bewußtsein ist, sondern daß dieses ein mittelbares Verhältnis zu dem Innern hat und als Verstand durch *diese Mitte des Spiels der Kräfte in den wahren Hintergrund der Dinge blickt*. Die Mitte, welche die beiden Extreme, den Verstand und das Innere, zusammenschließt, ist das entwickelte *Sein* der Kraft, das für den Verstand selbst nunmehr ein *Verschwinden* ist. Es heißt darum *Erscheinung*; denn Schein nennen wir das *Sein*, das unmittelbar an ihm selbst ein *Nichtsein* ist. Es ist aber nicht nur ein Schein, sondern Erscheinung, ein *Ganzes* des Scheins. Dies *Ganze* als Ganzes oder *Allgemeines* ist es, was das *Innere* ausmacht, das *Spiel der Kräfte*, als *Reflexion* desselben in sich selbst. In ihm sind für das Bewußtsein auf gegenständliche

Weise die Wesen der Wahrnehmung so *gesetzt*, wie sie an sich sind, nämlich als unmittelbar in das Gegenteil ohne Ruhe und Sein sich verwandelnde Momente, das Eins unmittelbar in das Allgemeine, das Wesentliche unmittelbar in das Unwesentliche und umgekehrt. Dies Spiel der Kräfte ist daher das entwickelte Negative; aber die Wahrheit desselben ist das Positive, nämlich das *Allgemeine*, der *ansich*seiende Gegenstand. – Das *Sein* desselben *für das* Bewußtsein ist vermittelt durch die Bewegung der *Erscheinung*, worin das *Sein der Wahrnehmung* und das sinnlich Gegenständliche überhaupt nur negative Bedeutung hat, das Bewußtsein also daraus sich in sich als in das Wahre reflektiert, aber als Bewußtsein wieder dies Wahre zum gegenständlichen *Innern* macht, und diese Reflexion der Dinge von seiner Reflexion in sich selbst unterscheidet; wie ihm die vermittelnde Bewegung ebenso noch eine gegenständliche ist. Dies Innere ist ihm daher ein Extrem gegen es; aber es ist ihm darum das Wahre, weil es darin als in dem *Ansich* zugleich die Gewißheit seiner selbst oder das Moment seines Fürsichseins hat; aber dieses Grundes ist es sich noch nicht bewußt, denn das *Fürsichsein*, welches das Innre an ihm selbst haben sollte, wäre nichts anderes als die negative Bewegung; aber diese ist dem Bewußtsein noch die *gegenständliche* verschwindende Erscheinung, noch nicht sein *eignes* Fürsichsein; das Innere ist ihm daher wohl Begriff, aber es kennt die Natur des Begriffes noch nicht.

In diesem *innern Wahren*, als dem *absolut Allgemeinen*, welches vom *Gegensatze* des Allgemeinen und Einzelnen gereinigt und *für den Verstand* geworden ist, schließt sich erst über der *sinnlichen* als der *erscheinenden* Welt nunmehr eine *übersinnliche* als die *wahre* Welt auf, über dem verschwindenden *Diesseits* das bleibende *Jenseits*; ein Ansich, welches die erste und darum selbst unvollkommene Erscheinung der Vernunft, oder nur das reine Element ist, worin die Wahrheit ihr *Wesen* hat.

Unser Gegenstand ist hiemit nunmehr der Schluß, welcher zu seinen Extremen, das Innere der Dinge und den Verstand, und zu seiner Mitte die Erscheinung hat; die Bewegung dieses Schlusses aber gibt die weitere Bestimmung dessen, was der Verstand durch die Mitte hindurch im Innern erblickt, und die Erfahrung, welche er über dieses Verhältnis des Zusammengeschlossenseins macht.

Noch ist das Innere *reines Jenseits* für das Bewußtsein, denn es findet sich selbst in ihm noch nicht; es ist *leer*, denn es ist nur das Nichts der Erscheinung und positiv das einfache Allgemeine. Diese Weise des Innern[,] zu sein, stimmt unmittelbar denjenigen bei, welche sagen, daß das Innre der Dinge nicht zu erkennen sei; aber der Grund würde anders gefaßt werden müssen. Von diesem Innern, wie es hier unmittelbar ist, ist allerdings keine Kenntnis vorhanden, aber nicht deswegen, weil die Vernunft zu kurzsichtig, oder beschränkt, oder wie man es sonst nennen will, wäre; worüber hier noch nichts bekannt ist, denn so tief sind wir noch nicht eingedrungen; sondern um der einfachen Natur der Sache selbst willen, weil nämlich im *Leeren* nichts erkannt wird, oder von der andern Seite ausgesprochen, weil es eben als das *Jenseits* des Bewußtseins bestimmt ist. – Das Resultat ist freilich dasselbe, wenn ein Blinder in den Reichtum der übersinnlichen Welt, – wenn sie einen hat, er sei nun eigentümlicher Inhalt derselben, oder das Bewußtsein selbst sei dieser Inhalt, – und wenn ein Sehender in die reine Finsternis, oder wenn man will, in das reine Licht, wenn sie nur dieses ist, gestellt wird; der Sehende sieht in seinem reinen Lichte so wenig als in seiner reinen Finsternis, und gerade so viel als der Blinde in der Fülle des Reichtums, der vor ihm läge. Wenn es mit dem Innern und dem Zusammengeschlossensein mit ihm durch die Erscheinung weiter nichts wäre, so bliebe nichts übrig, als sich an die Erscheinung zu halten, d.h. etwas als wahr zu nehmen, von dem wir wissen, daß es nicht wahr ist; oder damit doch in dem Leeren, welches zwar erst als Leerheit von gegenständlichen Dingen geworden, aber, *als Leerheit an sich*, auch für die Leerheit aller geistigen Verhältnisse und der Unterschiede des Bewußtseins als Bewußtseins genommen werden muß, – damit also in diesem so *ganz Leeren*, welches auch das *Heilige* genannt wird, doch etwas sei, es mit Träumereien, *Erscheinungen*, die das Bewußtsein sich selbst erzeugt, zu erfüllen; es müßte sich gefallen lassen, daß so schlecht mit ihm umgegangen wird, denn es wäre keines bessern würdig, indem Träumereien selbst noch besser sind, als seine Leerheit.

Das Innere oder das übersinnliche Jenseits ist aber *entstanden*, es *kommt* aus der Erscheinung her, und sie ist seine Vermittlung; oder *die Erscheinung ist sein Wesen* und in der Tat seine Erfüllung. Das übersinnliche ist das Sinnliche und Wahrgenommene[,] gesetzt, wie es in *Wahrheit* ist; die *Wahrheit* des *Sinnlichen* und Wahrgenommenen aber ist, *Erscheinung* zu sein. Das Übersinnliche ist also die *Erscheinung*, als *Erscheinung*. – Wenn dabei gedacht wird, das Übersinnliche sei *also* die sinnliche Welt oder die Welt, wie sie *für die unmittelbare sinnliche Gewißheit und Wahrnehmung ist*, so ist dies ein verkehrtes Verstehen; denn die Erscheinung ist vielmehr *nicht* die Welt des sinnlichen Wissens und Wahrnehmens als seiende, sondern sie *als aufgehobene* oder in Wahrheit *als innere* gesetzt. Es pflegt gesagt zu werden, das Übersinnliche sei *nicht* die Erscheinung; dabei wird aber unter der Erscheinung nicht die Erscheinung verstanden, sondern vielmehr die *sinnliche* Welt, als selbst reelle Wirklichkeit.

Der Verstand, welcher unser Gegenstand ist, befindet sich auf eben dieser Stelle, daß ihm das Innere nur erst als das allgemeine, noch unerfüllte *Ansich* geworden; das Spiel der Kräfte hat nur eben diese negative Bedeutung, nicht an sich, und nur diese positive, das *Vermittelnde*, aber außer ihm zu sein. Seine Beziehung auf das Innre durch die Vermittlung aber ist seine Bewegung, durch welche es sich ihm erfüllen wird. – *Unmittelbar* für ihn ist das Spiel der Kräfte; das *Wahre aber* ist ihm das einfache Innre; die Bewegung der Kraft ist daher ebenso nur als *Einfaches* überhaupt das Wahre. Von diesem Spiele der Kräfte haben wir aber gesehen, daß es diese Beschaffenheit hat, daß die Kraft, welche *sollizitiert* wird von einer andern Kraft, ebenso das *Sollizitierende* für diese andere ist, welche selbst erst hierdurch sollizitierende wird. Es ist hierin ebenso nur der unmittelbare Wechsel oder das absolute Austauschen der *Bestimmtheit* vorhanden, welche den einzigen *Inhalt* des Auftretenden ausmacht; entweder allgemeines Medium, oder negative Einheit zu sein. Es hört in seinem bestimmten Auftreten selbst unmittelbar auf, das zu sein, als was es auftritt; es sollizitiert durch sein bestimmtes Auftreten die andere Seite, die sich hiedurch *äußert*; d.h. diese ist unmittelbar jetzt das, was die erste sein sollte. Diese beiden Seiten, das *Verhältnis* des Sollizitierens und das *Verhältnis* des bestimmten entgegengesetzten Inhalts ist *jedes für sich* die absolute Verkehrung und Verwechslung. Aber diese beiden Verhältnisse sind selbst wieder dasselbe; und der Unterschied der *Form*, das Sollizitierte und das Sollizitierende zu sein, ist dasselbe, was der Unterschied des *Inhalts* ist, das Sollizitierte als solches, nämlich das passive Medium, das Sollizitierende hingegen das tätige, die negative Einheit oder das Eins. Hiedurch verschwindet aller Unterschied *besonderer Kräfte*, die in dieser Bewegung vorhanden sein sollten, gegeneinander überhaupt, denn sie beruhten allein auf jenen Unterschieden; und der Unterschied der Kräfte fällt ebenso mit jenen beiden nur in einen zusammen. Es ist also weder die Kraft noch das Sollizitieren und Sollizitiertwerden, noch die Bestimmtheit, bestehendes Medium und in sich reflektierte Einheit zu sein, weder einzeln für sich etwas, noch sind es verschiedene Gegensätze, sondern was in diesem absoluten Wechsel ist, ist nur der *Unterschied als allgemeiner* oder als ein solcher, in welchen sich die vielen Gegensätze reduziert haben. Dieser *Unterschied als allgemeiner* ist daher *das Einfache an dem Spiele der Kraft selbst*, und das Wahre desselben; er ist das *Gesetz der Kraft*.

Zu dem *einfachen Unterschiede* wird die absolut wechselnde Erscheinung, durch ihre Beziehung auf die Einfachheit des Innern oder des Verstandes. Das Innre ist zunächst nur das an sich Allgemeine; dies an sich einfache *Allgemeine* ist aber wesentlich ebenso absolut der *allgemeine Unterschied*; denn es ist das Resultat des Wechsels selbst, oder der Wechsel ist sein Wesen; aber der Wechsel, als im *Innern* gesetzt, wie er in Wahrheit ist, in dasselbe hiemit als ebenso absolut allgemeiner, beruhigter, sich gleichbleibender Unterschied aufgenommen. Oder die Negation ist wesentliches Moment des Allgemeinen, und sie oder die Vermittlung also im Allgemeinen ist *allgemeiner Unterschied*. Er ist im *Gesetze* ausgedrückt als dem *beständigen* Bilde der unsteten Erscheinung. Die *übersinnliche* Welt ist hiemit ein *ruhiges Reich von Gesetzen*, zwar jenseits der wahrgenommenen Welt, denn diese stellt das Gesetz nur durch beständige Veränderung dar, aber in ihr eben so *gegenwärtig*, und ihr unmittelbares stilles Abbild.

Dies Reich der Gesetze ist zwar die Wahrheit des Verstandes, welche an dem Unterschiede, der in dem Gesetze ist, den *Inhalt* hat; es ist aber zugleich nur seine *erste Wahrheit* und füllt die Erscheinung nicht aus. Das Gesetz ist in ihr gegenwärtig, aber es ist nicht ihre ganze Gegenwart; es hat unter immer andern Umständen eine immer andere Wirklichkeit. Es bleibt dadurch der Erscheinung *für sich* eine Seite, welche nicht im Innern ist; oder sie ist in Wahrheit noch nicht als *Erscheinung*, als *aufgehobenes* Fürsichsein gesetzt. Dieser Mangel des Gesetzes muß sich an ihm selbst ebenso hervortun. Was ihm zu mangeln scheint, ist, daß es zwar den Unterschied selbst an ihm hat, aber als allgemeinen, unbestimmten. Insofern es aber nicht *das* Gesetz überhaupt, sondern *ein* Gesetz ist, hat es die Bestimmtheit an ihm; und es sind damit unbestimmt *viele* Gesetze vorhanden. Allein diese Vielheit ist vielmehr selbst ein Mangel; sie widerspricht nämlich dem Prinzip des Verstandes, welchem als Bewußtsein des einfachen Innern die an sich allgemeine *Einheit* das Wahre ist. Die vielen Gesetze muß er darum vielmehr in *Ein* Gesetz zusammenfallen lassen, wie z.B. das Gesetz, nach welchem der Stein fällt, und das Gesetz, nach welchem die himmlischen Sphären sich bewegen, als *Ein* Gesetz begriffen worden ist. Mit diesem Ineinanderfallen aber verlieren die Gesetze ihre Bestimmtheit; das Gesetz wird immer oberflächlicher, und es ist damit in der Tat nicht die Einheit *dieser bestimmten* Gesetze, sondern ein ihre Bestimmtheit weglassendes Gesetz gefunden; wie das *eine* Gesetz, welches die Gesetze des Falles der Körper an der Erde und der himmlischen Bewegung in sich vereint, sie beide in der Tat nicht ausdrückt. Die Vereinigung aller Gesetze in der *allgemeinen Attraktion* drückt keinen Inhalt weiter aus als eben den *bloßen Begriff des Gesetzes selbst*, der darin als *seiend* gesetzt ist. Die allgemeine Attraktion sagt nur dies, daß *alles einen beständigen Unterschied zu anderem hat*. Der Verstand meint dabei, ein allgemeines Gesetz gefunden zu haben, welches die allgemeine Wirklichkeit *als solche* ausdrücke; aber [er] hat in der Tat nur den *Begriff* des *Gesetzes selbst* gefunden; jedoch so, daß er zugleich dies damit aussagt: *alle* Wirklichkeit ist *an ihr selbst* gesetzmäßig. Der Ausdruck *der allgemeinen Attraktion* hat darum insofern große Wichtigkeit, als er gegen das gedankenlose *Vorstellen* gerichtet ist, welchem alles in der Gestalt der Zufälligkeit sich darbietet, und welchem die Bestimmtheit die Form der sinnlichen Selbständigkeit hat.

Es steht somit den bestimmten Gesetzen die allgemeine Attraktion, oder der reine Begriff des Gesetzes, gegenüber. Insofern dieser reine Begriff, als das Wesen, oder als das wahre Innere betrachtet wird, gehört die *Bestimmtheit* des bestimmten Gesetzes selbst noch der Erscheinung oder vielmehr mehr dem sinnlichen Sein an. Allein der reine *Begriff* des Gesetzes geht nicht nur über das Gesetz, welches, selbst ein *bestimmtes, andern bestimmten* Gesetzen gegenübersteht, sondern er geht auch *über das Gesetz* als solches hinaus. Die Bestimmtheit, von welcher die Rede war, ist eigentlich selbst nur verschwindendes Moment, welches hier nicht mehr als Wesenheit vorkommen kann; denn es ist nur das Gesetz als das Wahre vorhanden; aber der *Begriff* des Gesetzes ist gegen *das Gesetz* selbst gekehrt. An dem Gesetze nämlich ist der Unterschied selbst *unmittelbar* aufgefaßt und in das Allgemeine aufgenommen, damit aber ein *Bestehen* der Momente, deren Beziehung es ausdrückt, als gleichgültiger und ansichseiender Wesenheiten. Diese Teile des Unterschieds am Gesetze sind aber zugleich selbst bestimmte Seiten; der reine Begriff des Gesetzes, als allgemeine Attraktion muß in seiner wahren Bedeutung so aufgefaßt werden, daß in ihm als absolut *Einfachem* die *Unterschiede*, die an dem Gesetze als solchem vorhanden sind, selbst wieder *in das Innre als einfache Einheit zurückgehen;* sie ist die innre *Notwendigkeit* des Gesetzes.

Das Gesetz ist dadurch auf eine gedoppelte Weise vorhanden, das einemal als Gesetz, an dem die Unterschiede als selbständige Momente ausgedrückt sind; das anderemal in der Form des *einfachen* Insichzurückgegangenseins, welche wieder *Kraft* genannt werden kann, aber so daß sie nicht die zurückgedrängte, sondern die Kraft überhaupt oder als der Begriff der Kraft ist, eine Abstraktion, welche die Unterschiede dessen, was attrahiert und [was] attrahiert wird, selbst in sich zieht. So ist z.B. die *einfache* Elektrizität die *Kraft*; der Ausdruck des Unterschieds aber fällt in *das Gesetz*; dieser Unterschied ist positive und negative Elektrizität. Bei der Bewegung des Falles ist die *Kraft* das Einfache, die *Schwere*, welche das *Gesetz* hat, daß die Größen der unterschiedenen Momente der Bewegung, der verflossenen Zeit und des durchlaufenen *Raums*, sich wie Wurzel und Quadrat zueinander verhalten. Die Elektrizität selbst ist nicht der Unterschied an sich[,] oder in ihrem Wesen das Doppelwesen von positiver und negativer Elektrizität; daher man zu sagen pflegt, sie *habe* das Gesetz, auf diese Weise zu *sein*, auch wohl, sie *habe die Eigenschaft*, so sich zu äußern. Diese Eigenschaft ist zwar wesentliche und einzige Eigenschaft dieser Kraft, oder sie ist ihr *notwendig*. Aber die Notwendigkeit ist hier ein leeres Wort; die Kraft *muß* eben, *weil* sie *muß*, so sich verdoppeln. Wenn freilich *positive* Elektrizität gesetzt ist, ist auch *negative an sich* notwendig; denn das *Positive* ist nur als Beziehung auf ein *Negatives*, oder das Positive ist *an ihm selbst* der Unterschied von sich selbst, wie ebenso das Negative. Aber daß die Elektrizität als solche sich so teile, dies ist nicht an sich das Notwendige; sie als *einfache* Kraft ist gleichgültig gegen ihr Gesetz, als positive und negative *zu sein*; und wenn wir jenes ihren Begriff, dies aber ihr Sein nennen, so ist ihr Begriff gleichgültig gegen ihr Sein; sie *hat* nur diese Eigenschaft; d.h. eben, es ist ihr nicht *an sich* notwendig. – Diese Gleichgültigkeit erhält eine andere Gestalt, wenn gesagt wird, daß es zur *Definition* der Elektrizität gehört, als positive und negative zu sein, oder daß dies schlechthin *ihr Begriff und Wesen* ist. Alsdenn hieße ihr Sein *ihre Existenz* überhaupt; in jener Definition liegt aber nicht die *Notwendigkeit ihrer Existenz;* sie ist entweder, weil man sie *findet*, d.h., sie ist gar nicht notwendig; oder ihre Existenz ist durch andere Kräfte, d.h. ihre Notwendigkeit ist eine äußere. Damit aber, daß die Notwendigkeit in die Bestimmtheit *des Seins durch anderes* gelegt wird, fallen wir wieder in die *Vielheit* der bestimmten Gesetze zurück, die wir soeben verließen, um das *Gesetz* als Gesetz zu betrachten; nur mit diesem ist sein *Begriff* als Begriff, oder seine Notwendigkeit zu vergleichen, die sich aber in allen diesen Formen nur noch als ein leeres Wort gezeigt hat.

Noch auf andere als die angezeigte Weise ist die Gleichgültigkeit des Gesetzes und der Kraft, oder des Begriffs und des Seins vorhanden. In dem Gesetze der Bewegung z.B. ist es notwendig, daß die Bewegung in Zeit und Raum sich *teile*, oder dann auch in Entfernung und Geschwindigkeit. Indem die Bewegung nur das Verhältnis jener Momente ist, so ist sie, das Allgemeine, hier wohl *an sich selbst* geteilt; aber nun drücken diese Teile, Zeit und Raum, oder Entfernung und Geschwindigkeit, nicht an ihnen diesen Ursprung aus Einem aus; sie sind gleichgültig gegeneinander, der Raum wird vorgestellt ohne die Zeit, die Zeit ohne den Raum, und die Entfernung wenigstens ohne die Geschwindigkeit sein zu können, – so wie ihre Größen gleichgültig gegeneinander sind; indem sie sich nicht *wie Positives* und *Negatives* verhalten, hiemit nicht durch *ihr Wesen* aufeinander beziehen. Die Notwendigkeit der *Teilung* ist also hier wohl vorhanden, aber nicht der *Teile* als solcher füreinander. Darum ist aber auch jene erste selbst nur eine vorgespiegelte falsche Notwendigkeit; die Bewegung ist nämlich nicht selbst als *Einfaches* oder als reines Wesen vorgestellt, sondern *schon* als geteilt; Zeit und Raum sind ihre *selbständigen* Teile oder *Wesen an ihnen selbst*, oder Entfernung und Geschwindigkeit, Weisen des Seins oder Vorstellens, deren eine wohl ohne die andere sein kann, und die Bewegung [ist] daher nur ihre *oberflächliche* Beziehung, nicht ihr Wesen. Als einfaches Wesen oder als Kraft vorgestellt, ist sie wohl die *Schwere*, welche aber diese Unterschiede überhaupt nicht in ihr enthält.

Der Unterschied also ist in beiden Fällen kein *Unterschied an sich selbst*; entweder ist das Allgemeine, die Kraft, gleichgültig gegen die Teilung, welche im Gesetze ist, oder die Unterschiede, Teile des Gesetzes sind es gegen einander. Der Verstand *hat* aber den Begriff *dieses Unterschiedes an sich*, eben darin, daß das Gesetz einesteils das Innre, *Ansich*seiende, aber *an ihm* zugleich *Unterschiedne* ist; daß dieser Unterschied hiemit *innrer* Unterschied sei, ist darin vorhanden, daß das Gesetz *einfache* Kraft oder als *Begriff* desselben ist, also ein *Unterschied des Begriffes*.

Aber dieser innre Unterschied fällt nur erst noch *in den Verstand*; und ist noch nicht *an der Sache selbst gesetzt*. Es ist also nur die *eigne* Notwendigkeit, was der Verstand ausspricht; einen Unterschied, den er also nur so macht, daß er es zugleich ausdrückt, daß der Unterschied kein *Unterschied der Sache selbst* sei. Diese Notwendigkeit, die nur im Worte liegt, ist hiemit die Hererzählung der Momente, die den Kreis derselben ausmachen; sie werden zwar unterschieden, ihr Unterschied aber zugleich, kein Unterschied der Sache selbst zu sein, ausgedrückt und daher selbst sogleich wieder aufgehoben; diese Bewegung heißt *Erklären*. Es wird also ein *Gesetz* ausgesprochen, von diesem wird sein an sich Allgemeines, oder der Grund, als die *Kraft* unterschieden; aber von diesem Unterschiede wird gesagt, daß er keiner, sondern vielmehr der Grund ganz so beschaffen sei wie das Gesetz. Die einzelne Begebenheit des Blitzes z.B. wird als Allgemeines aufgefaßt und dies Allgemeine als das *Gesetz* der Elektrizität ausgesprochen: die Erklärung faßt alsdann das *Gesetz* in die *Kraft* zusammen, als das Wesen des Gesetzes. Diese Kraft ist dann *so beschaffen*, daß wenn sie sich äußert, entgegengesetzte Elektrizitäten hervortreten, die wieder ineinander verschwinden, d.h., *die Kraft ist gerade so beschaffen wie das Gesetz*; es wird gesagt, daß beide gar nicht unterschieden seien. Die Unterschiede sind die reine allgemeine Äußerung oder das Gesetz, und die reine Kraft; beide haben aber *denselben* Inhalt, *dieselbe* Beschaffenheit; der Unterschied als Unterschied des Inhalts, d.h. der *Sache* wird also auch wieder zurückgenommen.

In dieser tautologischen Bewegung beharrt, wie sich ergibt, der Verstand bei der ruhigen Einheit seines Gegenstandes, und die Bewegung fällt nur in ihn selbst, nicht in den Gegenstand; sie ist ein Erklären, das nicht nur nichts erklärt, sondern so klar ist, daß es, indem es Anstalten macht, etwas Unterschiedenes von dem schon Gesagten zu sagen, vielmehr nichts sagt, sondern nur dasselbe wiederholt. An der Sache selbst entsteht durch diese Bewegung nichts neues, sondern sie kommt [nur] als Bewegung des Verstandes in Betracht. In ihr aber erkennen wir nun eben dasjenige, was an dem Gesetze vermißt wurde, nämlich den absoluten Wechsel selbst, denn diese *Bewegung*, wenn wir sie näher betrachten, ist unmittelbar das Gegenteil ihrer selbst. Sie setzt nämlich *einen Unterschied*, welcher nicht nur für uns *kein Unterschied* ist, sondern welchen sie selbst als Unterschied aufhebt. Es ist dies derselbe Wechsel, der sich als das Spiel der Kräfte darstellte; es war in ihm der Unterschied des Sollizitierenden und Sollizitierten, der sich äußernden und der in sich zurückgedrängten Kraft, aber es waren Unterschiede, die in Wahrheit keine waren und sich darum auch unmittelbar wieder aufhoben. Es ist nicht nur die bloße Einheit vorhanden, so daß *kein Unterschied gesetzt* wäre, sondern es ist diese *B e w e g u n g*, daß *allerdings ein Unterschied gemacht, aber,* weil er keiner ist, *wieder aufgehoben wird*. – Mit dem Erklären also ist der Wandel und Wechsel, der vorhin außer dem Innern nur an der Erscheinung war, in das Übersinnliche selbst eingedrungen; unser Bewußtsein ist aber aus dem Innern als Gegenstande auf die andere Seite in den *Verstand* herübergegangen und hat in ihm den Wechsel.

Dieser Wechsel ist so noch nicht ein Wechsel der Sache selbst, sondern stellt sich vielmehr eben dadurch als *reiner Wechsel* dar, daß der *Inhalt* der Momente des Wechsels derselbe bleibt. Indem aber der *Begriff* als Begriff des Verstandes dasselbe ist, was das *Innre* der Dinge, so wird *dieser Wechsel als Gesetz des Innern* für ihn. Er *erfährt* also, daß es *Gesetz der Erscheinung selbst* ist, daß Unterschiede werden, die keine Unterschiede sind, oder daß das *Gleichnamige* sich von sich selbst *abstößt*; und eben so daß die Unterschiede nur solche sind, die in Wahrheit keine sind, und sich aufheben; oder daß das *Ungleichnamige* sich *anzieht*. – Ein *zweites Gesetz*, dessen Inhalt demjenigen, was vorher Gesetz genannt wurde, nämlich dem sich beständigen gleichbleibenden Unterschiede entgegengesetzt ist; denn dies Neue drückt vielmehr das *Ungleichwerden des Gleichen*, und das *Gleichwerden des Ungleichen* aus. Der Begriff mutet der Gedankenlosigkeit zu, beide Gesetze zusammenzubringen und ihrer Entgegensetzung bewußt zu werden. – Gesetz ist das zweite freilich auch oder ein inneres sichselbstgleiches Sein, aber eine Sichselbstgleichheit vielmehr der Ungleichheit, eine Beständigkeit der Unbeständigkeit. – An dem Spiele der Kräfte ergab sich dieses Gesetz als eben dieses absolute Übergehen und als reiner Wechsel; das *Gleichnamige*, die Kraft, *zersetzt* sich in einen Gegensatz; der zunächst als ein selbständiger Unterschied erscheint, aber welcher sich in der Tat *keiner zu sein* erweist; denn es ist das *Gleichnamige*, was sich von sich selbst abstößt, und dies Abgestoßene zieht sich daher wesentlich an, denn es ist *dasselbe*; der gemachte Unterschied, da er keiner ist, hebt sich also wieder auf. Er stellt sich hiemit als Unterschied *der Sache selbst*, oder als absoluter Unterschied dar, und dieser Unterschied der *Sache* ist also nichts anders als das Gleichnamige, das sich von sich abgestoßen hat, und daher nur einen Gegensatz setzt, der keiner ist.

Durch dies Prinzip wird das erste Übersinnliche, das ruhige Reich der Gesetze, das unmittelbare Abbild der wahrgenommenen Welt in sein Gegenteil umgekehrt; das Gesetz war überhaupt das sich *Gleichbleibende*, wie seine Unterschiede; jetzt aber ist gesetzt, daß beides vielmehr das Gegenteil seiner selbst ist; das sich *Gleiche* stößt sich vielmehr von sich ab, und das sich Ungleiche setzt sich vielmehr als das sich Gleiche. In der Tat ist nur mit dieser Bestimmung der Unterschied der *innre*, oder Unterschied *an sich selbst*, indem das Gleiche sich ungleich, das Ungleiche sich gleich ist. – *Diese zweite übersinnliche Welt* ist auf diese Weise die *verkehrte* Welt; und zwar, indem eine Seite schon an der ersten übersinnlichen Welt vorhanden ist, die *verkehrte* dieser *ersten*. Das Innere ist damit als Erscheinung vollendet. Denn die erste übersinnliche Welt war nur die *unmittelbare* Erhebung der wahrgenommenen Welt in das allgemeine Element; sie hatte ihr notwendiges Gegenbild an dieser, welche noch *für sich das*

Prinzip des Wechsels und *der Veränderung* behielt; das erste Reich der Gesetze entbehrte dessen, erhält es aber als verkehrte Welt.

Nach dem Gesetze dieser verkehrten Welt ist also das *Gleichnamige* der ersten das *Ungleiche* seiner selbst, und das *Ungleiche* derselben ist ebenso *ihm selbst ungleich*, oder es wird sich *gleich*. An bestimmten Momenten wird dies sich so ergeben, daß was im Gesetze der ersten süß, in diesem verkehrten Ansich sauer, was in jenem schwarz, in diesem weiß ist. Was im Gesetze der erstern, am Magnete Nordpol, ist in seinem andern übersinnlichen Ansich, (in der Erde nämlich), Südpol; was aber dort Südpol ist, hier Nordpol. Ebenso was im ersten Gesetze der Elektrizität Sauerstoffpol ist, wird in seinem andern übersinnlichen Wesen Wasserstoffpol; und umgekehrt, was dort der Wasserstoffpol ist, wird hier der Sauerstoffpol. In einer andern Sphäre ist nach dem *unmittelbaren Gesetze* Rache an dem Feinde die höchste Befriedigung der verletzten Individualität. *Dieses Gesetz* aber, dem, der mich nicht als Selbstwesen behandelt, mich als Wesen gegen ihn zu zeigen und ihn vielmehr als Wesen aufzuheben, *verkehrt* sich durch das Prinzip der andern Welt *in das entgegengesetzte*, die Wiederherstellung meiner als des Wesens durch das Aufheben des fremden Wesens in Selbstzerstörung. Wenn nun diese Verkehrung, welche in der *Strafe* des Verbrechens dargestellt wird, zum *Gesetze* gemacht ist, so ist auch sie wieder nur das Gesetz der einen Welt, welche eine *verkehrte* übersinnliche Welt sich *gegenüberstehen* hat, in welcher das, was in jener verachtet ist, zu Ehren, was in jener in Ehren steht, in Verachtung kommt. Die nach dem *Gesetze der ersten* den Menschen schändende und vertilgende Strafe verwandelt sich in ihrer *verkehrten Welt* in die sein Wesen erhaltende und ihn zu Ehren bringende Begnadigung.

Oberflächlich angesehen ist diese verkehrte Welt so das Gegenteil der ersten, daß sie dieselbe außer ihr hat und jene erste als eine verkehrte *Wirklichkeit* von sich abstößt, die *eine* die *Erscheinung*, die *andere* aber das *Ansich*, die *eine* sie ist, wie sie *für ein Anderes*, die *andere* dagegen, wie sie *für sich* ist; so daß, um die vorigen Beispiele zu gebrauchen, was süß schmeckt, *eigentlich*, oder *innerlich* am Dinge, sauer, oder was am wirklichen Magnete der Erscheinung Nordpol ist, *am innern oder wesentlichen Sein* Südpol wäre; was an der erscheinenden Elektrizität als Sauerstoffpol sich darstellt, an der nichterscheinenden Wasserstoffpol wäre. Oder eine Handlung, die in *der Erscheinung* Verbrechen ist, sollte *im Innern* eigentlich gut sein (eine schlechte Handlung eine gute Absicht haben) können, die Strafe nur *in der Erscheinung* Strafe, *an sich* oder in einer andern Welt aber Wohltat für den Verbrecher sein. Allein solche Gegensätze von Innerem und Äußerem, von Erscheinung und Übersinnlichem, als von zweierlei Wirklichkeiten, sind hier nicht mehr vorhanden. Die abgestoßenen Unterschiede verteilen sich nicht von neuem an zwei solche Substanzen, welche sie trügen und ihnen ein getrenntes Bestehen verliehen, wodurch der Verstand aus dem Innern heraus wieder auf seine vorige Stelle zurückfiele. Die eine Seite oder Substanz wäre wieder die Welt der Wahrnehmung, worin das eine der beiden Gesetze sein Wesen triebe, und ihr gegenüber eine innre Welt, *gerade eine solche sinnliche Welt* wie die erste, aber in der *Vorstellung*; sie könnte nicht als sinnliche Welt aufgezeigt, nicht gesehen, gehört, geschmeckt werden, und doch würde sie vorgestellt, als eine solche sinnliche Welt. Aber in der Tat, wenn *das eine Gesetzte* ein Wahrgenommenes ist und sein *Ansich* als das verkehrte desselben, ebenso ein *sinnlich Vorgestelltes*, so ist das Saure, was das Ansich des süßen Dinges wäre, ein so wirkliches

Ding, wie es, ein *saures Ding*; das Schwarze, welches das Ansich des Weißen wäre, ist das wirkliche Schwarze; der Nordpol, welcher das Ansich des Südpols ist, ist der *an demselben Magnete vorhandne* Nordpol; der Sauerstoffpol, der das Ansich des Wasserstoffpols ist, der *vorhandne* Sauerstoffpol derselben Säule. Das *wirkliche* Verbrechen aber hat *seine Verkehrung*, und *sein Ansich* als *Möglichkeit* in der *Absicht* als solcher, aber nicht in einer guten; denn die Wahrheit der Absicht ist nur die Tat selbst. Das Verbrechen seinem Inhalte nach aber hat seine Reflexion in sich oder seine Verkehrung an der *wirklichen* Strafe; diese ist die Aussöhnung des Gesetzes mit der ihm im Verbrechen entgegengesetzten Wirklichkeit. Die *wirkliche* Strafe endlich hat so ihre *verkehrte* Wirklichkeit an ihr, daß sie eine solche Verwirklichung des Gesetzes ist, wodurch die Tätigkeit, die es als Strafe hat, *sich selbst aufhebt*, es aus tätigem wieder *ruhiges* und geltendes Gesetz wird, und die Bewegung der Individualität gegen es, und seiner gegen sie erloschen ist.

Aus der Vorstellung also der Verkehrung, die das Wesen der einen Seite der übersinnlichen Welt ausmacht, ist die sinnliche Vorstellung von der Befestigung der Unterschiede in einem verschiedenen Elemente des Bestehens zu entfernen, und dieser absolute Begriff des Unterschieds, als innrer Unterschied, Abstoßen des Gleichnamigen als Gleichnamigen von sich selbst, und Gleichsein des Ungleichen als Ungleichen rein darzustellen und aufzufassen. Es ist der reine Wechsel, oder *die Entgegensetzung in sich selbst, der Widerspruch zu denken*. Denn in dem Unterschiede, der ein innerer ist, ist das Entgegengesetzte nicht nur *Eines von Zweien*; – sonst wäre es ein *Seiendes* und nicht ein Entgegengesetztes; – sondern es ist das Entgegengesetzte eines Entgegengesetzten, oder das Andere ist in ihm unmittelbar selbst vorhanden. Ich stelle wohl das Gegenteil *hieher* und *dorthin* das Andere, wovon es das Gegenteil ist; also das *Gegenteil* auf eine Seite, an und für sich ohne das Andere. Eben darum aber, indem ich hier *das Gegenteil an und für sich* habe, ist es das Gegenteil seiner selbst, oder es hat in der Tat das Andere unmittelbar an ihm selbst. – So hat die übersinnliche Welt, welche die verkehrte ist, über die andere zugleich über[ge]griffen, und sie an sich selbst; sie ist für sich die verkehrte, d.h. die verkehrte ihrer selbst; sie ist sie selbst, und ihre entgegengesetzte in Einer Einheit. Nur so ist sie der Unterschied als *innerer*, oder Unterschied *an sich selbst*, oder ist als *Unendlichkeit*.

Durch die Unendlichkeit sehen wir das Gesetz zur Notwendigkeit an ihm selbst vollendet und alle Momente der Erscheinung in das Innre aufgenommen. Das Einfache des Gesetzes ist die Unendlichkeit, heißt nach dem, was sich ergeben hat, α) es ist ein *Sichselbstgleiches*, welches aber der *Unterschied* an sich ist; oder es ist Gleichnamiges, welches sich von sich selbst abstößt, oder sich entzweit. Dasjenige was die *einfache Kraft* genannt wurde, *verdoppelt* sich selbst und ist durch ihre Unendlichkeit das Gesetz. β) Das Entzweite, welches die in dem *Gesetze* vorgestellten Teile ausmacht, stellt sich als Bestehendes dar; und sie ohne den Begriff des inneren Unterschiedes betrachtet, ist der Raum und die Zeit, oder die Entfernung und die Geschwindigkeit, welche als Momente der Schwere auftreten, sowohl gleichgültig und ohne Notwendigkeit füreinander, als für die Schwere selbst, so wie diese einfache Schwere gegen sie, oder die einfache Elektrizität gegen das Positive und Negative [gleichgültig] ist. γ) Durch den Begriff des innern Unterschiedes aber ist dies Ungleiche und Gleichgültige, Raum und Zeit usf. ein *Unterschied*, welcher kein *Unterschied* ist, oder nur ein Unterschied des *Gleichnamigen*, und sein Wesen die Einheit; sie sind als Positives und Negatives gegeneinander begeistet, und ihr Sein ist dieses vielmehr, sich als Nichtsein zu setzen und in der Einheit aufzuheben. Es bestehen beide Unterschiede, sie sind *an sich*, sie sind *an sich als Entgegengesetzte*, d.h. das Entgegengesetzte ihrer selbst, sie haben ihr Anderes an ihnen und sind nur Eine Einheit.

Diese einfache Unendlichkeit, oder der absolute Begriff ist das einfache Wesen des Lebens, die Seele der Welt, das allgemeine Blut zu nennen, welches allgegenwärtig durch keinen Unterschied getrübt noch unterbrochen wird, das vielmehr selbst alle Unterschiede ist, so wie ihr Aufgehobensein, also in sich pulsiert, ohne sich zu bewegen, in sich erzittert, ohne unruhig zu sein. Sie ist sich*selbstgleich*, denn die Unterschiede sind tautologisch; es sind Unterschiede, die keine sind. Dieses sichselbstgleiche Wesen bezieht sich daher nur auf sich selbst; *auf sich selbst*, so ist dies ein Anderes, worauf die Beziehung geht, und das *Beziehen auf sich selbst* ist vielmehr *das Entzweien*, oder eben jene Sichselbstgleichheit ist innerer Unterschied. Diese *Entzweiten* sind somit *an und für sich selbst*, jedes ein Gegenteil – *eines Andern*; so ist darin schon das *Andere* mit ihm zugleich ausgesprochen. Oder es ist nicht das Gegenteil *eines Andern*, sondern nur *das reine Gegenteil*; so ist es also an ihm selbst das Gegenteil seiner. Oder es ist überhaupt nicht ein Gegenteil, sondern rein für sich, ein reines sichselbstgleiches Wesen, das keinen Unterschied an ihm hat: so brauchen wir nicht zu fragen, noch weniger das Gequäle mit solcher Frage für die Philosophie anzusehen oder gar sie ihr für unbeantwortlich zu halten – *wie* aus diesem reinen Wesen, wie aus ihm *heraus* der Unterschied oder das Anderssein komme; denn es ist schon die Entzweiung geschehen, der Unterschied ist aus dem Sichselbstgleichen ausgeschlossen und ihm zur Seite gestellt worden; was *das Sichselbstgleiche* sein sollte, ist also schon eins der Entzweiten vielmehr, als daß es das absolute Wesen wäre. Das *Sichselbstgleiche entzweit sich*, heißt darum ebensosehr, es hebt sich als schon Entzweites, es hebt sich als Anderssein auf. Die *Einheit*, von welcher gesagt zu werden pflegt, daß der Unterschied nicht aus ihr herauskommen könne, ist in der Tat selbst nur das Eine Moment der Entzweiung; sie ist die Abstraktion der Einfachheit, welche dem Unterschiede gegenüber ist. Aber indem sie die Abstraktion, nur das Eine der Entgegengesetzten ist, so ist es schon gesagt, daß sie das Entzweien ist; denn ist die Einheit ein *Negatives*, ein *Entgegengesetztes*, so ist sie eben gesetzt als das, welches die Entgegensetzung an ihm hat. Die Unterschiede von *Entzweiung* und *Sichselbstgleichwerden* sind darum ebenso nur *diese Bewegung des sich Aufhebens*; denn indem das Sichselbstgleiche, welches sich erst entzweien oder zu seinem Gegenteile werden soll, eine Abstraktion oder *schon selbst* ein Entzweites ist, so ist sein Entzweien hiemit ein Aufheben dessen, was es ist, und also das Aufheben seines Entzweitseins. Das *Sichselbstgleichwerden* ist ebenso ein Entzweien; was sich *selbst gleich* wird, tritt damit der Entzweiung gegenüber; d.h. es stellt selbst sich damit *auf die Seite*, oder es *wird* vielmehr ein *Entzweites*.

Die Unendlichkeit oder diese absolute Unruhe des reinen Sichselbstbewegens, daß, was auf irgend eine Weise, z.B. als Sein, bestimmt ist, vielmehr das Gegenteil dieser Bestimmtheit ist, ist zwar schon die Seele alles bisherigen gewesen, aber im *Innern* erst ist sie selbst frei hervorgetreten. Die Erscheinung oder das Spiel der Kräfte stellt sie selbst schon dar, aber als *Erklären* tritt sie zunächst frei hervor; und indem sie endlich für das Bewußtsein Gegenstand ist, *als das, was sie ist*, so ist das Bewußtsein *Selbstbewußtsein*. Das

Erklären des Verstandes macht zunächst nur die Beschreibung dessen, was das Selbstbewußtsein ist. Er hebt die im Gesetze vorhandenen schon reingewordenen, aber noch gleichgültigen Unterschiede auf und setzt sie in Einer Einheit, der Kraft. Dies Gleichwerden ist aber ebenso unmittelbar ein Entzweien, denn er hebt die Unterschiede nur dadurch auf und setzt dadurch das Eins der Kraft, daß er einen neuen Unterschied macht, von Gesetz und Kraft, der aber zugleich kein Unterschied ist; und hiezu, daß dieser Unterschied ebenso kein Unterschied ist, geht er selbst darin fort, daß er diesen Unterschied wieder aufhebt, indem er die Kraft ebenso beschaffen sein läßt als das Gesetz. – Diese Bewegung oder Notwendigkeit ist aber so noch Notwendigkeit und Bewegung des Verstandes, oder sie *als solche* ist *nicht sein Gegenstand*, sondern er hat in ihr positive und negative Elektrizität, Entfernung, Geschwindigkeit, Anziehungskraft und tausend andere Dinge zu Gegenständen, welche den Inhalt der Momente der Bewegung ausmachen. In dem Erklären ist eben darum so viele Selbstbefriedigung, weil das Bewußtsein dabei, es so auszudrücken, in unmittelbarem Selbstgespräche mit sich, nur sich selbst genießt, dabei zwar etwas anderes zu treiben scheint, aber in der Tat sich nur mit sich selbst herumtreibt.

In dem entgegengesetzten Gesetze als der Verkehrung des ersten Gesetzes, oder in dem innern Unterschiede wird zwar die Unendlichkeit selbst *Gegenstand* des Verstandes, aber er verfehlt sie als solche wieder, indem er den Unterschied an sich, das Sichselbstabstoßen des Gleichnamigen, und die Ungleichen, die sich anziehen, wieder an zwei Welten, oder an zwei substantielle Elemente verteilt; die *Bewegung*, wie sie in der Erfahrung ist, ist ihm hier ein Geschehen, und das Gleichnamige und das Ungleiche *Prädikate*, deren Wesen ein seiendes Substrat ist. Dasselbe, was ihm in sinnlicher Hülle Gegenstand ist, ist es uns in seiner wesentlichen Gestalt, als reiner Begriff. Dies Auffassen des Unterschieds, wie er *in Wahrheit ist*, oder das Auffassen der *Unendlichkeit* als solcher, ist *für uns*, oder *an sich*. Die Exposition ihres Begriffs gehört der Wissenschaft an; das Bewußtsein aber, wie es ihn *unmittelbar* hat, tritt wieder als eigne Form oder neue Gestalt des Bewußtseins auf, welche in dem Vorhergehenden ihr Wesen nicht erkennt, sondern es für etwas ganz anderes ansieht. – Indem ihm dieser Begriff der Unendlichkeit Gegenstand ist, ist es also Bewußtsein des Unterschieds als eines *unmittelbar* ebenso sehr Aufgehobenen; es ist *für sich selbst*, es ist *Unterscheiden des Ununterschiedenen*, oder *Selbstbewußtsein*. *Ich unterscheide mich von mir selbst*, und *es ist darin unmittelbar für mich, daß dies Unterschiedene nicht unterschieden ist*. Ich, das Gleichnamige stoße mich von mir selbst ab; aber dies Unterschiedne, ungleich Gesetzte ist unmittelbar, indem es unterschieden ist, kein Unterschied für mich. Das Bewußtsein eines Andern, eines Gegenstandes überhaupt, ist zwar selbst notwendig *Selbstbewußtsein*, Reflektiertsein in sich, Bewußtsein seiner selbst in seinem Anderssein. Der *notwendige Fortgang* von den bisherigen Gestalten des Bewußtseins, welchen ihr Wahres ein Ding, ein Anderes war, als sie selbst, drückt eben dies aus, daß nicht allein das Bewußtsein vom Dinge nur für ein Selbstbewußtsein möglich ist, sondern daß dies allein die Wahrheit jener Gestalten ist. Aber für uns nur ist diese Wahrheit vorhanden, noch nicht für das Bewußtsein. Das Selbstbewußtsein aber ist erst *für sich* geworden, noch nicht *als Einheit* mit dem Bewußtsein überhaupt.

Wir sehen, daß im Innern der Erscheinung der Verstand in Wahrheit nicht etwas anders als die Erscheinung selbst, aber nicht wie sie als Spiel der Kräfte ist, sondern dasselbe in seinen absolut-allgemeinen Momenten und deren Bewegung, und in der Tat nur *sich selbst* erfährt. Erhoben über die Wahrnehmung, stellt sich das Bewußtsein mit dem übersinnlichen durch die Mitte der Erscheinung zusammengeschlossen dar, durch welche es in diesen Hintergrund schaut. Die beiden Extreme, das eine des reinen Innern, das andere des in dies reine Innre schauenden Innern, sind nun zusammengefallen, und wie sie als Extreme, so ist auch die Mitte[,] als etwas anders als sie, verschwunden. Dieser Vorhang ist also vor dem Innern weggezogen, und das Schauen des Innern in das Innere vorhanden; das Schauen des *ununterschiedenen* Gleichnamigen, welches sich selbst abstößt, als *unterschiedenes* Innres setzt, aber *für welches* ebenso unmittelbar die *Ununterschiedenheit* beider ist, *das Selbstbewußtsein*. Es zeigt sich, daß hinter dem sogenannten Vorhange, welcher das Innere verdecken soll, nichts zu sehen ist, wenn *wir* nicht selbst dahintergehen, ebensosehr damit gesehen werde, als daß etwas dahinter sei, das gesehen werden kann. Aber es ergibt sich zugleich, daß nicht ohne alle Umstände geradezu dahinter gegangen werden könne; denn dies Wissen, was die Wahrheit *der Vorstellung* der Erscheinung und ihres Innern ist, ist selbst nur Resultat einer umständlichen Bewegung, wodurch die Weisen des Bewußtseins, Meinen, Wahrnehmen und der Verstand verschwinden; und es wird sich ebenso ergeben, daß das Erkennen dessen, *was das Bewußtsein weiß, indem es sich selbst weiß*, noch weiterer Umstände bedarf, deren Auseinanderlegung das Folgende ist.

[B. Selbstbewußtsein.]

IV.
Die Wahrheit der Gewißheit seiner selbst.

In den bisherigen Weisen der Gewißheit ist dem Bewußtsein das Wahre etwas anderes als es selbst. Der Begriff dieses Wahren verschwindet aber in der Erfahrung von ihm; wie der Gegenstand unmittelbar *an sich* war, das Seiende der sinnlichen Gewißheit, das konkrete Ding der Wahrnehmung, die Kraft des Verstandes, so erweist er sich vielmehr nicht in Wahrheit zu sein, sondern dies *Ansich* ergibt sich als eine Weise, wie er nur für ein anderes ist; der Begriff von ihm hebt sich an dem wirklichen Gegenstande auf oder die erste unmittelbare Vorstellung in der Erfahrung, und die Gewißheit ging in der Wahrheit verloren. Nunmehr aber ist dies entstanden, was in diesen frühern Verhältnissen nicht zustande kam, nämlich eine Gewißheit, welche ihrer Wahrheit gleich ist; denn die Gewißheit ist sich selbst ihr Gegenstand, und das Bewußtsein ist sich selbst das Wahre. Es ist darin zwar auch ein Anderssein; das Bewußtsein unterscheidet nämlich, aber ein solches, das für es zugleich ein nicht Unterschiedenes ist. Nennen wir *Begriff* die Bewegung des Wissens, den *Gegenstand* aber das Wissen als ruhige Einheit, oder als Ich, so sehen wir, daß nicht nur für uns, sondern für das Wissen selbst der Gegenstand dem Begriffe entspricht. – Oder auf die andere Weise, den *Begriff* das genannt, was der Gegenstand *an sich* ist, den Gegenstand aber das, was er als *Gegenstand* oder *für ein* Anderes ist, so erhellt, daß das Ansichsein und das für-ein-Anderes-Sein dasselbe ist; denn das *Ansich* ist das Bewußtsein; es ist aber ebenso dasjenige *für welches* ein Anderes (das *Ansich*) ist; und es ist für es, daß das Ansich des Gegenstandes und das Sein desselben für ein anderes dasselbe ist; Ich ist der Inhalt der Beziehung und das Beziehen selbst; es ist es selbst gegen ein anderes und greift zugleich über dies andre über, das für es ebenso nur es selbst ist.

Mit dem Selbstbewußtsein sind wir also nun in das einheimische Reich der Wahrheit eingetreten. Es ist zu sehen, wie die Gestalt des Selbstbewußtseins zunächst auftritt. Betrachten wir diese neue Gestalt des Wissens, das Wissen von sich selbst, im Verhältnisse zu dem Vorhergehenden, dem Wissen von einem Andern, so ist dies zwar verschwunden; aber seine Momente haben sich zugleich ebenso aufbewahrt, und der Verlust besteht darin, daß sie hier vorhanden sind, wie sie an sich sind. Das *Sein* der Meinung, die *Einzelheit* und die ihr entgegengesetzte *Allgemeinheit* der Wahrnehmung, sowie das *leere Innere* des Verstandes sind nicht mehr als Wesen, sondern als Momente des Selbstbewußtseins, d.h. als Abstraktionen oder Unterschiede, welche *für* das Bewußtsein selbst zugleich nichtig oder keine Unterschiede und rein verschwindende Wesen sind. Es scheint also nur das Hauptmoment selbst verloren gegangen zu sein, nämlich das *einfache selbständige Bestehen* für das Bewußtsein. Aber in der Tat ist das Selbstbewußtsein die Reflexion aus dem Sein der sinnlichen und wahrgenommenen Welt und wesentlich die Rückkehr aus dem *Anderssein*. Es ist als Selbstbewußtsein Bewegung; aber indem es *nur sich selbst als* sich selbst von sich unterscheidet, so ist ihm der Unterschied *unmittelbar* als ein Anderssein *aufgehoben*; der Unterschied *ist* nicht, und *es* nur die bewegungslose Tautologie des: Ich bin Ich; indem ihm der Unterschied nicht auch die Gestalt des *Seins* hat, ist es nicht Selbstbewußtsein. Es ist hiemit für es das Anderssein *als ein Sein* oder als *unterschiedenes Moment*; aber es ist für es auch die Einheit seiner selbst mit diesem Unterschiede als *zweites unterschiedenes* Moment. Mit jenem ersten Momente ist das Selbstbewußtsein als *Bewußtsein*, und für es die ganze Ausbreitung der sinnlichen Welt erhalten, aber zugleich nur als auf das zweite Moment, die Einheit des Selbstbewußtseins mit sich selbst, bezogen; und sie ist hiemit für es ein Bestehen, welches aber nur *Erscheinung*, oder Unterschied ist, der *an sich* kein Sein hat. Dieser Gegensatz seiner Erscheinung und seiner Wahrheit hat aber nur die Wahrheit, nämlich die Einheit des Selbstbewußtseins mit sich selbst, zu seinem Wesen; diese muß ihm wesentlich werden, d.h. es ist *Begierde* überhaupt. Das Bewußtsein hat als Selbstbewußtsein nunmehr einen gedoppelten Gegenstand, den einen, den unmittelbaren, den Gegenstand der sinnlichen Gewißheit und des Wahrnehmens, der aber *für es* mit dem *Charakter des Negativen* bezeichnet ist, und den zweiten, nämlich *sich selbst*, welcher das wahre *Wesen* und zunächst nur erst im Gegensatze des ersten vorhanden ist. Das Selbstbewußtsein stellt sich hierin als die Bewegung dar, worin dieser Gegensatz aufgehoben und ihm die Gleichheit seiner selbst mit sich wird.

Der Gegenstand, welcher für das Selbstbewußtsein das Negative ist, ist aber seinerseits *für uns* oder *an sich* ebenso in sich zurückgegangen als das Bewußtsein anderseits. Er ist durch diese Reflexion in sich *Leben* geworden. Was das Selbstbewußtsein *als seiend* von sich unterscheidet, hat auch insofern, als seiend gesetzt ist, nicht bloß die Weise der sinnlichen Gewißheit und der Wahrnehmung an ihm, sondern es ist in sich reflektiertes Sein, und der Gegenstand der unmittelbaren Begierde ist ein *Lebendiges*. Denn das *Ansich* oder das *allgemeine* Resultat des Verhältnisses des Verstandes zu dem Innern der Dinge ist das Unterscheiden des nicht zu Unterscheidenden, oder die Einheit des Unterschiednen. Diese Einheit aber ist ebensosehr, wie wir gesehen, ihr Abstoßen von sich selbst[;] und dieser Begriff *entzweit* sich in den Gegensatz des Selbstbewußtseins und des Lebens: jenes die Einheit, *für welche* die unendliche Einheit der Unterschiede ist; dieses aber *ist* nur diese Einheit selbst, so daß sie nicht zugleich *für sich selbst* ist. So selbständig also das Bewußtsein, ebenso selbständig ist *ansich* sein Gegenstand. Das Selbstbewußtsein, welches schlechthin *fürsich* ist und seinen Gegenstand unmittelbar mit dem Charakter des Negativen bezeichnet oder zunächst *Begierde* ist, wird daher vielmehr die Erfahrung der Selbständigkeit desselben machen.

Die Bestimmung des Lebens, wie sie sich aus dem Begriffe oder dem allgemeinen Resultate ergibt, mit welchem wir in diese Sphäre eintreten, ist hinreichend es zu bezeichnen, ohne daß seine Natur weiter daraus zu entwickeln wäre; ihr Kreis beschließt sich in folgenden Momenten. Das *Wesen* ist die Unendlichkeit als das *Aufgehobensein* aller Unterschiede, die reine achsendrehende Bewegung, die Ruhe ihrer selbst als absolut unruhiger Unendlichkeit; die *Selbständigkeit* selbst, in welcher die Unterschiede der Bewegung aufgelöst sind; das einfache Wesen der Zeit, das in dieser Sichselbstgleichheit die gediegene Gestalt des Raumes hat. Die *Unterschiede* sind aber an diesem *einfachen allgemeinen* Medium ebensosehr, als *Unterschiede*, denn diese allgemeine Flüssigkeit hat ihre negative Natur, nur indem sie ein *Aufheben derselben* ist; aber sie kann die Unterschiednen nicht aufheben, wenn sie nicht ein Bestehen haben. Ebendiese Flüssigkeit ist, als die sichselbstgleiche Selbständigkeit, selbst das *Bestehen*, oder die Substanz derselben, worin sie also als unterschiedene Glieder und *fürsichseiende* Teile sind. Das *Sein* hat nicht mehr die Bedeutung der *Abstraktion des Seins*, noch ihre reine Wesenheit [die] der *Abstraktion* der *Allgemeinheit*; sondern ihr Sein ist eben jene einfache flüssige Substanz der reinen Bewegung in sich selbst. Der *Unterschied* dieser Glieder *gegeneinander* aber als Unterschied besteht überhaupt in keiner andern *Bestimmtheit* als der Bestimmtheit der Momente der Unendlichkeit oder der reinen Bewegung selbst.

Die selbständigen Glieder sind *für sich*; dieses *Fürsichsein* ist aber vielmehr ebenso *unmittelbar* ihre Reflexion in die Einheit, als diese Einheit die Entzweiung in die selbständigen Gestalten ist. Die Einheit ist entzweit, weil sie absolut negative oder unendliche Einheit ist; und weil *sie* das *Bestehen* ist, so hat auch der Unterschied Selbständigkeit nur *an ihr*. Diese Selbständigkeit der Gestalt erscheint als ein *Bestimmtes, für anderes*, denn sie ist ein Entzweites; und das *Aufheben* der Entzweiung geschieht insofern durch ein anderes. Aber es ist ebensosehr an ihr selbst; denn eben jene Flüssigkeit ist die Substanz der selbständigen Gestalten; diese Substanz aber ist unendlich; die Gestalt ist darum in ihrem Bestehen selbst die Entzweiung, oder das Aufheben ihres Fürsichseins.

Unterscheiden wir die hierin enthaltenen Momente näher, so sehen wir, daß wir zum *ersten* Momente das *Bestehen der selbständigen* Gestalten oder die Unterdrückung dessen haben, was das Unterscheiden an sich ist, nämlich nicht an sich zu sein und kein Bestehen zu haben. Das *zweite* Moment aber ist die *Unterwerfung* jenes Bestehens unter die Unendlichkeit des Unterschiedes. Im ersten Momente ist die bestehende Gestalt: als *fürsichseiend*, oder in ihrer Bestimmtheit unendliche Substanz, tritt sie gegen die *allgemeine* Substanz auf, verleugnet diese Flüssigkeit und Kontinuität mit ihr und behauptet sich als nicht in diesem Allgemeinen aufgelöst, sondern vielmehr als durch die Absonderung von dieser ihrer unorganischen Natur und durch das Aufzehren derselben sich erhaltend. Das Leben in dem allgemeinen flüssigen Medium, ein *ruhiges* Auseinanderlegen der Gestalten, wird eben dadurch zur Bewegung derselben, oder zum Leben als *Prozeß*. Die einfache allgemeine Flüssigkeit ist das *Ansich*, und der Unterschied der Gestalten das *Andere*. Aber diese Flüssigkeit wird selbst durch diesen Unterschied *das Andere*; denn sie ist jetzt *für den Unterschied*, welcher an und für sich selbst, und daher die unendliche Bewegung ist, von welcher jenes ruhige Medium aufgezehrt wird, das Leben als *Lebendiges*. – Diese *Verkehrung* aber ist darum wieder die *Verkehrtheit an sich selbst*; was aufgezehrt wird, ist das Wesen; die auf Kosten des Allgemeinen sich erhaltende und das Gefühl ihrer Einheit mit sich selbst sich gebende Individualität hebt gerade damit *ihren Gegensatz des Andern, durch welchen sie für sich ist*, auf; die *Einheit* mit sich selbst, welche sie sich gibt, ist gerade die *Flüssigkeit* der Unterschiede oder die *allgemeine Auflösung*. Aber umgekehrt ist das Aufheben des individuellen Bestehens ebenso das Erzeugen desselben. Denn da das *Wesen* der individuellen Gestalt, das allgemeine Leben, und das Fürsichseiende an sich einfache Substanz ist, so hebt es, indem es das *Andre* in sich setzt, diese seine *Einfachheit* oder sein Wesen auf, d.h. es entzweit sie, und dies Entzweien der unterschiedslosen Flüssigkeit ist eben das Setzen der Individualität. Die einfache Substanz des Lebens also ist die Entzweiung ihrer selbst in Gestalten und zugleich die Auflösung dieser bestehenden Unterschiede; und die Auflösung der Entzweiung ist ebensosehr Entzweien oder ein Gliedern. Es fallen damit die beiden Seiten der ganzen Bewegung, welche unterschieden wurden, nämlich die in dem allgemeinen Medium der Selbständigkeit ruhig auseinander gelegte Gestaltung und der Prozeß des Lebens ineinander; der letztere ist ebensosehr Gestaltung, als er das Aufheben der Gestalt ist; und das erste, die Gestaltung, ist ebensosehr ein Aufheben, als sie die Gliederung ist. Das flüssige Element ist selbst nur die *Abstraktion* des Wesens, oder es ist nur als Gestalt *wirklich*; und daß es sich gliedert, ist wieder ein Entzweien des Gegliederten oder ein Auflösen desselben. Dieser ganze Kreislauf macht das Leben aus, weder das, was zuerst ausgesprochen wird, die unmittelbare Kontinuität und Gediegenheit seines Wesens, noch die bestehende Gestalt und das für sich seiende Diskrete, noch der reine Prozeß derselben, noch auch das einfache Zusammenfassen dieser Momente, sondern das sich entwickelnde und seine Entwicklung auflösende und in dieser Bewegung sich einfach erhaltende Ganze [zu sein].

Indem von der ersten unmittelbaren Einheit ausgegangen und durch die Momente der Gestaltung und des Prozesses hindurch zur Einheit dieser beiden Momente und damit wieder zur ersten einfachen Substanz zurückgekehrt wird, so ist diese *reflektierte Einheit* eine andere als die erste. Gegen jene *unmittelbare* oder als ein *Sein* ausgesprochene ist diese zweite die *allgemeine*, welche alle diese Momente als aufgehobne in ihr hat. Sie ist die *einfache Gattung*, welche in der Bewegung des Lebens selbst nicht *für sich a l s* dies *Einfache existiert*; sondern in diesem *Resultate* verweist das Leben auf ein Anderes, als es ist, nämlich auf das Bewußtsein, für welches es als diese Einheit, oder als Gattung ist.

Dies andere Leben aber, für welches die *Gattung* als solche und welche für sich selbst Gattung ist, das Selbstbewußtsein, ist sich zunächst nur als dieses einfache Wesen, und hat sich als *reines Ich* zum Gegenstande; in seiner Erfahrung, die nun zu betrachten ist, wird sich ihm dieser abstrakte Gegenstand bereichern und die Entfaltung erhalten, welche wir an dem Leben gesehen haben.

Das einfache Ich ist diese Gattung oder das einfache Allgemeine, für welches die Unterschiede keine sind, nur, indem es *negatives Wesen* der gestalteten selbständigen Momente ist; und das Selbstbewußtsein hiemit seiner selbst nur gewiß durch das Aufheben dieses Andern, das sich ihm als selbständiges Leben darstellt; es ist *Begierde*. Der Nichtigkeit dieses Andern gewiß, setzt es *für sich* dieselbe als seine Wahrheit, vernichtet den selbständigen Gegenstand und gibt sich dadurch die Gewißheit seiner selbst, als *wahre* Gewißheit, als solche, welche ihm selbst auf *gegenständliche Weise* geworden ist.

In dieser Befriedigung aber macht es die Erfahrung von der Selbständigkeit seines Gegenstandes. Die Begierde und die in ihrer Befriedigung erreichte Gewißheit seiner selbst ist bedingt durch ihn, denn sie ist durch Aufheben dieses Andern; daß dies Aufheben sei, muß dies Andere sein. Das Selbstbewußtsein vermag also durch seine negative Beziehung ihn nicht aufzuheben; es erzeugt ihn darum vielmehr wieder, so wie die Begierde. Es ist in der Tat ein Anderes als das Selbstbewußtsein, das Wesen der Begierde; und durch diese Erfahrung ist ihm selbst diese Wahrheit geworden. Zugleich aber ist es ebenso absolut für sich, und ist dies nur durch Aufheben des Gegenstandes, und es muß ihm seine Befriedigung werden, denn es ist die Wahrheit. Um der Selbständigkeit des Gegenstandes willen kann es daher zur Befriedigung nur gelangen, indem dieser selbst die Negation an ihm vollzieht; und er muß diese Negation seiner selbst an sich vollziehen, denn er ist *an sich* das Negative, und muß für das Andre sein, was er ist. Indem er die Negation an sich selbst ist und darin zugleich selbständig ist, ist er Bewußtsein. An dem Leben, welches der Gegenstand der Begierde ist, ist die *Negation* entweder *an einem Andern*, nämlich an der

Begierde, oder als *Bestimmtheit* gegen eine andere gleichgültige Gestalt, oder als seine *unorganische allgemeine Natur*. Diese allgemeine selbständige Natur aber, an der die Negation als absolute ist, ist die Gattung als solche, oder als *Selbstbewußtsein*. *Das Selbstbewußtsein erreicht seine Befriedigung nur in einem anderen Selbstbewußtsein.*

In diesen drei Momenten ist erst der Begriff des Selbstbewußtseins vollendet: a) reines ununterschiedenes Ich ist sein erster unmittelbarer Gegenstand. b) Diese Unmittelbarkeit ist aber selbst absolute Vermittlung, sie ist nur als Aufheben des selbständigen Gegenstandes, oder sie ist Begierde. Die Befriedigung der Begierde ist zwar die Reflexion des Selbstbewußtseins in sich selbst oder die zur Wahrheit gewordene Gewißheit. c) Aber die Wahrheit derselben ist vielmehr die gedoppelte Reflexion, die Verdopplung des Selbstbewußtseins. Es ist ein Gegenstand für das Bewußtsein, welcher an sich selbst sein Anderssein oder den Unterschied als einen nichtigen setzt und darin selbständig ist. Die unterschiedene nur *lebendige* Gestalt hebt wohl im Prozesse des Lebens selbst auch ihre Selbständigkeit auf, aber sie hört mit ihrem Unterschiede auf, zu sein, was sie ist; der Gegenstand des Selbstbewußtseins ist aber ebenso selbständig in dieser Negativität seiner selbst; und damit ist er für sich selbst Gattung, allgemeine Flüssigkeit in der Eigenheit seiner Absonderung; er ist lebendiges Selbstbewußtsein.

Es ist ein *Selbstbewußtsein für ein Selbstbewußtsein*. Erst hiedurch ist es in der Tat; denn erst hierin wird für es die Einheit seiner selbst in seinem Anderssein; *Ich*, das der Gegenstand seines Begriffs ist, ist in der Tat nicht *Gegenstand*; der Gegenstand der Begierde aber ist nur *selbständig*, denn er ist die allgemeine unvertilgbare Substanz, das flüssige sichselbstgleiche Wesen. Indem ein Selbstbewußtsein der Gegenstand ist, ist er ebensowohl Ich wie Gegenstand. – Hiemit ist schon der Begriff *des Geistes* für uns vorhanden. Was für das Bewußtsein weiter wird, ist die Erfahrung, was der Geist ist, diese absolute Substanz, welche in der vollkommenen Freiheit und Selbständigkeit ihres Gegensatzes, nämlich verschiedener für sich seiender Selbstbewußtsein[e], die Einheit derselben ist: *Ich*, das *Wir*, und *Wir*, das *Ich* ist. Das Bewußtsein hat erst in dem Selbstbewußtsein, als dem Begriffe des Geistes, seinen Wendungspunkt, auf dem es aus dem farbigen Scheine des sinnlichen Diesseits und aus der leeren Nacht des übersinnlichen Jenseits in den geistigen Tag der Gegenwart einschreitet.

A.
Selbständigkeit und Unselbständigkeit des Selbstbewußtseins; Herrschaft und Knechtschaft.

Das Selbstbewußtsein ist *an* und *für sich*, indem und dadurch, daß es für ein anderes an und für sich ist; d.h. es ist nur als ein Anerkanntes. Der Begriff dieser seiner Einheit in seiner Verdopplung, der sich im Selbstbewußtsein realisierenden Unendlichkeit, ist eine vielseitige und vieldeutige Verschränkung, so daß die Momente derselben teils genau auseinandergehalten, teils in dieser Unterscheidung zugleich auch als nicht unterschieden oder immer in ihrer entgegengesetzten Bedeutung genommen und erkannt werden müssen. Die Doppelsinnigkeit des Unterschiedenen liegt in dem Wesen des Selbstbewußtseins, unendlich, oder unmittelbar das Gegenteil der Bestimmtheit, in der es gesetzt ist, zu sein. Die Auseinanderlegung des Begriffs dieser geistigen Einheit in ihrer Verdopplung stellt uns die Bewegung des *Anerkennens* dar.

Es ist für das Selbstbewußtsein ein anderes Selbstbewußtsein; es ist *außer sich* gekommen. Dies hat die gedoppelte Bedeutung, *erstlich*, es hat sich selbst verloren, denn es findet sich als ein *anderes* Wesen; *zweitens*, es hat damit das Andere aufgehoben, denn es sieht auch nicht das Andere als Wesen, sondern *sich selbst* im *Andern*.

Es muß dies *sein Anderssein* aufheben; dies ist das Aufheben des ersten Doppelsinnes und darum selbst ein zweiter Doppelsinn; *erstlich*, es muß darauf gehen, *das andere* selbständige Wesen aufzuheben, um dadurch *seiner* als des Wesens gewiß zu werden; *zweitens* geht es hiemit darauf, *sich selbst* aufzuheben, denn dies andere ist es selbst.

Dies doppelsinnige Aufheben seines doppelsinnigen Andersseins ist ebenso eine doppelsinnige Rückkehr *in sich selbst*; denn *erstlich* erhält es durch das Aufheben sich selbst zurück, denn es wird sich wieder gleich durch das Aufheben *seines* Andersseins; *zweitens* aber gibt es das andere Selbstbewußtsein ihm wieder ebenso zurück, denn es war sich im anderen, es hebt dies *sein* Sein im andern auf, entläßt also das andere wieder frei.

Diese Bewegung des Selbstbewußtseins in der Beziehung auf ein anderes Selbstbewußtsein ist aber auf diese Weise vorgestellt worden, als *das Tun des Einen*; aber dieses Tun des Einen hat selbst die gedoppelte Bedeutung, ebensowohl *sein Tun*, als *das Tun des Andern* zu sein; denn das andere ist ebenso selbständig, in sich beschlossen, und es ist nichts in ihm, was nicht durch es selbst ist. Das erste hat den Gegenstand nicht vor sich, wie er nur für die Begierde zunächst ist, sondern einen für sich seienden selbständigen, über welchen es darum nichts für sich vermag, wenn er nicht an sich selbst dies tut, was es an ihm tut. Die Bewegung ist also schlechthin die gedoppelte beider Selbstbewußtsein[e]. Jedes sieht *das andre* dasselbe tun, was es tut; jedes tut selbst, was es an das andre fordert, und tut darum, was es tut, auch nur insofern als das andre dasselbe tut; das einseitige Tun wäre unnütz, weil, was geschehen soll, nur durch beide zu Stande kommen kann.

Das Tun ist also nicht nur insofern doppelsinnig, als es ein Tun ebensowohl *gegen sich* als *gegen das Andre*, sondern auch insofern, als es ungetrennt ebensowohl das *Tun des Einen* als *des Andern* ist.

In dieser Bewegung sehen wir sich den Prozeß wiederholen, der sich als Spiel der Kräfte darstellte, aber im Bewußtsein. Was in jenem für uns war, ist hier für die Extreme selbst. Die Mitte ist das Selbstbewußtsein, welches sich in die Extreme zersetzt; und jedes Extrem ist diese Austauschung seiner Bestimmtheit, und absoluter Übergang in das entgegengesetzte. Als Bewußtsein aber kommt es wohl *außer sich*, jedoch ist es in seinem Außersichsein zugleich in sich zurückgehalten, *für sich*, und sein Außersich ist *für es*. Es ist für es, daß es unmittelbar anderes Bewußtsein *ist* und *nicht ist*; und ebenso, daß dies Andere nur für sich ist, indem es sich als Fürsichseiendes aufhebt, und nur im Fürsichsein des andern für sich ist. Jedes ist dem andern die Mitte, durch welche jedes sich mit sich selbst vermittelt und zusammenschließt, und jedes sich und dem andern unmittelbares für sich seiendes Wesen, welches zugleich nur durch diese Vermittlung so für sich ist. Sie *anerkennen* sich, als *gegenseitig sich anerkennend*.

Dieser reine Begriff des Anerkennens, der Verdopplung des Selbstbewußtseins in seiner Einheit, ist nun zu betrachten, wie sein Prozeß für das Selbstbewußtsein erscheint. Er wird zuerst die Seite der *Ungleichheit* beider darstellen oder das Heraustreten der Mitte in die Extreme, welche als Extreme sich entgegengesetzt, und das eine nur Anerkanntes, der andre nur Anerkennendes ist.

Das Selbstbewußtsein ist zunächst einfaches Fürsichsein, sichselbstgleich durch das Ausschließen alles *andern aus sich*; sein Wesen und absoluter Gegenstand ist ihm *Ich*; und es ist in dieser *Unmittelbarkeit* oder in diesem *Sein* seines Fürsichseins *Einzelnes*. Was anderes für es ist, ist als unwesentlicher, mit dem Charakter des Negativen bezeichneter Gegenstand. Aber das Andre ist auch ein Selbstbewußtsein; es tritt ein Individuum einem Individuum gegenüber auf. So *unmittelbar* auftretend, sind sie für einander in der Weise gemeiner Gegenstände; *selbständige* Gestalten, in das *Sein* des *Lebens*, – denn als Leben hat sich hier der seiende Gegenstand bestimmt – versenkte Bewußtsein[e], welche *für einander* die Bewegung der absoluten Abstraktion, alles unmittelbare Sein zu vertilgen und nur das rein negative Sein des sichselbstgleichen Bewußtseins zu sein, noch nicht vollbracht, oder sich einander noch nicht als reines *Fürsichsein*, d.h. als *Selbst*bewußtsein[e] dargestellt haben. Jedes ist wohl seiner selbst gewiß, aber nicht des andern, und darum hat seine eigne Gewißheit von sich noch keine Wahrheit; denn seine Wahrheit wäre nur, daß sein eignes Fürsichsein sich ihm als selbständiger Gegenstand, oder, was dasselbe ist, der Gegenstand sich als diese reine Gewißheit seiner selbst dargestellt hätte. Dies aber ist nach dem Begriffe des Anerkennens nicht möglich, als daß wie der andere für ihn, so er für den andern, jeder an sich selbst durch sein eigenes Tun, und wieder durch das Tun des andern, diese reine Abstraktion des Fürsichseins vollbringt.

Die *Darstellung* seiner aber als der reinen Abstraktion des Selbstbewußtseins besteht darin, sich als reine Negation seiner gegenständlichen Weise zu zeigen, oder es zu zeigen, an kein bestimmtes *Dasein* geknüpft, an die allgemeine Einzelheit des Daseins überhaupt nicht, nicht an das Leben geknüpft zu sein. Diese Darstellung ist das *gedoppelte* Tun; Tun des andern und Tun durch sich selbst. Insofern es Tun *des andern* ist, geht also jeder auf den Tod des andern. Darin aber ist auch das zweite, *das Tun durch sich selbst*, vorhanden; denn jenes schließt das Daransetzen des eignen Lebens in sich. Das Verhältnis beider Selbstbewußtsein[e] ist also so bestimmt, daß sie sich selbst und einander durch den Kampf auf Leben und Tod *bewähren*. – Sie müssen in diesen Kampf gehen, denn sie müssen die Gewißheit ihrer selbst, *für sich zu sein*, zur Wahrheit an dem andern und an ihnen selbst erheben. Und es ist allein das Daransetzen des Lebens, wodurch die Freiheit, wodurch es bewährt wird, daß dem Selbstbewußtsein nicht das *Sein*, nicht die *unmittelbare* Weise, wie es auftritt, nicht sein Versenktsein in die Ausbreitung des Lebens das Wesen, – sondern daß an ihm nichts vorhanden, was für es nicht verschwindendes Moment wäre, daß es nur reines *Fürsichsein* ist. Das Individuum, welches das Leben nicht gewagt hat, kann wohl als *Person* anerkannt werden; aber es hat die Wahrheit dieses Anerkanntseins als eines selbständigen Selbstbewußtseins nicht erreicht. Ebenso muß jedes auf den Tod des andern gehen, wie es sein Leben daransetzt; denn das Andre gilt ihm nicht mehr als es selbst; sein Wesen stellt sich ihm als ein Andres dar, es ist außer sich, es muß sein Außersichsein aufheben; das Andre ist mannigfaltig befangenes und seiendes Bewußtsein; es muß sein Anderssein als reines Fürsichsein oder als absolute Negation anschauen.

Diese Bewährung aber durch den Tod hebt eben so die Wahrheit, welche daraus hervorgehen sollte, als damit auch die Gewißheit seiner selbst überhaupt auf; denn wie das Leben die *natürliche* Position des Bewußtseins, die Selbständigkeit ohne die absolute Negativität ist, so ist er die *natürliche* Negation desselben, die Negation ohne die Selbständigkeit, welche also ohne die geforderte Bedeutung des Anerkennens bleibt. Durch den Tod ist zwar die Gewißheit geworden, daß beide ihr Leben wagten und es an ihnen und an dem andern verachteten; aber nicht für die, welche diesen Kampf bestanden. Sie heben ihr in dieser fremden Wesenheit, welches das natürliche Dasein ist, gesetztes Bewußtsein, oder sie heben sich [auf], und werden als die für sich sein wollenden *Extreme* aufgehoben. Es verschwindet aber damit aus dem Spiele des Wechsels das wesentliche Moment, sich in Extreme entgegengesetzter Bestimmtheiten zu zersetzen; und die Mitte fällt in eine tote Einheit zusammen, welche in tote, bloß seiende, nicht entgegengesetzte Extreme zersetzt ist; und die beiden geben und empfangen sich nicht gegenseitig voneinander durch das Bewußtsein zurück, sondern lassen einander nur gleichgültig, als Dinge, frei. Ihre Tat ist die abstrakte Negation, nicht die Negation des Bewußtseins, welches so *aufhebt*, daß es das Aufgehobene *aufbewahrt* und *erhält*, und hiemit sein Aufgehobenwerden überlebt.

In dieser Erfahrung wird es dem Selbstbewußtsein, daß ihm das Leben so wesentlich als das reine Selbstbewußtsein ist. Im unmittelbaren Selbstbewußtsein ist das einfache Ich der absolute Gegenstand, welcher aber für uns oder an sich die absolute Vermittlung ist und die bestehende Selbständigkeit zum wesentlichen Momente hat. Die Auflösung jener einfachen Einheit ist das Resultat der ersten Erfahrung; es ist durch sie ein reines Selbstbewußtsein, und ein Bewußtsein gesetzt, welches nicht rein für sich, sondern für ein anderes, d.h. als *seiendes* Bewußtsein oder Bewußtsein in der Gestalt der *Dingheit* ist. Beide Momente sind wesentlich; – da sie zunächst ungleich und entgegengesetzt sind und ihre Reflexion in die Einheit sich noch nicht ergeben hat, so sind sie als zwei entgegengesetzte Gestalten des Bewußtseins; die eine das selbständige, welchem das Fürsichsein, die andere das unselbständige, dem das Leben oder das Sein für ein Anderes, das Wesen ist; jenes ist der *Herr*, dies der *Knecht*.

Der Herr ist das *für sich* seiende Bewußtsein, aber nicht mehr nur der Begriff desselben, sondern für sich seiendes Bewußtsein, welches durch ein *anderes* Bewußtsein mit sich vermittelt ist, nämlich durch ein solches, zu dessen Wesen es gehört, daß es mit selbständigem *Sein* oder der Dingheit überhaupt synthesiert ist. Der Herr bezieht sich auf diese beiden Momente, auf ein *Ding*, als solches, den Gegenstand der Begierde, und auf das Bewußtsein, dem die Dingheit das Wesentliche ist; und indem er a) als Begriff des Selbstbewußtseins unmittelbare Beziehung des *Fürsichseins* ist, aber b) nunmehr zugleich als Vermittlung oder als ein Fürsichsein, welches nur durch ein Anderes für sich ist, so bezieht er sich a) unmittelbar auf beide und b) mittelbar auf jedes durch das andere. Der Herr bezieht sich *auf den Knecht mittelbar durch das selbständige Sein*; denn eben hieran ist der Knecht gehalten; es ist seine Kette, von der er im Kampfe nicht abstrahieren konnte, und darum sich als unselbständig, seine Selbständigkeit in der Dingheit zu haben, erwies. Der Herr aber ist die Macht über dies Sein, denn er erwies im Kampfe, daß es ihm nur als ein Negatives gilt; indem er die Macht darüber, dies Sein aber die Macht über den Andern ist, so hat er in diesem Schlusse diesen Andern unter sich. Ebenso bezieht sich der Herr *mittelbar durch den Knecht auf das Ding*; der Knecht bezieht sich, als Selbstbewußtsein überhaupt, auf das Ding auch negativ und hebt es auf; aber es ist zugleich selbständig für ihn, und er kann darum durch sein Negieren nicht bis zur Vernichtung mit ihm fertig werden, oder er *bearbeitet* es nur. Dem Herrn dagegen wird durch diese Vermittlung die *unmittelbare* Beziehung als die reine Negation desselben oder der *Genuß*; was der Begierde nicht gelang, gelingt ihm, damit fertig zu werden, und im Genusse sich zu befriedigen. Der Begierde gelang dies nicht wegen der Selbständigkeit des Dinges; der Herr aber, der den Knecht zwischen es und sich eingeschoben, schließt sich dadurch nur mit der Unselbständigkeit des Dinges zusammen, und genießt es rein; die Seite der Selbständigkeit aber überläßt er dem Knechte, der es bearbeitet.

In diesen beiden Momenten wird für den Herrn sein Anerkanntsein durch ein anderes Bewußtsein; denn dieses setzt sich in ihnen als Unwesentliches, einmal in der Bearbeitung des Dings, das andermal in der Abhängigkeit von einem bestimmten Dasein; in beiden kann es nicht über das Sein Meister werden und zur absoluten Negation gelangen. Es ist also hierin dies Moment des Anerkennens vorhanden, daß das andere Bewußtsein sich als Fürsichsein aufhebt, und hiemit selbst das tut, was das erste gegen es tut. Ebenso das andere Moment, daß dies Tun des zweiten das eigne Tun des ersten ist; denn was der Knecht tut, ist eigentlich Tun des Herrn; diesem ist nur das Fürsichsein, das Wesen; er ist die reine negative Macht, der das Ding nichts ist, und also das reine wesentliche Tun in diesem Verhältnisse; der Knecht aber ein nicht reines, sondern unwesentliches Tun. Aber zum eigentlichen Anerkennen fehlt das Moment, daß, was der Herr gegen den Andern tut, er auch gegen sich selbst, und was der Knecht gegen sich, er auch gegen den Andern tue. Es ist dadurch ein einseitiges und ungleiches Anerkennen entstanden.

Das unwesentliche Bewußtsein ist hierin für den Herrn der Gegenstand, welcher die *Wahrheit* der Gewißheit seiner selbst ausmacht. Aber es erhellt, daß dieser Gegenstand seinem Begriffe nicht entspricht, sondern daß darin, worin der Herr sich vollbracht hat, ihm vielmehr ganz etwas anderes geworden, als ein selbständiges Bewußtsein. Nicht ein solches ist für ihn, sondern vielmehr ein unselbständiges; er ist also nicht des *Fürsichseins*, als der Wahrheit gewiß, sondern seine Wahrheit ist vielmehr das unwesentliche Bewußtsein, und das unwesentliche Tun desselben.

Die *Wahrheit* des selbständigen Bewußtseins ist demnach das *knechtische Bewußtsein*. Dieses erscheint zwar zunächst *außer* sich und nicht als die Wahrheit des Selbstbewußtseins. Aber wie die Herrschaft zeigte, daß ihr Wesen das Verkehrte dessen ist, was sie sein will, so wird auch wohl die Knechtschaft vielmehr in ihrer Vollbringung zum Gegenteile dessen werden, was sie unmittelbar ist; sie wird als in sich *zurückgedrängtes* Bewußtsein in sich gehen und zur wahren Selbständigkeit sich umkehren.

Wir sahen nur, was die Knechtschaft im Verhältnisse der Herrschaft ist. Aber sie ist Selbstbewußtsein, und was sie hienach an und für sich selbst ist, ist nun zu betrachten. Zunächst ist für die Knechtschaft der Herr das Wesen; also das *selbständige für sich seiende Bewußtsein* ist ihr *die Wahrheit*, die jedoch f ü r s i e noch nicht *an ihr* ist. Allein sie hat diese Wahrheit der reinen Negativität und des *Fürsichseins in der Tat an ihr selbst*; denn sie hat dieses Wesen an ihr *erfahren*.

Dies Bewußtsein hat nämlich nicht um dieses oder jenes, noch für diesen oder jenen Augenblick Angst gehabt, sondern um sein ganzes Wesen; denn es hat die Furcht des Todes, des absoluten Herrn, empfunden. Es ist darin innerlich aufgelöst worden, hat durchaus in sich selbst erzittert, und alles Fixe hat in ihm gebebt. Diese reine allgemeine Bewegung, das absolute Flüssigwerden alles Bestehens ist aber das einfache Wesen des Selbstbewußtseins, die absolute Negativität, *das reine Fürsichsein*, das hiemit *an* diesem Bewußtsein ist. Dies Moment des reinen Fürsichseins ist auch *für es*, denn im Herrn ist es ihm sein *Gegenstand*. Es ist ferner nicht nur diese allgemeine Auflösung *überhaupt*, sondern im Dienen vollbringt es sie *wirklich*; es hebt darin in allen *einzelnen* Momenten seine Anhänglichkeit an natürliches Dasein auf; und arbeitet dasselbe hinweg.

Das Gefühl der absoluten Macht aber überhaupt, und im einzelnen des Dienstes ist nur die Auflösung *an sich*, und ob zwar die Furcht des Herrn der Anfang der Weisheit ist, so ist das Bewußtsein darin *für es selbst*, nicht das *Fürsichsein*. Durch die Arbeit kommt es aber zu sich selbst. In dem Momente, welches der Begierde im Bewußtsein des Herrn entspricht, schien dem dienenden Bewußtsein zwar die Seite der unwesentlichen Beziehung auf das Ding zugefallen zu sein, indem das Ding darin seine Selbständigkeit behält. Die Begierde hat sich das reine Negieren des Gegenstandes und dadurch das unvermischte Selbstgefühl vorbehalten. Diese Befriedigung ist aber deswegen selbst nur ein Verschwinden, denn es fehlt ihr die *gegenständliche* Seite oder das *Bestehen*. Die Arbeit hingegen ist *gehemmte* Begierde, *aufgehaltenes* Verschwinden, oder sie *bildet*. Die negative Beziehung auf den Gegenstand wird zur *Form* desselben und zu einem *Bleibenden*, weil eben dem Arbeitenden der Gegenstand Selbständigkeit hat.

Diese *negative* Mitte oder das formierende *Tun* ist zugleich *die Einzelheit* oder das reine Fürsichsein des Bewußtseins, welches nun in der Arbeit außer es in das Element des Bleibens tritt; das arbeitende Bewußtsein kommt also hiedurch zur Anschauung des selbständigen Seins *als seiner selbst*.

Das Formieren hat aber nicht nur diese positive Bedeutung, daß das dienende Bewußtsein sich darin als reines *Fürsichsein* zum *Seienden* wird; sondern auch die negative gegen sein erstes Moment, die Furcht. Denn in dem Bilden des Dinges wird ihm die eigne Negativität, sein Fürsichsein, nur dadurch zum Gegenstande, daß es die entgegengesetzte seiende *Form* aufhebt. Aber dies gegenständliche *Negative* ist gerade das fremde Wesen, vor welchem es gezittert hat. Nun aber zerstört es dies fremde Negative, setzt *sich* als ein solches in das Element des Bleibens, und wird hiedurch *für sich selbst*, ein *Fürsichseiendes*. Im Herrn ist ihm das Fürsichsein *ein anderes* oder nur *für es*; in der Furcht ist das Fürsichsein *an ihm selbst*; in dem Bilden wird das Fürsichsein als *sein eignes* für es, und es kommt zum Bewußtsein, daß es selbst an und für sich ist. Die Form wird dadurch, daß sie *hinausgesetzt* wird, ihm nicht ein Anderes als es; denn eben sie ist sein reines Fürsichsein, das ihm darin zur Wahrheit wird. Es wird also durch dies Wiederfinden seiner durch sich selbst *eigner Sinn*, gerade in der Arbeit, worin es nur *fremder Sinn* zu sein schien. – Es sind zu dieser Reflexion die beiden Momente der Furcht und des Dienstes überhaupt, sowie des Bildens notwendig, und zugleich beide auf eine allgemeine Weise. Ohne die Zucht des Dienstes und Gehorsams bleibt die Furcht beim Formellen stehen und verbreitet sich nicht über die bewußte Wirklichkeit des Daseins. Ohne das Bilden bleibt die Furcht innerlich und stumm, und das Bewußtsein wird nicht für es selbst. Formiert das Bewußtsein ohne die erste absolute Furcht, so ist es nur ein eitler eigner Sinn; denn seine Form oder Negativität ist nicht die Negativität *an sich*; und sein Formieren kann ihm daher nicht das Bewußtsein seiner als des Wesens geben. Hat es nicht die absolute Furcht, sondern nur einige Angst ausgestanden, so ist das negative Wesen ihm ein Äußerliches geblieben, seine Substanz ist von ihm nicht durch und durch angesteckt. Indem nicht alle Erfüllungen seines natürlichen Bewußtseins wankend geworden, gehört es *an sich* noch bestimmtem Sein an; der eigne Sinn ist *Eigensinn*, eine Freiheit, welche noch innerhalb der Knechtschaft stehen bleibt. So wenig ihm die reine Form zum Wesen werden kann, so wenig ist sie, als Ausbreitung über das Einzelne betrachtet, allgemeines Bilden, absoluter Begriff, sondern eine Geschicklichkeit, welche nur über Einiges, nicht über die allgemeine Macht und das ganze gegenständliche Wesen mächtig ist.

B.
Freiheit des Selbstbewußtseins; Stoizismus, Skeptizismus und das unglückliche Bewußtsein.

Dem selbständigen Selbstbewußtsein ist einesteils nur die reine Abstraktion *des Ich* sein Wesen, und andernteils, indem sie sich ausbildet und sich Unterschiede gibt, wird dies Unterscheiden ihm nicht zum gegenständlichen *ansich*seienden Wesen; dies Selbstbewußtsein wird also nicht ein in seiner Einfachheit sich wahrhaft unterscheidendes oder in dieser absoluten Unterscheidung sich gleichbleibendes Ich. Das in sich zurückgedrängte Bewußtsein hingegen wird sich im Formieren als Form der gebildeten Dinge zum Gegenstande, und an dem Herrn schaut es das Fürsichsein zugleich als Bewußtsein an. Aber dem dienenden Bewußtsein als solchem fallen diese beiden Momente – *seiner selbst* als selbständigen Gegenstandes, und dieses Gegenstandes als eines Bewußtseins, und hiemit eines eigenen Wesens – auseinander. Indem aber *für uns* oder *an sich* die *Form* und das *Fürsichsein* dasselbe ist, und im Begriffe des selbständigen Bewußtseins das *Ansich*sein das Bewußtsein ist, so ist die Seite des *Ansich*seins oder der *Dingheit*, welche die Form in der Arbeit erhielt, keine andere Substanz als das Bewußtsein, und es ist uns eine neue Gestalt des Selbstbewußtseins geworden; ein Bewußtsein, welches sich als die Unendlichkeit, oder reine Bewegung des Bewußtseins das Wesen ist; welches *denkt* oder freies Selbstbewußtsein ist. Denn nicht als *abstraktes Ich*, sondern als Ich, welches zugleich die Bedeutung des *Ansich*seins hat, sich Gegenstand sein, oder zum gegenständlichen Wesen sich so verhalten, daß es die Bedeutung des *Fürsichseins* des Bewußtseins hat, für welches es ist, heißt *denken*. – Dem *Denken* bewegt sich der Gegenstand nicht in Vorstellungen oder Gestalten, sondern in *Begriffen*, d.h. in einem unterschiednen Ansichsein, welches unmittelbar für das Bewußtsein kein unterschiednes von ihm ist. Das *Vorgestellte, Gestaltete, Seiende* als solches hat die Form, etwas Anderes zu sein als das Bewußtsein; ein Begriff aber ist zugleich ein *Seiendes*, und dieser Unterschied, insofern er an ihm selbst ist, ist sein bestimmter Inhalt, – aber darin, daß dieser Inhalt ein begriffener zugleich ist, bleibt es sich seiner Einheit mit diesem bestimmten und unterschiedenen Seienden *unmittelbar* bewußt, nicht wie bei der Vorstellung, worin es erst noch besonders sich zu erinnern hat, daß dies *seine* Vorstellung sei; sondern der Begriff ist mir unmittelbar *mein* Begriff. Im Denken *bin* Ich *frei*, weil ich nicht in einem Andern bin, sondern schlechthin bei mir selbst bleibe und der Gegenstand, der mir das Wesen ist, in ungetrennter Einheit mein Fürmichsein ist; und meine Bewegung in Begriffen ist eine Bewegung in mir selbst. – Es ist aber in dieser Bestimmung dieser Gestalt des Selbstbewußtseins wesentlich dies festzuhalten, daß sie *denkendes* Bewußtsein *überhaupt* oder ihr Gegenstand *unmittelbare* Einheit des *Ansichseins* und des *Fürsichseins* ist. Das sich gleichnamige Bewußtsein, das sich von sich selbst abstößt, wird sich *ansichseiendes Element*; aber es ist sich dies Element nur erst als allgemeines Wesen überhaupt, nicht als dies gegenständliche Wesen in der Entwicklung und Bewegung seines mannigfaltigen Seins.

Diese Freiheit des Selbstbewußtseins hat bekanntlich, indem sie als ihrer bewußte Erscheinung in der Geschichte des Geistes aufgetreten ist, *Stoizismus* geheißen. Sein Prinzip ist, daß das Bewußtsein denkendes Wesen ist und etwas nur Wesenheit für dasselbe hat, oder wahr und gut für es ist, als das Bewußtsein sich darin als denkendes Wesen verhält.

Die vielfache sich in sich unterscheidende Ausbreitung, Vereinzelung und Verwicklung des Lebens ist der Gegenstand, gegen welchen die Begierde und die Arbeit tätig ist. Dies vielfache Tun hat sich nun in die einfache Unterscheidung zusammengezogen, welche in der reinen Bewegung des Denkens ist. Nicht der Unterschied, welcher sich als *bestimmtes Ding*, oder als *Bewußtsein eines bestimmten natürlichen Daseins*, als ein Gefühl, oder als *Begierde* und *Zweck für dieselbe* [aufstellt], ob er durch das *eigene* oder durch ein *fremdes Bewußtsein* gesetzt sei, hat mehr Wesenheit, sondern allein der Unterschied, der ein *gedachter* oder unmittelbar nicht von Mir unterschieden ist. Dies Bewußtsein ist somit negativ gegen das Verhältnis der Herrschaft und Knechtschaft; sein Tun ist, in der Herrschaft nicht seine Wahrheit an dem Knechte zu haben, noch als Knecht seine Wahrheit an dem Willen des Herrn und an seinem Dienen, sondern wie auf dem Throne so in den Fesseln, in aller Abhängigkeit seines einzelnen Daseins frei zu sein und die Leblosigkeit sich zu erhalten, welche sich beständig aus der Bewegung des Daseins, aus dem Wirken wie aus dem Leiden, in *die einfache Wesenheit des Gedankens zurückzieht*. Der Eigensinn ist die Freiheit, die an eine Einzelheit sich befestigt und *innerhalb* der Knechtschaft steht, der Stoizismus aber die Freiheit, welche unmittelbar immer aus ihr her und in die *reine Allgemeinheit* des Gedankens zurückkommt; als allgemeine Form des Weltgeistes nur in der Zeit einer allgemeinen Furcht und Knechtschaft, aber auch einer allgemeinen Bildung auftreten konnte, welche das Bilden bis zum Denken gesteigert hatte.

Ob nun zwar diesem Selbstbewußtsein weder ein anderes als es, noch die reine Abstraktion des Ich das Wesen ist, sondern Ich, welches das Anderssein, aber als gedachten Unterschied, an ihm hat, so daß es in seinem Anderssein unmittelbar in sich zurückgekehrt ist; so ist dies sein Wesen zugleich nur ein *abstraktes* Wesen. Die Freiheit des Selbstbewußtseins ist *gleichgültig* gegen das natürliche Dasein, hat darum *dieses ebenso frei entlassen*, und die *Reflexion* ist eine *gedoppelte*. Die Freiheit im Gedanken hat nur den *reinen Gedanken* zu ihrer Wahrheit, die ohne die Erfüllung des Lebens ist; und ist also auch nur der Begriff der Freiheit, nicht die lebendige Freiheit selbst; denn ihr ist nur erst das *Denken* überhaupt das Wesen, die Form als solche, welche von der Selbständigkeit der Dinge weg, in sich zurückgegangen ist. Indem aber die Individualität als handelnd sich lebendig darstellen oder als denkend die lebendige Welt als ein System des Gedankens fassen sollte, so müßte in *dem Gedanken selbst* für jene Ausbreitung ein *Inhalt* dessen, was gut, für diese, was wahr ist, liegen; damit *durchaus* in demjenigen, *was für das Bewußtsein ist*, kein anderes Ingrediens wäre als der Begriff, der das Wesen ist. Allein so wie er hier als *Abstraktion* von der Mannigfaltigkeit der Dinge sich abtrennt, hat er *keinen Inhalt an ihm selbst*, sondern *einen gegebenen*. Das Bewußtsein vertilgt den Inhalt wohl als ein fremdes *Sein*, indem es ihn denkt; aber der Begriff ist *bestimmter* Begriff, und diese *Bestimmtheit* desselben ist das Fremde, das er an ihm hat. Der Stoizismus ist darum in Verlegenheit gekommen, als er, wie der Ausdruck war, nach dem *Kriterium* der Wahrheit überhaupt gefragt wurde, d.h. eigentlich nach einem *Inhalte* des *Gedankens selbst*. Auf die Frage an ihn, *was* gut und wahr ist, hat er wieder das *inhaltlose* Denken selbst zur Antwort gegeben: in der Vernünftigkeit soll das Wahre und Gute bestehen. Aber diese Sichselbstgleichheit des Denkens ist nur wieder die reine Form, in welcher sich nichts bestimmt; die allgemeinen Worte von dem Wahren und Guten, der Weisheit und der Tugend, bei welchen er stehen bleiben muß, sind daher wohl im allgemeinen erhebend, aber weil sie in der Tat zu keiner Ausbreitung des Inhalts kommen können, fangen sie bald an, Langeweile zu machen.

Dieses denkende Bewußtsein so, wie es sich bestimmt hat, als die abstrakte Freiheit, ist also nur die unvollendete Negation des Andersseins; aus dem Dasein nur in sich *zurückgezogen*, hat es sich nicht als absolute Negation desselben an ihm vollbracht. Der Inhalt gilt ihm zwar nur als Gedanke, aber dabei auch als *bestimmter*, und die Bestimmtheit als solche zugleich.

Der *Skeptizismus* ist die Realisierung desjenigen, wovon der Stoizismus nur der Begriff, – und die wirkliche Erfahrung, was die Freiheit des Gedankens ist; sie ist *an sich* das Negative und muß sich so darstellen. Mit der Reflexion des Selbstbewußtseins in den einfachen Gedanken seiner selbst ist ihr gegenüber in der Tat aus der Unendlichkeit das selbständige Dasein oder die bleibende Bestimmtheit herausgefallen; im Skeptizismus wird nun *für das Bewußtsein* die gänzliche Unwesentlichkeit und Unselbständigkeit dieses Andern; der Gedanke wird zu dem vollständigen, das Sein der *vielfach bestimmten* Welt vernichtenden Denken, und die Negativität des freien Selbstbewußtseins wird sich an dieser mannigfaltigen Gestaltung des Lebens zur realen Negativität. – Es erhellt, daß, wie der Stoizismus dem *Begriffe* des *selbständigen* Bewußtseins, das als Verhältnis der Herrschaft und Knechtschaft erschien, entspricht, so entspricht der Skeptizismus der *Realisierung* desselben als der negativen Richtung auf das Anderssein, der Begierde und der Arbeit. Aber wenn die Begierde und die Arbeit die Negation nicht für das Selbstbewußtsein ausführen konnten, so wird dagegen diese polemische Richtung gegen die vielfache Selbständigkeit der Dinge von Erfolg sein, weil sie als in sich vorher vollendetes freies Selbstbewußtsein sich gegen sie kehrt; bestimmter, weil sie *das Denken* oder die Unendlichkeit an ihr selbst hat, und hierin die Selbständigkeiten nach ihrem Unterschiede ihr nur als verschwindende Größen sind. Die Unterschiede, welche im reinen Denken seiner selbst nur die Abstraktion der Unterschiede sind, werden hier zu *allen* Unterschieden, und alles unterschiedene Sein zu einem Unterschiede des Selbstbewußtseins.

Hiedurch hat sich das *Tun* des *Skeptizismus* überhaupt und die *Weise* desselben bestimmt. Er zeigt die *dialektische Bewegung* auf, welche die sinnliche Gewißheit, die Wahrnehmung und der Verstand ist; sowie auch die Unwesenheit desjenigen, was in dem Verhältnisse des Herrschens und des Dienens, und was für das abstrakte Denken selbst als *Bestimmtes* gilt. Jenes Verhältnis faßt eine *bestimmte Weise* zugleich in sich, in welcher auch sittliche Gesetze als Gebote der Herrschaft vorhanden sind; die Bestimmungen im abstrakten Denken aber sind Begriffe der Wissenschaft, in welche sich das inhaltslose Denken ausbreitet und den Begriff auf eine in der Tat nur äußerliche Weise an das ihm selbständige Sein, das seinen Inhalt ausmacht, hängt und nur *bestimmte* Begriffe als geltende hat, es sei, daß sie auch reine Abstraktionen sind.

Das *Dialektische* als negative Bewegung, wie sie unmittelbar ist, erscheint dem Bewußtsein zunächst als etwas, dem es preisgegeben und das nicht durch es selbst ist. Als *Skeptizismus* hingegen ist sie Moment des Selbstbewußtseins, welchem es nicht *geschieht*, daß ihm, ohne zu wissen wie, sein Wahres und Reelles verschwindet, sondern welches in der Gewißheit seiner Freiheit dies andere für reell sich Gebende selbst verschwinden läßt; nicht nur das Gegenständliche als solches, sondern sein eignes Verhalten zu ihm, worin es als gegenständlich gilt und geltend gemacht wird, also auch sein *Wahrnehmen* sowie sein *Befestigen* dessen, was es in Gefahr ist zu verlieren, die *Sophisterei*, und sein *aus sich bestimmtes* und *festgesetztes Wahres*; durch welche selbstbewußte Negation es *die Gewißheit seiner Freiheit sich für sich selbst* verschafft, die Erfahrung derselben hervorbringt und sie dadurch zur *Wahrheit* erhebt. Was verschwindet, ist das Bestimmte; oder der Unterschied, der, auf welche Weise und woher es sei, als fester und unwandelbarer sich aufstellt. Er hat nichts Bleibendes an ihm und *muß* dem Denken verschwinden, weil das Unterschiedne eben dies ist, nicht *an ihm selbst* zu sein, sondern seine Wesenheit nur in einem Andern zu haben; das Denken aber ist die Einsicht in diese Natur des Unterschiednen, es ist das negative Wesen als einfaches.

Das skeptische Selbstbewußtsein erfährt also in dem Wandel alles dessen, was sich für es befestigen will, seine eigne Freiheit als durch es selbst sich gegeben und erhalten; es ist sich diese Ataraxie des sich selbst Denkens, die unwandelbare und *wahrhafte Gewißheit seiner selbst*. Sie geht nicht aus einem Fremden, das seine vielfache Entwicklung in sich zusammenstürzte, als ein Resultat hervor, welches sein Werden hinter sich hätte; sondern das Bewußtsein selbst ist die *absolute dialektische Unruhe*, dieses Gemische von sinnlichen und gedachten Vorstellungen, deren Unterschiede zusammenfallen, und deren *Gleichheit* sich ebenso, – denn sie ist selbst die *Bestimmtheit* gegen das *Ungleiche* – wieder auflöst. Dies Bewußtsein ist aber eben hierin in der Tat, statt sichselbstgleiches Bewußtsein zu sein, nur eine schlechthin zufällige Verwirrung, der Schwindel einer sich immer erzeugenden Unordnung. *Es ist dies für sich selbst*; denn es selbst erhält und bringt diese sich bewegende Verwirrung hervor. Es bekennt sich darum auch dazu, es bekennt ein ganz *zufälliges, einzelnes* Bewußtsein zu sein, – ein Bewußtsein, das *empirisch* ist, sich nach dem richtet, was keine Realität für es hat, dem gehorcht, was ihm kein Wesen ist, das tut und zur Wirklichkeit bringt, was ihm keine Wahrheit hat. Aber ebenso, wie es sich auf diese Weise als *einzelnes, zufälliges* und in der Tat tierisches Leben und *verlornes* Selbstbewußtsein gilt, macht es sich im Gegenteile auch wieder zum *allgemeinen sichselbstgleichen*; denn es ist die Negativität aller Einzelheit und alles Unterschieds. Von dieser Sichselbstgleichheit oder in ihr selbst vielmehr fällt es wieder in jene Zufälligkeit und Verwirrung zurück, denn eben diese sich bewegende Negativität hat es nur mit Einzelnem zu tun, und treibt sich mit

Zufälligem herum. Dies Bewußtsein ist also diese bewußtlose Faselei, von dem einen Extreme des sichselbstgleichen Selbstbewußtseins zum andern des zufälligen, verworrenen und verwirrenden Bewußtseins hinüber und herüberzugehen. Es selbst bringt diese beiden Gedanken seiner selbst nicht zusammen; es erkennt seine Freiheit *einmal* als Erhebung über alle Verwirrung und alle Zufälligkeit des Daseins und bekennt sich ebenso *das andremal* wieder als ein Zurückfallen in die *Unwesentlichkeit* und als ein Herumtreiben in ihr. Es läßt den unwesentlichen Inhalt in seinem Denken verschwinden, aber eben darin ist es das Bewußtsein eines Unwesentlichen; es spricht das absolute *Verschwinden* aus, aber das *Aussprechen i s t*, und dies Bewußtsein ist das ausgesprochne Verschwinden; es spricht die Nichtigkeit des Sehens, Hörens usf. aus, und es *sieht, hört* usf. *selbst*; es spricht die Nichtigkeit der sittlichen Wesenheiten aus und macht sie selbst zu den Mächten seines Handelns. Sein Tun und seine Worte widersprechen sich immer, und ebenso hat es selbst das gedoppelte widersprechende Bewußtsein der Unwandelbarkeit und Gleichheit und der völligen Zufälligkeit und Ungleichheit mit sich. Aber es hält diesen Widerspruch seiner selbst auseinander; und verhält sich darüber wie in seiner rein negativen Bewegung überhaupt. Wird ihm die *Gleichheit* aufgezeigt, so zeigt es die *Ungleichheit* auf; und indem ihm diese, die es eben ausgesprochen hat, jetzt vorgehalten wird, so geht es zum Aufzeigen der *Gleichheit* über; sein Gerede ist in der Tat ein Gezänke eigensinniger Jungen, deren einer A sagt, wenn der andere B, und wieder B, wenn der andere A, und die sich durch den Widerspruch *mit sich selbst* die Freude erkaufen, *miteinander* im Widerspruche zu bleiben.

Im Skeptizismus erfährt das Bewußtsein in Wahrheit sich als ein in sich selbst widersprechendes Bewußtsein; es geht aus dieser Erfahrung eine *neue Gestalt* hervor, welche die zwei Gedanken zusammenbringt, die der Skeptizismus auseinanderhält. Die Gedankenlosigkeit des Skeptizismus über sich selbst muß verschwinden, weil es in der Tat *Ein* Bewußtsein ist, welches diese beiden Weisen an ihm hat. Diese neue Gestalt ist hiedurch ein solches, welches *für sich* das gedoppelte Bewußtsein seiner als des sich befreienden, unwandelbaren und sichselbstgleichen und seiner als des absolut sich verwirrenden und verkehrenden, – und das Bewußtsein dieses seines Widerspruchs ist. – Im Stoizismus ist das Selbstbewußtsein die einfache Freiheit seiner selbst; im Skeptizismus realisiert sie sich, vernichtet die andere Seite des bestimmten Daseins, aber verdoppelt *sich* vielmehr, und ist sich nun ein Zweifaches. Hiedurch ist die Verdopplung, welche früher an zwei einzelne, an den Herrn und den Knecht sich verteilte, in eines eingekehrt; die Verdoppelung des Selbstbewußtseins in sich selbst, welche im Begriffe des Geistes wesentlich ist, ist hiemit vorhanden, aber noch nicht ihre Einheit[, –] und das *unglückliche Bewußtsein* ist das Bewußtsein seiner als des gedoppelten[,] nur widersprechenden Wesens.

Dieses *unglückliche, in sich entzweite* Bewußtsein muß also, weil dieser Widerspruch seines Wesens sich *Ein* Bewußtsein ist, in dem einen Bewußtsein immer auch das andere haben, und so aus jedem unmittelbar, indem es zum Siege und zur Ruhe der Einheit gekommen zu sein meint, wieder daraus ausgetrieben werden. Seine wahre Rückkehr aber in sich selbst oder seine Versöhnung mit sich wird den Begriff des lebendig gewordenen und in die Existenz getretenen Geistes darstellen, weil an ihm schon dies ist, daß es als Ein ungeteiltes Bewußtsein ein gedoppeltes ist: es selbst *ist* das Schauen eines Selbstbewußtseins in ein anderes, und es selbst *ist* beide, und die Einheit beider ist ihm auch das Wesen; aber es *für sich* ist sich noch nicht dieses Wesen selbst, noch nicht die Einheit beider.

Indem es zunächst nur die *unmittelbare Einheit* beider ist, aber für es nicht beide dasselbe, sondern entgegengesetzte sind, so ist ihm das eine, nämlich das einfache unwandelbare, als das *Wesen*; das andere aber, das vielfache wandelbare, als das *Unwesentliche*. Beide sind *für es* einander fremde Wesen; es selbst, weil es das Bewußtsein dieses Widerspruches ist, stellt sich auf die Seite des wandelbaren Bewußtseins und ist sich das Unwesentliche; aber als Bewußtsein der Unwandelbarkeit, oder des einfachen Wesens, muß es zugleich darauf gehen, sich von dem Unwesentlichen, d.h. sich von sich selbst zu befreien. Denn ob es *für sich* wohl nur das wandelbare, und das unwandelbare ihm ein Fremdes ist, so ist *es selbst* einfaches und hiemit unwandelbares Bewußtsein, dessen hiemit als *seines* Wesens sich bewußt, jedoch so, daß *es selbst* für sich wieder nicht dies Wesen ist. Die Stellung, welche es beiden gibt, kann daher nicht eine Gleichgültigkeit derselben gegeneinander, d.i. nicht eine Gleichgültigkeit seiner selbst gegen das Unwandelbare sein; sondern es ist unmittelbar selbst beide, und es ist für es *die Beziehung beider* als eine Beziehung des Wesens auf das Unwesen, so daß dies letztere aufzuheben ist; aber indem ihm beide gleich wesentlich und widersprechend sind, ist es nur die widersprechende Bewegung, in welcher das Gegenteil nicht in seinem Gegenteile zur Ruhe kommt, sondern in ihm nur als Gegenteil sich neu erzeugt.

Es ist damit ein Kampf gegen einen Feind vorhanden, gegen welchen der Sieg vielmehr ein Unterliegen, das eine erreicht zu haben vielmehr der Verlust desselben in seinem Gegenteile ist. Das Bewußtsein des Lebens, seines Daseins und Tuns ist nur der Schmerz über dieses Dasein und Tun, denn es hat darin nur das Bewußtsein seines Gegenteils als des Wesens, und der eignen Nichtigkeit. Es geht in die Erhebung hieraus zum Unwandelbaren über. Aber diese Erhebung ist selbst dies Bewußtsein; sie ist also unmittelbar das Bewußtsein des Gegenteils, nämlich seiner selbst als der Einzelheit. Das Unwandelbare, das in das Bewußtsein tritt, ist ebendadurch zugleich von der Einzelheit berührt und nur mit dieser gegenwärtig; statt diese im Bewußtsein des Unwandelbaren vertilgt zu haben, geht sie darin immer nur hervor.

In dieser Bewegung aber erfährt es eben dieses *Hervortreten der Einzelheit a m Unwandelbaren* und *des Unwandelbaren a n der Einzelheit*. Es wird *für es* die Einzelheit *überhaupt* am unwandelbaren Wesen, und zugleich die *seinige* an ihm. Denn die Wahrheit dieser Bewegung ist eben das *Einssein* dieses gedoppelten Bewußtseins. *Diese Einheit wird ihm* aber *zunächst* selbst eine solche, *in welcher noch die Verschiedenheit* beider das Herrschende ist. Es ist dadurch die dreifache Weise für dasselbe vorhanden, wie die Einzelheit mit dem Unwandelbaren verknüpft ist; *einmal* geht es selbst sich wieder hervor als entgegengesetzt dem unwandelbaren Wesen; und es ist in den Anfang des Kampfes zurückgeworfen, welcher das Element des ganzen Verhältnisses bleibt. Das *andremal* aber hat das *Unwandelbare* selbst *an ihm* die *Einzelheit* für es; so daß sie Gestalt des Unwandelbaren ist, an welches hiemit die ganze Weise der Existenz hinübertritt. Das *drittemal* findet *es sich selbst* als dieses Einzelne im Unwandelbaren. Das *erste* Unwandelbare ist ihm nur das *fremde* die Einzelheit verurteilende Wesen; indem *das andre* eine *Gestalt* der *Einzelheit* wie es selbst ist, so wird es *drittens* zum Geiste, hat sich selbst darin zu finden die Freude, und wird sich[,] seine Einzelheit mit dem Allgemeinen versöhnt zu sein[,] bewußt.

Was sich hier als Weise und Verhältnis des Unwandelbaren darstellt, ergab sich als die *Erfahrung*, welche das entzweite Selbstbewußtsein in seinem Unglücke macht. Diese Erfahrung ist zwar nun nicht *seine einseitige* Bewegung, denn es ist selbst unwandelbares Bewußtsein, dieses hiemit zugleich auch einzelnes Bewußtsein, und die Bewegung ebensowohl Bewegung des unwandelbaren Bewußtseins, das in ihr so sehr wie das andere auftritt; denn sie verläuft sich durch diese Momente, einmal unwandelbares dem einzelnen überhaupt, dann selbst einzelnes dem andern einzelnen entgegengesetzt, und endlich mit ihm Eins zu sein. Aber diese Betrachtung, insofern sie uns angehört, ist hier unzeitig, denn bis jetzt ist uns nur die Unwandelbarkeit als Unwandelbarkeit des Bewußtseins, welche deswegen nicht die wahre, sondern noch mit einem Gegensatze behaftete ist, nicht das Unwandelbare *an und für sich selbst* entstanden; wir wissen daher nicht, wie dieses sich verhalten wird. Was hier sich ergeben hat, ist nur dies, daß dem Bewußtsein, das hier unser Gegenstand ist, diese angezeigten Bestimmungen an dem Unwandelbaren erscheinen.

Aus diesem Grunde behält also auch das unwandelbare *Bewußtsein* in seiner Gestaltung selbst den Charakter und die Grundlage des Entzweit- und des Fürsichseins gegen das einzelne Bewußtsein. Es ist hiemit für dieses überhaupt ein *Geschehen*, daß das Unwandelbare die Gestalt der Einzelheit erhält; so wie es sich auch ihm entgegengesetzt nur *findet* und also *durch die Natur* dies Verhältnis hat; daß es *sich* endlich in ihm *findet*, erscheint ihm zum Teil zwar durch es selbst hervorgebracht, oder darum stattzuhaben, weil es selbst einzeln ist; aber ein Teil dieser Einheit, als dem Unwandelbaren zugehörend, sowohl nach ihrer Entstehung, als insofern sie ist; und der Gegensatz bleibt in dieser Einheit selbst. In der

Tat ist durch die *Gestaltung* des Unwandelbaren das Moment des Jenseits nicht nur geblieben, sondern vielmehr noch befestigt; denn wenn es durch die Gestalt der einzelnen Wirklichkeit ihm einerseits zwar näher gebracht zu sein scheint, so ist es ihm andererseits nunmehr als ein undurchsichtiges sinnliches *Eins*, mit der ganzen Sprödigkeit eines *Wirklichen*, gegenüber; die Hoffnung, mit ihm Eins zu werden, muß Hoffnung, d.h. ohne Erfüllung und Gegenwart bleiben, denn zwischen ihr und der Erfüllung steht gerade die absolute Zufälligkeit oder unbewegliche Gleichgültigkeit, welche in der Gestaltung selbst, dem Begründenden der Hoffnung, liegt. Durch die Natur des *seienden Eins*, durch die Wirklichkeit, die es angezogen, geschieht es notwendig, daß es in der Zeit verschwunden und im Raume und ferne gewesen ist, und schlechthin ferne bleibt.

Wenn zuerst der bloße Begriff des entzweiten Bewußtseins sich so bestimmte, daß es auf das Aufheben seiner als einzelnen und auf das Werden zum unwandelbaren Bewußtsein gehe, so hat sein Streben nunmehr diese Bestimmung, daß es vielmehr sein Verhältnis zu dem reinen *ungestalteten* Unwandelbaren aufhebe und sich nur die Beziehung auf *den gestalteten Unwandelbaren* gebe. Denn das *Einssein* des Einzelnen mit dem Unwandelbaren ist ihm nunmehr *Wesen* und *Gegenstand*, wie im Begriffe nur das gestaltlose, abstrakte Unwandelbare der wesentliche Gegenstand war; und das Verhältnis dieses absoluten Entzweitseins des Begriffs ist nun dasjenige, von welchem es sich wegzuwenden hat. Die zunächst äußere Beziehung aber zu dem gestalteten Unwandelbaren als einem fremden Wirklichen hat es zum absoluten Einswerden zu erheben.

Die Bewegung, worin das unwesentliche Bewußtsein dies Einssein zu erreichen strebt, ist selbst die *dreifache*, nach dem dreifachen Verhältnisse, welche es zu seinem gestalteten Jenseits haben wird: einmal als *reines Bewußtsein*, das andremal als *einzelnes Wesen*, welches sich als Begierde und Arbeit gegen *die Wirklichkeit* verhält; und zum dritten als *Bewußtsein seines Fürsichseins*. – Wie diese drei Weisen seines Seins in jenem allgemeinen Verhältnisse vorhanden und bestimmt sind, ist nun zu sehen.

Zuerst also es als *reines Bewußtsein* betrachtet, so scheint der gestaltete Unwandelbare, indem er für das reine Bewußtsein ist, gesetzt zu werden, wie er an und für sich selbst ist. Allein wie er an und für sich selbst ist, dies ist, wie schon erinnert, noch nicht entstanden. Daß er im Bewußtsein wäre, wie er an und für sich selbst ist, dies müßte wohl von ihm vielmehr ausgehen als von dem Bewußtsein; so aber ist diese seine Gegenwart hier nur erst einseitig durch das Bewußtsein vorhanden und eben darum nicht vollkommen und wahrhaftig, sondern bleibt mit Unvollkommenheit oder einem Gegensatze beschwert.

Obgleich aber das unglückliche Bewußtsein also diese Gegenwart nicht besitzt, so ist es zugleich über das reine Denken insofern dieses das abstrakte von der *Einzelheit* überhaupt *wegsehende* Denken des Stoizismus, und das nur *unruhige* Denken des Skeptizismus, – in der Tat nur die Einzelheit als der bewußtlose Widerspruch und dessen rastlose Bewegung, – ist; es ist über diese beide hinaus, es bringt und hält das reine Denken und die Einzelheit zusammen, ist aber noch nicht zu demjenigen Denken erhoben, *für welches* die Einzelheit des Bewußtseins mit dem reinen Denken selbst ausgesöhnt ist. Es steht vielmehr in dieser Mitte, worin das abstrakte Denken die Einzelheit des Bewußtseins als Einzelheit berührt. Es selbst *ist* diese Berührung; es ist die Einheit des reinen Denkens und der Einzelheit; es ist auch *für es* diese denkende Einzelheit oder das reine Denken, und das Unwandelbare wesentlich selbst als Einzelheit. Aber es ist nicht *für es*, daß dieser sein Gegenstand, das Unwandelbare, welches ihm wesentlich die Gestalt der Einzelheit hat, *es selbst* ist, es selbst, das Einzelheit des Bewußtseins ist.

Es *verhält* sich daher in dieser ersten Weise, worin wir es als *reines Bewußtsein* betrachten, *zu seinem Gegenstande* nicht denkend, sondern indem es selbst zwar *an sich* reine denkende Einzelheit und sein Gegenstand eben dieses, aber nicht die *Beziehung auf einander selbst reines Denken* ist, geht es, sozusagen, nur *an* das Denken· *hin*, und ist *Andacht*. Sein Denken als solche bleibt das gestaltlose Sausen des Glockengeläutes oder eine warme Nebelerfüllung, ein musikalisches Denken, das nicht zum Begriffe, der die einzige immanente gegenständliche Weise wäre, kommt. Es wird diesem unendlichen reinen innern Fühlen wohl sein Gegenstand, aber so eintretend, daß er nicht als begriffner, und darum als ein Fremdes eintritt. Es ist hiedurch die innerliche Bewegung des *reinen* Gemüts vorhanden, welches sich selbst, aber als die Entzweiung schmerzhaft *fühlt*; die Bewegung einer unendlichen *Sehnsucht*, welche die Gewißheit hat, daß ihr Wesen ein solches reines Gemüt ist, reines *Denken*, welches sich *als Einzelheit denkt*; daß sie von diesem Gegenstande ebendarum, weil er sich als Einzelheit denkt, erkannt und anerkannt wird. Zugleich aber ist dies Wesen das unerreichbare *Jenseits*, welches im Ergreifen entflieht oder vielmehr schon entflohen ist. Es ist schon entflohen; denn es ist einesteils das sich als Einzelheit denkende Unwandelbare, und das Bewußtsein erreicht sich selbst daher unmittelbar in ihm, *sich selbst*, aber als *das dem Unwandelbaren entgegengesetzte*; statt das Wesen zu ergreifen, *fühlt* es nur, und ist in sich zurückgefallen; indem es im Erreichen sich als dies entgegengesetzte nicht abhalten kann, hat es, statt das Wesen ergriffen zu haben, nur die Unwesentlichkeit ergriffen. Wie es so auf einer Seite, indem es sich im Wesen zu erreichen strebt, nur die eigne getrennte Wirklichkeit ergreift, so kann es auf der andern Seite das Andere nicht als *Einzelnes, oder* als *Wirkliches* ergreifen. Wo es gesucht werde, kann es nicht gefunden werden, denn es soll eben *ein Jenseits*, ein solches sein, welches nicht gefunden werden kann. Es als Einzelnes gesucht, ist nicht eine *allgemeine*, gedachte *Einzelheit*, nicht Begriff, sondern *Einzelnes* als Gegenstand oder *ein Wirkliches*; Gegenstand der unmittelbaren sinnlichen Gewißheit; und ebendarum nur ein solches, welches verschwunden ist. Dem Bewußtsein kann daher nur das *Grab* seines Lebens zur Gegenwart kommen. Aber weil dies selbst eine *Wirklichkeit* und es gegen die Natur dieser ist, einen dauernden Besitz zu gewähren; so ist auch diese Gegenwart des Grabes nur der Kampf eines Bemühens, der verloren werden muß. Allein indem es diese Erfahrung gemacht, daß *das Grab* seines *wirklichen* unwandelbaren Wesens *keine Wirklichkeit* hat, daß die *verschwundene Einzelheit* als verschwundne nicht die wahre Einzelheit ist, wird es die unwandelbare Einzelheit als *wirkliche* aufzusuchen oder als verschwundne festzuhalten aufgeben, und erst hiedurch ist es fähig, die Einzelheit als wahrhafte oder als allgemeine zu finden.

Zunächst aber ist die *Rückkehr des Gemüts in sich selbst* so zu nehmen, daß es sich als *Einzelnes Wirklichkeit* hat. Es ist das *reine Gemüt*, welches *für uns* oder *an sich*, sich gefunden [hat] und in sich ersättigt ist, denn ob *für es* in seinem Gefühle sich wohl das Wesen von ihm trennt, so ist an sich dies Gefühl *Selbst*gefühl, es hat den Gegenstand seines reinen Fühlens gefühlt, und dieser ist es selbst; es tritt also hieraus als Selbstgefühl, oder für sich seiendes Wirkliches auf. In dieser Rückkehr in sich ist für uns sein *zweites Verhältnis* geworden, das der Begierde und Arbeit, welche dem Bewußtsein die innerliche Gewißheit seiner selbst, die es für uns erlangt hat, durch Aufheben und Genießen des fremden Wesens, nämlich desselben in der Form der selbständigen Dinge bewährt. Das unglückliche Bewußtsein aber *findet* sich nur als *begehrend* und *arbeitend*; es ist für es nicht vorhanden, daß sich so zu finden, die innre Gewißheit seiner selbst zum Grunde liegt, und sein Gefühl des Wesens dies Selbstgefühl ist. Indem es sie *für sich selbst* nicht hat, bleibt sein Innres vielmehr noch die gebrochne Gewißheit seiner selbst; die Bewährung, welche es durch Arbeit und Genuß erhalten würde, ist darum eine ebensolche *gebrochne*; oder es muß sich vielmehr selbst diese Bewährung vernichten, so daß es in ihr wohl die Bewährung, aber nur die Bewährung desjenigen, was es für sich ist, nämlich seiner Entzweiung findet.

Die Wirklichkeit, gegen welche sich die Begierde und die Arbeit wendet, ist diesem Bewußtsein nicht mehr ein *an sich Nichtiges*, von ihm nur Aufzuhebendes und zu Verzehrendes, sondern ein solches, wie es selbst ist, eine *entzwei gebrochene Wirklichkeit*, welche nur einerseits an sich nichtig, andererseits aber auch eine geheiligte W e l t ist; sie ist Gestalt des Unwandelbaren, denn dieses hat die Einzelheit an sich erhalten, und weil es als das Unwandelbare Allgemeines ist, hat seine Einzelheit überhaupt die Bedeutung aller Wirklichkeit.

Wenn das Bewußtsein für sich selbständiges Bewußtsein und ihm die Wirklichkeit an und für sich nichtig wäre; würde es in der Arbeit und in dem Genusse zum Gefühle seiner Selbständigkeit gelangen, dadurch daß es selbst es wäre, welches die Wirklichkeit aufhöbe. Allein indem diese ihm

Gestalt des Unwandelbaren ist, vermag es nicht, sie durch sich aufzuheben. Sondern indem es zwar zur Vernichtung der Wirklichkeit und zum Genusse gelangt, so geschieht für es dies wesentlich dadurch, daß das Unwandelbare selbst seine Gestalt *preisgibt* und ihm zum Genusse *überläßt*. – Das Bewußtsein tritt hierin seinerseits *gleichfalls* als Wirkliches auf, aber ebenso als innerlich gebrochen, und diese Entzweiung stellt sich in seinem Arbeiten und Genießen dar, in ein *Verhältnis* zur *Wirklichkeit* oder das *Fürsichsein* und in ein *Ansichsein* sich zu brechen. Jenes Verhältnis zur Wirklichkeit ist das *Verändern* oder das *Tun*, das Fürsichsein, das dem *einzelnen* Bewußtsein als solchem angehört. Aber es ist darin auch *an sich*: diese Seite gehört dem unwandelbaren Jenseits an; sie sind die Fähigkeiten und Kräfte, eine fremde Gabe, welche das Unwandelbare ebenso dem Bewußtsein überläßt, um sie zu gebrauchen.

In seinem Tun ist demnach das Bewußtsein zunächst in dem Verhältnis zweier Extreme; es steht als das tätige Diesseits auf einer Seite und ihm gegenüber die passive Wirklichkeit, beide in Beziehung aufeinander, aber auch beide in das Unwandelbare zurückgegangen und an sich festhaltend. Von beiden Seiten löst sich daher nur eine Oberfläche gegeneinander ab, welche in das Spiel der Bewegung gegen die andre tritt. – Das Extrem der Wirklichkeit wird durch das tätige Extrem aufgehoben; sie von ihrer Seite kann aber nur darum aufgehoben werden, weil ihr unwandelbares Wesen sie selbst aufhebt, sich von sich abstößt und das Abgestoßene der Tätigkeit preisgibt. Die tätige Kraft erscheint als *die Macht*, worin die Wirklichkeit sich auflöst; darum aber ist für dieses Bewußtsein, welchem das *Ansich* oder das Wesen ein ihm Andres ist, diese Macht, als welche es in der Tätigkeit auftritt, das Jenseits seiner selbst. Statt also aus seinem Tun in sich zurückzukehren und sich für sich selbst bewährt zu haben, reflektiert es vielmehr diese Bewegung des Tuns in das andre Extrem zurück, welches hiedurch als rein Allgemeines, als die absolute Macht dargestellt ist, von der die Bewegung nach allen Seiten ausgegangen, und die das Wesen sowohl der sich zersetzenden Extreme, wie sie zuerst auftraten, als des Wechsels selbst sei.

Daß das unwandelbare Bewußtsein auf seine Gestalt *Verzicht tut* und sie *preisgibt*, dagegen das einzelne Bewußtsein *dankt*, d.h. die Befriedigung des Bewußtseins seiner *Selbständigkeit* sich *versagt*, und das Wesen des Tuns von sich ab dem Jenseits zuweist, durch diese beiden Momente des *gegenseitigen* sich *Aufgebens* beider Teile entsteht hiemit allerdings dem Bewußtsein seine *Einheit* mit dem Unwandelbaren. Allein zugleich ist diese Einheit mit der Trennung affiziert, in sich wieder gebrochen, und es tritt aus ihr der Gegensatz des Allgemeinen und Einzelnen wieder hervor. Denn das Bewußtsein entsagt zwar *zum Scheine* der Befriedigung seines Selbstgefühls, erlangt aber die *wirkliche* Befriedigung desselben; denn *es ist* Begierde, Arbeit und Genuß gewesen; *es* hat als Bewußtsein *gewollt*, *getan* und *genossen*. Sein *Danken* ebenso, worin es das andre Extrem als das Wesen anerkennt, und sich aufhebt, ist selbst *sein eignes* Tun, welches das Tun des andern Extrems aufwiegt, und der sich preisgebenden Wohltat ein *gleiches* Tun entgegenstellt; wenn jenes ihm seine *Oberfläche* überläßt, so dankt es *aber auch*, und tut darin, indem es sein Tun, d.h. sein *Wesen*, selbst aufgibt, eigentlich mehr als das andere, das nur eine Oberfläche von sich abstößt. Die ganze Bewegung reflektiert sich also nicht nur im wirklichen Begehren, Arbeiten und Genießen, sondern sogar selbst im Danken, worin das Gegenteil zu geschehen scheint, in das *Extrem der Einzelheit*. Das Bewußtsein fühlt sich darin als dieses einzelne, und läßt sich durch den Schein seines Verzichtleistens nicht täuschen, denn die Wahrheit desselben ist, daß es sich nicht aufgegeben hat; was zu Stande gekommen, ist nur die gedoppelte Reflexion in die beiden Extreme, und das Resultat die wiederholte Spaltung in das entgegengesetzte Bewußtsein des *Unwandelbaren* und in das Bewußtsein des *gegenüberstehenden* Wollens, Vollbringens, Genießens, und des auf sich Verzichtleistens selbst, oder der *fürsichseienden Einzelheit* überhaupt.

Es ist damit das *dritte Verhältnis* der Bewegung dieses Bewußtseins eingetreten, welches aus dem zweiten als ein solches hervortritt, das in Wahrheit durch sein Wollen und Vollbringen sich als selbständiges erprobt hat. Im ersten Verhältnisse war es nur *Begriff* des wirklichen Bewußtseins, oder das *innre Gemüt*, welches im Tun und Genusse noch nicht wirklich ist; das *zweite* ist diese Verwirklichung, als äußeres Tun und Genießen; hieraus aber zurückgekehrt ist es ein solches, welches sich als wirkliches und wirkendes Bewußtsein *erfahren*, oder dem es *wahr* ist, *an und für sich* zu sein. Darin ist aber nun der Feind in seiner eigensten Gestalt aufgefunden. Im Kampfe des Gemüts ist das einzelne Bewußtsein nur als musikalisches, abstraktes Moment; in der Arbeit und dem Genusse, als der Realisierung dieses wesenlosen Seins, kann es unmittelbar *sich* vergessen, und die bewußte *Eigenheit* in dieser Wirklichkeit wird durch das dankende Anerkennen niedergeschlagen. Dieses Niederschlagen ist aber in Wahrheit eine Rückkehr des Bewußtseins in sich selbst, und zwar in sich als die ihm wahrhafte Wirklichkeit.

Dies dritte Verhältnis, worin diese wahrhafte Wirklichkeit das Eine Extrem ist, ist die *Beziehung* derselben auf das allgemeine Wesen, als der Nichtigkeit; und die Bewegung dieser Beziehung ist noch zu betrachten.

Was zuerst die entgegengesetzte Beziehung des Bewußtseins betrifft, worin ihm seine *Realität unmittelbar das Nichtige* ist, so wird also sein wirkliches Tun zu einem Tun von Nichts, sein Genuß Gefühl seines Unglücks. Hiemit verlieren Tun und Genuß allen *allgemeinen Inhalt und Bedeutung,* denn dadurch hätten sie ein An- und Fürsichsein, und beide ziehen sich in die Einzelheit zurück, auf welche das Bewußtsein, sie aufzuheben, gerichtet ist. Seiner als *dieses wirklichen Einzelnen* ist das Bewußtsein sich in den tierischen Funktionen bewußt. Diese, statt unbefangen, als etwas, das an und für sich nichtig ist und keine Wichtigkeit und Wesenheit für den Geist erlangen kann, getan zu werden, da sie es sind, in welchen sich der Feind in seiner eigentümlichen Gestalt zeigt, sind sie vielmehr Gegenstand des ernstlichen Bemühens und werden gerade zum Wichtigsten. Indem aber dieser Feind in seiner Niederlage sich erzeugt, das Bewußtsein, da es sich ihn fixiert, vielmehr statt frei davon zu werden, immer dabei verweilt, und sich immer verunreinigt erblickt, zugleich dieser Inhalt seines Bestrebens statt eines Wesentlichen das Niedrigste, statt eines Allgemeinen das Einzelnste ist, so sehen wir nur eine auf sich und ihr kleines Tun beschränkte, und sich bebrütende, ebenso unglückliche als ärmliche Persönlichkeit.

Aber an beides, das Gefühl seines Unglücks und die Ärmlichkeit seines Tuns knüpft sich ebenso das Bewußtsein seiner Einheit mit dem Unwandelbaren. Denn die versuchte unmittelbare Vernichtung seines wirklichen Seins ist *vermittelt* durch den Gedanken des Unwandelbaren und geschieht in dieser *Beziehung. Die mittelbare* Beziehung macht das Wesen der negativen Bewegung aus, in welcher es sich gegen seine Einzelheit richtet, welche aber ebenso als *Beziehung an sich* positiv ist und für es selbst diese seine *Einheit* hervorbringen wird.

Diese mittelbare Beziehung ist hiemit ein Schluß, in welchem die sich zuerst als gegen das *Ansich* entgegengesetzt fixierende Einzelheit mit diesem andern Extreme nur durch ein drittes zusammengeschlossen ist. Durch diese Mitte ist das Extrem des unwandelbaren Bewußtseins für das unwesentliche Bewußtsein, in welchem zugleich auch dies ist, daß es ebenso für jenes nur durch diese Mitte sei, und diese Mitte hiemit eine solche, die beide Extreme einander vorstellt und der gegenseitige Diener eines jeden bei dem andern ist. Diese Mitte ist selbst ein bewußtes Wesen, denn sie ist ein das Bewußtsein als solches vermittelndes Tun; der Inhalt dieses Tuns ist die Vertilgung, welche das Bewußtsein mit seiner Einzelheit vornimmt.

In ihr also befreit dieses sich von dem Tun und Genusse als *dem seinen*; es stößt von sich als *fürsich*seiendem Extreme das Wesen seines *Willens* ab, und wirft auf die Mitte oder den Diener die Eigenheit und Freiheit des Entschlusses, und damit die *Schuld* seines Tuns. Dieser Vermittler, als mit dem unwandelbaren Wesen in unmittelbarer Beziehung, dient mit seinem *Rate* über das Rechte. Die Handlung, indem sie Befolgung eines fremden Beschlusses ist, hört nach der Seite des Tuns oder des *Willens* auf, die eigne zu sein. Es bleibt aber noch ihre *gegenständliche* Seite dem unwesentlichen Bewußtsein, nämlich die *Frucht* seiner Arbeit und der *Genuß*. Diesen stößt es also ebenso von sich ab, und leistet wie auf seinen Willen so auf seine in der Arbeit und im Genusse erhaltene *Wirklichkeit* Verzicht; auf sie, *teils* als auf die erreichte Wahrheit seiner selbstbewußten *Selbständigkeit*, – indem es etwas ganz Fremdes, ihm Sinnloses vorstellend und sprechend sich bewegt; – teils auf sie als *äußerliches Eigentum*, – indem es von dem Besitze, den es durch die Arbeit erworben, etwas abläßt; teils auf den gehabten *Genuß*, – indem es ihn im Fasten und Kasteien auch wieder ganz sich versagt.

Durch diese Momente des Aufgebens des eignen Entschlusses, dann des Eigentumes und Genusses und endlich [durch] das positive Moment des Treibens eines unverstandenen Geschäftes nimmt es sich in Wahrheit und vollständig das Bewußtsein der innern und äußern Freiheit, der Wirklichkeit als seines *Fürsichseins*; es hat die Gewißheit[,] in Wahrheit seines *Ich* sich entäußert, und sein unmittelbares Selbstbewußtsein zu einem *Dinge*, zu einem gegenständlichen Sein gemacht zu haben. – Die Verzichtleistung auf sich konnte es allein durch diese *wirkliche* Aufopferung bewähren; denn nur in ihr verschwindet der *Betrug*, welcher in dem *innern* Anerkennen des Dankens durch Herz, Gesinnung und Mund liegt, einem Anerkennen, welches zwar alle Macht des Fürsichseins von sich abwälzt und sie einem Geben von oben zuschreibt, aber in diesem Abwälzen selbst sich die *äußere* Eigenheit in dem Besitze, den es nicht aufgibt, die *innre* aber in dem Bewußtsein des Entschlusses, den es selbst gefaßt, und in dem Bewußtsein seines durch es bestimmten Inhalts, den es nicht gegen einen fremden, es sinnlos erfüllenden, umgetauscht hat, behält.

Aber in der wirklich vollbrachten Aufopferung hat *an sich*, wie das Bewußtsein das *Tun* als das seinige aufgehoben, auch sein *Unglück* von ihm abgelassen. Daß dies Ablassen *an sich* geschehen ist, ist jedoch ein Tun des andern Extrems des Schlusses, welches das *ansichseiende* Wesen ist. Jene Aufopferung des unwesentlichen Extrems war aber zugleich nicht ein einseitiges Tun, sondern enthielt das Tun des andern in sich. Denn das Aufgeben des eignen Willens ist nur einerseits negativ, *seinem Begriffe* nach oder *an sich*, zugleich aber positiv, nämlich das Setzen des Willens als eines *An-*

dern, und bestimmt des Willens als eines nicht einzelnen, sondern allgemeinen. Für dies Bewußtsein ist diese positive Bedeutung des negativ gesetzten einzelnen Willens der Wille des andern Extrems, der ihm, weil er eben ein anderes für es ist, nicht durch sich, sondern durch das Dritte, den Vermittler als Rat, wird. Es wird daher *für es* sein Willen wohl zum allgemeinen und *an sich* seienden Willen, aber *es selbst* ist *sich nicht* dies *Ansich*; das Aufgeben des seinigen als *einzelnen* ist ihm nicht dem Begriffe nach das Positive des allgemeinen Willens. Ebenso sein Aufgeben des Besitzes und Genusses hat nur dieselbe negative Bedeutung, und das Allgemeine, das für es dadurch wird, ist ihm nicht sein *eignes Tun*. Diese *Einheit* des Gegenständlichen und des Fürsichseins, welche im *Begriffe* des Tuns ist, und welche darum dem Bewußtsein als das Wesen und *Gegenstand* wird, – wie sie ihm nicht der Begriff seines Tuns ist, so ist ihm auch dies nicht, daß sie als Gegenstand *für es* wird, unmittelbar und durch es selbst; sondern es läßt sich von dem vermittelnden Diener diese selbst noch gebrochne Gewißheit aussprechen, daß nur *an sich* sein Unglück das verkehrte, nämlich sich in seinem Tun selbstbefriedigendes Tun, oder seliger Genuß, sein ärmliches Tun ebenso *an sich* das Verkehrte, nämlich absolutes Tun; dem Begriffe nach das Tun nur als Tun des Einzelnen überhaupt Tun ist. Aber *für es* selbst bleibt das Tun und sein wirkliches Tun ein ärmliches, und sein Genuß der Schmerz, und das Aufgehobensein derselben in der positiven Bedeutung ein *Jenseits*. Aber in diesem Gegenstande, worin ihm sein Tun und Sein, als dieses *einzelnen* Bewußtseins, Sein und Tun *an sich* ist, ist ihm die Vorstellung der *Vernunft* geworden, der Gewißheit des Bewußtseins, in seiner Einzelheit absolut *an sich*, oder alle Realität zu sein.

[C.] [AA. Vernunft.]

V.
Gewißheit und Wahrheit der Vernunft.

Das Bewußtsein geht in dem Gedanken, welchen es erfaßt hat, daß das *einzelne* Bewußtsein *an sich* absolutes Wesen ist, in sich selbst zurück. Für das unglückliche Bewußtsein ist das *Ansichsein* das *Jenseits* seiner selbst. Aber seine Bewegung hat dies an ihm vollbracht, die Einzelheit in ihrer vollständigen Entwicklung, oder die Einzelheit, die *wirkliches Bewußtsein* ist, als das *Negative* seiner selbst, nämlich als das *gegenständliche* Extrem gesetzt oder sein Fürsichsein aus sich hinausgerungen und es zum Sein gemacht zu haben; darin ist für es auch seine *Einheit* mit diesem Allgemeinen geworden, welche für uns, da das aufgehobne Einzelne das Allgemeine ist, nicht mehr außer ihm fällt; und da das Bewußtsein in dieser seiner Negativität sich selbst erhält, an ihm als solchem sein Wesen ist. Seine Wahrheit ist dasjenige, welches in dem Schlusse, worin die Extreme absolut auseinandergehalten auftraten, als die Mitte erscheint, welche es dem unwandelbaren Bewußtsein ausspricht, daß das Einzelne auf sich Verzicht getan, und dem Einzelnen, daß das Unwandelbare kein Extrem mehr für es, sondern mit ihm versöhnt ist. Diese Mitte ist die beide unmittelbar wissende und sie beziehende Einheit, und das Bewußtsein ihrer Einheit, welche sie dem Bewußtsein und damit *sich selbst* ausspricht, die Gewißheit[,] alle Wahrheit zu sein.

Damit daß das Selbstbewußtsein Vernunft ist, schlägt sein bisher negatives Verhältnis zu dem Anderssein in ein positives um. Bisher ist es ihm nur um seine Selbständigkeit und Freiheit zu tun gewesen, um sich für sich selbst auf Kosten der *Welt* oder seiner eignen Wirklichkeit, welche ihm beide als das Negative seines Wesens erschienen, zu retten und zu erhalten. Aber als Vernunft, seiner selbst versichert, hat es die Ruhe gegen sie empfangen und kann sie ertragen; denn es ist seiner selbst als der Realität gewiß, oder daß alle Wirklichkeit nichts anders ist als es; sein Denken ist unmittelbar selbst die Wirklichkeit; es verhält sich also als Idealismus zu ihr. Es ist ihm, indem es sich so erfaßt, als ob die Welt erst jetzt ihm würde; vorher versteht es sie nicht; es begehrt und bearbeitet sie, zieht sich aus ihr in sich zurück und vertilgt sie für sich, und sich selbst als Bewußtsein, – als Bewußtsein derselben als des Wesens, sowie als Bewußtsein ihrer Nichtigkeit. Hierin erst, nachdem das Grab seiner Wahrheit verloren, das Vertilgen seiner Wirklichkeit selbst vertilgt und die Einzelheit des Bewußtseins ihm an sich absolutes Wesen ist, entdeckt es sie als *seine* neue wirkliche Welt, die in ihrem Bleiben Interesse für es hat wie vorhin nur in ihrem Verschwinden; denn ihr *Bestehen* wird ihm seine eigne *Wahrheit* und *Gegenwart*: es ist gewiß, nur sich darin zu erfahren.

Die Vernunft ist die Gewißheit des Bewußtseins[,] alle Realität zu sein; so spricht der Idealismus ihren Begriff aus. Wie das Bewußtsein, das als Vernunft *auftritt, unmittelbar* jene Gewißheit an sich hat, so spricht auch der *Idealismus* sie *unmittelbar* aus: Ich bin Ich, in dem Sinne, daß Ich, welches mir Gegenstand ist, nicht wie im Selbstbewußtsein überhaupt, noch auch wie im freien Selbstbewußtsein, dort nur *leerer* Gegenstand überhaupt, hier nur Gegenstand, der sich von den andern zurückzieht, welche *neben* ihm noch gelten, sondern Gegenstand mit dem Bewußtsein des *Nichtseins* irgend eines andern, einziger Gegenstand, alle Realität und Gegenwart ist. Das Selbstbewußtsein ist aber nicht nur *für sich*, sondern auch *an sich* alle Realität erst dadurch, daß es diese Realität *wird*, oder vielmehr sich als solche *erweist*. Es erweist sich so in *dem Wege*, worin zuerst in der dialektischen Bewegung des Meinens, Wahrnehmen und des Verstandes das Anderssein als *an sich*, und dann in der Bewegung durch die Selbständigkeit des Bewußtseins in Herrschaft und Knechtschaft, durch den Gedanken der Freiheit, die skeptische Befreiung und den Kampf der absoluten Befreiung des in sich entzweiten Bewußtseins, das Anderssein, insofern es nur *für es* ist, *für es selbst* verschwindet. Es traten zwei Seiten nacheinander auf, die eine, worin das Wesen oder das Wahre für das Bewußtsein die Bestimmtheit des *Seins*, die andere[, worin es] die hatte[,] nur *für es* zu sein. Aber beide reduzierten sich in Eine Wahrheit, daß, was *ist*, oder das *Ansich* nur ist, insofern es *für* das Bewußtsein, und was *für es* ist, auch *an sich* ist. Das Bewußtsein, welches diese Wahrheit ist, hat diesen Weg im Rücken und vergessen, indem es *unmittelbar* als Vernunft auftritt, oder diese unmittelbar auftretende Vernunft tritt nur als die *Gewißheit* jener Wahrheit auf. Sie *versichert* so nur, alle Realität zu sein, begreift dies aber selbst nicht; denn jener vergessene Weg ist das Begreifen dieser unmittelbar ausgedrückten Behauptung. Und ebenso ist dem, der ihn nicht gemacht hat, diese Behauptung, wenn er sie in dieser reinen Form hört, – denn in einer konkreten Gestalt macht er sie wohl selbst, – unbegreiflich.

Der Idealismus, der jenen Weg nicht darstellt, sondern mit dieser Behauptung anfängt, ist daher auch reine *Versicherung*, welche sich selbst nicht begreift, noch sich andern begreiflich machen kann. Er spricht eine *unmittelbare Gewißheit* aus, welcher andere unmittelbare Gewißheiten gegenüberstehen, die allein auf jenem Wege verloren gegangen sind. Mit gleichem Rechte stellen daher neben der *Versicherung* jener Gewißheit sich auch die *Versicherungen* dieser andern Gewißheiten. Die Vernunft beruft sich auf das *Selbst*bewußtsein eines jeden Bewußtseins: *Ich bin Ich*, mein Gegenstand und Wesen ist *Ich*; und keines wird ihr diese Wahrheit ableugnen. Aber indem sie sie auf diese Berufung gründet, sanktioniert sie die Wahrheit der andern Gewißheit, nämlich der: *es ist A n d e r e s* für mich; Anderes als *Ich* ist mir Gegenstand und Wesen, oder indem *Ich* mir Gegenstand und Wesen bin, bin ich es nur, indem Ich mich von dem Andern überhaupt zurückziehe und als eine Wirklichkeit *neben* es trete. – Erst wenn die Vernunft als *Reflexion* aus dieser entgegengesetzten Gewißheit auftritt, tritt ihre Behauptung von sich nicht nur als Gewißheit und Versicherung, sondern als *Wahrheit* auf; und nicht *neben* andern, sondern als die *einzige*. Das *unmittelbare Auftreten* ist die Abstraktion ihres *Vorhandenseins*, dessen *Wesen* und *Ansichsein* absoluter Begriff, d.h. die *Bewegung seines Gewordenseins* ist. – Das Bewußtsein wird sein Verhältnis zum Anderssein oder seinem Gegenstande auf verschiedene Weise bestimmen, je nachdem es gerade auf einer Stufe des sich bewußtwerdenden Weltgeistes steht. Wie er sich und seinen Gegenstand jedesmal *unmittelbar* findet und bestimmt, oder wie es *für sich* ist, hängt davon ab, was er schon *geworden* oder was er schon *an sich* ist.

Die Vernunft ist die Gewißheit, alle *Realität* zu sein. Dieses *Ansich* oder diese *Realität* ist aber noch ein durchaus Allgemeines, die reine *Abstraktion* der Realität. Es ist die erste *Positivität*, welche das Selbstbewußtsein *an sich selbst, für sich* ist, und Ich daher nur die *reine Wesenheit* des Seienden oder die einfache *Kategorie*. Die *Kategorie*, welche sonst die Bedeutung hatte, Wesenheit des Seienden zu sein, *unbestimmt* des Seienden überhaupt oder des Seienden gegen das Bewußtsein, ist jetzt *Wesenheit* oder einfache *Einheit* des Seienden nur als denkende Wirklichkeit; oder sie ist dies, daß Selbstbewußtsein und Sein *dasselbe* Wesen ist; *dasselbe*, nicht in der Vergleichung, sondern an und für sich. Nur der einseitige schlechte Idealismus läßt diese Einheit wieder als Bewußtsein auf die eine Seite, und ihr gegenüber ein Ansich treten. – Diese Kategorie nun oder *einfache* Einheit des Selbstbewußtseins und des Seins hat aber an sich den *Unterschied*; denn ihr Wesen ist eben dieses, im *Anderssein* oder im absoluten Unterschiede unmittelbar sich selbst gleich zu sein. Der Unterschied *ist* daher, aber vollkommen durchsichtig, und als ein Unterschied, der zugleich keiner ist. Er erscheint als eine *Vielheit* von Kategorien. Indem der Idealismus *die einfache Einheit* des Selbstbewußtseins als alle Realität ausspricht und sie *unmittelbar*, ohne sie als absolut negatives Wesen, – nur dieses hat die Negation, die Bestimmtheit oder den Unterschied an ihm selbst, – begriffen zu haben, zum Wesen macht, so ist noch unbegreiflicher als das erste dies zweite, daß in der Kategorie *Unterschiede* oder *Arten* seien. Diese Versicherung überhaupt, sowie die Versicherung von irgend einer *bestimmten Anzahl* der Arten derselben ist eine neue Versicherung, welche es aber an ihr selbst enthält, daß man sie sich nicht mehr als Versicherung gefallen lassen müsse. Denn indem im reinen Ich, im reinen Verstande selbst *der Unterschied* anfängt, so ist damit gesetzt, daß hier die *Unmittelbarkeit*, das *Versichern* und *Finden* aufgegeben werde und das *Begreifen* anfange. Die Vielheit der Kategorien aber auf irgend eine Weise wieder als einen Fund, z.B. aus den Urteilen, aufnehmen, und sich dieselben so gefallen lassen, ist in der Tat als eine Schmach der Wissenschaft anzusehen; wo sollte noch der Verstand eine Notwendigkeit aufzuzeigen vermögen, wenn er dies an ihm selbst, der reinen Notwendigkeit, nicht vermag?

Weil nun so der Vernunft die reine Wesenheit der Dinge, wie ihr Unterschied, angehört, so könnte eigentlich überhaupt nicht mehr von *Dingen* die Rede sein, d.h. einem solchen, welches für das Bewußtsein nur das Negative seiner selbst wäre. Denn die vielen Kategorien sind *Arten* der reinen Kategorie, heißt, *sie* ist noch ihre *Gattung* oder *Wesen*, nicht ihnen entgegengesetzt. Aber sie sind schon das Zweideutige, welches zugleich das Anderssein *gegen* die reine Kategorie in seiner *Vielheit* an sich hat. Sie widersprechen ihr durch diese Vielheit in der Tat, und die reine Einheit muß sie an sich aufheben, wodurch sie sich als *negative Einheit* der Unterschiede konstituiert. Als *negative* Einheit aber schließt sie ebensowohl die *Unterschiede* als solche, sowie jene erste *unmittelbare* reine Einheit als solche von sich aus, und ist *Einzelheit*; eine neue Kategorie, welche ausschließendes Bewußtsein, d.h. dies ist, daß *ein Anderes* für es ist. Die Einzelheit ist ihr Übergang aus ihrem Begriffe zu einer *äußern* Realität, das reine *Schema*, welches ebensowohl Bewußtsein, wie damit, daß es Einzelheit und ausschließendes Eins ist, das Hindeuten auf ein Anderes ist. Aber dies *Andere* dieser Kategorie sind nur die *andern ersten Kategorien*, nämlich *reine Wesenheit* und der *reine Unterschied*; und in ihr, d.h. eben in dem Gesetztsein des Andern, oder in diesem Andern selbst [ist] das Bewußtsein ebenso es selbst. Jedes dieser verschiedenen Momente verweist auf ein anderes; es kommt aber in ihnen zugleich zu keinem Anderssein. Die reine Kategorie verweist auf die *Arten*, welche in die negative Kategorie oder die Einzelheit übergehen; die letztere weist aber auf jene zurück: sie ist selbst reines Bewußtsein, welches in jeder sich diese klare Einheit mit sich bleibt, eine Einheit aber, die ebenso auf ein Anderes hingewiesen wird, das, indem es ist, verschwunden, und indem es verschwunden, auch wieder erzeugt ist.

Wir sehen hier das reine Bewußtsein auf eine gedoppelte Weise gesetzt, einmal als das unruhige *Hin- und Hergehen*, welches alle seine Momente durchläuft, in ihnen das Anderssein vorschweben hat, das im Erfassen sich aufhebt, das andere Mal vielmehr als die *ruhige* ihrer Wahrheit gewisse *Einheit*. Für diese Einheit ist jene Bewegung das *Andere*, für diese Bewegung aber jene ruhige Einheit; und Bewußtsein und Gegenstand wechseln in diesen gegenseitigen Bestimmungen ab. Das Bewußtsein ist sich also einmal das hin- und hergehende Suchen und sein Gegenstand das *reine Ansich* und Wesen; das andre Mal ist sich jenes die einfache Kategorie und der Gegenstand die Bewegung der Unterschiede. Das Bewußtsein aber als Wesen ist dieser ganze Verlauf selbst, aus sich als einfacher Kategorie in die Einzelheit und den Gegenstand überzugehen und an diesem diesen Verlauf anzuschauen, ihn als einen unterschiednen aufzuheben, sich *zuzueignen*, und sich als diese Gewißheit, alle Realität, sowohl es selbst als sein Gegenstand zu sein, auszusprechen.

Sein erstes Aussprechen ist nur dieses abstrakte leere Wort, daß alles *sein* ist. Denn die Gewißheit, alle Realität zu sein, ist erst die reine Kategorie. Diese erste im Gegenstande sich erkennende Vernunft drückt der leere Idealismus aus, welcher die Vernunft nur so auffaßt, wie sie sich zunächst ist, und darin, daß er in allem Sein dies reine *Mein* des Bewußtseins aufzeigt und die Dinge als Empfindungen oder Vorstellungen ausspricht, es als vollendete Realität aufgezeigt zu haben wähnt. Er muß darum zugleich absoluter Empirismus sein, denn für die *Erfüllung* des leeren *Meins*, d.h. für den Unterschied und alle Entwicklung und Gestaltung desselben, bedarf seine Vernunft eines fremden Anstoßes, in welchem erst die *Mannigfaltigkeit* des Empfindens oder Vorstellens liege. Dieser Idealismus wird daher eine ebensolche sich widersprechende Doppelsinnigkeit als der Skeptizismus, nur daß wie dieser sich negativ, jener sich positiv ausdrückt, aber ebensowenig seine widersprechenden Gedanken des reinen Bewußtseins als aller Realität und ebenso des fremden Anstoßes oder des sinnlichen Empfindens und Vorstellens als einer gleichen Realität zusammenbringt, sondern von dem einen zu dem andern sich herüber und hinüber wirft und in die schlechte, nämlich in die sinnliche Unendlichkeit geraten ist. Indem die Vernunft alle Realität in der Bedeutung des abstrakten *Meins*, und das *Andere* ihm ein *gleichgültiges Fremdes* ist, so ist darin gerade dasjenige Wissen der Vernunft von einem Anderen gesetzt, welches als *Meinen*, *Wahrnehmen* und [als] der das Gemeinte und Wahrgenommene auffassende *Verstand* vorkam. Ein solches Wissen wird zugleich, nicht wahres Wissen zu sein, durch den Begriff dieses Idealismus selbst behauptet, denn nur die Einheit der Apperzeption ist die Wahrheit des Wissens. Die reine Vernunft dieses Idealismus wird also durch sich selbst, um zu diesem *Andern*, das ihr *wesentlich*, d.h. also das *Ansich* ist, das sie aber nicht in ihr selbst hat, zu gelangen, an dasjenige Wissen zurückgeschickt, das nicht ein Wissen des Wahren ist; sie verurteilt sich so mit Wissen und Willen zu einem unwahren Wissen und kann vom Meinen und Wahrnehmen, die für sie selbst keine Wahrheit haben, nicht ablassen. Sie befindet sich in unmittelbarem Widerspruche, ein gedoppeltes schlechthin Entgegengesetztes als das Wesen zu behaupten, die *Einheit der Apperzeption* und ebenso das *Ding*, welches, wenn es auch *fremder Anstoß* oder *empirisches* Wesen oder *Sinnlichkeit* oder *das Ding an sich* genannt wird, in seinem Begriffe dasselbe jener Einheit fremde bleibt.

Dieser Idealismus ist in diesem Widerspruche, weil er den *abstrakten Begriff* der Vernunft als das Wahre behauptet;

daher ihm unmittelbar ebensosehr die Realität als eine solche entsteht, welche vielmehr nicht die Realität der Vernunft ist, während die Vernunft zugleich alle Realität sein sollte; diese bleibt ein unruhiges Suchen, welches in dem Suchen selbst die Befriedigung des Findens für schlechthin unmöglich erklärt. – So inkonsequent aber ist die wirkliche Vernunft nicht; sondern, nur erst die *Gewißheit*, alle Realität zu sein, ist sie in diesem *Begriffe* sich bewußt[,] als *Gewißheit*, als *Ich*, noch nicht die Realität in Wahrheit zu sein, und ist getrieben, ihre Gewißheit zur Wahrheit zu erheben und das *leere* Mein zu erfüllen.

A.
Beobachtende Vernunft.

Dieses Bewußtsein, welchem das *Sein* die Bedeutung des *Seinen* hat, sehen wir nun zwar wieder in das Meinen und Wahrnehmen hineingehen, aber nicht als in die Gewißheit eines nur *Andern*, sondern mit der Gewißheit, dies Andere selbst zu sein. Früher ist es ihm nur *geschehen*, manches an dem Dinge wahrzunehmen und zu *erfahren*; hier stellt es die Beobachtungen und die Erfahrung selbst an. Meinen und Wahrnehmen, das für uns früher sich aufgehoben, wird nun von dem Bewußtsein für es selbst aufgehoben; die Vernunft geht darauf, die Wahrheit zu *wissen*; was für das Meinen und Wahrnehmen ein Ding ist, als Begriff zu finden, d.h. in der Dingheit nur das Bewußtsein ihrer selbst zu haben. Die Vernunft hat daher jetzt ein allgemeines *Interesse* an der Welt, weil sie die Gewißheit ist, Gegenwart in ihr zu haben, oder daß die Gegenwart vernünftig ist. Sie sucht ihr Anderes, indem sie weiß, daran nichts anders als sich selbst zu besitzen; sie sucht nur ihre eigne Unendlichkeit.

Zuerst sich in der Wirklichkeit nur ahnend, oder sie nur als das *ihrige* überhaupt wissend, schreitet sie in diesem Sinne zur allgemeinen Besitznehmung des ihr versicherten Eigentums und pflanzt auf alle Höhen und in alle Tiefen das Zeichen ihrer Souveränität. Aber dieses oberflächliche Mein ist nicht ihr letztes Interesse; die Freude dieser allgemeinen Besitznehmung findet an ihrem Eigentume noch das fremde Andre, das die abstrakte Vernunft nicht an ihr selbst hat. Die Vernunft ahnt sich als ein tieferes Wesen, denn das reine Ich *ist* und muß fordern, daß der Unterschied, das *mannigfaltige Sein*, ihm als das seinige selbst werde, daß es sich als die *Wirklichkeit* anschaue und sich als Gestalt und Ding gegenwärtig finde. Aber wenn die Vernunft alle Eingeweide der Dinge durchwühlt und ihnen alle Adern öffnet, daß sie sich daraus entgegenspringen möge, so wird sie nicht zu diesem Glücke gelangen, sondern muß an ihr selbst vorher sich vollendet haben, um dann ihre Vollendung erfahren zu können.

Das Bewußtsein *beobachtet*, d.h. die Vernunft will sich als seienden Gegenstand, als *wirkliche, sinnlich-gegenwärtige* Weise finden und haben. Das Bewußtsein dieses Beobachtens meint und sagt wohl, daß es *nicht sich selbst*, sondern im Gegenteil *das Wesen der Dinge als der Dinge* erfahren wolle. Daß dies *Bewußtsein* dies meint und sagt, liegt darin, daß es Vernunft *ist*, aber ihm die Vernunft noch nicht als solche Gegenstand ist. Wenn es die *Vernunft* als gleiches Wesen der Dinge und seiner selbst wüßte, und daß sie nur in dem Bewußtsein in ihrer eigentümlichen Gestalt gegenwärtig sein kann, so würde es vielmehr in seine eigne Tiefe steigen und sie darin suchen, als in den Dingen. Wenn es sie in dieser gefunden hätte, würde sie von da wieder heraus an die Wirklichkeit gewiesen werden, um in dieser ihren sinnlichen Ausdruck anzuschauen, aber ihn sogleich wesentlich als *Begriff* nehmen. Die Vernunft, wie sie *unmittelbar* als die Gewißheit des Bewußtseins, alle Realität zu sein, auftritt, nimmt ihre Realität in dem Sinne der *Unmittelbarkeit des Seins*, und ebenso die Einheit des Ich mit diesem gegenständlichen Wesen in dem Sinne einer *unmittelbaren Einheit*, an der sie die Momente des Seins und des Ich noch nicht getrennt und wieder vereinigt, oder die sie noch nicht erkannt hat. Sie geht daher als beobachtendes Bewußtsein an die Dinge in der Meinung, daß sie diese als sinnliche, dem Ich entgegengesetzte Dinge in Wahrheit nehme; allein ihr wirkliches Tun widerspricht dieser Meinung, denn sie *erkennt* die Dinge, sie verwandelt ihre Sinnlichkeit in *Begriffe*, d.h. eben in ein Sein, welches zugleich Ich ist, das Denken somit in ein seiendes Denken, oder das Sein in ein gedachtes Sein, und behauptet in der Tat, daß die Dinge nur als Begriffe Wahrheit haben. Für dies beobachtende Bewußtsein wird darin nur dies, was *die Dinge* sind, für uns aber, was *es selbst* ist; das Resultat seiner Bewegung aber wird dies sein, für sich selbst dies zu werden, was es an sich ist.

Das Tun der beobachtenden Vernunft ist in den Momenten seiner Bewegung zu betrachten, wie sie die Natur, den Geist, und endlich die Beziehung beider als sinnliches Sein aufnimmt und sich als seiende Wirklichkeit sucht.

a.
Beobachtung der Natur.

Wenn das gedankenlose Bewußtsein das Beobachten und Erfahren als die Quelle der Wahrheit ausspricht, so mögen wohl ihre Worte so lauten, als ob es allein um ein Schmecken, Riechen, Fühlen, Hören und Sehen zu tun sei; es vergißt in dem Eifer, womit es das Schmecken, Riechen usf. empfiehlt, zu sagen, daß es in der Tat auch ebenso wesentlich den Gegenstand dieses Empfindens sich schon bestimmt hat und diese Bestimmung ihm wenigstens soviel gilt als jenes Empfinden. Es wird auch sogleich eingestehen, daß es ihm nicht so überhaupt nur ums Wahrnehmen zu tun sei, und z.B. die Wahrnehmung, daß dies Federmesser neben dieser Tabaksdose liegt, nicht für eine Beobachtung gelten lassen. Das Wahrgenommene soll wenigstens die Bedeutung eines *Allgemeinen*, nicht eines *sinnlichen Diesen* haben.

Dies Allgemeine ist so nur erst das *Sichgleichbleibende*; seine Bewegung nur das gleichförmige Wiederkehren desselben Tuns. Das Bewußtsein, welches insofern im Gegenstande nur die *Allgemeinheit* oder das *abstrakte Mein* findet, muß die eigentliche Bewegung desselben auf sich selbst nehmen, [und] indem es noch nicht der Verstand desselben ist, wenigstens sein Gedächtnis sein, welches das, was in der Wirklichkeit nur auf einzelne Weise vorhanden ist, auf allgemeine Weise ausdrückt. Dies oberflächliche Herausheben aus der Einzelheit und die ebenso oberflächliche Form der Allgemeinheit, worein das Sinnliche nur aufgenommen wird, ohne an sich selbst Allgemeines geworden zu sein, das *Beschreiben* der Dinge, hat noch in dem Gegenstande selbst die Bewegung nicht; sie ist vielmehr nur in dem Beschreiben. Der

Gegenstand, wie er beschrieben ist, hat daher das Interesse verloren; ist der eine beschrieben, so muß ein anderer vorgenommen, und immer gesucht werden, damit das Beschreiben nicht ausgehe. Ist es nicht so leicht mehr, neue *ganze* Dinge zu finden, so muß zu den schon gefundenen zurückgegangen werden, sie weiter zu teilen, auseinanderzulegen und neue Seiten der Dingheit an ihnen noch aufzuspüren. Diesem rastlosen, unruhigen Instinkte kann es nie an Material gebrechen; eine neue ausgezeichnete Gattung zu finden oder gar einen neuen Planeten, dem, ob er zwar ein Individuum ist, doch die Natur eines Allgemeinen zukommt, kann nur Glücklichen zuteil werden. Aber die Grenze dessen, was wie der Elefant, die Eiche, das Gold *ausgezeichnet*, was *Gattung* und *Art* ist, geht durch viele Stufen in die unendliche *Besonderung* der chaotischen Tiere und Pflanzen, der Gebirgsarten oder der durch Gewalt und Kunst erst darzustellenden Metalle, Erden usf. über. In diesem Reiche der Unbestimmtheit des Allgemeinen, worin die Besonderung wieder der *Vereinzelung* sich nähert, und in sie hie und da auch wieder ganz herabsteigt, ist ein unerschöpflicher Vorrat fürs Beobachten und Beschreiben aufgetan. Hier aber, wo ihm ein unübersehbares Feld sich eröffnet, an der Grenze des Allgemeinen kann es vielmehr statt eines unermeßlichen Reichtums nur die Schranke der Natur und seines eignen Tuns gefunden haben; es kann nicht mehr wissen, ob das an sich zu sein Scheinende nicht eine Zufälligkeit ist; was das Gepräge eines verwirrten oder unreifen, schwachen und der elementarischen Unbestimmtheit kaum sich entwickelnden Gebildes an sich trägt, kann nicht darauf Anspruch machen, auch nur beschrieben zu werden.

Wenn es diesem Suchen und Beschreiben nur um die Dinge zu tun zu sein scheint, so sehen wir es in der Tat nicht an dem *sinnlichen Wahrnehmen* fortlaufen; sondern das, woran die Dinge *erkannt* werden, ist ihm wichtiger als der übrige Umfang der sinnlichen Eigenschaften, welche das Ding selbst wohl nicht entbehren kann, aber deren das Bewußtsein sich entübrigt. Durch diese Unterscheidung in das *Wesentliche* und *Unwesentliche* erhebt sich der Begriff aus der sinnlichen Zerstreuung empor, und das Erkennen erklärt darin, daß es ihm wenigstens ebenso wesentlich *um sich selbst* als um die Dinge zu tun ist. Es gerät bei dieser gedoppelten Wesentlichkeit in ein Schwanken, ob das, was für *das Erkennen* das Wesentliche und Notwendige ist, es auch an *den Dingen* sei. Einesteils sollen die *Merkmale* nur dem Erkennen dienen, wodurch es die Dinge voneinander unterscheide; aber andernteils [soll] nicht das Unwesentliche der Dinge erkannt werden, sondern das, wodurch sie selbst aus der allgemeinen Kontinuität des Seins überhaupt sich *losreißen*, sich von dem Andern *abscheiden* und *für sich* sind. Die Merkmale sollen nicht nur wesentliche Beziehung auf das Erkennen haben, sondern auch die wesentlichen Bestimmtheiten der Dinge, und das künstliche System dem Systeme der Natur selbst gemäß sein und nur dieses ausdrücken. Aus dem Begriffe der Vernunft ist dies notwendig, und der Instinkt derselben, – denn sie verhält sich nur als solcher in diesem Beobachten, – hat auch in seinen Systemen diese Einheit erreicht, wo nämlich ihre Gegenstände selbst so beschaffen sind, daß sie eine Wesentlichkeit oder ein *Fürsichsein* an ihnen haben und nicht nur Zufall dieses *Augenblicks* oder dieses *Hier* sind. Die Unterscheidungsmerkmale der Tiere z.B. sind von den Klauen und Zähnen genommen; denn in der Tat *unterscheidet* nicht nur das Erkennen dadurch ein Tier von dem andern; sondern das Tier *scheidet* sich dadurch selbst ab; durch diese Waffen erhält es sich *für sich* und gesondert von dem Allgemeinen. Die Pflanze dagegen kommt nicht zum *Fürsich*sein, sondern berührt nur die Grenze der Individualität; an dieser Grenze, wo sie den Schein der *Entzweiung* in Geschlechter aufzeigt, ist sie deswegen aufgenommen und unterschieden worden. Was aber weiter hinuntersteht, kann sich nicht mehr selbst von anderem unterscheiden, sondern geht verloren, indem es in den Gegensatz kommt. Das *ruhende Sein* und *das Sein im Verhältnisse* kommt in Streit miteinander, das Ding ist in diesem etwas anders als nach jenem, da hingegen das Individuum dies ist, im Verhältnisse zu anderem sich zu erhalten. Was aber dies nicht vermag und *chemischer Weise* ein anderes wird, als es *empirischer Weise* ist, verwirrt das Erkennen und bringt es in denselben Streit, ob es sich an die eine und andere Seite halten soll, da das Ding selbst nichts gleichbleibendes ist und sie an ihm auseinanderfallen.

In solchen Systemen des allgemeinen Sichgleichbleibenden hat also dieses die Bedeutung, ebensowohl das Sichgleichbleibende des Erkennens wie der Dinge selbst zu sein. Allein diese Ausbreitung *der gleichbleibenden Bestimmtheiten*, deren jede ruhig die Reihe ihres Fortgangs beschreibt und Raum erhält, um für sich zu gewähren, geht wesentlich ebensosehr in ihr Gegenteil über, in die Verwirrung dieser Bestimmtheiten; denn das Merkmal, die allgemeine Bestimmtheit, ist die Einheit des Entgegengesetzten, des Bestimmten und des an sich Allgemeinen; sie muß also in diesen Gegensatz auseinandertreten. Wenn nun die Bestimmtheit nach einer Seite das Allgemeine, worin sie ihr Wesen hat, besiegt, so erhält dieses dagegen auf der andern Seite ebenso sich seine Herrschaft über sie, treibt die Bestimmtheit an ihre Grenze, vermischt da ihre Unterschiede und Wesentlichkeiten. Das Beobachten, welches sie ordentlich auseinanderhielt und an ihnen etwas Festes zu haben glaubte, sieht über ein Prinzip die andern herübergreifen, Übergänge und Verwirrungen sich bilden, und in diesem das verbunden, was es zuerst für schlechthin getrennt nahm, und getrennt, was es zusammenrechnete; so daß dies Festhalten an dem ruhigen sich gleichbleibenden Sein sich hier gerade in seinen allgemeinsten Bestimmungen, z.B. was das Tier, die Pflanze für wesentliche Merkmale habe, mit Instanzen geneckt sehen muß, die ihm jede Bestimmung rauben, die Allgemeinheit, zu der es sich erhob, zum Verstummen bringen und es aufs gedankenlose Beobachten und Beschreiben zurücksetzen.

Dieses sich auf das Einfache einschränkende oder die sinnliche Zerstreuung durch das Allgemeine beschränkende Beobachten findet also an seinem Gegenstande die *Verwirrung seines Prinzips*, weil das Bestimmte durch seine Natur sich in seinem Gegenteile verlieren muß; die Vernunft muß darum vielmehr von der trägen Bestimmtheit, die den Schein des Bleibens hatte, zur Beobachtung derselben, wie sie in Wahrheit ist, nämlich *sich auf ihr Gegenteil zu beziehen*, fortgehen. Was wesentliche Merkmale genannt werden, sind *ruhende* Bestimmtheiten, welche so, wie sie als *einfache* sich ausdrücken und aufgefaßt werden, nicht das, was ihre Natur ausmacht, verschwindende *Momente* der sich in sich zurücknehmenden Bewegung zu sein, darstellen. Indem jetzt der Vernunftinstinkt dazu kommt, die Bestimmtheit ihrer Natur gemäß, wesentlich nicht für sich zu sein, sondern in das Entgegengesetzte überzugehen, aufzusuchen, sucht er nach dem *Gesetze* und dem *Begriffe* desselben; zwar nach ihnen ebenso als *seiender* Wirklichkeit, aber diese wird ihm in der Tat verschwinden und die Seiten des Gesetzes zu reinen Momenten oder Abstraktionen werden, so daß das Gesetz in der Natur des Begriffes hervortritt, welcher das gleichgültige Bestehen der sinnlichen Wirklichkeit an sich vertilgt hat.

Dem beobachtenden Bewußtsein ist die *Wahrheit des Gesetzes* in der *Erfahrung* als in der Weise, daß *sinnliches Sein für es* ist; nicht an und für sich selbst. Wenn aber das Gesetz nicht in dem Begriffe seine Wahrheit hat, so ist es etwas Zufälliges, nicht eine Notwendigkeit, oder in der Tat nicht ein Gesetz. Aber daß es wesentlich als Begriff ist, widerstreitet nicht nur dem nicht, daß es für die Beobachtung vorhanden ist, sondern hat darum vielmehr notwendiges *Dasein* und ist für die Beobachtung. Das Allgemeine im *Sinne der Vernunftallgemeinheit* ist auch allgemein in dem Sinne, den jener an ihm hat, daß es *für* das Bewußtsein, sich als das Gegenwärtige und Wirkliche, oder daß der Begriff sich in der Weise der Dingheit und des sinnlichen Seins darstellt; – aber ohne darum seine Natur zu verlieren und in das träge Bestehen oder die gleichgültige Aufeinanderfolge hinabgefallen zu sein. Was allgemein gültig ist, ist auch allgemein geltend; was sein *soll*, *ist* in der Tat auch, und was nur sein *soll*, ohne zu *sein*, hat keine Wahrheit. Hieran bleibt der Instinkt der Vernunft mit Recht seinerseits fest hängen und läßt sich nicht durch die Gedankendinge, die nur sein *sollen* und als *Sollen* Wahrheit haben sollen, ob sie schon in keiner Erfahrung angetroffen werden, – durch die Hypothesen so wenig als durch alle andern Unsichtbarkeiten eines perennierenden Sollens irre machen; denn die Vernunft ist eben diese Gewißheit, Realität zu haben, und was nicht als ein Selbstwesen für das Bewußtsein ist, d.h. was nicht erscheint, ist für es gar nichts.

Daß die Wahrheit des Gesetzes wesentlich *Realität* ist, wird zwar diesem bei dem Beobachten bleibenden Bewußtsein wieder zu einem *Gegensatze* gegen den Begriff und gegen das an sich Allgemeine; oder ein solches, wie sein Gesetz ist, ist ihm nicht ein Wesen der Vernunft; es meint darin etwas *Fremdes* zu erhalten. Allein es widerlegt diese seine Meinung durch die Tat, in welcher es selbst seine Allgemeinheit nicht in dem Sinne nimmt, daß *alle einzelnen* sinnlichen Dinge ihm die Erscheinung des Gesetzes gezeigt haben müßten, um die Wahrheit desselben behaupten zu können. Daß die Steine, von der Erde aufgehoben und freigelassen, fallen, dazu fordert es gar nicht, daß mit allen Steinen dieser Versuch gemacht werde; es sagt vielleicht wohl, daß dies wenigstens mit sehr vielen müsse versucht worden sein, woraus dann auf die übrigen mit größter Wahrscheinlichkeit oder mit vollem Rechte *nach der Analogie* geschlossen werden könne. Allein die Analogie gibt nicht nur kein volles Recht, sondern sie widerlegt, um ihrer Natur willen, sich so oft, daß, nach der Analogie selbst zu schließen, die Analogie vielmehr keinen Schluß zu machen erlaubt. Die *Wahrscheinlichkeit*, auf welche sich das Resultat derselben reduzieren würde, verliert gegen die *Wahrheit* allen Unterschied von geringerer und größerer Wahrscheinlichkeit; sie sei so groß, als sie will, ist sie nichts gegen die Wahrheit. Der Instinkt der Vernunft nimmt aber in der Tat solche Gesetze für *Wahrheit* an, und erst in Beziehung auf ihre Notwendigkeit, die er nicht erkennt, gerät er in diese Unterscheidung und setzt die Wahrheit der Sache selbst zur Wahrscheinlichkeit herab, um die unvollkommene Weise, in welcher die Wahrheit für das Bewußtsein, das die Einsicht in den reinen Begriff noch nicht erreicht hat, vorhanden ist, zu bezeichnen; denn die Allgemeinheit ist nur als *einfache unmittelbare* Allgemeinheit vorhanden. Aber zugleich um ihrer willen hat das Gesetz für das Bewußtsein Wahrheit; daß der Stein fällt, ist ihm darum wahr, weil ihm der Stein *schwer* ist, d.h. weil er in der Schwere *an und für sich selbst* die wesentliche Beziehung *auf die Erde* hat, die sich als Fall ausdrückt. Es hat also in der Erfahrung das *Sein* des Gesetzes, aber ebenso dasselbe als *Begriff*, und nur um *beider Umstände willen* zusammen ist es ihm wahr; es gilt darum als Gesetz, weil es in der Erscheinung sich darstellt und zugleich an sich selbst Begriff ist.

Der Vernunftinstinkt dieses Bewußtseins geht, weil das Gesetz zugleich *an sich Begriff* ist, notwendig, aber ohne zu wissen, daß er dies will, selbst darauf, das Gesetz und seine Momente zum *Begriffe zu reinigen*. Er stellt Versuche über das Gesetz an. Wie das Gesetz zuerst erscheint, stellt es sich unrein, umhüllt von einzelnem sinnlichem Sein, der Begriff, der seine Natur ausmacht, im empirischen Stoff versenkt dar. Der Vernunftinstinkt geht in seinen Versuchen darauf, zu finden, was unter diesen und jenen Umständen erfolge. Das Gesetz scheint hiedurch nur um so mehr in sinnliches Sein getaucht zu werden; allein dies geht darin vielmehr verloren. Diese Forschung hat die innere Bedeutung, *reine Bedingungen des* Gesetzes zu finden; was nichts anderes sagen will, wenn auch das Bewußtsein, das sich so ausdrückt, meinen sollte, es sage damit etwas anderes, als das Gesetz ganz in die Gestalt des Begriffes zu erheben und alle Gebundenheit *seiner Momente* an *bestimmtes Sein zu tilgen*. Die negative Elektrizität z.B., welche etwa zuerst als *Harz*elektrizität sowie die positive als *Glas*elektrizität sich ankündigt, verliert durch die Versuche ganz diese Bedeutung und wird rein zur *positiven und negativen* Elektrizität, deren jede nicht einer besonderen Art von Dingen mehr angehört; und es hört auf, gesagt werden zu können, daß es Körper gibt, die positiv elektrisch, andere, die negativ elektrisch sind. So macht auch das Verhältnis von Säure und Base und deren Bewegung gegeneinander ein Gesetz aus, worin diese Gegensätze als Körper erscheinen. Allein diese abgesonderten Dinge haben keine Wirklichkeit; die Gewalt, welche sie auseinanderreißt, kann sie nicht hindern, sogleich in einen Prozeß wieder einzutreten; denn sie sind nur diese Beziehung. Sie können nicht wie ein Zahn oder eine Klaue für sich bleiben und so aufgezeigt werden. Daß dies ihr Wesen ist, unmittelbar in ein neutrales Produkt überzugehen, macht ihr *Sein* zu einem an sich aufgehobenen oder zu einem allgemeinen; und Säure und Base haben Wahrheit nur als *Allgemeine*. Wie also Glas und Harz ebensowohl positiv als negativ elektrisch sein kann, so ist Säure und Base nicht als Eigenschaft an diese oder jene *Wirklichkeit* gebunden, sondern jedes Ding ist nur *relativ* sauer oder basisch; was dezidierte Base oder Säure zu sein scheint, erhält in den sogenannten Synsomatien die entgegengesetzte Bedeutung zu einem andern. – Das Resultat der Versuche hebt auf diese Weise die Momente oder Begeistungen als Eigenschaften der bestimmten Dinge auf und befreit die Prädikate von ihren Subjekten. Diese Prädikate werden, wie sie in Wahrheit sind, nur als allgemeine gefunden; um dieser Selbständigkeit willen erhalten sie daher den Namen von *Materien*, welche weder Körper noch Eigenschaften sind, und man hütet sich wohl, Sauerstoff usf., positive und negative Elektrizität, Wärme usw. Körper zu nennen.

Die *Materie* ist hingegen nicht ein *seiendes Ding*, sondern das Sein als *allgemeines* oder in der Weise des Begriffs. Die Vernunft, welche noch Instinkt ist, macht diesen richtigen Unterschied ohne das Bewußtsein, daß sie, indem sie das Gesetz an allem sinnlichen Sein versucht, eben darin sein nur sinnliches Sein aufhebt und [daß], indem sie seine Momente als *Materien* auffaßt, ihre Wesenheit ihm zum Allgemeinen geworden und in diesem Ausdrucke als ein unsinnliches Sinnliches, als ein körperloses und doch gegenständliches Sein ausgesprochen ist.

Es ist nun zu sehen, welche Wendung für ihn sein Resultat nimmt, und welche neue Gestalt seines Beobachtens damit auftritt. Als die Wahrheit dieses versuchenden Bewußtseins sehen wir das reine Gesetz, welches sich vom sinnlichen Sein befreit, wir sehen es als *Begriff*, der im sinnlichen Sein vorhanden, aber in ihm selbständig und ungebunden sich bewegt, in es versenkt frei davon und *einfacher* Begriff ist. Dies, was in Wahrheit das *Resultat* und *Wesen* ist, tritt für dieses Bewußtsein nun selbst, aber als *Gegenstand* auf, und zwar indem er eben für es nicht *Resultat* und ohne die Beziehung auf die vorhergehende Bewegung ist, als eine *besondere Art* von Gegenstand, und sein Verhältnis zu diesem als ein anderes Beobachten.

Solcher Gegenstand, welcher den Prozeß der *Einfachheit* des Begriffes an ihm hat, ist das *Organische*. Es ist diese absolute Flüssigkeit, worin die Bestimmtheit, durch welche es nur *für anderes* wäre, aufgelöst ist. Wenn das unorganische Ding die Bestimmtheit zu seinem Wesen hat und deswegen nur mit einem andern Dinge zusammen die Vollständigkeit der Momente des Begriffs ausmacht und daher in die Bewegung tretend verloren geht: so sind dagegen an dem organischen Wesen alle Bestimmtheiten, durch welche es für anderes offen ist, unter die organische einfache Einheit gebunden; es tritt keine als wesentlich auf, welche sich frei auf anderes bezöge, und das Organische erhält sich daher in seiner Beziehung selbst.

Die *Seiten des Gesetzes*, auf dessen Beobachtung hier der Vernunftinstinkt geht, sind, wie aus dieser Bestimmung folgt, zunächst die *organische* Natur und die *unorganische* in ihrer Beziehung aufeinander. Diese letztere ist für die organische eben die ihrem *einfachen Begriffe* entgegengesetzte Freiheit der *losgebundenen* Bestimmtheiten, in welchen die individuelle Natur *zugleich aufgelöst* ist, und aus deren Kontinuität sie *zugleich* sich absondert und *für sich* ist. Luft, Wasser, Erde, Zonen und Klima sind solche allgemeine Elemente, die das unbestimmte einfache Wesen der Individualitäten ausmachen, und worin diese zugleich in sich reflektiert sind. Weder die Individualität ist schlechthin an und für sich, noch das Elementarische; sondern in der selbständigen Freiheit, in welcher sie für die Beobachtung gegeneinander auftreten, verhalten sie sich zugleich als *wesentliche Beziehungen*, aber so, daß die Selbständigkeit und Gleichgültigkeit beider gegeneinander das Herrschende ist und nur zum Teil in die Abstraktion übergeht. Hier ist also das Gesetz als die Beziehung eines Elements auf die Bildung des Organischen vorhanden, welches das elementarische Sein einmal gegen sich über hat und das andre Mal es an seiner organischen Reflexion darstellt. Allein solche *Gesetze*, daß die Tiere, welche der Luft angehören, von der Beschaffenheit der Vögel, welche dem Wasser, von der Beschaffenheit der Fische sind, nordische Tiere ein dickbehaartes Fell haben usf., zeigen sogleich eine Armut, welche der organischen Mannigfaltigkeit nicht entspricht. Außerdem daß die organische Freiheit diesen Bestimmungen ihre Formen wieder zu entziehen weiß und notwendig allenthalben Ausnahmen solcher Gesetze oder Regeln, wie man sie nennen wollte, darbietet, so bleibt dies an denjenigen selbst, welche unter sie fallen, eine so oberflächliche Bestimmung, daß auch der Ausdruck ihrer Notwendigkeit nicht anders sein kann und es nicht über den *großen Einfluß* hinausbringt; wobei man nicht weiß, was diesem Einflusse eigentlich angehört und was nicht. Dergleichen Beziehungen des Organischen auf das Elementarische sind daher in der Tat nicht *Gesetze* zu nennen; denn teils erschöpft, wie erinnert, eine solche Beziehung ihrem Inhalte nach gar nicht den Umfang des Organischen, teils bleiben aber auch die Momente der Beziehung selbst gleichgültig gegeneinander und drücken keine Notwendigkeit aus. Im Begriffe der Säure liegt der *Begriff* der Base, wie im Begriffe der positiven die negative Elektrizität; aber so sehr auch das dickbehaarte Fell mit dem Norden, oder der Bau der Fische mit dem Wasser, der Bau der Vögel mit der Luft zusammen *angetroffen* werden mag, so liegt im Begriffe des Nordens nicht der Begriff dikker Behaarung, des Meeres nicht der des Baues der Fische, der Luft nicht der des Baus der Vögel. Um dieser Freiheit beider Seiten gegeneinander willen *gibt* es auch Landtiere, welche die wesentlichen Charaktere eines Vogels, des Fisches haben usf. Die Notwendigkeit, weil sie als keine innere des Wesens begriffen werden kann, hört auch auf, sinnliches Dasein zu haben, und kann nicht mehr an der Wirklichkeit beobachtet werden, sondern ist aus ihr *herausgetreten*. So an dem realen Wesen selbst sich nicht findend, ist sie das, was teleologische Beziehung genannt wird, eine Beziehung, die den Bezogenen *äußerlich* und daher vielmehr des Gegenteil eines Gesetzes ist. Sie ist der von der notwendigen Natur ganz befreite Gedanke, welcher sie verläßt und über ihr sich für sich bewegt.

Wenn die vorhin berührte Beziehung des Organischen auf die elementarische Natur das Wesen desselben nicht ausdrückt, so ist es dagegen in dem *Zweckbegriffe* enthalten. Diesem beobachtenden Bewußtsein zwar ist er nicht das eigne *Wesen* des Organischen, sondern fällt ihm außer demselben und ist dann nur jene äußerliche, *teleologische* Beziehung. Allein wie vorhin das Organische bestimmt worden, ist es in der Tat der reale Zweck selbst; denn indem es *sich* in der Beziehung auf anderes *selbst erhält*, ist es eben dasjenige natürliche Wesen, in welchem die Natur sich in dem Begriff reflektiert, und die an der Notwendigkeit auseinandergelegten Momente einer Ursache und einer Wirkung, eines Tätigen und eines Leidenden in Eins zusammengenommen, so daß hier etwas nicht nur als *Resultat* der Notwendigkeit auftritt; sondern, weil es in sich zurückgegangen ist, ist das Letzte oder das Resultat ebensowohl das *Erste*, welches die Bewegung anfängt, und sich der *Zweck*, den es verwirklicht. Das Organische bringt nicht etwas hervor, sondern *erhält sich nur*, oder das, was hervorgebracht wird, ist ebenso schon vorhanden, als es hervorgebracht wird.

Diese Bestimmung ist, wie sie an sich und wie sie für den Vernunftinstinkt ist, näher zu erörtern, um zu sehen, wie er sich darin findet, sich aber in seinem Funde nicht erkennt. Der Zweckbegriff also, zu dem die beobachtende Vernunft sich erhebt, wie es ihr *bewußter Begriff* ist, ist ebensosehr als ein *Wirkliches* vorhanden, und ist nicht nur eine *äußere Beziehung* desselben, sondern sein *Wesen*. Dieses Wirkliche, welches selbst ein Zweck ist, bezieht sich zweckmäßig auf anderes, heißt: seine Beziehung ist eine zufällige, *nach dem, was beide unmittelbar sind*; unmittelbar sind beide selbständig und gleichgültig gegeneinander. Das Wesen ihrer Beziehung aber ist ein anderes, als sie so zu sein scheinen, und ihr Tun hat einen andern Sinn, als es *unmittelbar* für das sinnliche Wahrnehmen ist; die Notwendigkeit ist an dem, was geschieht, verborgen und zeigt sich erst *am Ende*, aber so, daß eben dies Ende zeigt, daß sie auch das Erste gewesen ist. Das Ende aber zeigt diese Priorität seiner selbst dadurch, daß durch die Veränderung, welche das Tun vorgenommen hat, nichts anders herauskommt, als was schon war. Oder wenn wir vom Ersten anfangen, so geht dieses an seinem Ende oder in dem Resultate seines Tuns nur zu sich selbst zurück; und eben hiedurch erweist es sich, ein solches zu sein, welches *sich selbst* zu seinem Ende hat, also als Erstes schon zu sich zurückgekommen, oder *an und für sich selbst* ist. Was es also durch die Bewegung seines Tuns erreicht, ist *es selbst;* und daß es nur sich selbst erreicht, ist sein *Selbstgefühl*. Es ist hiemit zwar der Unterschied dessen, *was es ist* und *was es sucht,* vorhanden, aber dies ist nur der *Schein eines Unterschieds,* und hiedurch ist es Begriff an ihm selbst.

Ebenso ist aber das *Selbstbewußtsein* beschaffen, sich auf eine solche Weise von sich zu unterscheiden, worin zugleich kein Unterschied herauskommt. Es findet daher in der Beobachtung der organischen Natur nichts anders als dies Wesen, es findet sich als ein Ding, *als ein Leben,* macht aber noch einen Unterschied, zwischen dem, was es selbst ist und was es gefunden, der aber keiner ist. Wie der Instinkt des Tieres das Futter sucht und verzehrt, aber damit nichts anders herausbringt als sich, so findet auch der Instinkt der Vernunft in seinem Suchen nur sie selbst. Das Tier endigt mit dem Selbstgefühle. Der Vernunftinstinkt hingegen ist zugleich Selbstbewußtsein; aber weil er nur Instinkt ist, ist er gegen das Bewußtsein auf die Seite gestellt und hat an ihm seinen Gegensatz. Seine Befriedigung ist daher durch diesen entzweit, er findet wohl sich selbst, nämlich den Zweck, und ebenso diesen Zweck als *Ding*. Aber der Zweck fällt ihm erstlich *außer dem Dinge,* welches sich als Zweck darstellt. Dieser Zweck als Zweck ist zweitens zugleich *gegenständlich,* er fällt ihm daher auch nicht in sich als Bewußtsein, sondern in einen andern Verstand.

Näher betrachtet, so liegt diese Bestimmung ebensowohl in dem Begriffe des Dinges, daß es *Zweck an ihm selbst* ist. Es nämlich erhält *sich;* d.h. zugleich, es ist seine Natur, die Notwendigkeit zu verbergen und in der Form *zufälliger* Beziehung darzustellen; denn seine Freiheit oder [sein] *Fürsich-*

sein ist eben dieses, sich gegen sein Notwendiges als ein Gleichgültiges zu verhalten; es stellt sich also selbst als ein solches dar, dessen Begriff außer seinem Sein falle. Ebenso hat die Vernunft die Notwendigkeit, ihren eigenen Begriff als außer ihr fallend, hiemit als *Ding* anzuschauen, als ein solches, gegen das sie, und das hiemit gegenseitig gegen sie und gegen seinen Begriff *gleichgültig* ist. Als Instinkt bleibt sie auch innerhalb dieses *Seins* oder der *Gleichgültigkeit* stehen, und das Ding, welches den Begriff ausdrückt, bleibt ihm ein anderes als dieser Begriff, der Begriff ein anderes als das Ding. So ist das organische Ding für sie nur so *Zweck* an ihm selbst, daß die Notwendigkeit, welche in seinem Tun als verborgen sich darstellt, indem das Tuende darin als ein gleichgültiges fürsichseiendes sich verhält, außer dem Organischen selbst fällt. — Da aber das Organische als Zweck an ihm selbst sich nicht anders verhalten kann denn als ein solches, so ist auch dies erscheinend und sinnlich gegenwärtig, daß es Zweck an ihm selbst ist, und es wird so beobachtet. Das Organische zeigt sich als ein sich selbst *erhaltendes* und in sich *zurückkehrendes* und *zurückgekehrtes*. Aber in diesem Sein erkennt dies beobachtende Bewußtsein den Zweckbegriff nicht, oder dies nicht, daß der Zweckbegriff nicht sonst irgendwo in einem Verstande, sondern eben hier existiert, und als ein Ding ist. Es macht einen Unterschied zwischen dem Zweckbegriffe und zwischen dem Fürsichsein und Sichselbsterhalten, welcher keiner ist. Daß er keiner ist, ist nicht für es, sondern ein Tun, das zufällig und gleichgültig gegen das, was durch dasselbe zustande kommt, erscheint; und die Einheit, welche doch beides zusammenknüpft, — jenes Tun und dieser Zweck fällt ihm auseinander.

Was in dieser Ansicht dem Organischen selbst zukommt, ist das zwischen seinem Ersten und Letzten mitten inne liegende Tun, insofern es den Charakter der Einzelheit an ihm hat. Das Tun aber, insofern es den Charakter der Allgemeinheit hat, und das Tuende demjenigen, was dadurch hervorgebracht wird, gleichgesetzt, das zweckmäßige Tun als solches, käme nicht ihm zu. Jenes einzelne Tun, das nur Mittel ist, tritt durch seine Einzelheit unter die Bestimmung einer durchaus einzelnen oder zufälligen Notwendigkeit. Was das Organische zur Erhaltung seiner selbst als Individuums oder seiner als Gattung tut, ist daher diesem unmittelbaren Inhalte nach ganz gesetzlos, denn das Allgemeine und der Begriff fällt außer ihm. Sein Tun wäre sonach die leere Wirksamkeit ohne Inhalt an ihr selbst; sie wäre nicht einmal die Wirksamkeit einer Maschine, denn diese hat einen Zweck und ihre Wirksamkeit hiedurch einen bestimmten Inhalt. So verlassen von dem Allgemeinen, würde sie Tätigkeit nur eines Seienden als *Seienden*, d.h. eine nicht zugleich in sich reflektierte sein, wie die einer Säure oder Base ist; eine Wirksamkeit, die von ihrem unmittelbaren Dasein sich nicht abtrennen, noch dieses, das in der Beziehung auf sein Entgegengesetztes verloren geht, aufgeben, sich aber erhalten könnte. Das Sein aber, dessen Wirksamkeit die hier betrachtete ist, ist gesetzt als ein in seiner Beziehung auf sein Entgegengesetztes *sich erhaltendes* Ding; *die Tätigkeit* als solche ist nichts als die reine wesenlose Form seines Fürsichseins, und ihre Substanz, die nicht bloß bestimmtes Sein, sondern das Allgemeine ist, ihr *Zweck* fällt nicht außer ihr; sie ist an ihr selbst in sich zurückgehende, nicht durch irgend ein Fremdes in sich zurückgelenkte Tätigkeit.

Diese Einheit der Allgemeinheit und der Tätigkeit ist aber darum nicht für dies *beobachtende* Bewußtsein, weil jene Einheit wesentlich die innre Bewegung des Organischen ist, und nur als Begriff aufgefaßt werden kann; das Beobachten aber sucht die Momente in der Form des *Seins* und *Bleibens*; und weil das organische Ganze wesentlich dies ist, so die Momente nicht an ihm zu haben und nicht an ihm finden zu lassen, verwandelt das Bewußtsein in seiner Ansicht den Gegensatz in einen solchen, als er ihr gemäß ist.

Es entsteht ihm auf diese Weise das organische Wesen als eine Beziehung zweier *seiender* – und *fester* Momente, – eines Gegensatzes, dessen beide Seiten ihm also einesteils in der Beobachtung gegeben zu sein scheinen, anderenteils ihrem Inhalte nach den Gegensatz des organischen *Zweckbegriffs* und der *Wirklichkeit* ausdrücken; weil aber der Begriff als solcher daran getilgt ist, auf eine dunkle und oberflächliche Weise, worin der Gedanke in das Vorstellen herabgesunken ist. So sehen wir den ersten ungefähr unter dem *Innern*, die andere unter dem *Äußern* gemeint; und ihre Beziehung erzeugt das Gesetz, *daß das Äußere der Ausdruck des Innern ist*.

Dies Innere mit seinem Entgegengesetzten, und ihre Beziehung aufeinander näher betrachtet, ergibt sich, daß vors erste die beiden Seiten des Gesetzes nicht mehr wie bei frühern Gesetzen lauten, worin sie als selbständige *Dinge* jede als ein besonderer Körper erschienen, noch auch fürs andere so, daß das Allgemeine irgend sonst *außer dem Seienden* seine Existenz haben sollte. Sondern das organische Wesen ist ungetrennt überhaupt zugrunde gelegt, als Inhalt des Innern und Äußern, und für beide dasselbe; der Gegensatz ist dadurch nur noch ein rein formeller, dessen reale Seiten dasselbe Ansich zu ihrem Wesen [haben], zugleich aber, indem Inneres und Äußeres auch entgegengesetzte Realität und ein für das Beobachten verschiedenes *Sein* sind, scheinen sie ihm jedes einen eigentümlichen Inhalt zu haben. Dieser eigentümliche Inhalt, da er dieselbe Substanz oder organische Einheit ist, kann aber in der Tat nur eine verschiedene

Form derselben sein; und dies wird von dem beobachtenden Bewußtsein darin angedeutet, daß das Äußere nur *Ausdruck* des Innern ist. – Dieselben Bestimmungen des Verhältnisses, nämlich die gleichgültige Selbständigkeit der Verschiedenen und in ihr ihre Einheit, worin sie verschwinden, haben wir an dem Zweckbegriffe gesehen.

Es ist nun zu sehen, welche *Gestalt* das Innere und Äußere in seinem Sein hat. Das Innere als solches muß ebensosehr ein äußeres Sein und eine Gestalt haben wie das Äußere als solches; denn es ist Gegenstand oder selbst als seiendes und für die Beobachtung vorhanden gesetzt.

Die organische Substanz als *innere* ist die *einfache* Seele, der reine *Zweckbegriff* oder das *Allgemeine*, welches in seiner Teilung ebenso allgemeine Flüssigkeit bleibt und daher in seinem *Sein* als das *Tun* oder die *Bewegung* der *verschwindenden* Wirklichkeit erscheint; da hingegen das *Äußere*, entgegengesetzt jenem seienden Innern, in dem *ruhenden Sein* des Organischen besteht. Das Gesetz als die Beziehung jenes Innern auf dies Äußere drückt hiemit seinen Inhalt einmal in der Darstellung allgemeiner *Momente* oder *einfacher Wesenheiten* und das andere Mal in der Darstellung der verwirklichten Wesenheit oder der *Gestalt* aus. Jene ersten einfachen organischen *Eigenschaften*, um sie so zu nennen, sind *Sensibilität, Irritabilität* und *Reproduktion*. Diese Eigenschaften, wenigstens die beiden ersten, scheinen sich zwar nicht auf den Organismus überhaupt, sondern nur auf den animalischen zu beziehen. Der vegetabilische drückt auch in der Tat nur den einfachen Begriff des Organismus aus, der seine Momente *nicht entwickelt*; daher wir uns in Ansehung ihrer, insofern sie für die Beobachtung sein sollen, an denjenigen halten müssen, der ihr entwickeltes Dasein darstellt.

Was nun sie selbst betrifft, so ergeben sie sich unmittelbar aus dem Begriffe des Selbstzwecks. Denn die *Sensibilität* drückt überhaupt den einfachen Begriff der organischen Reflexion in sich oder die allgemeine Flüssigkeit desselben aus, die *Irritabilität* aber die organische Elastizität, sich in der Reflexion zugleich *reagierend* zu verhalten, und die dem ersten ruhigen *Insichsein* entgegengesetzte Verwirklichung, worin jenes abstrakte Fürsichsein ein Sein *für anderes* ist. Die *Reproduktion* aber ist die Aktion dieses *ganzen* in sich reflektierten Organismus, seine Tätigkeit als Zwecks an sich oder als *Gattung*, worin also das Individuum sich von sich selbst abstößt, entweder seine organischen Teile oder das ganze Individuum erzeugend wiederholt. In der Bedeutung der *Selbsterhaltung überhaupt* genommen, drückt die Reproduktion den formalen Begriff des Organischen oder die Sensibilität aus; aber sie ist eigentlich der reale organische Begriff, oder das *Ganze*, das entweder als Individuum durch die Hervorbringung der einzelnen Teile seiner selbst oder als Gattung durch die Hervorbringung von Individuen in sich zurückkehrt.

Die *andere Bedeutung* dieser organischen Elemente, nämlich als des *Äußeren*, ist ihre *gestaltete* Weise, nach welcher sie als *wirkliche*, aber zugleich auch als *allgemeine* Teile oder organische *Systeme* vorhanden sind; die Sensibilität etwa als Nervensystem, die Irritabilität als Muskelsystem, die Reproduktion als Eingeweide der Erhaltung des Individuums und der Gattung.

Eigentümliche Gesetze des Organischen betreffen demnach ein Verhältnis der organischen Momente in ihrer gedoppelten Bedeutung, einmal ein Teil der organischen *Gestaltung*, das andre Mal *allgemeine flüssige* Bestimmtheit zu sein, welche durch alle jene Systeme hindurchgeht. In dem Ausdrucke eines solchen Gesetzes hätte also z.B. eine bestimmte *Sensibili-*

tät als Moment des *ganzen* Organismus ihren Ausdruck an einem bestimmt gebildeten Nervensystem, oder sie wäre auch mit einer bestimmten *Reproduktion* der organischen Teile des Individuums oder Fortpflanzung des ganzen verknüpft usf. – Die beiden Seiten eines solchen Gesetzes können *beobachtet* werden. Das *Äußere* ist seinem Begriffe nach das *Sein für anderes*; die Sensibilität hat z.B. in dem sensibeln *Systeme* ihre unmittelbar verwirklichte Weise; und als *allgemeine Eigenschaft* ist sie in ihren *Äußerungen* ebenso ein Gegenständliches. Die Seite, welche das *Innere* heißt, hat ihre *eigene äußere* Seite, die unterschieden ist von dem, was im ganzen das *Äußere* heißt.

Die beiden Seiten eines organischen Gesetzes wären also zwar wohl zu beobachten, allein nicht Gesetze der Beziehung derselben; und die Beobachtung reicht nicht darum nicht zu, weil sie, *als Beobachtung*, zu kurzsichtig wäre, und nicht empirisch verfahren, sondern von der Idee ausgegangen werden sollte; denn solche Gesetze, wenn sie etwas Reelles wären, müßten in der Tat wirklich vorhanden, und also zu beobachten sein; sondern weil der Gedanke von Gesetzen dieser Art keine Wahrheit zu haben sich erweist.

Es ergab sich für ein Gesetz das Verhältnis, daß die allgemeine organische *Eigenschaft* an einem organischen *Systeme* sich zum Dinge gemacht und an ihm seinen gestalteten Abdruck hätte, so daß beide dasselbe Wesen wären, das einemal als allgemeines Moment, das andre Mal als Ding vorhanden. Aber außerdem ist auch die Seite des Innern für sich ein Verhältnis mehrerer Seiten, und es bietet sich daher zuerst der Gedanke eines Gesetzes an, als eine Beziehung der allgemeinen organischen Tätigkeiten oder Eigenschaften aufeinander. Ob ein solches möglich ist, muß sich aus der Natur einer solchen Eigenschaft entscheiden. Sie ist aber, als eine allgemeine Flüssigkeit, teils nicht etwas, das nach der Weise eines Dinges beschränkt [ist] und in dem Unterschiede eines Daseins sich hält, das seine Gestalt ausmachen sollte, sondern die Sensibilität geht über das Nervensystem hinaus und durch alle andern Systeme des Organismus hindurch; – teils ist sie allgemeines *Moment*, das wesentlich ungeschieden und unzertrennlich von Reaktion oder Irritabilität und Reproduktion ist. Denn als Reflexion in sich, hat sie schlechthin die Reaktion an ihr. Nur in sich Reflektiertsein ist Passivität oder totes Sein, nicht eine Sensibilität; so wenig als Aktion, was dasselbe ist als Reaktion, ohne in sich Reflektiertsein Irritabilität ist. Die Reflexion in der Aktion oder Reaktion und die Aktion oder Reaktion in der Reflexion ist gerade dies, dessen Einheit das Organische ausmacht, eine Einheit, welche mit der organischen Reproduktion gleichbedeutend ist. Es folgt hieraus, daß in jeder Weise der Wirklichkeit dieselbe *Größe* der Sensibilität, – indem wir zuerst das Verhältnis derselben und der Irritabilität zueinander betrachten, – vorhanden sein muß als der Irritabilität, und daß eine organische Erscheinung ebensosehr nach der einen als nach der andern aufgefaßt und bestimmt, oder wie man will, erklärt werden kann. Dasselbe, was der Eine etwa für hohe Sensibilität nimmt, kann ein Anderer ebensogut für hohe Irritabilität, und Irritabilität von *derselben Höhe* betrachten. Wenn sie *Faktoren* genannt werden und dies nicht ein bedeutungsloses Wort sein soll, so ist oben damit ausgesprochen, daß sie *Momente* des Begriffs sind, also der reale Gegenstand, dessen Wesen dieser Begriff ausmacht, sie auf gleiche Weise an ihm hat, und wenn er auf die eine bestimmt wird, als sehr sensibel, er ebenso auf die andere, als ebensosehr irritabel auszusagen ist.

Werden sie unterschieden, wie notwendig ist, so sind sie es dem Begriffe nach, und ihr Gegensatz ist *qualitativ*. Aber außer diesem wahren Unterschiede auch noch als seiend und für die Vorstellung, wie sie Seiten des Gesetzes sein könnten, verschieden gesetzt, so erscheinen sie in *quantitativer* Verschiedenheit. Ihr eigentümlicher qualitativer Gegensatz tritt somit in die *Größe*, und es entstehen Gesetze der Art, daß z.B. Sensibilität und Irritabilität in umgekehrtem Verhältnisse ihrer Größe stehen, so daß, wie die eine wächst, die andere abnimmt; oder besser gleich die Größe selbst zum Inhalte genommen, daß die Größe von etwas zunimmt, wie seine Kleinheit abnimmt. – Wird diesem Gesetze aber ein bestimmter Inhalt gegeben, etwa so, daß die Größe eines Loches *zunimmt*, je mehr das *abnimmt*, was seine Erfüllung ausmacht, so kann dies umgekehrte Verhältnis ebenso in ein gerades verwandelt und ausgedrückt werden, daß die Größe des Loches in geradem Verhältnisse der Menge des Weggenommenen *zunimmt*; – ein *tautologischer* Satz, er mag als direktes oder umgekehrtes Verhältnis ausgedrückt werden, der in seinem eigentümlichen Ausdrucke nur dieses heißt, daß eine Größe zunimmt, wie diese Größe zunimmt. Wie das Loch und das, was es erfüllt und weggenommen wird, qualitativ entgegengesetzt, aber wie das Reale derselben und dessen bestimmte Größe in beiden ein und dasselbe, und ebenso Zunahme der Größe und Abnahme der Kleinheit dasselbe ist, und ihre bedeutungsleere Entgegensetzung in eine Tautologie hinausläuft: so sind die organischen Momente gleich unzertrennlich in ihrem Realen und in ihrer Größe, die die Größe desselben ist; eines nimmt nur mit dem andern ab und nimmt nur mit ihm zu, denn eines hat schlechthin nur Bedeutung, insoweit das andere vorhanden ist; – oder vielmehr, es ist gleichgültig, eine organische Erscheinung als Irritabilität oder als Sensibilität zu betrachten, schon überhaupt, und ebenso wenn von ihrer Größe gesprochen wird. So gleichgültig es ist, die Zunahme eines Lochs als Vermehrung seiner als der Leerheit, oder als Vermehrung der herausgenommenen Fülle auszusprechen. Oder eine Zahl, z.B. *drei*, bleibt gleich groß, ich mag sie positiv oder negativ nehmen, und wenn ich die drei zu vier vergrößere, so ist das Positive wie das Negative zu vier geworden, – wie der Südpol an einem Magnete gerade so stark ist als sein Nordpol, oder eine positive Elektrizität oder eine Säure gerade so stark als ihre negative oder als die Base, worauf sie einwirkt. – Ein solches Großes, als jene drei, oder ein Magnet usf. ist ein organisches *Dasein*; es ist dasjenige, das vermehrt lag und vermindert wird, und wenn es vermehrt wird, werden *beide* Faktoren desselben vermehrt, so sehr als *beide* Pole des Magnets oder als die beiden Elektrizitäten, wenn ein Magnet usf. verstärkt wird, zunehmen. – Daß beide ebensowenig nach *Intension* und *Extension* verschieden sein [können], das eine nicht an Extension ab-, dagegen an Intension zunehmen kann, während das andere umgekehrt seine Intension vermindern, dagegen an Extension zunehmen sollte, fällt unter denselben Begriff leerer Entgegensetzung; die reale Intension ist ebenso schlechthin so groß als die Extension, und umgekehrt.

Es geht, wie erhellt, bei diesem Gesetzgeben eigentlich so zu, daß zuerst Irritabilität und Sensibilität den bestimmten organischen Gegensatz ausmacht; dieser Inhalt verliert sich aber, und der Gegensatz verläuft sich in den formalen des Zu- und Abnehmens der Größe oder der verschiedenen Intension und Extension, – ein Gegensatz, der die Natur der Sensibilität und der Irritabilität weiter nichts mehr angeht und sie nicht mehr ausdrückt. Daher solches leeres Spiel des Gesetzgebens nicht an die organischen Momente gebunden ist, sondern es kann allenthalben mit allem getrieben werden und beruht überhaupt auf der Unbekanntschaft mit der logischen Natur dieser Gegensätze.

Wird endlich statt der Sensibilität und Irritabilität die Reproduktion mit der einen oder der andern in Beziehung gebracht, so fällt auch die Veranlassung zu diesem Gesetzgeben hinweg; denn Reproduktion steht mit jenen Momenten nicht in einem Gegensatze wie sie gegeneinander; und da auf ihm dieses Gesetzgeben beruht, so fällt hier auch der Schein seines Stattfindens hinweg.

Das soeben betrachtete Gesetzgeben enthält die Unterschiede des Organismus in ihrer Bedeutung von Momenten seines *Begriffs* und sollte eigentlich ein apriorisches Gesetzgeben sein. Es liegt aber in ihm selbst wesentlich dieser Gedanke, daß sie die Bedeutung von *Vorhandenen* haben, und das bloß beobachtende Bewußtsein hat sich ohnehin nur an ihr Dasein zu halten. Die organische Wirklichkeit hat notwendig einen solchen Gegensatz an ihr, als ihr Begriff ausdrückt, und der als Irritabilität und Sensibilität bestimmt werden kann, sowie sie beide wieder von der Reproduktion verschieden erscheinen. – Die *Äußerlichkeit*, in der die Momente des organischen Begriffs hier betrachtet werden, ist die *eigne unmittelbare* Äußerlichkeit des Innern, nicht das *Äußere*, welches Äußeres im Ganzen, und *Gestalt* ist, und mit welchem das Innre nachher in Beziehung zu betrachten ist.

Aber den Gegensatz der Momente so aufgefaßt, wie er an dem Dasein ist, so sinken Sensibilität, Irritabilität, Reproduktion zu gemeinen *Eigenschaften herunter*, die gegeneinander ebenso gleichgültige Allgemeinheiten sind als spezifische Schwere, Farbe, Härte usf. In diesem Sinne kann wohl beobachtet werden, daß ein Organisches sensibler oder irritabler oder von größerer Reproduktionskraft sei als ein anderes, – sowie daß die Sensibilität usf. des einen der *Art* nach von der eines andern verschieden sei, eins sich gegen bestimmte Reize anders verhalte als ein anderes, wie das Pferd anders gegen Hafer als gegen Heu, und der Hund wieder anders gegen beide usf., so sehr als beobachtet werden kann, daß ein Körper härter ist als ein anderer usf. – Allein diese sinnlichen Eigenschaften, Härte, Farbe usf., sowie die Erscheinungen der Reizempfänglichkeit für Hafer, der Irritabilität für Lasten oder der Anzahl und Art Junge zu gebären, aufeinander bezogen und miteinander verglichen, widerstreiten wesentlich einer Gesetzmäßigkeit. Denn die Bestimmtheit ihres *sinnlichen Seins* besteht eben darin, vollkommen gleichgültig gegeneinander zu existieren, und die des Begriffs entbundne Freiheit der Natur vielmehr darzustellen als die Einheit einer Beziehung, vielmehr ihr unvernünftiges Hin- und Herspielen auf der Leiter der zufälligen Größe zwischen den Momenten des Begriffs als diese selbst.

Die *andere* Seite, nach welcher die einfachen Momente des organischen Begriffs mit den Momenten der *Gestaltung* verglichen werden, würde erst das eigentliche Gesetz geben, welches das wahre *Äußere* als Abdruck des *Innern* aussprächt. – Weil nun jene einfachen Momente durchdringende flüssige Eigenschaften sind, so haben sie an dem organischen Dinge nicht einen solchen ausgeschiedenen realen Ausdruck, wie das ist, was ein einzelnes System der Gestalt genannt wird. Oder wenn die abstrakte Idee des Organismus in jenen drei Momenten nur darum wahrhaft ausgedrückt ist, weil sie nichts Stehendes, sondern nur Momente des Begriffs und der Bewegung sind, so ist er dagegen als Gestaltung nicht in solchen drei bestimmten Systemen befaßt, wie die Anatomie sie auseinanderlegt. Insofern solche Systeme in ihrer Wirklichkeit gefunden und durch dies Finden legitimiert werden sollen, muß auch erinnert werden, daß die Anatomie nicht nur drei dergleichen Systeme, sondern viel mehrere aufweist. – Alsdenn muß, abgesehen hievon, überhaupt das sensible *System* etwas ganz anderes bedeuten als das, was *Nervensystem* genannt wird, so das irritable *System* etwas anderes als das *Muskelsystem*, das reproduktive *System* etwas anders als die *Eingeweide* der Reproduktion. In den Systemen der *Gestalt* als solcher ist der Organismus nach der abstrakten Seite der toten Existenz aufgefaßt; seine Momente, so aufgenommen, gehören der Anatomie und dem Kadaver, nicht der Erkenntnis und dem lebendigen Organismus an. Als solche Teile haben sie vielmehr aufgehört *zu sein*, denn sie hören auf, Prozesse zu sein. Da das *Sein* des Organismus wesentlich Allgemeinheit oder Reflexion in sich selbst ist, so kann das *Sein* seines Ganzen, wie seine Momente nicht in einem anatomischen Systeme bestehen, sondern der wirkliche Ausdruck und ihre Äußerlichkeit ist vielmehr nur als eine Bewegung vorhanden, die sich durch die verschiedenen Teile der Gestaltung verläuft und worin das, was als einzelnes System herausgerissen und fixiert wird, sich wesentlich als fließendes Moment darstellt, so daß nicht jene Wirklichkeit, wie die Anatomie sie findet, als ihre Realität gelten darf, sondern nur sie als Prozeß, in welchem auch die anatomischen Teile allein einen Sinn haben.

Es ergibt sich also, daß weder die Momente des organischen *Innern*, für sich genommen, Seiten eines Gesetzes des Seins abzugeben fähig sind, indem sie in einem solchen Gesetze von einem Dasein ausgesprochen, voneinander unterschieden und nicht jede auf gleiche Weise anstatt der anderen sollte genannt werden können; noch daß sie, auf die eine Seite gestellt, in der andern an einem festen Systeme ihre Realisierung haben; denn dies letztere ist so wenig etwas, das überhaupt organische Wahrheit hätte, als es der Ausdruck jener Momente des Innern ist. Das Wesentliche des Organischen, da es an sich das Allgemeine ist, ist vielmehr überhaupt, seine Momente in der Wirklichkeit ebenso allgemein, d.h. als durchlaufende Prozesse zu haben, nicht aber an einem isolierten Dinge ein Bild des Allgemeinen zu geben.

Auf diese Weise geht an dem Organischen die *Vorstellung* eines *Gesetzes* überhaupt verloren. Das Gesetz will den Gegensatz als ruhende Seiten auffassen und ausdrücken, und an ihnen die Bestimmtheit, welche ihre Beziehung aufeinander ist. Das *Innere*, welchem die erscheinende Allgemeinheit, und das *Äußere*, welchem die Teile der ruhenden Gestalt angehören, sollten die sich entsprechenden Seiten des Gesetzes ausmachen, verlieren aber, so auseinandergehalten, ihre organische Bedeutung; und der Vorstellung des Gesetzes liegt gerade dies zum Grunde, daß seine beiden Seiten ein für sich seiendes gleichgültiges Bestehen hätten und an sie die Beziehung als eine gedoppelte sich entsprechende Bestimmtheit verteilt wäre. Jede Seite des Organischen ist vielmehr dies an ihr selbst, einfache Allgemeinheit, in welcher alle Bestimmungen aufgelöst sind, und die Bewegung dieses Auflösens zu sein.

Die Einsicht in den Unterschied dieses Gesetzgebens gegen frühere Formen wird seine Natur vollends aufhellen. – Sehen wir nämlich zurück auf die Bewegung des Wahrnehmens und des darin sich in sich reflektierenden und seinen Gegenstand hiedurch bestimmenden Verstandes, so hat dieser dabei an seinem Gegenstande die Beziehung dieser abstrakten Bestimmungen, des Allgemeinen und Einzelnen, des Wesentlichen und des Äußerlichen, nicht vor sich, sondern ist selbst das Übergehen, dem dieses Übergehen nicht gegenständlich wird. Hier hingegen ist die organische Einheit, d.h. eben die Beziehung jener Gegensätze, und diese Beziehung ist reines Übergehen, selbst der *Gegenstand*. Dies Übergehen in seiner Einfachheit ist unmittelbar *Allgemeinheit*; und indem sie in den Unterschied tritt, dessen Beziehung das Gesetz ausdrücken soll, so sind seine Momente *als allgemeine* Gegenstände dieses Bewußtseins, und das Gesetz lautet, daß das *Äußere* Ausdruck des *Innern* sei. Der Verstand hat hier *den Gedanken* des Gesetzes selbst erfaßt, da er vorher nur überhaupt Gesetze suchte und die Momente derselben ihm als ein bestimmter Inhalt, nicht als die Gedanken derselben vorschwebten. – In Ansehung des Inhalts sollen hiemit hier nicht solche Gesetze erhalten werden, welche nur ein ruhiges Aufnehmen rein *seiender* Unterschiede in die Form der Allgemeinheit sind, sondern Gesetze, die unmittelbar an diesen Unterschieden auch die Unruhe des Begriffes und damit zugleich die Notwendigkeit der Beziehung der Seiten haben. Allein weil eben der Gegenstand, die organische Einheit, das unendliche Aufheben oder die absolute Negation des Seins mit dem ruhigen Sein unmittelbar vereinigt und die Momente wesentlich *reines Übergehen* sind, so ergeben sich keine solche *seiende* Seiten, als für das Gesetz erfordert werden.

Um solche zu erhalten, muß der Verstand sich an das andre Moment des organischen Verhältnisses halten, nämlich an das *Reflektiertsein* des organischen Daseins in sich selbst. Aber dieses Sein ist so vollkommen in sich reflektiert, daß ihm keine Bestimmtheit gegen anderes übrig bleibt. Das *unmittelbare* sinnliche Sein ist unmittelbar mit der Bestimmtheit als solcher eins und drückt daher einen qualitativen Unterschied an ihm aus, wie z.B. Blau gegen Rot, Saures gegen Alkalisches usf. Aber das in sich zurückgekommene organische Sein ist vollkommen gleichgültig gegen anderes, sein

Dasein ist die einfache Allgemeinheit und verweigert dem Beobachten bleibende sinnliche Unterschiede, oder was dasselbe ist, zeigt seine wesentliche Bestimmtheit nur als den *Wechsel seiender* Bestimmtheiten. Wie sich daher der Unterschied als seiender ausdrückt, ist eben dies, daß er ein *gleichgültiger* ist, d.h. als *Größe*. Hierin ist aber der Begriff getilgt und die Notwendigkeit verschwunden. – Der Inhalt aber und Erfüllung dieses gleichgültigen Seins, der Wechsel der sinnlichen Bestimmungen, in die Einfachheit einer organischen Bestimmung zusammengenommen, drückt dann zugleich dies aus, daß er eben jene – der unmittelbaren Eigenschaft – Bestimmtheit nicht hat, und das Qualitative fällt allein in die Größe, wie wir oben gesehen.

Ob also schon das Gegenständliche, das als organische Bestimmtheit aufgefaßt wird, den Begriff an ihm selbst hat und sich hiedurch von dem unterscheidet, das für den Verstand ist, der sich als rein wahrnehmend bei dem Auffassen des Inhaltes seiner Gesetze verhält, so fällt jenes Auffassen doch ganz in das Prinzip und die Manier des bloß wahrnehmenden Verstandes darum zurück, weil das Aufgefaßte zu Momenten eines *Gesetzes* gebraucht wird; denn hiedurch erhält es die Weise einer festen Bestimmtheit, die Form einer unmittelbaren Eigenschaft oder einer ruhenden Erscheinung, wird ferner in die Bestimmung der Größe aufgenommen, und die Natur des Begriffs ist unterdrückt. Die Umtauschung eines bloß Wahrgenommenen gegen ein in sich Reflektiertes, einer bloß sinnlichen Bestimmtheit gegen eine organische verliert also wieder ihren Wert, und zwar dadurch, daß der Verstand das Gesetzgeben noch nicht aufgehoben hat.

Um die Vergleichung in Ansehung dieses Umtauschens an einigen Beispielen anzustellen, so wird etwa etwas, das für die Wahrnehmung ein Tier von starken Muskeln ist, als tierischer Organismus von hoher Irritabilität, oder was für die Wahrnehmung ein Zustand großer Schwäche ist, als Zustand hoher Sensibilität oder, wenn man lieber will, als eine innormale Affektion, und zwar eine Potenzierung derselben (Ausdrücke, welche das Sinnliche, statt in den Begriff, in ein Deutschlatein übersetzen) bestimmt. Daß das Tier starke Muskeln habe, kann vom Verstande auch so ausgedrückt werden, das Tier besitze eine große *Muskelkraft*, – wie die große Schwäche als eine geringe *Kraft*. Die Bestimmung durch Irritabilität hat vor der Bestimmung als *Kraft* voraus, daß diese die unbestimmte Reflexion in sich, jene aber die bestimmte ausdrückt, denn die *eigentümliche* Kraft des Muskels ist eben Irritabilität, – und vor der Bestimmung durch starke Muskeln, daß, wie schon in der Kraft, die Reflexion in sich zugleich darin enthalten ist. So wie die Schwäche oder die geringe Kraft, die *organische Passivität*, bestimmt durch *Sensibilität* ausgedrückt wird. Aber diese Sensibilität so für sich genommen und fixiert und noch mit der Bestimmung der *Größe* verbunden und als größeren oder geringere Sensibilität einer größere oder geringern Irritabilität entgegen gesetzt, ist jede ganz in das sinnliche Element und zur gemeinen Form einer Eigenschaft herabgesetzt und ihre Beziehung nicht der Begriff, sondern im Gegenteil die Größe, in welche nun der Gegensatz fällt und ein gedankenloser Unterschied wird. Wenn hiebei zwar das Unbestimmte der Ausdrücke von *Kraft* und *Stärke* und *Schwäche* entfernt wurde, so entsteht jetzt das ebenso leere und unbestimmte Herumtreiben in den Gegensätzen einer höhern und niedern Sensibilität, Irritabilität, in ihrem Auf- und Absteigen an- und gegeneinander. Nicht weniger als Stärke und Schwäche ganz sinnliche gedankenlose Bestimmungen sind, ist die größere oder geringere Sensibilität, Irritabilität die gedankenlos aufgefaßte und ebenso ausgesprochene sinnliche Erscheinung. An die Stelle jener begriffslosen Ausdrücke ist nicht der Begriff getreten, sondern Stärke und Schwäche durch eine Bestimmung erfüllt worden, die für sich allein genommen auf dem Begriffe beruht und ihn zum Inhalte hat, aber diesen Ursprung und Charakter gänzlich verliert. – Durch die Form der Einfachheit und Unmittelbarkeit also, in welcher dieser Inhalt zur Seite eines Gesetzes gemacht wird, und durch die Größe, welche das Element des Unterschiedes solcher Bestimmungen ausmacht, behält das ursprünglich als Begriff seiende und gesetzte Wesen die Weise des sinnlichen Wahrnehmens und bleibt von dem Erkennen so entfernt als in oder Bestimmung durch Stärke und Schwäche der Kraft oder durch unmittelbare sinnliche Eigenschaften.

Es ist jetzt auch noch dasjenige *für sich allein* zu betrachten übrig, was das *Äußere* des Organischen ist, und wie an ihm der Gegensatz *seines* Innern und Äußern sich bestimmt; so wie zuerst das *Innere* des Ganzen in der Beziehung auf sein *eignes* Äußeres betrachtet wurde.

Das *Äußere* für sich betrachtet ist die *Gestaltung* überhaupt, das System des sich im *Elemente* des Seins gliedernden Lebens und wesentlich zugleich das Sein des organischen Wesens *für ein anderes*, – gegenständliches Wesen in seinem *Fürsichsein*. – Dies *Andere* erscheint zunächst als seine äußere unorganische Natur. Diese beiden in Beziehung auf ein Gesetz betrachtet, kann, wie wir oben sahen, die unorganische Natur nicht die Seite eines Gesetzes gegen das organische Wesen ausmachen, weil dieses zugleich schlechthin für sich ist und eine allgemeine und freie Beziehung auf sie hat.

Das Verhältnis dieser beiden Seiten aber an der organischen Gestalt selbst näher bestimmt, so ist sie also nach einer Seite gegen die unorganische Natur gekehrt, auf der andern aber *für sich* und in sich reflektiert. Das *wirkliche* organische Wesen ist die Mitte, welche das *Fürsichsein* des Lebens mit dem *Äußern* überhaupt oder dem *Ansichsein* zusammenschließt. – Das Extrem des Fürsichseins ist aber das Innere als unendliches Eins, welches die Momente der Gestalt selbst aus ihrem Bestehen und dem Zusammenhange mit dem Äußern in sich zurücknimmt, das Inhaltslose, das an der Gestalt sich seinen Inhalt gibt und an ihr als ihr Prozeß erscheint. In diesem Extreme als einfacher Negativität oder *reiner Einzelheit* hat das Organische seine absolute Freiheit, wodurch es gegen das Sein für anderes und gegen die Bestimmtheit der Momente der Gestalt gleichgültig und gesichert ist. Diese Freiheit ist zugleich Freiheit der Momente selbst, sie ist ihre Möglichkeit, als *daseiende* zu erscheinen und aufgefaßt zu werden, und wie gegen Äußeres sind sie darin auch gegeneinander befreit und gleichgültig, denn die *Einfachheit* dieser Freiheit ist das *Sein* oder ihre einfache Substanz. Dieser Begriff oder reine Freiheit ist ein und dasselbe Leben, die Gestalt oder das Sein für anderes mag in noch so mannigfaltigem Spiele umherschweifen; es ist diesem Strome des Lebens gleichgültig, welcher Art die Mühlen sind, die er treibt. – Vors erste ist nun zu bemerken, daß dieser Begriff hier nicht wie vorhin bei der Betrachtung des eigentlichen Innern in seiner Form des *Prozesses* oder der Entwicklung seiner Momente aufzufassen ist, sondern in seiner Form als *einfaches Inneres*, welches die rein allgemeine Seite gegen das *wirkliche* lebendige Wesen ausmacht, oder als das *Element* des *Bestehens* der seienden Glieder der Gestalt; denn diese betrachten wir hier, und an ihr ist das Wesen des Lebens als die Einfachheit des Bestehens. Alsdenn ist das *Sein für anderes* oder die Bestimmtheit der wirklichen Gestaltung, in diese einfache Allgemeinheit aufgenommen, die ihr Wesen ist, eine ebenso einfache allgemeine unsinnliche Bestimmtheit, und kann nur die sein, welche als *Zahl* ausgedrückt ist. – Sie ist die Mitte der Gestalt, welche das unbestimmte Leben mit dem wirklichen verknüpft, einfach wie jenes und bestimmt wie dieses. Was an jenem, dem *Innern* als Zahl wäre, müßte das Äußere nach seiner Weise als die vielförmige Wirklichkeit, Lebensart, Farbe usf. ausdrücken, überhaupt als die ganze Menge der Unterschiede, welche in der Erscheinung sich entwickeln.

Die beiden Seiten des organischen Ganzen – die eine das *Innere*, die andere aber das *Äußere*, so daß jede wieder an ihr selbst ein Inneres und Äußeres hat – nach ihrem beiderseitigen Innern verglichen, so war das Innere der ersten der Begriff als die Unruhe der *Abstraktion*; die zweite aber hat zu dem ihrigen die ruhende Allgemeinheit und darin auch die ruhende Bestimmtheit, die Zahl. Wenn daher jene, weil in ihr der Begriff seine Momente entwickelt, durch den Schein von Notwendigkeit der Beziehung täuschend Gesetze verhieß, so tut diese sogleich Verzicht darauf, indem sich die Zahl als die Bestimmung der einen Seite ihrer Gesetze zeigt. Denn die Zahl ist eben die gänzlich ruhende, tote und gleichgültige Bestimmtheit, an welcher alle Bewegung und Beziehung erloschen ist, und welche die Brücke zu dem Lebendigen der Triebe, der Lebensart und dem sonstigen sinnlichen Dasein abgebrochen hat.

Diese Betrachtung der *Gestalt* des Organischen als solcher und des Innern als eines Innern bloß der Gestalt ist aber in der Tat nicht mehr eine Betrachtung des Organischen. Denn die beiden Seiten, die bezogen werden sollten, sind nur gleichgültig gegeneinander gesetzt, und dadurch [ist] die Reflexion in sich, welche das Wesen des Organischen ausmacht, aufgehoben. Sondern es wird hier vielmehr auf die unorganische Natur die versuchte Vergleichung des Innern und Äußern übergetragen; der unendliche Begriff ist hier nur das *Wesen*, das inwendig verborgen [ist] oder außen in das Selbstbewußtsein fällt und nicht mehr, wie am Organischen seine gegenständliche Gegenwart hat. Diese Beziehung des Innern und Äußern ist also noch in ihrer eigentlichen Sphäre zu betrachten.

Zuerst ist jenes Innere der Gestalt, als die einfache Einzelheit eines unorganischen Dinges, die *spezifische Schwere*. Sie kann als einfaches Sein ebensowohl wie die Bestimmtheit der Zahl, deren sie allein fähig ist, beobachtet oder eigentlich durch Vergleichung von Beobachtungen gefunden werden und scheint auf diese Weise die eine Seite des Gesetzes zu geben. Gestalt, Farbe, Härte, Zähigkeit und eine unzählige Menge anderer Eigenschaften würden zusammen die *äußere* Seite ausmachen und die Bestimmtheit des Innern, die Zahl, auszudrücken haben, so daß das eine am andern sein Gegenbild hätte.

Weil nun die Negativität hier nicht als Bewegung des Prozesses, sondern als *beruhigte* Einheit oder *einfaches Fürsichsein* aufgefaßt ist, so erscheint sie vielmehr als dasjenige, wodurch das Ding sich dem Prozesse widersetzt und sich in sich als gleichgültig gegen ihn erhält. Dadurch aber, daß dies einfache Fürsichsein eine ruhige Gleichgültigkeit gegen anderes ist, tritt die spezifische Schwere als eine *Eigenschaft neben* andere; und damit hört alle notwendige Beziehung ihrer auf diese Vielheit, oder alle Gesetzmäßigkeit auf. – Die spezifische Schwere als dies einfache Innere hat nicht den Unterschied *an ihr selbst*, oder sie hat nur den unwesentlichen; denn eben ihre *reine Einfachheit* hebt alle wesentliche Unterscheidung auf. Dieser unwesentliche Unterschied, *die Größe*, müßte also an der andern Seite, welche die Vielheit der Eigenschaften ist, sein Gegenbild oder das *Andere* haben, indem er dadurch überhaupt erst Unterschied ist. Wenn diese Vielheit selbst in die Einfachheit des Gegensatzes zusammengefaßt und etwa als *Kohäsion* bestimmt wird, so daß diese das *Fürsich im Anderssein* wie die spezifische Schwere das *reine Fürsichsein* ist, so ist diese Kohäsion zuerst diese reine im Begriffe gesetzte Bestimmtheit gegen jene Bestimmtheit, und die Manier des Gesetzgebens wäre die, welche oben bei der Beziehung der Sensibilität auf die Irritabilität betrachtet worden. – Alsdenn ist sie ferner als *Begriff* des Fürsichseins im Anderssein nur die *Abstraktion* der Seite, die der spezifischen Schwere gegenübersteht, und hat als solche keine Existenz. Denn das Fürsichsein im Anderssein ist der Prozeß, worin das Unorganische sein Fürsichsein als eine *Selbsterhaltung* auszudrücken hätte, welche es dagegen bewahrte, aus dem Prozesse als Moment eines Produkts herauszutreten. Allein dies eben ist gegen seine Natur, welche nicht den Zweck oder Allgemeinheit an ihr selbst hat. Sein Prozeß ist vielmehr nur das bestimmte Verhalten, wie sein Fürsichsein, seine spezifische Schwere sich *aufhebt*. Dies bestimmte Verhalten, worin seine Kohäsion in ihrem wahren Begriffe bestehen würde, aber selbst und die bestimmte Größe seiner spezifischen Schwere sind ganz gleichgültige Begriffe gegeneinander. Wenn die Art des Verhaltens ganz außer acht gelassen und auf die Vorstellung der Größe eingeschränkt würde, so könnte etwa diese Bestimmung gedacht werden, daß das größere spezifische Gewicht, als ein höheres Insichsein, dem Eingehen in den Prozeß mehr widerstände als das geringere. Allein umgekehrt bewährt die Freiheit des Fürsichseins sich nur in der Leichtigkeit, mit allem sich einzulassen und sich in dieser Mannigfaltigkeit zu erhalten. Jene Intensität ohne Extension der Beziehungen ist eine gehaltlose Abstraktion, denn die Extension macht das *Dasein* der Intensität aus. Die Selbsterhaltung aber des Unorganischen in seiner Beziehung fällt, wie erinnert, außer der Natur derselben, da es das Prinzip der Bewegung nicht an ihm selbst hat, oder da sein Sein nicht die absolute Negativität und Begriff ist.

Diese andre Seite des Unorganischen dagegen nicht als Prozeß, sondern als ruhendes Sein betrachtet, so ist sie die gemeine Kohäsion, eine *einfache* sinnliche Eigenschaft auf die Seite getreten gegen das freigelassene Moment des *Andersseins*, welches in vielen gleichgültigen Eigenschaften auseinanderliegt, und unter diese selbst, wie die spezifische Schwere, tritt; die Menge der Eigenschaften zusammen macht dann die andre Seite zu dieser aus. An ihr aber, wie an den andern, ist *die Zahl* die einzige Bestimmtheit, welche eine Beziehung und Übergang dieser Eigenschaften zu einander nicht nur nicht ausdrückt, sondern eben wesentlich dies ist, keine notwendige Beziehung zu haben, sondern die Vertilgung aller Gesetzmäßigkeit darzustellen; denn sie ist der Ausdruck der Bestimmtheit als einer *unwesentlichen*. So daß also eine Reihe von Körpern, welche den Unterschied als Zahlenunterschied ihrer spezifischen Schweren ausdrückt, durchaus nicht einer Reihe des Unterschieds der andern Eigenschaften parallel geht, wenn auch, um die Sache zu erleichtern, von ihnen nur eine einzelne oder etliche genommen werden. Denn in der Tat könnte es nur das ganze Konvolut derselben sein, was in dieser Parallele die andere Seite auszumachen hätte. Dieses in sich zu ordnen und zu einem Ganzen zu verbinden, sind die Größenbestimmtheiten dieser vielerlei Eigenschaften für die Beobachtung einerseits vorhanden, andererseits aber treten ihre Unterschiede als qualitativ ein. Was nun in diesem Haufen als positiv oder negativ bezeichnet werden müßte und sich gegenseitig aufhöbe, überhaupt die innre Figuration und Exposition der Formel, die sehr zusammengesetzt sein würde, gehörte dem Begriffe an, welcher eben in der Weise, wie die Eigenschaften als *seiende* daliegen und aufgenommen werden sollen, ausgeschlossen ist; in diesem Sein zeigt keine den Charakter eines Negativen gegen die andere, sondern die eine *ist* so gut als die andere, noch deutet sie sonst ihre Stelle in der Anordnung des Ganzen an. – Bei einer Reihe, die in parallelen Unterschieden fortläuft, – das Verhältnis möchte als auf beiden Seiten zugleich steigend oder nur auf der einen, und auf der andern abnehmend gemeint werden, – ist es nur um den *letzten* einfachen Ausdruck dieses zusammengefaßten Ganzen zu tun, welches die eine Seite des Gesetzes gegen die spezifische Schwere ausmachen sollte; aber diese eine Seite, als *seiendes Resultat*, ist eben nichts anders, als was schon erwähnt worden, nämlich einzelne Eigenschaft, wie etwa auch die gemeine Kohäsion, neben welcher die andern und darunter auch die spezifische Schwere, gleichgültig vorhanden sind, und jede andre mit dem gleichen Rechte, d.h. mit dem gleichen Unrechte zum Repräsentanten der ganzen andern Seite gewählt werden kann; eine wie die andre würde das Wesen nur repräsentieren, auf deutsch: *vorstellen*, aber nicht die Sache selbst sein. So daß der Versuch, Körperreihen zu finden, welche an der einfachen Parallele zweier Seiten fortliefen und die wesentliche Natur der Körper nach einem Gesetze dieser Seiten ausdrückten, für einen Gedanken genommen werden muß, welcher seine Aufgabe und die Mittel, wodurch sie ausgeführt werden sollte, nicht kennt.

Es wurde vorhin die Beziehung des Äußern und Innern an der Gestalt, welche der Beobachtung sich darstellen soll, sogleich zu der Sphäre des Unorganischen herübergenommen; die Bestimmung, welche sie hieher zieht, kann jetzt näher angegeben werden, und es ergibt sich von da noch eine andere Form und Beziehung dieses Verhältnisses. Bei dem Organischen nämlich fällt überhaupt das hinweg, was bei dem Unorganischen die Möglichkeit einer solchen Vergleichung des Innern und Äußern darzubieten scheint. Das unorganische Innere ist ein einfaches Inneres, das für die Wahrnehmung als *seiende* Eigenschaft sich darbietet; seine Bestimmtheit ist daher wesentlich die Größe, und es erscheint als seiende Eigenschaft gleichgültig gegen das Äußere oder die vielen andern sinnlichen Eigenschaften. Das Fürsichsein des organisch Lebendigen aber tritt nicht so auf die Seite gegen sein Äußeres, sondern hat das Prinzip des *Andersseins* an ihm selbst. Bestimmen wir das Fürsichsein als *einfache sich erhaltende Beziehung auf sich selbst*, so ist sein Anderssein die einfache *Negativität*; und die organische Einheit ist die Einheit des sichselbstgleichen Sichaufsichbeziehens und der reinen Negativität. Diese Einheit ist als Einheit das Innere des Organischen; dies ist hiedurch an sich allgemein, oder es ist *Gattung*. Die Freiheit der Gattung gegen ihre Wirklichkeit aber ist eine andere als die Freiheit der spezifischen *Schwere* gegen die Gestalt. Die der letztern ist eine *seiende* Freiheit, oder daß sie als besondere Eigenschaft auf die Seite tritt. Aber weil sie *seiende* Freiheit ist, ist sie auch nur *eine Bestimmtheit*, welche dieser Gestalt *wesentlich* angehört, oder wodurch diese *als Wesen* ein Bestimmtes ist. Die Freiheit der Gattung aber ist eine allgemeine und gleichgültig gegen diese Gestalt oder gegen ihre Wirklichkeit. Die *Bestimmtheit*, welche dem *Fürsichsein* des Unorganischen *als solchem* zukommt, tritt daher an dem Organischen *unter sein* Fürsichsein, wie sie an dem Unorganischen nur unter das *Sein* desselben tritt; ob sie daher schon an diesem zugleich nur als *Eigenschaft* ist, so fällt ihr doch die Würde des *Wesens* zu, weil sie als das einfache Negative dem Dasein als dem Sein für anderes gegenübersteht; und dies einfache Negative ist in seiner letzten einzelnen Bestimmtheit eine Zahl. Das Organische aber ist eine Einzelheit, welche selbst reine Negativität [ist] und daher die fixe Bestimmtheit der Zahl, welche dem *gleichgültigen Sein* zukommt, in sich vertilgt. Insofern es das Moment des gleichgültigen Seins und darin der Zahl an ihm hat, kann sie daher nur als ein Spiel an ihm, nicht aber als das Wesen seiner Lebendigkeit genommen werden.

Wenn nun aber schon die reine Negativität, das Prinzip des Prozesses, nicht außer dem Organischen fällt und es sie also nicht als eine Bestimmtheit in seinem *Wesen* hat, sondern die Einzelheit selbst an sich allgemein ist, so ist doch diese reine Einzelheit nicht in ihren Momenten als selbst *abstrakten* oder *allgemeinen* an ihm entwickelt und wirklich. Sondern dieser Ausdruck tritt außer jener Allgemeinheit, welche in die *Innerlichkeit* zurückfällt; und zwischen die Wirklichkeit oder Gestalt, d.h. die sich entwickelnde Einzelheit, und zwischen das organische Allgemeine, oder die Gattung [fällt] das *bestimmte* Allgemeine, die *Art*. Die Existenz, zu welcher die Negativität des Allgemeinen oder der Gattung gelangt, ist nur die entwickelte Bewegung eines Prozesses, welcher sich an den *Teilen der seienden Gestalt* verläuft. Hätte die Gattung an ihr als ruhender Einfachheit die unterschiedenen Teile, und wäre somit ihre *einfache Negativität* als solche zugleich Bewegung, welche sich durch ebenso einfache, unmittelbar an ihnen allgemeine Teile verliefe, die als solche Momente hier wirklich wären, so wäre die organische Gattung Bewußtsein.

So aber ist die *einfache Bestimmtheit*, als Bestimmtheit der Art, an ihr auf eine geistlose Weise vorhanden; die Wirklichkeit fängt von ihr an, oder was in die Wirklichkeit tritt, ist nicht die Gattung als solche, d.h. überhaupt nicht der Gedanke. Diese als wirkliches Organisches ist nur durch einen Repräsentanten vertreten. Dieser aber, die Zahl, welche den Übergang aus der Gattung in die individuelle Gestaltung zu bezeichnen und der Beobachtung die beiden Seiten der Notwendigkeit, einmal als einfache Bestimmtheit, das andere Mal sie als entwickelte, zur Mannigfaltigkeit herausgeborne Gestalt zu geben scheint, bezeichnet vielmehr die Gleichgültigkeit und Freiheit des Allgemeinen und Einzelnen gegeneinander, das von der Gattung dem wesenlosen Unterschiede der Größe preisgegeben wird, selbst aber als Lebendiges von diesem Unterschiede sich ebenso frei erweist. Die wahre Allgemeinheit, wie sie bestimmt worden, ist hier nur *innres Wesen*; als *Bestimmtheit der Art* ist sie formale Allgemeinheit, und dieser gegenüber tritt jene wahre Allgemeinheit auf die Seite der Einzelheit, die dadurch eine lebendige ist und sich durch ihr *Inneres über ihre Bestimmtheit als Art* hinwegsetzt. Aber diese Einzelheit ist nicht zugleich allgemeines Individuum, d.h. an dem die Allgemeinheit ebenso äußere Wirklichkeit hätte, sondern dies fällt außer dem Organisch-Lebendigen. Dieses *allgemeine* Individuum aber, wie es *unmittelbar* das Individuum der natürlichen Gestaltungen ist, ist nicht das Bewußtsein selbst; sein Dasein als *e i n z e l n e s organisches lebendiges Individuum* müßte nicht außer ihm fallen, wenn es dieses sein sollte.

Wir sehen daher einen Schluß, worin das eine Extrem das *allgemeine Leben als Allgemeines* oder als Gattung, das andre Extrem aber *dasselbe als Einzelnes* oder als allgemeines Individuum ist; die Mitte aber ist aus beiden zusammengesetzt, das erste scheint in sie sich als *bestimmte* Allgemeinheit oder als *Art*, das andre aber als *eigentliche* oder einzelne *Einzelheit* zu schicken. – Und da dieser Schluß überhaupt der Seite der *Gestaltung* angehört, so ist unter ihm ebenso dasjenige begriffen, was als unorganische Natur unterschieden wird.

Indem nun das allgemeine Leben als *das einfache Wesen der Gattung* von seiner Seite die Unterschiede des Begriffs entwickelt und sie als eine Reihe der einfachen Bestimmtheiten darstellen muß, so ist diese ein System gleichgültig gesetzter Unterschiede, oder *eine Zahlreihe*. Wenn vorhin das Organische in der Form der Einzelheit diesem wesenlosen Unterschiede gegenübergesetzt wurde, der ihre lebendige Natur nicht ausdrückt, und enthält – und wenn in Ansehung des Unorganischen nach seinem ganzen in der Menge seiner Eigenschaften entwickelten Dasein eben dies gesagt werden muß, – so ist es jetzt das allgemeine Individuum, welches nicht nur als frei von jeder Gliederung der Gattung, sondern auch als ihre Macht zu betrachten ist. Die Gattung, welche sich in Arten nach der *allgemeinen Bestimmtheit* der Zahl zerlegt oder auch einzelne Bestimmtheiten ihres Daseins, z.B. die Figur, Farbe usf. zu ihrem Einteilungsgrunde nehmen mag, erleidet in diesem ruhigen Geschäfte Gewalt von der Seite des allgemeinen Individuums, *der Erde*, welches als die allgemeine Negativität die Unterschiede, wie sie dieselben an sich hat, und deren Natur um der Substanz willen, der sie angehören, eine andere ist als die Natur jener, gegen das Systematisieren der Gattung geltend macht. Dieses Tun der Gattung wird zu einem ganz eingeschränkten Geschäfte, das sie nur innerhalb jener mächtigen Elemente treiben darf, und das durch die zügellose Gewalt derselben allenthalben unterbrochen, lückenhaft und verkümmert wird.

Es folgt hieraus, daß der Beobachtung an dem gestalteten Dasein nur die Vernunft *als Leben überhaupt* werden kann, welches aber in seinem Unterscheiden keine vernünftige Reihung und Gliederung an sich selbst wirklich hat und nicht ein in sich gegründetes System der Gestalten ist. – Wenn im Schlusse der organischen Gestaltung die Mitte, worein die Art und ihre Wirklichkeit als einzelne Individualität fällt, an ihr selbst die Extreme der innern Allgemeinheit und der allgemeinen Individualität hätte, so würde diese Mitte an *der Bewegung* ihrer Wirklichkeit den Ausdruck und die Natur der Allgemeinheit haben und die sich selbst systematisierende Entwicklung sein. – So hat das *Bewußtsein*, zwischen dem allgemeinen Geiste und zwischen seiner Einzelheit oder dem sinnlichen Bewußtsein, zur Mitte das System der Gestaltungen des Bewußtseins, als ein zum Ganzen sich ordnendes Leben des Geistes, – das System, das hier betrachtet wird, und welches als Weltgeschichte sein gegenständliches Dasein hat. Aber die organische Natur hat keine Geschichte; sie fällt von ihrem Allgemeinen, dem Leben, unmittelbar in die Einzelheit des Daseins herunter, und die in dieser Wirklichkeit vereinigten Momente der einfachen Bestimmtheit und der einzelnen Lebendigkeit bringen das Werden nur als die zufällige Bewegung hervor, worin jedes an seinem Teile tätig ist und das Ganze erhalten wird; aber diese Regsamkeit ist *für sich* selbst nur auf ihren Punkt beschränkt, weil das Ganze nicht in ihm vorhanden ist, und dies ist nicht darin vorhanden, weil es nicht als Ganzes hier *für sich* ist.

Außerdem also, daß die beobachtende Vernunft in der organischen Natur nur zur Anschauung ihrer selbst als allgemeines Leben überhaupt kommt, wird ihr die Anschauung seiner Entwicklung und Realisierung nur nach ganz allgemein unterschiedenen Systemen, deren Bestimmung, ihr Wesen nicht in dem Organischen als solchem, sondern in dem allgemeinen Individuum liegt; und *unter* diesen Unterschieden der Erde, nach Reihungen, welche die Gattung versucht.

Indem also in seiner Wirklichkeit die *Allgemeinheit des organischen Lebens* sich, ohne die wahrhafte fürsichseiende Vermittlung, unmittelbar in das Extrem der *Einzelheit* herunterfallen läßt, so hat das beobachtende Bewußtsein nur das *Meinen* als Ding vor sich; und wenn die Vernunft das müßige Interesse haben kann, dieses Meinen zu beobachten, ist sie auf das Beschreiben und Hererzählen von Meinungen und Einfällen der Natur beschränkt. Diese geistlose Freiheit des Meinens wird zwar allenthalben Anfänge von Gesetzen, Spuren von Notwendigkeit, Anspielungen auf Ordnung und Reihung, witzige und scheinbare Beziehungen darbieten. Aber die Beobachtung kommt in der Beziehung des Organischen auf die seienden Unterschiede des Unorganischen, die Elemente, Zonen und Klimate, in Ansehung des Gesetzes und der Notwendigkeit nicht über den *großen Einfluß* hinaus. So auf der andern Seite, wo die Individualität nicht die Bedeutung der Erde, sondern des dem organischen Leben *immanenten Eins* hat, dies aber mit dem Allgemeinen in unmittelbarer Einheit zwar die Gattung ausmacht, aber deren einfache Einheit ebendarum nur als Zahl sich bestimmt und daher die qualitative Erscheinung freiläßt, – es die Beobachtung nicht über *artige Bemerkungen, interessante Beziehungen, freundliches Entgegenkommen dem Begriffe* hinausbringen. Aber die artigen *Bemerkungen* sind kein *Wissen der Notwendigkeit*, die *interessanten* Beziehungen bleiben bei dem *Interesse* stehen, das Interesse ist aber nur noch die Meinung von der Vernunft; und die *Freundlichkeit* des Individuellen, mit der es an einen Begriff anspielt, ist eine kindliche Freundlichkeit, welche kindisch ist, wenn sie an und für sich etwas gelten will oder soll.

b.
Die Beobachtung des Selbstbewußtseins
in seiner Reinheit und seiner
Beziehung auf äußre Wirklichkeit;
logische und psychologische Gesetze.

Die Naturbeobachtung findet den Begriff in der unorganischen Natur realisiert, Gesetze, deren Momente Dinge sind, welche sich zugleich als Abstraktionen verhalten; aber dieser Begriff ist nicht eine in sich reflektierte Einfachheit. Das Leben der organischen Natur ist dagegen nur diese in sich reflektierte Einfachheit; der Gegensatz seiner selbst, als des Allgemeinen und des Einzelnen, tritt nicht im Wesen dieses Lebens selbst auseinander; das Wesen ist nicht die Gattung, welche in ihrem unterschiedslosen Elemente sich trennte und bewegte, und in ihrer Entgegensetzung für sich selbst zugleich ununterschieden wäre. Die Beobachtung findet diesen freien Begriff, dessen Allgemeinheit die entwickelte Einzelheit ebenso absolut in ihr selbst hat, nur in dem als Begriff existierenden Begriffe selbst, oder in dem Selbstbewußtsein.

Indem sie sich nun in sich selbst kehrt und auf den als freien Begriff wirklichen Begriff richtet, findet sie zuerst die *Gesetze des Denkens*. Diese Einzelheit, welche das Denken an ihm selbst ist, ist die abstrakte, ganz in die Einfachheit zurückgenommene Bewegung des Negativen, und die Gesetze sind außerhalb der Realität. – Sie haben keine *Realität*, heißt überhaupt nichts anders, als sie sind ohne Wahrheit. Sie sollen auch zwar nicht *ganze*, aber doch *formelle* Wahrheit sein. Allein das rein Formelle ohne Realität ist das Gedankending oder die leere Abstraktion ohne die Entzweiung an ihr, welche nichts anders als der Inhalt wäre. – Auf der andern Seite aber, indem sie Gesetze des reinen Denkens sind, dieses aber das an sich Allgemeine, und also ein Wissen ist, welches unmittelbar das Sein und darin alle Realität an ihm hat, sind diese Gesetze absolute Begriffe und ungetrennt die Wesenheiten der Form wie der Dinge. Da die sich in sich bewegende Allgemeinheit der *entzweite* einfache Begriff ist, hat er auf diese Weise *Inhalt* an sich, und einen solchen, welcher aller Inhalt, nur nicht ein sinnliches Sein ist. Es ist ein Inhalt, der weder im Widerspruche mit der Form noch überhaupt von ihr getrennt, sondern vielmehr wesentlich sie selbst ist; denn diese ist nichts anderes als das in seine reinen Momente sich trennende Allgemeine.

Wie aber diese Form oder Inhalt *für die Beobachtung* als Beobachtung ist, erhält sie die Bestimmung eines *gefundenen*, gegebenen, d.i. *nur seienden* Inhalts. Er wird *ruhiges Sein* von Beziehungen, eine Menge abgesonderter Notwendigkeiten, die als ein *fester* Inhalt an und für sich, *in ihrer Bestimmtheit*, Wahrheit haben sollen, und so in der Tat der Form entzogen sind. – Diese absolute Wahrheit fixer Bestimmtheiten oder vieler verschiedener Gesetze widerspricht aber der Einheit des Selbstbewußtseins, oder des Denkens und der Form überhaupt. Was für festes[,] an sich bleibendes Gesetz ausgesagt wird, kann nur ein Moment der sich in sich reflektierenden Einheit sein, nur als eine verschwindende Größe auftreten. Aus diesem Zusammenhange der Bewegung aber von der Betrachtung herausgerissen und einzeln hingestellt, fehlt ihnen nicht der Inhalt, denn sie haben einen bestimmten Inhalt, sondern sie entbehren vielmehr der Form, welche ihr Wesen ist. In der Tat nicht darum, weil sie nur formell sein und keinen Inhalt haben sollen, sondern vielmehr aus dem entgegengesetzten Grunde, weil sie in ihrer Bestimmtheit, oder eben *als ein Inhalt*, dem die Form genommen ist, für etwas Absolutes gelten sollen, sind diese Gesetze nicht die Wahrheit des Denkens. In ihrer Wahrheit, als in der Einheit des Denkens verschwindende Momente, müßten sie als Wissen oder denkende Bewegung, nicht aber als *Gesetze* des Wissens genommen werden. Das Beobachten aber ist nicht das Wissen selbst und kennt es nicht, sondern verkehrt seine Natur in die Gestalt des *Seins*, d.h. faßt seine Negativität nur als *Gesetze* desselben auf. – Es ist hier hinreichend, die Ungültigkeit der sogenannten Denkgesetze aus der allgemeinen Natur der Sache aufgezeigt zu haben. Die nähere Entwicklung gehört in die spekulative Philosophie, worin sie sich als dasjenige zeigen, was sie in Wahrheit sind, nämlich einzelne verschwindende Momente, deren Wahrheit nur das Ganze der denkenden Bewegung, das Wissen selbst ist.

Diese negative Einheit des Denkens ist für sich selbst, oder vielmehr sie ist das *Fürsichselbstsein*, das Prinzip der Individualität, und in seiner Realität *tuendes Bewußtsein*. Zu ihm als der Realität jener Gesetze wird daher das beobachtende Bewußtsein durch die Natur der Sache fortgeführt. Indem dieser Zusammenhang nicht für es ist, so meint es, das Denken in seinen Gesetzen bleibe ihm auf der einen Seite stehen, und auf der andern Seite erhalte es ein anderes Sein an dem, was ihm jetzt Gegenstand ist, nämlich das tuende Bewußtsein, welches so für sich ist, daß es das Anderssein aufhebt und in dieser Anschauung seiner selbst als des Negativen seine Wirklichkeit hat.

Es eröffnet sich also für die *Beobachtung* ein *neues Feld* an der *handelnden Wirklichkeit des Bewußtseins*. Die Psychologie enthält die Menge von Gesetzen, nach welchen der Geist gegen die verschiedenen Weisen seiner Wirklichkeit, als eines *vorgefundenen Andersseins*, sich verschieden verhält; teils diese in sich zu empfangen und den vorgefundenen Gewohnheiten, Sitten und Denkungsart, als worin er sich als Wirklichkeit Gegenstand ist, *gemäß zu werden*, – teils gegen sie sich selbsttätig zu wissen, mit Neigung und Leidenschaft nur Besonderes daraus für sich herauszugreifen und das Gegenständliche *sich gemäß zu machen*; dort sich gegen sich selbst als Einzelheit, hier gegen sich als allgemeines Sein negativ zu verhalten. – Die Selbständigkeit gibt dem Vorgefundenen nach der ersten Seite nur die *Form* bewußter Individualität überhaupt und bleibt in Ansehung des Inhalts innerhalb der vorgefundenen allgemeinen Wirklichkeit stehen; nach der andern Seite aber gibt sie ihr wenigstens eine eigentümliche Modifikation, die ihrem wesentlichen Inhalte nicht widerspricht, oder auch eine solche, wodurch das Individuum als besondere Wirklichkeit und eigentümlicher Inhalt sich ihr entgegensetzt – und zum Verbrechen wird, indem es sie auf eine nur einzelne Weise aufhebt, oder indem es dies auf eine allgemeine Weise und damit für alle tut, eine andere Welt, anderes Recht, Gesetz und Sitten an die Stelle der vorhandenen bringt.

Die beobachtende Psychologie, welche zuerst ihre Wahrnehmungen von den *allgemeinen Weisen*, die ihr an dem tätigen Bewußtsein vorkommen, ausspricht, findet mancherlei Vermögen, Neigungen und Leidenschaften, und indem sich die Erinnerung an die Einheit des Selbstbewußtseins bei der Hererzählung dieser Kollektion nicht unterdrücken läßt, muß sie wenigstens bis zur Verwunderung fortgehen, daß in dem Geiste, wie in einem Sacke, so vielerlei und solche heterogene einander zufällige Dinge beisammen sein können, besonders auch da sie sich nicht als tote ruhende Dinge, sondern als unruhige Bewegungen zeigen.

In der Hererzählung dieser verschiedenen Vermögen ist die Beobachtung in der allgemeinen Seite; die Einheit dieser vielfachen Fähigkeiten ist die dieser Allgemeinheit entgegengesetzte Seite, die *wirkliche* Individualität. – Die unterschiednen wirklichen Individualitäten wieder so aufzufassen und zu erzählen, daß der eine Mensch mehr Neigung zu diesem, der andere mehr zu jenem, der eine mehr Verstand als der andere habe, hat aber etwas viel Uninteressanteres, als selbst die Arten von Insekten, Moosen usf. aufzuzählen; denn diese geben der Beobachtung das Recht, sie so einzeln und begrifflos zu nehmen, weil sie wesentlich dem Elemente der zufälligen Vereinzelung angehören. Die bewußte Individualität hingegen geistlos als *einzelne* seiende Erscheinung zu nehmen, hat das Widersprechende, daß ihr Wesen das Allgemeine des Geistes ist. Indem aber das Auffassen sie zugleich in die Form der Allgemeinheit eintreten läßt, findet es *ihr Gesetz* und scheint jetzt einen vernünftigen Zweck zu haben und ein notwendiges Geschäft zu treiben.

Die Momente, die den Inhalt des Gesetzes ausmachen, sind einerseits die Individualität selbst, anderseits ihre allgemeine unorganische Natur, nämlich die vorgefundenen Umstände, Lage, Gewohnheiten, Sitten, Religion usw.; aus diesen ist die bestimmte Individualität zu begreifen. Sie enthalten Bestimmtes ebensowohl als Allgemeines und sind zugleich *Vorhandenes*, das sich der Beobachtung darbietet und sich an der andern Seite in der Form der Individualität ausdrückt.

Das Gesetz dieses Verhältnisses der beiden Seiten müßte nun dies enthalten, was diese bestimmten Umstände für eine Wirkung und Einfluß auf die Individualität ausüben. Diese Individualität aber ist gerade dies, *ebensowohl* das *Allgemeine* zu sein und daher auf eine ruhige unmittelbare Weise mit dem *vorhandenen* Allgemeinen, den Sitten, Gewohnheiten usf. zusammenzufließen und ihnen gemäß zu werden, *als* sich entgegengesetzt gegen sie zu verhalten und sie vielmehr zu verkehren, – sowie gegen sie in ihrer Einzelheit ganz gleichgültig sich zu verhalten, sie nicht auf sich einwirken zu lassen und nicht gegen sie tätig zu sein. *Was* auf die Individualität Einfluß und *welchen* Einfluß es haben soll, – was eigentlich gleichbedeutend ist, – hängt darum nur von der Individualität selbst ab; *dadurch* ist diese Individualität *diese bestimmte geworden*, heißt nichts anders, als *sie ist dies schon gewesen*. Umstände, Lage, Sitten usf., welche einerseits gezeigt werden als *vorhanden*, und anderseits *in dieser bestimmten Individualität*, drücken nur das unbestimmte Wesen derselben aus, um welches es nicht zu tun ist. Wenn diese Umstände, Denkungsart, Sitten, Weltzustand überhaupt nicht gewesen wäre, so wäre allerdings das Individuum nicht geworden, was es ist; denn diese allgemeine Substanz sind alle, welche in diesem Weltzustande sich befinden. – Wie er sich aber in *diesem* Individuum, – und ein solches soll begriffen werden, – partikularisiert hat, so müßte er sich an und für sich selbst partikularisiert, und in dieser Bestimmtheit, welche er sich gegeben, auf ein Individuum eingewirkt haben; nur so hätte er es zu diesem bestimmten gemacht, das es ist. Wenn das Äußere sich an und für sich so beschaffen hat, wie es an der Individualität erscheint, wäre diese aus jenem begriffen. Wir hätten eine gedoppelte Galerie von Bildern, deren eine der Widerschein der andern wäre; die eine die Galerie der völligen Bestimmtheit und Umgrenzung äußerer Umstände, die andere dieselbe übersetzt in die Weise, wie sie in dem bewußten Wesen sind; jene die Kugelfläche, dieses der Mittelpunkt, welcher sie in sich vorstellt.

Aber die Kugelfläche, die Welt des Individuums, hat unmittelbar die zweideutige Bedeutung, *an und für sich seiende Welt* und *Lage, und Welt des Individuums entweder* insofern zu sein, als dieses mit ihr nur zusammengeflossen wäre, sie so, wie sie ist, in sich hineingehen lassen und gegen sie sich nur als formelles Bewußtsein verhalten hätte, – *oder* aber Welt des Individuums so zu sein, wie das Vorhandene von ihm *verkehrt* worden ist. – Da um dieser Freiheit willen die Wirklichkeit dieser gedoppelten Bedeutung fähig ist, so ist die Welt des Individuums nur aus diesem selbst zu begreifen; und der *Einfluß* der Wirklichkeit, welche als an und für sich *seiend* vorgestellt wird, auf das Individuum erhält durch dieses absolut den entgegengesetzten Sinn, daß es entweder den Strom der einfließenden Wirklichkeit an ihm *gewähren* läßt, oder daß es ihn abbricht und verkehrt. Hiedurch aber wird die *psychologische Notwendigkeit* ein so leeres Wort, daß von dem, was diesen Einfluß soll gehabt haben, die absolute Möglichkeit vorhanden ist, daß es ihn auch hätte nicht haben können.

Es fällt hiemit das *Sein* hinweg, welches *an und für sich* wäre und die eine und zwar die allgemeine Seite eines Gesetzes ausmachen sollte. Die Individualität ist, was *ihre* Welt als die *ihrige* ist; sie selbst ist der Kreis ihres Tuns, worin sie sich als Wirklichkeit dargestellt hat, und schlechthin nur Einheit des *vorhandenen* und des *gemachten Seins*; eine Einheit, deren Seiten nicht, wie in der Vorstellung des psychologischen Gesetzes als *an sich* vorhandne Welt und als *für sich* seiende Individualität, auseinanderfallen; oder wenn sie so jede für sich betrachtet wird, so ist keine Notwendigkeit und Gesetz ihrer Beziehung füreinander vorhanden.

c.
Beobachtung der Beziehung des Selbstbewußtseins auf seine unmittelbare Wirklichkeit; Physiognomik und Schädellehre.

Die psychologische Beobachtung findet kein Gesetz des Verhältnisses des Selbstbewußtseins zu der Wirklichkeit oder der ihm entgegengesetzten Welt und ist durch die Gleichgültigkeit beider gegeneinander auf die *eigentümliche Bestimmtheit* der realen Individualität zurückgetrieben, welche *an und für sich* selbst ist oder den Gegensatz des *Fürsich*seins und des *Ansich*seins in ihrer absoluten Vermittlung getilgt enthält. Sie ist der Gegenstand, der jetzt der Beobachtung geworden, oder zu dem sie übergeht.

Das Individuum ist an und für sich selbst: es ist *für sich*, oder es ist ein freies Tun; es ist aber auch *an sich*, oder es selbst hat ein *ursprüngliches* bestimmtes *Sein*, – eine Bestimmtheit, welche dem Begriffe nach dasselbe ist, was die Psychologie außer ihm finden wollte. *An ihm selbst* tritt also der Gegensatz hervor, dies Gedoppelte, Bewegung des Bewußtseins und das feste Sein einer erscheinenden Wirklichkeit, zu sein, einer solchen, welche an ihm unmittelbar *die seinige* ist. Dies *Sein*, der *Leib* der bestimmten Individualität, ist die *Ursprünglichkeit* derselben, ihr Nichtgetanhaben. Aber indem das Individuum zugleich nur ist, was es getan hat, so ist sein Leib auch der von ihm *hervorgebrachte* Ausdruck seiner selbst; zugleich ein *Zeichen*, welches nicht unmittelbare Sache geblieben, sondern woran es nur zu erkennen gibt, was es in dem Sinne *ist*, daß es seine ursprüngliche Natur ins Werk richtet.

Betrachten wir die hier vorhandenen Momente in Beziehung auf die vorhergehende Ansicht, so ist hier eine allgemeine menschliche Gestalt oder wenigstens die allgemeine eines Klimas, Weltteils, eines Volks, wie vorhin dieselben allgemeinen Sitten und Bildung. Hiezu kommen die besondern Umstände und Lage innerhalb der allgemeinen Wirklichkeit; hier ist diese besondere Wirklichkeit als besondere Formation der Gestalt des Individuums. – Auf der andern Seite, wie vorhin das freie Tun des Individuums und die Wirklichkeit als die *seinige* gegen die vorhandne gesetzt war, steht hier die Gestalt als Ausdruck *seiner* durch es selbst gesetzten Verwirklichung, die Züge und Formen seines selbsttätigen Wesens. Aber die sowohl allgemeine als besondere Wirklichkeit, welche die Beobachtung vorhin außer dem Individuum vorfand, ist hier die Wirklichkeit *desselben*, sein angeborner Leib, und in eben diesen fällt der Ausdruck, der seinem Tun angehört. In der psychologischen Betrachtung sollte die an und für sich seiende Wirklichkeit und die bestimmte Individualität aufeinander bezogen werden; hier aber ist die *ganze* bestimmte *Individualität* Gegenstand der Beobachtung; und jede Seite seines Gegensatzes ist selbst dies Ganze. Zu dem äußern Ganzen gehört also nicht nur das *ursprüngliche Sein*, der angeborne Leib, sondern ebenso die Formation desselben, die der Tätigkeit des Innern angehört; er ist Einheit des ungebildeten und des gebildeten Seins und die von dem Fürsichsein durchdrungne Wirklichkeit des Individuums. Dieses Ganze, welches die bestimmten ursprünglichen festen Teile und die Züge, die allein durch das Tun entstehen, in sich faßt, *ist*, und dies *Sein* ist *Ausdruck* des Innern, des als Bewußtsein und Bewegung gesetzten Individuums. – Dies *Innre* ist ebenso nicht mehr die formelle, inhaltlose oder unbestimmte Selbsttätigkeit, deren Inhalt und Bestimmtheit, wie vorhin, in den äußern Umständen läge, sondern es ist ein an sich bestimmter ursprünglicher Charakter, dessen Form nur die Tätigkeit ist. Zwischen diesen beiden Seiten also wird hier das Verhältnis betrachtet, wie es zu bestimmen, und was unter diesem *Ausdrucke* des Innern im Äußern zu verstehen ist.

Dies Äußere macht zuerst nur als *Organ* das Innere sichtbar oder überhaupt zu einem Sein für anderes; denn das Innere, insofern es in dem Organe ist, ist es *die Tätigkeit* selbst. Der sprechende Mund, die arbeitende Hand, wenn man will, auch noch die Beine dazu, sind die verwirklichenden und vollbringenden Organe, welche das Tun *als Tun*, oder das Innre als solches an ihnen haben; die Äußerlichkeit aber, welche es durch sie gewinnt, ist die Tat als eine von dem Individuum abgetrennte Wirklichkeit. Sprache und Arbeit sind Äußerungen, worin das Individuum nicht mehr an ihm selbst sich behält und besitzt, sondern das Innre ganz außer sich kommen läßt, und dasselbe Anderem preisgibt. Man kann darum ebensosehr sagen, daß diese Äußerungen das Innere zu sehr, als daß sie es zu wenig ausdrücken; *zu sehr*, – weil das Innere selbst in ihnen ausbricht, bleibt kein Gegensatz zwischen ihnen und diesem; sie geben nicht nur einen *Ausdruck* des Innern, sondern es selbst unmittelbar; *zu wenig*, – weil das Innere in Sprache und Handlung sich zu einem Andern macht, so gibt es sich damit dem Elemente der Verwandlung preis, welches das gesprochene Wort und die vollbrachte Tat verkehrt, und etwas anders daraus macht, als sie an und für sich als Handlungen dieses bestimmten Individuums sind. Nicht nur verlieren die Werke der Handlungen durch diese Äußerlichkeit von dem Einwirken Anderer den Charakter, etwas Bleibendes gegen andere Individualitäten zu sein; sondern indem sie sich zum Innern, das sie enthalten, als abgesondertes, gleichgültiges Äußeres verhalten, können sie als Innres *durch das Individuum* selbst ein anderes sein, als sie erscheinen, – entweder daß es sie mit Absicht für die Erscheinung zu etwas anderem macht, als sie in Wahrheit sind, – oder daß es zu ungeschickt ist, sich die Außenseite zu geben, die es eigentlich wollte, und sie so zu befestigen, daß ihm von Andern sein Werk nicht verkehrt werden kann. Das Tun also, als vollbrachtes Werk, hat die doppelte entgegengesetzte Bedeutung, entweder die *innere Individualität* und *nicht* ihr *Ausdruck*, oder als Äußeres eine von dem Innern *freie* Wirklichkeit zu sein, welche ganz etwas anderes ist als jenes. – Um dieser Zweideutigkeit willen müssen wir uns nach dem Innern umsehen, wie es noch, aber sichtbar oder äußerlich *an dem Individuum selbst ist*. Im Organe aber ist es nur als unmittelbares *Tun* selbst, das seine Äußerlichkeit an der Tat erlangt, die entweder das Innre vorstellt oder auch nicht. Das Organ nach diesem Gegensatze betrachtet gewährt also nicht den Ausdruck, der gesucht wird.

Wenn nun die äußere Gestalt nur, insofern sie nicht Organ oder nicht *Tun*, hiemit als *ruhendes* Ganzes ist, die innre Individualität ausdrücken könnte, so verhielte sie sich also als ein bestehendes Ding, welches das Innre als ein Fremdes in sein passives Dasein ruhig empfinge und hiedurch das Zeichen desselben würde; – ein äußerer, zufälliger Ausdruck, dessen *wirkliche* Seite für sich bedeutungslos, – eine Sprache, deren Töne und Tonverbindungen nicht die Sache selbst, sondern durch die freie Willkür mit ihr verknüpft und zufällig für sie sind.

Eine solche willkürliche Verbindung von solchen, die ein Äußeres füreinander sind, gibt kein Gesetz. Die Physiognomik soll sich aber von andern schlechten Künsten und heillosen Studien dadurch unterscheiden, daß sie die bestimmte Individualität in dem *notwendigen* Gegensatze eines Innern und Äußern, des Charakters als bewußten Wesens und ebendesselben als seiender Gestalt betrachtet, und diese Momente so aufeinander bezieht, wie sie durch ihren Begriff aufeinander bezogen sind, und daher den Inhalt eines Gesetzes ausmachen müssen. In der Astrologie, Chiromantie und dergleichen Wissenschaften hingegen scheint nur Äußeres auf Äußeres, irgend etwas auf ein ihm Fremdes bezogen zu sein. *Diese* Konstellation bei der Geburt, und wenn dies Äußere näher auf den Leib selbst gerückt wird, *diese* Züge der Hand sind *äußere* Momente für das lange oder kurze Leben und das Schicksal des einzelnen Menschen überhaupt. Als Äußerlichkeiten verhalten sie sich gleichgültig zueinander und haben nicht die Notwendigkeit füreinander, welche in der Beziehung eines *Äußern* und *Innern* liegen soll.

Die Hand freilich scheint nicht so sehr etwas Äußeres für das Schicksal zu sein, sondern vielmehr als Inneres zu ihm sich zu verhalten. Denn das Schicksal ist auch wieder nur die Erscheinung dessen, was die bestimmte Individualität *an sich* als innre ursprüngliche Bestimmtheit ist. – Zu wissen nun, was sie an sich ist, dazu kommt der Chiromante wie auch der Physiognomiker auf eine kürzere Weise als z.B. Solon, der erst aus und nach dem Verlaufe des ganzen Lebens dies wissen zu können erachtete; er betrachtete die Erscheinung, jene aber das *Ansich*. Daß aber die Hand das *Ansich* der Individualität in Ansehung ihres Schicksals darstellen muß, ist leicht daraus zu sehen, daß sie nächst dem Organ der Sprache am meisten es ist, wodurch der Mensch sich zur Erscheinung und Verwirklichung bringt. Sie ist der beseelte Werkmeister seines Glücks; man kann von ihr sagen, sie *ist* das, was der Mensch *tut*; denn an ihr als dem tätigen Organe seines Sichselbstvollbringens ist er als Beseelender gegenwärtig, und indem er ursprünglich sein eignes Schicksal ist, wird sie also dies Ansich ausdrücken.

Aus dieser Bestimmung, daß das *Organ* der Tätigkeit *ebensowohl* ein *Sein* als das *Tun* in ihm ist, oder daß das innre *Ansichsein* selbst an ihm *gegenwärtig* [ist] und ein *Sein für* andre hat, ergibt sich eine andre Ansicht desselben als die vorherige. Wenn nämlich die Organe überhaupt darum nicht als *Ausdrücke* des Innern genommen werden zu können sich zeigten, weil in ihnen das Tun *als Tun* gegenwärtig, das Tun *als Tat* aber nur äußeres ist, und Inneres und Äußeres auf diese Weise auseinander fällt und [beide] fremde gegeneinander sind oder sein können, so muß nach der betrachteten Bestimmung das Organ auch wieder als *Mitte* beider genommen werden, indem eben dies, daß das Tun an ihm *gegenwärtig* ist, zugleich eine *Äußerlichkeit* desselben ausmacht, und zwar eine andere, als die Tat ist; jene nämlich bleibt dem Individuum und an ihm. – Diese Mitte und Einheit des Innern und Äußern ist nun vors erste selbst auch äußerlich; alsdenn aber ist diese Äußerlichkeit zugleich in das Innere aufgenommen; sie steht als *einfache* Äußerlichkeit der zerstreuten entgegen, welche entweder nur ein *einzelnes*[,] für die ganze Individualität zufälliges Werk oder Zustand, oder aber als *ganze* Äußerlichkeit das in eine Vielheit von Werken und Zuständen zersplitterte Schicksal ist. Die *einfachen Züge der Hand* also, ebenso *Klang* und *Umfang* der *Stimme* als die individuelle Bestimmtheit der *Sprache*, – auch dieselbe wieder, wie sie durch die Hand eine festere Existenz als durch die Stimme bekommt, die *Schrift*, und zwar in ihrer Besonderheit als *Handschrift* – alles dieses ist *Ausdruck* des Innern, so daß er als die *einfache Äußerlichkeit* sich wieder gegen die *vielfache Äußerlichkeit* des Handelns und des Schicksals, sich als *Inneres* gegen diese verhält. – Wenn also zuerst die bestimmte Natur und angeborne Eigentümlichkeit des Individuums zusammen mit dem, was sie durch die Bildung geworden, als das *Innere*, als das Wesen des Handelns und des Schicksals genommen wird, so hat es seine *Erscheinung* und Äußerlichkeit *zuerst* an seinem Munde, Hand, Stimme, Handschrift, so wie an den übrigen Organen und deren bleibenden Bestimmtheiten; und *alsdann* erst drückt es sich *weiter* hinaus nach außen an seiner Wirklichkeit in der Welt aus.

Weil nun diese Mitte sich als die Äußerung bestimmt, welche zugleich ins Innere zurückgenommen ist, ist ihr Dasein nicht auf das unmittelbare Organ des Tuns eingeschränkt, sie ist vielmehr die nichts vollbringende Bewegung und Form des Gesichts und der Gestaltung überhaupt. Diese Züge und ihre Bewegung sind nach diesem Begriffe das zurückgehaltne[,] an dem Individuum bleibende Tun, und nach seiner Beziehung auf das wirkliche Tun das eigene Beaufsichtigen und Beobachten desselben, *Äußerung* als *Reflexion über* die wirkliche Äußerung. – Das Individuum ist zu und bei seinem äußern Tun darum nicht stumm, weil es dabei zugleich in sich reflektiert ist, und es äußert dies in sich Reflektiertsein; dies theoretische Tun oder die Sprache des Individuums mit sich selbst darüber ist auch vernehmlich für andere, denn sie ist selbst eine Äußerung.

An diesem Innern, welches in seiner Äußerung Inneres bleibt, wird also das Reflektiert*sein* des Individuums aus seiner Wirklichkeit beobachtet; und es ist zu sehen, welche Bewandtnis es mit dieser Notwendigkeit hat, die in dieser Einheit gesetzt ist. – Dies Reflektiertsein ist zuerst verschieden von der Tat selbst und kann also etwas *anderes* sein und für etwas anderes genommen werden, als sie ist; man sieht es einem am Gesicht an, ob es ihm *Ernst* mit dem ist, was er sagt oder tut. – Umgekehrt aber ist dieses, was Ausdruck des Innern sein soll, zugleich *seiender* Ausdruck, und fällt hiemit selbst in die Bestimmung des *Seins* herunter, das absolut zufällig für das selbstbewußte Wesen ist. Es ist daher wohl Ausdruck, aber zugleich auch nur wie ein *Zeichen*, so daß dem ausgedrückten Inhalte die Beschaffenheit dessen, wodurch es ausgedrückt wird, vollkommen gleichgültig ist. Das Innere ist in dieser Erscheinung wohl *sichtbares* Unsichtbares, aber ohne an sie geknüpft zu sein; es kann ebensowohl in einer andern Erscheinung sein, als ein anderes Inneres in derselben Erscheinung sein kann. – L i c h t e n b e r g sagt daher mit Recht: *Gesetzt, der Physiognom haschte den Menschen einmal, so käme es nur auf einen braven Entschluß an, sich wieder auf Jahrtausende unbegreiflich zu machen.* –

Wie in dem vorhergehenden Verhältnisse die vorliegenden Umstände ein Seiendes waren, woraus die Individualität sich das nahm, was *sie* vermochte und wollte, entweder sich ihm ergebend oder es verkehrend, aus welchem Grunde es die Notwendigkeit und das Wesen der Individualität nicht enthielt, – ebenso ist hier das erscheinende unmittelbare Sein der Individualität ein solches, das entweder ihr Reflektiertsein aus der Wirklichkeit und ihr Insichsein ausdrückt, oder das für sie nur ein Zeichen ist, das gleichgültig gegen das Bezeichnete [ist], und darum in Wahrheit nichts bezeichnet; es ist ihr ebensowohl ihr Gesicht als ihre Maske, die sie ablegen kann. – Sie durchdringt ihre Gestalt, bewegt sich, spricht in ihr; aber dies ganze Dasein tritt ebenso als ein gleichgültiges Sein gegen den Willen und die Handlung über; sie tilgt an ihm die Bedeutung, die es vorhin hatte, ihr Reflektiertsein in sich oder ihr wahres Wesen an ihm zu haben, und legt es umgekehrt vielmehr in den Willen und in die Tat.

Die Individualität *gibt dasjenige* in *sich Reflektiertsein auf,* welches in den *Zügen* ausgedrückt ist, und *legt ihr Wesen* in *das Werk.* Hierin widerspricht sie dem Verhältnisse, welches von dem Vernunftinstinkte, der sich auf das Beobachten der selbstbewußten Individualität legt, in Ansehung dessen, was ihr *Inneres* und *Äußeres* sein soll, festgesetzt wird. Dieser Gesichtspunkt führt uns auf den eigentlichen Gedanken, der der physiognomischen – wenn man so will – *Wissenschaft* zum Grunde liegt. Der Gegensatz, auf welchen dies Beobachten geraten, ist der Form nach der Gegensatz von Praktischem und Theoretischem, beides nämlich innerhalb des Praktischen selbst gesetzt, – von der sich im Handeln, dies im allgemeinsten Sinne genommen, verwirklichenden Individualität, und derselben, wie sie in diesem Handeln zugleich daraus heraus, in sich reflektiert, und es ihr Gegenstand ist. Das Beobachten nimmt diesen Gegensatz nach demselben verkehrten Verhältnisse auf, worin er sich in der Erscheinung bestimmt. Für das *unwesentliche Äußere* gilt ihm die Tat selbst und das Werk, es sei der Sprache oder einer befestigtern Wirklichkeit, – für das *wesentliche Innre* aber das *Insichsein* der Individualität. Unter den beiden Seiten, welche das praktische Bewußtsein an ihm hat, dem Beabsichtigen und der Tat, dem *Meinen* über seine Handlung und der *Handlung* selbst – wählt die Beobachtung jene Seite zum wahren Innern; dieses soll seine mehr oder weniger *unwesentliche* Äußerung an der Tat, seine wahre aber an seiner Gestalt haben. Die letztere Äußerung ist unmittelbare sinnliche Gegenwart des individuellen Geistes; die Innerlichkeit, die die wahre sein soll, ist die Eigenheit der Absicht und die Einzelheit des Fürsichseins; beides der *gemeinte* Geist. Was das Beobachten zu seinen Gegenständen hat, ist also *gemeintes* Dasein, und zwischen solchem sucht es Gesetze auf.

Das unmittelbare Meinen über die gemeinte Gegenwart des Geistes ist die natürliche Physiognomik, das vorschnelle Urteil über die innre Natur und den Charakter ihrer Gestalt bei ihrem ersten Anblicke. Der Gegenstand dieser Meinung ist von der Art, daß es in seinem Wesen liegt, in Wahrheit etwas anderes zu sein, als nur sinnliches unmittelbares Sein. Es ist zwar auch eben dieses im Sinnlichen aus ihm in sich Reflektiertsein, was gegenwärtig, die Sichtbarkeit als Sichtbarkeit des Unsichtbaren, was Gegenstand des Beobachtens ist. Aber eben diese sinnliche unmittelbare Gegenwart ist *Wirklichkeit* des Geistes, wie sie nur für die Meinung ist; und das Beobachten treibt sich nach dieser Seite mit seinem gemeinten Dasein, mit der Physiognomie, Handschrift, Ton der Stimme usf. herum. – Es bezieht solches Dasein auf eben solches *gemeintes Innres*. Es ist nicht der Mörder, der Dieb, welcher erkannt werden soll, sondern die *Fähigkeit, es zu sein*; die feste abstrakte Bestimmtheit verliert sich dadurch in die konkrete unendliche Bestimmtheit des *einzelnen* Individuums, die nun kunstreichere Schildereien erfordert, als jene Qualifikationen sind. Solche kunstreichen Schildereien sagen wohl mehr als die Qualifikation durch Mörder, Diebe, oder gutherzig, unverdorben usf., aber für ihren Zweck, das gemeinte Sein, oder die einzelne Individualität auszusprechen, bei weitem nicht genug, so wenig als die Schildereien der Gestalt, welche über die flache Stirne, lange Nase usf. hinausgehen. Denn die einzelne Gestalt wie das einzelne Selbstbewußtsein ist als gemeintes Sein unaussprechlich. Die Wissenschaft der Menschenkenntnis, welche auf den vermeinten Menschen, sowie [die] der Physiognomik, die auf seine vermeinte Wirklichkeit geht und das bewußtlose Urteilen der natürlichen Physiognomik zu einem Wissen erheben will, ist daher etwas End- und Bodenloses, das nie dazu kommen kann zu sagen, was es meint, weil es nur meint und sein Inhalt nur Gemeintes ist.

Die *Gesetze*, welche diese Wissenschaft zu finden ausgeht, sind Beziehungen dieser beiden gemeinten Seiten, und können daher selbst nichts als ein leeres Meinen sein. Auch da dies vermeinte Wissen, das mit der Wirklichkeit des Geistes sich zu tun macht, gerade dies zu seinem Gegenstande hat, daß er aus seinem sinnlichen Dasein heraus sich in sich reflektiert, und das bestimmte Dasein für ihn eine gleichgültige Zufälligkeit ist, so muß es bei seinen aufgefundenen Gesetzen unmittelbar wissen, daß nichts damit gesagt ist, sondern eigentlich rein geschwatzt oder nur *eine Meinung von sich* gegeben wird; ein Ausdruck, der die Wahrheit hat, dies als dasselbe auszusprechen, – seine *Meinung* zu sagen und damit nicht die Sache, sondern nur eine Meinung *von sich* beizubringen. Dem *Inhalte* nach aber können diese Beobachtungen nicht von denen abweichen: „Es regnet allemal, wenn wir Jahrmarkt haben," sagt der Krämer; „und auch allemal, wenn ich Wäsche trockne," sagt die Hausfrau.

Lichtenberg, der das physiognomische Beobachten so charakterisiert, sagt auch noch dies: „wenn jemand sagte, du handelst zwar wie ein ehrlicher Mann, ich sehe es aber aus deiner Figur, du zwingst dich, und bist ein Schelm im Herzen; fürwahr eine solche Anrede wird bis ans Ende der Welt von jedem braven Kerl mit einer Ohrfeige erwidert werden." – Diese Erwiderung ist deswegen *treffend*, weil sie die Widerlegung der ersten Voraussetzung einer solchen Wissenschaft des Meinens ist, daß nämlich *die Wirklichkeit* des Menschen sein Gesicht usf. sei. – Das *wahre Sein* des Menschen ist vielmehr *seine Tat*; in ihr ist die Individualität *wirklich*, und sie ist es, welche das *Gemeinte* in seinen beiden Seiten aufhebt. Einmal das Gemeinte als ein leibliches ruhendes Sein; die Individualität stellt sich vielmehr in der Handlung als das *negative* Wesen dar, welches nur *ist*, insofern es Sein aufhebt. Alsdenn hebt die Tat die Unaussprechlichkeit der Meinung ebenso in Ansehung der selbstbewußten Individualität auf, welche in der Meinung eine unendlich bestimmte und bestimmbare ist. In der vollbrachten Tat ist diese schlechte Unendlichkeit vernichtet. Die Tat ist ein einfach Bestimmtes, Allgemeines, in einer Abstraktion zu Befassendes; sie ist Mord, Diebstahl, oder Wohltat, tapfere Tat usf., und es kann von ihr *gesagt* werden, was *sie ist*. Sie *ist* dies, und ihr Sein ist nicht nur ein Zeichen, sondern die Sache selbst. Sie *ist* dies, und der individuelle Mensch *ist*, was *sie ist*; in der Einfachheit *dieses Seins* ist er für andere seiendes, allgemeines Wesen, und hört auf, nur gemeintes zu sein. Er ist zwar darin nicht als Geist gesetzt; aber indem von seinem *Sein* als Sein die Rede, und *einerseits* das gedoppelte Sein, der *Gestalt* und der *Tat*, sich gegenübersteht, und jene wie diese seine Wirklichkeit sein soll, so ist vielmehr nur die Tat als sein *echtes Sein* zu behaupten, – nicht seine Figur, welche das ausdrücken sollte, was er zu seinen Taten meint, oder was man meinte, daß er tun nur könnte. Ebenso indem *andererseits* sein *Werk* und seine innere *Möglichkeit*, Fähigkeit oder Absicht, entgegengesetzt werden, ist jenes allein für seine wahre Wirklichkeit anzusehen, wenn auch er selbst sich darüber täuscht und, aus seiner Handlung in sich gekehrt, in diesem Innern ein anderes zu sein meint als in der *Tat*. Die Individualität, die sich dem gegenständlichen Elemente anvertraut, indem sie zum Werke wird, gibt sich damit wohl dem preis, verändert und verkehrt zu werden. Aber den Charakter der Tat macht ebendies aus, ob sie ein wirkliches Sein ist, das sich hält, oder ob nur ein gemeintes Werk, das in sich nichtig vergeht. Die Gegenständlichkeit verändert nicht die Tat selbst, sondern zeigt nur, *was* sie ist, d.h. ob sie *ist*, oder ob sie *nichts ist*. – Die Zergliederung dieses Seins in Absichten und dergleichen Feinheiten, wodurch der *wirkliche* Mensch, d.h. seine Tat, wieder in ein gemeintes Sein zurück erklärt werden soll, wie er wohl selbst auch sich besondere Absichten über seine Wirklichkeit erschaffen mag, müssen dem Müßiggange der Meinung überlassen bleiben, der, wenn er seine tatenlose Weisheit ins Werk richten, den Charakter der Vernunft am Handelnden ableugnen und ihn auf diese Weise mißhandeln will, daß er statt der Tat vielmehr die Figur und die Züge für das Sein desselben erklären will, die obige Erwiderung zu befahren hat, die ihm erweist, daß Figur nicht das *Ansich* ist, sondern vielmehr ein Gegenstand der Behandlung sein kann.

Sehen wir nun auf den Umfang der Verhältnisse überhaupt, in welchen die selbstbewußte Individualität zu ihrem Äußern stehend beobachtet werden kann, so wird eines zurück sein, welches die Beobachtung sich noch zu ihrem Gegenstande machen muß. In der Psychologie ist es die *äußere Wirklichkeit* der *Dinge*, welche an dem Geiste ihr sich bewußtes *Gegenbild* haben und ihn begreiflich machen soll. In der Physiognomik dagegen soll er in seinem *eignen* Äußern als in einem Sein, welches die *Sprache* – die sichtbare Unsichtbarkeit seines Wesens – sei, erkannt werden. Noch ist die Bestimmung der Seite der Wirklichkeit übrig, daß die Individualität an ihrer unmittelbaren, festen, rein daseienden Wirklichkeit ihr Wesen ausspreche. – Diese letzte Beziehung unterscheidet sich also von der physiognomischen dadurch, daß diese die *sprechende* Gegenwart des Individuums ist, das in seiner *handelnden* Äußerung zugleich die sich in sich *reflektierende* und *betrachtende* darstellt, eine Äußerung, welche selbst Bewegung ist, ruhende Züge, welche selbst wesentlich ein vermitteltes Sein sind. In der noch zu betrachtenden Bestimmung aber ist endlich das Äußere eine ganz *ruhende* Wirklichkeit, welche nicht an ihr selbst redendes Zeichen [ist], sondern getrennt von der selbstbewußten Bewegung sich für sich darstellt und als bloßes Ding ist.

Zunächst erhellt über die Beziehung des Innern auf dies sein Äußeres, daß sie als Verhältnis des *Kausalzusammenhangs* begriffen werden zu müssen scheint, indem die Beziehung eines Ansichseienden auf ein anderes Ansichseiendes, als eine *notwendige*, dies Verhältnis ist.

Daß nun die geistige Individualität auf den Leib Wirkung habe, muß sie als Ursache selbst leiblich sein. Das Leibliche aber, worin sie als Ursache ist, ist das Organ, aber nicht des Tuns gegen die äußere Wirklichkeit, sondern des Tuns des selbstbewußten Wesens in sich selbst, nach außen nur gegen seinen Körper; es ist nicht sogleich abzusehen, welches diese Organe sein können. Würde nur an die Organe überhaupt gedacht, so würde das Organ der Arbeit überhaupt leicht bei der Hand sein, ebenso das Organ des Geschlechtstriebes usf. Allein solche Organe sind als Werkzeuge oder als Teile zu betrachten, welche der Geist als Ein Extrem zur Mitte gegen das andere Extrem, das äußerer *Gegenstand* ist, hat. Hier aber ist ein Organ verstanden, worin das selbstbewußte Individuum als Extrem gegen seine eigne, ihm entgegengesetzte Wirklichkeit sich *für sich* erhält, nicht zugleich nach außen gekehrtes, sondern in seiner Handlung reflektiertes, und woran die Seite des *Seins* nicht ein *Sein für anderes* ist. In der physiognomischen Beziehung wird das Organ zwar auch als in sich reflektiertes und das Tun besprechendes Dasein betrachtet; aber dies Sein ist ein gegenständliches, und das Resultat der physiognomischen Beobachtung ist dieses, daß das Selbstbewußtsein gegen eben diese seine Wirklichkeit, als gegen etwas Gleichgültiges, gegenübertritt. Diese Gleichgültigkeit verschwindet darin, daß dies in sich Reflektiertsein selbst *wirkend* ist; dadurch erhält jenes Dasein eine notwendige Beziehung auf es; daß es aber auf das Dasein wirkend sei, muß es selbst ein aber nicht eigentlich gegenständliches Sein haben, und als dies Organ soll es aufgezeigt werden.

Im gemeinen Leben nun wird der Zorn, z.B. als ein solches inneres Tun in die Leber verlegt; Plato gibt ihr sogar noch etwas Höheres, das nach einigen sogar das Höchste ist, zu, nämlich die Prophezeiung oder die Gabe, das Heilige und Ewige unvernünftiger Weise auszusprechen. Allein die Bewegung, welche das Individuum in der Leber, dem Herzen usf. hat, kann nicht als die ganz in sich reflektierte Bewegung desselben angesehen werden, sondern sie ist darin vielmehr so, daß sie ihm schon in den Leib geschlagen ist und ein animalisches heraus gegen die Äußerlichkeit sich wendendes Dasein hat.

Das *Nervensystem* hingegen ist die unmittelbare Ruhe des Organischen in seiner Bewegung. Die *Nerven* selbst sind zwar wieder die Organe des schon in seine Richtung nach außen versenkten Bewußtseins; Gehirn und Rückenmark aber dürfen als die in sich bleibende – die nicht gegenständliche, die auch nicht hinausgehende, – unmittelbare Gegenwart des Selbstbewußtseins betrachtet werden. Insofern das Moment des Seins, welches dies Organ hat, ein *Sein für anderes*, Dasein ist, ist es totes Sein, nicht mehr Gegenwart des Selbstbewußtseins. Dies *Insichselbstsein* ist aber seinem Begriffe nach eine Flüssigkeit, worin die Kreise, die darein geworfen werden, sich unmittelbar auflösen, und kein Unterschied als *seiender* sich ausdrückt. Inzwischen wie der Geist selbst nicht ein abstrakt-einfaches ist, sondern ein System von Bewegungen, worin er sich in Momente unterscheidet, in dieser Unterscheidung selbst aber frei bleibt, und wie er seinen Körper überhaupt zu verschiedenen Verrichtungen gliedert, und einen einzelnen Teil desselben nur Einer bestimmt, so kann auch sich vorgestellt werden, daß das flüssige *Sein* seines *Insich*seins ein gegliedertes ist; und es scheint so vorgestellt werden zu müssen, weil das in sich reflektierte *Sein* des Geistes im Gehirn selbst wieder nur eine Mitte seines reinen Wesens und seiner körperlichen Gliederung ist, eine Mitte, welche hiemit von der Natur beider und also von der Seite der letztern auch die *seiende* Gliederung wieder an ihr haben muß.

Das geistig-organische Sein hat zugleich die notwendige Seite eines *ruhenden bestehenden* Daseins; jenes muß als Extrem des Fürsichseins zurücktreten und diese als das andere Extrem gegenüber haben, welches alsdann der Gegenstand ist, worauf jenes als Ursache wirkt. Wenn nun Gehirn und Rückenmark jenes körperliche *Fürsichsein* des Geistes ist, so ist der Schädel und die Rückenwirbelsäule, das andere ausgeschiedne Extrem hinzu, nämlich das feste ruhende Ding. – Indem aber jedem, wenn er an den eigentlichen Ort des Daseins des Geistes denkt, nicht der Rücken, sondern nur der Kopf einfällt, so können wir uns in der Untersuchung eines Wissens, als das vorliegende ist, mit diesem – für es nicht zu schlechten – Grunde begnügen, um dies Dasein auf den Schädel einzuschränken. Sollte einem der Rücken insofern einfallen, als auch wohl zuweilen durch ihn Wissen und Tun zum Teil *ein*- zum Teil aber *aus*getrieben wird, so würde dies dafür, daß das Rückenmark mit zum inwohnenden Orte des Geistes, und seine Säule zum gegenbildlichen Dasein genommen werden müsse, darum nichts beweisen, weil es zuviel bewiese; denn man kann ebenso sich erinnern, daß auch andere äußerliche Wege, der Tätigkeit des Geistes beizukommen, um sie zu erwecken oder zurückzuhalten, beliebt werden. – Die Rückenwirbelsäule fällt also, wenn man will, *mit Recht* hinweg; und es ist so gut als viele andere naturphilosophische Lehren *konstruiert*, daß der Schädel allein zwar nicht die *Organe* des Geistes enthalte. Denn dies wurde vorhin aus dem Begriffe dieses Verhältnisses ausgeschlossen, und deswegen der Schädel zur Seite des Daseins genommen; oder wenn nicht an den *Begriff* der Sache erinnert werden dürfte, so lehrt ja die Erfahrung, daß wie mit dem Auge als Organe gesehen, so *nicht* mit dem Schädel gemordet, gestohlen, gedichtet usw. wird. – Es ist sich deswegen auch des Ausdrucks *Organ* für diejenige *Bedeutung* des Schädels zu enthalten, von welcher noch zu sprechen ist. Denn ob man gleich zu sagen pflegt, daß es vernünftigen Menschen nicht auf das Wort, sondern auf die *Sache* ankomme, so ist daraus doch nicht die Erlaubnis zu nehmen, eine Sache mit einem ihr nicht zugehörigen Worte zu bezeichnen; denn dies ist Ungeschicklichkeit zugleich und Betrug, der nur das rechte *Wort* nicht zu haben meint und vorgibt, und es sich verbirgt, daß ihm in der Tat die Sache, d.h. der Begriff fehlt; wenn dieser vorhanden wäre, würde er auch sein rechtes Wort haben. – Zunächst hat sich hier nur dies bestimmt, daß wie das Gehirn der lebendige Kopf, der Schädel das caput mortuum ist.

In diesem toten Sein hätten also die geistigen Bewegungen und bestimmten Weisen des Gehirns ihre Darstellung äußerer Wirklichkeit, die jedoch noch an dem Individuum selbst ist, sich zu geben. Für das Verhältnis derselben zu ihm, der als totes Sein den Geist nicht in sich selbst inwohnen hat, bietet sich zunächst das oben festgesetzte, das äußere mechanische dar, so daß die eigentlichen Organe, – und diese sind am Gehirne, – ihn hier rund ausdrücken, dort breit schlagen oder platt stoßen, oder wie man sonst diese Einwirkung darstellen mag. Selbst ein Teil des Organismus, muß in ihm zwar, wie in jedem Knochen, eine lebendige Selbstbildung gedacht werden, so daß, hiernach betrachtet, er von seiner Seite vielmehr das Gehirn drückt und dessen äußere Beschränkung setzt; wozu er auch als das Härtere eher das Vermögen hat. Dabei aber würde noch immer dasselbe Verhältnis in der Bestimmung der Tätigkeit beider gegeneinander bleiben; denn ob der Schädel das Bestimmende oder das Bestimmte ist, dies änderte an dem Kausalzusammenhange überhaupt nichts, nur daß dann der Schädel zum unmittelbaren Organe des Selbstbewußtseins gemacht würde, weil in ihm als *Ursache* sich die Seite des *Fürsichseins* fände. Allein indem das *Fürsichsein* als *organische Lebendigkeit in beide* auf gleiche Weise fällt, fällt in der Tat der Kausalzusammenhang zwischen ihnen hinweg. Diese Fortbildung beider aber hinge im Innern zusammen und wäre eine organische prästabilierte Harmonie, welche die beiden sich aufeinander beziehenden Seiten frei gegeneinander und jeder ihre eigene *Gestalt* läßt, der die Gestalt der andern nicht zu entsprechen braucht; und noch mehr die Gestalt und die Qualität gegeneinander, – wie die Form der Weinbeere und der Geschmack des Weines frei gegeneinander sind. – Indem aber auf die Seite des Gehirns die Bestimmung des *Fürsichseins*, auf die Seite des Schädels aber die Bestimmung des *Daseins* fällt, so ist innerhalb der organischen Einheit *auch* ein Kausalzusammenhang derselben zu setzen; eine notwendige Beziehung derselben als äußerer füreinander, d.h. eine selbst äußerliche, wodurch also ihre *Gestalt* durcheinander bestimmt würde.

In Ansehung der Bestimmung aber, in welcher das Organ des Selbstbewußtseins auf die gegenüberstehende Seite tätige Ursache wäre, kann auf mancherlei Weise hin und her geredet werden; denn es ist von der Beschaffenheit einer Ursache die Rede, die nach ihrem *gleichgültigen* Dasein, ihrer Gestalt und Größe betrachtet wird, einer Ursache, deren Innres und Fürsichsein gerade ein solches sein soll, welches das unmittelbare Dasein nichts angeht. Die organische Selbstbildung des Schädels ist zuerst gleichgültig gegen die mechanische Einwirkung, und das Verhältnis dieser beiden Verhältnisse ist, da jenes das Sich-auf-sich-selbst-beziehen ist, eben diese Unbestimmtheit und Grenzenlosigkeit selbst. Alsdenn wenn auch das Gehirn die Unterschiede des Geistes zu seienden Unterschieden in sich aufnähme und eine Vielheit innerer[,] einen verschiedenen Raum einnehmender, Organe wäre – was der Natur widerspricht, welche den Momenten des Begriffs ein eigenes Dasein gibt, und daher die *flüssige Einfachheit* des organischen Lebens rein auf eine Seite, und die *Artikulation* und *Einteilung* desselben ebenso in seinen Unterschieden auf die *andere* Seite stellt, so daß sie, wie sie hier gefaßt werden sollen, als besondere anatomische Dinge sich zeigen, – so würde es unbestimmt sein, ob ein geistiges Moment, je nachdem es ursprünglich stärker oder schwächer wäre, entweder in jenem Falle ein *expandierteres*, in diesem ein *kontrahierteres* Gehirnorgan besitzen müßte, oder auch gerade umgekehrt. – Ebenso ob seine *Ausbildung* das Organ vergrößerte oder verkleinerte, ob es dasselbe plumper und dicker oder feiner machte. Dadurch, daß es unbestimmt bleibe, wie die Ursache beschaffen ist, ist es ebenso unbestimmt gelassen, wie die Einwirkung auf den Schädel geschieht, ob sie ein Erweitern oder Verengern und Zusammenfallen lassen ist. Wird diese Einwirkung etwa *vornehmer* als ein *Erregen* bestimmt, so ist es unbestimmt, ob es nach der Weise eines Kantharidenpflasters auftreibend oder eines Essigs einschrumpfend geschieht. – Für alle dergleichen Ansichten lassen sich plausible Gründe vorbringen, denn die organische Beziehung, welche ebensosehr eingreift, läßt den einen so gut passieren als den andern, und ist gleichgültig gegen allen diesen Verstand.

Dem beobachtenden Bewußtsein ist es aber nicht darum zu tun, diese Beziehung bestimmen zu wollen. Denn es ist ohnehin nicht das Gehirn, was als *animalischer* Teil auf der einen Seite steht, sondern dasselbe als *Sein der selbstbewußten* Individualität. – Sie als stehender Charakter und sich bewegendes bewußtes Tun ist *für sich* und *in sich*; diesem Für- und Insichsein steht ihre Wirklichkeit und Dasein für anderes entgegen; das Für- und Insichsein ist des Wesen und Subjekt, welches am Gehirne ein Sein hat, das *unter es subsumiert* ist und seinen Wert nur durch die inwohnende Bedeutung erhält. Die andre Seite der selbstbewußten Individualität aber, die Seite ihres Daseins ist das *Sein* als selbständig und Subjekt, oder als ein *Ding*, nämlich ein Knochen; die *Wirklichkeit und Dasein des Menschen ist sein Schädelknochen*. – Dies ist das Verhältnis und der Verstand, den die beiden Seiten dieser Beziehung in dem sie beobachtenden Bewußtsein haben.

Diesem ist es nun um die bestimmtere Beziehung dieser Seiten zu tun; der Schädelknochen hat wohl im Allgemeinen die Bedeutung, die unmittelbare Wirklichkeit des Geistes zu sein. Aber die Vielseitigkeit des Geistes gibt seinem Dasein eine ebensolche Vieldeutigkeit; was zu gewinnen ist, ist die Bestimmtheit der Bedeutung der einzelnen Stellen, in welche dies Dasein geteilt ist; und es ist zu sehen, wie sie das Hinweisen darauf an ihnen haben.

Der Schädelknochen ist kein Organ der Tätigkeit, noch auch eine sprechende Bewegung; es wird weder mit dem Schädelknochen gestohlen, gemordet usf., noch verzieht er zu solchen Taten im geringsten die Miene, so daß er sprechende Gebärde würde. – Noch hat auch dieses *Seiende* den Wert eines *Zeichens*. Miene und Gebärde, Ton, auch eine Säule, ein Pfahl, der auf einer öden Insel eingeschlagen ist, kündigen sich sogleich an, daß noch irgend etwas anderes damit gemeint ist, als das, was sie unmittelbar *nur sind*. Sie geben sich selbst sogleich für Zeichen aus, indem sie eine Bestimmtheit an ihnen haben, welche auf etwas anderes dadurch hinweist, daß sie ihnen nicht eigentümlich angehört. Man kann sich wohl auch bei einem Schädel, wie Hamlet bei Yoriks, vielerlei einfallen lassen; aber der Schädelknochen für sich ist ein so gleichgültiges, unbefangenes Ding, daß an ihm unmittelbar nichts anderes zu sehen und zu meinen ist als nur er selbst; er erinnert wohl an das Gehirn und seine Bestimmtheit, an Schädel von anderer Formation, aber nicht an eine bewußte Bewegung, indem er weder Miene und Gebärde, noch etwas an ihm eingedrückt hat, das [als] von einem bewußten Tun herkommend sich ankündigte; denn er ist diejenige Wirklichkeit, welche an der Individualität eine solche andere Seite darstellen sollte, die nicht mehr sich in sich reflektierendes Sein, sondern rein *unmittelbares Sein* wäre.

Da er ferner auch nicht selbst fühlt, so scheint sich eine bestimmtere Bedeutung für ihn etwa noch so ergeben zu können, daß bestimmte Empfindungen durch die Nachbarschaft erkennen ließen, was mit ihm gemeint sei; und indem eine bewußte Weise des Geistes bei einer bestimmten Stelle desselben ihr Gefühl hat, wird etwa dieser Ort in seiner Gestalt sie und ihre Besonderheit andeuten. Wie z.B. manche bei dem angestrengten Denken oder auch schon beim *Denken* überhaupt eine schmerzliche Spannung irgendwo im Kopfe zu fühlen klagen, könnte auch das *Stehlen*, das *Morden*, das *Dichten usf.*, jedes mit einer eigenen Empfindung begleitet sein, die außerdem noch ihre besondere Stelle haben müßte. Diese Stelle des Gehirns, die auf diese Art mehr bewegt und betätigt wäre, würde wahrscheinlich auch die benachbarte Stelle des Knochens mehr ausbilden; oder diese würde aus Sympathie oder Konsensus auch nicht träge sein, sondern sich vergrößern oder verkleinern, oder auf welche Weise es sei sich formieren. – Was jedoch diese Hypothese unwahrscheinlich macht, ist dies, daß das Gefühl überhaupt etwas Unbestimmtes ist und das Gefühl im Kopfe als dem Zentrum das allgemeine Mitgefühl alles Leidens sein möchte, so daß sich mit dem Diebs-Mörders-Dichters-Kopf-Kitzel oder -Schmerz andere vermischen und sich von einander so wie von denen, die man bloß körperlich nennen kann, so wenig unterscheiden lassen würden als aus dem Symptome des Kopfwehs, wenn wir seine Bedeutung nur auf das Körperliche einschränken, sich die Krankheit bestimmen läßt.

Es fällt in der Tat, von welcher Seite die Sache betrachtet werde, alle notwendige gegenseitige Beziehung so wie deren durch sich selbst sprechende Andeutung hinweg. Es bleibt, wenn denn die Beziehung doch stattfinden soll, eine *begrifflose* freie prästabilierte Harmonie der entsprechenden Bestimmung beider Seiten übrig und notwendig; denn die eine *soll geistlose Wirklichkeit, bloßes Ding* sein. Es stehen also eben auf einer Seite eine Menge ruhender Schädelstellen, auf der andern eine Menge Geistes-Eigenschaften, deren Vielheit und Bestimmung von dem Zustande der Psychologie abhängen wird. Je elender die Vorstellung von dem Geiste ist, um so mehr wird von dieser Seite die Sache erleichtert; denn teils werden die Eigenschaften um so weniger, teils um so abgeschiedener, fester und knöcherner, hiedurch Knochenbestimmungen um so ähnlicher und mit ihnen vergleichbarer. Allein obzwar durch die Elendigkeit der Vorstellung von dem Geiste vieles erleichtert ist, so bleibt doch immer eine sehr große Menge auf beiden Seiten; es bleibt die gänzliche Zufälligkeit ihrer Beziehung für die Beobachtung. Wenn von den Kindern Israels aus dem Sand am Meere, dem sie entsprechen sollen, jedes das Körnchen, dessen Zeichen es ist, sich nehmen sollte, so ist diese Gleichgültigkeit und Willkür, welche jedem das seine zuteilte, ebenso stark als die, welche jeder Seelenfähigkeit, Leidenschaft, und was hier gleichfalls betrachtet werden müßte, den Schattierungen von Charakteren, von welchen die feinere Psychologie und Menschenkenntnis zu sprechen pflegt, ihre Schädelstätten und Knochenformen zuweist. – Der Schädel des Mörders hat dieses – nicht Organ, auch nicht Zeichen, sondern diesen Knorren; aber dieser Mörder hat noch eine Menge anderer Eigenschaften so wie andere Knorren, und mit den Knorren auch Vertiefungen; man hat die Wahl unter Knorren und Vertiefungen. Und wieder kann sein Mordsinn, auf welchen Knorren oder [welche] Vertiefung es sei, und hinwiederum [können] diese, auf welche Eigenschaft es sei, bezogen werden; denn weder ist der Mörder nur dies Abstraktum eines Mörders, noch hat er nur Eine Erhabenheit und Eine Vertiefung. Die Beobachtungen, welche hierüber angestellt werden, müssen darum gerade auch so gut lauten als der Regen des Krämers und der Hausfrau am Jahrmarkt und bei der Wäsche. Krämer und Hausfrau konnten auch die Beobachtung machen, daß es immer regnet, wenn dieser Nachbar vorbeigeht oder wenn Schweinsbraten gegessen wird. Wie der Regen gegen diese Umstände, so gleichgültig ist für die Beobachtung *diese* Bestimmtheit des Geistes gegen *dieses* bestimmte Sein des Schädels. Denn von den beiden Gegenständen dieses Beobachtens ist der eine ein trockenes *Fürsichsein*, eine knöcherne Eigenschaft des Geistes, wie der andere ein trockenes *Ansichsein*; ein so knöchernes Ding, als beide sind, ist vollkommen gleichgültig gegen alles andere; es ist dem hohen Knorren ebenso gleichgültig, ob ein Mörder in seiner Nachbarschaft, als dem Mörder, ob die Plattheit in seiner Nähe ist.

Es bleibt allerdings die *Möglichkeit*, daß mit irgendeiner Eigenschaft, Leidenschaft usf. ein Knorren an irgendeiner Stelle verbunden sei, unüberwindlich übrig. Man *kann sich* den Mörder mit einem hohen Knorren hier an dieser Schädelstelle, den Dieb mit einer dort, *vorstellen*. Von dieser Seite ist die Schädelwissenschaft noch großer Erweiterung fähig; denn zunächst scheint sie sich nur auf die Verbindung eines Knorren mit einer Eigenschaft an *demselben Individuum*, so daß dieses beide besitzt, einzuschränken. Aber schon die natürliche Schädelwissenschaft, – denn es muß so gut eine solche, als eine natürliche Physiognomik geben, – geht über diese Schranke hinaus; sie urteilt nicht nur, daß ein schlauer Mensch einen faustdicken Knorren hinter den Ohren sitzen habe, sondern sie stellt auch vor, daß die untreue Ehefrau nicht selbst, sondern das andre ehliche Individuum Knorren an der Stirne habe. – Ebenso kann man sich auch den, der mit dem Mörder unter einem Dache wohnt, oder auch seinen Nachbar, und weiter hinaus seine Mitbürger usf. mit hohen Knorren an irgend einer Schädelstelle *vorstellen*, so gut als die fliegende Kuh, die zuerst von dem Krebs, der auf dem Esel ritt, geliebkost und hernach usf. wurde. – Wird aber die *Möglichkeit* nicht im Sinne der Möglichkeit *des Vorstellens*, sondern der *innern* Möglichkeit oder des *Begriffs* genommen, so ist der Gegenstand eine solche Wirklichkeit, welche reines Ding und ohne dergleichen Bedeutung ist und sein soll, und sie also nur in der Vorstellung haben kann.

Schreitet, ungeachtet der Gleichgültigkeit der beiden Seiten, der Beobachter jedoch ans Werk, Beziehungen zu bestimmen, teils frisch gehalten durch den allgemeinen Vernunftgrund, daß das *Äußere der Ausdruck des Innern* sei, teils sich unterstützend mit der Analogie von Schädeln der Tiere, – welche zwar wohl einen einfachen Charakter haben mögen als die Menschen, von denen es aber zugleich um ebenso schwerer zu sagen wird, welchen sie haben, indem es nicht der Vorstellung eines jeden Menschen so leicht sein kann, sich in die Natur eines Tieres recht hineinzubilden, – so findet der Beobachter bei der Versicherung der Gesetze, die er entdeckt haben will, eine *vorzügliche Hilfe* an einem Unterschiede, der uns hier notwendig auch einfallen muß. – Das *Sein* des Geistes kann wenigstens nicht als so etwas schlechthin Unverrücktes und Unverrückbares genommen werden. Der Mensch ist frei; es wird zugegeben, daß das *ursprüngliche* Sein nur *Anlagen* sind, über welche er viel vermag, oder welche günstiger Umstände bedürfen, um entwickelt zu werden; d.h. ein *ursprüngliches* Sein des Geistes ist ebensowohl als ein solches auszusprechen, das nicht als Sein existiert. Widersprächen also Beobachtungen demjenigen, was irgend einem als Gesetz zu versichern einfällt, – wäre es schön Wetter am Jahrmarkte oder bei der Wäsche, so könnten Krämer und Hausfrau sprechen, daß es *eigentlich* regnen *sollte* und die *Anlage* doch dazu *vorhanden* sei; ebenso das Schädelbeobachten, – daß dies Individuum *eigentlich* so sein *sollte*, wie der Schädel nach dem Gesetze aussagt, und eine *ursprüngliche Anlage* habe, die *aber* nicht ausgebildet worden sei; vorhanden ist diese Qualität nicht, aber sie *sollte vorhanden* sein. – Das *Gesetz* und das *Sollen* gründet sich auf das Beobachten des wirklichen Regens und des wirklichen Sinnes bei dieser Bestimmtheit des Schädels; ist aber die *Wirklichkeit* nicht vorhanden, so gilt die *leere Möglichkeit* für ebensoviel. – Diese Möglichkeit d.i. die Nichtwirklichkeit des aufgestellten Gesetzes und hiemit ihm widersprechende Beobachtungen müssen eben dadurch hereinkommen, daß die Freiheit des Individuums und die entwickelnden Umstände gleichgültig gegen das *Sein* überhaupt sind sowohl gegen es als ursprüngliches inneres wie als äußeres knöchernes, und daß das Individuum auch etwas anderes sein kann, als es innerlich ursprünglich und noch mehr als ein Knochen ist.

Wir erhalten also die Möglichkeit, daß dieser Knorren oder Vertiefung des Schädels sowohl etwas Wirkliches als auch nur eine *Anlage*, und zwar unbestimmt zu irgend etwas, daß er etwas Nichtwirkliches bezeichne; wir sehen es einer schlechten Ausrede wie immer ergehen, daß sie wider dasjenige, dem sie aufhelfen soll, selbst zu gebrauchen steht. Wir sehen das Meinen durch die Natur der Sache dahin gebracht, das *Gegenteil* dessen[,] aber *gedankenlos* selbst zu sagen, was es festhält; – zu sagen, es wird durch diesen Knochen irgend etwas angedeutet, aber ebensogut *auch nicht*.

Was der Meinung selbst bei dieser Ausrede vorschwebt, ist der wahre, sie gerade vertilgende Gedanke, daß das *Sein* als solches überhaupt nicht die Wahrheit des Geistes ist. Wie schon die Anlage ein *ursprüngliches Sein* ist, das an der Tätigkeit des Geistes keinen Anteil hat, ein eben solches ist seinerseits auch der Knochen. Das Seiende ohne die geistige Tätigkeit ist ein Ding für das Bewußtsein und so wenig sein Wesen, daß es vielmehr das Gegenteil desselben und das Bewußtsein sich allein *wirklich* ist durch die Negation und Vertilgung eines solchen Seins. – Es ist von dieser Seite für völlige Verleugnung der Vernunft anzusehen, für das *wirkliche Dasein* des Bewußtseins einen Knochen auszugeben; und dafür wird er ausgegeben, indem er als das Äußere des Geistes betrachtet wird, denn das Äußere ist eben die seiende Wirklichkeit. Es hilft nichts zu sagen, daß von diesem Äußern *nur* auf das Innere, das *etwas anders* sei, *geschlossen* werde, das Äußere nicht das Innere selbst, sondern nur dessen *Ausdruck* sei. Denn in dem Verhältnisse beider zueinander fällt eben auf die Seite des Innern die Bestimmung der sich *den-*

kenden und *gedachten*, auf die Seite des Äußern aber die der *seienden Wirklichkeit*. – Wenn also einem Menschen gesagt wird: du (dein Inneres) bist dies, *weil* dein *Knochen* so beschaffen ist, so heißt es nichts anderes, als ich sehe eine Knochen für *deine Wirklichkeit* an. Die bei der Physiognomik erwähnte Erwiderung eines solchen Urteils durch die Ohrfeige bringt zunächst die *weichen* Teile aus ihrem Ansehen und Lage und erweist nur, daß diese kein wahres *Ansich*, nicht die Wirklichkeit des Geistes sind; – hier müßte die Erwiderung eigentlich so weit gehen, einem, der so urteilt, den Schädel einzuschlagen, um gerade so greiflich, als seine Weisheit ist, zu erweisen, daß ein Knochen für den Menschen nichts *an sich*, viel weniger *seine* wahre Wirklichkeit ist. –

Der rohe Instinkt der selbstbewußten Vernunft wird eine Schädelwissenschaft unbesehen verwerfen, – diesen andern beobachtenden Instinkt derselben, der zur Ahnung *des Erkennens* gediehen, es auf die geistlose Weise, daß das Äußere Ausdruck des Innern sei, erfaßt hat. Aber je schlechter der Gedanke ist, desto weniger fällt es zuweilen auf, worin bestimmt seine Schlechtigkeit liegt, und desto schwerer ist es, sie auseinanderzulegen. Denn der Gedanke heißt um so schlechter, je reiner und leerer die Abstraktion ist, welche ihm für das Wesen gilt. Der Gegensatz aber, auf den es hier ankommt, hat zu seinen Gliedern die ihrer bewußte Individualität und die Abstraktion der ganz zum *Dinge* gewordenen Äußerlichkeit, – jenes innre Sein des Geistes als festes geistloses Sein aufgefaßt, eben solchem Sein entgegengesetzt. – Damit scheint aber auch die beobachtende Vernunft in der Tat ihre Spitze erreicht zu haben, von welcher sie sich selbst verlassen und sich überschlagen muß; denn erst das ganz Schlechte hat die unmittelbare Notwendigkeit an sich, sich zu verkehren. – Wie von dem jüdischen Volke gesagt werden kann, daß es gerade darum, weil es unmittelbar vor der Pforte des Heils stehe, das verworfenste sei und gewesen sei; was es an und für sich sein sollte, diese Selbstwesenheit ist es sich nicht, sondern verlegt sie jenseits seiner; es macht sich durch diese Entäußerung ein höheres Dasein *möglich*, wenn es seinen Gegenstand wieder in sich zurücknehmen könnte, als wenn es innerhalb der Unmittelbarkeit des Seins stehen geblieben [wäre]; weil der Geist um so größer ist, aus je größerem Gegensatze er in sich zurückkehrt; diesen Gegensatz aber macht er sich in dem Aufheben seiner unmittelbaren Einheit und in der Entäußerung seines Fürsichseins. Allein wenn ein solches Bewußtsein sich nicht reflektiert, ist die Mitte, worin es steht, die unselige Leere, indem dasjenige, was sie erfüllen sollte, zum festen Extreme geworden ist. So ist diese letzte Stufe der beobachtenden Vernunft ihre schlechteste, aber darum ihre Umkehrung notwendig.

Denn die Übersicht der bisher betrachteten Reihe von Verhältnissen, welche den Inhalt und Gegenstand der Beobachtung ausmachen, zeigt, daß in ihrer *ersten Weise*, in der Beobachtung der Verhältnisse der unorganischen Natur ihr schon das *sinnliche Sein verschwindet*; die Momente ihres Verhältnisses stellen sich als reine Abstraktionen und als einfache Begriffe dar, welche an das Dasein von Dingen festgeknüpft sein sollten, das aber verloren geht, so daß das Moment sich als reine Bewegung und als Allgemeines erweist. Dieser freie in sich vollendete Prozeß behält die Bedeutung eines Gegenständlichen, tritt aber nun als ein *Eins* auf; im Prozesse des Unorganischen ist das Eins das nicht existierende Innere; als Eins aber existierend ist er das Organische. – Das Eins steht als Fürsichsein oder negatives Wesen dem Allgemeinen gegenüber, entzieht sich diesem und bleibt frei für sich, so daß der Begriff, nur im Elemente der absoluten Vereinzelung realisiert, in der organischen Existenz seinen wahrhaften Ausdruck, *als Allgemeines* da zu sein, nicht findet, sondern ein Äußeres oder, was dasselbe ist, ein *Inneres* der organischen Natur bleibt. – Der organische Prozeß ist nur frei *an sich*, ist es aber nicht *für sich selbst*; im *Zwecke* tritt das Fürsichsein seiner Freiheit ein, *existiert* als ein anderes Wesen, als eine ihrer selbst bewußte Weisheit, die außer jenem ist. Die beobachtende Vernunft wendet sich also an diese, an den Geist, den als Allgemeinheit existierenden Begriff oder als Zweck existierenden Zweck; und ihr eignes Wesen ist ihr nunmehr der Gegenstand.

Sie wendet sich zuerst an seine Reinheit; aber indem sie Auffassen des in seinen Unterschieden sich bewegenden Gegenstandes als eines seienden ist, werden ihr *Gesetze des Denkens*, Beziehungen von Bleibendem auf Bleibendes; aber da der Inhalt dieser Gesetze nur Momente sind, verlaufen sie sich in das Eins des Selbstbewußtseins. – Dieser neue Gegenstand, ebenso als *Seiendes* genommen, ist das *einzelne, zufällige* Selbstbewußtsein; das Beobachten steht daher innerhalb des gemeinten Geistes und des zufälligen Verhältnisses von bewußter Wirklichkeit auf unbewußte. Er an sich selbst nur ist die Notwendigkeit dieser Beziehung; die Beobachtung rückt ihm daher näher auf den Leib und vergleicht seine wollende und tuende Wirklichkeit mit seiner in sich reflektierten und betrachtenden Wirklichkeit, die selbst gegenständlich ist. Dieses Äußre, obzwar eine Sprache des Individuums, die es an ihm selbst hat, ist zugleich als Zeichen etwas Gleichgültiges gegen den Inhalt, den es bezeichnen sollte, so wie das, welches sich das Zeichen setzt, gleichgültig gegen dieses.

Von dieser wandelbaren Sprache geht darum die Beobachtung endlich zum *festen Sein* zurück und spricht ihrem

Begriffe nach aus, daß die Äußerlichkeit nicht als Organ, auch nicht als Sprache und Zeichen, sondern als *totes* Ding die äußere und unmittelbare Wirklichkeit des Geistes sei. Was von der allerersten Beobachtung der unorganischen Natur aufgehoben wurde, daß nämlich der Begriff als Ding vorhanden sein sollte, stellt diese letzte Weise so her, daß sie die Wirklichkeit des Geistes selbst zu einem Dinge macht oder, umgekehrt ausgedrückt, dem toten Sein die Bedeutung des Geistes gibt. – Die Beobachtung ist damit dazu gekommen, es auszusprechen, was unser Begriff von ihr war, daß nämlich die Gewißheit der Vernunft sich selbst als gegenständliche Wirklichkeit sucht. – Man meint zwar dabei wohl nicht, daß der Geist, der von einem Schädel vorgestellt wird, als Ding ausgesprochen werde; es soll kein Materialismus, wie man es nennt, in diesem Gedanken liegen, sondern der Geist vielmehr noch etwas anders als diese Knochen sein; aber er *ist*, heißt selbst nichts anders als er ist ein *Ding*. Wenn das *Sein* als solches oder Dingsein von dem Geiste prädiziert wird, so ist darum der wahrhafte Ausdruck hievon, daß er ein solches wie *ein Knochen ist*. Es muß daher für höchst wichtig angesehen werden, daß der wahre Ausdruck davon, daß vom Geiste rein gesagt wird, *er ist*, sich gefunden hat. Wenn sonst vom Geiste gesagt wird, *er ist*, hat *ein Sein*, ist ein *Ding*, eine einzelne *Wirklichkeit*, so wird damit nicht etwas *gemeint*, das man sehen oder in die Hand nehmen, stoßen usf. kann, aber *gesagt* wird ein solches; und was in Wahrheit gesagt wird, drückt sich hiemit so aus, daß *das Sein des Geistes ein Knochen ist*.

Dies Resultat hat nun eine gedoppelte Bedeutung, einmal seine wahre, insofern es eine Ergänzung des Resultates der vorhergehenden Bewegung des Selbstbewußtseins ist. Das unglückliche Selbstbewußtsein entäußerte sich seiner

Selbständigkeit und rang sein *Fürsichsein* zum *Dinge* heraus. Es kehrte dadurch aus dem Selbstbewußtsein in das Bewußtsein zurück, d.h. in das Bewußtsein, für welches der Gegenstand ein *Sein*, ein *Ding* ist; – aber dies, was Ding ist, ist das Selbstbewußtsein; es ist also die Einheit des Ich und des Seins, die *Kategorie*. Indem der Gegenstand für das Bewußtsein so bestimmt ist, *hat es Vernunft*. Das Bewußtsein, sowie das Selbstbewußtsein *ist an sich* eigentlich Vernunft; aber nur von dem Bewußtsein, dem der Gegenstand als die Kategorie sich bestimmt hat, kann gesagt werden, daß es Vernunft *habe*; – hievon aber ist noch das Wissen, was Vernunft ist, unterschieden. – Die Kategorie, welche die *unmittelbare* Einheit des *Seins* und des *Seinen* ist, muß beide Formen durchlaufen, und das beobachtende Bewußtsein ist eben dieses, dem sie sich in der Form des *Seins* darstellt. In seinem Resultate spricht dies Bewußtsein dasjenige, dessen bewußtlose Gewißheit es ist, als Satz aus, – den Satz, der im Begriffe der Vernunft liegt. Er ist das *unendliche Urteil*, daß das Selbst ein Ding ist, – ein Urteil, das sich selbst aufhebt. – Durch dieses Resultat ist also bestimmt zur Kategorie dies hinzugekommen, daß sie dieser sich aufhebende Gegensatz ist. Die *reine* Kategorie, welche in der Form des *Seins* oder der *Unmittelbarkeit* für das Bewußtsein ist, ist der noch *unvermittelte*, nur *vorhandene* Gegenstand, und das Bewußtsein ein ebenso unvermitteltes Verhalten. Das Moment jenes unendlichen Urteils ist der Übergang der *Unmittelbarkeit* in die Vermittlung oder *Negativität*. Der vorhandene Gegenstand ist daher als ein negativer bestimmt, das Bewußtsein aber als *Selbst*bewußtsein gegen ihn, oder die Kategorie, welche die Form des *Seins* im Beobachten durchlaufen hat, ist jetzt in der Form des Fürsichseins gesetzt; das Bewußtsein will sich nicht mehr *unmittelbar finden*, sondern durch seine Tätigkeit sich selbst hervorbringen. *Es selbst* ist sich der Zweck seines Tuns, wie es ihm im Beobachten nur um die Dinge zu tun war.

Die andere Bedeutung des Resultats ist die schon betrachtete des begrifflosen Beobachtens. Dieses weiß sich nicht anders zu fassen und auszusprechen, als daß es unbefangen den Knochen, wie er sich als sinnliches Ding findet, das seine Gegenständlichkeit für das Bewußtsein nicht zugleich verliert, für die *Wirklichkeit* des Selbstbewußtseins aussagt. Es hat aber auch darüber, daß es dies sagt, keine Klarheit des Bewußtseins, und faßt seinen Satz nicht in der Bestimmtheit seines Subjekts und Prädikats und der Beziehung derselben, noch weniger in dem Sinne des unendlichen, sich selbst auflösenden Urteils, und des Begriffs. – Es verbirgt sich vielmehr aus einem tiefer liegenden Selbstbewußtsein des Geistes, das hier als eine natürliche Honettetät erscheint, die Schmählichkeit des begrifflosen nackten Gedankens, für die Wirklichkeit des Selbstbewußtseins einen Knochen zu nehmen, und übertüncht ihn durch die Gedankenlosigkeit selbst, mancherlei Verhältnisse von Ursache und Wirkung, von Zeichen, Organ usw., die hier keinen Sinn haben, einzumischen und durch Unterscheidungen, die von ihnen hergenommen sind, das Grelle des Satzes zu verstecken.

Gehirnfibern u. dgl. als das Sein des Geistes betrachtet, sind schon eine gedachte[,] nur hypothetische, – *nichtdaseiende*, nicht gefühlte, gesehene, nicht die wahre Wirklichkeit; wenn sie *da sind*, wenn sie gesehen werden, sind sie tote Gegenstände und gelten dann nicht mehr für das Sein des Geistes. Aber die eigentliche Gegenständlichkeit muß eine *unmittelbare*, *sinnliche* sein, so daß der Geist in dieser als toten, – denn der Knochen ist das Tote, insofern es am Lebendigen selbst ist, – als wirklich gesetzt wird. – Der Begriff dieser Vorstellung ist, daß die Vernunft sich *alle Dingheit*, auch *die rein gegenständliche selbst ist*; sie ist aber dies *im Begriffe*, oder der Begriff nur ist ihre Wahrheit; und je reiner der Begriff selbst ist, zu einer desto alberneren Vorstellung sinkt er herab, wenn sein Inhalt nicht als Begriff, sondern als Vorstellung ist, – wenn das sich selbst aufhebende Urteil nicht mit dem Bewußtsein dieser seiner Unendlichkeit genommen wird, sondern als ein bleibender Satz, und dessen Subjekt und Prädikat jedes für sich gelten, das Selbst als Selbst, das Ding als Ding fixiert und doch eins das andre sein soll. – Die Vernunft, wesentlich der Begriff, ist unmittelbar in sich selbst und ihr Gegenteil entzweit, ein Gegensatz, der eben darum ebenso unmittelbar aufgehoben ist. Aber sich so als sich selbst und als ihr Gegenteil darbietend und festgehalten in dem ganz einzelnen Momente dieses Auseinandertretens, ist sie unvernünftig aufgefaßt; und je reiner die Momente desselben sind, desto greller ist die Erscheinung dieses Inhalts, der allein entweder für das Bewußtsein ist oder von ihm unbefangen allein ausgesprochen wird. – Das *Tiefe*, das der Geist von innen heraus, aber nur bis in sein *vorstellendes Bewußtsein* treibt und es in diesem stehen läßt – und die *Unwissenheit* dieses Bewußtseins, was das ist, was es sagt, ist dieselbe Verknüpfung des Hohen und Niedrigen, welche an dem Lebendigen die Natur in der Verknüpfung des Organs seiner höchsten Vollendung, des Organs der Zeugung und des Organs des Pissens naiv ausdrückt. – Das unendliche Urteil als unendliches wäre die Vollendung des sich selbst erfassenden Lebens; das in der Vorstellung bleibende Bewußtsein desselben aber verhält sich als Pissen.

B.
Die Verwirklichung des vernünftigen Selbstbewußtseins durch sich selbst.

Das Selbstbewußtsein fand das Ding als sich, und sich als Ding; d.h. *es ist für es*, daß es *an sich* die gegenständliche Wirklichkeit ist. Es ist nicht mehr die *unmittelbare* Gewißheit, alle Realität zu sein; sondern eine solche, für welche das Unmittelbare überhaupt die Form eines aufgehobenen hat, so daß seine *Gegenständlichkeit* nur noch als Oberfläche gilt, deren Inneres und Wesen *es selbst* ist. – Der Gegenstand, auf welchen es sich positiv bezieht, ist daher ein Selbstbewußtsein; er ist in der Form der Dingheit, d.h. er ist *selbständig*, aber es hat die Gewißheit, daß dieser selbständige Gegenstand kein Fremdes für es ist; es weiß hiemit, daß es *an sich* von ihm anerkannt ist; es ist der *Geist*, der die Gewißheit hat, in der Verdopplung seines Selbstbewußtseins und in der Selbständigkeit beider seine Einheit mit sich selbst zu haben. Diese Gewißheit hat sich ihm nun zur Wahrheit zu erheben; was ihm gilt, daß es *an sich* und in seiner innern Gewißheit sei, soll in sein Bewußtsein treten, und *für es* werden.

Was die allgemeinen Stationen dieser Verwirklichung sein werden, bezeichnet sich im allgemeinen schon durch die Vergleichung mit dem bisherigen Wege. Wie nämlich die beobachtende Vernunft in dem Elemente der Kategorie die Bewegung des *Bewußtseins*, nämlich die sinnliche Gewißheit, das Wahrnehmen und den Verstand wiederholte, so wird diese auch die doppelte Bewegung des *Selbstbewußtseins* wieder durchlaufen, und aus der Selbständigkeit in seine Freiheit übergehen. Zuerst ist diese tätige Vernunft ihrer selbst nur als eines Individuums bewußt und muß als ein solches seine Wirklichkeit im Andern fordern und hervorbringen, – alsdann aber, indem sich sein Bewußtsein zur Allgemeinheit erhebt, wird es *allgemeine* Vernunft und ist sich seiner als Vernunft, als an und für sich schon anerkanntes bewußt, welches in seinem reinen Bewußtsein alles Selbstbewußtsein vereinigt; es ist das einfache geistige Wesen, das, indem es zugleich zum Bewußtsein kommt, die *reale Substanz* ist, worein die frühern Formen als in ihren Grund zurückgehen, so daß sie gegen diesen nur einzelne Momente seines Werdens sind, die sich zwar losreißen und als eigne Gestalten erscheinen, in der Tat aber nur von ihm getragen *Dasein* und *Wirklichkeit*, aber ihre *Wahrheit* nur haben, insofern sie in ihm selbst sind und bleiben.

Nehmen wir dieses Ziel, das der *Begriff* ist, der *uns* schon entstanden, – nämlich das anerkannte Selbstbewußtsein, das in dem andern freien Selbstbewußtsein die Gewißheit seiner selbst, und eben darin seine Wahrheit hat, – in seiner Realität auf oder heben wir diesen noch innern Geist als die schon zu ihrem Dasein gediehene Substanz heraus, so schließt sich in diesem Begriffe das *Reich der Sittlichkeit* auf. Denn diese ist nichts anders als in der selbständigen *Wirklichkeit* der Individuen die absolute geistige *Einheit* ihres Wesens; ein an sich allgemeines Selbstbewußtsein, das sich in einem andern Bewußtsein so wirklich ist, daß dieses vollkommene Selbständigkeit hat oder ein Ding für es, und daß es eben darin der *Einheit* mit ihm sich bewußt ist und in dieser Einheit mit diesem gegenständlichen Wesen erst Selbstbewußtsein ist. Diese sittliche *Substanz* in der *Abstraktion der Allgemeinheit*, ist sie nur das *gedachte* Gesetz, aber sie ist ebensosehr unmittelbar wirkliches *Selbstbewußtsein*, oder sie ist *Sitte*. Das *einzelne* Bewußtsein ist umgekehrt nur dieses seiende

Eins, indem es des allgemeinen Bewußtseins in seiner Einzelheit als seines Seins sich bewußt, indem sein Tun und Dasein die allgemeine Sitte ist.

In dem Leben eines Volks hat in der Tat der Begriff der Verwirklichung der selbstbewußten Vernunft, in der Selbständigkeit des *Andern* die vollständige *Einheit* mit ihm anzuschauen, oder diese von mir vorgefundene freie *Dingheit* eines Andern, welche das Negative meiner selbst ist, als *mein* Für*mich*sein zum Gegenstande zu haben, – seine vollendete Realität. Die Vernunft ist als die flüssige allgemeine *Substanz*, als die unwandelbare einfache *Dingheit* vorhanden, welche ebenso in viele vollkommen selbständige Wesen wie das Licht in Sterne als unzählige für sich leuchtende Punkte zerspringt, die in ihrem absoluten Fürsichsein nicht nur *an sich* in der einfachen selbständigen Substanz aufgelöst sind, sondern *für sich selbst*; sie sind sich bewußt, diese einzelne[n] selbständigen Wesen dadurch zu sein, daß sie ihre Einzelheit aufopfern und diese allgemeine Substanz ihre Seele und Wesen ist; so wie dies Allgemeine wieder das *Tun* ihrer als einzelner oder das von ihnen hervorgebrachte Werk ist.

Das *rein einzelne* Tun und Treiben des Individuums bezieht sich auf die Bedürfnisse, welche es als Naturwesen, d.h. als *seiende Einzelheit* hat. Daß selbst diese seine gemeinsten Funktionen nicht zunichte werden, sondern Wirklichkeit haben, geschieht durch das allgemeine erhaltende Medium, durch die *Macht* des ganzen Volks. – Nicht nur aber diese *Form des Bestehens* seines Tuns überhaupt hat es in der allgemeinen Substanz, sondern ebensosehr *seinen Inhalt*; was es tut, *ist* die allgemeine Geschicklichkeit und Sitte aller. Dieser Inhalt, insofern er sich vollkommen vereinzelt, ist in seiner Wirklichkeit in das Tun aller verschränkt. Die *Arbeit* des Individuums für seine Bedürfnisse ist ebensosehr eine Befriedigung der Bedürfnisse der andern als seiner eignen, und die Befriedigung der seinigen erreicht es nur durch die Arbeit der andern. – Wie der Einzelne in seiner *einzelnen* Arbeit schon eine *allgemeine* Arbeit *bewußtlos* vollbringt, so vollbringt er auch wieder die allgemeine als seinen *bewußten* Gegenstand; das Ganze wird *als Ganzes* sein Werk, für das er sich aufopfert und eben dadurch sich selbst von ihm zurückerhält. – Es ist hier nichts, das nicht gegenseitig wäre, nichts, woran nicht die Selbständigkeit des Individuums sich in der Auflösung ihres Fürsichseins, in der *Negation* ihrer selbst, ihre *positive* Bedeutung, für sich zu sein, gäbe. Diese Einheit des Seins für anderes oder des sich zum Dinge Machens und des Fürsichseins, diese allgemeine Substanz redet ihre *allgemeine Sprache* in den Sitten und Gesetzen seines Volks; aber dies seiende unwandelbare Wesen ist nichts anders als der Ausdruck der ihr entgegengesetzt scheinenden einzelnen Individualität selbst; die Gesetze sprechen das aus, was jeder einzelne *ist* und *tut*; das Individuum erkennt sie nicht nur als seine *allgemeine* gegenständliche Dingheit, sondern ebensosehr sich in ihr, oder als *vereinzelt* in seiner eignen Individualität und in jedem seiner Mitbürger. In dem allgemeinen Geiste hat daher jeder nur die Gewißheit seiner selbst, nichts anders in der seienden Wirklichkeit zu finden als sich selbst; er ist der Andern so gewiß als seiner. – Ich schaue es in allen an, daß sie für sich selbst nur diese selbständigen Wesen sind, als ich es bin; Ich schaue die freie Einheit mit den Andern in ihnen so an, daß sie wie durch Mich, so durch die Andern selbst ist. Sie als Mich, Mich als Sie.

In einem freien Volke ist darum in Wahrheit die Vernunft verwirklicht; sie ist gegenwärtiger lebendiger Geist, worin das Individuum seine *Bestimmung*, d.h. sein allgemeines und einzelnes Wesen, nicht nur ausgesprochen und als Dingheit vorhanden findet, sondern selbst dieses Wesen ist und seine Bestimmung auch erreicht hat. Die weisesten Männer des Altertums haben darum den Ausspruch getan: *daß die Weisheit und die Tugend darin bestehen, den Sitten seines Volks gemäß zu leben.*

Aus diesem Glücke aber, seine Bestimmung erreicht zu haben und in ihr zu leben, ist das Selbstbewußtsein, welches zunächst nur *unmittelbar* und dem *Begriffe nach* Geist ist, herausgetreten, oder auch – es hat es noch nicht erreicht; denn beides kann auf gleiche Weise gesagt werden.

Die Vernunft *muß aus diesem Glücke heraustreten*; denn nur *an sich* oder *unmittelbar* ist das Leben eines freien Volks die *reale Sittlichkeit* oder sie ist eine *seiende*, und damit ist auch dieser allgemeine Geist selbst ein einzelner, das Ganze der Sitten und Gesetze eine *bestimmte* sittliche Substanz, welche erst in dem höhern Momente, nämlich im *Bewußtsein über ihr Wesen*, die Beschränkung auszieht und nur in diesem Erkennen ihre absolute Wahrheit hat, nicht aber unmittelbar in ihrem Sein; in diesem ist sie teils eine beschränkte, teils ist die absolute Beschränkung eben dies, daß der Geist in der Form des *Seins* ist.

Ferner ist daher das *einzelne* Bewußtsein, wie es unmittelbar seine Existenz in der realen Sittlichkeit oder in dem Volke hat, ein gediegenes Vertrauen, dem sich der Geist nicht in seine *abstrakten* Momente aufgelöst hat, und das sich also auch nicht als reine *Einzelheit für sich* zu sein weiß. Ist es aber zu diesem Gedanken gekommen, wie es muß, so ist diese *unmittelbare* Einheit mit dem Geiste oder sein *Sein* in ihm, sein Vertrauen verloren; es für sich *iso*liert ist sich nun das Wesen, nicht mehr der allgemeine Geist. Das *Moment dieser Einzelheit des Selbstbewußtseins* ist zwar in dem allgemeinen Geiste selbst, aber nur als eine verschwindende Größe, die, wie sie für sich auftritt, in ihm ebenso unmittelbar sich auflöst und nur als Vertrauen zum Bewußtsein kommt. Indem es sich so fixiert, – und jedes Moment, weil es Moment des Wesens ist, muß selbst dazu gelangen, als Wesen sich darzustellen, – so ist das Individuum den Gesetzen und Sitten gegenübergetreten; sie sind nur ein Gedanke ohne absolute Wesenheit, eine abstrakte Theorie ohne Wirklichkeit; es aber ist als dieses Ich sich die lebendige Wahrheit.

Oder das Selbstbewußtsein hat *dieses Glück noch nicht erreicht*, sittliche Substanz, der Geist eines Volks zu sein. Denn aus der Beobachtung zurückgekehrt ist der Geist zuerst noch nicht als solcher durch sich selbst verwirklicht; er ist nur als *innres* Wesen oder als die Abstraktion gesetzt. – Oder er *ist* erst *unmittelbar*; unmittelbar seiend aber ist er *einzeln*; er ist das praktische Bewußtsein, das in seine vorgefundene Welt mit dem Zwecke einschreitet, sich in dieser Bestimmtheit eines Einzelnen zu verdoppeln, sich als Diesen als sein seiendes Gegenbild zu erzeugen und dieser Einheit seiner Wirklichkeit mit dem gegenständlichen Wesen bewußt zu werden. Es hat die *Gewißheit* dieser Einheit; es gilt ihm, daß sie *an sich* oder daß diese Übereinstimmung seiner und der Dingheit schon vorhanden ist, nur *ihm* noch durch es zu werden hat, oder daß sein Machen ebenso das *Finden* derselben ist. Indem diese Einheit *Glück* heißt, wird dies Individuum hiemit sein *Glück zu suchen* von seinem Geiste in die Welt hinausgeschickt.

Wenn also die Wahrheit dieses vernünftigen Selbstbewußtseins für uns die sittliche Substanz ist, so ist hier für es der Anfang seiner sittlichen Welterfahrung. Von der Seite, daß es noch nicht zu jener geworden, dringt diese Bewegung auf sie; und das, was in ihr sich aufhebt, sind die einzelnen Momente, die ihm isoliert gelten. Sie haben die Form eines unmittelbaren Wollens oder *Naturtriebs*, der seine Befriedigung erreicht, welche selbst der Inhalt eines neuen Triebes ist. – Von der Seite aber, daß das Selbstbewußtsein das Glück, in der Substanz zu sein, verloren, sind diese Naturtriebe mit Bewußtsein ihres Zweckes als der wahren Bestimmung und Wesenheit verbunden; die sittliche Substanz ist zum selbstlosen Prädikate herabgesunken, dessen lebendige Subjekte die Individuen sind, die ihre Allgemeinheit durch sich selbst zu erfüllen und für ihre Bestimmung aus sich zu sorgen haben. – In jener Bedeutung also sind jene Gestalten das Werden der sittlichen Substanz und gehen ihr vor; in dieser folgen sie und lösen es für das Selbstbewußtsein auf, was seine Bestimmung sei; nach jener Seite geht in der Bewegung, worin erfahren wird, was ihre Wahrheit ist, die Unmittelbarkeit oder Roheit der Triebe verloren und der Inhalt derselben in einen höheren über, nach dieser aber die falsche Vorstellung des Bewußtseins, das in sie seine Bestimmung setzt. Nach jener ist das *Ziel*, das sie erreichen, die unmittelbare sittliche Substanz, nach dieser aber das Bewußtsein derselben, und zwar ein solches, das sie als sein eignes Wesen weiß; und insofern wäre diese Bewegung das Werden der Moralität, einer höheren Gestalt als jene. Allein diese Gestalten machen zugleich nur Eine Seite ihres Werdens aus, nämlich diejenige, welche in das *Fürsichsein* fällt, oder worin das Bewußtsein *seine* Zwecke aufhebt, – nicht die Seite, nach welcher sie aus der Substanz selbst hervorgeht. Da diese Momente noch nicht die Bedeutung haben können, im Gegensatze gegen die verlorne Sittlichkeit zu Zwecken gemacht zu werden, so gelten sie hier zwar nach ihrem unbefangenen Inhalte, und das Ziel, nach welchem sie dringen, ist die sittliche Substanz. Aber indem unsern Zeiten jene Form derselben näher liegt, in welcher sie erscheinen, nachdem das Bewußtsein sein sittliches Leben verloren und es suchend jene Formen wiederholt, so mögen sie mehr in dem Ausdrucke dieser Weise vorgestellt werden.

Das Selbstbewußtsein, welches nur erst der Begriff des Geistes ist, tritt diesen Weg in der Bestimmtheit an, sich, als einzelner Geist das Wesen zu sein; und sein Zweck ist also, sich als einzelnes die Verwirklichung zu geben und als dieses in ihr sich zu genießen.

In der Bestimmung, sich als *Fürsichseiendes* das Wesen zu sein, ist es die *Negativität* des Andern; in seinem Bewußtsein tritt daher es selbst als das Positive einem solchen gegenüber, das zwar *ist*, aber für es die Bedeutung eines Nichtansichseienden hat; das Bewußtsein erscheint entzweit in diese vorgefundene Wirklichkeit und in den *Zweck*, den es durch Aufheben derselben vollbringt, und statt jener vielmehr zur Wirklichkeit macht. Sein erster Zweck ist aber sein *unmittelbares* abstraktes *Fürsichsein*, oder sich als *dieses Einzelne* in einem andern oder ein anderes Selbstbewußtsein als sich anzuschauen. Die Erfahrung, was die Wahrheit dieses Zwecks ist, stellt das Selbstbewußtsein höher, und es ist sich nunmehr Zweck, insofern es zugleich *allgemeines* ist und das *Gesetz unmittelbar* an ihm hat. In der Vollbringung dieses *Gesetzes* seines *Herzens* erfährt es aber, daß das *einzelne* Wesen hiebei sich nicht erhalten, sondern das Gute nur durch die Aufopferung desselben ausgeführt werden kann, und es wird zur *Tugend*. Die Erfahrung, welche sie macht, kann keine andre sein, als daß ihr Zweck an sich schon ausgeführt ist, das Glück unmittelbar im Tun selbst sich findet und das Tun selbst das Gute ist. Der Begriff dieser ganzen Sphäre, daß die Dingheit das *Fürsichsein* des Geistes selbst ist, wird in ihrer Bewegung für das Selbstbewußtsein. Indem es ihn gefunden, ist es sich also Realität als unmittelbar sich aussprechende Individualität, die keinen Widerstand an einer entgegengesetzten Wirklichkeit mehr findet und der nur dies Aussprechen selbst Gegenstand und Zweck ist.

a.
Die Lust und die Notwendigkeit.

Das Selbstbewußtsein, welches sich überhaupt die *Realität* ist, hat seinen Gegenstand an ihm selbst, aber als einen solchen, welchen es nur erst *für sich* hat, und der noch nicht seiend ist; das *Sein* steht ihm als eine andere Wirklichkeit, denn die seinige ist, gegenüber; und es geht darauf, durch Vollführung seines Fürsichseins sich als anderes selbständiges Wesen anzuschauen. Dieser *erste Zweck* ist, seiner als einzelnen Wesens in dem andern Selbstbewußtsein bewußt zu werden, oder dies Andre zu sich selbst zu machen; es hat die Gewißheit, daß *an sich* schon dies Andre es selbst ist. – Insofern es aus der sittlichen Substanz und dem ruhigen Sein des Denkens zu seinem *Fürsichsein* sich erhoben, so hat es das Gesetz der Sitte und des Daseins, die Kenntnisse der Beobachtung und die Theorie als einen grauen, eben verschwindenden Schatten hinter sich; denn dies ist vielmehr ein Wissen von einem solchen, dessen Fürsichsein und Wirklichkeit eine andere als die des Selbstbewußtseins ist. Es ist in es statt des himmlisch scheinenden Geistes der Allgemeinheit des Wissens und Tuns, worin die Empfindung und der Genuß der Einzelheit schweigt, der Erdgeist gefahren, dem das Sein nur, welches die Wirklichkeit des einzelnen Bewußtseins ist, als die wahre Wirklichkeit gilt.

> Es verachtet Verstand und Wissenschaft
> des Menschen allerhöchste Gaben –
> es hat dem Teufel sich ergeben
> und muß zu Grunde gehn.

Es stürzt also ins Leben und bringt die reine Individualität, in welcher es auftritt, zur Ausführung. Es macht sich weniger sein Glück, als daß es dasselbige unmittelbar nimmt und genießt. Die Schatten von Wissenschaft, Gesetzen und Grundsätzen, die allein zwischen ihm und seiner eignen Wirklichkeit stehen, verschwinden als ein lebloser Nebel, der es nicht mit der Gewißheit seiner Realität aufnehmen kann; es nimmt sich das Leben, wie eine reife Frucht gepflückt wird, welche ebensosehr selbst entgegenkommt, als sie genommen wird.

Sein Tun ist nur nach einem Momente ein Tun der *Begierde*; es geht nicht auf die Vertilgung des ganzen gegenständlichen Wesens, sondern nur auf die Form seines Andersseins oder seiner Selbständigkeit, die ein wesenloser Schein ist, denn *an sich* gilt es ihm für dasselbe Wesen oder als seine Selbstheit. Das Element, worin die Begierde und ihr Gegenstand gleichgültig gegeneinander und selbständig bestehen, ist das *lebendige Dasein*; der Genuß der Begierde hebt dies, insofern es ihrem Gegenstande zukommt, auf. Aber hier ist dies Element, welches beiden die abgesonderte Wirklichkeit gibt, vielmehr die Kategorie, ein Sein, das wesentlich ein *vorgestelltes* ist; es ist daher das *Bewußtsein* der Selbständigkeit; – sei es nun das natürliche oder das zu einem System von Gesetzen ausgebildete Bewußtsein, welches die Individuen jedes für sich erhält. Diese Trennung ist nicht an sich für das Selbstbewußtsein, welches als *seine eigne* Selbstheit das andre weiß. Es gelangt also zum Genusse der *Lust*, zum Bewußtsein seiner Verwirklichung in einem als selbständig erscheinenden

Bewußtsein oder zur Anschauung der Einheit beider selbständigen Selbstbewußtsein[e]. Es erreicht seinen Zweck, erfährt aber eben darin, was die Wahrheit desselben ist. Es begreift sich als *dieses einzelne fürsichseiende Wesen*, aber die Verwirklichung dieses Zwecks ist selbst das Aufheben desselben; denn es wird sich nicht Gegenstand als *dieses einzelne*, sondern vielmehr als *Einheit* seiner selbst und des andern Selbstbewußtseins, hiemit als aufgehobenes Einzelnes oder als *Allgemeines*.

Die genossene Lust hat wohl die positive Bedeutung, *sich selbst* als gegenständliches Selbstbewußtsein geworden zu sein, aber ebensosehr die negative, *sich selbst* aufgehoben zu haben; und indem es seine Verwirklichung nur in jener Bedeutung begriff, tritt seine Erfahrung als Widerspruch in sein Bewußtsein ein, worin die erreichte Wirklichkeit seiner Einzelheit sich von dem negativen *Wesen* vernichtet werden sieht, das wirklichkeitslos jener leer gegenübersteht und doch die verzehrende Macht desselben ist. Dieses Wesen ist nichts anders als der *Begriff* dessen, was diese Individualität an sich ist. Sie ist aber noch die ärmste Gestalt des sich verwirklichenden Geistes; denn sie ist sich erst die *Abstraktion* der Vernunft oder die *Unmittelbarkeit* der *Einheit* des *Fürsich-* und des *Ansich*seins; ihr Wesen ist also nur die *abstrakte* Kategorie. Jedoch hat sie nicht mehr die Form des *unmittelbaren, einfachen* Seins wie dem beobachtenden Geiste, wo sie das abstrakte *Sein*, oder als fremdes gesetzt, die *Dingheit* überhaupt ist. Hier ist in diese Dingheit das Fürsichsein und die Vermittlung getreten. Sie tritt daher als *Kreis* auf, dessen Inhalt die entwickelte reine Beziehung der einfachen Wesenheiten ist. Die erlangte Verwirklichung dieser Individualität besteht daher in nichts anderem, als daß sie diesen Kreis von Abstraktionen aus der Eingeschlossenheit des einfachen

Selbstbewußteins in das Element des *Für-es-seins* oder der gegenständlichen Ausbreitung herausgeworfen hat. Was dem Selbstbewußtsein also in der genießenden Lust als sein Wesen zum *Gegenstande* wird, ist die Ausbreitung jener leeren Wesenheiten, der reinen Einheit, des reinen Unterschiedes und ihrer Beziehung; weiter hat der Gegenstand, den die Individualität als ihr *Wesen* erfährt, keinen Inhalt. Er ist das, was die *Notwendigkeit* genannt wird; denn die Notwendigkeit, das *Schicksal* u. dgl. ist eben dieses, von dem man nicht zu sagen weiß, *was* es tue, welches seine bestimmten Gesetze und positiver Inhalt sei, weil es der absolute als *Sein* angeschaute reine Begriff selbst ist, die einfache und leere, aber unaufhaltsame und unstörbare *Beziehung*, deren Werk nur das Nichts der Einzelheit ist. Sie ist dieser *feste Zusammenhang*, weil das Zusammenhängende die reinen Wesenheiten oder die leeren Abstraktionen sind; Einheit, Unterschied und Beziehung sind Kategorien, deren jede nichts an und für sich, nur in Beziehung auf ihr Gegenteil ist, und die daher nicht auseinanderkommen können. Sie sind durch ihren *Begriff* aufeinander bezogen, denn sie sind die reinen Begriffe selbst; und diese *absolute Beziehung* und abstrakte Bewegung macht die Notwendigkeit aus. Die nur einzelne Individualität, die nur erst den reinen Begriff der Vernunft zu ihrem Inhalte hat, statt aus der toten Theorie in das Leben sich gestürzt zu haben, hat sich also vielmehr nur in das Bewußtsein der eignen Leblosigkeit gestürzt und wird sich nur als die leere und fremde Notwendigkeit, als die *tote* Wirklichkeit zuteil.

Der Übergang geschieht aus der Form des *Eins* in die der *Allgemeinheit*, aus einer absoluten Abstraktion in die andere, aus dem Zwecke des reinen *Fürsichseins*, das die Gemeinschaft mit *Andern* abgeworfen, in das *reine* Gegenteil, das dadurch ebenso abstrakte *Ansichsein*. Dies erscheint hiemit so, daß das Individuum nur zu Grunde gegangen und die absolute Sprödigkeit der Einzelheit an der ebenso harten, aber kontinuierlichen Wirklichkeit zerstäubt ist. – Indem es als Bewußtsein die Einheit seiner selbst und seines Gegenteils ist, ist dieser Untergang noch für es, sein Zweck und seine Verwirklichung, so wie der Widerspruch dessen, was *ihm* das Wesen war, und was *an sich* das Wesen ist; – es erfährt den Doppelsinn, der in dem liegt, was es tat, nämlich sein *Leben* sich *genommen* zu haben; es nahm das Leben, aber vielmehr ergriff es damit den Tod.

Dieser *Übergang* seines lebendigen Seins in die leblose Notwendigkeit erscheint ihm daher als eine Verkehrung, die durch nichts vermittelt ist. Das Vermittelnde müßte das sein, worin beide Seiten eins wären, das Bewußtsein also das eine Moment im andern erkännte, seinen Zweck und Tun in dem Schicksale, und sein Schicksal in seinem Zwecke und Tun, *sein eigenes Wesen* in dieser *Notwendigkeit*. Aber diese Einheit ist für dies Bewußtsein eben die Lust selbst, oder das *einfache, einzelne* Gefühl, und der Übergang von dem Momente dieses seines Zwecks in das Moment seines wahren Wesens [ist] für es ein reiner Sprung in das Entgegengesetzte; denn diese Momente sind nicht im Gefühle enthalten und verknüpft, sondern nur im reinen Selbst, das ein Allgemeines oder das Denken ist. Das Bewußtsein ist sich daher durch seine Erfahrung, worin ihm seine Wahrheit werden sollte, vielmehr ein Rätsel geworden, die Folgen seiner Taten sind ihm nicht seine Taten selbst; was ihm widerfährt, [ist] *für es* nicht die Erfahrung dessen, was es *an sich* ist, der Übergang nicht eine bloße Formänderung desselben Inhalts und Wesens, einmal vorgestellt als Inhalt und Wesen des Bewußtseins, das andere Mal als Gegenstand oder *angeschautes* Wesen seiner selbst. Die *abstrakte Notwendigkeit* gilt also für die nur negative unbegriffene *Macht der Allgemeinheit*, an welcher die Individualität zerschmettert wird.

Bis hieher geht die Erscheinung dieser Gestalt des Selbstbewußtseins; das letzte Moment ihrer Existenz ist der Gedanke ihres Verlustes in der Notwendigkeit, oder der Gedanke ihrer selbst als eines sich absolut *fremden* Wesens. Das Selbstbewußtsein *an sich* hat aber diesen Verlust überlebt; denn diese Notwendigkeit oder reine Allgemeinheit ist *sein eignes* Wesen. Diese Reflexion des Bewußtseins in sich, die Notwendigkeit als *sich* zu wissen, ist eine neue Gestalt desselben.

b.
Das Gesetz des Herzens,
und der Wahnsinn des Eigendünkels.

Was die Notwendigkeit in Wahrheit am Selbstbewußtsein ist, dies ist sie für seine neue Gestalt, worin es sich selbst als das Notwendige ist; es weiß, *unmittelbar* das *Allgemeine* oder das *Gesetz* in sich zu haben, welches um dieser Bestimmung willen, daß es *unmittelbar* in dem Fürsichsein des Bewußtseins ist, das *Gesetz* des *Herzens* heißt. Diese Gestalt ist *für sich* als *Einzelheit* Wesen wie die vorige; aber sie ist um die Bestimmung reicher, daß ihr dies *Fürsichsein* als notwendiges oder allgemeines gilt.

Das Gesetz also, das unmittelbar das eigne des Selbstbewußtseins ist, oder ein Herz, das aber ein Gesetz an ihm hat, ist der *Zweck*, den es zu verwirklichen geht. Es ist zu sehen, ob seine Verwirklichung diesem Begriffe entsprechen, und ob es in ihr dies sein Gesetz als das Wesen erfahren wird.

Diesem Herzen steht eine Wirklichkeit gegenüber; denn im Herzen ist das Gesetz nur erst *für sich*, noch nicht verwirklicht und also zugleich etwas *Anderes*, als der Begriff ist. Dieses Andere bestimmt sich dadurch als eine Wirklichkeit, die das Entgegengesetzte des zu Verwirklichenden, hiemit der *Widerspruch des Gesetzes* und der *Einzelheit* ist. Sie ist also einerseits ein Gesetz, von dem die einzelne Individualität gedrückt wird, eine gewalttätige Ordnung der Welt, welche dem Gesetze des Herzens widerspricht, und anderseits eine unter ihr leidende Menschheit, welche nicht dem Gesetze des Herzens folgt, sondern einer fremden Notwendigkeit untertan ist. – Diese Wirklichkeit, die der jetzigen Gestalt des Bewußtseins *gegenüber* erscheint, ist, wie erhellt, nichts anders als das vorhergehende entzweite Verhältnis der Individualität und ihrer Wahrheit, das Verhältnis einer grausamen Notwendigkeit, von welcher jene erdrückt wird. *Für uns* tritt die vorhergehende Bewegung darum der neuen Gestalt gegenüber, weil diese an sich aus ihr entsprungen, das Moment, woraus sie herkommt, also notwendig für sie ist; ihr aber erscheint es als ein *Vorgefundenes*, indem sie kein Bewußtsein über ihren *Ursprung* hat, und ihr das Wesen ist, vielmehr *für sich* selbst oder das Negative gegen dies positive Ansich zu sein.

Diese dem Gesetze des Herzens widersprechende Notwendigkeit sowie das durch sie vorhandene Leiden aufzuheben, darauf ist also diese Individualität gerichtet. Sie ist hiemit nicht mehr der Leichtsinn der vorigen Gestalt, die nur die einzelne Lust wollte, sondern die Ernsthaftigkeit eines hohen Zwecks, die ihre Lust in der Darstellung ihres *vortrefflichen* eigenen Wesens und in der Hervorbringung des *Wohls der Menschheit* sucht. Was sie verwirklicht, ist selbst das Gesetz, und ihre Lust daher zugleich die allgemeine aller Herzen. Beides ist ihr *ungetrennt;* ihre Lust das Gesetzmäßige, und die Verwirklichung des Gesetzes der allgemeinen Menschheit Bereitung ihrer einzelnen Lust. Denn innerhalb ihrer selbst ist *unmittelbar* die Individualität und das Notwendige Eins; das Gesetz Gesetz des Herzens. Die Individualität ist noch nicht aus ihrer Stelle gerückt, und die Einheit beider nicht durch die vermittelnde Bewegung derselben, noch nicht durch die Zucht zustande gekommen. Die Verwirklichung des unmittelbaren *ungezogenen* Wesens gilt für Darstellung einer Vortrefflichkeit und für Hervorbringung des Wohls der Menschheit.

Das Gesetz dagegen, welches dem Gesetze des Herzens gegenübersteht, ist vom Herzen getrennt und frei für sich. Die Menschheit, die ihm angehört, lebt nicht in der beglückenden Einheit des Gesetzes mit dem Herzen, sondern entweder in grausamer Trennung und Leiden, oder wenigstens in der Entbehrung des Genusses *seiner selbst* bei der *Befolgung* des Gesetzes, und in dem Mangel des Bewußtseins der eignen Vortrefflichkeit bei der *Überschreitung* desselben. Weil jene gewalthabende göttliche und menschliche Ordnung von dem Herzen getrennt ist, ist sie diesem ein *Schein*, welcher das verlieren soll, was ihm noch zugesellt ist, nämlich die Gewalt und die Wirklichkeit. Sie mag in ihrem *Inhalte* wohl zufälligerweise mit dem Gesetze des Herzens übereinstimmen, und dann kann sich dieses sie gefallen lassen; aber nicht das Gesetzmäßige rein als solches ist ihm das Wesen, sondern daß es darin das Bewußtsein *seiner selbst*, daß es *sich* darin befriedigt habe. Wo der Inhalt der allgemeinen Notwendigkeit aber nicht mit dem Herzen übereinstimmt, ist sie auch ihrem Inhalte nach nichts an sich, und muß dem Gesetze des Herzens weichen.

Das Individuum *vollbringt* also das Gesetz seines Herzens; es wird *allgemeine Ordnung*, und die Lust zu einer an und für sich gesetzmäßigen Wirklichkeit. Aber in dieser Verwirklichung ist es ihm in der Tat entflohen; es wird unmittelbar nur das Verhältnis, welches aufgehoben werden sollte. Das Gesetz des Herzens hört eben durch seine Verwirklichung auf, Gesetz des *Herzens* zu sein. Denn es erhält darin die Form des *Seins* und ist nun *allgemeine* Macht, für welche *dieses* Herz gleichgültig ist, so daß das Individuum *seine eigene* Ordnung dadurch, daß es sie *aufstellt*, nicht mehr als die seinige findet. Durch die Verwirklichung seines Gesetzes bringt es daher nicht *sein* Gesetz, sondern indem sie an sich die seinige, für es aber eine fremde ist, nur dies hervor, in die wirkliche Ordnung sich zu verwickeln, und zwar in sie als eine ihm nicht nur fremde, sondern feindliche Übermacht. – Durch seine Tat setzt es sich *in* oder vielmehr *als* das allgemeine Element der seienden Wirklichkeit, und seine Tat soll selbst nach seinem Sinne den Wert einer allgemeinen Ordnung haben. Aber damit hat es sich von sich selbst *frei*gelassen, es wächst als Allgemeinheit für sich fort und reinigt sich von der Einzelheit; das Individuum, welches die Allgemeinheit nur in der Form seines unmittelbaren Fürsichseins erkennen will, erkennt sich also nicht in dieser freien Allgemeinheit, während es ihr zugleich angehört, denn sie ist sein Tun. Dies Tun hat daher die verkehrte Bedeutung, der allgemeinen Ordnung zu *widersprechen*, denn seine Tat soll Tat *seines* einzelnen Herzens, nicht freie allgemeine Wirklichkeit sein; und zugleich hat es sie in der Tat *anerkannt,* denn das Tun hat den Sinn, sein Wesen als *freie Wirklichkeit* zu setzen, d.h. die Wirklichkeit als sein Wesen anzuerkennen.

Das Individuum hat durch den Begriff seines Tuns die nähere Weise bestimmt, in welcher die wirkliche Allgemeinheit, der es sich angehörig gemacht, sich gegen es kehrt. Seine Tat gehört als *Wirklichkeit* dem Allgemeinen an; ihr Inhalt aber ist die eigene Individualität, welche sich als diese *einzelne* dem Allgemeinen entgegengesetzte erhalten will. Es ist nicht irgend ein bestimmtes Gesetz, von dessen Aufstellung die Rede wäre, sondern die unmittelbare Einheit des einzelnen Herzens mit der Allgemeinheit ist der zum Gesetze erhobene und geltensollende Gedanke, daß in dem, was Gesetz ist, *jedes Herz sich* selbst erkennen muß. Aber nur das Herz dieses Individuums hat seine Wirklichkeit in seiner Tat, welche ihm *sein Fürsichsein* oder *seine Lust* ausdrückt, gesetzt. Sie soll unmittelbar als Allgemeines gelten; d.h. sie ist in Wahrheit etwas Besonderes und hat nur die Form der Allgemeinheit: sein *besonderer* Inhalt soll *als solcher* für allgemein gelten. Daher finden in diesem Inhalte die Andern nicht das Gesetz ihres Herzens, sondern vielmehr das *eines andern* vollbracht; und eben nach dem allgemeinen Gesetze, daß in dem, was Gesetz ist, jedes sein Herz finden soll, kehren sie sich ebenso gegen die Wirklichkeit, welche *es* aufstellte, als es sich gegen die ihrige kehrte. Das Individuum findet also, wie zuerst nur das starre Gesetz, jetzt die Herzen der Menschen selbst seinen vortrefflichen Absichten entgegen und zu verabscheuen.

Weil dies Bewußtsein die Allgemeinheit nur erst als *unmittelbare*, und die Notwendigkeit als Notwendigkeit des *Herzens* kennt, ist ihm die Natur der Verwirklichung und der Wirksamkeit unbekannt, daß sie als das *Seiende* in ihrer Wahrheit vielmehr das *an sich Allgemeine* ist, worin die Einzelheit des Bewußtseins, die sich ihr anvertraut, um als *diese* unmittelbare *Einzelheit* zu *sein*, vielmehr untergeht; statt dieses *seines Seins* erlangt es also in dem Sein die Entfremdung *seiner selbst*. Dasjenige, worin es sich nicht erkennt, ist aber nicht mehr die tote Notwendigkeit, sondern die Notwendigkeit als belebt durch die allgemeine Individualität. Es nahm diese göttliche und menschliche Ordnung, die es geltend vorfand, für eine tote Wirklichkeit, worin wie es selbst, das sich als dieses für sich seiende, dem Allgemeinen entgegengesetzte Herz fixiert, so die ihr angehören, das Bewußtsein ihrer selbst nicht hätten; es findet sie aber vielmehr von dem Bewußtsein aller belebt, und als Gesetz aller Herzen. Es macht die Erfahrung, daß die Wirklichkeit belebte Ordnung ist, zugleich in der Tat eben dadurch, daß es das Gesetz seines Herzens verwirklicht; denn dies heißt nichts anders, als daß die Individualität sich als Allgemeines zum Gegenstande wird, worin es sich aber nicht erkennt.

Was also dieser Gestalt des Selbstbewußtseins aus ihrer Erfahrung als das Wahre hervorgeht, *widerspricht* dem, was sie *für sich* ist. Was sie aber für sich ist, hat selbst die Form absoluter Allgemeinheit für sie, und es ist das Gesetz des Herzens, welches mit dem *Selbst*bewußtsein unmittelbar Eins ist. Zugleich ist die bestehende und lebendige Ordnung ebenso sein *eigenes Wesen* und Werk, es bringt nichts anders hervor, als sie; sie ist in gleich unmittelbarer Einheit mit dem Selbstbewußtsein. Dieses ist auf diese Weise, einer gedoppelten entgegengesetzten Wesenheit angehörend, an sich selbst widersprechend und im Innersten zerrüttet. Das Gesetz *dieses* Herzens ist nur dasjenige, worin das Selbstbewußtsein sich selbst erkennt; aber die allgemeine gültige Ordnung ist durch die Verwirklichung jenes Gesetzes ebenso ihm sein eigenes *Wesen* und seine eigene *Wirklichkeit* geworden; was in seinem Bewußtsein sich also widerspricht, ist beides in der Form des Wesens und seiner eignen Wirklichkeit für es.

Indem es dies Moment seines sich bewußten Untergangs und darin das Resultat seiner Erfahrung ausspricht, zeigt es sich als diese innere Verkehrung seiner selbst, als die Verrücktheit des Bewußtseins, welchem sein Wesen unmittelbar

Unwesen, seine Wirklichkeit unmittelbar Unwirklichkeit ist. – Die Verrücktheit kann nicht dafür gehalten werden, daß überhaupt etwas Wesenloses für wesentlich, etwas Nichtwirkliches für wirklich gehalten werde; so daß das, was für den einen wesentlich oder wirklich ist, es für einen andern nicht wäre, und das Bewußtsein der Wirklichkeit und Nichtwirklichkeit, oder der Wesenheit und Unwesenheit auseinanderfielen. – Wenn etwas in der Tat für das Bewußtsein überhaupt wirklich und wesentlich, für mich aber nicht ist, so habe ich in dem Bewußtsein seiner Nichtigkeit zugleich, da ich Bewußtsein überhaupt bin, das Bewußtsein seiner Wirklichkeit, – und indem sie beide fixiert sind, so ist dies eine Einheit, welche der Wahnsinn im allgemeinen ist. In diesem ist aber nur ein *Gegenstand* für das Bewußtsein verrückt, nicht das Bewußtsein als solches in und für sich selbst. In dem Resultate des Erfahrens, das sich hier ergeben hat, ist aber das Bewußtsein in seinem Gesetze sich *seiner selbst* als dieses Wirklichen bewußt; und zugleich, indem ihm ebendieselbe Wesenheit, dieselbe Wirklichkeit *entfremdet* ist, ist es als Selbstbewußtsein, als absolute Wirklichkeit sich seiner Unwirklichkeit bewußt, oder die beiden Seiten gelten ihm nach ihrem Widerspruche unmittelbar als *sein Wesen*, das also im Innersten verrückt ist.

Das Herzklopfen für das Wohl der Menschheit geht darum in das Toben des verrückten Eigendünkels über, in die Wut des Bewußtseins, gegen seine Zerstörung sich zu erhalten, und dies dadurch, daß es die Verkehrtheit, welche es selbst ist, aus sich herauswirft und sie als ein Anderes anzusehen und auszusprechen sich anstrengt. Es spricht also die allgemeine Ordnung aus als eine von fanatischen Priestern, schwelgenden Despoten und für ihre Erniedrigung hinabwärts durch Erniedrigen und Unterdrücken sich entschädigenden Dienern derselben erfundene und zum namenlosen Elende der betrogenen Menschheit gehandhabte Verkehrung des Gesetzes des Herzens und seines Glückes. – Das Bewußtsein spricht in dieser seiner Verrücktheit die *Individualität* als das Verrückende und Verkehrte aus, aber eine *fremde* und *zufällige*. Aber das Herz oder die *unmittelbar allgemeinseinwollende Einzelheit des Bewußtseins* ist dies Verrückende und Verkehrte selbst, und sein Tun nur die Hervorbringung dessen, daß dieser Widerspruch *seinem* Bewußtsein wird. Denn das Wahre ist ihm das Gesetz des Herzens, – ein bloß *gemeintes*, das nicht, wie die bestehende Ordnung, den Tag ausgehalten hat, sondern vielmehr, wie es sich diesem zeigt, zugrunde geht. Dies sein Gesetz sollte *Wirklichkeit* haben; hierin ist ihm das Gesetz als *Wirklichkeit*, als *geltende Ordnung* Zweck und Wesen; aber unmittelbar ist ihm ebenso die *Wirklichkeit*, eben das Gesetz als *geltende Ordnung*, vielmehr das Nichtige. – Ebenso seine *eigne* Wirklichkeit, *es selbst* als Einzelheit des Bewußtseins ist sich das Wesen; aber es ist ihm Zweck, sie *seiend* zu setzen; es ist ihm also unmittelbar vielmehr sein Selbst als Nichteinzelnes das Wesen, oder Zweck als Gesetz, eben darin als eine Allgemeinheit, welche es für sein Bewußtsein selbst sei. – Dieser sein Begriff wird durch sein Tun zu seinem Gegenstande; sein Selbst erfährt es also vielmehr als das Unwirkliche, und die Unwirklichkeit als seine Wirklichkeit. Es ist also nicht eine zufällige und fremde Individualität, sondern eben dieses Herz nach allen Seiten in sich das Verkehrte und Verkehrende.

Indem aber die unmittelbar allgemeine Individualität das Verkehrte und Verkehrende ist, ist nicht weniger diese allgemeine Ordnung, da sie das Gesetz aller *Herzen*, d.h. des Verkehrten ist, selbst an sich das Verkehrte, wie die tobende Verrücktheit es aussprach. Einmal erweist sie sich in dem Widerstande, welchen das Gesetz eines Herzens an den andern Einzelnen findet, *Gesetz* aller Herzen zu sein. Die bestehenden Gesetze werden gegen das Gesetz eines Individuums verteidigt, weil sie nicht bewußtlose leere und tote Notwendigkeit, sondern geistige Allgemeinheit und Substanz sind, worin diejenigen, an denen sie ihre Wirklichkeit hat, als Individuen leben und ihrer selbst bewußt sind; so daß, wenn sie auch über diese Ordnung, als ob sie dem innern Gesetze zuwiderlaufe, klagen und die Meinungen des Herzens gegen sie halten, [sie] in der Tat mit ihrem Herzen an ihr als ihrem Wesen hängen, und wenn diese Ordnung ihnen genommen wird oder sie selbst sich daraussetzen, sie alles verlieren. Indem hierin eben die Wirklichkeit und Macht der öffentlichen Ordnung besteht, erscheint also diese als das sich selbst gleiche allgemein belebte Wesen, und die Individualität als die Form derselben. – Aber diese Ordnung ist ebenso das Verkehrte.

Denn darin, daß sie das Gesetz aller Herzen ist, daß alle Individuen unmittelbar dieses Allgemeine sind, ist sie eine Wirklichkeit, welche nur die Wirklichkeit der *für sich seienden* Individualität, oder des Herzens ist. Das Bewußtsein, welches das Gesetz seines Herzens aufstellt, erfährt also Widerstand von andern, weil es den *ebenso einzelnen* Gesetzen ihres Herzens widerspricht; und diese tun in ihrem Widerstande nichts anders, als ihr Gesetz aufstellen und geltend machen. Das *Allgemeine*, das vorhanden ist, ist daher nur ein allgemeiner Widerstand und Bekämpfung aller gegeneinander, worin jeder seine eigene Einzelheit geltend macht, aber zugleich nicht dazu kommt, weil sie denselben Widerstand erfährt und durch die andern gegenseitig aufgelöst wird. Was öffentliche *Ordnung* scheint, ist also diese allgemeine Befehdung, worin jeder an sich reißt, was er kann, die Gerechtigkeit an der Einzelheit der andern ausübt und die seinige festsetzt, die ebenso durch andere verschwindet. Sie ist der *Weltlauf*, der Schein eines bleibenden Ganges, der nur eine *gemeinte Allgemeinheit*, und dessen Inhalt vielmehr das wesenlose Spiel der Festsetzung der Einzelheiten und ihrer Auflösung ist.

Betrachten wir beide Seiten der allgemeinen Ordnung gegeneinander, so hat die letztere Allgemeinheit zu ihrem Inhalte die unruhige Individualität, für welche die Meinung oder die Einzelheit Gesetz, das Wirkliche unwirklich und das Unwirkliche das Wirkliche ist. Sie ist aber zugleich die *Seite der Wirklichkeit* der Ordnung, denn ihr gehört das *Fürsichsein* der Individualität an. – Die andere Seite ist das *Allgemeine* als *ruhiges* Wesen, aber eben darum nur als ein *Inneres*, das nicht gar nicht, aber doch keine Wirklichkeit ist, und nur durch Aufhebung der Individualität, welche sich die Wirklichkeit angemaßt hat, selbst wirklich werden kann. Diese Gestalt des Bewußtseins, sich in dem Gesetze, in dem *an sich* Wahren und Guten nicht als die Einzelheit, sondern nur als *Wesen* zu werden, die Individualität aber als das Verkehrte und Verkehrende zu wissen, und daher die Einzelheit des Bewußtseins aufopfern zu müssen, ist die *Tugend*.

c.
Die Tugend und der Weltlauf.

In der ersten Gestalt der tätigen Vernunft war das Selbstbewußtsein sich reine Individualität, und ihr gegenüber stand die leere Allgemeinheit. In der zweiten hatten die beiden Teile des Gegensatzes, jeder die *beiden* Momente, Gesetz und

Individualität an ihnen; der eine aber, das Herz, war ihre unmittelbare Einheit, der andere ihre Entgegensetzung. Hier im Verhältnisse der Tugend und des Weltlaufs sind beide Glieder, jedes Einheit und Gegensatz dieser Momente, oder eine Bewegung des Gesetzes und der Individualität gegeneinander, aber eine entgegengesetzte. Dem Bewußtsein der Tugend ist das *Gesetz* das *Wesentliche* und die Individualität das Aufzuhebende, und also sowohl an ihrem Bewußtsein selbst als an dem Weltlaufe. An jenem ist die eigne Individualität in die Zucht unter das Allgemeine, das an sich Wahre und Gute, zu nehmen; es bleibt aber darin noch persönliches Bewußtsein: die wahre Zucht ist allein die Aufopfrung der ganzen Persönlichkeit all die Bewährung, daß es in der Tat nicht noch an Einzelheiten festgeblieben ist. In dieser einzelnen Aufopfrung wird zugleich die Individualität an *dem Weltlaufe* vertilgt, denn sie ist auch einfaches, beiden gemeinschaftliches Moment. – In diesem verhält sich die Individualität auf die verkehrte Weise, als sie am tugendhaften Bewußtsein gesetzt ist, nämlich sich zum Wesen zu machen und dagegen das *an sich* Gute und Wahre sich zu unterwerfen. – Der Weltlauf ist ferner ebenso für die Tugend nicht nur dies durch die *Individualität verkehrte* Allgemeine, sondern die absolute *Ordnung* ist gleichfalls gemeinschaftliches Moment, an dem Weltlaufe nur nicht als *seiende Wirklichkeit* für das Bewußtsein vorhanden, sondern das *innere Wesen* desselben. Sie ist daher nicht erst durch die Tugend eigentlich hervorzubringen, denn das Hervorbringen ist, als *Tun*, Bewußtsein der Individualität, und diese vielmehr aufzuheben; durch dieses Aufheben aber wird dem *Ansich* des Weltlaufs gleichsam nur Raum gemacht, an und für sich selbst in die Existenz zu treten.

Der allgemeine *Inhalt* des wirklichen Weltlaufs hat sich schon ergeben; näher betrachtet ist er wieder nichts anders als die beiden vorhergehenden Bewegungen des Selbstbewußtseins. Aus ihnen ist die Gestalt der Tugend hervorgegangen; indem sie ihr Ursprung sind, hat sie sie vor sich; sie geht aber darauf, ihren Ursprung aufzuheben und sich zu realisieren, oder *für sich* zu werden. Der Weltlauf ist also einerseits die einzelne Individualität, welche ihre Lust und Genuß sucht, darin zwar ihren Untergang findet, und hiemit das Allgemeine befriedigt. Aber diese Befriedigung selbst, sowie die übrigen Momente dieses Verhältnisses, ist eine verkehrte Gestalt und Bewegung des Allgemeinen. Die Wirklichkeit ist nur die Einzelheit der Lust und des Genusses, das Allgemeine aber ihr entgegengesetzt, eine Notwendigkeit, welche nur die leere Gestalt desselben, eine nur negative Rückwirkung und inhaltloses Tun ist. – Das andere Moment des Weltlaufs ist die Individualität, welche an und für sich Gesetz sein will und in dieser Einbildung die bestehende Ordnung stört; das allgemeine Gesetz erhält sich zwar gegen diesen Eigendünkel und tritt nicht mehr als ein dem Bewußtsein Entgegengesetztes und Leeres, nicht als eine tote Notwendigkeit auf, sondern als *Notwendigkeit in dem Bewußtsein selbst*. Aber wie es als die *bewußte* Beziehung der absolut widersprechenden Wirklichkeit existiert, ist es die Verrücktheit; wie es aber als *gegenständliche* Wirklichkeit ist, ist es die Verkehrtheit überhaupt. Das Allgemeine stellt sich also wohl in beiden Seiten als die Macht ihrer Bewegung dar; aber die *Existenz* dieser Macht ist nur die allgemeine Verkehrung.

Von der Tugend soll es nun seine wahrhafte Wirklichkeit erhalten durch das Aufheben der Individualität, des Prinzips der Verkehrung; ihr Zweck ist, hiedurch den verkehrten Weltlauf wieder zu verkehren und sein wahres Wesen hervorzubringen. Dies wahre Wesen ist an dem Weltlaufe nur erst als sein *Ansich*; es ist noch nicht wirklich, und die Tugend *glaubt* es daher nur. Diesen Glauben geht sie zum Schauen zu erheben, ohne aber der Früchte ihrer Arbeit und Aufopferung zu genießen. Denn insofern sie *Individualität* ist, ist sie das *Tun* des Kampfes, den sie mit dem Weltlaufe eingeht; ihr Zweck und wahres Wesen aber ist die Besiegung der Wirklichkeit des Weltlaufs; die dadurch bewirkte Existenz des Guten ist hiemit das Aufhören ihres *Tuns* oder des *Bewußtseins* der Individualität. – Wie dieser Kampf selbst bestanden werde, was die Tugend in ihm erfährt, ob durch die Aufopferung, welche sie über sich nimmt, der Weltlauf unterliege, die Tugend aber siege, – dies muß sich aus der Natur der lebendigen *Waffen* entscheiden, welche die Kämpfer führen. Denn die Waffen sind nichts anderes als das *Wesen* der Kämpfer selbst, das nur für sie beide gegenseitig hervortritt. Ihre Waffen haben sich hiemit schon aus dem ergeben, was an sich in diesem Kampfe vorhanden ist.

Das *Allgemeine* ist für das tugendhafte Bewußtsein im *Glauben* oder *an sich* wahrhaft, noch nicht eine wirkliche, sondern eine *abstrakte* Allgemeinheit; an diesem Bewußtsein selbst ist es *als Zweck*, an dem Weltlaufe *als Inneres*. In eben dieser Bestimmung stellt das Allgemeine sich auch an der Tugend für den Weltlauf dar; denn sie *will* das Gute erst ausführen und gibt selbst es noch nicht für Wirklichkeit aus. Diese Bestimmtheit kann auch so betrachtet werden, daß das Gute, indem es in dem Kampf gegen den Weltlauf auftritt, damit sich darstellt als seiend für *ein anderes*, als etwas, das nicht *an und für sich selbst* ist, denn sonst würde es nicht durch Bezwingung seines Gegenteils sich erst seine Wahrheit geben wollen. Es ist nur erst *für ein anderes*, heißt dasselbe, was vorher von ihm in der entgegengesetzten Betrachtung sich zeigte, nämlich es ist erst eine *Abstraktion*, welche nur in dem Verhältnisse, nicht an und für sich, Realität hat.

Das Gute oder Allgemeine, wie es also hier auftritt, ist dasjenige, was die *Gaben, Fähigkeiten, Kräfte* genannt wird. Es ist eine Weise des Geistigen zu sein, worin es als ein Allgemeines vorgestellt wird, das zu seiner Belebung und Bewegung des Prinzips der Individualität bedarf und in dieser seine *Wirklichkeit* hat. Von diesem Prinzip, insofern es am Bewußtsein der Tugend ist, wird dies Allgemeine *gut angewendet*, von ihm aber, insofern es am Weltlauf ist, *mißbraucht*, – ein passives Werkzeug, das von der Hand der freien Individualität regiert, gleichgültig gegen den Gebrauch, den sie von ihm macht, auch zur Hervorbringung einer Wirklichkeit mißbraucht werden kann, die seine Zerstörung ist; eine leblose, eigner Selbständigkeit entbehrende Materie, die so oder auch anders und selbst zu ihrem Verderben geformt werden kann.

Indem dies Allgemeine dem Bewußtsein der Tugend wie dem Weltlaufe auf gleiche Weise zu Gebote steht, so ist nicht abzusehen, ob so ausgerüstet die Tugend das Laster besiegen werde. Die Waffen sind dieselben; sie sind diese Fähigkeiten und Kräfte. Zwar hat die Tugend ihren Glauben an die ursprüngliche Einheit ihres Zwecks und des Wesens des Weltlaufes in den Hinterhalt gelegt, welche dem Feinde während des Kampfes in den Rücken fallen und *an sich* ihn vollbringen soll, so daß hiedurch in der Tat für den Ritter der Tugend sein eignes *Tun* und Kämpfen eigentlich eine Spiegelfechterei ist, die er nicht für Ernst nehmen *kann*, – weil er seine wahrhafte Stärke darein setzt, daß das Gute *an und für sich selbst* sei, d.h. sich selbst vollbringe, – eine Spiegelfechterei, die er auch nicht zum Ernste werden lassen *darf*. Denn dasjenige, was er gegen den Feind kehrt und gegen sich gekehrt findet, und dessen Abnutzung und Beschädigung er sowohl an ihm selbst als seinem Feinde daran wagt, soll nicht das

Gute selbst sein; denn für dessen Bewahrung und Ausführung kämpft er; sondern was daran gewagt wird, sind nur die gleichgültigen Gaben und Fähigkeiten. Allein diese sind in der Tat nichts anderes als eben dasjenige individualitätslose Allgemeine selbst, welches durch den Kampf erhalten und verwirklicht werden soll. – Es ist aber zugleich durch den Begriff des Kampfs selbst unmittelbar *bereits verwirklicht*; es ist das *Ansich*, das *Allgemeine*; und seine Verwirklichung heißt nur dieses, daß es *zugleich für ein anderes* sei. Die beiden oben angegebenen Seiten, nach deren jeder es zu einer Abstraktion wurde, *sind nicht mehr getrennt*, sondern in und durch den Kampf ist das Gute auf beide Weisen zumal gesetzt. – Das tugendhafte Bewußtsein tritt aber in den Kampf gegen den Weltlauf als gegen ein dem Guten Entgegengesetztes; was er ihm hierin darbietet, ist das Allgemeine, nicht nur als abstraktes Allgemeines, sondern als ein von der Individualität belebtes und für ein anderes seiendes, oder das *wirkliche Gute*. Wo also die Tugend den Weltlauf anfaßt, trifft sie immer auf solche Stellen, die die Existenz des Guten selbst sind, das in alle Erscheinung des Weltlaufs, als das *Ansich* des Weltlaufs, unzertrennlich verschlungen ist und in der Wirklichkeit desselben auch sein Dasein hat; er ist also für sie unverwundbar. Eben solche Existenzen des Guten und hiemit unverletzliche Verhältnisse sind alle Momente, welche von der Tugend selbst an ihr darangesetzt und aufgeopfert werden sollten. Das Kämpfen kann daher nur ein Schwanken zwischen Bewahren und Aufopfern sein; oder vielmehr kann weder Aufopferung des Eignen, noch Verletzung des Fremden stattfinden. Die Tugend gleicht nicht nur jenem Streiter, dem es im Kampfe allein darum zu tun ist, sein Schwert blank zu erhalten, sondern sie hat auch den Streit darum begonnen, die Waffen zu bewahren; und nicht nur kann sie die ihrigen nicht gebrauchen, sondern muß auch die des Feindes unverletzt erhalten und sie gegen sich selbst schützen, denn alle sind edle Teile des Guten, für welches sie in den Kampf ging.

Diesem Feinde dagegen ist nicht das *Ansich*, sondern die *Individualität* das Wesen; seine Kraft also das negative Prinzip, welchem nichts bestehend und absolut heilig ist, sondern welches den Verlust von allem und jedem wagen und ertragen kann. Hiedurch ist ihm der Sieg ebensosehr an ihm selbst gewiß als durch den Widerspruch, in welchen sich sein Gegner verwickelt. Was der Tugend *an sich* ist, ist dem Weltlaufe nur für *ihn*; er ist frei von jedem Momente, das für sie fest und woran sie gebunden ist. Er hat ein solches Moment dadurch, daß es für ihn nur als ein solches gilt, das er ebensowohl aufheben als bestehen lassen kann, in seiner Gewalt; und damit auch den daran befestigten tugendhaften Ritter. Dieser kann sich davon nicht als von einem äußerlich umgeworfenen Mantel loswickeln und durch Hinterlassung desselben sich freimachen; denn es ist ihm das nicht aufzugebende Wesen.

Was endlich den Hinterhalt betrifft, aus welchem das *gute Ansich* dem Weltlaufe listigerweise in den Rücken fallen soll, so ist diese Hoffnung an sich nichtig. Der Weltlauf ist das wache, seiner selbst gewisse Bewußtsein, das nicht von hinten an sich kommen läßt, sondern allenthalben die Stirne bietet; denn er ist dieses, daß alles *für ihn* ist, daß alles *vor ihm* steht. Das gute *Ansich* aber, ist es *für* seinen Feind, so ist es in dem Kampfe, den wir gesehen haben; insofern es aber nicht *für ihn*, sondern *an sich* ist, ist es das passive Werkzeug der Gaben und Fähigkeiten, die wirklichkeitslose Materie; als Dasein vorgestellt, wäre es ein schlafendes und dahinten, man weiß nicht wo, bleibendes Bewußtsein.

Die Tugend wird also von dem Weltlaufe besiegt, weil das abstrakte unwirkliche *Wesen* in der Tat ihr Zweck ist, und weil in Ansehung der Wirklichkeit ihr Tun auf *Unterschieden* beruht, die allein in den Worten liegen. Sie wollte darin bestehen, durch *Aufopferung der Individualität* das Gute zur *Wirklichkeit* zu bringen, aber die Seite der *Wirklichkeit* ist selbst nichts anders als die Seite der *Individualität*. Das Gute sollte dasjenige sein, was *an sich* und dem, was *ist*, entgegengesetzt ist, aber das *Ansich* ist, nach seiner Realität und Wahrheit genommen, vielmehr das *Sein selbst*. Das *Ansich* ist zunächst die *Abstraktion des Wesens* gegen die Wirklichkeit; aber die Abstraktion ist eben dasjenige, was nicht wahrhaft, sondern nur *für das Bewußtsein* ist, d.h. aber, es ist selbst dasjenige, was *wirklich* genannt wird; denn das Wirkliche ist, was wesentlich *für ein anderes* ist, oder es ist das *Sein*. Das Bewußtsein der Tugend aber beruht auf diesem Unterschiede des *Ansich* und des *Seins*, der keine Wahrheit hat. – Der Weltlauf sollte die Verkehrung des Guten sein, weil er die *Individualität* zu seinem Prinzip hatte; allein diese ist das Prinzip der *Wirklichkeit*; denn eben sie ist das Bewußtsein, wodurch das *Ansichseiende* ebensosehr *für ein anderes* ist; er verkehrt das Unwandelbare, aber er verkehrt es in der Tat aus dem *Nichts der Abstraktion in das Sein der Realität*.

Der Weltlauf siegt also über das, was die Tugend im Gegensatze gegen ihn ausmacht; er siegt über sie, der die wesenlose Abstraktion das Wesen ist. Er siegt aber nicht über etwas Reales, sondern über das Erschaffen von Unterschieden, welche keine sind, über diese pomphaften Reden vom Besten der Menschheit und der Unterdrückung derselben, von der Aufopferung fürs Gute und dem Mißbrauche der Gaben; – solcherlei ideale Wesen und Zwecke sinken als leere Worte zusammen, welche das Herz erheben und die

Vernunft leer lassen, erbauen, aber nichts aufbauen; Deklamationen, welche nur diesen Inhalt bestimmt aussprechen, daß das Individuum, welches für solche edle Zwecke zu handeln vorgibt und solche vortreffliche Redensarten führt, sich für ein vortreffliches Wesen gilt; – eine Aufschwellung, welche sich und andern den Kopf groß macht, aber groß von einer leeren Aufgeblasenheit. – Die antike Tugend hatte ihre bestimmte sichere Bedeutung, denn sie hatte an der *Substanz* des Volks ihre *inhaltsvolle Grundlage*, und ein *wirkliches schon existierendes* Gutes zu ihrem Zwecke; sie war daher auch nicht gegen die Wirklichkeit als eine *allgemeine Verkehrtheit* und gegen einen *Weltlauf* gerichtet. Die betrachtete aber ist aus der Substanz heraus, eine wesenlose Tugend, eine Tugend nur der Vorstellung und der Worte, die jenes Inhalts entbehren. – Diese Leerheit der mit dem Weltlaufe kämpfenden Rednerei würde sich sogleich aufdecken, wenn gesagt werden sollte, was ihre Redensarten bedeuten; sie werden daher *als bekannt vorausgesetzt*. Die Forderung, dies Bekannte zu sagen, würde entweder durch ein neuen Schwall von Redensarten erfüllt oder ihr die Berufung auf das Herz entgegengesetzt, welches *innerhalb* es sage, was sie bedeuten; d h. die Unvermögenheit, *es in der Tat* zu sagen, würde eingestanden. – Die Nichtigkeit jener Rednerei scheint auch auf eine bewußtlose Art für die Bildung unseres Zeitalters Gewißheit erlangt zu haben, indem aus der ganzen Masse jener Redensarten und der Weise, sich damit aufzuspreizen, alles Interesse verschwunden ist; ein Verlust, der sich darin ausdrückt, daß sie nur Langeweile machen.

Das Resultat also, welches aus diesem Gegensatze hervorgeht, besteht darin, daß das Bewußtsein die Vorstellung von einem *an sich* Guten, das noch keine Wirklichkeit hätte, als einen leeren Mantel fahren läßt. Es hat in seinem Kampfe die Erfahrung gemacht, daß der Weltlauf so übel nicht ist, als er aussah; denn seine Wirklichkeit ist die Wirklichkeit des Allgemeinen. Es fällt mit dieser Erfahrung das Mittel, durch *Aufopferung* der Individualität das Gute hervorzubringen, hinweg; denn die Individualität ist gerade die *Verwirklichung* des Ansichseienden; und die Verkehrung hört auf, als eine Verkehrung des Guten angesehen zu werden, denn sie ist vielmehr eben die Verkehrung desselben, als eines bloßen Zwecks, in die Wirklichkeit: die Bewegung der Individualität ist die Realität des Allgemeinen.

In der Tat ist hiemit aber ebenso dasjenige besiegt worden und verschwunden, was als *Weltlauf* dem Bewußtsein des Ansichseienden gegenüberstand. Das *Fürsichsein* der Individualität war daran dem Wesen oder Allgemeinen entgegengesetzt und erschien als eine von dem *Ansichsein* getrennte Wirklichkeit. Indem aber sich gezeigt hat, daß die Wirklichkeit in ungetrennter Einheit mit dem Allgemeinen ist, so erweist sich das *Fürsichsein* des Weltlaufs, ebenso wie das *Ansich* der Tugend nur eine *Ansicht* ist, auch nicht mehr zu sein. Die Individualität des Weltlaufs mag wohl nur für *sich* oder *eigennützig* zu handeln meinen; sie ist besser als sie meint, ihr Tun ist zugleich *ansich*seiendes, *allgemeines* Tun. Wenn sie eigennützig handelt, so weiß sie nur nicht, was sie tut; und wenn sie versichert, alle Menschen handeln eigennützig, so behauptet sie nur, alle Menschen haben kein Bewußtsein darüber, was das Tun ist. – Wenn sie *für sich* handelt, so ist dies eben die Hervorbringung des nur erst *Ansich*seienden zur Wirklichkeit; der Zweck des *Fürsichseins* also, der dem Ansich sich entgegengesetzt meint, – seine leere Pfiffigkeit, sowie seine feinen Erklärungen, die den Eigennutz überall aufzuzeigen wissen, sind ebenso verschwunden als der Zweck des *Ansich* und seine Rednerei.

Es ist also das *Tun und Treiben der Individualität Zweck an sich selbst*; der Gebrauch der Kräfte, das Spiel ihrer Äußerungen ist *es*, was ihnen, die sonst das tote Ansich wären, Leben gibt, das Ansich nicht ein unausgeführtes existenzloses und abstraktes Allgemeines, sondern es selbst ist unmittelbar die Gegenwart und Wirklichkeit des Prozesses der Individualität.

C.
Die Individualität,
welche sich an und für sich selbst reell ist.

Das Selbstbewußtsein hat jetzt den Begriff von sich erfaßt, der erst nur der unsrige von ihm war, nämlich in der Gewißheit seiner selbst alle Realität zu sein; und Zweck und Wesen ist ihm nunmehr die sich bewegende Durchdringung des Allgemeinen, – der Gaben und Fähigkeiten, – und der Individualität. – Die einzelnen Momente dieser Erfüllung und Durchdringung *vor der Einheit*, in welche sie zusammengegangen, sind die bisher betrachteten Zwecke. Sie sind als Abstraktionen und Chimären verschwunden, die jenen ersten schalen Gestalten des geistigen Selbstbewußtseins angehören und ihre Wahrheit nur in dem gemeinten Sein des Herzens, der Einbildung und der Reden haben, nicht in der Vernunft, die jetzt an und für sich ihrer Realität gewiß, sich nicht mehr als *Zweck* im *Gegensatze* gegen die unmittelbarseiende Wirklichkeit erst hervorzubringen sucht, sondern zum Gegenstande ihres Bewußtseins die Kategorie als solche hat. – Es ist nämlich die Bestimmung des *für sich seienden* oder *negativen* Selbstbewußtseins, in welcher die Vernunft auftrat, aufgehoben; *es fand* eine *Wirklichkeit* vor, die das Negative seiner wäre, und durch deren Aufheben es erst sich seinen *Zweck* verwirklichte. Indem aber *Zweck* und *Ansichsein* als dasselbe sich ergeben hat, was das *Sein* für *anderes* und die *vorgefundene Wirklichkeit* ist, trennt sich die Wahrheit nicht mehr von der Gewißheit, es werde nun der gesetzte Zweck für die Gewißheit seiner selbst und die Verwirklichung desselben für die Wahrheit, oder aber der Zweck für die Wahrheit, und die Wirklichkeit für die Gewißheit genommen; sondern das Wesen und der Zweck an und für sich selbst ist die Gewißheit der unmittelbaren Realität selbst, die Durchdringung des *Ansich-* und *Fürsichseins*, des Allgemeinen und der Individualität; das Tun ist an ihm selbst seine Wahrheit und Wirklichkeit, und die *Darstellung* oder das *Aussprechen der Individualität* ist ihm Zweck an und für sich selbst.

Mit diesem Begriffe ist also das Selbstbewußtsein aus den entgegengesetzten Bestimmungen, welche die Kategorie für es und sein Verhalten zu ihr als beobachtende und dann als tätiges hatte, in sich zurückgegangen. Es hat die reine Kategorie selbst zu seinem Gegenstande, oder es ist die Kategorie, welche ihrer selbst bewußt geworden. Die Rechnung ist dadurch mit seinen vorherigen Gestalten abgeschlossen; sie liegen hinter ihm in Vergessenheit, treten nicht als seine vorgefundne Welt gegenüber, sondern entwickeln sich nur innerhalb seiner selbst als durchsichtige Momente. Doch treten sie noch in seinem Bewußtsein als eine *Bewegung* unterschiedner Momente auseinander, die sich noch nicht in ihre substantielle Einheit zusammengefaßt hat. Aber in *allen* hält es die einfache Einheit des Seins und des Selbsts fest, die ihre *Gattung* ist. –

Das Bewußtsein hat hiemit allen Gegensatz und alle Bedingung seines Tuns abgeworfen; es geht frisch *von sich* aus, und nicht auf *ein anderes*, sondern *auf sich selbst*. Indem die Individualität die Wirklichkeit an ihr selbst ist, ist der *Stoff* des Wirkens und der *Zweck* des Tuns an dem Tun selbst. Das Tun hat daher das Ansehen der Bewegung eines Kreises, welcher frei im Leeren sich in sich selbst bewegt, ungehindert bald sich erweitert, bald verengert, und vollkommen zufrieden nur in und mit sich selbst spielt. Das Element, worin die Individualität ihre Gestalt darstellt, hat die Bedeutung eines reinen Aufnehmens dieser Gestalt; es ist der Tag überhaupt, dem das Bewußtsein sich zeigen will. Das Tun verändert nichts und geht gegen nichts; es ist die reine Form des Übersetzens aus dem *Nichtgesehenwerden* in das *Gesehenwerden*, und der Inhalt, der zu Tage ausgebracht wird und sich darstellt, nichts anderes, als was dieses Tun schon an sich ist. Es ist *an sich*: dies ist seine Form als *gedachte* Einheit; und es ist *wirklich*, – dies ist seine Form als *seiende Einheit*; es selbst ist *Inhalt* nur in dieser Bestimmung der Einfachheit gegen die Bestimmung seines Übergehens und seiner Bewegung.

a.
Das geistige Tierreich und der Betrug,
oder die Sache selbst.

Diese an sich reale Individualität ist zuerst wieder eine *einzelne* und *bestimmte*; die absolute Realität, als welche sie sich weiß, ist daher, wie sie derselben sich bewußt wird, die *abstrakte allgemeine*, welche ohne Erfüllung und Inhalt, nur der leere Gedanke dieser Kategorie ist. – Es ist zu sehen, wie dieser Begriff der an sich selbst realen Individualität in seinen

Momenten sich bestimmt, und wie ihr ihr Begriff von ihr selbst in das Bewußtsein tritt.

Der Begriff dieser Individualität, wie sie als solche für sich selbst alle Realität ist, ist zunächst *Resultat*; sie hat ihre Bewegung und Realität noch nicht dargestellt und ist hier *unmittelbar* als *einfaches Ansichsein* gesetzt. Die Negativität aber, welche dasselbe ist, was als Bewegung erscheint, ist an dem *einfachen Ansich* als *Bestimmtheit*; und das *Sein* oder das einfache Ansich wird ein bestimmter Umfang. Die Individualität tritt daher als ursprüngliche bestimmte Natur auf, – als *ursprüngliche* Natur, denn sie *ist an sich*, – als ursprünglich *bestimmte*, denn das Negative ist am *Ansich*, und dieses ist dadurch eine Qualität. Diese Beschränkung des Seins jedoch kann *das Tun* des Bewußtseins *nicht beschränken*, denn dieses ist hier ein vollendetes *sich auf sich selbst* Beziehen; die Beziehung auf Anderes ist aufgehoben, welche die Beschränkung desselben wäre. Die ursprüngliche Bestimmtheit der Natur ist daher nur einfaches Prinzip, – ein durchsichtiges allgemeines Element, worin die Individualität ebenso frei und sich selbst gleich bleibt, als sie darin ungehindert ihre Unterschiede entfaltet und reine Wechselwirkung mit sich in ihrer Verwirklichung ist. Wie das unbestimmte Tierleben etwa dem Elemente des Wassers, der Luft oder der Erde, und innerhalb dieser wieder bestimmtern Prinzipien seinen Odem einbläst, alle seine Momente in sie eintaucht, aber sie jener Beschränkung des Elements ungeachtet in seiner Macht und sich in seinem Eins erhält und als diese besondere Organisation dasselbe allgemeine Tierleben bleibt.

Diese bestimmte ursprüngliche *Natur* des in ihr frei und ganz bleibenden Bewußtseins erscheint als der unmittelbare und einzige eigentliche *Inhalt* dessen, was dem Individuum

Zweck ist; er ist zwar *bestimmter* Inhalt, aber er ist überhaupt *Inhalt* nur, insofern wir das *Ansich*sein isoliert betrachten; in Wahrheit aber ist er die von der Individualität durchdrungene Realität, die Wirklichkeit, wie sie das Bewußtsein als einzelnes an ihm selbst hat, und zunächst *als seiend*, noch nicht als tuend gesetzt ist. Für das Tun aber ist einesteils jene Bestimmtheit darum nicht Beschränkung, über welche es hinauswollte, weil sie als seiende Qualität betrachtet die einfache Farbe des Elements ist, worin es sich bewegt; anderteils aber ist die Negativität *Bestimmtheit* nur am Sein; aber das *Tun* ist selbst nichts anderes als die Negativität; an der tuenden Individualität ist also die Bestimmtheit aufgelöst in Negativität überhaupt, oder den Inbegriff aller Bestimmtheit.

Die einfache ursprüngliche Natur nun tritt in dem *Tun* und dem Bewußtsein des Tuns in den Unterschied, welcher diesem zukommt. Es ist *zuerst* als Gegenstand, und zwar als *Gegenstand*, wie er noch dem *Bewußtsein* angehört, als *Zweck* vorhanden, und somit entgegengesetzt einer vorhandenen Wirklichkeit. Das *andere* Moment ist die *Bewegung* des als ruhend vorgestellten Zwecks, die Verwirklichung als die Beziehung des Zwecks auf die ganz formelle Wirklichkeit, hiemit die Vorstellung des *Überganges* selbst, oder das *Mittel*. Das *dritte* ist endlich der Gegenstand, wie er nicht mehr Zweck, dessen das Tuende unmittelbar als des *seinigen* sich bewußt ist, sondern wie er aus ihm heraus und *für es* als ein *Anderes* ist. – Diese verschiedenen Seiten sind nun aber nach dem Begriffe dieser Sphäre so festzuhalten, daß der Inhalt in ihnen derselbe bleibt und kein Unterschied hereinkommt, weder der Individualität und des Seins überhaupt, noch des *Zwecks* gegen die *Individualität* als *ursprüngliche Natur*, noch gegen die vorhandne Wirklichkeit, ebenso nicht des *Mittels* gegen sie als absoluten *Zweck*, noch der *bewirkten Wirklichkeit* gegen den Zweck oder die ursprüngliche Natur oder das Mittel.

Vors erste also ist die ursprünglich bestimmte Natur der Individualität, ihr unmittelbares Wesen noch nicht als tuend gesetzt, und heißt so *besondere* Fähigkeit, Talent, Charakter usf. Diese eigentümliche Tinktur des Geistes ist als der einzige Inhalt des Zwecks selbst, und ganz allein als die Realität zu betrachten. Stellte man sich das Bewußtsein vor als darüber hinausgehend und einen andern Inhalt zur Wirklichkeit bringen wollend, so stellte man es sich vor als ein *Nichts* in *das Nichts* hinarbeitend. — Dies ursprüngliche Wesen ist ferner nicht nur Inhalt des Zwecks, sondern an sich auch die *Wirklichkeit*, welche sonst als *gegebener* Stoff des Tuns, als *vorgefundene* und im Tun zu bildende Wirklichkeit erscheint. Das Tun ist nämlich nur reines Übersetzen aus der Form des noch nicht dargestellten in die des dargestellten Seins; das Ansichsein jener dem Bewußtsein entgegengesetzten Wirklichkeit ist zum bloßen leeren Scheine herabgesunken. Dies Bewußtsein, indem es sich zum Handeln bestimmt, läßt sich also durch den Schein der vorhandenen Wirklichkeit nicht irremachen, und ebenso hat es sich aus dem Herumtreiben in leeren Gedanken und Zwecken auf den ursprünglichen Inhalt seines Wesens zusammenzuhalten. — Dieser ursprüngliche Inhalt ist zwar erst *für* das Bewußtsein, *indem es ihn verwirklicht hat*; der Unterschied aber eines solchen, *das für das* Bewußtsein nur *innerhalb seiner* [ist], und einer außer ihm an sich seienden Wirklichkeit ist hinweggefallen. — Nur daß *für es* sei, was *es an sich* ist, muß es handeln, oder das Handeln ist eben das Werden des Geistes *als Bewußtsein*. Was es *an sich* ist, weiß es also aus seiner Wirklichkeit. Das Individuum kann daher nicht wissen, was *es ist*, eh es sich durch das Tun zur Wirklichkeit gebracht hat. — Es scheint aber hiemit den *Zweck* seines Tuns nicht bestimmen zu können, eh es getan hat; aber zugleich muß es, indem es Bewußtsein ist, die Handlung vorher als die *ganz seinige*, d.h. als *Zweck* vor sich haben. Das ans Handeln gehende Individuum scheint sich also in einem Kreise zu befinden, worin jedes Moment das andere schon voraussetzt, und hiemit keinen Anfang finden zu können, weil es sein ursprüngliches Wesen, das sein Zweck sein muß, *erst aus der Tat* kennen lernt, aber, um zu tun, *vorher den Zweck* haben muß. Ebendarum aber hat es *unmittelbar* anzufangen und, unter welchen Umständen es sei, ohne weiteres Bedenken um *Anfang*, *Mittel* und *Ende* zur Tätigkeit zu schreiten; denn sein Wesen und *ansich*seiende Natur ist alles in Einem, Anfang, Mittel und Ende. Als *Anfang* ist sie in den *Umständen* des Handelns vorhanden; und das *Interesse*, welches das Individuum an etwas findet, ist die schon gegebene Antwort auf die Frage: ob und was hier zu tun ist. Denn was eine vorgefundene Wirklichkeit zu sein scheint, ist an sich seine ursprüngliche Natur, welche nur den Schein eines *Seins* hat, – einen Schein, der in dem Begriffe des sich entzweienden Tuns liegt, aber als *seine* ursprüngliche Natur sich in dem *Interesse*, das es an ihr findet, ausspricht. – Ebenso ist das *Wie* oder die *Mittel* an und für sich bestimmt. Das *Talent* ist gleichfalls nichts anders als die bestimmte ursprüngliche Individualität, betrachtet als *inneres Mittel* oder *Übergang* des Zwecks zur Wirklichkeit. Das *wirkliche* Mittel aber und der reale Übergang ist die Einheit des Talents und der im Interesse vorhandenen Natur der Sache; jenes stellt am Mittel die Seite des Tuns, dieses die Seite des Inhalts vor, beide sind die Individualität selbst, als Durchdringung des Seins und des Tuns. Was also vorhanden ist, sind vorgefundene *Umstände*, die *an sich* die ursprüngliche Natur des Individuums sind; alsdann das Interesse, welches sie eben als das *seinige* oder als *Zweck* setzt; endlich die Verknüpfung und Aufhebung dieses Gegensatzes im *Mittel*. Diese Verknüpfung fällt selbst noch innerhalb des Bewußtseins, und das soeben betrachtete Ganze ist die eine Seite eines Gegensatzes. Dieser noch übrige Schein von Entgegensetzung wird durch den *Übergang* selbst oder das *Mittel* aufgehoben; — denn es ist *Einheit* des Äußern und Innern, das Gegenteil der Bestimmtheit, welche es als *innres* Mittel hat; es hebt sie also auf und setzt sich, diese Einheit des Tuns und des Seins ebenso als *Äußeres*, als die wirklich gewordene Individualität selbst, d.i. die *für sie selbst* als das *Seiende* gesetzt ist. Die ganze Handlung tritt auf diese Weise weder als die *Umstände*, noch als *Zweck*, noch *Mittel*, noch als *Werk* aus sich heraus.

Mit dem Werke aber scheint der Unterschied der ursprünglichen Naturen einzutreten; das Werk ist wie die ursprüngliche Natur, welche es ausdrückt, ein *bestimmtes*; denn vom Tun frei entlassen als *seiende Wirklichkeit*, ist die Negativität als Qualität an ihm. Das Bewußtsein aber bestimmt sich ihm gegenüber als dasjenige, welches die Bestimmtheit als Negativität *überhaupt*, als Tun, an ihm hat; es ist also das Allgemeine gegen jene Bestimmtheit des Werks, kann es also mit andern *vergleichen* und hieraus die Individualitäten selbst als *verschiedene* fassen; das in seinem Werke weiter übergreifende Individuum entweder als stärkere Energie des Willens, oder als reichere Natur, d.h. eine solche, deren ursprüngliche Bestimmtheit weniger beschränkt ist: — eine andere hingegen als eine schwächere und dürftigere Natur.

Gegen diesen unwesentlichen Unterschied der *Größe* würde das *Gute* und *Schlechte* einen absoluten Unterschied ausdrücken; aber hier findet dieser nicht statt. Was auf die eine oder andere Weise genommen würde, ist auf gleiche Weise ein Tun und Treiben, ein sich Darstellen und Aussprechen einer Individualität, und darum alles gut; und es wäre eigentlich nicht zu sagen, was das Schlechte sein sollte. Was ein schlechtes Werk genannt würde, ist das individuelle Leben einer bestimmten Natur, die sich darin verwirklicht; zu einem schlechten Werke würde es nur durch den vergleichenden Gedanken verdorben, der aber etwas Leeres ist, da er über das Wesen des Werks, ein Sich-Aussprechen der Individualität zu sein, hinausgeht und sonst, man weiß nicht was, daran sucht und fordert. – Er könnte nur den vorhin angeführten Unterschied betreffen; dieser ist aber an sich, als Größenunterschied, ein unwesentlicher, und hier bestimmt darum, weil es verschiedene Werke oder Individualitäten wären, die miteinander verglichen würden; aber diese gehen einander nichts an; jedes bezieht sich nur auf sich selbst. Die ursprüngliche Natur ist allein das *Ansich* oder das, was als Maßstab der Beurteilung des Werks und umgekehrt zugrunde gelegt werden könnte; beides aber entspricht sich einander, es ist nichts *für* die Individualität, was nicht *durch* sie, oder es gibt keine *Wirklichkeit*, die nicht ihre Natur und ihr Tun, und kein Tun noch Ansich derselben, das nicht wirklich ist, und nur diese Momente sind zu vergleichen.

Es findet daher überhaupt weder *Erhebung*, noch *Klage*, noch Reue statt; denn dergleichen alles kommt aus dem Gedanken her, der sich einen andern *Inhalt* und ein anderes *Ansich* einbildet, als die ursprüngliche Natur des Individuums und ihre in der Wirklichkeit vorhandene Ausführung ist. Was es sei, das es tut und ihm widerfährt, dies hat es getan, und ist es selbst; es kann nur das Bewußtsein des reinen Übersetzens *seiner selbst* aus der Nacht der Möglichkeit in den Tag der Gegenwart, des *abstrakten Ansich* in die Bedeutung des *wirklichen* Seins, und die Gewißheit haben, daß, was in diesem ihm vorkommt, nichts anders ist, als was in jener schlief. Das Bewußtsein dieser Einheit ist zwar ebenfalls eine Vergleichung, aber was verglichen wird, hat eben nur den *Schein* des Gegensatzes; ein Schein der Form, der für das Selbstbewußtsein der Vernunft, daß die Individualität an ihr selbst die Wirklichkeit ist, nichts mehr als Schein ist. Das Individuum kann also, da es weiß, daß es in seiner Wirklichkeit nichts anderes finden kann als ihre Einheit mit ihm oder nur die Gewißheit seiner selbst in ihrer Wahrheit, und daß es also immer seinen Zweck erreicht, *nur Freude an sich erleben.*

Dies ist der Begriff, welchen das Bewußtsein, das sich seiner als absoluter Durchdringung der Individualität und des Seins gewiß ist, von sich macht; sehen wir, ob er sich ihm durch die Erfahrung bestätigt und seine Realität damit übereinstimmt. Das Werk ist die Realität, welche das Bewußtsein sich gibt; es ist dasjenige, worin das Individuum das für es ist, was es *an sich* ist, und so, daß das Bewußtsein, *für welches* es in dem Werke wird, nicht das besondere, sondern das *allgemeine* Bewußtsein ist; es hat sich im Werke überhaupt in das Element der Allgemeinheit, in den bestimmtheitslosen Raum des Seins hinausgestellt. Das von seinem Werke zurücktretende Bewußtsein ist in der Tat das allgemeine, – weil es die *absolute Negativität* oder das Tun in diesem Gegensatze wird, – gegen sein Werk, welches das *bestimmte* ist; es geht also über sich als Werk hinaus und ist selbst der bestimmtheitslose Raum, der sich von seinem Werke nicht erfüllt findet. Wenn vorhin im Begriffe sich doch ihre Einheit erhielt, so geschah dies eben dadurch, daß das Werk als *seiendes* Werk aufgehoben wurde. Aber es soll *sein,* und es ist zu sehen, wie in seinem *Sein* die Individualität seine Allgemeinheit erhalten, und sich zu befriedigen wissen wird. – Zunächst ist das gewordene Werk für sich zu betrachten. Es hat die ganze

Natur der Individualität mitempfangen; sein *Sein* ist daher selbst ein Tun, worin sich alle Unterschiede durchdringen und auflösen; das Werk ist also in ein *Bestehen* hinausgeworfen, worin die *Bestimmtheit* der ursprünglichen Natur in der Tat gegen andere bestimmte Naturen sich herauskehrt, in sie eingreift wie diese andern in sie und sich als verschwindendes Moment in dieser allgemeinen Bewegung verliert. Wenn *innerhalb des Begriffs* der an und für sich selbst realen Individualität alle Momente, Umstände, Zweck, Mittel, und die Verwirklichung einander gleich sind, und die ursprüngliche bestimmte Natur nur als allgemeines Element gilt, so kommt dagegen, indem dies Element gegenständliches Sein wird, seine *Bestimmtheit* als solche in dem Werke an den Tag, und erhält ihre Wahrheit in ihrer Auflösung. Näher stellt diese Auflösung sich so dar, daß in dieser Bestimmtheit das Individuum, als *dieses* sich wirklich geworden ist; aber sie ist nicht nur Inhalt der Wirklichkeit, sondern ebenso Form derselben, oder die Wirklichkeit als solche überhaupt ist eben diese Bestimmtheit, dem Selbstbewußtsein entgegengesetzt zu sein. Von dieser Seite zeigt sie sich als die aus dem Begriffe verschwundene, nur *vorgefundene fremde* Wirklichkeit. Das Werk *ist*, d.h. es ist für andere Individualitäten, und für sie eine fremde Wirklichkeit, an deren Stelle *sie* die ihrige setzen müssen, um durch ihr Tun sich das Bewußtsein *ihrer* Einheit mit der Wirklichkeit zu geben; oder *ihr* durch *ihre* ursprüngliche Natur gesetztes Interesse an jenem Werke ist ein anderes als das *eigentümliche* Interesse dieses Werkes, welches hiedurch zu etwas anderem gemacht ist. Das Werk ist also überhaupt etwas Vergängliches, das durch das Widerspiel anderer Kräfte und Interessen ausgelöscht wird und vielmehr die Realität der Individualität als verschwindend, denn als vollbracht darstellt.

Es entsteht dem Bewußtsein also in seinem Werke der Gegensatz des Tuns und des Seins, welcher in den früheren Gestalten des Bewußtseins zugleich der *Anfang* des Tuns war, hier nur *Resultat* ist. Er hat aber in der Tat gleichfalls zugrunde gelegen, indem das Bewußtsein als *an sich* reale Individualität ans Handeln ging; denn dem Handeln war die *bestimmte ursprüngliche Natur* als das *Ansich* vorausgesetzt, und das reine Vollbringen um des Vollbringens willen hatte sie zum *Inhalte*. Das reine Tun ist aber die sich *selbst gleiche* Form, welcher hiemit die *Bestimmtheit* der ursprünglichen Natur ungleich ist. Es ist hier wie sonst gleichgültig, welches von beiden *Begriff* und welches *Realität* genannt wird; die ursprüngliche Natur ist das *Gedachte* oder das *Ansich* gegen das Tun, worin sie erst ihre Realität hat; oder die ursprüngliche Natur ist das *Sein* ebensowohl der Individualität als solcher wie ihrer als Werk, das Tun aber ist der ursprüngliche *Begriff* als absoluter Übergang oder als das *Werden*. Diese *Unangemessenheit* des Begriffs und der Realität, die in seinem Wesen liegt, erfährt das Bewußtsein in seinem Werke; in diesem wird es sich also, wie es in Wahrheit ist, und sein leerer Begriff von sich selbst verschwindet.

In diesem Grundwiderspruche des Werks, das die Wahrheit dieser sich an sich realen Individualität ist, treten somit wieder alle Seiten derselben als widersprechend auf; oder das Werk, als der Inhalt der ganzen Individualität aus dem *Tun*, welches die negative Einheit ist und alle Momente gefangen hält, in das *Sein* herausgestellt, läßt sie nun frei; und im Elemente des Bestehens werden sie gleichgültig gegeneinander. Begriff und Realität trennen sich also als Zweck und als dasjenige, was die *ursprüngliche Wesenheit* ist. Es ist zufällig, daß der Zweck wahrhaftes Wesen habe, oder daß das Ansich zum Zwecke gemacht werde. Ebenso treten wieder Begriff und Realität als *Übergang* in die Wirklichkeit und als

Zweck auseinander; oder es ist zufällig, daß das den Zweck ausdrückende *Mittel* gewählt werde. Und endlich diese innern Momente zusammen, sie mögen in sich eine Einheit haben oder nicht, das *Tun* des Individuums ist wieder zufällig gegen die *Wirklichkeit* überhaupt; das *Glück* entscheidet ebensowohl *für* einen schlecht bestimmten Zweck und schlecht gewählte Mittel als gegen sie.

Wenn nun hiemit dem Bewußtsein an seinem Werke der *Gegensatz* des Wollens und Vollbringens, des Zwecks und der Mittel und wieder dieses Innerlichen zusammen und der Wirklichkeit selbst wird, was überhaupt die *Zufälligkeit seines Tuns in sich* befaßt, so ist aber ebenso auch die *Einheit* und die *Notwendigkeit* desselben vorhanden; diese Seite greift über jene über, und die *Erfahrung* von der *Zufälligkeit des Tuns* ist selbst nur eine *zufällige Erfahrung*. Die *Notwendigkeit* des Tuns besteht darin, daß *Zweck* schlechthin auf die *Wirklichkeit* bezogen ist, und diese Einheit ist der Begriff des Tuns; es wird gehandelt, weil das Tun an und für sich selbst das Wesen der Wirklichkeit ist. In dem Werke ergibt sich zwar die Zufälligkeit, welche das *Vollbrachtsein* gegen das *Wollen* und *Vollbringen* hat; und diese Erfahrung, welche als die Wahrheit gelten zu müssen scheint, widerspricht jenem Begriffe der Handlung. Betrachten wir jedoch den Inhalt dieser Erfahrung in seiner Vollständigkeit, so ist er das *verschwindende Werk*; was sich *erhält*, ist nicht das *Verschwinden*, sondern das Verschwinden ist selbst wirklich und an das Werk geknüpft und verschwindet selbst mit diesem; das *Negative geht mit dem Positiven, dessen Negation es ist, selbst zu Grunde.*

Dies Verschwinden des Verschwindens liegt in dem Begriffe der an sich realen Individualität selbst; denn dasjenige, worin das Werk, oder was an ihm, verschwindet, und was demjenigen, was Erfahrung genannt worden, seine Übermacht über den Begriff, den die Individualität von sich selbst hat, geben sollte, ist die *gegenständliche Wirklichkeit*; sie aber ist ein Moment, welches auch in diesem Bewußtsein selbst keine Wahrheit mehr für sich hat; diese besteht nur in der Einheit desselben mit dem Tun, und das *wahre Werk* ist nur jene Einheit des *Tuns und des Seins* des *Wollens* und *Vollbringens*. Dem Bewußtsein ist also um der seinem Handeln zugrunde liegenden Gewißheit [willen] die ihr *entgegengesetzte* Wirklichkeit selbst ein solches, welches nur *für es* ist; ihm als in sich zurückgekehrtem Selbstbewußtsein, dem aller Gegensatz verschwunden ist, kann er nicht mehr in dieser Form seines *Fürsichseins* gegen die *Wirklichkeit* werden; sondern der Gegensatz und die Negativität, die an dem Werke zum Vorschein kommt, trifft hiemit nicht nur den Inhalt des Werks *oder* auch des Bewußtseins, sondern die Wirklichkeit als solche, und damit den nur durch sie und an ihr vorhandenen Gegensatz und das Verschwinden des Werks. Auf diese Weise reflektiert sich also das Bewußtsein in sich aus seinem vergänglichen Werke und behauptet seinen Begriff und Gewißheit als das *Seiende* und *Bleibende* gegen die Erfahrung von der *Zufälligkeit* des Tuns; es erfährt in der Tat seinen Begriff, in welchem die Wirklichkeit nur ein Moment, etwas *für es*, nicht das An- und Fürsich ist; es erfährt sie als verschwindendes Moment, und sie gilt ihm daher nur als *Sein* überhaupt, dessen Allgemeinheit mit dem Tun dasselbe ist. Diese Einheit ist das wahre Werk; es ist die *Sache selbst*, welche sich schlechthin behauptet und als das Bleibende erfahren wird, unabhängig von der Sache, welche die *Zufälligkeit* des individuellen Tuns als eines solchen, der Umstände, Mittel und der Wirklichkeit ist

Die *Sache selbst* ist diesen Momenten nur insofern entgegengesetzt, als sie isoliert gelten sollen, ist aber wesentlich als Durchdringung der Wirklichkeit und der Individualität die Einheit derselben; ebensowohl ein Tun und als *reines Tun* überhaupt, *damit ebensosehr Tun dieses Individuums*, und dies Tun als ihm noch angehörig im Gegensatze gegen die Wirklichkeit, als *Zweck*; ebenso ist sie der *Übergang* aus dieser Bestimmtheit in die entgegengesetzte, und endlich eine *Wirklichkeit*, welche *für das Bewußtsein* vorhanden ist. Die *Sache selbst* drückt hiemit die *geistige* Wesenheit aus, worin alle diese Momente aufgehoben sind als für sich geltende, also nur als allgemeine gelten, und worin dem Bewußtsein seine Gewißheit von sich selbst gegenständliches Wesen, *eine Sache* ist; der aus dem Selbstbewußtsein als der *seinige* herausgeborne Gegenstand, ohne aufzuhören, freier eigentlicher Gegenstand zu sein. – Das *Ding* der sinnlichen Gewißheit und des Wahrnehmens hat nun für das Selbstbewußtsein allein seine Bedeutung durch es; hierauf beruht der Unterschied eines *Dings* und einer *Sache*. – Es wird eine der sinnlichen Gewißheit und Wahrnehmung entsprechende Bewegung daran durchlaufen.

In *der Sache selbst* also, als der gegenständlich gewordnen Durchdringung der Individualität und der Gegenständlichkeit selbst, ist dem Selbstbewußtsein sein wahrer Begriff von sich geworden, oder es ist zum Bewußtsein seiner Substanz gekommen. Es ist zugleich, wie es hier ist, ein soeben gewordenes und daher *unmittelbares* Bewußtsein derselben, und dies ist die bestimmte Weise, in welcher das geistige Wesen hier vorhanden und noch nicht zur wahrhaft realen Substanz gediehen ist. Die *Sache selbst* hat in diesem unmittelbaren Bewußtsein derselben die Form des *einfachen Wesens*, welches als Allgemeines alle seine verschiedenen Momente in sich enthält und ihnen zukommt, aber auch wieder gleichgültig gegen sie als bestimmte Momente und frei für sich ist, und als diese freie *einfache, abstrakte* Sache selbst, *als das Wesen gilt.* Die verschiedenen Momente der urspünglichen Bestimmtheit oder der *Sache dieses* Individuums, seines Zwecks, der Mittel, des Tuns selbst und der Wirklichkeit, sind für dieses Bewußtsein einerseits einzelne Momente, welche es gegen die *Sache selbst* verlassen und aufgeben kann; anderseits aber haben sie alle die Sache selbst nur so zum Wesen, daß sie als das *abstrakte* Allgemeine derselben *an* jedem dieser verschiedenen Momente sich findet und *Prädikat* derselben sein kann. Sie selbst ist noch nicht das Subjekt; sondern dafür gelten jene Momente, weil sie auf die Seite der *Einzelheit* überhaupt fallen, die Sache selbst aber nur erst das einfach Allgemeine ist. Sie ist die *Gattung*, welche sich in allen diesen Momenten als ihren *Arten* findet und ebenso frei davon ist.

Das Bewußtsein heißt *ehrlich*, welches einesteils zu diesem Idealismus gekommen, den *die Sache selbst* ausdrückt, und andernteils an ihr als dieser formalen Allgemeinheit das Wahre hat; dem es immer nur um sie zu tun ist, das sich daher in ihren verschiedenen Momenten oder Arten herumtreibt, und indem es sie in einem derselben oder in einer Bedeutung nicht erreicht, eben dadurch in dem andern ihrer habhaft wird, somit die Befriedigung in der Tat immer gewinnt, welche diesem Bewußtsein seinem Begriffe nach zuteil werden sollte. Es mag gehen, wie es will, so hat es die *Sache selbst* vollbracht und erreicht, denn sie ist als diese *allgemeine* Gattung jener Momente Prädikat aller.

Bringt es einen *Zweck* nicht zur *Wirklichkeit*, so hat es ihn doch *gewollt*, d.h. es macht den *Zweck* als Zweck, das *reine Tun*, welches nichts tut, zur *Sache selbst*, und kann sich daher so ausdrücken und trösten, daß doch immer etwas *getan* und *getrieben* worden ist. Da das Allgemeine selbst das Negative oder das Verschwinden unter sich enthält, so ist auch dies, daß das Werk sich vernichtet, selbst *sein* Tun; es hat die Andern dazu gereizt und findet in dem *Verschwinden* seiner Wirklichkeit noch die Befriedigung, wie böse Jungen in der Ohrfeige, die sie erhalten, *sich selbst* genießen, nämlich als Ursache derselben. Oder es hat die Sache selbst auszuführen auch *nicht einmal versucht* und *gar nichts getan*, so hat es nicht *gemocht*; *die Sache selbst* ist ihm eben *Einheit* seines *Entschlusses* und *der Realität*; es behauptet, daß die *Wirklichkeit* nichts anders wäre als sein *Mögen*. – Es ist endlich etwas ihm Interessantes überhaupt ohne sein Zutun geworden, so ist ihm diese *Wirklichkeit* die Sache selbst eben in dem Interesse, das es daran findet, ob sie gleich nicht von ihm hervorgebracht worden ist; ist es ein Glück, das ihm persönlich widerfahren, so hält es darauf als auf seine *Tat* und *Verdienst*; ist es sonst eine Weltbegebenheit, die es weiter nichts angeht, so macht es sie ebenso zu der seinigen, und *tatloses Interesse* gilt ihm für *Partei*, die es dafür oder dawider genommen und *bekämpft* oder *gehalten* hat.

Die *Ehrlichkeit* dieses Bewußtseins, sowie die Befriedigung, die es allenthalben erlebt, besteht, wie erhellt, in der Tat darin, daß es seine *Gedanken*, die es von der Sache selbst hat, *nicht zusammenbringt*. *Die Sache selbst* ist ihm ebensowohl *seine* Sache, wie gar *kein Werk*, oder das *reine Tun* und der *leere Zweck*, oder auch eine *tatlose Wirklichkeit*; es macht eine Bedeutung nach der andern zum Subjekte dieses Prädikats und vergißt die eine nach der andern. Jetzt im bloßen *Gewollt*- oder auch im *Nichtgemocht*haben, hat die Sache selbst die Bedeutung des *leeren Zwecks* und der *gedachten* Einheit des Wollens und Vollbringens. Der Trost über die Vernichtung des Zwecks, doch *gewollt*, oder doch *rein getan*, sowie die Befriedigung, den Andern etwas zu tun gegeben zu haben, macht das *reine Tun* oder das ganz schlechte Werk zum Wesen; denn dasjenige ist ein schlechtes zu nennen, welches gar keines ist. Endlich beim Glücksfall, die Wirklichkeit *vorzufinden*, wird dieses Sein ohne Tat zur Sache selbst.

Die Wahrheit dieser Ehrlichkeit aber ist, nicht so ehrlich zu sein, als sie aussieht. Denn sie kann nicht so gedankenlos sein, diese verschiedenen Momente in der Tat so auseinanderfallen zu lassen, sondern sie muß das unmittelbare Bewußtsein über ihren Gegensatz haben, weil sie sich schlechthin aufeinander beziehen. Das *reine* Tun ist wesentlich Tun *dieses* Individuums, und dieses Tun ist ebenso wesentlich eine *Wirklichkeit* oder eine Sache. Umgekehrt ist die *Wirklichkeit* wesentlich nur als *sein* Tun sowie als *Tun überhaupt*; und *sein Tun* ist zugleich nur wie Tun überhaupt; so auch Wirklichkeit. Indem es ihm also nur um die *Sache selbst* als *abstrakte Wirklichkeit* zu tun scheint, ist auch dies vorhanden, daß es ihm um sie als *sein* Tun zu tun ist. Aber ebenso, indem es ihm nur ums *Tun* und *Treiben* zu tun ist, ist es ihm damit nicht Ernst, sondern es ist ihm um *eine Sache* zu tun und um die Sache als die *seinige*. Indem es endlich nur *seine* Sache und *sein* Tun zu wollen scheint, ist es wieder um die *Sache überhaupt* oder die an und für sich bleibende Wirklichkeit zu tun.

Wie die Sache selbst und ihre Momente hier als *Inhalt* erscheinen, ebenso notwendig sind sie auch *als Formen* an dem Bewußtsein. Sie treten als Inhalt nur auf, um zu verschwinden, und jedes macht dem andern Platz. Sie müssen daher in der Bestimmtheit, als *aufgehobene*, vorhanden sein; so aber sind sie Seiten des Bewußtseins selbst. Die *Sache selbst* ist als das *Ansich* oder seine *Reflexion in sich* vorhanden; die *Verdrängung* der Momente aber durcheinander drückt sich an ihm so aus, daß sie nicht an sich, sondern nur für *ein anderes* an ihm gesetzt sind. Das eine der Momente des Inhalts wird von ihm dem Tage ausgesetzt und *für Andere* vorgestellt; das Bewußtsein ist aber zugleich daraus in sich reflektiert und das entgegengesetzte ebenso in ihm vorhanden; es behält es für sich als das seinige. Es ist zugleich auch nicht irgend eines derselben, welches allein *nur* hinausgestellt, und ein anderes, das nur im Innern behalten würde, sondern das Bewußtsein wechselt mit ihnen ab; denn es muß das eine wie das andere zum wesentlichen für sich und für die Andern machen. *Das Ganze* ist die sich bewegende Durchdringung der Individualität und des Allgemeinen; weil aber dies Ganze für dies Bewußtsein nur als das *einfache* Wesen und damit als die Abstraktion *der Sache selbst* vorhanden ist, fallen seine Momente als getrennte außer ihr und auseinander; und *als Ganzes* wird es nur durch die trennende Abwechslung des Ausstellens und des Fürsichbehaltens erschöpft und dargestellt. Indem in dieser Abwechslung das Bewußtsein Ein Moment für sich und als wesentliches in seiner Reflexion, ein anderes aber nur äußerlich an *ihm* oder für die *Andern* hat, tritt damit ein Spiel der Individualitäten miteinander ein, worin sie sowohl sich selbst als sich gegenseitig, sowohl betrügen als betrogen finden.

Eine Individualität geht also, etwas auszuführen; sie scheint damit etwas *zur Sache* gemacht zu haben; sie handelt, wird darin für Andere, und es scheint ihr um die *Wirklichkeit* zu tun zu sein. Die Andern nehmen also das Tun derselben für ein Interesse an der Sache als solcher und für den Zweck, daß *die Sache an sich ausgeführt sei*, gleichgültig, ob von der ersten Individualität oder von ihnen. Indem sie hienach diese Sache schon von ihnen zustande gebracht aufzeigen oder, wo nicht, ihre Hilfe anbieten und leisten, so ist jenes Bewußtsein vielmehr da heraus, wo sie meinen, daß es sei; es ist *sein* Tun und Treiben, was es bei der Sache interessiert, und indem sie innewerden, daß dies *die Sache selbst* war, finden sie sich also getäuscht. – Aber in der Tat war ihr Herbeieilen, um zu helfen, selbst nichts anderes, als daß sie *ihr* Tun, nicht die *Sache selbst*, sehen und zeigen wollten; d.h. sie wollten die Andern auf eben die Weise betrügen, als sie sich betrogen worden zu sein beschweren. – Indem es nun jetzt herausgekehrt ist, daß das *eigne Tun* und *Treiben*, das Spiel *seiner Kräfte*, für die Sache selbst gilt, so scheint das Bewußtsein sein Wesen *für sich*, nicht für die Andern, zu treiben, und nur bekümmert um das Tun als *das seinige*, nicht um es als ein Tun der *Andern*, hiemit die Andern ebenso in *ihrer* Sache gewähren zu lassen. Allein sie irren sich wieder; es ist schon da heraus, wo sie es zu sein meinten. Es ist ihm nicht um die Sache als *diese seine einzelne* zu tun, sondern um sie als *Sache*, als Allgemeines, das für alle ist. Es mischt sich also in ihr Tun und Werk, und wenn es ihnen dasselbe nicht mehr aus der Hand nehmen kann, interessiert es sich wenigstens dadurch dabei, daß es sich durch Urteilen zu tun macht; drückt es ihm den Stempel seiner Billigung und seines Lobes auf, so ist dies so gemeint, daß es am Werke nicht nur das Werk selbst lobt, sondern zugleich *seine eigne* Großmut und Mäßigung, das Werk nicht als Werk und auch nicht durch seinen Tadel verdorben zu haben. Indem es ein Interesse am *Werke* zeigt, genießt *es sich selbst* darin; ebenso ist ihm das *Werk*, das von ihm getadelt wird, willkommen für eben diesen Genuß *seines eignen* Tuns, der ihm dadurch verschafft wird. Die aber sich durch diese Einmischung für betrogen halten oder ausgeben, wollten vielmehr selbst auf gleiche Weise betrügen. Sie geben ihr Tun und Treiben für etwas aus, das nur für sie selbst ist, worin sie nur *sich* und *ihr eignes* Wesen bezweckten. Allein indem sie etwas tun und hiemit sich darstellen und dem Tage zeigen, widersprechen sie unmittelbar durch die Tat ihrem Vorgeben, den Tag selbst, das allgemeine Bewußtsein und die Teilnahme aller ausschließen zu wollen; die Verwirklichung ist vielmehr eine Ausstellung des Seinigen in das allgemeine Element, wodurch es zur *Sache* aller wird und werden soll.

Es ist also ebenso Betrug seiner selbst und der Andern, wenn es nur um die *reine Sache* zu tun sein soll; ein Bewußtsein, das eine Sache auftut, macht vielmehr die Erfahrung, daß die andern, wie die Fliegen zu frisch aufgestellter Milch, herbeieilen und sich dabei geschäftig wissen wollen; und sie an ihm, daß es ihm ebenso nicht um die Sache als Gegenstand, sondern als um die *seinige* zu tun ist. Hingegen, wenn nur das *Tun selbst*, der Gebrauch der Kräfte und Fähigkeiten oder das Aussprechen dieser Individualität das Wesentliche sein soll, so wird ebenso gegenseitig die Erfahrung gemacht, daß *alle* sich rühren und für eingeladen halten, und statt eines *reinen* Tuns oder eines *einzelnen* eigentümlichen Tuns vielmehr etwas, das ebensowohl *für Andere* ist oder *eine Sache selbst* aufgetan wurde. Es geschieht in beiden Fällen dasselbe und hat nur einen verschiedenen Sinn gegen denjenigen, der dabei angenommen wurde und gelten sollte. Das Bewußtsein erfährt beide Seiten als gleich wesentliche Momente und hierin, was die *Natur der Sache selbst* ist, nämlich weder nur Sache, welche dem Tun überhaupt und dem einzelnen Tun, noch Tun, welches dem Bestehen entgegengesetzt und die von diesen Momenten als ihren *Arten* freie *Gattung* wäre, sondern ein Wesen, dessen *Sein* das *Tun* des *einzelnen* Individuums und aller Individuen, und dessen Tun unmittelbar *für andre* oder *eine Sache* ist und nur Sache ist als *Tun Aller* und *Jeder*; das Wesen, welches das Wesen aller Wesen, das *geistige Wesen* ist. Das Bewußtsein erfährt, daß keins jener Momente *Subjekt* ist, sondern sich vielmehr in der *allgemeinen Sache selbst* auflöst; die Momente der Individualität, welche der Gedankenlosigkeit dieses Bewußtseins nacheinander als Subjekt galten, nehmen sich in die einfache Individualität zusammen, die als *diese* ebenso unmittelbar allgemein ist. Die Sache selbst verliert dadurch das Verhältnis des Prädikats und die Bestimmtheit lebloser abstrakter Allgemeinheit, sie ist vielmehr die von der Individualität durchdrungene Substanz; das Subjekt, worin die Individualität ebenso als sie selbst oder als *diese*, wie als *alle* Individuen ist, und das Allgemeine, das nur als dies Tun Aller und Jeder ein *Sein* ist, eine Wirklichkeit darin, daß *dieses* Bewußtsein sie als seine einzelne Wirklichkeit und als Wirklichkeit Aller weiß. Die reine *Sache selbst* ist das, was sich oben als die *Kategorie* bestimmte, das Sein, das Ich, oder Ich, das Sein ist, aber als *Denken*, welches vom *wirklichen Selbstbewußtsein* sich noch unterscheidet; hier aber sind die Momente des wirklichen Selbstbewußtseins, insofern wir sie seinen Inhalt, Zweck, Tun und Wirklichkeit, wie insofern wir sie seine Form nennen, Fürsichsein und Sein für anderes, mit der einfachen Kategorie selbst als eins gesetzt, und sie ist dadurch zugleich aller Inhalt.

b.
Die gesetzgebende Vernunft.

Das geistige Wesen ist in seinem einfachen Sein *reines Bewußtsein* und *dieses Selbst*bewußtsein. Die ursprünglich-*bestimmte* Natur des Individuums hat ihre positive Bedeutung, *an sich* das Element und der Zweck seiner Tätigkeit zu sein, verloren; sie ist nur aufgehobnes Moment, und das Individuum ein *Selbst*, als allgemeines Selbst. Umgekehrt hat die *formale Sache selbst* ihre Erfüllung an der tuenden sich in sich unterscheidenden Individualität; denn die Unterschiede dieser machen den *Inhalt* jenes Allgemeinen aus. Die Kategorie ist *an sich*, als das Allgemeine des *reinen Bewußtseins*; sie ist ebenso *für sich*, denn das *Selbst* des Bewußtseins ist ebenso ihr Moment. Sie ist absolutes *Sein*, denn jene Allgemeinheit ist die einfache *Sichselbstgleichheit des Seins*.

Was also dem Bewußtsein der Gegenstand ist, hat die Bedeutung, das Wahre zu sein; *es ist* und *gilt* in dem Sinne, *an* und *für sich selbst* zu *sein* und zu *gelten*; es ist die *absolute Sache*, welche nicht mehr von dem Gegensatze der Gewißheit und ihrer Wahrheit, des Allgemeinen und des Einzelnen, des Zwecks und seiner Realität leidet, sondern deren Dasein die *Wirklichkeit* und das *Tun* des Selbstbewußtseins ist; diese Sache ist daher die *sittliche Substanz*; das Bewußtsein derselben *sittliches* Bewußtsein. Sein Gegenstand gilt ihm ebenso als das *Wahre*, denn es vereinigt Selbstbewußtsein und Sein in einer Einheit; es gilt als das *Absolute*, denn das Selbstbewußtsein kann und will nicht mehr über diesen Gegenstand hinausgehen, denn es ist darin bei sich selbst: es *kann* nicht, denn er ist alles Sein und Macht, – es *will* nicht, denn er ist das *Selbst* oder der Willen dieses Selbsts. Er ist der *reale* Gegenstand an ihm selbst als Gegenstand, denn er hat den Unterschied des Bewußtseins an ihm; er teilt sich in Massen, welche die *bestimmten Gesetze* des absoluten Wesens sind. Diese Massen aber trüben den Begriff nicht, denn in ihm bleiben die Momente des Seins und reinen Bewußtseins und des Selbsts eingeschlossen, – eine Einheit, welche das Wesen dieser Massen ausmacht, und in diesem Unterschiede diese Momente nicht mehr auseinandertreten läßt.

Diese Gesetze oder Massen der sittlichen Substanz sind unmittelbar anerkannt; es kann nicht nach ihrem Ursprunge und Berechtigung gefragt und nach einem andern gesucht werden, denn ein anderes als das *an* und *für sich* seiende Wesen wäre nur das Selbstbewußtsein selbst; aber es ist nichts anderes als dies Wesen, denn es selbst ist das Fürsichsein dieses Wesens, welches eben darum die Wahrheit ist, weil es ebensosehr das *Selbst* des Bewußtseins als sein *Ansich* oder reines Bewußtsein ist.

Indem das Selbstbewußtsein sich als Moment des *Fürsichseins* dieser Substanz weiß, so drückt es also das Dasein des Gesetzes in ihm so aus, daß die *gesunde Vernunft* unmittelbar weiß, was *recht* und *gut* ist. So *unmittelbar* sie es *weiß*, so unmittelbar *gilt* es ihr auch, und sie sagt unmittelbar: dies *ist* recht und gut. Und zwar *dies*; es sind *bestimmte* Gesetze, es ist erfüllte inhaltsvolle Sache selbst.

Was sich so unmittelbar gibt, muß ebenso unmittelbar aufgenommen und betrachtet werden; wie von dem, was die sinnliche Gewißheit unmittelbar als seiend ausspricht, ist auch von dem Sein, welches diese sittliche unmittelbare Gewißheit ausspricht, oder von den unmittelbar seienden Massen des sittlichen Wesens zu sehen, wie sie beschaffen sind. Die Beispiele einiger solcher Gesetze werden dies zeigen, und indem wir sie in der Form von Aussprüchen der *wissenden* gesunden Vernunft nehmen, haben *wir* nicht erst das Moment herbeizubringen, welches an ihnen, sie als *unmittelbare* sittliche Gesetze betrachtet, geltend zu machen ist.

„Jeder soll die Wahrheit sprechen." – Bei dieser als unbedingt ausgesprochnen Pflicht wird sogleich die Bedingung zugegeben werden: *wenn* er die Wahrheit weiß. Das Gebot wird hiemit jetzt so lauten: *jeder soll die Wahrheit reden, jedesmal nach seiner Kenntnis und Überzeugung davon*. Die gesunde Vernunft, eben dies sittliche Bewußtsein, welches unmittelbar weiß, was recht und gut ist, wird auch erklären, daß diese Bedingung mit seinem allgemeinen Ausspruche schon so verbunden gewesen sei, daß sie jenes Gebot so *gemeint* habe. Damit gibt

sie aber in der Tat zu, daß sie vielmehr schon unmittelbar im Aussprechen desselben dasselbe verletzte; sie *sprach*: jeder soll die Wahrheit sprechen; sie *meinte aber*, er solle sie sprechen nach seiner Kenntnis und Überzeugung davon; d.h. sie *sprach anders als sie meinte*; und anders sprechen als man meint, heißt die Wahrheit nicht sprechen. Die verbesserte Unwahrheit oder Ungeschicklichkeit drückt sich nun so aus: *jeder solle die Wahrheit nach seiner jedesmaligen Kenntnis und Überzeugung davon sprechen.* – Damit aber hat sich das *allgemein Notwendige, an sich* Geltende, welches der Satz aussprechen wollte, vielmehr in eine vollkommne *Zufälligkeit* verkehrt. Denn daß die Wahrheit gesprochen wird, ist dem Zufalle, ob ich sie kenne und mich davon überzeugen kann, anheimgestellt; und es ist weiter nichts gesagt, als daß Wahres und Falsches durcheinander, wie es kommt, daß es einer kennt, meint und begreift, gesprochen werden solle. Diese *Zufälligkeit des Inhalts* hat die *Allgemeinheit* nur an der *Form eines Satzes*, in der sie ausgedrückt ist; aber als sittlicher Satz verspricht er einen allgemeinen und notwendigen *Inhalt* und widerspricht so durch die Zufälligkeit desselben sich selbst. – Wird endlich der Satz so verbessert: daß die Zufälligkeit der Kenntnis und Überzeugung von der Wahrheit wegfallen und die Wahrheit auch *gewußt* werden *solle*; so wäre dies ein Gebot, welches dem geradezu widerspricht, wovon ausgegangen wurde. Die gesunde Vernunft sollte zuerst *unmittelbar* die Fähigkeit haben, die Wahrheit auszusprechen; jetzt aber ist gesagt, daß sie sie *wissen sollte*, d.h. sie nicht *unmittelbar* auszusprechen wisse. – Von Seite des Inhalts betrachtet, so ist er in der Forderung, man solle die Wahrheit *wissen*, hinweggefallen; denn sie bezieht sich auf das *Wissen überhaupt*: man soll wissen; was gefordert ist, ist also vielmehr das von allem bestimmten Inhalte Freie. Aber hier war von einem *bestimmten* Inhalt, von *einem Unter-*

schiede an der sittlichen Substanz die Rede. Allein diese *unmittelbare* Bestimmung derselben ist ein solcher Inhalt, der sich vielmehr als eine vollkommene Zufälligkeit zeigte und, in die Allgemeinheit und Notwendigkeit erhoben, so daß das *Wissen* als das Gesetz ausgesprochen wird, vielmehr verschwindet.

Ein anderes berühmtes Gebot ist: *Liebe deinen Nächsten als dich selbst.* Es ist an den Einzelnen im Verhältnisse zu den Einzelnen gerichtet und *behauptet es a l s ein Verhältnis des Einzelnen* zum *Einzelnen,* oder als Verhältnis der Empfindung. Die tätige Liebe, – denn eine untätige hat kein Sein und ist darum wohl nicht gemeint, – geht darauf, Übel von einem Menschen abzusondern und ihm Gutes zuzufügen. Zu diesem Behuf muß unterschieden werden, was an ihm das Übel, was gegen dies Übel das zweckmäßige Gute, und was überhaupt sein Wohl ist; d.h. ich muß ihn mit *Verstand* lieben; unverständige Liebe wird ihm schaden, vielleicht mehr als Haß. Das verständige wesentliche Wohltun ist aber in seiner reichsten und wichtigsten Gestalt das verständige allgemeine Tun des Staats, – ein Tun, mit welchem verglichen das Tun des Einzelnen als eines Einzelnen etwas überhaupt so Geringfügiges wird, daß es fast nicht der Mühe wert ist, davon zu sprechen. Jenes Tun ist dabei von so großer Macht, daß, wenn das einzelne Tun sich ihm entgegensetzen und entweder geradezu für sich Verbrechen sein oder einem Andern zuliebe das Allgemeine um das Recht und den Anteil, welchen es an ihm hat, betrügen wollte, es überhaupt unnütz sein und unwiderstehlich zerstört werden würde. Es bleibt dem Wohltun, welches Empfindung ist, nur die Bedeutung eines ganz einzelnen Tuns, einer Nothilfe, die ebenso zufällig als augenblicklich ist. Der Zufall bestimmt nicht nur seine Gelegenheit, sondern auch dies, ob es überhaupt ein *Werk* ist, ob es nicht sogleich wieder aufgelöst und selbst vielmehr in Übel verkehrt wird. Dieses Handeln also zum Wohl anderer, das als *notwendig* ausgesprochen wird, ist so beschaffen, daß es vielleicht existieren kann, vielleicht auch nicht; daß, wenn der Fall zufälligerweise sich darbietet, es vielleicht ein Werk, vielleicht gut ist, vielleicht auch nicht. Dies Gesetz hat hiemit ebensowenig einen allgemeinen Inhalt als das erste, das betrachtet wurde, und drückt nicht, wie es als absolutes Sittengesetz sollte, etwas aus, das *an und für sich* ist. Oder solche Gesetze bleiben nur beim *Sollen* stehen, haben aber keine *Wirklichkeit*; sie sind nicht *Gesetze*, sondern nur *Gebote*.

Es erhellt aber in der Tat aus der Natur der Sache selbst, daß auf einen allgemeinen absoluten *Inhalt* Verzicht getan werden muß; denn der einfachen Substanz, und ihr Wesen ist dies, einfache zu sein, ist jede *Bestimmtheit*, die an ihr gesetzt wird, *ungemäß*. Das Gebot in seiner einfachen Absolutheit spricht selbst *unmittelbares sittliches Sein* aus; der Unterschied, der an ihm erscheint, ist eine Bestimmtheit, und also ein Inhalt, der *unter* der absoluten Allgemeinheit dieses einfachen Seins steht. Indem hiemit auf einen absoluten Inhalt Verzicht getan werden muß, kann ihm nur die *formale Allgemeinheit* oder dies, daß es sich nicht widerspreche, zukommen, denn die inhaltslose Allgemeinheit ist die formale, und absoluter Inhalt heißt selbst soviel als ein Unterschied, der keiner ist, oder als Inhaltslosigkeit.

Was dem Gesetzgeben übrig bleibt, ist also die *reine Form* der *Allgemeinheit* oder in der Tat die *Tautologie* des Bewußtseins, welche dem Inhalt gegenübertritt und ein *Wissen* nicht von dem *seienden* oder eigentlichen *Inhalte*, sondern von dem *Wesen* oder der Sichselbstgleichheit desselben ist.

Das sittliche Wesen ist hiemit nicht unmittelbar selbst ein Inhalt, sondern nur ein Maßstab, ob ein Inhalt fähig sei,

Gesetz zu sein oder nicht, indem er sich nicht selbst widerspricht. Die gesetzgebende Vernunft ist zu einer nur *prüfenden* Vernunft herabgesetzt.

c.
Gesetzprüfende Vernunft.

Ein Unterschied an der einfachen sittlichen Substanz ist eine Zufälligkeit für sie, welche wir an dem bestimmten Gebote als Zufälligkeit des Wissens, der Wirklichkeit und des Tuns hervortreten sahen. Die *Vergleichung* jenes einfachen Seins und der ihm nicht entsprechenden Bestimmtheit fiel in uns; und die einfache Substanz hat sich darin formale Allgemeinheit oder reines *Bewußtsein* zu sein gezeigt, das frei von dem Inhalte ihm gegenübertritt und ein *Wissen* von ihm als dem bestimmten ist. Diese Allgemeinheit bleibt auf diese Weise dasselbe, was die *Sache selbst* war. Aber sie ist im Bewußtsein ein anderes; sie ist nämlich nicht mehr die gedankenlose träge Gattung, sondern bezogen auf das Besondere und geltend für dessen Macht und Wahrheit. – Dies Bewußtsein scheint zunächst dasselbe Prüfen, welches wir vorhin waren, und sein Tun nichts anderes sein zu können, als schon geschehen ist, eine Vergleichung des Allgemeinen mit dem Bestimmten, woraus sich ihre Unangemessenheit wie vorhin ergäbe. Aber das Verhältnis des Inhalts zum Allgemeinen ist hier ein anderes, indem diese eine andere Bedeutung gewonnen hat; es ist *formale* Allgemeinheit, deren der bestimmte Inhalt fähig ist, denn in ihr wird er nur in Beziehung auf sich selbst betrachtet. Bei unserm Prüfen stand die allgemeine gediegene Substanz der Bestimmtheit gegenüber, welche sich als Zufälligkeit des Bewußtseins, worein die Substanz eintrat, entwickelte. Hier ist das eine Glied der Vergleichung verschwunden; das Allgemeine ist nicht mehr die *seiende* und *geltende* Substanz oder das an und für sich Rechte, sondern einfaches Wissen oder Form, welche einen Inhalt nur mit sich selbst vergleicht und ihn betrachtet, ob er eine Tautologie ist. Es werden Gesetze nicht mehr gegeben, sondern *geprüft*; und die Gesetze sind für das prüfende Bewußtsein *schon* gegeben; es nimmt ihren *Inhalt* auf, wie er einfach ist, ohne in die Betrachtung der seiner Wirklichkeit anklebenden Einzelheit und Zufälligkeit einzugehen, wie wir taten, sondern bleibt bei dem Gebote als Gebote stehen und verhält sich ebenso einfach gegen es, als es sein Maßstab ist.

Dies Prüfen reicht aber aus diesem Grunde nicht weit; eben indem der Maßstab die Tautologie und gleichgültig gegen den Inhalt ist, nimmt er ebensogut diesen als den entgegengesetzten in sich auf. – Es ist die Frage, soll es an und für sich Gesetz sein, daß *Eigentum* sei; *an und für sich*, nicht aus Nützlichkeit für andere Zwecke; die sittliche Wesenheit besteht eben darin, daß das Gesetz nur sich selbst gleiche und durch diese Gleichheit mit sich, also in seinem eignen Wesen gegründet, nicht ein bedingtes sei. Das Eigentum an und für sich widerspricht sich nicht; es ist eine *isolierte*, oder nur sich selbst gleich gesetzte Bestimmtheit. Nichteigentum, Herrenlosigkeit der Dinge oder Gütergemeinschaft widerspricht sich gerade ebensowenig. Daß etwas Niemandem gehört oder dem nächsten Besten, der sich in Besitz setzt, oder Allen zusammen und Jeden nach seinem Bedürfnisse oder zu gleichen Teilen, ist eine *einfache Bestimmtheit*, ein *formaler Gedanke*, wie sein Gegenteil, das Eigentum. – Wenn das herrenlose Ding freilich betrachtet wird als ein *notwendiger Gegenstand des*

Bedürfnisses, so ist es notwendig, daß es der Besitz irgend eines Einzelnen werde; und es wäre widersprechend, vielmehr die Freiheit des Dinges zum Gesetze zu machen. Unter der Herrenlosigkeit des Dinges ist aber auch nicht eine absolute Herrenlosigkeit gemeint, sondern es soll in *Besitz kommen*, nach dem *Bedürfnisse* des Einzelnen, und zwar nicht um aufbewahrt, sondern um unmittelbar gebraucht zu werden. Aber so ganz nur nach der Zufälligkeit für das Bedürfnis zu sorgen, ist der Natur des bewußten Wesens, von dem allein die Rede ist, widersprechend; denn es muß sich sein Bedürfnis in der Form der *Allgemeinheit* vorstellen, für seine ganze Existenz sorgen und sich ein bleibendes Gut erwerben. So stimmte also der Gedanke, daß ein Ding dem nächsten selbstbewußten Leben nach seinem Bedürfnisse zufälligerweise zuteil werde, nicht mit sich selbst überein. – In der Gütergemeinschaft, worin auf eine allgemeine und bleibende Weise dafür gesorgt wäre, wird jedem entweder soviel zuteil, *als er braucht*; so widerspricht diese Ungleichheit und das Wesen des Bewußtseins, dem die *Gleichheit* der Einzelnen Prinzip ist, einander. Oder es wird nach dem letztern Prinzip *gleich* ausgeteilt; so hat der Anteil nicht die Beziehung auf das Bedürfnis, welche doch allein sein Begriff ist.

Allein wenn auf diese Weise das Nichteigentum widersprechend erscheint, so geschieht es nur darum, weil es nicht als *einfache* Bestimmtheit gelassen worden ist. Dem Eigentum geht es ebenso, wenn es in Momente aufgelöst wird. Das einzelne Ding, das mein Eigentum ist, gilt damit für ein *Allgemeines*, *Befestigtes*, *Bleibendes*; dies widerspricht aber seiner Natur, die darin besteht, gebraucht zu werden und zu *verschwinden*. Es gilt zugleich für das *Meinige*, das alle Andern anerkennen und sich davon ausschließen. Aber darin, daß ich anerkannt bin, liegt vielmehr meine Gleichheit mit allen, das

Gegenteil der Ausschließung. – Was ich besitze, ist ein *Ding*, d.h. ein Sein für Andre überhaupt, ganz allgemein und unbestimmt nur für mich zu sein; daß *Ich* es besitze, widerspricht seiner allgemeinen Dingheit. Eigentum widerspricht sich daher nach allen Seiten ebensosehr als Nichteigentum; jedes hat diese beiden entgegengesetzten, sich widersprechenden Momente der Einzelheit und Allgemeinheit an ihm. – Aber jede dieser Bestimmtheiten *einfach* vorgestellt, als Eigentum oder Nichteigentum, ohne weitere Entwicklung, ist eine so *einfach* als die andere, d.h. sich nicht widersprechend. – Der Maßstab des Gesetzes, den die Vernunft an ihr selbst hat, paßt daher allem gleich gut, und ist hiemit in der Tat kein Maßstab. – Es müßte auch sonderbar zugehen, wenn die Tautologie, der Satz des Widerspruchs, der für die Erkenntnis theoretischer Wahrheit nur als ein formelles Kriterium zugestanden wird, d.h. als etwas, das gegen Wahrheit und Unwahrheit ganz gleichgültig sei, für die Erkenntnis praktischer *Wahrheit mehr sein sollte.*

In den beiden soeben betrachteten Momenten der Erfüllung des vorher leeren geistigen Wesens hat sich das Setzen von unmittelbaren Bestimmtheiten an der sittlichen Substanz, und dann das Wissen von ihnen, ob sie Gesetze sind, aufgehoben. Das Resultat scheint hiemit dieses zu sein, daß weder bestimmte Gesetze noch ein Wissen derselben stattfinden könne. Allein die Substanz ist das *Bewußtsein* von sich als der absoluten *Wesenheit*, welches hiemit weder den *Unterschied* an ihr, noch das *Wissen* von ihm aufgeben kann. Daß das Gesetzgeben und Gesetzprüfen sich als nichtig erwies, hat diese Bedeutung, daß beides, einzeln und isoliert genommen, nur haltungslose *Momente* des sittlichen Bewußtseins sind; und die Bewegung, in welcher sie auftreten, hat den formalen Sinn, daß die sittliche Substanz sich dadurch als Bewußtsein darstellt.

Insofern diese beiden Momente nähere Bestimmungen des Bewußtseins der *Sache selbst* sind, können sie als Formen der *Ehrlichkeit* angesehen werden, die, wie sonst mit ihren formalen Momenten, sich jetzt mit einem seinsollenden Inhalt des Guten und Rechten und einem Prüfen solcher festen Wahrheit herumtreibt und in der gesunden Vernunft und verständigen Einsicht die Kraft und Gültigkeit der Gebote zu haben meint.

Ohne diese Ehrlichkeit aber gelten die Gesetze nicht als *Wesen* des *Bewußtseins* und das Prüfen ebenso nicht als Tun *innerhalb* desselben; sondern diese Momente drücken, wie sie jedes für sich *unmittelbar* als eine *Wirklichkeit* auftreten, das eine ein ungültiges Aufstellen und Sein wirklicher Gesetze und das andre eine ebenso ungültige Befreiung von denselben aus. Das Gesetz hat als bestimmtes Gesetz einen zufälligen Inhalt, – dies hat hier die Bedeutung, daß es Gesetz eines einzelnen Bewußtseins von einem willkürlichen Inhalt ist. Jenes unmittelbare Gesetzgeben ist also der tyrannische Frevel, der die Willkür zum Gesetze macht und die Sittlichkeit zu einem Gehorsam gegen sie, – gegen Gesetze, die *nur* Gesetze, nicht zugleich *Gebote* sind. So wie das zweite Moment, insofern es isoliert ist, das Prüfen der Gesetze, das Bewegen des Unbewegbaren und den Frevel des Wissens bedeutet, der sich von den absoluten Gesetzen frei räsonniert und sie für eine ihm fremde Willkür nimmt.

In beiden Formen sind diese Momente ein negatives Verhältnis zur Substanz oder dem realen geistigen Wesen; oder in ihnen hat die Substanz noch nicht ihre Realität, sondern das Bewußtsein enthält sie noch in der Form seiner eignen Unmittelbarkeit, und sie ist nur erst ein *Willen* und *Wissen* dieses Individuums, oder das *Sollen* eines unwirklichen Gebots und ein Wissen der formalen Allgemeinheit. Aber indem diese Weisen sich aufhoben, ist das Bewußtsein in das Allgemeine zurückgegangen, und jene Gegensätze sind verschwunden. Das geistige Wesen ist dadurch wirkliche Substanz, daß diese Weisen nicht einzeln gelten, sondern nur als aufgehobne; und die Einheit, worin sie nur Momente sind, ist das Selbst des Bewußtseins, welches nunmehr in dem geistigen Wesen gesetzt, dasselbe zum wirklichen, erfüllten und selbstbewußten macht.

Das geistige Wesen ist hiemit vors erste für das Selbstbewußtsein als *an sich* seiendes Gesetz; die Allgemeinheit des Prüfens, welche die formale[,] nicht *an sich* seiende war, ist aufgehoben. Es ist ebenso ein ewiges Gesetz, welches nicht in dem *Willen dieses Individuums* seinen Grund hat, sondern es ist an und für sich, der absolute *reine Willen Aller*, der die Form des unmittelbaren *Seins* hat. Er ist auch nicht ein *Gebot*, das nur sein *soll*, sondern er *ist* und *gilt*; es ist das allgemeine Ich der Kategorie, das unmittelbar die Wirklichkeit ist, und die Welt ist nur diese Wirklichkeit. Indem aber dieses *seiende Gesetz* schlechthin gilt, so ist der Gehorsam des Selbstbewußtseins nicht der Dienst gegen einen Herrn, dessen Befehle eine Willkür wäre[n], und worin es sich nicht erkennte. Sondern die Gesetze sind Gedanken seines eignen absoluten Bewußtseins, welche es selbst unmittelbar *hat*. Es *glaubt* auch nicht an sie, denn der Glaube schaut wohl auch das Wesen, aber ein fremdes an. Das sittliche *Selbst*bewußtsein ist durch die *Allgemeinheit* seines *Selbsts unmittelbar* mit dem Wesen eins; der Glaube hingegen fängt von dem *einzelnen* Bewußtsein an, er ist die Bewegung desselben, immer dieser Einheit zuzugehen, ohne die Gegenwart seines Wesens zu erreichen. – Jenes Bewußtsein hingegen hat sich als einzelnes aufgehoben, diese Vermittlung ist vollbracht, und nur dadurch, daß sie vollbracht ist, ist es unmittelbares Selbstbewußtsein der sittlichen Substanz.

Der Unterschied des Selbstbewußtseins von dem Wesen ist also vollkommen durchsichtig. Dadurch sind die *Unterschiede an dem Wesen* selbst nicht zufällige Bestimmtheiten, sondern um der Einheit des Wesens und des Selbstbewußtseins willen, von welchem allein die Ungleichheit kommen könnte, sind sie die Massen ihrer von ihrem Leben durchdrungenen Gliederung, sich selbst klare unentzweite Geister, makellose himmlische Gestalten, die in ihren Unterschieden die unentweihte Unschuld und Einmütigkeit ihres Wesens erhalten. – Das Selbstbewußtsein ist ebenso einfaches, klares *Verhältnis* zu ihnen. Sie *sind*, und weiter nichts, – macht das Bewußtsein seines Verhältnisses aus. So gelten sie der Antigone des Sophokles als der Götter *ungeschriebnes* und *untrügliches* Recht:

> nicht etwa jetzt und gestern, sondern immerdar
> lebt es, und keiner weiß, von wannen es erschien.

Sie *sind*. Wenn ich nach ihrer Entstehung frage und sie auf den Punkt ihres Ursprungs einenge, so bin ich darüber hinausgegangen; denn ich bin nunmehr das Allgemeine, sie aber das Bedingte und Beschränkte. Wenn sie sich meiner Einsicht legitimieren sollen, so habe ich schon ihr unwankendes Ansichsein bewegt und betrachte sie als etwas, das vielleicht wahr, vielleicht auch nicht wahr für mich sei. Die sittliche Gesinnung besteht eben darin, unverrückt in dem fest zu beharren, was das Rechte ist, und sich alles Bewegens, Rüttelns und Zurückführens desselben zu enthalten. – Es wird ein Depositum bei mir gemacht, es *ist* das Eigentum eines Andern und ich anerkenne es, *weil es so ist*, und erhalte mich unwankend in diesem Verhältnisse. Behalte ich für mich das Depositum, so begehe ich nach dem Prinzipe meines Prüfens, der Tautologie, ganz und gar keinen Widerspruch; denn alsdenn sehe ich es nicht mehr für das Eigentum eines Andern an; etwas behalten, das ich nicht für das Eigentum eines Andern ansehe, ist vollkommen konsequent. Die Änderung *der Ansicht* ist kein Widerspruch; denn es ist nicht um sie als Ansicht, sondern um den Gegenstand und Inhalt zu tun, der sich nicht widersprechen soll. So sehr ich – wie ich tue, wenn ich etwas wegschenke – die Ansicht, daß etwas mein Eigentum ist, in die Ansicht, daß es das Eigentum eines Andern ist, verändern kann, ohne dadurch eines Widerspruches schuldig zu werden, ebensosehr kann ich den umgekehrten Weg gehen. – Nicht darum also, weil ich etwas sich nicht widersprechend finde, ist es Recht; sondern weil es das Rechte ist, ist es Recht. Daß etwas das Eigentum des Andern *ist*, dies liegt *zum Grunde*; darüber habe ich nicht zu räsonnieren, noch mancherlei Gedanken, Zusammenhänge, Rücksichten aufzusuchen oder mir einfallen zu lassen; weder ans Gesetzgeben, noch ans Prüfen zu denken; durch solcherlei Bewegungen meines Gedankens verrückte ich jenes Verhältnis, indem ich in der Tat nach Belieben meinem unbestimmten tautologischen Wissen das Gegenteil ebensowohl gemäß und es also zum Gesetze machen könnte. Sondern ob diese oder die entgegengesetzte Bestimmung das Rechte sei, ist *an* und *für sich* bestimmt; ich für mich könnte, welche ich wollte, und ebensogut keine zum Gesetze machen, und bin, indem ich zu prüfen anfange, schon auf unsittlichem Wege. Daß das Rechte mir *an* und *für sich* ist, dadurch bin ich in der sittlichen Substanz; so ist sie das *Wesen* des Selbstbewußtseins; dieses aber ist *ihre Wirklichkeit* und *Dasein*, ihr *Selbst* und *Willen*.

[BB. Der Geist.]

VI.
Der Geist.

Die Vernunft ist Geist, indem die Gewißheit, alle Realität zu sein, zur Wahrheit erhoben, und sie sich ihrer selbst als ihrer Welt, und der Welt als ihrer selbst bewußt ist. – Das Werden des Geistes zeigte die unmittelbar vorhergehende Bewegung auf, worin der Gegenstand des Bewußtseins, die reine Kategorie, zum Begriffe der Vernunft sich erhob. In der *beobachtenden* Vernunft ist diese reine Einheit des *Ich* und des *Seins*, des *Fürsich-* und des *Ansich*seins, als das *Ansich* oder als *Sein* bestimmt, und das Bewußtsein der Vernunft *findet* sich. Aber die Wahrheit des Beobachtens ist vielmehr das Aufheben dieses unmittelbaren findenden Instinkts, dieses bewußtlosen Daseins derselben. Die *angeschaute Kategorie*, das *gefundne Ding*, tritt in das Bewußtsein als das *Fürsichsein* des Ich, welches sich nun im gegenständlichen Wesen als das *Selbst* weiß. Aber diese Bestimmung der Kategorie, als des Fürsichseins entgegengesetzt dem Ansichsein, ist ebenso einseitig und ein sich selbst aufhebendes Moment. Die Kategorie wird daher für das Bewußtsein bestimmt, wie sie in ihrer allgemeinen Wahrheit ist, als *an-* und *fürsich*seiendes Wesen. Diese noch *abstrakte* Bestimmung, welche die *Sache selbst* ausmacht, ist erst das *geistige Wesen*, und sein Bewußtsein ein formales Wissen von ihm, das sich mit mancherlei Inhalt desselben herumtreibt; es ist von der Substanz in der Tat noch als ein Einzelnes unterschieden, gibt entweder willkürliche Gesetze, oder meint die Gesetze, wie sie an und für sich sind, in seinem Wissen als solchem zu haben; und hält sich für die beurteilende Macht derselben. – Oder von der Seite der Substanz betrachtet, so ist diese das *an-* und *fürsichseiende* geistige Wesen, welches noch nicht *Bewußtsein* seiner selbst ist. Das *an-* und *fürsichseiende* Wesen aber, welches sich zugleich als Bewußtsein wirklich ist und sich sich selbst vorstellt, ist *der Geist*.

Sein geistiges *Wesen* ist schon als die *sittliche Substanz* bezeichnet worden; der Geist aber ist *die sittliche Wirklichkeit*. Er ist das *Selbst* des wirklichen Bewußtseins, dem er, oder vielmehr das sich als gegenständliche wirkliche *Welt* gegenübertritt, welche aber ebenso für das Selbst alle Bedeutung eines Fremden, so wie das Selbst alle Bedeutung eines von ihr getrennten, abhängigen oder unabhängigen Fürsichseins verloren hat. Die *Substanz* und das allgemeine, sichselbstgleiche, bleibende Wesen, – ist er der unverrückte und unaufgelöste *Grund* und *Ausgangspunkt* des Tuns Aller, – und ihr *Zweck* und *Ziel*, als das gedachte *Ansich* aller Selbstbewußtsein[e]. – Diese Substanz ist ebenso das allgemeine *Werk*, das sich durch das *Tun* Aller und Jeder als ihre Einheit und Gleichheit erzeugt, denn sie ist das *Fürsichsein*, das Selbst, das Tun. Als die *Substanz* ist der Geist die unwankende, gerechte *Sichselbstgleichheit*; aber als *Fürsichsein* ist sie das aufgelöste, das sich aufopfernde gütige Wesen, an dem Jeder sein eignes Werk vollbringt, das allgemeine Sein zerreißt und sich seinen Teil davon nimmt. Diese Auflösung und Vereinzelung des Wesens ist eben das *Moment* des Tuns und Selbsts Aller; es ist die Bewegung und Seele der Substanz, und das bewirkte allgemeine Wesen. Gerade darin, daß sie das im Selbst aufgelöste Sein ist, ist sie nicht das tote Wesen, sondern *wirklich* und *lebendig*.

Der Geist ist hiemit das sich selbsttragende absolute reale Wesen. Alle bisherigen Gestalten des Bewußtseins sind Abstraktionen desselben; sie sind dies, daß er sich analysiert, seine Momente unterscheidet und bei einzelnen verweilt. Dies Isolieren solcher Momente hat ihn selbst zur *Voraussetzung* und zum *Bestehen*, oder es existiert nur in ihm, der die Existenz ist. Sie haben so isoliert den Schein, als ob sie als solche *wären*; aber wie sie nur Momente oder verschwindende Größen sind, zeigte ihre Fortwälzung und Rückgang in ihren Grund und Wesen; und dies Wesen eben ist diese Bewegung und Auflösung dieser Momente. Hier, wo der Geist oder die Reflexion derselben in sich selbst gesetzt ist, kann unsre Reflexion an sie nach dieser Seite kurz erinnern; sie waren Bewußtsein, Selbstbewußtsein und Vernunft. Der Geist ist also *Bewußtsein* überhaupt, was sinnliche Gewißheit, Wahrnehmen und den Verstand in sich begreift, insofern er in der Analyse seiner selbst das Moment festhält, daß er sich *gegenständliche, seiende* Wirklichkeit ist, und davon abstrahiert, daß diese Wirklichkeit sein eignes Fürsichsein ist. Hält er im Gegenteil das andre Moment der Analyse fest, daß sein Gegenstand sein *Fürsichsein* ist, so ist er Selbstbewußtsein. Aber als unmittelbares Bewußtsein des *An- und Fürsichseins*, als Einheit des Bewußtseins und des Selbstbewußtseins ist er das Bewußtsein, das *Vernunft hat*, das, wie das *Haben* es bezeichnet, den Gegenstand hat als *an sich* vernünftig bestimmt, oder vom Werte der Kategorie, aber so, daß er noch für das Bewußtsein desselben den Wert der Kategorie nicht hat. Er ist das Bewußtsein, aus dessen Betrachtung wir soeben herkommen. Diese Vernunft, die er *hat*, endlich als eine solche von ihm angeschaut, die Vernunft *ist*, oder die Vernunft, die in ihm *wirklich* und die seine Welt ist, so ist er in seiner Wahrheit; er *ist* der Geist, er ist das *wirkliche sittliche* Wesen.

Der Geist ist das *sittliche Leben* eines *Volkes*, insofern er die *unmittelbare Wahrheit* ist; das Individuum, das eine Welt ist.

Er muß zum Bewußtsein über das, was er unmittelbar ist, fortgehen, das schöne sittliche Leben aufheben und durch eine Reihe von Gestalten zum Wissen seiner selbst gelangen. Diese unterscheiden sich aber von den vorhergehenden dadurch, daß sie die realen Geister sind, eigentliche Wirklichkeiten, und statt Gestalten nur des Bewußtseins, Gestalten einer Welt.

Die *lebendige sittliche* Welt ist der Geist in seiner *Wahrheit*; wie er zunächst zum abstrakten *Wissen* seines Wesens kommt, geht die Sittlichkeit in der formalen Allgemeinheit des Rechts unter. Der in sich selbst nunmehr entzweite Geist beschreibt in seinem gegenständlichen Elemente als in einer harten Wirklichkeit die eine seiner Welten, das *Reich der Bildung*, und ihr gegenüber im Elemente des Gedankens die *Welt des Glaubens*, das *Reich des Wesens*. Beide Welten aber[,] von dem Geiste, der aus diesem Verluste seiner selbst in sich geht, von dem *Begriffe* erfaßt, werden durch die *Einsicht* und ihre Verbreitung, die *Aufklärung*, verwirrt und revolutioniert, und das in das *Diesseits* und *Jenseits* verteilte und ausgebreitete Reich kehrt in das Selbstbewußtsein zurück, das nun in der *Moralität* sich als die Wesenheit, und das Wesen als wirkliches Selbst erfaßt, seine *Welt* und ihren *Grund* nicht mehr aus sich heraussetzt, sondern alles in sich verglimmen läßt, und als *Gewissen* der *seiner selbst gewisse* Geist ist.

Die sittliche Welt, die in das Diesseits und Jenseits zerrissene Welt und die moralische Weltanschauung sind also die Geister, deren Bewegung und Rückgang in das einfache fürsichseiende Selbst des Geistes sich entwickeln, und als deren Ziel und Resultat das wirkliche Selbstbewußtsein des absoluten Geistes hervortreten wird.

A.
Der wahre Geist, die Sittlichkeit.

Der Geist ist in seiner einfachen Wahrheit Bewußtsein, und schlägt seine Momente auseinander. Die *Handlung* trennt ihn in die Substanz und das Bewußtsein derselben; und trennt ebensowohl die Substanz als das Bewußtsein. Die Substanz tritt als allgemeines *Wesen* und *Zweck*, sich als der *vereinzelten* Wirklichkeit gegenüber; die unendliche Mitte ist das Selbstbewußtsein, welches *an sich* Einheit seiner und der Substanz, es nun *für sich* wird, das allgemeine Wesen und seine vereinzelte Wirklichkeit vereint, diese zu jenem erhebt, und sittlich handelt, – und jenes zu dieser herunterbringt, und den Zweck, die nur gedachte Substanz ausführt; es bringt die Einheit seines Selbsts und der Substanz als *sein Werk* und damit als *Wirklichkeit* hervor.

In dem Auseinandertreten des Bewußtseins hat die einfache Substanz den Gegensatz teils gegen das Selbstbewußtsein erhalten, teils stellt sie damit ebensosehr an ihr selbst die Natur des Bewußtseins, sich in sich selbst zu unterscheiden, als eine in ihre Massen gegliederte Welt dar. Sie spaltet sich also in ein unterschiednes sittliches Wesen, in ein menschliches und göttliches Gesetz. Ebenso das ihr gegenübertretende Selbstbewußtsein teilt sich nach seinem Wesen der einen dieser Mächte zu, und als Wissen in die Unwissenheit dessen, was es tut, und in das Wissen desselben, das deswegen ein betrognes Wissen ist. Es erfährt also in seiner Tat sowohl den Widerspruch *jener Mächte*, worein die Substanz sich entzweite, und ihre gegenseitige Zerstörung, wie den Widerspruch seines Wissens von der Sittlichkeit seines Handelns mit dem, was an und für sich sittlich ist, und findet *seinen eignen* Untergang. In der Tat aber ist die sittliche Substanz durch diese Bewegung zum *wirklichen Selbstbewußtsein* geworden, oder *dieses* Selbst zum *an- und fürsich*seienden; aber darin ist eben die Sittlichkeit zugrunde gegangen.

a.
Die sittliche Welt,
das menschliche und göttliche Gesetz,
der Mann und das Weib.

Die einfache Substanz des Geistes teilt sich als Bewußtsein. Oder wie das Bewußtsein des abstrakten, des sinnlichen Seins in die Wahrnehmung übergeht, so auch die unmittelbare Gewißheit des realen sittlichen Seins; und wie für die sinnliche Wahrnehmung das einfache Sein ein Ding von vielen Eigenschaften wird, so ist für die sittliche der Fall des Handelns eine Wirklichkeit von vielen sittlichen Beziehungen. Jener zieht sich aber die unnütze Vielheit der Eigenschaften in den wesentlichen Gegensatz der Einzelheit und Allgemeinheit zusammen; und noch mehr dieser, die das gereinigte, substantielle Bewußtsein ist, wird die Vielheit der sittlichen Momente das Zwiefache eines Gesetzes der Einzelheit und eines der Allgemeinheit. Jede dieser Massen der Substanz bleibt aber der ganze Geist; wenn in der sinnlichen Wahrnehmung die Dinge keine andre Substanz als die beiden Bestimmungen der Einzelheit und der Allgemeinheit haben, so drücken sie hier nur den oberflächlichen Gegensatz der beiden Seiten gegeneinander aus.

Die Einzelheit hat an dem Wesen, das wir hier betrachten, die Bedeutung des *Selbstbewußtseins* überhaupt, nicht eines einzelnen zufälligen Bewußtseins. Die sittliche Substanz ist also in dieser Bestimmung die *wirkliche* Substanz, der absolute Geist in der Vielheit des daseienden *Bewußtseins realisiert*; er ist das *Gemeinwesen*, welches *für uns* bei dem Eintritt in die praktische Gestaltung der Vernunft überhaupt das absolute Wesen war und hier in seiner Wahrheit *für sich* selbst als bewußtes sittliches Wesen und als das *Wesen für das* Bewußtsein, das wir zum Gegenstande haben, hervorgetreten ist. Es ist G e i s t, welcher *für sich*, indem er im *Gegenschein der Individuen* sich, – und *an sich* oder Substanz ist, indem er sie in sich erhält. Als die *wirkliche Substanz* ist er *ein Volk*, als *wirkliches Bewußtsein Bürger* des Volkes. *Dies* Bewußtsein hat an dem einfachen Geiste sein *Wesen*, und die Gewißheit seiner selbst in der *Wirklichkeit* dieses Geistes, dem ganzen Volke, und unmittelbar darin seine *Wahrheit*, also nicht in etwas, das nicht wirklich ist, sondern in einem Geiste, der *existiert* und *gilt*.

Dieser Geist kann das menschliche Gesetz genannt werden, weil er wesentlich in der Form der *ihrer selbst bewußten Wirklichkeit* ist. Er ist in der Form der Allgemeinheit das *bekannte* Gesetz und die *vorhandene* Sitte; in der Form der Einzelheit ist er die wirkliche Gewißheit seiner selbst in dem *Individuum* überhaupt, und die Gewißheit seiner als *einfacher Individualität* ist er als Regierung; seine Wahrheit ist die offene, an dem Tag liegende *Gültigkeit*; eine *Existenz*, welche für die unmittelbare Gewißheit in die Form des frei entlassenen Daseins tritt.

Dieser sittlichen Macht und Offenbarkeit tritt aber eine andere Macht, das *göttliche Gesetz*, gegenüber. Denn die sittliche *Staatsmacht* hat als die *Bewegung* des sich *bewußten Tuns* an dem *einfachen* und *unmittelbaren Wesen* der Sittlichkeit ihren

Gegensatz; als *wirkliche Allgemeinheit* ist sie eine Gewalt gegen das individuelle Fürsichsein; und als Wirklichkeit überhaupt hat sie an dem *innern* Wesen noch ein Anders, als sie ist.

Es ist schon erinnert worden, daß jede der entgegengesetzten Weisen der sittlichen Substanz zu existieren sie ganz und alle Momente ihres Inhalts enthält. Wenn also das Gemeinwesen sie als das seiner bewußte wirkliche Tun ist, so hat die andere Seite die Form der unmittelbaren oder seienden Substanz. Diese ist so einerseits der innre Begriff oder die allgemeine Möglichkeit der Sittlichkeit überhaupt, hat aber anderseits das Moment des Selbstbewußtseins ebenso an ihr. Dieses in diesem Elemente der *Unmittelbarkeit* oder des *Seins* die Sittlichkeit ausdrückend, oder ein *unmittelbares* Bewußtsein seiner wie als Wesens so als dieses Selbsts in einem Andern, d.h. ein *natürliches sittliches* Gemeinwesen, – ist die *Familie*. Sie steht als der *bewußtlose* noch innre Begriff seiner sich bewußten Wirklichkeit, als das *Element* der Wirklichkeit des Volks dem Volke selbst, als *unmittelbares* sittliches *Sein* der durch die *Arbeit* für das Allgemeine sich bildenden und erhaltenden Sittlichkeit, – die Penaten dem allgemeinen Geiste gegenüber.

Ob sich aber wohl das *sittliche Sein* der Familie als das *unmittelbare* bestimmt, so ist sie innerhalb ihrer *sittliches* Wesen nicht insofern sie das Verhältnis *der Natur* ihrer Glieder, oder deren Beziehung die *unmittelbare einzelner wirklicher* ist; denn das Sittliche ist an sich *allgemein*, und dies Verhältnis der Natur ist wesentlich ebensosehr ein Geist, und nur als geistiges Wesen sittlich. Es ist zu sehen, worin seine eigentümliche Sittlichkeit besteht. – Zunächst, weil das Sittliche das an sich Allgemeine ist, ist die sittliche Beziehung der Familienglieder nicht die Beziehung der Empfindung oder das Verhältnis der Liebe. Das Sittliche scheint nun in das Verhältnis des *einzelnen* Familiengliedes zur *ganzen* Familie als der Substanz gelegt werden zu müssen; so daß sein Tun und Wirklichkeit nur sie zum Zweck und Inhalt hat. Aber der bewußte Zweck, den das *Tun* dieses Ganzen, insofern er auf es selbst geht, hat, ist selbst das Einzelne. Die Erwerbung und Erhaltung von Macht und Reichtum geht teils nur auf das Bedürfnis und gehört der Begierde an; teils wird sie in ihrer höhern Bestimmung etwas nur mittelbares. Diese Bestimmung fällt nicht in die Familie selbst, sondern geht auf das wahrhaft Allgemeine, das Gemeinwesen; sie ist vielmehr negativ gegen die Familie und besteht darin, den Einzelnen aus ihr herauszusetzen, seine Natürlichkeit und Einzelheit zu unterjochen, und ihn zur *Tugend*, zum Leben in und fürs Allgemeine zu ziehen. Der der Familie eigentümliche, *positive* Zweck ist der Einzelne als solcher. Daß nun diese Beziehung sittlich sei, kann er nicht, weder der, welcher handelt, noch der, auf welchen sich die Handlung bezieht, nach einer *Zufälligkeit* auftreten, wie etwa in irgend einer Hilfe oder Dienstleistung geschieht. Der Inhalt der sittlichen Handlung muß substantiell oder ganz und allgemein sein; sie kann sich daher nur auf den *ganzen* Einzelnen oder auf ihn als allgemeinen beziehen. Auch dies wieder nicht etwa so, daß sich nur *vorgestellt* wäre, eine *Dienstleistung* fördere sein ganzes Glück, während sie so, wie sie unmittelbare und wirkliche Handlung ist, nur etwas Einzelnes an ihm tut; – noch daß sie auch wirklich als Erziehung, in einer *Reihe* von Bemühungen, ihn als Ganzes zum Gegenstand hat und als Werk hervorbringt; wo außer dem gegen die Familie negativen Zwecke die *wirkliche Handlung* nur einen beschränkten Inhalt hat; – ebensowenig endlich, daß sie eine Nothilfe ist, wodurch in Wahrheit der ganze Einzelne errettet wird; denn sie ist selbst eine völlig zufällige Tat, deren Gelegenheit eine gemeine Wirklichkeit ist, welche sein und auch nicht sein kann. Die Handlung also, welche die ganze Existenz des Blutsverwandten umfaßt, und ihn, – nicht den Bürger, denn dieser gehört nicht der Familie an, noch den, der Bürger werden und *aufhören* soll, als *dieser Einzelne* zu gelten, – sondern ihn, *diesen* der Familie angehörigen Einzelnen, als ein *allgemeines*, der sinnlichen, d.i. einzelnen Wirklichkeit enthobenes Wesen zu ihrem Gegenstande und Inhalt hat, betrifft nicht mehr den *Lebenden*, sondern den *Toten*, der aus der langen Reihe seines zerstreuten Daseins sich in die vollendete Eine Gestaltung zusammengefaßt, und aus der Unruhe des zufälligen Lebens sich in die Ruhe der einfachen Allgemeinheit erhoben hat. – Weil er nur als Bürger *wirklich* und *substantiell* ist, so ist der Einzelne, wie er nicht Bürger ist, und der Familie angehört, nur der *unwirkliche* marklose Schatten.

Diese Allgemeinheit, zu der der Einzelne als *solcher* gelangt, ist das *reine Sein, der Tod*; es ist das *unmittelbare natürliche Gewordensein*, nicht das *Tun* eines *Bewußtseins*. Die Pflicht des Familiengliedes ist deswegen, diese Seite hinzuzufügen, damit auch sein letztes *Sein*, dies *allgemeine* Sein, nicht allein der Natur angehöre und etwas Unvernünftiges bleibe, sondern daß es ein *getanes*, und das Recht des Bewußtseins in ihm behauptet sei. Oder der Sinn der Handlung ist vielmehr, daß, weil in Wahrheit die Ruhe und Allgemeinheit des seiner selbst bewußten Wesens nicht der Natur angehört, der Schein eines solchen Tuns hinwegfalle, den sich die Natur angemaßt, und die Wahrheit hergestellt werde. – Was die Natur an ihm tat, ist die Seite, von welcher sein Werden zum Allgemeinen sich als die Bewegung eines *Seienden* darstellt. Sie fällt zwar selbst innerhalb des sittlichen Gemeinwesens und hat dieses zum Zwecke; der Tod ist die Vollendung und höchste Arbeit, welche das Individuum als solches für es übernimmt. Aber insofern es wesentlich *einzelnes* ist, ist es zufällig, daß sein Tod unmittelbar mit seiner Arbeit fürs Allgemeine zusammenhing und Resultat derselben war; teils wenn er's war, ist er die *natürliche* Negativität und die Bewegung des Einzelnen als *Seienden*, worin das Bewußtsein nicht in sich zurückkehrt, und Selbstbewußtsein wird; oder indem die Bewegung des *Seienden* diese ist, daß es aufgehoben wird und zum *Fürsichsein* gelangt, ist der Tod die Seite der Entzweiung, worin das Fürsichsein, das erlangt wird, ein Anderes ist als das Seiende, welches in die Bewegung eintrat. – Weil die Sittlichkeit der Geist in seiner *unmittelbaren* Wahrheit ist, so fallen die Seiten, in die sein Bewußtsein auseinandertritt, auch in diese Form der *Unmittelbarkeit*, und die Einzelheit tritt in diese *abstrakte* Negativität herüber, welche ohne Trost und Versöhnung *an sich selbst*, sie *wesentlich* durch eine *wirkliche* und *äußerliche* Handlung empfangen muß. – Die Blutsverwandtschaft ergänzt also die abstrakte natürliche Bewegung dadurch, daß sie die Bewegung des Bewußtseins hinzufügt, das Werk der Natur unterbricht, und den Blutsverwandten der Zerstörung entreißt, oder besser, weil die Zerstörung, sein Werden zum reinen Sein, notwendig ist, selbst die Tat der Zerstörung über sich nimmt. – Es kommt hiedurch zu Stande, daß auch das *tote*, das allgemeine *Sein* ein in sich zurückgekehrtes, ein *Fürsichsein*, oder die kraftlose reine *einzelne* Einzelheit zur *allgemeinen Individualität* erhoben wird. Der Tote, da er sein *Sein* von seinem *Tun* oder negativen Eins freigelassen, ist die leere Einzelheit, nur ein passives *Sein für anderes*, aller niedrigen vernunftlosen Individualität und den Kräften abstrakter Stoffe preisgegeben, wovon jene um des Lebens willen, das sie hat, diese um ihrer negativen Natur willen jetzt mächtiger sind als er. Dies ihn entehrende Tun bewußtloser Begierde und abstrakter Wesen hält die

Familie von ihm ab, setzt das ihrige an die Stelle, und vermählt den Verwandten dem Schoße der Erde, der elementarischen unvergänglichen Individualität; sie macht ihn hierdurch zum Genossen eines Gemeinwesens, welches vielmehr die Kräfte der einzelnen Stoffe und die niedrigen Lebendigkeiten, die gegen ihn frei werden und ihn zerstören wollten, überwältigt und gebunden hält.

Diese letzte Pflicht macht also das vollkommene *göttliche* Gesetz, oder die positive *sittliche* Handlung gegen den Einzelnen aus. Alles andre Verhältnis gegen ihn, das nicht in der Liebe stehen bleibt, sondern sittlich ist, gehört dem menschlichen Gesetze an, und hat die negative Bedeutung, den Einzelnen über die Einschließung in das natürliche Gemeinwesen zu erheben, dem er als *wirklicher* angehört. Wenn nun aber schon das menschliche Recht zu seinem Inhalte und Macht die wirkliche ihrer bewußte sittliche Substanz, das ganze Volk, hat, das göttliche Recht und Gesetz aber den Einzelnen, der jenseits der Wirklichkeit ist, so ist er nicht ohne Macht; seine Macht ist das *abstrakte* rein *Allgemeine*, das *elementarische* Individuum, welches die Individualität, die sich von dem Elemente losreißt und die ihrer bewußte Wirklichkeit des Volks ausmacht, in die reine Abstraktion als in sein Wesen ebenso zurückreißt, als es ihr Grund ist. – Wie diese Macht am Volke selbst sich darstellt, wird sich noch weiter entwickeln.

Es gibt nun in dem einen Gesetze, wie in dem andern, auch *Unterschiede* und *Stufen*. Denn indem beide Wesen das Moment des Bewußtseins an ihnen haben, entfaltet sich innerhalb ihrer selbst der Unterschied; was ihre Bewegung und eigentümliches Leben ausmacht. Die Betrachtung dieser Unterschiede zeigt die Weise der *Betätigung* und des *Selbstbewußt-*

seins der beiden *allgemeinen Wesen* der sittlichen Welt sowie ihren *Zusammenhang* und *Übergang* ineinander.

Das *Gemeinwesen*, das obere und offenbar an der Sonne geltende Gesetz hat seine wirkliche Lebendigkeit in der *Regierung*, als worin es Individuum ist. Sie ist der *in sich reflektierte wirkliche* Geist, das einfache *Selbst* der ganzen sittlichen Substanz. Diese einfache Kraft erlaubt dem Wesen zwar, in seine Gliederung sich auszubreiten und jedem Teile Bestehen und eigenes Fürsichsein zu geben. Der Geist hat hieran seine *Realität* oder sein *Dasein*, und die Familie ist das *Element* dieser Realität. Aber er ist zugleich die Kraft des Ganzen, welche diese Teile wieder in das negative Eins zusammenfaßt, ihnen das Gefühl ihrer Unselbständigkeit gibt und sie in dem Bewußtsein erhält, ihr Leben nur im Ganzen zu haben. Das Gemeinwesen mag sich also einerseits in die Systeme der persönlichen Selbständigkeit und des Eigentums, des persönlichen und dinglichen Rechts, organisieren; ebenso die Weisen des Arbeitens für die zunächst einzelnen Zwecke – des Erwerbs und Genusses – zu eigenen Zusammenkünften gliedern und verselbständigen. Der Geist der allgemeinen Zusammenkunft ist die *Einfachheit* und das *negative* Wesen dieser sich isolierenden Systeme. Um sie nicht in dieses Isolieren einwurzeln und festwerden, hiedurch das Ganze auseinanderfallen und den Geist verfliegen zu lassen, hat die Regierung sie in ihrem Innern von Zeit zu Zeit durch die Kriege zu erschüttern, ihre sich zurechgemachte Ordnung und Recht der Selbständigkeit dadurch zu verletzen und zu verwirren, den Individuen aber, die sich darin vertiefend vom Ganzen losreißen und dem unverletzbaren *Fürsichsein* und [der] Sicherheit der Person zustreben, in jener auferlegten Arbeit ihren Herrn, den Tod, zu fühlen zu geben. Der Geist wehrt durch diese Auflösung der Form des Bestehens das

Versinken in das natürliche Dasein aus dem sittlichen ab, und erhält und erhebt das Selbst seines Bewußtseins in die *Freiheit* und in seine *Kraft*. – Das negative Wesen zeigt sich als die eigentliche *Macht* des Gemeinwesens und die *Kraft* seiner Selbsterhaltung; dieses hat also die Wahrheit und Bekräftigung seiner Macht an dem Wesen des *göttlichen Gesetzes* und dem *unterirdischen Reiche*.

Das göttliche Gesetz, das in der Familie waltet, hat seinerseits gleichfalls Unterschiede in sich, deren Beziehung die lebendige Bewegung einer Wirklichkeit ausmacht. Unter den drei Verhältnissen aber, des Mannes und der Frau, der Eltern und der Kinder, der Geschwister als Bruder und Schwester, ist zuerst das *Verhältnis* des *Mannes* und der *Frau* das *unmittelbare* sich Erkennen des einen Bewußtseins im andern und das Erkennen des gegenseitigen Anerkanntseins. Weil es das *natürliche* sich Erkennen, nicht das sittliche ist, ist es nur die *Vorstellung* und das *Bild* des Geistes, nicht der wirkliche Geist selbst. – Die Vorstellung oder das Bild hat aber seine Wirklichkeit an einem andern, als es ist; dies Verhältnis hat daher seine Wirklichkeit nicht an ihm selbst, sondern an dem Kinde, – einem andern, dessen Werden es ist, und worin es selbst verschwindet; und dieser Wechsel der sich fortwälzenden Geschlechter hat seinen Bestand in dem Volke. – Die Pietät des Mannes und der Frau gegeneinander ist also mit natürlicher Beziehung und mit Empfindung vermischt, und ihr Verhältnis hat seine Rückkehr in sich nicht an ihm selbst; ebenso das zweite, die *Pietät* der *Eltern* und *Kinder* gegeneinander. Die der Eltern gegen ihre Kinder ist eben von dieser Rührung affiziert, das Bewußtsein seiner Wirklichkeit in dem andern zu haben, und das Fürsichsein in ihm werden zu sehen, ohne es zurückzuerhalten; sondern es bleibt eine fremde, eigne Wirklichkeit; – die der Kinder aber gegen die Eltern umgekehrt mit der Rührung, das Werden seiner selbst oder das Ansich an einem andern verschwindenden zu haben, und das Fürsichsein und eigne Selbstbewußtsein zu erlangen nur durch die Trennung von dem Ursprung, – eine Trennung, worin dieser versiegt.

Diese beiden Verhältnisse bleiben innerhalb des Übergehens und der Ungleichheit der Seiten stehen, die an sie verteilt sind. – Das unvermischte Verhältnis aber findet zwischen *Bruder* und *Schwester* statt. Sie sind dasselbe Blut, das aber in ihnen in seine *Ruhe* und *Gleichgewicht* gekommen ist. Sie begehren daher einander nicht, noch haben sie dies Fürsichsein eins dem andern gegeben noch empfangen, sondern sie sind freie Individualität gegeneinander. Das Weibliche hat daher als Schwester die höchste *Ahnung* des sittlichen Wesens; zum *Bewußtsein* und der Wirklichkeit desselben kommt es nicht, weil das Gesetz der Familie das *ansich*seiende, *innerliche* Wesen ist, das nicht am Tage des Bewußtseins liegt, sondern innerliches Gefühl und das der Wirklichkeit enthobne Göttliche bleibt. An diese Penaten ist das Weibliche geknüpft, welches in ihnen teils seine allgemeine Substanz, teils aber seine Einzelheit anschaut, so jedoch, daß diese Beziehung der Einzelheit zugleich nicht die natürliche der Lust sei. – Als *Tochter* muß nun das Weib die Eltern mit natürlicher Bewegung und mit sittlicher Ruhe verschwinden sehen, denn nur auf Unkosten dieses Verhältnisses kommt sie zu dem *Fürsichsein*, dessen sie fähig ist; sie schaut in den Eltern also ihr Fürsichsein nicht auf positive Weise an. – Die Verhältnisse der *Mutter* und der *Frau* aber haben die Einzelheit teils als etwas Natürliches, das der Lust angehört, teils als etwas Negatives, das nur sein Verschwinden darin erblickt; teils ist sie ebendarum etwas Zufälliges, das durch eine andere ersetzt werden kann. Im Hause der Sittlichkeit ist es nicht *dieser* Mann, nicht *dieses* Kind, sondern *ein Mann, Kinder überhaupt*, – nicht die Empfindung, sondern das Allgemeine, worauf sich diese Verhältnisse des Weibes gründen. Der Unterschied seiner Sittlichkeit von der des Mannes besteht eben darin, daß es in seiner Stimmung für die Einzelheit und in seiner Lust unmittelbar allgemein und der Einzelheit der Begierde fremd bleibt; dahingegen in dem Manne diese beiden Seiten auseinandertreten, und indem er als Bürger die *selbstbewußte* Kraft der *Allgemeinheit* besitzt, erkauft er sich dadurch das Recht der *Begierde* und erhält sich zugleich die Freiheit von derselben. Indem also in dies Verhältnis der Frau die Einzelheit eingemischt ist, ist seine Sittlichkeit nicht rein, insofern sie aber dies ist, ist die Einzelheit *gleichgültig* und die Frau entbehrt das Moment, sich als *dieses* Selbst im andern zu erkennen. – Der Bruder aber ist der Schwester das ruhige gleiche Wesen überhaupt, ihre Anerkennung in ihm rein und unvermischt mit natürlicher Beziehung; die Gleichgültigkeit der Einzelheit und die sittliche Zufälligkeit derselben ist daher in diesem Verhältnisse nicht vorhanden; sondern das Moment des anerkennenden und anerkannten *einzelnen Selbsts* darf hier sein Recht behaupten, weil es mit dem Gleichgewichte des Blutes und begierdeloser Beziehung verknüpft ist. Der Verlust des Bruders ist daher der Schwester unersetzlich, und ihre Pflicht gegen ihn die höchste.

Dies Verhältnis ist zugleich die Grenze, an der sich die in sich beschlossene Familie auflöst und außer sich geht. Der Bruder ist die Seite, nach welcher ihr Geist zur Individualität wird, die gegen anderes sich kehrt und in das Bewußtsein der Allgemeinheit übergeht. Der Bruder verläßt diese *unmittelbare, elementarische* und darum eigentlich *negative* Sittlichkeit der Familie, um die ihrer selbst bewußte, wirkliche Sittlichkeit zu erwerben und hervorzubringen.

Er geht aus dem göttlichen Gesetz, in dessen Sphäre er lebte; zu dem menschlichen über. Die Schwester aber wird, oder die Frau bleibt der Vorstand des Hauses und die Bewahrerin des göttlichen Gesetzes. Auf diese Weise überwinden die beiden Geschlechter ihr natürliches Wesen und treten in ihrer sittlichen Bedeutung auf, als Verschiedenheiten, welche die beiden Unterschiede, die die sittliche Substanz sich gibt, unter sich teilen. Diese beiden *allgemeinen* Wesen der sittlichen Welt haben ihre bestimmte *Individualität* darum an *natürlich* unterschiedenen Selbstbewußtsein[en], weil der sittliche Geist die *unmittelbare* Einheit der Substanz mit dem Selbstbewußtsein ist; – eine *Unmittelbarkeit*, welche also nach der Seite der Realität und des Unterschieds zugleich als das Dasein eines natürlichen Unterschieds erscheint. – Es ist diejenige Seite, welche sich an der Gestalt der sich selbst realen Individualität, in dem Begriffe des geistigen Wesens, als *ursprünglich bestimmte Natur* zeigte. Dies Moment verliert die Unbestimmtheit, die es dort noch hat, und die zufällige Verschiedenheit von Anlagen und Fähigkeiten. Es ist jetzt der bestimmte Gegensatz der zwei Geschlechter, deren Natürlichkeit zugleich die Bedeutung ihrer sittlichen Bestimmung erhält.

Der Unterschied der Geschlechter und ihres sittlichen Inhalts bleibt jedoch in der Einheit der Substanz, und seine Bewegung ist eben das bleibende Werden derselben. Der Mann wird vom Familiengeiste in das Gemeinwesen hinausgeschickt und findet in diesem sein selbstbewußtes Wesen; wie die Familie hiedurch in ihm ihre allgemeine Substanz und Bestehen hat, so umgekehrt das Gemeinwesen an der Familie das formale Element seiner Wirklichkeit und an dem göttlichen Gesetze seine Kraft und Bewährung. Keins von beiden ist allein an und für sich; das menschliche Gesetz geht in seiner lebendigen Bewegung von dem göttlichen, das auf Erden geltende von dem unterirdischen, das Bewußte vom Bewußtlosen, die Vermittlung von der Unmittelbarkeit aus, und geht ebenso dahin zurück, wovon es ausging. Die unterirdische Macht dagegen hat auf der Erde ihre *Wirklichkeit*; sie wird durch das Bewußtsein Dasein und Tätigkeit.

Die allgemeinen sittlichen Wesen sind also die Substanz als allgemeines, und sie als einzelnes Bewußtsein; sie haben das Volk und die Familie zu ihrer allgemeinen Wirklichkeit, den Mann aber und das Weib zu ihrem natürlichen Selbst und der betätigenden Individualität. In diesem Inhalt der sittlichen Welt sehen wir die Zwecke erreicht, welche die vorhergehenden substanzlosen Gestalten des Bewußtseins sich machten; was die Vernunft nur als Gegenstand auffaßte, ist Selbstbewußtsein geworden, und was dieses nur in ihm selbst hatte, als wahre Wirklichkeit vorhanden. – Was die Beobachtung als ein *Vorgefundenes* wußte, an dem das Selbst keinen Teil hätte, ist hier vorgefundene Sitte, aber eine Wirklichkeit, die zugleich Tat und Werk des Findenden ist. – Der Einzelne, die Lust *des Genusses seiner Einzelheit* suchend, findet sie in der Familie, und die Notwendigkeit, worin die Lust vergeht, ist sein eignes Selbstbewußtsein als Bürger seines Volks; – oder es ist dieses, das *Gesetz des Herzens* als das Gesetz aller Herzen, das Bewußtsein des *Selbsts* als die anerkannte allgemeine Ordnung zu wissen; – es ist die *Tugend*, welche der Früchte ihrer Aufopferung genießt; sie bringt zustande, worauf sie geht, nämlich das Wesen zur wirklichen Gegenwart herauszuheben, und ihr Genuß ist dies allgemeine Leben. – Endlich das Bewußtsein *der Sache selbst* wird in der realen Substanz befriedigt, die auf eine positive Weise die abstrakte[n] Momente jener leeren Kategorie enthält und erhält. Sie hat an den sittlichen Mächten einen wahrhaften Inhalt, der an die Stelle der substanzlosen Gebote getreten, die die gesunde Vernunft geben und wissen wollte; – so wie hiedurch einen inhaltsvollen, an ihm selbst bestimmten Maßstab der Prüfung – nicht der Gesetze, sondern dessen, was getan wird.

Das Ganze ist ein ruhiges Gleichgewicht aller Teile, und jeder Teil ein einheimischer Geist, der seine Befriedigung nicht jenseits seiner sucht, sondern sie in sich darum hat, weil er selbst in diesem Gleichgewichte mit dem Ganzen ist. – Dies Gleichgewicht kann zwar nur dadurch lebendig sein, daß Ungleichheit in ihm entsteht und von der *Gerechtigkeit* zur Gleichheit zurückgebracht wird. Die Gerechtigkeit ist aber weder ein fremdes, jenseits sich befindendes Wesen, noch die seiner unwürdige Wirklichkeit einer gegenseitigen Tücke, Verrats, Undanks usf., die in der Weise des gedankenlosen Zufalls als ein unbegriffner Zusammenhang und ein bewußtloses Tun und Unterlassen das Gericht vollbrächte; sondern als Gerechtigkeit des *menschlichen* Rechts, welche das aus dem Gleichgewichte tretende Fürsichsein, die Selbständigkeit der Stände und Individuen in das Allgemeine zurückbringt, ist sie die Regierung des Volks, welche die sich gegenwärtige Individualität des allgemeinen Wesens und der eigne selbstbewußte Willen Aller ist. – Die Gerechtigkeit aber, welche das über den Einzelnen übermächtig werdende Allgemeine zum Gleichgewichte zurückbringt, ist ebenso der einfache Geist desjenigen, der Unrecht erlitten, – nicht zersetzt in ihn, der es erlitten, und ein jenseitiges Wesen; er selbst ist die unterirdische Macht, und es ist *seine* Erinnye, welche die Rache betreibt; denn seine Individualität, sein Blut, lebt im Hause fort; seine Substanz hat eine dauernde Wirklichkeit. Das Unrecht, welches im Reiche der Sittlichkeit dem Einzelnen zugefügt werden kann, ist nur dieses, daß ihm rein etwas *geschieht*. Die Macht, welche dies Unrecht an dem Bewußtsein verübt, es zu einem reinen Dinge zu machen, ist die Natur, es ist die Allgemeinheit nicht des *Gemeinwesens*, sondern die *abstrakte* des *Seins*; und die Einzelheit wendet sich in der Auflösung des erlittenen Unrechts nicht gegen jenes, denn von ihm hat es nicht gelitten, sondern gegen dieses. Das Bewußtsein des Bluts des Individuums löst dies Unrecht, wie wir gesehen, so auf, daß was *geschehen* ist, vielmehr ein *Werk* wird, damit das *Sein*, das *Letzte*, auch ein *gewolltes* und hiemit erfreulich sei.

Das sittliche Reich ist auf diese Weise in seinem *Bestehen* eine unbefleckte, durch keinen Zwiespalt verunreinigte Welt. Ebenso ist seine Bewegung ein ruhiges Werden der einen Macht desselben zur andern, so daß jede die andere selbst erhält und hervorbringt. Wir sehen sie zwar in zwei Wesen und deren Wirklichkeit sich teilen; aber ihr Gegensatz ist vielmehr die Bewährung des einen durch das andere, und, worin sie sich unmittelbar als wirkliche berühren, ihre Mitte und Element ist die unmittelbare Durchdringung derselben. Das eine Extrem, der allgemeine sich bewußte Geist, wird mit seinem andern Extrem, seiner Kraft und seinem Element, mit dem *bewußtlosen* Geiste, durch die *Individualität* des Mannes zusammengeschlossen. Dagegen hat das *göttliche* Gesetz seine Individualisierung oder der *bewußtlose* Geist des Einzelnen sein Dasein an dem Weibe, durch welches als die *Mitte* er aus seiner Unwirklichkeit in die Wirklichkeit, aus dem Unwissenden und Ungewußten in das bewußte Reich herauftritt. Die Vereinigung des Mannes und des Weibes macht die tätige Mitte des Ganzen und das Element aus, das, in diese Extreme des göttlichen und menschlichen Gesetzes entzweit, ebenso ihre unmittelbare Vereinigung ist, welche jene beiden ersten Schlüsse zu demselben Schlusse macht, und die entgegengesetzte Bewegung der Wirklichkeit hinab zur Unwirklichkeit, – des menschlichen Gesetzes, das sich in selbständige Glieder organisiert, herunter zur Gefahr und Bewährung des Todes, – und des unterirdischen Gesetzes herauf zur Wirklichkeit des Tages und zum bewußten Dasein, – deren jene dem Manne, diese dem Weibe zukommt, – in Eine vereinigt.

b.
Die sittliche Handlung,
das menschliche und göttliche Wissen,
die Schuld und das Schicksal.

Wie aber in diesem Reiche der Gegensatz beschaffen ist, so ist das Selbstbewußtsein noch nicht in seinem Rechte als *einzelne Individualität* aufgetreten; sie gilt in ihm auf der einen Seite nur als *allgemeiner Willen*, auf der andern als *Blut* der Familie; *dieser Einzelne* gilt nur als der *unwirkliche Schatten*. – Es ist *noch keine Tat* begangen; die Tat aber ist das *wirkliche Selbst*. – Sie stört die ruhige Organisation und Bewegung der sittlichen Welt. Was in dieser als Ordnung und Übereinstimmung ihrer beiden Wesen erscheint, deren eins das andere bewährt und vervollständigt, wird durch die Tat zu einem Übergange *Entgegengesetzter*, worin jedes sich vielmehr als die Nichtigkeit seiner selbst und des andern beweist denn als die Bewährung; – es wird zu der negativen Bewegung oder der ewigen Notwendigkeit des furchtbaren *Schicksals*, welche das göttliche wie das menschliche Gesetz, sowie die beiden Selbstbewußtsein[e], in denen diese Mächte ihr Dasein haben, in den Abgrund seiner *Einfachheit* verschlingt, – und für uns in das *absolute Fürsichsein* des rein einzelnen Selbstbewußtseins übergeht.

Der *Grund*, von dem diese Bewegung aus-, und auf dem sie vorgeht, ist das Reich der Sittlichkeit; aber die *Tätigkeit* dieser Bewegung ist das Selbstbewußtsein. Als *sittliches* Bewußtsein ist es die *einfache reine Richtung* auf die sittliche Wesenheit, oder die *Pflicht*. Keine Willkür und ebenso kein Kampf, keine Unentschiedenheit ist in ihm, indem das Geben und das Prüfen der Gesetze aufgegeben worden, sondern die sittliche Wesenheit ist ihm das Unmittelbare, Unwankende, Widerspruchslose. Es gibt daher nicht das schlechte Schauspiel, sich in einer Kollision von Leidenschaft und Pflicht, noch das Komische, in einer Kollision von Pflicht und Pflicht zu befinden, – einer Kollision, die dem Inhalte nach dasselbe ist, als die zwischen Leidenschaft und Pflicht; denn die Leidenschaft ist ebenso fähig, als Pflicht vorgestellt zu werden, weil die Pflicht, wie sich das Bewußtsein aus ihrer unmittelbaren substantiellen Wesenheit in sich zurückzieht, zum formell Allgemeinen wird, in das jeder Inhalt gleich gut paßt, wie sich oben ergab. Komisch aber ist die Kollision der Pflichten, weil sie den Widerspruch, nämlich eines *entgegengesetzten Absoluten*, also Absolutes und unmittelbar die Nichtigkeit dieses sogenannten Absoluten oder Pflicht, ausdrückt. – Das sittliche Bewußtsein aber weiß, was es zu tun hat; und ist entschieden, es sei dem göttlichen oder dem menschlichen Gesetz anzugehören. Diese Unmittelbarkeit seiner Entschiedenheit ist ein *Ansichsein* und hat daher zugleich die Bedeutung eines natürlichen Seins, wie wir gesehen; die Natur, nicht das Zufällige der Umstände oder der Wahl, teilt das eine Geschlecht dem einen, andere dem andern Gesetze zu, – oder umgekehrt, die beiden sittlichen Mächte selbst geben sich an den beiden Geschlechtern ihr individuelles Dasein und Verwirklichung.

Hiedurch nun, daß einesteils die Sittlichkeit wesentlich in dieser unmittelbaren *Entschiedenheit* besteht und darum für das Bewußtsein nur das Eine Gesetz das Wesen ist, andernteils, daß die sittlichen Mächte in dem *Selbst* des Bewußtseins wirklich sind, erhalten sie die Bedeutung, sich *auszuschließen* und sich *entgegengesetzt* zu sein; – sie sind in dem Selbstbewußtsein *für sich*, wie sie im R e i c h e der Sittlichkeit nur *an sich* sind. Das sittliche Bewußtsein, weil es für eins derselben *entschieden* ist, ist wesentlich *Charakter*; es ist für es nicht die gleiche *Wesenheit* beider; der Gegensatz erscheint darum als eine *unglückliche* Kollision der Pflicht nur mit der rechtlosen *Wirklichkeit*. Das sittliche Bewußtsein ist als Selbstbewußtsein in diesem Gegensatze, und als solches geht es zugleich darauf, dem Gesetze, dem es angehört, diese entgegengesetzte Wirklichkeit durch Gewalt zu unterwerfen oder sie zu täuschen. Indem es das Recht nur auf seiner Seite, das Unrecht aber auf der andern sieht, so erblickt von beiden dasjenige, welches dem göttlichen Gesetze angehört, auf der andern Seite menschliche zufällige *Gewalttätigkeit*; das aber dem menschlichen Gesetze zugeteilt ist, auf der andern den Eigensinn und den *Ungehorsam* des innerlichen Fürsichseins; denn die Befehle der Regierung sind der allgemeine, am Tage liegende öffentliche Sinn; der Wille des andern Gesetzes aber ist der unterirdische, ins Innre verschlossene Sinn, der in seinem Dasein als Wille der Einzelheit erscheint und im Widerspruche mit dem ersten der Frevel ist.

Es entsteht hiedurch am Bewußtsein der Gegensatz des *Gewußten* und des *Nichtgewußten*, wie in der Substanz des *Bewußten* und *Bewußtlosen*; und das absolute Recht des sittlichen *Selbstbewußtseins* kommt mit dem göttlichen *Rechte* des *Wesens* in Streit. Für das Selbstbewußtsein als Bewußtsein hat die gegenständliche Wirklichkeit als solche Wesen; nach seiner Substanz aber ist es die Einheit seiner und dieses Entgegengesetzten; und das sittliche Selbstbewußtsein ist das Bewußtsein der Substanz; der Gegenstand, als dem Selbstbewußtsein entgegengesetzt, hat darum gänzlich die Bedeutung verloren, für sich Wesen zu haben. Wie die Sphären, worin er nur ein *Ding* ist, längst verschwunden [sind], so auch diese Sphären, worin das Bewußtsein etwas aus sich befestigt und ein einzelnes Moment zum Wesen macht. Gegen solche Einseitigkeit hat die Wirklichkeit eine eigene Kraft; sie steht mit der Wahrheit im Bunde gegen das Bewußtsein und stellt diesem erst dar, was die Wahrheit ist. Das sittliche Bewußtsein aber hat aus der Schale der absoluten Substanz die Vergessenheit aller Einseitigkeit des Fürsichseins, seiner Zwecke und eigentümlichen Begriffe getrunken und darum in diesem stygischen Wasser zugleich alle eigne Wesenheit und selbständige Bedeutung der gegenständlichen Wirklichkeit ertränkt. Sein absolutes Recht ist daher, daß es, indem es nach dem sittlichen Gesetze handelt, in dieser Verwirklichung nicht irgend etwas anderes finde als nur die Vollbringung dieses Gesetzes selbst, und die Tat nichts anders zeige, als das sittliche Tun ist. – Das Sittliche, als das absolute *Wesen* und die absolute *Macht* zugleich, kann keine Verkehrung seines Inhalts erleiden. Wäre es nur das absolute *Wesen* ohne die Macht, so könnte es eine Verkehrung durch die Individualität erfahren; aber diese als sittliches Bewußtsein hat mit dem Aufgeben des einseitigen Fürsichseins dem Verkehren entsagt; sowie die bloße Macht umgekehrt vom Wesen verkehrt werden würde, wenn sie noch ein solches Fürsichsein wäre. Um dieser Einheit willen ist die Individualität reine Form der Substanz, die der Inhalt ist, und das Tun ist das Übergehen aus dem Gedanken in die Wirklichkeit, nur als die Bewegung eines wesenlosen Gegensatzes, dessen Momente keinen besondern, voneinander verschiedenen Inhalt und Wesenheit haben. Das absolute Recht des sittlichen Bewußtseins ist daher, daß die *Tat*, die *Gestalt* seiner *Wirklichkeit*, nichts anders sei, als es *weiß*.

Aber das sittliche Wesen hat sich selbst in zwei Gesetze gespalten, und das Bewußtsein, als unentzweites Verhalten zum Gesetze, ist nur Einem zugeteilt. Wie dies *einfache* Bewußtsein auf dem absoluten Rechte besteht, daß ihm als sittlichem das Wesen *erschienen* sei, wie es *an sich* ist, so besteht dieses Wesen auf dem Rechte seiner *Realität*, oder darauf, gedoppeltes zu sein. Dies Recht des Wesens steht aber zugleich dem Selbstbewußtsein nicht gegenüber, daß es irgendwo anders wäre, sondern es ist das eigne Wesen des Selbstbewußtseins; es hat darin allein sein Dasein und seine Macht, und sein Gegensatz ist die *Tat des letztern*. Denn dieses, eben indem es sich als Selbst ist und zur Tat schreitet, erhebt sich aus der *einfachen Unmittelbarkeit* und setzt selbst die *Entzweiung*. Es gibt durch die Tat die Bestimmtheit der Sittlichkeit auf, die einfache Gewißheit der unmittelbaren Wahrheit zu sein, und setzt die Trennung seiner selbst in sich als das Tätige und in die gegenüberstehende für es negative Wirklichkeit. Es wird also durch die Tat zur *Schuld*. Denn sie ist sein *Tun*, und das Tun sein eigenstes Wesen; und die *Schuld* erhält auch die Bedeutung des *Verbrechens*: denn als einfaches sittliches Bewußtsein hat es sich dem einen Gesetze zugewandt, dem andern aber abgesagt, und verletzt dieses durch seine Tat. – Die *Schuld* ist nicht das gleichgültige doppelsinnige Wesen, daß die Tat, wie sie *wirklich* am Tage liegt, *Tun* ihres Selbsts sein könne oder auch nicht, als ob mit dem Tun sich etwas Äußerliches und Zufälliges verknüpfen könnte, das dem Tun nicht angehörte, von welcher Seite das Tun also unschuldig wäre. Sondern das Tun ist selbst diese Entzweiung, sich für sich, und diesem gegenüber eine fremde äußerliche Wirklichkeit zu setzen; daß eine solche ist, gehört dem Tun selbst an und ist durch dasselbe. Unschuldig ist daher nur das Nichttun wie das Sein eines Steines, nicht einmal eines Kindes. – Dem Inhalte nach aber hat die sittliche *Handlung* das Moment des Verbrechens an ihr, weil sie die *natürliche* Verteilung der beiden Gesetze an die beiden Geschlechter nicht aufhebt, sondern vielmehr als *unentzweite* Richtung auf das Gesetz innerhalb der *natürlichen Unmittelbarkeit* bleibt und als Tun diese Einseitigkeit zur Schuld macht, nur die eine der Seiten des Wesens zu ergreifen und gegen die andre sich negativ zu verhalten, d.h. sie zu verletzen. Wohin in dem allgemeinen sittlichen Leben Schuld und Verbrechen, Tun und Handeln fällt, wird nachher bestimmter ausgedrückt werden; es erhellt unmittelbar so viel, daß es nicht *dieser Einzelne* ist, der handelt und schuldig ist; denn er als *dieses* Selbst ist nur der unwirkliche Schatten, oder er ist nur als allgemeines Selbst, und die Individualität rein das *formale* Moment des *Tuns* überhaupt, und der Inhalt die Gesetze und Sitten und, bestimmt für den Einzelnen, die seines Standes; er ist die Substanz als Gattung, die durch ihre Bestimmtheit zwar zur Art wird, aber die Art bleibt zugleich das Allgemeine der Gattung. Das Selbstbewußtsein steigt innerhalb des Volkes vom Allgemeinen nur bis zur Besonderheit, nicht bis zur einzelnen Individualität herab, welche ein ausschließendes Selbst, eine sich negative Wirklichkeit in seinem Tun setzt; sondern seinem Handeln liegt das sichre Vertrauen zum Ganzen zu Grunde, worin sich nichts Fremdes, keine Furcht noch Feindschaft einmischt.

Die entwickelte Natur des *wirklichen* Handelns erfährt nun das sittliche Selbstbewußtsein an seiner Tat, ebensowohl wenn es dem göttlichen, als wenn es dem menschlichen Gesetze sich ergab. Das ihm offenbare Gesetz ist im Wesen mit dem entgegengesetzten verknüpft; das Wesen ist die Einheit beider; die Tat aber hat nur das eine gegen das andere ausgeführt. Aber im Wesen mit diesem verknüpft, ruft die Erfüllung des einen das andere hervor, und, wozu die Tat es machte, als ein verletztes und nun feindliches, Rache forderndes Wesen. Dem Handeln liegt nur die eine Seite des Entschlusses überhaupt an dem Tage; er ist aber *an sich* das Negative, das ein ihm Anderes, ein ihm, der das Wissen ist, Fremdes gegenüberstellt. Die Wirklichkeit hält daher die andere, dem Wissen fremde Seite in sich verborgen, und zeigt sich dem Bewußtsein nicht, wie sie an und für sich ist, – dem Sohne nicht den Vater in seinem Beleidiger, den er erschlägt, – nicht die Mutter in der Königin, die er zum Weibe nimmt. Dem sittlichen Selbstbewußtsein stellt auf diese Weise eine lichtscheue Macht nach, welche erst, wenn die Tat geschehen, hervorbricht und es bei ihr ergreift; denn die vollbrachte Tat ist der aufgehobne Gegensatz des wissenden Selbst und der ihm gegenüberstehenden Wirklichkeit. Das Handelnde kann das Verbrechen und seine Schuld nicht verleugnen, – die Tat ist dieses, das Unbewegte zu bewegen und das nur erst in der Möglichkeit Verschlossene hervorzubringen und hiemit das Unbewußte dem Bewußten, das Nichtseiende dem Sein zu verknüpfen. In dieser Wahrheit tritt also die Tat an die Sonne; – als ein solches, worin ein Bewußtes einem Unbewußten, das Eigne einem Fremden verbunden ist, als das entzweite Wesen, dessen andere Seite das Bewußtsein, und auch als die seinige erfährt, aber als die von ihm verletzte und feindlich erregte Macht.

Es kann sein, daß das Recht, welches sich im Hinterhalte hielt, nicht in seiner eigentümlichen Gestalt für das handelnde *Bewußtsein*, sondern nur *an sich*, in der innern Schuld des Entschlusses und des Handelns vorhanden ist. Aber das sittliche Bewußtsein ist vollständiger, seine Schuld reiner, wenn es das Gesetz und die Macht *vorher kennt*, der es gegenübertritt, sie für Gewalt und Unrecht, für eine sittliche Zufälligkeit nimmt, und wissentlich, wie Antigone, das Verbrechen begeht. Die vollbrachte Tat verkehrt seine Ansicht; die *Vollbringung* spricht es selbst aus, daß, was; *sittlich* ist, *wirklich* sein müsse; denn die *Wirklichkeit* des Zwecks ist der Zweck des Handelns. Das Handeln spricht gerade die *Einheit* der *Wirklichkeit* und der *Substanz* aus, es spricht aus, daß die Wirklichkeit dem Wesen nicht zufällig ist, sondern mit ihm im Bunde keinem gegeben wird, das nicht wahres Recht ist. Das sittliche Bewußtsein muß sein Entgegengesetztes um dieser Wirklichkeit willen, und um seines Tuns willen, als die seinige, es muß seine Schuld anerkennen;

weil wir leiden, anerkennen wir, daß wir gefehlt.

Dies Anerkennen drückt den aufgehobenen Zwiespalt des sittlichen *Zweckes* und der *Wirklichkeit*, es drückt die Rückkehr zur sittlichen *Gesinnung* aus, die weiß, daß nichts gilt als das Rechte. Damit aber gibt das Handelnde seinen *Charakter* und die *Wirklichkeit* seines Selbsts auf und ist zu Grunde gegangen. Sein *Sein* ist dieses, seinem sittlichen Gesetze als seiner Substanz anzugehören; in dem Anerkennen des Entgegengesetzten hat dies aber aufgehört, ihm Substanz zu sein; und statt seiner Wirklichkeit hat es die Unwirklichkeit, die Gesinnung, erreicht. – Die Substanz erscheint zwar *an* der Individualität als das *Pathos* derselben, und die Individualität als das, was sie belebt und daher über ihr steht; aber sie ist ein Pathos, das zugleich sein Charakter ist; die sittliche Individualität ist unmittelbar und an sich eins mit diesem seinem Allgemeinen, sie hat ihre Existenz nur in ihm und vermag den Untergang, den diese sittliche Macht durch die entgegengesetzte leidet, nicht zu überleben.

Sie hat aber dabei die Gewißheit, daß diejenige Individualität, deren Pathos diese entgegengesetzte Macht ist, *nicht mehr Übel erleidet, als sie zugefügt.* Die Bewegung der sittlichen Mächte gegeneinander und der sie in Leben und Handlung setzenden Individualitäten hat nur darin ihr *wahres Ende* erreicht, daß beide Seiten denselben Untergang erfahren. Denn keine der Mächte hat etwas vor der andern voraus, um *wesentlicheres* Moment der Substanz zu sein. Die gleiche Wesentlichkeit und das gleichgültige Bestehen beider nebeneinander ist ihr selbstloses Sein; in der *Tat* sind sie als Selbstwesen, aber ein verschiedenes, was der Einheit des Selbsts widerspricht und ihre Rechtlosigkeit und notwendigen Untergang ausmacht. Der *Charakter* gehört ebenso teils nach seinem Pathos oder Substanz nur der Einen an, teils ist nach der Seite des Wissens der eine wie der andere in ein Bewußtes und Unbewußtes entzweit; und indem jeder selbst diesen Gegensatz hervorruft, und durch die Tat auch das Nichtwissen sein Werk ist, setzt er sich in die Schuld, die ihn verzehrt. Der Sieg der einen Macht und ihres Charakters und das Unterliegen der andern Seite wäre also nur der Teil und das unvollendete Werk, das unaufhaltsam zum Gleichgewichte beider fortschreitet. Erst in der gleichen Unterwerfung beider Seiten ist das absolute Recht vollbracht und die sittliche Substanz als die negative Macht, welche beide Seiten verschlingt, oder das allmächtige und gerechte *Schicksal* aufgetreten.

Werden beide Mächte nach ihrem bestimmten Inhalte und dessen Individualisation genommen, so bietet sich das Bild ihres gestalteten Widerstreits – nach seiner formellen Seite als der Widerstreit der Sittlichkeit und des Selbstbewußtseins mit der bewußtlosen Natur und einer durch sie vorhandenen Zufälligkeit, – diese hat ein Recht gegen jenes, weil es nur der *wahre* Geist, nur in *unmittelbarer* Einheit mit seiner Substanz ist; – und seinem Inhalte nach als der Zwiespalt des göttlichen und menschlichen Gesetzes dar. – Der Jüngling tritt aus dem bewußtlosen Wesen, aus dem Familiengeiste, und wird die Individualität des Gemeinwesens; daß er aber der Natur, der er sich entriß, noch angehöre, erweist sich so, daß er in der Zufälligkeit zweier Brüder heraustritt, welche mit gleichem Rechte sich desselben bemächtigen; die Ungleichheit der frühern und spätern Geburt hat *für sie*, die in das sittliche Wesen eintreten, als Unterschied der Natur, keine Bedeutung. Aber die Regierung, als die einfache Seele oder das Selbst des Volksgeistes, verträgt nicht eine Zweiheit der Individualität; und der sittlichen Notwendigkeit dieser Einheit tritt die Natur als der Zufall der Mehrheit gegenüber auf. Diese beiden werden darum uneins, und ihr gleiches Recht an die Staatsgewalt zertrümmert beide, die gleiches Unrecht haben. Menschlicher Weise angesehen, hat derjenige das Verbrechen begangen, welcher, nicht *im Besitze*, das Gemeinwesen, an dessen Spitze der andere stand, angreift; derjenige dagegen hat das Recht auf seiner Seite, welcher den andern nur als *Einzelnen*, abgelöst von dem Gemeinwesen, zu fassen wußte und in dieser Machtlosigkeit vertrieb; er hat nur das Individuum als solches, nicht jenes, nicht das Wesen des menschlichen Rechts, angetastet. Das von der leeren Einzelheit angegriffene und verteidigte Gemeinwesen erhält sich, und die Brüder finden beide ihren wechselseitigen Untergang durcheinander; denn die Individualität, welche *an ihr Fürsichsein* die Gefahr des Ganzen knüpft, hat sich selbst vom Gemeinwesen ausgestoßen, und löst sich in sich auf. Den einen aber, der auf seiner Seite sich fand, wird es ehren; den andern hingegen, der schon auf den Mauern seine Verwüstung aussprach, wird die Regierung, die wiederhergestellte Einfachheit des Selbsts des Gemeinwesens, um die letzte Ehre bestrafen; wer an dem höchsten Geiste des Bewußtseins, der Gemeine, sich zu vergreifen kam, muß der Ehre seines ganzen vollendeten Wesens, der Ehre des abgeschiedenen Geistes, beraubt werden.

Aber wenn so das Allgemeine die reine Spitze seiner Pyramide leicht abstößt und über das sich empörende Prinzip der Einzelheit, die Familie, zwar den *Sieg* davonträgt, so hat es sich dadurch mit dem göttlichen Gesetze, der seiner selbst bewußte Geist sich mit dem Bewußtlosen nur in *Kampf* eingelassen; denn dieser ist die andre wesentliche und darum von jener unzerstörte, und nur beleidigte Macht. Er hat aber gegen das gewalthabende, am Tage liegende Gesetz seine Hilfe zur *wirklichen* Ausführung nur an dem blutlosen Schatten. Als das Gesetz der Schwäche und der Dunkelheit unterliegt er daher zunächst dem Gesetze des Tages und der Kraft, denn jene Gewalt gilt unten, nicht auf Erden. Allein das Wirkliche, das dem Innerlichen seine Ehre und Macht genommen, hat damit sein Wesen aufgezehrt. Der offenbare Geist hat die Wurzel seiner Kraft in der Unterwelt; die ihrer selbst sichere und sich versichernde *Gewißheit* des Volks hat die *Wahrheit* ihres Alle in Eins bindenden Eides nur in der bewußtlosen und stummen Substanz Aller, in den Wassern der Vergessenheit. Hiedurch verwandelt sich die Vollbringung des offenbaren Geistes in das Gegenteil, und er erfährt, daß sein höchstes Recht das höchste Unrecht, sein Sieg vielmehr sein eigener Untergang ist. Der Tote, dessen Recht gekränkt ist, weiß darum für seine Rache Werkzeuge zu finden, welche von gleicher Wirklichkeit und Gewalt sind mit der Macht, die ihn verletzt. Diese Mächte sind andere

Gemeinwesen, deren Altäre die Hunde oder Vögel mit der Leiche besudelten, welche nicht durch die ihr gebührende Zurückgabe an das elementarische Individuum in die bewußtlose Allgemeinheit erhoben, sondern über der Erde im Reiche der Wirklichkeit geblieben, und als die Kraft des göttlichen Gesetzes nun eine selbstbewußte wirkliche Allgemeinheit erhalten. Sie machen sich feindlich auf und zerstören das Gemeinwesen, das seine Kraft, die Pietät der Famlie, entehrt und zerbrochen hat.

In dieser Vorstellung hat die Bewegung des menschlichen und göttlichen Gesetzes den Ausdruck ihrer Notwendigkeit an Individuen, an denen das Allgemeine als ein *Pathos* und die Tätigkeit der Bewegung als *individuelles* Tun erscheint, welches der Notwendigkeit derselben den Schein der Zufälligkeit gibt. Aber die Individualität und das Tun macht das Prinzip der Einzelheit überhaupt aus, das in seiner reinen Allgemeinheit das innere göttliche Gesetz genannt wurde. Als Moment des offenbaren Gemeinwesens hat es nicht nur jene unterirdische – oder in seinem Dasein äußerliche Wirksamkeit, sondern ein ebenso offenbares, an dem wirklichen Volke wirkliches Dasein und Bewegung. In dieser Form genommen, erhält das, was als einfache Bewegung des individualisierten Pathos vorgestellt wurde, ein anderes Aussehen und das Verbrechen und die dadurch begründete Zerstörung des Gemeinwesens die eigentliche Form ihres Daseins. – Das menschliche Gesetz also in seinem allgemeinen Dasein, das Gemeinwesen, in seiner Betätigung überhaupt die Männlichkeit, in seiner wirklichen Betätigung die Regierung, *ist*, *bewegt* und *erhält* sich dadurch, daß es die Absonderung der Penaten oder die selbständige Vereinzelung in Familien, welchen die Weiblichkeit vorsteht, in sich aufzehrt und sie in der Kontinuität seiner Flüssigkeit aufgelöst erhält. Die Familie ist aber zugleich überhaupt sein Element, das einzelne Bewußtsein allgemeiner betätigender Grund. Indem das Gemeinwesen sich nur durch die Störung der Familienglückseligkeit und die Auflösung das Selbstbewußtseins in das allgemeine sein Bestehen gibt, erzeugt es sich an dem, was es unterdrückt und was ihm zugleich wesentlich ist, an der Weiblichkeit überhaupt seinen innern Feind. Diese – die ewige Ironie des Gemeinwesens – verändert durch die Intrige den allgemeinen Zweck der Regierung in einen Privatzweck, verwandelt ihre allgemeine Tätigkeit in ein Werk dieses bestimmten Individuums und verkehrt das allgemeine Eigentum des Staats zu einem Besitz und Putz der Familie. Sie macht hiedurch die ernsthafte Weisheit des reifen Alters, das, der Einzelheit, – der Lust und dem Genusse, sowie der wirklichen Tätigkeit – abgestorben, nur das Allgemeine denkt und besorgt, zum Spotte für den Mutwillen der unreifen Jugend und zur Verachtung für ihren Enthusiasmus, erhebt überhaupt die Kraft der Jugend zum Geltenden, des Sohnes, an dem die Mutter ihren Herrn geboren, des Bruders, an dem die Schwester den Mann als ihresgleichen hat, des Jünglings, durch den die Tochter, ihrer Unselbständigkeit entnommen, den Genuß und die Würde der Frauenschaft erlangt. – Das Gemeinwesen kann sich aber nur durch Unterdrückung dieses Geistes der Einzelheit erhalten, und, weil er wesentliches Moment ist, erzeugt es ihn zwar ebenso, und zwar durch die unterdrückende Haltung gegen denselben als ein feindseliges Prinzip. Dieses würde jedoch, da es vom allgemeinen Zwecke sich trennend nur böse und in sich nichtig ist, nichts vermögen, wenn nicht das Gemeinwesen selbst die Kraft der Jugend, die Männlichkeit, welche, nicht reif, noch innerhalb der Einzelheit steht, als die *Kraft* des Ganzen anerkännte. Denn es ist ein Volk, es ist selbst Individualität und wesentlich nur so für *sich*, daß *andere Individualitäten für es* sind, daß es sie von sich *ausschließt* und sich unabhängig von ihnen weiß. Die negative Seite des Gemeinwesens, *nach innen* die Vereinzelung der Individuen unterdrückend, *nach außen* aber *selbsttätig*, hat an der Individualität seine Waffen. Der Krieg ist der Geist und die Form, worin das wesentliche Moment der sittlichen Substanz, die absolute *Freiheit* des sittlichen *Selbstwesens* von allem Dasein, in ihrer Wirklichkeit und Bewährung vorhanden ist. Indem er einerseits den einzelnen *Systemen* des Eigentums und der persönlichen Selbständigkeit wie auch der einzelnen *Persönlichkeit* selbst die Kraft des Negativen zu fühlen gibt, erhebt andererseits in ihm eben dies negative Wesen sich als das Erhaltende des Ganzen; der tapfre Jüngling, an welchem die Weiblichkeit ihre Lust hat, das unterdrückte Prinzip des Verderbens tritt an den Tag und ist das Geltende. Nun ist es die natürliche Kraft und das, was als Zufall des Glücks erscheint, welche über das Dasein des sittlichen Wesens und die geistige Notwendigkeit entscheiden; weil auf Stärke und Glück das Dasein des sittlichen Wesens beruht, so ist *schon entschieden*, daß es zugrunde gegangen. – Wie vorhin nur Penaten im Volksgeiste, so gehen die *lebendigen* Volksgeister durch ihre Individualität jetzt in einem *allgemeinen* Gemeinwesen zu Grunde, dessen *einfache Allgemeinheit* geistlos und tot, und dessen Lebendigkeit das einzelne Individuum, als *einzelnes*, ist. Die sittliche Gestalt des Geistes ist verschwunden, und es tritt eine andere an ihre Stelle.

Dieser Untergang der sittlichen Substanz und ihr Übergang in eine andere Gestalt ist also dadurch bestimmt, daß das sittliche Bewußtsein auf das Gesetz wesentlich *unmittelbar* gerichtet ist; in dieser Bestimmung der Unmittelbarkeit liegt, daß in die Handlung der Sittlichkeit die Natur überhaupt hereinkommt. Ihre Wirklichkeit offenbart nur den Widerspruch und den Keim des Verderbens, den die schöne Einmütigkeit und das ruhige Gleichgewicht des sittlichen Geistes eben an dieser Ruhe und Schönheit selbst hat; denn die Unmittelbarkeit hat die widersprechende Bedeutung, die bewußtlose Ruhe der Natur und die selbstbewußte unruhige Ruhe des Geistes zu sein. – Um dieser Natürlichkeit willen ist überhaupt dieses sittliche Volk eine durch die Natur bestimmte und daher beschränkte Individualität und findet also ihre Aufhebung an einer andern. Indem aber diese Bestimmtheit – die im Dasein gesetzt, Beschränkung, aber ebenso das Negative überhaupt und das Selbst der Individualität ist, – verschwindet, ist das Leben des Geistes und diese in allen ihrer selbst bewußte Substanz verloren. Sie tritt als eine *formelle Allgemeinheit* an ihnen heraus, ist ihnen nicht mehr als lebendiger Geist inwohnend, sondern die einfache Gediegenheit ihrer Individualität ist in viele Punkte zersprungen.

c.
Rechtszustand.

Die allgemeine Einheit, in welche die lebendige unmittelbare Einheit der Individualität und der Substanz zurückgeht, ist das geistlose Gemeinwesen, das aufgehört hat, die selbst bewußtlose Substanz der Individuen zu sein, und worin sie jetzt nach ihrem einzelnen Fürsichsein als Selbstwesen und Substanzen gelten. Das Allgemeine in die Atome der absolut vielen Individuen zersplittert, dieser gestorbene Geist ist eine *Gleichheit*, worin *Alle* als *Jede*, als *Personen* gelten. – Was in der Welt der Sittlichkeit das verborgene göttliche Gesetz genannt wurde, ist in der Tat aus seinem Innern in die Wirklichkeit getreten; in jener galt und war der *Einzelne* wirklich nur als das allgemeine *Blut* der *Familie*. Als *dieser* Einzelne war er der *selbstlose abgeschiedene* Geist; nun aber ist er aus seiner Unwirklichkeit hervorgetreten. Weil die sittliche Substanz nur der *wahre* Geist ist, darum geht er in die *Gewißheit* seiner selbst zurück; jene ist er als das *positive* Allgemeine, aber seine Wirklichkeit ist, *negatives* allgemeines *Selbst* zu sein. – Wir sahen die Mächte und die Gestalten der sittlichen Welt in der einfachen Notwendigkeit des leeren *Schicksals* versinken. Diese ihre Macht ist die in ihre Einfachheit sich reflektierende Substanz; aber das in sich reflektierende absolute Wesen, eben jene Notwendigkeit des leeren Schicksals, ist nichts anders, als das *Ich* des Selbstbewußtseins.

Dieses gilt hiemit nunmehr als das *an und für sich* seiende Wesen; dies *Anerkanntsein* ist seine Substantialität; aber sie ist die *abstrakte Allgemeinheit*, weil ihr Inhalt *dieses spröde Selbst*, nicht das in der Substanz aufgelöste ist.

Die Persönlichkeit ist also hier aus dem Leben der sittlichen Substanz herausgetreten; sie ist die *wirklich geltende* Selbständigkeit des Bewußtseins. Der *unwirkliche Gedanke* derselben, der sich durch *Verzichttun* auf die *Wirklichkeit* wird, ist früher als *stoisches* Selbstbewußtsein vorgekommen; wie dieses aus der Herrschaft und Knechtschaft, als dem unmittelbaren Dasein des *Selbstbewußtseins,* so ist die Persönlichkeit aus dem unmittelbaren *Geiste*, der der allgemeine herrschende Wille Aller und ebenso ihr dienender Gehorsam ist, hervorgegangen. Was dem Stoizismus nur in der *Abstraktion* das *Ansich* war, ist nun *wirkliche Welt*. Er ist nichts anderes als das Bewußtsein, welches das Prinzip des Rechtszustands, die geistlose Selbständigkeit, auf seine abstrakte Form bringt;

durch seine Flucht aus der *Wirklichkeit* erreichte es nur den Gedanken der Selbständigkeit; es ist absolut für *sich* dadurch, daß es sein Wesen nicht an irgend ein Dasein knüpft, sondern jedes Dasein aufgeben [will] und sein Wesen allein in die Einheit des reinen Denkens setzt. Auf dieselbe Weise ist das Recht der Person weder an ein reicheres oder mächtigeres Dasein des Individuums als eines solchen, noch auch an einen allgemeinen lebendigen Geist geknüpft, sondern vielmehr an das reine Eins seiner abstrakten Wirklichkeit oder an es als Selbstbewußtsein überhaupt.

Wie nun die *abstrakte* Selbständigkeit des Stoizismus ihre Verwirklichung darstellte, so wird auch diese letztere die Bewegung jener ersten wiederholen. Jene geht in die skeptische Verwirrung des Bewußtseins über, in eine Faselei des Negativen, welche gestaltlos von einer Zufälligkeit des Seins und Gedankens zur andern irrt, sie zwar in der absoluten Selbständigkeit auflöst, aber ebensosehr wieder erzeugt und in der Tat nur der Widerspruch der Selbständigkeit und Unselbständigkeit des Bewußtseins ist. – Ebenso ist die persönliche Selbständigkeit des *Rechts* vielmehr diese gleiche allgemeine Verwirrung und gegenseitige Auflösung. Denn was als das absolute Wesen gilt, ist das Selbstbewußtsein als das reine *leere Eins* der Person. Gegen diese leere Allgemeinheit hat die Substanz die Form der *Erfüllung* und des *Inhalts*, und dieser ist nun völlig freigelassen und ungeordnet; denn der Geist ist nicht mehr vorhanden, der ihn unterjochte und in seiner Einheit zusammenhielt. – Dies leere Eins der Person ist daher in seiner *Realität* ein zufälliges Dasein und wesenloses Bewegen und Tun, welches zu keinem Bestand kommt. Wie der Skeptizismus ist der Formalismus des Rechts also durch seinen Begriff ohne eigentümlichen Inhalt, findet ein mannigfaltiges Bestehen, den Besitz, vor und drückt ihm dieselbe abstrakte Allgemeinheit, wodurch er *Eigentum* heißt, auf wie jener. Wenn aber die so bestimmte Wirklichkeit im Skeptizismus *Schein* überhaupt heißt und nur einen negativen Wert hat, so hat sie im Rechte einen positiven. Jener negative Wert besteht darin, daß das Wirkliche die Bedeutung des Selbsts als Denkens, als des *an sich* Allgemeinen hat, dieser positive aber darin, daß es *Mein* in der Bedeutung der Kategorie, als ein *anerkanntes* und *wirkliches* Gelten ist. – Beides ist dasselbe *abstrakte Allgemeine*; der wirkliche Inhalt oder die *Bestimmtheit* des Meinen – es sei nun eines äußerlichen Besitzes, oder auch des innern Reichtums oder Armut des Geistes und Charakters – ist nicht in dieser leeren Form enthalten und geht sie nichts an. Er gehört also einer *eignen Macht* an, die ein anderes als das formal Allgemeine, die der Zufall und die Willkür ist. – Das Bewußtsein des Rechts erfährt darum in seinem wirklichen Gelten selbst vielmehr den Verlust seiner Realität und seine vollkommne Unwesentlichkeit, und ein Individuum als eine *Person* bezeichnen ist der Ausdruck der Verachtung.

Die freie Macht des Inhalts bestimmt sich so, daß die Zerstreuung in die absolute *Vielheit* der persönlichen Atome durch die Natur dieser Bestimmtheit zugleich in *Einen* ihnen fremden und ebenso geistlosen Punkt gesammelt ist, der einesteils gleich der Sprödigkeit ihrer Personalität rein einzelne Wirklichkeit ist, aber im Gegensatze gegen ihre leere Einzelheit zugleich die Bedeutung alles Inhalts, dadurch des realen Wesens für sie hat und gegen ihre vermeinte absolute, an sich aber wesenlose Wirklichkeit die allgemeine Macht und absolute Wirklichkeit ist. Dieser Herr der Welt ist sich auf diese Weise die absolute zugleich alles Dasein in sich befassende Person, für deren Bewußtsein kein höherer Geist existiert. Er ist Person, aber die einsame Person, welche *Allen* gegenübertreten; diese Alle machen die geltende Allgemeinheit der Person aus; denn das Einzelne als solches ist wahr nur als allgemeine Vielheit der Einzelheit; von dieser abgetrennt ist das einsame Selbst in der Tat das unwirkliche kraftlose Selbst. – Zugleich ist es das Bewußtsein des Inhalts, der jener allgemeinen Persönlichkeit gegenübergetreten ist. Dieser Inhalt aber, von seiner negativen Macht befreit, ist das Chaos der geistigen Mächte, die entfesselt als elementarische Wesen in wilder Ausschweifung sich gegeneinander toll und zerstörend bewegen; ihr kraftloses Selbstbewußtsein ist die machtlose Umschließung und der Boden ihres Tumultes. Sich so als den Inbegriff aller wirklichen Mächte wissend, ist dieser Herr der Welt das ungeheure Selbstbewußtsein, das sich als den wirklichen Gott weiß; indem er aber nur das formale Selbst ist, das sie nicht zu bändigen vermag, ist seine Bewegung und Selbstgenuß die ebenso ungeheure Ausschweifung.

Der Herr der Welt hat das wirkliche Bewußtsein dessen, was er ist, der allgemeinen Macht der Wirklichkeit, in der zerstörenden Gewalt, die er gegen das ihm gegenüberstehende Selbst seiner Untertanen ausübt. Denn seine Macht ist nicht die *Einigkeit* des Geistes, worin die Personen ihr eigenes Selbstbewußtsein erkännten, vielmehr sind sie als Personen für sich und schließen die Kontinuität mit andern aus der absoluten Sprödigkeit ihrer Punktualität aus; sie sind also in einem nur negativen Verhältnisse wie zueinander so zu ihm, der ihre Beziehung oder Kontinuität ist. Als diese Kontinuität ist er das Wesen und der Inhalt ihres Formalismus, aber der ihnen fremde Inhalt, und des feindliche Wesen, welches gerade dasjenige, was für sie als ihr Wesen gilt, das inhaltsleere Fürsichsein, vielmehr aufhebt; – und als die Kontinuität ihrer Persönlichkeit eben diese zerstört. Die rechtliche

Persönlichkeit erfährt also, indem der ihr fremde Inhalt sich in ihr geltend macht, – und er macht sich in ihnen geltend, weil er ihre Realität ist, – vielmehr ihre Substanzlosigkeit. Das zerstörende Wühlen in diesem wesenlosen Boden gibt sich dagegen das Bewußtsein seiner Allherrschaft, aber dieses Selbst ist bloßes Verwüsten, daher nur außer sich, und vielmehr das Wegwerfen seines Selbstbewußtseins.

So ist die Seite beschaffen, in welcher das Selbstbewußtsein als absolutes Wesen *wirklich* ist. Das aus dieser Wirklichkeit aber *in sich zurückgetriebene Bewußtsein* denkt diese seine Unwesenheit; wir sahen früher die stoische Selbständigkeit des reinen Denkens durch den Skeptizismus hindurchgehen und in dem unglücklichen Bewußtsein ihre Wahrheit finden, – die Wahrheit, welche Bewandtnis es mit seinem An- und Fürsichsein hat. Wenn dies Wissen damals nur als die einseitige Ansicht des Bewußtseins als eines solchen erschien, so ist hier ihre *wirkliche* Wahrheit eingetreten. Sie besteht darin, daß dies *allgemeine Gelten* des Selbstbewußtseins die ihm entfremdete Realität ist. Dies *Gelten* ist die allgemeine Wirklichkeit des Selbsts, aber sie ist unmittelbar ebenso die Verkehrung; sie ist der Verlust seines Wesens. – Die in der sittlichen Welt nicht vorhandene Wirklichkeit des Selbst ist durch ihr Zurückgehen in die *Person* gewonnen worden; was in jener einig war, tritt nun entwickelt, aber sich entfremdet auf.

B.
Der sich entfremdete Geist; die Bildung.

Die sittliche Substanz erhielt den Gegensatz in ihr einfaches Bewußtsein eingeschlossen, und dieses in unmittelbarer Einheit mit seinem Wesen. Das Wesen hat darum die einfache Bestimmtheit des *Seins* für das Bewußtsein, das unmittelbar darauf gerichtet und dessen Sitte es ist; weder gilt das Bewußtsein sich als *dieses ausschließende Selbst*, noch hat die Substanz die Bedeutung eines aus ihm ausgeschlossenen Daseins, mit dem es sich nur durch die Entfremdung seiner selbst eins zu setzen und sie zugleich hervorzubringen hätte. Aber derjenige Geist, dessen Selbst das absolut diskrete ist, hat seinen Inhalt sich als eine ebenso harte Wirklichkeit gegenüber, und die Welt hat hier die Bestimmung, ein Äußerliches, das Negative des Selbstbewußtseins zu sein. Aber diese Welt ist geistiges Wesen, sie ist an sich die Durchdringung des Seins und der Individualität; dies ihr Dasein ist das *Werk* des Selbstbewußtseins, aber ebenso eine unmittelbar vorhandne, ihm fremde Wirklichkeit, welche eigentümliches Sein hat, und worin es sich nicht erkennt. Sie ist das äußerliche Wesen und der freie Inhalt des Rechts; aber diese äußerliche Wirklichkeit, welche der Herr der Welt des Rechts in sich befaßt, ist nicht nur dieses zufällig für das Selbst vorhandne elementarische Wesen, sondern sie ist seine, aber nicht positive Arbeit, — vielmehr seine negative. Sie erhält ihr Dasein durch die *eigne* Entäußerung und Entwesung des Selbstbewußtseins, welche ihm in der Verwüstung, die in der Welt des Rechts herrscht, die äußerliche Gewalt der losgebundnen Elemente anzutun scheint. Diese für sich sind nur das reine Verwüsten und die

Auflösung ihrer selbst; diese Auflösung aber, dies ihr negatives Wesen ist eben das Selbst; es ist ihr Subjekt, ihr Tun und Werden. Dies Tun und Werden aber, wodurch die Substanz wirklich wird, ist die Entfremdung der Persönlichkeit, denn das *unmittelbar* d.h. *ohne Entfremdung* an und für sich geltende Selbst ist ohne Substanz und das Spiel jener tobenden Elemente; *seine* Substanz ist also seine Entäußerung selbst, und die Entäußerung ist die Substanz, oder die zu einer Welt sich ordnenden und sich dadurch erhaltenden geistigen Mächte.

Die Substanz ist auf diese Weise *Geist*, selbstbewußte *Einheit* des Selbsts und des Wesens; aber beides hat auch die Bedeutung der Entfremdung füreinander. Er ist *Bewußtsein* einer für sich freien gegenständlichen Wirklichkeit; diesem Bewußtsein aber steht jene Einheit des Selbsts und des Wesens gegenüber, dem *wirklichen* das *reine* Bewußtsein. Einerseits geht das wirkliche Selbstbewußtsein durch seine Entäußerung in die wirkliche Welt über und diese in jenes zurück; anderseits aber ist eben diese Wirklichkeit, sowohl die Person wie die Gegenständlichkeit, aufgehoben; sie sind rein allgemeine. Diese ihre Entfremdung ist das *reine Bewußtsein* oder das *Wesen*. Die Gegenwart hat unmittelbar den Gegensatz an ihrem *Jenseits*, das ihr Denken und Gedachtsein, so wie dies am Diesseits, das seine ihm entfremdete Wirklichkeit ist.

Dieser Geist bildet sich daher nicht nur *Eine* Welt, sondern eine gedoppelte, getrennte und entgegengesetzte aus. – Die Welt des sittlichen Geistes ist seine eigne *Gegenwart*; und daher jede Macht derselben in dieser Einheit, und insofern beide sich unterscheiden, im Gleichgewichte mit dem Ganzen. Nichts hat die Bedeutung des Negativen des Selbstbewußtseins; selbst der abgeschiedne Geist ist im *Blute* der Verwandtschaft, im *Selbst* der Familie gegenwärtig, und die allgemeine *Macht* der Regierung ist der *W i l l e*, das Selbst des Volks. Hier aber bedeutet das Gegenwärtige nur gegenständliche *Wirklichkeit*, die ihr Bewußtsein jenseits hat; jedes einzelne Moment als *Wesen* empfängt dies und damit die Wirklichkeit von einem andern, und insofern es wirklich ist, ist sein Wesen ein andres als seine Wirklichkeit. Nichts hat einen in ihm selbst gegründeten und inwohnenden Geist, sondern ist außer sich in einem fremden, – das Gleichgewicht des Ganzen nicht die bei sich selbst bleibende Einheit und ihre in sich zurückgekehrte Beruhigung, sondern beruht auf der Entfremdung des Entgegengesetzten. Das Ganze ist daher wie jedes einzelne Moment eine sich entfremdete Realität; es zerfällt in ein Reich, worin das *Selbstbewußtsein wirklich* sowohl es als sein Gegenstand ist, und in ein anderes, das Reich des *reinen* Bewußtseins, welches jenseits des ersten nicht wirkliche Gegenwart hat, sondern im *Glauben* ist. Wie nun die sittliche Welt aus der Trennung des göttlichen und menschlichen Gesetzes und ihrer Gestalten, und ihr Bewußtsein aus der Trennung in das Wissen und in die Bewußtlosigkeit zurück in sein Schicksal, in das *Selbst* als die *negative Macht* dieses Gegensatzes geht, so werden auch diese beiden Reiche des sich entfremdeten Geistes in das *Selbst* zurückkehren; aber wenn jenes das erste unmittelbar geltende *Selbst*, die einzelne *Person*, war, so wird dies zweite, das aus seiner Entäußerung in sich zurückkehrt, das *allgemeine Selbst*, das den Begriff erfassende Bewußtsein sein, und diese geistigen Welten, deren alle Momente eine fixierte Wirklichkeit und ungeistiges Bestehen von sich behaupten, werden sich in der *reinen Einsicht* auflösen. Sie als das sich selbst *erfassende* Selbst vollendet die Bildung; sie faßt nichts als das Selbst, und alles als das Selbst auf, d.h. sie *begreift* alles, tilgt alle Gegenständlichkeit und verwandelt alles *Ansich*sein in ein *Fürsich*sein. Gegen den Glauben als das fremde, jenseits liegende Reich des *Wesens* gekehrt, ist sie die *Aufklärung*. Diese vollendet auch an diesem Reiche, wohin sich der entfremdete Geist, als in das Bewußtsein der sich selbst gleichen Ruhe, rettet, die Entfremdung; sie verwirrt ihm die Haushaltung, die er hier führt, dadurch, daß sie die Gerätschaften der diesseitigen Welt hineinbringt, die er als sein Eigentum nicht verleugnen kann, weil sein Bewußtsein ihr gleichfalls angehört. – In diesem negativen Geschäfte realisiert zugleich die reine Einsicht sich selbst und bringt ihren eignen Gegenstand, das unerkennbare *absolute Wesen*, und das *Nützliche* hervor. Indem auf diese Weise die Wirklichkeit alle Substantialität verloren, und nichts mehr *an sich* in ihr ist, so ist wie das Reich des Glaubens, so auch das der realen Welt gestürzt, und diese Revolution bringt die *absolute Freiheit* hervor, womit der vorher entfremdete Geist vollkommen in sich zurückgegangen ist, dies Land der Bildung verläßt und in ein anderes Land, in das Land des *moralischen Bewußtseins* übergeht.

I.
Die Welt des sich entfremdeten Geistes.

Die Welt dieses Geistes zerfällt in die gedoppelte; die erste ist die Welt der Wirklichkeit oder seiner Entfremdung selbst; die andre aber die, welche er, über die erste sich erhebend, im Äther des reinen Bewußtseins sich erbaut. Diese jener Entfremdung *entgegengesetzt*, ist eben darum nicht frei davon, sondern vielmehr nur die andre Form der Entfremdung, welche eben darin besteht, in zweierlei Welten das Bewußtsein zu haben, und beide umfaßt. Es ist also nicht das Selbstbewußtsein des absoluten Wesens, wie es *an* und *für sich* ist, nicht die Religion, welche hier betrachtet wird, sondern der *Glaube*, insofern er die *Flucht* aus der wirklichen Welt und also nicht *an* und *für sich* ist. Diese Flucht aus dem Reiche der Gegenwart ist daher an ihr selbst unmittelbar die gedoppelte. Das reine Bewußtsein ist das Element, in welches der Geist sich erhebt, aber es ist nicht nur das Element des *Glaubens*, sondern ebenso des *Begriffs*; beide treten daher zugleich miteinander ein, und jener kommt nur in Betracht im Gegensatze gegen diesen.

a.
Die Bildung
und ihr Reich der Wirklichkeit.

Der Geist dieser Welt ist das von einem *Selbst*bewußtsein durchdrungne geistige *Wesen*, das sich als *dieses für sich seiende* unmittelbar gegenwärtig, und das *Wesen* als eine Wirklichkeit sich gegenüber weiß. Aber das Dasein dieser Welt, sowie die Wirklichkeit des Selbstbewußtseins beruht auf der Bewegung, daß dieses seiner Persönlichkeit sich entäußert, hiedurch seine Welt hervorbringt und sich gegen sie als eine fremde so verhält, daß es sich ihrer nunmehr zu bemächtigen hat. Aber die Entsagung seines Fürsichseins ist selbst die Erzeugung der Wirklichkeit, und durch sie bemächtigt es sich also unmittelbar derselben. – Oder das Selbstbewußtsein ist nur *Etwas*, es hat nur *Realität*, insofern es sich selbst entfremdet; hiedurch setzt es sich als allgemeines, und diese seine Allgemeinheit ist sein Gelten und Wirklichkeit. Diese *Gleichheit* mit Allen ist daher nicht jene Gleichheit des Rechts, nicht jenes unmittelbare Anerkanntsein und Gelten des Selbstbewußtseins, darum weil es *ist*; sondern daß es gelte, ist durch die entfremdende Vermittlung, sich dem Allgemeinen gemäß gemacht zu haben. Die geistlose Allgemeinheit des Rechts nimmt jede natürliche Weise des Charakters wie des Daseins in sich auf und berechtigt sie. Die Allgemeinheit aber, welche hier gilt, ist die *gewordne*, und darum ist sie *wirklich*.

Wodurch also das Individuum hier Gelten und Wirklichkeit hat, ist die *Bildung*. Seine wahre *ursprüngliche* Natur und Substanz ist der Geist der *Entfremdung* des *natürlichen* Seins. Diese Entäußerung ist daher ebenso *Zweck* als *Dasein* desselben; sie ist zugleich das *Mittel* oder der *Übergang* sowohl der *gedachten Substanz* in die *Wirklichkeit*, als umgekehrt der *bestimmten Individualität* in die *Wesentlichkeit*. Diese Individualität *bildet* sich zu dem, was sie *an sich* ist, und erst dadurch *ist* sie *an sich* und hat wirkliches Dasein; soviel sie Bildung hat, so viel Wirklichkeit und Macht. Obwohl das Selbst als *dieses* sich hier wirklich weiß, so besteht doch seine Wirklichkeit allein in dem Aufheben des natürlichen Selbsts; die ursprünglich *bestimmte* Natur reduziert sich daher auf den *unwesentlichen* Unterschied der Größe, auf eine größere oder geringere Energie des Willens. Zweck und Inhalt aber desselben gehört allein der allgemeinen Substanz selbst an und kann nur ein Allgemeines sein; die Besonderheit einer Natur, die Zweck und Inhalt wird, ist etwas *Unmächtiges* und *Unwirkliches*; sie ist eine *Art*, die sich vergeblich lächerlich abmüht, sich ins Werk zu setzen; sie ist der Widerspruch, dem Besondern die Wirklichkeit zu geben, die unmittelbar das Allgemeine ist. Wenn daher fälschlicherweise die Individualität in die *Besonderheit* der Natur und des Charakters gesetzt wird, so finden sich in der realen Welt keine Individualitäten und Charaktere, sondern die Individuen haben ein gleiches Dasein füreinander; jene vermeintliche Individualität ist eben nur das *gemeinte* Dasein, welches in dieser Welt, worin nur das Sichselbstentäußernde und darum nur das Allgemeine Wirklichkeit erhält, kein Bleiben hat. – Das *Gemeinte* gilt darum für das, was es ist, für eine Art. Art ist nicht ganz dasselbe, wie *Espèce*, „von allen Spitznamen der fürchterlichste; denn er bezeichnet die Mittelmäßigkeit und drückt die höchste Stufe der Verachtung aus". *Art* und *in seiner Art gut* sein ist aber ein deutscher Ausdruck, welcher dieser Bedeutung die ehrliche Miene hinzufügt, als ob es nicht so schlimm gemeint sei, oder auch in der Tat das Bewußtsein, was Art, und was Bildung und Wirklichkeit ist, noch nicht in sich schließt.

Was in Beziehung auf das einzelne *Individuum* als seine Bildung erscheint, ist das wesentliche Moment der *Substanz* selbst, nämlich das unmittelbare Übergehen ihrer gedachten Allgemeinheit in die Wirklichkeit, oder die einfache Seele derselben, wodurch das *Ansich Anerkanntes* und *Dasein* ist. Die Bewegung der sich bildenden Individualität ist daher unmittelbar das Werden derselben als des allgemeinen gegenständlichen Wesens, d.h. das Werden der wirklichen Welt. Diese, obwohl geworden durch die Individualität, ist für das Selbstbewußtsein ein unmittelbar Entfremdetes, und hat für es die Form unverrückter Wirklichkeit. Aber gewiß zugleich, daß sie seine Substanz ist, geht es, sich derselben zu bemächtigen; es erlangt diese Macht über sie durch die Bildung, welche von dieser Seite so erscheint, daß es sich der Wirklichkeit gemäß macht, und so viel, als die Energie des ursprünglichen Charakters und Talents ihm zuläßt. Was hier als die

Gewalt des Individuums erscheint, unter welche die Substanz komme und hiemit aufgehoben werde, ist dasselbe, was die Verwirklichung der letztern ist. Denn die Macht des Individuums besteht darin, daß es sich ihr gemäß macht, d.h., daß es sich seines Selbsts entäußert, also sich als die gegenständliche seiende Substanz setzt. Seine Bildung und seine eigne Wirklichkeit ist daher die Verwirklichung der Substanz selbst.

Das Selbst ist sich nur als *aufgehobnes* wirklich. Es macht daher für es nicht die Einheit des *Bewußtseins* seiner selbst und des Gegenstandes aus; sondern dieser ist ihm das Negative seiner. – Durch das Selbst als die Seele wird die Substanz also so in ihren Momenten ausgebildet, daß das Entgegengesetzte das Andre begeistet, jedes durch seine Entfremdung dem Andern Bestehen gibt und es ebenso von ihm erhält. Zugleich hat jedes Moment seine Bestimmtheit als ein unüberwindliches Gelten, und eine feste Wirklichkeit gegen das Andre. Das Denken fixiert diesen Unterschied auf die allgemeinste Weise durch die absolute Entgegensetzung von *Gut* und *Schlecht*, die, sich fliehend, auf keine Weise dasselbe werden können. Aber dieses feste Sein hat zu seiner Seele den unmittelbaren Übergang in das Entgegengesetzte; das Dasein ist vielmehr die Verkehrung jeder Bestimmtheit in ihre entgegengesetzte, und nur diese Entfremdung ist das Wesen und Erhaltung des Ganzen. Diese verwirklichende Bewegung und Begeistung der Momente ist nun zu betrachten; die Entfremdung wird sich selbst entfremden, und das Ganze durch sie in seinen Begriff sich zurücknehmen.

Zuerst ist die einfache Substanz selbst in der unmittelbaren Organisation ihrer daseienden, noch unbegeisteten Momente zu betrachten. – Wie die Natur sich in die allgemeinen Elemente auslegt, worunter die *Luft* das *bleibende*, rein allgemeine durchsichtige Wesen ist, – das *Wasser* aber das

Wesen, das immer *aufgeopfert* wird, – das *Feuer* ihre *beseelende* Einheit, welche ihren Gegensatz ebenso immer auflöst, als ihre Einfachheit in ihn entzweit, – die *Erde* endlich der *feste Knoten* dieser Gliederung und das *Subjekt* dieser Wesen wie ihres Prozesses, ihr Ausgehen und ihre Rückkehr ist, – so legt sich in eben solche allgemeine, aber geistige Massen das innere *Wesen* oder der einfache Geist der selbstbewußten Wirklichkeit als eine Welt aus, – in die *erste* Masse, das *an sich allgemeine*, sich *selbst gleiche* geistige Wesen, – in die andere, das *fürsichseiende*, in sich *ungleich* gewordene, sich *aufopfernde* und *hingebende* Wesen, – und in das *dritte*, welches als Selbstbewußtsein Subjekt ist und die Kraft des Feuers unmittelbar an ihm selbst hat; – im ersten Wesen ist es seiner als des *Ansichseins* bewußt, in dem zweiten aber hat es das Werden des *Fürsichseins* durch die Aufopferung des Allgemeinen. Der Geist aber selbst ist das *An*und*fürsichsein* des Ganzen, das sich in die Substanz als bleibende und in sie als sich aufopfernde *entzweit* und ebenso sie auch wieder in seine Einheit *zurücknimmt*, sowohl als die ausbrechende sie verzehrende Flamme, wie als die bleibende Gestalt derselben. – Wir sehen, daß diese Wesen dem Gemeinwesen und der Familie der sittlichen Welt entsprechen, ohne aber den heimischen Geist zu besitzen, den diese haben; dagegen, wenn diesem das Schicksal fremd ist, so ist und weiß sich hier das Selbstbewußtsein als die wirkliche Macht derselben.

Diese Glieder sind, sowohl wie sie zunächst innerhalb des reinen Bewußtseins als Gedanken oder *ansich*seiende, als auch wie sie im wirklichen Bewußtsein als *gegenständliche* Wesen vorgestellt werden, zu betrachten. – In jener Form der Einfachheit ist das erste, als *das sich selbst gleiche*, unmittelbare und unwandelbare *Wesen* aller Bewußtsein[e], das *Gute*, – die unabhängige geistige Macht des *Ansich*, bei der die Bewegung des fürsichseienden Bewußtseins nur beiherspielt. Das Andere dagegen ist das *passive* geistige Wesen oder das Allgemeine, insofern es sich preisgibt und die Individuen das Bewußtsein ihrer Einzelheit sich an ihm nehmen läßt; es ist das nichtige Wesen, das *Schlechte*. – Dieses absolute Aufgelöstwerden des Wesens ist selbst bleibend; wie das erste Wesen Grundlage, Ausgangspunkt und Resultat der Individuen und diese rein allgemein darin sind, so ist das zweite dagegen einerseits das sich aufopfernde *Sein für anderes*, anderseits eben darum deren beständige Rückkehr zu sich selbst als das *Einzelne* und ihr bleibendes *Fürsichwerden*.

Aber diese einfachen *Gedanken* des Guten und Schlechten sind ebenso unmittelbar sich entfremdet; sie sind *wirklich* und im wirklichen Bewußtsein als *gegenständliche* Momente. So ist das erste Wesen die *Staatsmacht*, das andere der *Reichtum*. – Die Staatsmacht ist, wie die einfache *Substanz*, so das allgemeine *Werk*, – die absolute *Sache* selbst, worin den Individuen ihr *Wesen* ausgesprochen und ihre Einzelheit schlechthin nur Bewußtsein ihrer *Allgemeinheit* ist; – sie ist ebenso das Werk und einfache *Resultat*, aus welchem dies, daß es aus ihrem *Tun* herkommt, verschwindet; es bleibt die absolute Grundlage und Bestehen alles ihres Tuns. – Diese *einfache* ätherische Substanz ihres Lebens ist durch diese Bestimmung ihrer unwandelbaren Sichselbstgleichheit *Sein*, und damit nur *Sein für anderes*. Sie ist also an sich unmittelbar das Entgegengesetzte ihrer selbst, *Reichtum*. Ob er zwar das Passive oder Nichtige ist, ist er ebenfalls allgemeines geistiges Wesen, ebenso das beständig *werdende Resultat* der *Arbeit* und des *Tuns Aller*, wie es sich wieder in den *Genuß* Aller auflöst. In dem Genusse wird die Individualität zwar *für sich* oder als *einzelne*, aber dieser Genuß selbst ist Resultat des allgemeinen Tuns, so wie er gegenseitig die allgemeine Arbeit und den Genuß

Aller hervorbringt. Das *Wirkliche* hat schlechthin die geistige Bedeutung, unmittelbar allgemein zu sein. Es meint wohl in diesem Momente jeder Einzelne *eigennützig* zu handeln; denn es ist das Moment, worin er sich das Bewußtsein gibt, für sich zu sein, und er nimmt es deswegen nicht für etwas Geistiges; allein auch nur äußerlich angesehen, zeigt es sich, daß in seinem Genusse jeder Allen zu genießen gibt, ein seiner Arbeit ebenso für Alle arbeitet als für sich, und Alle für ihn. Sein *Fürsichsein* ist daher an sich *allgemein* und der Eigennutz etwas nur Gemeintes, das nicht dazu kommen kann, dasjenige wirklich zu machen, was es meint, nämlich etwas zu tun, das nicht Allen zu gut käme.

In diesen beiden geistigen Mächten erkennt also das Selbstbewußtsein seine Substanz, Inhalt und Zweck; es schaut sein Doppelwesen darin an, in der einen sein *Ansichsein*, in der andern sein *Fürsichsein*. – Es ist aber zugleich, als der Geist, die negative *Einheit* ihres Bestehens und der Trennung der Individualität und des Allgemeinen, oder der Wirklichkeit und des Selbsts. Herrschaft und Reichtum sind daher für das Individuum als Gegenstände vorhanden, d.h. als solche, von denen es sich *frei* weiß und zwischen ihnen, und selbst keines von beiden, wählen zu können meint. Es tritt als dieses freie und *reine* Bewußtsein dem Wesen als einem solchen gegenüber, das nur *für es* ist. Es hat alsdenn das Wesen als *Wesen* in sich. – In diesem reinen Bewußtsein sind ihm die Momente der Substanz nicht Staatsmacht und Reichtum, sondern die Gedanken von *Gut* und *Schlecht*. – Das Selbstbewußtsein ist aber ferner die Beziehung seines reinen Bewußtseins auf sein wirkliches, des Gedachten auf das gegenständliche Wesen, es ist wesentlich das *Urteil*. – Es hat sich zwar schon für die beiden Seiten des wirklichen Wesens durch ihre unmittelbaren Bestimmungen ergeben, welche das

Gute, und welche das Schlechte sei; jenes die Staatsmacht, dies der Reichtum. Allein dies erste Urteil kann nicht als ein geistiges Urteil angesehen werden; denn in ihm ist die eine Seite nur als das *Ansichseiende* oder Positive, die andre nur als das *Fürsich*seiende und Negative bestimmt worden. Aber sie sind, als geistige Wesen, jedes die Durchdringung beider Momente, also in jenen Bestimmungen nicht erschöpft; und das Selbstbewußtsein, das sich auf sie bezieht, ist *an* und *für sich*; es muß daher sich auf jedes auf die gedoppelte Weise beziehen, wodurch sich ihre Natur, sich selbst entfremdete Bestimmungen zu sein, herauskehren wird.

Dem Selbstbewußtsein ist nun derjenige Gegenstand *gut* und *an sich*, worin es sich selbst, derjenige aber schlecht, worin es das Gegenteil seiner findet; das *Gute* ist die *Gleichheit* der gegenständlichen Realität mit ihm, das *Schlechte* aber ihre *Ungleichheit*. Zugleich was *für es* gut und schlecht ist, ist *an sich* gut und schlecht; denn es ist eben dasjenige, worin diese beiden Momente des *Ansich-* und des *Für-es*-sein[s] dasselbe sind; es ist der wirkliche Geist der gegenständlichen Wesen, und das Urteil der Erweis seiner Macht an ihnen, die sie zu dem *macht*, was sie *an sich* sind. Nicht dies, wie sie unmittelbar an sich selbst das *Gleiche* oder *Ungleiche*, d.h. das abstrakte Ansich- oder Fürsichsein sind, ist ihr Kriterium und ihre Wahrheit, sondern was sie in der Beziehung des Geistes auf sie sind: ihre Gleichheit oder Ungleichheit mit ihm. Seine *Beziehung* auf sie, die zuerst als *Gegenstände* gesetzt, *durch ihn* zum *Ansich* werden, wird zugleich ihre *Reflexion in sich selbst*, durch welche sie wirkliches geistiges Sein erhalten, und was *ihr Geist* ist, hervortritt. Aber wie ihre erste *unmittelbare Bestimmung* sich von der *Beziehung* des Geistes auf sie unterscheidet, so wird auch das dritte, der eigne Geist derselben, sich von dem zweiten unterscheiden. – Das *zweite An-*

sich derselben zunächst, das durch die Beziehung des Geistes auf sie hervortritt, muß schon anders ausfallen als das *unmittelbare*; denn diese *Vermittlung* des Geistes bewegt vielmehr die *unmittelbare* Bestimmtheit, und macht sie zu etwas Anderem.

Hiernach findet nun das *an* und *für sich seiende* Bewußtsein in der *Staatsmacht* wohl sein *einfaches Wesen* und *Bestehen überhaupt*, allein nicht seine *Individualität* als solche, wohl sein *Ansich-*, nicht sein *Fürsichsein*, es findet darin vielmehr das Tun als einzelnes Tun verleugnet und zum Gehorsam unterjocht. Das Individuum reflektiert sich also vor dieser Macht in sich selbst; sie ist ihm das unterdrückende Wesen und das *Schlechte*; denn statt das Gleiche zu sein, ist sie das der Individualität schlechthin Ungleiche. – Hingegen der *Reichtum* ist das *Gute*; er geht auf allgemeinen Genuß, gibt sich preis, und verschafft allen das Bewußtsein ihres Selbsts. Er ist *an sich* allgemeines Wohltun; wenn er irgend eine Wohltat versagt und nicht jedem Bedürfnisse gefällig ist, so ist dies eine Zufälligkeit, welche seinem allgemeinen notwendigen Wesen, sich allen Einzelnen mitzuteilen und tausendhändiger Geber zu sein, keinen Eintrag tut.

Diese beiden Urteile geben den Gedanken von Gut und Schlecht einen Inhalt, welcher das Gegenteil von dem ist, den sie für uns hatten. – Das Selbstbewußtsein hat sich aber nur erst unvollständig auf seine Gegenstände bezogen, nämlich nur nach dem Maßstabe des *Fürsichseins*. Aber das Bewußtsein ist ebenso *ansich*seiendes Wesen und muß diese Seite gleichfalls zum Maßstabe machen, wodurch sich erst das geistige Urteil vollendet. Nach dieser Seite spricht ihm die *Staatsmacht* sein *Wesen* aus; sie ist teils ruhendes Gesetz, teils Regierung und Befehl, welcher die einzelnen Bewegungen des allgemeinen Tuns anordnet, das eine die einfache Substanz selbst, das andere ihr sich selbst und Alle belebendes und erhaltendes Tun. Das Individuum findet also darin seinen Grund und Wesen ausgedrückt, organisiert und betätigt. – Hingegen durch den Genuß des *Reichtums* erfährt es nicht sein allgemeines Wesen, sondern erhält nur das *vergängliche* Bewußtsein und den Genuß seiner selbst als einer fürsichseienden *Einzelheit* und der *Ungleichheit* mit seinem Wesen. – Die Begriffe von Gut und Schlecht erhalten also hier den entgegengesetzten Inhalt gegen den vorherigen.

Diese beiden Weisen des Urteilens finden jede eine *Gleichheit* und eine *Ungleichheit*; das erste urteilende Bewußtsein findet die Staatsmacht *ungleich*, den Genuß des Reichtums *gleich* mit ihm; das zweite hingegen die erstere gleich, und den letztern *ungleich* mit ihm. Es ist ein zweifaches *Gleichfinden*, und ein zweifaches *Ungleichfinden*, eine entgegengesetzte Beziehung auf die beiden realen Wesenheiten vorhanden. – Wir müssen dieses verschiedene Urteilen selbst beurteilen, wozu wir den aufgestellten Maßstab anzulegen haben. Die *gleichfindende* Beziehung des Bewußtseins ist hienach des *Gute*, die ungleichfindende das *Schlechte*; und diese beiden Weisen der Beziehung sind nunmehr selbst als *verschiedene Gestalten des Bewußtseins* festzuhalten. Das Bewußtsein kommt dadurch, daß es sich auf verschiedene Weise verhält, selbst unter die Bestimmung der Verschiedenheit, gut oder schlecht zu sein, nicht danach, daß es entweder das *Fürsichsein* oder das reine *Ansichsein* zum Prinzip hätte, denn beide sind gleich wesentliche Momente; das gedoppelte Urteilen, das betrachtet wurde, stellte die Prinzipien getrennt vor, und enthält daher nur *abstrakte* Weisen des *Urteilens*. Das wirkliche Bewußtsein hat beide Prinzipien an ihm, und der Unterschied fällt allein in sein *Wesen*, nämlich in die *Beziehung* seiner selbst auf das Reale.

Die Weise dieser Beziehung ist die entgegengesetzte, die eine ist Verhalten zu Staatsmacht und Reichtum als zu einem *Gleichen*, die andere als zu einem *Ungleichen*. Das Bewußtsein der gleichfindenden Beziehung ist das *edelmütige*. In der öffentlichen Macht betrachtet es das mit ihm Gleiche, daß es in ihr sein *einfaches Wesen* und dessen Betätigung hat, und im Dienste des wirklichen Gehorsams wie der innern Achtung gegen es steht. Ebenso in dem Reichtume, daß er ihm das Bewußtsein seiner andern wesentlichen Seite, des *Fürsichseins*, verschafft; daher es ihn ebenfalls als *Wesen* in Beziehung auf sich betrachtet und denjenigen, von welchem es genießt, als Wohltäter anerkennt und sich zum Danke verpflichtet hält.

Das Bewußtsein der andern Beziehung dagegen ist das *niederträchtige*, das die *Ungleichheit* mit den beiden Wesenheiten festhält, in der Herrschergewalt also eine Fessel und Unterdrückung des *Fürsichseins* sieht und daher den Herrscher haßt, nur mit Heimtücke gehorcht und immer auf dem Sprunge zum Aufruhr steht, – im Reichtum, durch den es zum Genusse seines Fürsichseins gelangt, ebenso nur die Ungleichheit, nämlich mit dem bleibenden *Wesen* betrachtet; indem es durch ihn nur zum Bewußtsein der Einzelheit und des vergänglichen Genusses kommt, ihn liebt, aber verachtet, und mit dem Verschwinden des Genusses, des an sich Verschwindenden, auch sein Verhältnis zu dem Reichen für verschwunden ansieht.

Diese Beziehungen drücken nun erst das *Urteil* aus, die Bestimmung dessen, was die beiden Wesen als *Gegenstände* für das Bewußtsein sind, noch nicht *an* und *für sich*. Die Reflexion, die im Urteil vorgestellt ist, ist teils erst *für uns* ein Setzen der einen sowie der andern Bestimmung und daher ein gleiches Aufheben beider, noch nicht die Reflexion derselben für das Bewußtsein selbst. Teils *sind* sie erst unmittelbar *Wesen* weder dies *geworden*, noch an ihnen *Selbst*bewußtsein; dasjenige, für welches sie sind, ist noch nicht ihre Belebung; sie sind Prädikate, die noch nicht selbst Subjekt sind. Um dieser Trennung willen fällt auch das Ganze des geistigen Urteilens noch an zwei Bewußtsein[e] auseinander, deren jedes unter einer einseitigen Bestimmung liegt. – Wie sich nun zuerst die *Gleichgültigkeit* der beiden Seiten der Entfremdung – der einen, des *Ansich* des reinen Bewußtseins, nämlich der bestimmten *Gedanken* von Gut und Schlecht – der andern ihres *Daseins* als Staatsmacht und Reichtum, zur Beziehung beider, zum *Urteil* erhob; so hat sich diese äußere Beziehung zur innern Einheit, oder als Beziehung des Denkens zur Wirklichkeit zu erheben, und der Geist der beiden Gestalten des Urteils hervorzutreten. Dies geschieht, indem das *Urteil* zum *Schlusse* wird, zur vermittelnden Bewegung, worin die Notwendigkeit und Mitte der beiden Seiten des Urteils hervortritt.

Das edelmütige Bewußtsein findet also im Urteil sich so der Staatsmacht gegenüber, daß sie zwar noch nicht ein Selbst, sondern erst die allgemeine Substanz [ist], deren es aber als seines *Wesens*, als des Zwecks und absoluten Inhalts sich bewußt ist. Sich so positiv auf sie beziehend, verhält es sich negativ gegen seine eignen Zwecke, seinen besondern Inhalt und Dasein, und läßt sie verschwinden. Es ist der Heroismus des *Dienstes*, – die *Tugend*, welche das einzelne Sein dem Allgemeinen aufopfert, und dies dadurch ins Dasein bringt, – die *Person*, welche dem Besitze und Genusse von selbst entsagt und für die vorhandene Macht handelt und wirklich ist.

Durch diese Bewegung wird das Allgemeine mit dem Dasein überhaupt zusammengeschlossen, wie das daseiende Bewußtsein durch diese Entäußerung sich zur Wesentlichkeit bildet. Wessen dieses im Dienste sich entfremdet, ist sein in das Dasein versenkte[s] Bewußtsein; das sich entfremdete *Sein* ist aber das *Ansich*; es bekommt also durch diese Bildung Achtung vor sich selbst und bei den Andern. – Die Staatsmacht aber, die nur erst das *gedachte* Allgemeine, das *Ansich* war, wird durch eben diese Bewegung zum *seienden* Allgemeinen, zur wirklichen Macht. Sie ist diese nur in dem wirklichen Gehorsam, welchen sie durch das *Urteil* des Selbstbewußtseins, daß sie das *Wesen* ist, und durch die freie Aufopferung desselben erlangt. Dieses Tun, das das Wesen mit dem Selbst zusammenschließt, bringt die *gedoppelte* Wirklichkeit hervor, sich als das, welches *wahre* Wirklichkeit hat, und die Staatsmacht als das *Wahre*, welches *gilt*.

Diese ist aber durch diese Entfremdung noch nicht ein sich als Staatsmacht wissendes Selbstbewußtsein; es ist nur ihr *Gesetz*, oder ihr *Ansich*, das gilt; sie hat noch keinen *besondern Willen*; denn noch hat das dienende Selbstbewußtsein nicht sein reines Selbst entäußert und die Staatsmacht damit begeistet, sondern erst mit seinem Sein; ihr nur sein *Dasein* aufgeopfert, nicht sein *Ansichsein*. – Dies Selbstbewußtsein gilt als ein solches, das dem Wesen gemäß ist, es ist anerkannt um seines *Ansichseins* willen. Die Andern finden in ihm ihr *Wesen* betätigt, nicht aber ihr Fürsichsein, – ihr Denken oder reines Bewußtsein erfüllt, nicht ihre Individualität. Es gilt daher in ihren *Gedanken* und genießt der *Ehre*. Es ist der *stolze* Vasall, der für die Staatsmacht tätig ist, insofern sie nicht eigner Wille, sondern *wesentlicher* ist, und der sich nur in dieser *Ehre* gilt, nur in dem *wesentlichen* Vorstellen der allgemeinen Meinung, nicht in dem *dankbaren* der Individualität, denn dieser hat er nicht zu ihrem *Fürsichsein* verholfen. Seine *Sprache*, wenn es sich zum eignen Willen der Staatsmacht verhielte, der noch nicht geworden ist, wäre der *Rat*, den er zum allgemeinen Besten erteilt.

Die Staatsmacht ist daher noch willenlos gegen den Rat und nicht entscheidend zwischen den verschiedenen Meinungen über das allgemeine Beste. Sie ist noch nicht *Regierung*, und somit noch nicht in Wahrheit wirkliche Staatsmacht. – Das *Fürsichsein*, der *Wille*, der als Wille noch nicht aufgeopfert ist, ist der innre abgeschiedne Geist der Stände, der seinem Sprechen vom *allgemeinen* Besten gegenüber sich sein *besondres* Bestes vorbehält und dies Geschwätze vom allgemeinen Besten zu einem Surrogate für das Handeln zu machen geneigt ist. Die Aufopferung des Daseins, die im Dienste geschieht, ist zwar vollständig, wenn sie bis zum Tode fortgegangen ist; aber die bestandne Gefahr des Todes selbst, der überlebt wird, läßt ein bestimmtes Dasein und damit ein *besonderes Fürsich* übrig, welches den Rat fürs allgemeine Beste zweideutig und verdächtig macht und sich in der Tat die eigne Meinung und den besondern Willen gegen die Staatsgewalt vorbehält. Es verhält sich daher noch ungleich gegen dieselbe und fällt unter die Bestimmung, des niederträchtigen Bewußtseins, immer auf dem Sprunge zur Empörung zu stehen.

Dieser Widerspruch, den es aufzuheben hat, enthält in dieser Form, in der Ungleichheit des *Fürsichseins* gegen die Allgemeinheit der Staatsmacht zu stehen, zugleich die Form, daß jene Entäußerung des Daseins, indem sie sich, im Tode nämlich, vollendet, selbst eine seiende, nicht eine ins Bewußtsein zurückkehrende ist, – daß dieses sie nicht überlebt, und *an* und *für sich* ist, sondern nur ins unversöhnte Gegenteil übergeht. Die wahre Aufopferung des *Fürsichseins* ist daher allein die, worin es sich so vollkommen als im Tode hingibt, aber in dieser Entäußerung sich ebensosehr erhält; es wird dadurch als das wirklich, was es an sich ist, als die identische Einheit seiner selbst und seiner als des Entgegengesetzten. Dadurch, daß der abgeschiedne innre Geist, das Selbst als solches, hervortritt und sich entfremdet wird zugleich die Staatsmacht zu eignem Selbst erhoben; so wie ohne diese Entfremdung die Handlungen der Ehre, des edeln Bewußtseins und die Ratschläge seiner Einsicht das Zweideutige bleiben würden, das noch jenen abgeschiednen Hinterhalt der besondern Absicht und des Eigenwillens hätte.

Diese Entfremdung aber geschieht allein in der *Sprache*, welche hier in ihrer eigentümlichen Bedeutung auftritt. – In der Welt der Sittlichkeit *Gesetz* und *Befehl*, – in der Welt der Wirklichkeit erst *Rat*, hat sie das *Wesen* zum Inhalte und ist dessen Form; hier aber erhält sie die Form, welche sie ist, selbst zum Inhalte, und gilt als *Sprache*; es ist die Kraft des Sprechens als eines solchen, welche das ausführt, was auszuführen ist. Denn sie ist das *Dasein* des reinen Selbsts als Selbsts; in ihr tritt die *für sich seiende Einzelheit* des Selbstbewußtseins als solche in die Existenz, so daß sie *für Andre* ist. *Ich* als dieses *reine* Ich ist sonst nicht *da*; in jeder andern Äußerung ist es in eine Wirklichkeit versenkt, und in einer Gestalt, aus welcher es sich zurückziehen kann; es ist aus seiner Handlung wie aus seinem physiognomischen Ausdrucke in sich reflektiert und läßt solches unvollständiges Dasein, worin immer ebensosehr zu viel als zu wenig ist, entseelt liegen. Die Sprache aber enthält es in seiner Reinheit, sie allein spricht Ich aus, es selbst. Dies sein *Dasein* ist als *Dasein* eine Gegenständlichkeit, welche seine wahre Natur an ihr hat. *Ich* ist *dieses* Ich – aber ebenso *allgemeines*; sein Erscheinen ist ebenso unmittelbar die Entäußerung und das Verschwinden *dieses* Ichs, und dadurch sein Bleiben in seiner Allgemeinheit. *Ich*, das sich ausspricht, ist *vernommen*; es ist eine Ansteckung, worin es unmittelbar in die Einheit mit denen, für welche es da ist, übergegangen und allgemeines Selbstbewußtsein ist. – Daß es *vernommen* wird, darin ist sein *Dasein* selbst unmittelbar *verhallt*; dies sein Anderssein ist in sich zurückgenommen; und eben dies ist sein Dasein, als selbstbewußtes *Jetzt*, wie es da ist, nicht da zu sein, und durch dies Verschwinden da zu sein. Dies Verschwinden ist also selbst unmittelbar sein Bleiben; es ist sein eignes Wissen von sich, und sein Wissen von sich als einem, das in anderes Selbst übergegangen, das vernommen worden und allgemeines ist.

Der Geist erhält hier diese Wirklichkeit, weil die Extreme, deren *Einheit* er ist, ebenso unmittelbar die Bestimmung haben, für sich eigne Wirklichkeiten zu sein. Ihre Einheit ist zersetzt in spröde Seiten, deren jede für die andre wirklicher, von ihr ausgeschlossener Gegenstand ist. Die Einheit tritt daher als eine *Mitte* hervor, welche von der abgeschiedenen Wirklichkeit der Seiten ausgeschlossen und unterschieden wird; sie hat daher selbst eine wirkliche von ihren Seiten unterschiedne Gegenständlichkeit, und ist *für sie*, d.h. sie ist Daseiendes. Die *geistige Substanz* tritt als solche in die Existenz, erst indem sie zu ihren Seiten solche Selbstbewußtsein[e] gewonnen hat, welche dieses reine Selbst als *unmittelbar geltende* Wirklichkeit wissen und darin ebenso unmittelbar wissen, dies nur durch die entfremdende *Vermittlung* zu sein. Durch jenes sind die Momente zu der sich selbst wissenden Kategorie und damit bis dahin geläutert, daß sie Momente des Geistes sind; durch dieses tritt er als Geistigkeit in das Dasein. – Er ist so die Mitte, welche jene Extreme voraussetzt, und durch ihr Dasein erzeugt wird, – aber ebenso das zwischen ihnen hervorbrechende geistige Ganze, das sich in sie entzweit und jedes erst durch diese Berührung zum Ganzen in seinem Prinzip erzeugt. – Daß die beiden Extreme schon *an sich* aufgehoben und zersetzt sind, bringt ihre Einheit hervor, und diese ist die Bewegung, welche beide zusammenschließt, ihre Bestimmungen austauscht und sie, und zwar *in jedem Extreme* zusammenschließt. Diese Vermittlung setzt hiemit den *Begriff* eines jeden der beiden Extreme in seine Wirklichkeit, oder sie macht das, was jedes *an sich* ist, zu seinem *Geiste*.

Die beiden Extreme, die Staatsmacht und das edelmütige Bewußtsein, sind durch dieses zersetzt, jene in das abstrakte Allgemeine, dem gehorcht wird, und in den fürsichseienden Willen, welcher ihm aber noch nicht selbst zukommt; – dieses in den Gehorsam des aufgehobnen Daseins oder in das *Ansichsein* der Selbstachtung und der Ehre, und in das noch nicht aufgehobene reine Fürsichsein, den im Hinterhalte noch bleibenden Willen. Die beiden Momente, zu welchen beide Seiten gereinigt, und die daher Momente der Sprache sind, sind das *abstrakte Allgemeine*, welches das allgemeine Beste heißt, und das *reine Selbst*, das im Dienste seinem ins vielfache Dasein versenkten Bewußtsein absagte. Beide sind im Begriffe dasselbe; denn reines Selbst ist eben das abstrakt Allgemeine, und daher ist ihre Einheit als ihre Mitte gesetzt. Aber das *Selbst* ist nur erst am Extreme des Bewußtseins wirklich, – das *Ansich* aber erst am Extreme der Staatsmacht; dem Bewußtsein fehlt dies, daß die Staatsmacht nicht nur als *Ehre*, sondern wirklich an es übergegangen wäre, – der Staatsmacht, daß ihr nicht nur als dem sogenannten *allgemeinen Besten* gehorcht würde, sondern als Willen, oder daß sie das entscheidende Selbst ist. Die Einheit des Begriffes, in welchem die Staatsmacht noch steht, und zu dem das Bewußtsein sich geläutert hat, wird in dieser *vermittelnden Bewegung* wirklich, deren einfaches Dasein, als *Mitte*, die Sprache ist. – Sie hat jedoch zu ihren Seiten noch nicht zwei als *Selbst* vorhandene Selbst; denn die Staatsmacht wird erst zum Selbst begeistet; diese Sprache ist daher noch nicht der Geist, wie er sich vollkommen weiß und ausspricht.

Das edelmütige Bewußtsein, weil es das Extrem des Selbsts ist, erscheint als dasjenige, von dem die *Sprache* ausgeht, durch welche sich die Seiten des Verhältnisses zu beseelten Ganzen gestalten. – Der Heroismus des stummen Dienstes wird zum *Heroismus* der *Schmeichelei*. Diese sprechende Reflexion des Dienstes macht die geistige sich zersetzende Mitte aus und reflektiert nicht nur ihr eigenes Extrem in sich selbst, sondern auch das Extrem der allgemeinen Gewalt in dieses selbst zurück, und macht sie, die erst *an sich* ist, *zum Fürsichsein* und zur Einzelheit des Selbstbewußtseins. Es wird hiedurch der Geist dieser Macht, ein *unumschränkter Monarch* zu sein; – *unumschränkt*, die Sprache der Schmeichelei erhebt die Macht in ihre geläuterte *Allgemeinheit*; – das Moment als Erzeugnis der Sprache, des zum Geiste geläuterten Daseins, ist eine gereinigte Sichselbstgleichheit; – *Monarch*, sie erhebt ebenso die *Einzelheit* auf ihre Spitze; dasjenige, dessen das edelmütige Bewußtsein sich nach dieser Seite der einfachen geistigen Einheit entäußert, ist das reine *Ansich seines Denkens*, sein Ich selbst. Bestimmter erhebt sie die Einzelheit, die sonst nur ein *Gemeintes* ist, dadurch in ihre daseiende Reinheit, daß sie dem Monarchen den eignen *Namen* gibt; denn es ist allein der Name, worin der *Unterschied* des Einzelnen von allen andern nicht *gemeint* ist, sondern von allen wirklich gemacht wird; in dem Namen *gilt* der Einzelne als rein Einzelner nicht mehr nur in seinem Bewußtsein, sondern im

Bewußtsein Aller. Durch ihn also wird der Monarch schlechthin von Allen abgesondert, ausgenommen und einsam; in ihm ist er das Atom, das von seinem Wesen nichts mitteilen kann und nicht seinesgleichen hat. – Dieser Name ist hiemit die Reflexion in sich oder die *Wirklichkeit*, welche die allgemeine Macht *an ihr selbst* hat; durch ihn ist sie der *Monarch*. Er, *dieser Einzelne*, weiß umgekehrt dadurch *sich*, *diesen Einzelnen*, als die allgemeine Macht, daß die Edeln, nicht nur als zum Dienst der Staatsmacht bereit, sondern als *Zieraten* sich um den Thron stellen, und daß sie dem, der darauf sitzt, es immer *sagen*, was er *ist*.

Die Sprache ihres Preises ist auf diese Weise der Geist, der in der *Staatsmacht selbst* die beiden Extreme zusammenschließt; sie reflektiert die abstrakte Macht in sich und gib ihr das Moment des andern Extrems, das wollende und entscheidende *Fürsichsein*, und hiedurch selbstbewußte Existenz; oder dadurch kommt dies *einzelne wirkliche* Selbstbewußtsein dazu, sich als die Macht *gewiß zu wissen*. Sie ist der Punkt des Selbsts, in den durch die Entäußerung der *innern Gewißheit* die vielen Punkte zusammengeflossen sind. – Indem aber dieser eigne Geist der Staatsmacht darin besteht, seine Wirklichkeit und Nahrung an dem Opfer des Tuns und des Denkens des edelmütigen Bewußtseins zu haben, ist sie die sich *entfremdete Selbständigkeit*; das edelmütige Bewußtsein, das Extrem des *Fürsichseins* erhält das Extrem der *wirklichen Allgemeinheit* für die Allgemeinheit des Denkens, der es sich entäußerte, zurück; die Macht des Staats ist auf es *übergegangen*. An ihm wird die Staatsgewalt erst wahrhaft betätigt; in seinem *Fürsichsein* hört sie auf, *das träge Wesen*, wie sie als Extrem des abstrakten Ansichseins erschien, zu sein. – *An sich* betrachtet heißt die *in sich reflektierte Staatsmacht*, oder dies, daß sie Geäst geworden, nichts anderes, als daß sie *Moment des*

Selbstbewußtseins geworden, d.h. nur als *aufgehobne* ist. Hiemit ist sie nun das Wesen als ein solches, dessen Geist es ist, aufgeopfert und preisgegeben zu sein, oder sie existiert als *Reichtum*. – Sie bleibt zwar dem Reichtume, zu welchem sie dem Begriffe nach immer wird, gegenüber zugleich als eine Wirklichkeit bestehen; aber eine solche, deren Begriff eben diese Bewegung ist, durch den Dienst und die Verehrung, wodurch sie wird, in ihr Gegenteil, in die Entäußerung der Macht, überzugehen. Für sich wird also das eigentümliche *Selbst*, das ihr Wille ist, durch die Wegwerfung des edelmütigen Bewußtseins, zur sich entäußernden Allgemeinheit, zu einer vollkommnen Einzelheit und Zufälligkeit, die jedem mächtigern Willen preisgegeben ist; was ihm an *allgemein* anerkannter und nicht mittelbarer Selbständigkeit bleibt, ist der leere Name.

Wenn also das edelmütige Bewußtsein sich als dasjenige bestimmte, welches sich auf die allgemeine Macht auf eine *gleiche* Weise bezöge, so ist die Wahrheit desselben vielmehr, in seinem Dienste sein eignes Fürsichsein sich zu behalten, in der eigentlichen Entsagung seiner Persönlichkeit aber das wirkliche Aufheben und Zerreißen der allgemeinen Substanz zu sein. Sein Geist ist das Verhältnis der völligen Ungleichheit, einerseits in seiner Ehre seinen Willen zu behalten; anderseits in dem Aufgeben desselben, teils seines Innern sich zu entfremden und zur höchsten Ungleichheit mit sich selbst zu werden, teils die allgemeine Substanz darin sich zu unterwerfen und diese sich selbst völlig ungleich zu machen. – Es erhellt, daß damit seine Bestimmtheit, die es im *Urteile* gegen das hatte, welches niederträchtiges Bewußtsein hieß, und hiedurch auch dieses verschwunden ist. Das letztere hat seinen Zweck erreicht, nämlich die allgemeine Macht unter das Fürsichsein zu bringen.

So durch die allgemeine Macht bereichert, existiert das Selbstbewußtsein als die *allgemeine Wohltat*, oder sie ist der *Reichtum*, der selbst wieder Gegenstand für das Bewußtsein ist. Denn er ist diesem das zwar unterworfne Allgemeine, das aber durch dies erste Aufheben noch nicht absolut in das Selbst zurückgegangen ist. – Das *Selbst* hat noch nicht *sich als Selbst*, sondern das *aufgehobne allgemeine Wesen* zum Gegenstande. Indem dieser erst geworden, ist die *unmittelbare* Beziehung des Bewußtseins auf ihn gesetzt, das also noch nicht seine Ungleichheit mit ihm dargestellt hat; es ist das edelmütige Bewußtsein, welches an dem unwesentlich gewordenen Allgemeinen sein Fürsichsein erhält, daher ihn anerkennt und gegen den Wohltäter dankbar ist.

Der Reichtum hat an ihm selbst schon das Moment des Fürsichseins. Er ist nicht das selbstlose Allgemeine der Staatsmacht, oder die unbefangene unorganische Natur des Geistes, sondern sie, wie sie durch den Willen an ihr selbst festhält gegen den, der sich ihrer zum Genuß bemächtigen will. Aber indem der Reichtum nur die Form des Wesens hat, ist dies einseitige Fürsichsein, das nicht *an sich*, sondern vielmehr das aufgehobne Ansich ist, die in seinem Genusse wesenlose Rückkehr des Individuums in sich selbst. Er bedarf also selbst der Belebung; und die Bewegung seiner Reflexion besteht darin, daß er, der nur für sich ist, zum *An-* und *Fürsichsein*, daß er, der das aufgehobene Wesen ist, zum Wesen werde; so erhält er seinen eigenen Geist an ihm selbst. – Da vorhin die Form dieser Bewegung auseinander gesetzt worden, so ist es hinreichend, hier den Inhalt derselben zu bestimmen.

Das edelmütige Bewußtsein bezieht sich also hier nicht auf den Gegenstand als Wesen überhaupt, sondern es ist das *Fürsichsein* selbst, das ihm ein Fremdes ist; es *findet* sein

Selbst als solches entfremdet *vor*, als eine gegenständliche feste Wirklichkeit, die es von einem andern festen Fürsichsein zu empfangen hat. Sein Gegenstand ist das Fürsichsein, also das *Seinige*; aber dadurch, daß es Gegenstand ist, ist es zugleich unmittelbar eine fremde Wirklichkeit, welche eigenes Fürsichsein, eigner Wille ist, d.h. es sieht sein Selbst in der Gewalt eines fremden Willens, von dem es abhängt, ob er ihm dasselbe ablassen will.

Von jeder einzelnen Seite kann das Selbstbewußtsein abstrahieren und behält darum in einer Verbindlichkeit, die eine solche betrifft, sein Anerkanntsein und *Ansichgelten* als für sich seienden Wesens. Hier aber sieht es sich von der Seite seiner reinen eigensten *Wirklichkeit* oder seines Ichs außer sich und einem Andern angehörig, sieht seine *Persönlichkeit* als solche abhängig von der zufälligen Persönlichkeit eines Andern, von dem Zufall eines Augenblicks, einer Willkür oder sonst des gleichgültigsten Umstandes. – Im Rechtszustande erscheint, was in der Gewalt des gegenständlichen Wesens ist, als ein *zufälliger Inhalt*, von dem abstrahiert werden kann, und die Gewalt betrifft nicht das *Selbst* als *solches*, sondern dieses ist vielmehr anerkannt. Allein hier sieht es die Gewißheit seiner als solche das Wesenloseste, die reine Persönlichkeit absolute Unpersönlichkeit zu sein. Der Geist seines Dankes ist daher das Gefühl wie dieser tiefsten Verworfenheit so auch der tiefsten Empörung. Indem das reine Ich selbst sich außer sich und zerrissen anschaut, ist in dieser Zerrissenheit zugleich alles, was Kontinuität und Allgemeinheit hat, was Gesetz, gut und recht heißt, auseinander und zu Grunde gegangen; alles Gleiche ist aufgelöst, denn die *reinste Ungleichheit*, die absolute Unwesentlichkeit des absolut Wesentlichen, das Außersichsein des Fürsichseins ist vorhanden; das reine Ich selbst ist absolut zersetzt.

Wenn also von dem Reichtum dies Bewußtsein wohl die Gegenständlichkeit des Fürsichseins zurückerhält und sie aufhebt, so ist es nicht nur seinem Begriffe nach, wie die vorhergehende Reflexion nicht vollendet, sondern für es selbst unbefriedigt; die Reflexion, da das Selbst sich als ein Gegenständliches empfängt, ist der unmittelbare Widerspruch im reinen Ich selbst gesetzt. Als Selbst steht es aber zugleich unmittelbar über diesem Widerspruche, ist die absolute Elastizität, welche dies Aufgehobensein des Selbsts wieder aufhebt, diese Verworfenheit, daß ihm sein Fürsichsein als ein Fremdes werde, verwirft, und gegen dies Empfangen seiner selbst empört, im *Empfangen* selbst *für sich* ist.

Indem also das Verhältnis dieses Bewußtseins mit dieser absoluten Zerrissenheit verknüpft ist, fällt in seinem Geiste der Unterschied desselben, als edelmütiges gegen das *niederträchtige* bestimmt zu sein, hinweg, und beide sind dasselbe. – Der Geist des wohltuenden Reichtums kann ferner von dem Geiste des die Wohltat empfangenden Bewußtseins unterschieden werden, und ist besonders zu betrachten. – Er war das wesenlose Fürsichsein, das preisgegebne Wesen. Durch seine Mitteilung aber wird er zum *Ansich*; indem er seine Bestimmung erfüllte, sich aufzuopfern, hebt er die Einzelheit, für sich nur zu genießen, auf, und als aufgehobne Einzelheit ist er *Allgemeinheit* oder *Wesen*. – Was er mitteilt, was er Andern gibt, ist das *Fürsichsein*. Er gibt sich aber nicht hin als eine selbstlose Natur, als die unbefangen sich preisgebende Bedingung des Lebens, sondern als selbstbewußtes, sich für sich haltendes Wesen; er ist nicht die unorganische Macht des Elements, welche von dem empfangenden Bewußtsein als an sich vergänglich gewußt wird, sondern die Macht über das Selbst, die sich *unabhängig* und *willkürlich* weiß, und die zugleich weiß, daß, was sie ausspendet, das Selbst eines Andern ist. – Der Reichtum teilt also mit dem Klienten die Verworfenheit, aber an die Stelle der Empörung tritt der Übermut. Denn er weiß nach der einen Seite, wie der Klient, das *Fürsichsein* als ein zufälliges *Ding*; aber er selbst ist diese Zufälligkeit, in deren Gewalt die Persönlichkeit steht. In diesem Übermute, der durch eine Mahlzeit ein fremdes Ich selbst erhalten, und sich dadurch die Unterwerfung von dessen innerstem Wesen erworben zu haben meint, übersieht er die innere Empörung des Andern; er übersieht die vollkommene Abwerfung aller Fessel, diese reine Zerrissenheit, welcher, indem ihr die *Sichselbstgleichheit* des Fürsichseins schlechthin ungleich geworden, alles Gleiche, alles Bestehen zerrissen ist, und die daher die Meinung und Ansicht des Wohltäters am meisten zerreißt. Er steht unmittelbar vor diesem innersten Abgrunde, vor dieser bodenlosen Tiefe, worin aller Halt und Substanz verschwunden ist; und er sieht in dieser Tiefe nichts als ein gemeines Ding, ein Spiel seiner Laune, einen Zufall seiner Willkür; sein Geist ist die ganz wesenlose Meinung, die geistverlaßne Oberfläche zu sein.

Wie das Selbstbewußtsein gegen die Staatsmacht seine Sprache hatte, oder der Geist zwischen diesen Extremen als wirkliche Mitte hervortrat, so hat es auch Sprache gegen den Reichtum, noch mehr aber hat seine Empörung ihre Sprache. Jene, welche dem Reichtum das Bewußtsein seiner Wesenheit gibt und sich seiner dadurch bemächtigt, ist gleichfalls die Sprache der Schmeichelei, aber der unedeln; – denn was sie als Wesen ausspricht, weiß sie als das preisgegebne, das nicht *an sich* seiende Wesen. Die Sprache der Schmeichelei aber ist, wie vorhin schon erinnert, der noch einseitige Geist. Denn seine Momente sind zwar das durch die Bildung des Dienstes zur reinen Existenz geläuterte *Selbst*, und das *Ansichsein* der Macht. Allein der reine Begriff, in welchem das einfache *Selbst* und das *Ansich*, jenes reine Ich und dies reine Wesen oder Denken dasselbe sind, – diese Einheit beider Seiten, zwischen welchen die Wechselwirkung stattfindet, ist nicht in dem Bewußtsein dieser Sprache; der Gegenstand ist ihm noch das *Ansich* im Gegensatze gegen das Selbst, oder der *Gegenstand* ist ihm nicht zugleich sein eignes *Selbst* als solches. – Die Sprache der Zerrissenheit aber ist die vollkommne Sprache und der wahre existierende Geist dieser ganzen Welt der Bildung. Dies Selbstbewußtsein, dem die seine Verworfenheit verwerfende Empörung zukommt, ist unmittelbar die absolute Sichselbstgleichheit in der absoluten Zerrissenheit, die reine Vermittlung des reinen Selbstbewußtseins mit sich selbst. Es ist die Gleichheit des identischen Urteils, worin eine und dieselbe Persönlichkeit sowohl Subjekt als Prädikat ist. Aber dies identische Urteil ist zugleich das unendliche; denn diese Persönlichkeit ist absolut entzweit, und Subjekt und Prädikat schlechthin *gleichgültige Seiende*, die einander nichts angehen, ohne notwendige Einheit, sogar daß jedes die Macht einer eignen Persönlichkeit ist. Das *Fürsichsein* hat *sein Fürsichsein* zum Gegenstande, als ein schlechthin *Anderes* und zugleich ebenso unmittelbar als *sich selbst*, – sich als ein Anderes, nicht daß dieses einen andern Inhalt hätte, sondern der Inhalt ist dasselbe Selbst in der Form absoluter Entgegensetzung und vollkommen eignen gleichgültigen Daseins. – Es ist also hier der seiner in seiner Wahrheit und seines *Begriffes bewußte* Geist dieser realen Welt der Bildung vorhanden.

Er ist diese absolute und allgemeine Verkehrung und Entfremdung der Wirklichkeit und des Gedankens; die *reine Bildung*. Was in dieser Welt erfahren wird, ist, daß weder die *wirklichen Wesen* der Macht und des Reichtums, noch ihre bestimmten *Begriffe*, Gut und Schlecht, oder das Bewußtsein des Guten und Schlechten, das edelmütige und niederträchtige, Wahrheit haben; sondern alle diese Momente verkehren sich vielmehr eins im andern, und jedes ist das Gegenteil seiner selbst. – Die allgemeine Macht, welche die *Substanz* ist, indem sie durch das Prinzip der Individualität zur eigenen Geistigkeit gelangt, empfängt das eigne Selbst nur als den Namen an ihr und ist, indem sie *wirkliche* Macht ist, vielmehr das unmächtige Wesen, das sich selbst aufopfert. – Aber dies preisgegebene selbstlose Wesen oder das zum Dinge gewordne Selbst ist vielmehr die Rückkehr des Wesens in sich selbst; es ist das *fürsichseiende Fürsichsein*, die Existenz des Geistes. – Die *Gedanken* dieser Wesen, des *Guten* und *Schlechten*, verkehren sich ebenso in dieser Bewegung; was als gut bestimmt ist, ist schlecht; was als schlecht, ist gut. Das Bewußtsein eines jeden dieser Momente als das edle und niederträchtige Bewußtsein beurteilt, sind in ihrer Wahrheit vielmehr ebensosehr das Verkehrte dessen, was diese Bestimmungen sein sollen, das edelmütige ebenso niederträchtig und verworfen, als die Verworfenheit zum Adel der gebildetsten Freiheit des Selbstbewußtseins umschlägt. – Alles ist ebenso, formell betrachtet, *nach außen* das Verkehrte dessen, was es *für sich* ist; und wieder was es für sich ist, ist es nicht in Wahrheit, sondern etwas anderes als es sein will, das Fürsichsein vielmehr der Verlust seiner selbst, und die Entfremdung seiner vielmehr die Selbsterhaltung. – Was vorhanden ist, ist also dies, daß alle Momente eine allgemeine Gerechtigkeit gegeneinander ausüben, jedes ebensosehr an sich selbst sich entfremdet, als es sich in sein Gegenteil einbildet und es auf diese Weise verkehrt. – Der wahre Geist aber ist eben diese Einheit der absolut getrennten, und zwar kommt er eben durch die *freie Wirklichkeit* dieser *selbstlosen* Extreme selbst als ihre Mitte zur Existenz. Sein Dasein ist das allgemeine *Spre-*

chen und zerreißende *Urteilen*, welchem alle jene Momente, die als Wesen und wirkliche Glieder des Ganzen gelten sollen, sich auflösen, und welches ebenso dies sich auflösende Spiel mit sich selbst ist. Dies Urteilen und Sprechen ist daher das Wahre und Unbezwingbare, während es alles überwältigt; dasjenige, um welches es in dieser realen Welt *allein wahrhaft* zu tun ist. Jeder Teil dieser Welt kommt darin dazu, daß sein Geist ausgesprochen, oder daß mit Geist von ihm gesprochen und von ihm gesagt wird, was er ist. – Das ehrliche Bewußtsein nimmt jedes Moment als eine bleibende Wesenheit und ist die ungebildete Gedankenlosigkeit, nicht zu wissen, daß es ebenso das Verkehrte tut. Das zerrissene Bewußtsein aber ist das Bewußtsein der Verkehrung, und zwar der absoluten Verkehrung; der Begriff ist das Herrschende in ihm, der die Gedanken zusammenbringt, welche der Ehrlichkeit weit auseinander liegen, und dessen Sprache daher geistreich ist.

Der Inhalt der Rede des Geistes von und über sich selbst ist also die Verkehrung aller Begriffe und Realitäten, der allgemeine Betrug seiner selbst und der andern, und die Schamlosigkeit, diesen Betrug zu sagen, ist eben darum die größte Wahrheit. Diese Rede ist die Verrücktheit des Musikers, „der dreißig Arien, italienische, französische, tragische, komische, von aller Art Charakter, häufte und vermischte; bald mit einem tiefen Basse stieg er bis in die Hölle, dann zog er die Kehle zusammen, und mit einem Fistelton zerriß er die Höhe der Lüfte, wechselweise rasend, besänftigt, gebieterisch und spöttisch." – Dem ruhigen Bewußtsein, das ehrlicherweise die Melodie des Guten und Wahren in die Gleichheit der Töne, d.h. in Eine Note setzt, erscheint diese Rede als „eine Faselei von Weisheit und Tollheit, als ein Gemisch von ebensoviel Geschick als Niedrigkeit, von ebenso richtigen als falschen Ideen, von einer so völligen Verkehrtheit der Empfindung, so vollkommener Schändlichkeit, als gänzlicher Offenheit und Wahrheit. Es wird es nicht versagen können, in alle diese Töne einzugehen, und die ganze Skale der Gefühle von der tiefsten Verachtung und Verwerfung bis zur höchsten Bewunderung und Rührung auf und nieder zu laufen; in diese wird ein lächerlicher Zug verschmolzen sein, der ihnen ihre Natur benimmt"; jene werden an ihrer Offenheit selbst einen versöhnenden, an ihrer erschütternden Tiefe den allgewaltigen Zug haben, der den Geist sich selbst gibt.

Betrachten wir der Rede dieser sich selbst klaren Verwirrung gegenüber die Rede jenes *einfachen Bewußtseins* des Wahren und Guten, so kann sie gegen die offene und ihrer bewußte Beredsamkeit des Geistes der Bildung nur einsilbig sein; denn es kann diesem nichts sagen, was er nicht selbst weiß und sagt. Geht es über seine Einsilbigkeit hinaus, so sagt es daher dasselbe, was er ausspricht, begeht aber darin noch dazu die Torheit, zu meinen, daß es etwas Neues und Anderes sage. Selbst seine Silben, *schändlich*, *niederträchtig*, sind schon diese Torheit, denn jener sagt sie von sich selbst. Wenn dieser Geist in seiner Rede alles Eintönige verkehrt, weil dieses sich Gleiche nur eine Abstraktion, in seiner Wirklichkeit aber die Verkehrung an sich selbst ist, und wenn dagegen das gerade Bewußtsein das Gute und Edle, d.h. das sich in seiner Äußerung Gleichhaltende, auf die einzige Weise, die hier möglich ist, in Schutz nimmt, – daß es nämlich seinen Wert nicht darum verliere, weil es an das Schlechte *geknüpft* oder mit ihm *gemischt* sei; denn dies sei seine *Bedingung* und *Notwendigkeit*, hierin bestehe die *Weisheit* der Natur; – so hat dies Bewußtsein, indem es zu widersprechen meinte, damit nur den Inhalt der Rede des Geistes in eine triviale Weise zusammengefaßt, welche gedankenlos, indem sie das *Gegenteil* des Edeln und Guten zur *Bedingung* und *Notwendigkeit* des Edeln und Guten macht, etwas anderes zu sagen meint, als dies, daß das edel und gut Genannte in seinem Wesen das Verkehrte seiner selbst, so wie das Schlechte umgekehrt das Vortreffliche ist.

Ersetzt das einfache Bewußtsein diesen geistlosen *Gedanken* durch die *Wirklichkeit* des Vortrefflichen, indem es dasselbe in dem *Beispiele* eines fingierten Falles, oder auch einer wahren Anekdote aufführt, und so zeigt, daß es kein leerer Name, sondern *vorhanden* ist, so steht die *allgemeine* Wirklichkeit des verkehrten Tuns der ganzen realen Welt entgegen, worin jenes Beispiel also nur etwas ganz Vereinzeltes, eine *Espèce* ausmacht; und das Dasein des Guten und Edeln als eine einzelne Anekdote, sie sei fingiert oder wahr, darstellen, ist das Bitterste, was von ihm gesagt werden kann. – Fordert das einfache Bewußtsein endlich die Auflösung dieser ganzen Welt der Verkehrung, so kann es nicht an das *Individuum* die Entfernung aus ihr fordern, denn Diogenes im Fasse ist durch sie bedingt, und die Forderung an den Einzelnen ist gerade das, was für das Schlechte gilt, nämlich *für sich* als *Einzelnen* zu sorgen. An die allgemeine *Individualität* aber gerichtet, kann die Forderung dieser Entfernung nicht die Bedeutung haben, daß die Vernunft das geistige gebildete Bewußtsein, zu dem sie gekommen ist, wieder aufgebe, den ausgebreiteten Reichtum ihrer Momente in die Einfachheit des natürlichen Herzens zurückversenke, und in die Wildnis und Nähe des tierischen Bewußtseins, welche Natur auch Unschuld genannt wird, zurückfalle; sondern die Forderung dieser Auflösung kann nur an den *Geist* der Bildung selbst gehen, daß er aus seine Verwirrung als *Geist* zu sich zurückkehre, und ein noch höheres Bewußtsein gewinne.

In der Tat aber hat der Geist dies schon an sich vollbracht. Die ihrer selbst bewußte und sich aussprechende, Zerrissenheit des Bewußtseins ist das Hohngelächter über das Dasein sowie über die Verwirrung des Ganzen und über sich selbst; es ist zugleich das sich noch vernehmende Verklingen dieser ganzen Verwirrung. – Diese sich selbst vernehmende Eitelkeit aller Wirklichkeit und alles bestimmten Begriffs ist die gedoppelte Reflexion der realen Welt in sich selbst; einmal in *diesem Selbst* des Bewußtseins, als *diesem*, das andere Mal in der reinen *Allgemeinheit* desselben oder im Denken. Nach jener Seite hat der zu sich gekommene Geist den Blick in die Welt der Wirklichkeit hineingerichtet, und sie noch zu seinem Zwecke und unmittelbaren Inhalt; nach der andern aber ist sein Blick teils nur in sich und negativ gegen sie, teils von ihr weg gen Himmel gewendet und das Jenseits derselben sein Gegenstand.

In jener Seite der Rückkehr in das Selbst ist die *Eitelkeit* aller *Dinge* seine *eigene Eitelkeit*, oder es *ist* eitel. Es ist das fürsichseiende Selbst, das alles nicht nur zu beurteilen und zu beschwatzen, sondern geistreich die festen Wesen der Wirklichkeit, wie die festen Bestimmungen, die das Urteil setzt, in ihrem *Widerspruche* zu sagen weiß, und dieser Widerspruch ist ihre Wahrheit. – Nach der Form betrachtet, weiß es Alles sich selbst entfremdet, das *Fürsichsein* vom *Ansichsein* getrennt; das Gemeinte und den Zweck von der Wahrheit; und von beiden wieder das *Sein für anderes*, das Vorgegebne von der eigentlichen Meinung und der wahren Sache und Absicht. – Es weiß also jedes Moment gegen das andere, überhaupt die Verkehrung Aller, richtig auszusprechen; es weiß besser, was jedes ist, als es ist, es sei bestimmt, wie es wolle. Indem es das Substantielle nach der Seite der *Uneinigkeit* und des *Widerstreits*, den es in sich einigt, aber nicht nach der Seite dieser Einigkeit kennt, versteht es das Substantielle sehr gut zu *beurteilen*, aber hat die Fähigkeit verloren, es zu *fassen*. Diese Eitelkeit bedarf dabei der Eitelkeit aller Dinge, um aus ihnen sich das Bewußtsein des Selbsts zu geben, erzeugt sie daher selbst, und ist die Seele, welche sie trägt. Macht und Reichtum sind die höchsten Zwecke seiner Anstrengung, es weiß, daß es durch Entsagung und Aufopferung sich zum Allgemeinen bildet, zum Besitze desselben gelangt, und in diesem Besitze allgemeine Gültigkeit hat; sie sind die wirklichen anerkannten Mächte. Aber dieses sein Gelten ist selbst eitel; und eben indem es sich ihrer bemächtigt, weiß es sie nicht Selbstwesen zu sein, sondern vielmehr sich als ihre Macht, sie aber als eitel. Daß es so in ihrem Besitze selbst daraus heraus ist, stellt es in der geistreichen Sprache dar, die daher sein höchstes Interesse und die Wahrheit des Ganzen ist; in ihr wird *dieses* Selbst, als dies reine nicht den wirklichen noch gedachten Bestimmungen angehörige Selbst sich zum geistigen, wahrhaft allgemeingültigen. Es *ist* die sich selbst zerreißende Natur aller Verhältnisse und das bewußte Zerreißen derselben; nur als empörtes Selbstbewußtsein aber weiß es seine eigne Zerrissenheit, und in diesem Wissen derselben hat es sich unmittelbar darüber erhoben. In jener Eitelkeit wird aller Inhalt zu einem Negativen, welches nicht mehr positiv gefaßt werden kann; der positive Gegenstand ist nur das *reine Ich selbst*, und das zerrissne Bewußtsein ist *an sich* diese reine Sichselbstgleichheit des zu sich zurückgekommnen Selbstbewußtseins.

b.
Der Glaube und die reine Einsicht.

Der Geist der Entfremdung seiner selbst hat in der Welt der Bildung sein Dasein; aber indem dieses Ganze sich selbst entfremdet worden, steht jenseits ihrer die unwirkliche Welt *des reinen Bewußtseins* oder des *Denkens*. Ihr Inhalt ist das rein Gedachte, das Denken ihr absolutes Element. Indem aber das Denken zunächst das *Element* dieser Welt ist, *hat* das Bewußtsein nur diese Gedanken, aber *es denkt* sie noch nicht oder weiß nicht, daß es Gedanken sind; sondern sie sind für es in der Form der *Vorstellung*. Denn es tritt aus der Wirklichkeit in das reine Bewußtsein, aber es ist selbst überhaupt noch in der Sphäre und Bestimmtheit der Wirklichkeit. Das zerrissene Bewußtsein ist *an sich* erst die *Sichselbstgleichheit* des reinen Bewußtseins, für uns, nicht für sich selbst. Es ist also nur die *unmittelbare* noch nicht in sich vollendete Erhebung und hat sein entgegengesetztes Prinzip, wodurch es bedingt ist, noch in sich, ohne durch die vermittelte Bewegung darüber Meister geworden zu sein. Daher gilt ihm das Wesen seines Gedankens nicht als *Wesen* nur in der Form des abstrakten Ansich, sondern in der Form eines *Gemeinwirklichen*, einer Wirklichkeit, die nur in ein anderes Element erhoben worden, ohne in diesem die Bestimmtheit einer nicht gedachten Wirklichkeit verloren zu haben. – Es ist wesentlich von dem *Ansich* zu unterscheiden, welches das Wesen des *stoischen* Bewußtseins ist; diesem galt nur die *Form des Gedankens*, als solchen, der dabei irgend einen ihm fremden, aus der Wirklichkeit genommnen Inhalt hat; – jenem Bewußtsein ist aber nicht die *Form des Gedankens* das Geltende; – ebenso [ist es wesentlich verschieden] von dem *Ansich* des tugendhaften

Bewußtseins, dem das Wesen zwar in Beziehung auf die Wirklichkeit steht, dem es Wesen der Wirklichkeit selbst, aber nur erst unwirkliches Wesen ist; jenem Bewußtsein gilt es, obzwar jenseits der Wirklichkeit doch wirkliches Wesen zu sein. Ebenso hat das an sich Rechte und Gute der gesetzgebenden Vernunft und das Allgemeine des gesetzprüfenden Bewußtseins nicht die Bestimmung der Wirklichkeit. – Wenn daher innerhalb der Welt der Bildung selbst das reine Denken als eine Seite der Entfremdung fiel, nämlich als der Maßstab des abstrakten Guten und Schlechten im Urteilen, so ist es, hindurchgegangen durch die Bewegung des Ganzen, um das Moment der Wirklichkeit und dadurch des Inhalts bereichert worden. Diese Wirklichkeit des Wesens ist aber zugleich nur eine Wirklichkeit des *reinen*, nicht des *wirklichen* Bewußtseins; in das Element des Denkens zwar erhoben, gilt sie diesem Bewußtsein noch nicht als ein Gedanke, sondern vielmehr ist sie ihm jenseits seiner eignen Wirklichkeit; denn jene ist die Flucht aus dieser.

Wie hier die *Religion* – denn es erhellt, daß von ihr die Rede ist, – als der Glaube der Welt der Bildung auftritt, tritt sie noch nicht auf, wie sie *an und für sich* ist. – Sie ist uns schon in andern Bestimmtheiten erschienen, als *unglückliches Bewußtsein* nämlich, als Gestalt der substanzlosen Bewegung des Bewußtseins selbst. – Auch an der sittlichen Substanz erschien sie als Glaube an die Unterwelt, aber das Bewußtsein des abgeschiednen Geistes ist eigentlich nicht *Glaube*, nicht das Wesen im Elemente des reinen Bewußtseins jenseits des Wirklichen gesetzt, sondern er hat selbst unmittelbare Gegenwart; sein Element ist die Familie. – Hier aber ist die Religion teils aus der *Substanz* hervorgegangen, und ist reines Bewußtsein derselben; teils ist dies reine Bewußtsein seinem wirklichen, das *Wesen* seinem *Dasein* entfremdet. Sie ist also zwar nicht mehr die substanzlose Bewegung des Bewußtseins, aber hat noch die Bestimmtheit des Gegensatzes gegen die Wirklichkeit als *diese* überhaupt, und gegen die des Selbstbewußtseins insbesondere; sie ist daher wesentlich nur ein *Glauben*.

Dies *reine Bewußtsein* des absoluten Wesens ist ein *entfremdetes*. Es ist näher zu sehen, wie dasjenige sich bestimmt, dessen anderes es ist, und es ist nur in Verbindung mit diesem zu betrachten. Zunächst nämlich scheint dies reine Bewußtsein nur die *Welt* der Wirklichkeit sich gegenüber zu haben; aber indem es die Flucht aus dieser, und dadurch die *Bestimmtheit* des *Gegensatzes* ist, so hat es diese an ihm selbst; das reine Bewußtsein ist daher wesentlich an ihm selbst sich entfremdet, und der Glaube macht nur eine Seite desselben aus. Die andre Seite ist uns zugleich schon entstanden. Das reine Bewußtsein ist nämlich so die Reflexion aus der Welt der Bildung, daß die Substanz derselben, sowie die Massen, in welche sie sich gliedert, sich als das zeigten, was sie an sich sind, als *geistige* Wesenheiten, als absolut unruhige Bewegungen oder Bestimmungen, die sich unmittelbar in ihrem Gegenteil aufheben. Ihr Wesen, das einfache Bewußtsein, ist also die Einfachheit des *absoluten Unterschiedes*, der unmittelbar kein Unterschied ist. Es ist hiemit das reine *Fürsichsein*, nicht als *dieses Einzelnen*, sondern das in sich *allgemeine* Selbst als unruhige Bewegung, die das *ruhige Wesen* der *Sache* angreift und durchdringt. In ihm ist also die Gewißheit, welche sich selbst unmittelbar als Wahrheit weiß, das reine Denken als der *absolute Begriff* in der Macht seiner *Negativität* vorhanden, die alles gegenständliche, dem Bewußtsein gegenüber sein sollende Wesen vertilgt und es zu einem Sein des Bewußtseins macht. – Dies reine Bewußtsein ist zugleich ebensosehr *einfach*, weil eben sein Unterschied kein Unterschied ist. Als diese Form der einfachen Reflexion in sich aber ist es das Element des *Glaubens*, worin der Geist die Bestimmtheit *der positiven Allgemeinheit*, des *Ansichseins* gegen jenes Fürsichsein des Selbstbewußtseins hat. – Aus der wesenlosen sich nur auflösenden Welt in sich zurückgedrängt, ist der Geist, nach der Wahrheit, in ungetrennter Einheit sowohl die *absolute Bewegung* und *Negativität* seines Erscheinens, wie ihr in sich *befriedigtes* Wesen, und ihre positive *Ruhe*. Aber überhaupt unter der Bestimmtheit der *Entfremdung* liegend, treten diese beiden Momente als ein gedoppeltes Bewußtsein auseinander. Jenes ist die *reine Einsicht*, als der sich im *Selbst*bewußtsein zusammenfassende geistige *Prozeß*, welcher das Bewußtsein des Positiven, die Form der Gegenständlichkeit oder des Vorstellens sich gegenüber hat und sich dagegen richtet; ihr eigner Gegenstand aber ist nur das *reine Ich*. – Das einfache Bewußtsein des Positiven oder der ruhigen Sichselbstgleichheit hat hingegen das innere *Wesen* als Wesen zum Gegenstande. Die reine Einsicht hat daher zunächst an ihr selbst keinen Inhalt, weil sie das negative Fürsichsein ist; dem Glauben dagegen gehört der Inhalt an, ohne Einsicht. Wenn jene nicht aus dem Selbstbewußtsein heraustritt, so hat dieser seinen Inhalt zwar ebenfalls im Element des reinen Selbstbewußtseins, aber im *Denken*, nicht in *Begriffen, im reinen Bewußtsein, nicht im reinen Selbstbewußtsein*. Er ist hiemit zwar reines Bewußtsein des *Wesens*, d.h. des *einfachen Innern* und *ist* also Denken, – das Hauptmoment in der Natur des Glaubens, das gewöhnlich übersehen wird. Die *Unmittelbarkeit*, mit der das Wesen in ihm ist, liegt darin, daß sein Gegenstand *Wesen*, d.h. *reiner Gedanke* ist. Diese *Unmittelbarkeit* aber, insofern das *Denken* ins *Bewußtsein* oder das reine Bewußtsein in das Selbstbewußtsein eintritt, erhält die Bedeutung eines gegenständlichen *Seins*, das jenseits des Bewußtseins des Selbsts liegt.

Durch diese Bedeutung, welche die Unmittelbarkeit und Einfachheit des *reinen* Denkens im *Bewußtsein* erhält, ist es, daß das *Wesen* des Glaubens in die *Vorstellung* aus dem Denken herabfällt und zu einer übersinnlichen Welt wird, welche wesentlich ein *Anders* des Selbstbewußtseins sei. – In der reinen Einsicht hingegen hat der Übergang des reinen Denkens ins Bewußtsein die entgegengesetzte Bestimmung; die Gegenständlichkeit hat die Bedeutung eines nur negativen, sich aufhebenden und in das Selbst zurückkehrenden Inhalts, d.h. nur das Selbst ist sich eigentlich der Gegenstand, oder der Gegenstand hat nur Wahrheit, insofern er die Form des Selbsts hat.

Wie der Glaube und die reine Einsicht gemeinschaftlich dem Elemente des reinen Bewußtseins angehören, so sind sie auch gemeinschaftlich die Rückkehr aus der wirklichen Welt der Bildung. Sie bieten sich daher nach drei Seiten dar. Das eine Mal ist jedes außer allem Verhältnisse *an* und *für sich*; das andre Mal bezieht jedes sich auf die *wirkliche* dem reinen Bewußtsein entgegengesetzte Welt, und zum dritten bezieht sich jedes innerhalb des reinen Bewußtseins auf das andre.

Die Seite des *An-* und *Fürsichseins* im *glaubenden* Bewußtsein ist sein absoluter Gegenstand, dessen Inhalt und Bestimmung sich ergeben hat. Denn er ist nach dem Begriffe des Glaubens nichts anders als die in die Allgemeinheit des reinen Bewußtseins erhobne reale Welt. Die Gliederung der letztern macht daher auch die Organisation der erstern aus, nur daß die Teile in dieser in ihrer Begeistung sich nicht entfremden, sondern an und für sich seiende Wesen, in sich zurückgekehrte und bei sich selbst bleibende Geister sind. – Die Bewegung ihres Übergehens ist daher nur für uns eine Entfremdung der Bestimmtheit, in der sie in ihrem Unterschiede sind, und nur für uns eine *notwendige* Reihe; für den

Glauben aber ist ihr Unterschied eine ruhige Verschiedenheit, und ihre Bewegung ein *Geschehen*.

Sie nach der äußern Bestimmung ihrer Form kurz zu nennen, so ist, wie in der Welt der Bildung die Staatsmacht oder das Gute das Erste war, auch hier das Erste *das absolute Wesen*, der an- und fürsichseiende Geist, insofern er die einfache ewige *Substanz* ist. In der Realisierung ihres Begriffes, Geist zu sein, aber geht sie in das *Sein für anderes* über, ihre Sichselbstgleichheit wird zum *wirklichen* sich *aufopfernden* absoluten Wesen; es wird zum *Selbst*, aber zum vergänglichen Selbst. Daher ist das Dritte die Rückkehr dieses entfremdeten Selbsts und der erniedrigten Substanz in ihre erste Einfachheit; erst auf diese Weise ist sie als Geist vorgestellt. –

Diese unterschiednen Wesen, aus dem Wandel der wirklichen Welt durch das Denken in sich zurückgenommen, sind sie wandellose ewige Geister, deren Sein ist, die Einheit, welche sie ausmachen, zu denken. So entrückt dem Selbstbewußtsein, greifen diese Wesen jedoch in es ein; wäre das Wesen unverrückt in der Form der ersten einfachen Substanz, so bliebe es ihm fremde. Aber die Entäußerung dieser Substanz und dann ihr Geist hat das Moment der Wirklichkeit an ihm und macht sich hiedurch des glaubenden Selbstbewußtseins teilhaftig, oder das glaubende Bewußtsein gehört der realen Welt an.

Nach diesem zweiten Verhältnisse hat das glaubende Bewußtsein teils selbst seine Wirklichkeit in der realen Welt der Bildung und macht ihren Geist und ihr Dasein aus, das betrachtet worden ist; teils aber tritt es dieser seiner Wirklichkeit als dem Eiteln gegenüber und ist die Bewegung, sie aufzuheben. Diese Bewegung besteht nicht darin, daß es ein geistreiches Bewußtsein über ihre Verkehrung hätte; denn es ist das einfache Bewußtsein, welches das Geistreiche zum

Eiteln zählt, weil dieses noch die reale Welt zu seinem Zwecke hat. Sondern dem ruhigen Reiche seines Denkens steht die Wirklichkeit als ein geistloses Dasein gegenüber, das daher auf eine äußerliche Weise zu überwinden ist. Dieser Gehorsam des Dienstes und des Preises bringt durch das Aufheben des sinnlichen Wissens und Tuns das Bewußtsein der Einheit mit dem an- und fürsichseienden Wesen hervor, doch nicht als angeschaute wirkliche Einheit, sondern dieser Dienst ist nur das fortwährende Hervorbringen, das sein Ziel in der Gegenwart nicht vollkommen erreicht. Die Gemeinde gelangt zwar dazu, denn sie ist das allgemeine Selbstbewußtsein; aber dem einzelnen Selbstbewußtsein bleibt notwendig das Reich des reinen Denkens ein Jenseits seiner Wirklichkeit, oder indem dieses durch die Entäußerung des ewigen Wesens in die Wirklichkeit getreten, ist sie eine unbegriffne sinnliche Wirklichkeit; eine sinnliche Wirklichkeit aber bleibt gleichgültig gegen die andre, und das Jenseits hat nur die Bestimmung der Entfernung in Raum und Zeit noch dazu erhalten. – Der Begriff aber, die sich selbst gegenwärtige Wirklichkeit des Geistes, bleibt im glaubenden Bewußtsein das *Innre*, welches Alles ist und wirkt, aber nicht selbst hervortritt.

In der *reinen Einsicht* aber ist der Begriff das allein Wirkliche; und diese dritte Seite des Glaubens, Gegenstand für die reine Einsicht zu sein, ist das eigentliche Verhältnis, in welchem er hier auftritt. – Die reine Einsicht selbst ist ebenso teils an und für sich, teils im Verhältnisse zur wirklichen Welt, insofern sie noch positiv, nämlich als eitles Bewußtsein vorhanden ist, teils endlich in jenem Verhältnisse zum Glauben zu betrachten.

Was die reine Einsicht an und für sich ist, haben wir gesehen; wie der Glaube das ruhige reine *Bewußtsein* des Geistes als des *Wesens*, so ist sie das *Selbst*bewußtsein desselben; sie weiß das Wesen daher nicht als *Wesen*, sondern als absolutes *Selbst*. Sie geht also darauf, alle dem Selbstbewußtsein *andre* Selbständigkeit, es sei des Wirklichen oder *Ansich*seienden, aufzuheben, und sie zum *Begriffe* zu machen. Sie ist nicht nur die Gewißheit der selbstbewußten Vernunft, alle Wahrheit zu sein; sondern sie *weiß*, daß sie dies ist.

Wie aber der Begriff derselben auftritt, ist er noch nicht *realisiert*. Sein Bewußtsein erscheint hiernach noch als ein *zufälliges, einzelnes*, und das, was ihm das Wesen ist, als *Zweck*, den es zu verwirklichen hat. Es hat erst die *Absicht*, die *reine Einsicht allgemein*, d.h. alles, was wirklich ist, zum Begriffe, und zu einem Begriffe in allen Selbstbewußtsein[en] zu machen. Die Absicht ist *rein*, denn sie hat die reine Einsicht zum Inhalte; und diese Einsicht ist ebenso *rein*, denn ihr Inhalt ist nur der absolute Begriff, der keinen Gegensatz an einem Gegenstande hat, noch an ihm selbst beschränkt ist. In dem unbeschränkten Begriffe liegen unmittelbar die beiden Seiten, daß alles Gegenständliche nur die Bedeutung des *Fürsichseins*, des Selbstbewußtseins, und daß dieses die Bedeutung eines *Allgemeinen* habe, daß die reine Einsicht Eigentum aller Selbstbewußtsein[e] werde. Diese zweite Seite der Absicht ist insofern Resultat der Bildung, als darin, wie die Unterschiede des gegenständlichen Geistes, die Teile und Urteilsbestimmungen seiner Welt, so auch die Unterschiede, welche als ursprünglich bestimmte Naturen erscheinen, zu Grunde gegangen sind. Genie, Talent, die besondern Fähigkeiten überhaupt, gehören der Welt der Wirklichkeit an, insofern sie an ihr noch die Seite hat, geistiges Tierreich zu sein, welches in gegenseitiger Gewalttätigkeit und Verwirrung sich um die Wesen der realen Welt bekämpft und betrügt. – Die Unterschiede haben in ihr zwar nicht als ehrliche

Espècen Platz; weder begnügt sich die Individualität mit der unwirklichen *Sache selbst*, noch hat sie *besondern* Inhalt und eigne Zwecke. Sondern sie gilt nur als ein Allgemeingültiges, nämlich als Gebildetes; und der Unterschied reduziert sich auf die geringere oder größere Energie; – einen Unterschied der *Größe*, d.h. den unwesentlichen. Diese letzte Verschiedenheit aber ist darin zu Grunde gegangen, daß der Unterschied in der vollkommnen Zerrissenheit des Bewußtseins zum absolut qualitativen umschlug. Was darin dem Ich das Andre ist, ist nur das Ich selbst. In diesem unendlichen Urteile ist alle Einseitigkeit und Eigenheit des ursprünglichen Fürsichseins getilgt; das Selbst weiß sich als reines Selbst sein Gegenstand zu sein; und diese absolute Gleichheit beider Seiten ist das Element der reinen Einsicht. – Sie ist daher das einfache in sich ununterschiedne *Wesen*, und ebenso das allgemeine *Werk* und allgemeiner Besitz. In dieser *einfachen* geistigen Substanz gibt und erhält sich das Selbstbewußtsein ebenso in allem Gegenstande das Bewußtsein *dieser* seiner *Einzelheit* oder des *Tuns*, als umgekehrt die Individualität desselben darin *sich selbst gleich* und allgemein ist. – Diese reine Einsicht ist also der Geist; der *allem* Bewußtsein zuruft: *seid für euch selbst*, was ihr Alle *an euch selbst* seid, – *vernünftig*.

II.
Die Aufklärung.

Der eigentümliche Gegenstand, gegen welchen die reine Einsicht die Kraft des Begriffes richtet, ist der Glaube als die ihr in demselben Elemente gegenüberstehende Form des reinen Bewußtseins. Sie hat aber auch Beziehung auf die wirkliche Welt, denn sie ist wie jener, die Rückkehr aus derselben in das reine Bewußtsein. Es ist zuerst zu sehen, wie ihre Tätigkeit gegen die unlautern Absichten und verkehrten Einsichten derselben beschaffen ist.

Oben wurde schon des ruhigen Bewußtseins erwähnt, das diesem sich in sich auflösenden und wieder erzeugenden Wirbel gegenübersteht; es macht die Seite der reinen Einsicht und Absicht aus. In dies ruhige Bewußtsein fällt aber, wie wir sahen, keine *besondere Einsicht* über die Welt der Bildung; diese hat vielmehr selbst das schmerzlichste Gefühl und die wahrste Einsicht über sich selbst, – das Gefühl, die Auflösung alles sich Befestigenden, durch alle Momente ihres Daseins hindurch gerädert und an allen Knochen zerschlagen zu sein; ebenso ist sie die Sprache dieses Gefühls und die beurteilende geistreiche Rede über alle Seiten ihres Zustandes. Die reine Einsicht kann daher hier keine eigene Tätigkeit und Inhalt haben, und sich also nur als das formelle treue *Auffassen* dieser eignen geistreichen Einsicht der Welt und ihrer Sprache verhalten. Indem diese Sprache zerstreut, die Beurteilung eine Faselei des Augenblicks, die sich sogleich wieder vergißt, und ein Ganzes nur für ein drittes Bewußtsein ist, so kann sich dieses als *reine* Einsicht nur dadurch unterscheiden, daß es jene sich zerstreuenden Züge in ein allgemeines Bild zusammenfaßt, und sie dann zu einer Einsicht aller macht.

Sie wird durch dies einfache Mittel die Verwirrung dieser Welt zur Auflösung bringen. Denn es hat sich ergeben, daß nicht die Massen und die bestimmten Begriffe und Individualitäten das Wesen dieser Wirklichkeit sind, sondern daß sie ihre Substanz und Halt allein in dem Geiste hat, der als Urteilen und Besprechen existiert, und daß das Interesse, für dies Räsonnieren und Schwatzen einen Inhalt zu haben, allein das Ganze und die Massen seiner Gliederung erhält. In dieser Sprache der Einsicht ist ihr Selbstbewußtsein sich noch ein *Fürsichseiendes, dieses Einzelne*; aber die Eitelkeit des Inhalts ist zugleich Eitelkeit des ihn eitel wissenden Selbsts. Indem nun das ruhig auffassende Bewußtsein von diesem ganzen geistreichen Geschwätze der Eitelkeit die treffendsten und die Sache durchschneidenden Fassungen in eine Sammlung bringt, geht zu der übrigen Eitelkeit des Daseins die das Ganze noch erhaltende Seele, die Eitelkeit des geistreichen Beurteilens, zu Grunde. Die Sammlung zeigt den Meisten einen bessern, oder allen wenigstens einen vielfachern Witz, als der ihrige ist, und das Besserwissen und Beurteilen überhaupt als etwas Allgemeines und nun allgemein Bekanntes; damit tilgt sich das einzige Interesse, das noch vorhanden war, und das einzelne Einsehen löst sich in die allgemeine Einsicht auf

Noch aber steht über dem eiteln Wissen das Wissen von dem Wesen fest, und die reine Einsicht erscheint erst in eigentlicher Tätigkeit, insofern sie gegen den Glauben auftritt.

a.
Der Kampf
der Aufklärung mit dem Aberglauben.

Die verschiednen Weisen des negativen Verhaltens des Bewußtseins, teils des Skeptizismus, teils des theoretischen und praktischen Idealismus sind untergeordnete Gestalten gegen diese der *reinen Einsicht*, und ihrer Verbreitung, der *Aufklä-*

rung; denn sie ist aus der Substanz geboren, weiß das reine *Selbst* des Bewußtseins als absolut und nimmt es mit dem reinen Bewußtsein des absoluten Wesens aller Wirklichkeit auf. – Indem Glaube und Einsicht dasselbe reine Bewußtsein, der Form nach aber entgegengesetzt sind, dem Glauben das Wesen als *Gedanke*, nicht als *Begriff*, und daher ein dem *Selbst*bewußtsein schlechthin Entgegengesetztes, der reinen Einsicht aber das Wesen das *Selbst* ist, sind sie füreinander das eine das schlechthin Negative des andern. – Dem Glauben kommt, wie beide gegeneinander auftreten, aller *Inhalt* zu, denn in seinem ruhigen Elemente des Denkens gewinnt jedes Moment Bestehen; – die reine Einsicht aber ist zunächst ohne Inhalt, und vielmehr reines Verschwinden desselben; durch die negative Bewegung gegen das ihr Negative aber wird sie sich realisieren und einen Inhalt geben.

Sie weiß den Glauben als das ihr, der Vernunft und Wahrheit, Entgegengesetzte. Wie er ihr im allgemeinen ein Gewebe von Aberglauben, Vorurteilen und Irrtümern ist, so organisiert sich ihr weiter das Bewußtsein dieses Inhalts in ein Reich des Irrtums, worin die falsche Einsicht einmal als die *allgemeine Masse* des Bewußtseins, ummittelbar, unbefangen und ohne Reflexion in sich selbst ist, aber das Moment der Reflexion in sich oder des Selbstbewußtseins, getrennt von der Unbefangenheit, auch an ihr hat, als eine im Hintergrunde für sich bleibende Einsicht und böse Absicht, von welcher jenes betört wird. Jene Masse ist das Opfer des Betrugs einer *Priesterschaft*, die ihre neidische Eitelkeit, allein im Besitze der Einsicht zu bleiben, sowie ihren sonstigen Eigennutz ausführt, und zugleich mit dem *Despotismus* sich verschwört, der als synthetische begrifflose Einheit des realen und dieses idealen Reichs, – ein seltsam inkonsequentes Wesen, – über der schlechten Einsicht der Menge und der schlechten Absicht der Priester steht, und beides auch in sich vereinigt, aus der Dummheit und Verwirrung des Volks durch das Mittel der betrügenden Priesterschaft, beide verachtend, den Vorteil der ruhigen Beherrschung und der Vollführung seiner Lüste und Willkür zieht, zugleich aber dieselbe Dumpfheit der Einsicht, der gleiche Aberglauben und Irrtum ist.

Gegen diese drei Seiten des Feindes läßt die Aufklärung sich nicht ohne Unterschied ein; denn indem ihr Wesen reine Einsicht, das an und für sich *Allgemeine* ist, so ist ihre wahre Beziehung auf das andere Extrem diejenige, in welcher sie auf das *Gemeinschaftliche* und *Gleiche* beider geht. Die Seite der aus dem allgemeinen unbefangenen Bewußtsein sich isolierenden *Einzelheit* ist das ihr Entgegengesetzte, das sie nicht unmittelbar berühren kann. Der Wille der betrügenden Priesterschaft und des unterdrückenden Despoten ist daher nicht unmittelbar Gegenstand ihres Tuns, sondern die willenlose, nicht zum Fürsichsein sich vereinzelnde Einsicht, der *Begriff* des vernünftigen Selbstbewußtseins, der an der Masse sein Dasein hat, aber in ihr noch nicht als Begriff vorhanden ist. Indem aber die reine Einsicht diese ehrliche Einsicht und ihr unbefangenes Wesen den Vorurteilen und Irrtümern entreißt, windet sie der schlechten Absicht die Realität und Macht ihres Betrugs aus den Händen, deren Reich an dem begrifflosen Bewußtsein der allgemeinen Masse seinen *Boden* und *Material* – das *Fürsichsein* an dem *einfachen* Bewußtsein überhaupt seine *Substanz* hat.

Die Beziehung der reinen Einsicht auf das unbefangene Bewußtsein des absoluten Wesens hat nun die gedoppelte Seite, daß sie einesteils *an sich* dasselbe mit ihm ist, andernteils aber daß dieses in dem einfachen Elemente seines Gedankens das absolute Wesen sowie seine Teile gewähren und sich Bestehen geben und sie nur als sein *Ansich* und darum in gegenständlicher Weise gelten läßt, sein *Fürsichsein* aber in diesem Ansich verleugnet. – Insofern nach der ersten Seite dieser Glaube *an sich* für die reine Einsicht reines *Selbst*bewußtsein ist, und er dies nur *für sich* werden soll, so hat sie an diesem Begriffe desselben das Element, worin sie statt der falschen Einsicht sich realisiert.

Von dieser Seite, daß beide wesentlich dasselbe sind und die Beziehung der reinen Einsicht durch und in demselben Elemente geschieht, ist ihre Mitteilung eine *unmittelbare*, und ihr Geben und Empfangen ein ungestörtes Ineinanderfließen. Was auch sonst weiter in das Bewußtsein für Pflöcke eingeschlagen seien, es ist *an sich* diese Einfachheit, in welcher alles aufgelöst, vergessen und unbefangen, und die daher des Begriffs schlechthin empfänglich ist. Die Mitteilung der reinen Einsicht ist deswegen einer ruhigen Ausdehnung oder dem *Verbreiten* wie eines Duftes in der widerstandslosen Atmosphäre zu vergleichen. Sie ist eine durchdringende Ansteckung, welche sich nicht vorher gegen das gleichgültige Element, in das sie sich insinuiert, als Entgegengesetztes bemerkbar macht, und daher nicht abgewehrt werden kann. Erst wenn die Ansteckung sich verbreitet hat, ist *sie für das Bewußtsein*, das sich ihr unbesorgt überließ. Denn es war zwar das einfache sich und ihm gleiche Wesen, was es in sich empfing, aber zugleich die Einfachheit der in sich reflektierten *Negativität*, welche nachher auch sich nach ihrer Natur als Entgegengesetztes entfaltet, und das Bewußtsein hiedurch an seine vorige Weise erinnert; sie ist der Begriff, der das einfache Wissen ist, welches sich selbst und zugleich sein Gegenteil, aber dieses in ihm als aufgehoben weiß. Sowie daher die reine Einsicht für das Bewußtsein ist, hat sie sich schon verbreitet; der Kampf gegen sie verrät die geschehene Ansteckung; er ist zu spät, und jedes Mittel verschlimmert nur die Krankheit, denn sie hat das Mark des geistigen Lebens ergriffen, nämlich das Bewußtsein in seinem Begriffe oder sein reines Wesen selbst; es gibt darum auch keine Kraft in ihm, welche über ihr wäre. Weil sie im Wesen selbst ist, lassen sich ihre noch vereinzelten Äußerungen zurückdrängen und die oberflächlichen Symptome dämpfen. Es ist ihr dies höchst vorteilhaft; denn sie vergeudet nun nicht unnütz die Kraft, noch zeigt sie sich ihres Wesens unwürdig, was dann der Fall ist, wenn sie in Symptome und einzelne Eruptionen gegen den Inhalt des Glaubens und gegen den Zusammenhang seiner äußern Wirklichkeit hervorbricht. Sondern nun ein unsichtbarer und unbemerkter Geist, durchschleicht sie die edeln Teile durch und durch, und hat sich bald aller Eingeweide und Glieder des bewußtlosen Götzen gründlich bemächtigt, und „an *einem schönen Morgen* gibt sie mit dem Ellbogen dem Kameraden einen Schub, und bauz! baradauz! der Götze liegt am Boden". – An *einem schönen Morgen*, dessen Mittag nicht blutig ist, wenn die Ansteckung alle Organe des geistigen Lebens durchdrungen hat; nur das Gedächtnis bewahrt dann noch als eine, man weiß nicht wie, vergangene Geschichte die tote Weise der vorigen Gestalt des Geistes auf; und die neue für die Anbetung erhöhte Schlange der Weisheit hat auf diese Weise nur eine welke Haut schmerzlos abgestreift.

Aber dieses stumme Fortweben des Geistes im einfachen Innern seiner Substanz, der sich sein Tun verbirgt, ist nur Eine Seite der Realisierung der reinen Einsicht. Ihre Verbreitung besteht nicht nur darin, daß Gleiches mit Gleichem zusammengeht; und ihre Verwirklichung ist nicht nur eine gegensatzlose Ausdehnung. Sondern das Tun des negativen Wesens ist ebenso wesentlich eine entwickelte sich in sich unterscheidende Bewegung, welche als bewußtes Tun ihre Momente in bestimmtem offenbarem Dasein aufstellen und als ein lauter Lärm und gewaltsamer Kampf mit Entgegengesetztem als solchem vorhanden sein muß.

Es ist daher zu sehen, wie die *reine Einsicht* und *Absicht* gegen das andere ihr Entgegengesetzte, das sie vorfindet, sich *negativ* verhält. – Die reine Einsicht und Absicht, welche sich negativ verhält, kann, da ihr Begriff alle Wesenheit, und nichts außer ihr ist, nur das Negative ihrer selbst sein. Sie wird daher als Einsicht zum Negativen der reinen Einsicht, sie wird Unwahrheit und Unvernunft, und als Absicht zum Negativen der reinen Absicht, zur Lüge und Unlauterkeit des Zwecks.

In diesen Widerspruch verwickelt sie sich dadurch, daß sie sich in Streit einläßt, und etwas *Anderes* zu bekämpfen meint. – Sie meint dies nur, denn ihr Wesen als die absolute Negativität ist dieses, das Anderssein an ihr selbst zu haben. Der absolute Begriff ist die Kategorie; er ist dies, daß das Wissen und der *Gegenstand* des Wissens dasselbe ist. Was hiemit die reine Einsicht als ihr Andres, was sie als Irrtum oder Lüge ausspricht, kann nichts andres sein als sie selbst; sie kann nur das verdammen, was sie ist. Was nicht vernünftig ist, hat keine *Wahrheit*, oder was nicht begriffen ist, *ist* nicht; indem also die Vernunft von einem *Andern* spricht, als sie ist, spricht sie in der Tat nur von sich selbst; sie tritt darin nicht aus sich heraus. Dieser Kampf mit dem Entgegengesetzten vereinigt darum die Bedeutung in sich, ihre *Verwirklichung* zu sein. Diese besteht nämlich eben in der Bewegung, die Momente zu entwickeln, und sie in sich zurückzunehmen; ein Teil dieser Bewegung ist die Unterscheidung, in welcher [sich] die begreifende Einsicht sich selbst als *Gegenstand* gegenüberstellt; so lange sie in diesem Momente verweilt, ist sie sich entfremdet. Als reine Einsicht ist sie ohne allen *Inhalt*; die Bewegung ihrer Realisierung besteht darin, daß sie *selbst* sich als Inhalt wird, denn ein anderer kann ihr nicht werden, weil sie das Selbstbewußtsein der Kategorie ist. Aber indem sie ihn zuerst in dem Entgegengesetzten nur als *Inhalt*, und ihn noch nicht als sich selbst weiß, verkennt sie sich in ihm. Ihre Vollendung hat daher diesen Sinn, den ihr zuerst gegenständlichen Inhalt als den ihrigen zu erkennen. Ihr Resultat wird dadurch aber weder die Wiederherstellung der Irrtümer, welche sie bekämpft, noch nur ihr erster Begriff sein, sondern eine Einsicht, welche die absolute Negation ihrer selbst als ihre eigne Wirklichkeit, als sich selbst erkennt, oder ihr sich selbst erkennender Begriff. – Diese Natur des Kampfs der Aufklärung mit den Irrtümern, in ihnen sich selbst zu bekämpfen und das darin zu verdammen, was sie behauptet, ist *für uns*, oder was sie und ihr Kampf *an sich* ist. Die erste Seite desselben aber, ihre Verunreinigung durch die Aufnahme des negativen Verhaltens in ihre sich-selbstgleiche *Reinheit* ist es, wie sie *für den Glauben Gegenstand* ist, der sie also als Lüge, Unvernunft und schlechte Absicht erfährt, sowie er für sie Irrtum und Vorurteil ist. – In Rücksicht auf ihren Inhalt ist sie zunächst die leere Einsicht, der ihr Inhalt als ein Anderes erscheint; sie *findet* ihn daher in dieser Gestalt, daß er noch nicht der ihrige ist, *vor*, als ein von ihr ganz unabhängiges Dasein, in dem Glauben.

Die Aufklärung faßt also ihren Gegenstand zuerst und allgemein so auf, daß sie ihn als *reine Einsicht* nimmt und ihn so, sich selbst nicht erkennend, für Irrtum erklärt. In der *Einsicht* als solcher faßt das Bewußtsein einen Gegenstand so, daß er ihm zum Wesen des Bewußtseins oder zu einem Gegenstande wird, den es durchdringt, worin es sich erhält, bei sich selbst und sich gegenwärtig bleibt, und, indem es hiemit seine Bewegung ist, ihn hervorbringt. Als eben dieses spricht die Aufklärung den Glauben richtig aus, indem sie von ihm sagt, daß das, was ihm das absolute Wesen ist, ein Sein seines eignen Bewußtseins, sein eigner Gedanke, ein vom Bewußtsein Hervorgebrachtes sei. Sie erklärt ihn hiemit für Irrtum und Erdichtung über dasselbe, was sie ist. – Sie, die den Glauben die neue Weisheit lehren will, sagt ihm damit nichts Neues; denn sein Gegenstand ist ihm auch gerade dieses, nämlich reines Wesen seines eignen Bewußtseins, so daß dieses darin sich nicht verloren und negiert setzt, sondern ihm vielmehr vertraut, d.h. eben *in ihm* sich *als dieses* Bewußtsein oder als *Selbst*bewußtsein findet. Wem ich vertraue, dessen *Gewißheit seiner* selbst ist mir die *Gewißheit meiner* selbst; ich erkenne mein Fürmichsein in ihm, daß er es anerkennt, und es ihm Zweck und Wesen ist. Vertrauen ist aber der Glauben, weil sein Bewußtsein sich *unmittelbar* auf seinen Gegenstand *bezieht*, und also auch dies anschaut, daß es *eins* mit ihm, in ihm ist. – Ferner indem dasjenige mir Gegenstand ist, worin ich mich selbst erkenne, bin ich mir darin zugleich überhaupt als *anderes* Selbstbewußtsein, d.h. als ein solches, welches darin seiner besondern Einzelheit, nämlich seiner Natürlichkeit und Zufälligkeit entfremdet worden, aber teils darin Selbstbewußtsein bleibt, teils eben darin *wesentliches* Bewußtsein, wie die reine Einsicht ist. – In dem Begriffe der Einsicht liegt nicht nur dies, daß das Bewußtsein in seinem eingesehenen Gegenstande sich selbst erkennt und, ohne das Gedachte zu verlassen und daraus in sich erst zurückzugehen, sich *unmittelbar* darin hat, sondern es ist seiner selbst als auch der *vermittelnden* Bewegung oder seiner als des *Tuns* oder Hervorbringens bewußt; dadurch ist in dem Gedanken *für es* diese Einheit seiner als des *Selbsts* und des Gegenstandes. – Eben dies Bewußtsein ist auch der

Glaube; *der Gehorsam und das Tun* ist ein notwendiges Moment, durch welches die Gewißheit des Seins in dem absoluten Wesen zustande kommt. Dies Tun des Glaubens erscheint zwar nicht so, daß das absolute Wesen selbst dadurch hervorgebracht werde. Aber das absolute Wesen des Glaubens ist wesentlich nicht das *abstrakte* Wesen, das jenseits des glaubenden Bewußtseins sei, sondern es ist der Geist der Gemeine, es ist die Einheit des abstrakten Wesens und des Selbstbewußtseins. Daß es dieser Geist der Gemeine sei, darin ist das Tun der Gemeine ein wesentliches Moment; er ist es *nur durch das Hervorbringen des Bewußtsein*s; – oder vielmehr *nicht ohne* vom Bewußtsein hervorgebracht zu sein; denn so wesentlich das Hervorbringen ist, so wesentlich ist es auch nicht der einzige Grund des Wesens, sondern es ist nur ein Moment. Das Wesen ist zugleich an und für sich selbst.

Von der andern Seite ist der Begriff der reinen Einsicht sich ein *Anderes* als sein Gegenstand; denn eben diese negative Bestimmung macht den Gegenstand aus. So spricht sie also von der andern Seite auch das Wesen des Glaubens aus, als ein dem Selbstbewußtsein *Fremdes*, das nicht *sein* Wesen, sondern als ein Wechselbalg ihm unterschoben sei. Allein die Aufklärung ist hier völlig töricht; der Glaube erfährt sie als ein Sprechen, das nicht weiß, was es sagt, und die Sache nicht versteht, wenn es von Pfaffenbetrug und Volkstäuschung redet. Sie spricht hievon, als ob durch ein Hokuspokus der taschenspielerischen Priester dem Bewußtsein etwas absolut *Fremdes* und *Anderes* für das Wesen untergeschoben würde, und sagt zugleich, daß dies ein Wesen des Bewußtseins sei, daß es daran glaube, ihm vertraue und sich es geneigt zu machen suche; – d.h. daß es darin *sein reines* Wesen ebensosehr als *seine* einzelne und allgemeine *Individualität* anschaue, und durch sein Tun diese Einheit seiner selbst mit seinem Wesen hervorbringe. Sie sagt unmittelbar das, was sie als ein dem Bewußtsein *Fremdes* aussagt, als das *Eigenste* desselben aus. – Wie mag also sie von Betrug und Täuschung sprechen? Indem sie *unmittelbar* das Gegenteil dessen, was sie vom Glauben behauptet, selbst von ihm ausspricht, zeigt sie diesem vielmehr sich als die bewußte *Lüge*. Wie soll Täuschung und Betrug da stattfinden, wo das Bewußtsein in seiner Wahrheit unmittelbar die *Gewißheit seiner selbst* hat; wo es in seinem Gegenstande *sich selbst* besitzt, indem es sich ebensowohl darin findet als hervorbringt? Der Unterschied ist sogar in den Worten nicht mehr vorhanden. – Wenn die allgemeine Frage aufgestellt worden ist: *ob es erlaubt sei, ein Volk zu täuschen*, so müßte in der Tat die Antwort sein, daß die Frage nichts tauge; weil es unmöglich ist, hierin ein Volk zu täuschen. – Messing statt Golds, nachgemachte Wechsel statt echter mögen wohl einzeln verkauft, eine verlorne Schlacht als eine gewonnene Mehrern aufgeheftet, und sonstige Lügen über sinnliche Dinge und einzelne Begebenheiten auf eine Zeitlang glaubhaft gemacht werden; aber in dem Wissen von dem Wesen, worin das Bewußtsein die unmittelbare *Gewißheit seiner selbst* hat, fällt der Gedanke der Täuschung ganz hinweg.

Sehen wir weiter, wie der Glaube die Aufklärung in den *unterschiedenen* Momenten seines Bewußtseins erfährt, auf welches die aufgezeigte Ansicht nur erst im Allgemeinen ging. Diese Momente aber sind: das reine Denken oder, als Gegenstand, das *absolute Wesen* an und für sich selbst; dann seine *Beziehung* – als ein *Wissen* – darauf, der *Grund seines Glaubens*, und endlich seine Beziehung darauf in seinem Tun, oder *sein Dienst*. Wie die reine Einsicht sich im Glauben überhaupt verkennt und verleugnet hat, so wird sie in diesen Momenten ebenso verkehrt sich verhalten.

Die reine Einsicht verhält sich zu *dem absoluten Wesen* des glaubenden Bewußtseins negativ. Dies Wesen ist reines *Denken*, und das reine Denken innerhalb seiner selbst als Gegenstand oder als das *Wesen* gesetzt; im glaubenden Bewußtsein erhält dies *Ansich* des Denkens zugleich für das für sich seiende Bewußtsein die Form, aber auch nur die leere Form der Gegenständlichkeit; es ist in der Bestimmung eines *Vorgestellten*. Der reinen Einsicht aber, indem sie das reine Bewußtsein nach der Seite des *für sich seienden Selbsts* ist, erscheint das *Andre* als ein *Negatives* des *Selbstbewußtseins*. Dies könnte noch entweder als das reine Ansich des Denkens oder auch als das *Sein* der sinnlichen Gewißheit genommen werden. Aber indem es zugleich für das *Selbst*, und dieses als *Selbst*, das einen Gegenstand hat, wirkliches Bewußtsein ist, so ist ihr eigentümlicher Gegenstand als solcher ein *seiendes gemeines Ding* der *sinnlichen Gewißheit*. Dieser ihr Gegenstand erscheint ihr an der *Vorstellung* des Glaubens. Sie verdammt diese und in ihr ihren eignen Gegenstand. Gegen den Glauben aber begeht sie schon darin das Unrecht, seinen Gegenstand so aufzufassen, daß er der ihrige ist. Sie sagt hiernach über den Glauben, daß sein absolutes Wesen ein Steinstück, ein Holzblock sei, der Augen habe und nicht sehe, oder auch etwas Brotteig, der auf dem Acker gewachsen, von Menschen verwandelt darauf zurückgeschickt werde; – oder nach welchen Weisen sonst der Glaube das Wesen anthromorphosiere, sich gegenständlich und vorstellig mache.

Die Aufklärung, die sich für das Reine ausgibt, macht hier das, was dem Geiste ewiges Leben und heiliger Geist ist, zu einem wirklichen *vergänglichen Dinge* und besudelt es mit der an sich nichtigen Ansicht der sinnlichen Gewißheit, – mit einer Ansicht, welche dem anbetenden Glauben gar nicht vorhanden ist, so daß sie ihm dieselbe rein anlügt. Was er verehrt, ist ihm durchaus weder Stein oder Holz oder Brotteig, noch sonst ein zeitliches sinnliches Ding. Wenn es der Aufklärung einfällt zu sagen, sein Gegenstand sei doch dies *auch*, oder gar, er sei dieses an sich und in Wahrheit, so kennt teils der Glaube ebensowohl *jenes Auch*, aber es ist ihm außer seiner Anbetung; teils aber ist ihm überhaupt nicht so etwas, wie ein Stein usf. *an sich*, sondern an sich ist ihm allein das Wesen des reinen Denkens.

Das *zweite Moment* ist die Beziehung des Glaubens als *wissenden* Bewußtseins auf dieses Wesen. Als denkendem[,] reinem Bewußtsein ist ihm dies Wesen unmittelbar; aber das reine Bewußtsein ist ebensosehr *vermittelte* Beziehung der Gewißheit auf die Wahrheit; eine Beziehung, welche den *Grund* des *Glaubens* ausmacht. Dieser Grund wird für die Aufklärung eben so zu einem zufälligen *Wissen von zufälligen* Begebenheiten. Der Grund des Wissens aber ist das *wissende* Allgemeine, und in seiner Wahrheit der absolute *Geist*, der in dem abstrakten reinen Bewußtsein oder dem Denken als solchem nur absolutes *Wesen*, als Selbstbewußtsein aber das *Wissen* von sich ist. Die reine Einsicht setzt dies wissende Allgemeine, den *einfachen sich selbst wissenden Geist*, ebenso als Negatives des Selbstbewußtseins. Sie ist zwar selbst das *reine vermittelte*, d.h. sich mit sich vermittelnde Denken, sie ist das reine Wissen; aber indem sie *reine Einsicht, reines Wissen* ist, das sich selbst noch nicht weiß, d.h. für welches es noch nicht ist, daß sie diese reine vermittelnde Bewegung ist, erscheint sie ihr, wie alles, was sie selbst ist, als ein Anderes. In ihrer Verwirklichung also begriffen, entwickelt sie dies ihr wesentliches Moment; aber es erscheint ihr als dem Glauben angehörend, und in seiner Bestimmtheit, ein ihr Äußeres zu sein, als ein zufälliges Wissen eben solcher gemein wirklicher Geschichten. Sie dichtet also hier dem religiösen Glauben an, daß seine Gewißheit sich auf einige *einzelne historische Zeugnisse* gründe, welche als historische Zeugnisse betrachtet, freilich nicht den Grad von Gewißheit über ihren Inhalt gewähren würden, den uns Zeitungsnachrichten über irgend eine Begebenheit geben; – daß seine Gewißheit ferner auf dem Zufall der *Aufbewahrung* dieser Zeugnisse beruhe, – der Aufbewahrung durch Papier einerseits, und anderseits durch die Geschicklichkeit und Ehrlichkeit der Übertragung von einem Papier auf ein anderes, und endlich auf der *richtigen Auffassung* des Sinnes toter Worte und Buchstaben. In der Tat aber fällt es dem Glauben nicht ein, an solche Zeugnisse und Zufälligkeiten seine Gewißheit zu knüpfen; er ist in seiner Gewißheit unbefangenes Verhältnis zu seinem absoluten Gegenstande, ein reines Wissen desselben, welches nicht Buchstaben, Papier und Abschreiber in sein Bewußtsein des absoluten Wesens einmischt und nicht durch solcherlei Dinge sich damit vermittelt. Sondern dies Bewußtsein ist der sich selbst vermittelnde Grund seines Wissens; es ist der Geist selbst, der das Zeugnis von sich ist, ebenso im *Innern* des *einzelnen* Bewußtseins als durch die *allgemeine Gegenwart* des Glaubens Aller an ihn. Wenn der Glaube sich aus dem Geschichtlichen auch jene Weise von Begründung oder wenigstens Bestätigung seines Inhaltes, von der die Aufklärung spricht, geben will und ernsthaft meint und tut, als ob es darauf ankäme, so hat er sich schon von der Aufklärung verführen lassen; und seine Bemühungen, sich auf solche Weise zu begründen oder zu befestigen, sind nur Zeugnisse, die er von seiner Ansteckung gibt.

Noch ist die dritte Seite übrig, die *Beziehung des Bewußtseins auf das absolute Wesen*, als ein *Tun*. Dies Tun ist das Aufheben der Besonderheit des Individuums oder der natürlichen Weise seines Fürsichseins, woraus ihm die Gewißheit hervorgeht, reines Selbstbewußtsein, nach seinem Tun d.h. als *fürsichseiendes* einzelnes Bewußtsein eins mit dem Wesen zu sein. – Indem an dem Tun Zweckmäßigkeit und Zweck sich unterscheidet und die reine Einsicht ebenso in Beziehung auf dieses Tun sich *negativ verhält* und wie in den andern Momenten sich selbst verleugnet, so muß sie in Ansehung der *Zweckmäßigkeit* als Unverstand sich darstellen, indem die Einsicht mit der Absicht verbunden, Übereinstimmung des Zwecks und des Mittels, ihr als Anderes, vielmehr als das Gegenteil erscheint, – in Ansehung des *Zwecks* aber das Schlechte, Genuß und Besitz zum Zwecke machen und sich hiemit als die unreinste Absicht beweisen, indem die reine Absicht ebenso, als Andres, unreine Absicht ist.

Hienach sehen wir in Ansehung der *Zweckmäßigkeit* die Aufklärung es töricht finden, wenn das glaubende Individuum sich das höhere Bewußtsein, nicht an den natürlichen Genuß und Vergnügen gefesselt zu sein, dadurch gibt, daß es sich natürlichen Genuß und Vergnügen *wirklich* versagt und *durch die Tat* erweist, daß es die Verachtung derselben nicht *lügt*, sondern daß sie *wahr* ist. – Ebenso findet sie es töricht, daß das Individuum von seiner Bestimmtheit, absolut einzelnes, alle andern ausschließendes und Eigentum besitzendes zu sein, sich dadurch absolviert, daß es von seinem Eigentume selbst abläßt; womit es *in Wahrheit* zeigt, daß es mit seinem Isolieren nicht Ernst, sondern daß es über die Naturnotwendigkeit, sich zu vereinzeln und in dieser absoluten Vereinzelung des Fürsichseins die Andern als dasselbe *mit sich* zu verleugnen, erhaben ist. Die reine Einsicht findet beides sowohl unzweckmäßig als unrecht, – *unzweckmäßig*, um von Vergnügen und Besitz sich frei zu erweisen, sich Vergnügen zu versagen und einen Besitz wegzugeben; sie wird also im Gegenteil den für einen *Toren* erklären, der um zu essen, das Mittel ergreift, wirklich zu essen. – Sie findet es auch *unrecht*, sich eine Mahlzeit zu versagen und Butter, Eier nicht gegen Geld, oder Geld nicht gegen Butter und Eier, sondern geradezu, ohne so was dafür zurückzuerhalten, wegzugeben; sie erklärt eine Mahlzeit oder den Besitz von dergleichen Dingen für einen Selbstzweck, und sich damit in der Tat für eine sehr unreine Absicht, der es um solchen Genuß und Besitz ganz wesentlich zu tun ist. Sie behauptet als reine Absicht auch wieder die Notwendigkeit der Erhebung über die natürliche Existenz und über die Habsucht um ihre Mittel; nur findet sie es töricht und unrecht, daß diese Erhebung *durch die Tat* bewiesen werden soll, oder diese reine Absicht ist in Wahrheit Betrug, welcher eine *innerliche* Erhebung vorgibt und fordert, aber Ernst daraus zu machen, sie *wirklich ins Werk* zu richten und *ihre Wahrheit zu erweisen* für überflüssig, töricht und selbst für unrecht ausgibt. – Sie verleugnet sich also sowohl als reine Einsicht, denn sie verleugnet das unmittelbar zweckmäßige Tun, wie als reine Absicht, denn sie verleugnet die Absicht, sich von den Zwecken der Einzelheit befreit zu erweisen.

So gibt die Aufklärung sich dem Glauben zu erfahren. Sie tritt in diesem schlechten Aussehen auf, weil sie eben durch das Verhältnis zu einem andern sich eine *negative Realität* gibt, oder sich als das Gegenteil ihrer selbst darstellt; die reine Einsicht und Absicht muß sich aber dies Verhältnis geben, denn es ist ihre Verwirklichung. – Diese erschien zunächst als negative Realität. Vielleicht ist ihre *positive Realität* besser beschaffen; sehen wir, wie diese sich verhält. – Wenn alles Vorurteil und Aberglauben verbannt worden, so tritt die Frage ein, *was nun weiter? Welches ist die Wahrheit, welche die Aufklärung statt jener verbreitet hat?* – Sie hat diesen positiven Inhalt in ihrem Ausrotten des Irrtums schon ausgesprochen, denn jene Entfremdung ihrer selbst ist ebensosehr ihre positive Realität. – An demjenigen, was dem Glauben absoluter Geist ist, faßt sie, was sie von *Bestimmung* daran entdeckt, als Holz, Stein usf., als einzelne wirkliche Dinge auf; indem sie überhaupt *alle Bestimmtheit*, d.h. allen Inhalt und Erfüllung desselben auf diese Weise als eine *Endlichkeit*, als *menschliches Wesen und Vorstellung* begreift, wird ihr das *absolute Wesen* zu einem *Vakuum*, dem keine Bestimmungen, keine Prädikate beigelegt werden können. Ein solches Beilager wäre an sich sträflich; und es ist es eben, in welchem die Ungeheuer des Aberglaubens erzeugt worden sind. Die Vernunft, die *reine Einsicht* ist wohl selbst nicht leer, indem das Negative ihrer selbst *für sie* und ihr Inhalt ist, sondern reich, aber nur an Einzelheit und Schranke; dem absoluten Wesen dergleichen nichts zukommen zu lassen noch beizulegen, ist ihre einsichtsvolle Lebensart, welche sich und ihren Reichtum der Endlichkeit an ihren Ort zu stellen und das Absolute würdig zu behandeln weiß.

Diesem leeren Wesen gegenüber steht als *zweites Moment* der positiven Wahrheit der Aufklärung die aus einem absoluten Wesen ausgeschlossene *Einzelheit* überhaupt, des Bewußtseins und alles Seins, als *absolutes An- und Fürsichsein*. Das Bewußtsein, welches in seiner allerersten Wirklichkeit *sinnliche Gewißheit* und *Meinung* ist, kehrt hier aus dem ganzen Wege seiner Erfahrung dahin zurück, und ist wieder ein Wissen von *rein Negativem seiner selbst* oder von *sinnlichen Dingen*, d.h. *seienden*, welche seinem *Fürsichsein* gleichgültig gegenüberstehen. Es ist hier aber nicht *unmittelbares* natürliches Bewußtsein, sondern es ist sich solches *geworden*. Zuerst preisgegeben aller Verwicklung, worein es durch seine Entfaltung gestürzt wird, jetzt durch die reine Einsicht auf seine erste Gestalt zurückgeführt, hat es sie als das *Resultat erfahren*. Auf die

Einsicht der Nichtigkeit aller andern Gestalten des Bewußtseins, und somit alles Jenseits der sinnlichen Gewißheit *gegründet*, ist diese sinnliche Gewißheit nicht mehr Meinung, sondern sie ist vielmehr die absolute Wahrheit. Diese Nichtigkeit alles dessen, was über die sinnliche Gewißheit hinausgeht, ist zwar nur ein negativer Beweis dieser Wahrheit; aber sie ist keines andern fähig, denn die positive Wahrheit der sinnlichen Gewißheit an ihr selbst ist eben das *unvermittelte* Fürsichsein des Begriffes selbst als Gegenstands, und zwar in der Form des Andersseins, – daß es jedem Bewußtsein *schlechthin gewiß* ist, daß es *ist*, und *andere wirkliche Dinge* außer ihm, und daß es in seinem *natürlichen* Sein, sowie diese Dinge, *an und für sich* oder *absolut* ist.

Das dritte Moment der Wahrheit der Aufklärung endlich ist das Verhältnis der einzelnen Wesen zum absoluten Wesen, die Beziehung der beiden ersten. Die Einsicht als reine Einsicht des *Gleichen* oder *Unbeschränkten geht* auch über das *Ungleiche*, nämlich die endliche Wirklichkeit, oder über sich als bloßes Anderssein *hinaus*. Sie hat zum Jenseits desselben *das Leere*, auf welches sie also die sinnliche Wirklichkeit bezieht. In die Bestimmung dieses *Verhältnisses* treten nicht die beiden Seiten als *Inhalt* ein; denn die eine ist das Leere, und ein Inhalt ist also nur durch die andere, die sinnliche Wirklichkeit, vorhanden. Die *Form* der Beziehung aber, in deren Bestimmung die Seite des *Ansich* mithilft, kann nach Belieben gemacht werden; denn die Form ist das *an sich Negative*, und darum das sich Entgegengesetzte; Sein sowohl als Nichts; *Ansich* wie das *Gegenteil*; oder was dasselbe, die Beziehung der *Wirklichkeit* auf *Ansich* als das *Jenseits* ist ebensowohl ein *Negieren* als ein *Setzen* derselben. Die endliche Wirklichkeit kann daher eigentlich, wie man es gerade braucht, genommen werden. Das Sinnliche wird also jetzt auf das Absolute als auf das *Ansich positiv* bezogen, und die sinnliche Wirklichkeit ist selbst *an sich*; das Absolute macht, hegt und pflegt sie. Wiederum ist sie auch darauf als auf das Gegenteil, als auf ihr *Nichtsein* bezogen; nach diesem Verhältnisse ist sie nicht an sich, sondern nur *für ein anderes*. Wenn in der vorhergehenden Gestalt des Bewußtseins die *Begriffe* des Gegensatzes sich als *Gut* und *Schlecht* bestimmten, so werden sie dagegen der reinen Einsicht zu den reinern Abstraktionen, des *Ansich-* und *Füreinanderes-*Sein[s].

Beide Betrachtungsweisen, der positiven wie der negativen Beziehung des Endlichen auf das Ansich, sind aber in der Tat gleich notwendig, und alles ist also so sehr *an sich*, als es *für ein anderes* ist, oder alles ist *nützlich*. – Alles gibt sich andern preis, läßt sich jetzt von andern gebrauchen und ist *für sie*: und jetzt stellt es sich, es so zu sagen, wieder auf die Hinterbeine, tut spröde gegen anderes, ist für sich und gebraucht das andere seinerseits. – Für den Menschen, als das dieser Beziehung *bewußte* Ding, ergibt sich daraus sein Wesen und seine Stellung. Er ist, wie er unmittelbar ist, als natürliches Bewußtsein *an sich*, *gut*, als einzelnes *absolut*, und anderes ist *für ihn*; und zwar, da für ihn als das seiner bewußte Tier die Momente die Bedeutung der Allgemeinheit haben, ist *Alles* für sein Vergnügen und Ergötzlichkeit, und er geht, wie er aus Gottes Hand gekommen, in der Welt als einem für ihn gepflanzten Garten umher. – Er muß auch vom Baume der Erkenntnis des Guten und des Bösen gepflückt haben; er besitzt darin einen Nutzen, der ihn von allem Andern unterscheidet, denn zufälligerweise ist seine an sich gute Natur *auch* so beschaffen, daß ihr das Übermaß der Ergötzlichkeit Schaden tut, oder vielmehr seine Einzelheit hat *auch ihr Jen-*

seits an ihr, kann über sich selbst hinausgehen und sich zerstören. Hiegegen ist ihm die Vernunft ein nützliches Mittel, dies Hinausgehen gehörig zu beschränken, oder vielmehr im Hinausgehen über das Bestimmte sich selbst zu erhalten; denn dies ist die Kraft des Bewußtseins. Der Genuß des bewußten an sich *allgemeinen* Wesens muß nach Mannigfaltigkeit und Dauer selbst nicht ein Bestimmtes, sondern allgemein sein; das Maß hat daher die Bestimmung zu verhindern, daß das Vergnügen in seiner Mannigfaltigkeit und Dauer abgebrochen werde; d.h. die Bestimmung des Maßes ist die Unmäßigkeit. – Wie dem Menschen alles nützlich ist, so ist er es ebenfalls, und seine Bestimmung ebensosehr, sich zum gemeinnützlichen und allgemeinen brauchbaren Mitgliede des Trupps zu machen. So viel er für sich sorgt, gerade so viel muß er sich auch hergeben für die Andern, und soviel er sich hergibt, so viel sorgt er für sich selbst; eine Hand wäscht die andere. Wo er aber sich befindet, ist er recht daran; er nützt andern und wird genützt.

Ander[e]s ist auf andere Weise einander nützlich; alle Dinge aber haben diese nützliche Gegenseitigkeit durch ihr Wesen, nämlich auf das Absolute auf die gedoppelte Weise bezogen zu sein, die positive, – dadurch, *an und für sich* selbst, zu sein, die negative; dadurch *für andere* zu sein. Die *Beziehung* auf das absolute Wesen oder die Religion ist daher unter aller Nützlichkeit das Allernützlichste; denn sie ist der *reine Nutzen* selbst, sie ist dies Bestehen aller Dinge oder ihr *An- und Fürsichsein*, und das Fallen aller Dinge, oder ihr *Sein für anderes*.

Dem Glauben freilich ist dieses positive Resultat der Aufklärung so sehr ein Greuel als ihr negatives Verhalten gegen ihn. Diese *Einsicht* in das absolute Wesen, die nichts in ihm sieht als eben das *absolute* Wesen, *das être suprême, oder das Lee-*

re, – diese *Absicht*, daß alles in seinem unmittelbaren Dasein *an sich* oder gut ist, daß endlich die *Beziehung* des einzelnen bewußten Seins auf das absolute Wesen, *die Religion*, der Begriff der Nützlichkeit erschöpfend ausdrückt, ist dem Glauben schlechthin *abscheulich*. Diese eigne *Weisheit* der Aufklärung erscheint ihm notwendig zugleich als die *Plattheit* selbst, und als das *Geständnis* der Plattheit; weil sie darin besteht, vom absoluten Wesen nichts, oder was dasselbe ist, von ihm diese ganz ebne Wahrheit zu wissen, daß es eben nur das *absolute Wesen* ist, dagegen nur von der Endlichkeit, und zwar sie als das Wahre, und dies Wissen von derselben als dem Wahren, als das Höchste zu wissen.

Der Glaube hat das göttliche Recht, das Recht der absoluten *Sichselbstgleichheit* oder des reinen Denkens, gegen die Aufklärung und erfährt von ihr durchaus Unrecht; denn sie verdreht ihn in allen seinen Momenten, und macht sie zu etwas anderem, als sie in ihm sind. Sie aber hat nur menschliches Recht gegen ihn und für ihre Wahrheit; denn das Unrecht, das sie begeht, ist das Recht der *Ungleichheit*, und besteht in dem Verkehren und Verändern, ein Recht, das der Natur des *Selbstbewußtseins* im Gegensatze gegen das einfache Wesen oder das *Denken* angehört. Aber indem ihr Recht das Recht des Selbstbewußtseins ist, wird sie nicht nur *auch* ihr Recht behalten, so daß zwei gleiche Rechte des Geistes einander gegenüber stehen blieben und keins das andere befriedigen könnte, sondern sie wird das absolute Recht behaupten, weil das Selbstbewußtsein die Negativität des Begriffs ist, die nicht nur *für sich* ist, sondern auch über ihr Gegenteil übergreift; und der Glaube selbst, weil er Bewußtsein ist, wird ihr ihr Recht nicht verweigern können.

Denn die Aufklärung verhält sich gegen das glaubende Bewußtsein nicht mit eigentümlichen Prinzipien, sondern mit solchen, welche dieses selbst an ihm hat. Sie bringt ihm nur seine *eigenen Gedanken* zusammen, die ihm bewußtlos auseinanderfallen; sie erinnert es nur bei der *einen* seiner Weisen an die *andern*, die es *auch* hat, aber deren eine es immer bei der andern vergißt. Sie erweist sich eben dadurch gegen es als reine Einsicht, daß sie bei einem *bestimmten* Momente das Ganze sieht, also das auf jenes Moment sich beziehende *Entgegengesetzte* herbeibringt und eines im andern verkehrend das negative Wesen beider Gedanken, den *Begriff*, hervortreibt. Sie erscheint dem Glauben darum als Verdrehung und Lüge, weil sie das *Anderssein* seiner Momente aufzeigt; sie scheint ihm damit unmittelbar etwas anderes aus ihnen zu machen, als sie in ihrer Einzelheit sind; aber dies *Andere* ist ebenso wesentlich, und es ist in Wahrheit in dem glaubenden Bewußtsein selbst vorhanden, nur daß dieses daran nicht denkt, sondern es sonstwo hat; daher ist es ihm weder fremd, noch kann es von ihm abgeleugnet werden.

Die Aufklärung selbst aber, welche den Glauben an das Entgegengesetzte seiner abgesonderten Momente erinnert, ist ebensowenig über sich selbst aufgeklärt. Sie verhält sich rein *negativ* gegen den Glauben, insofern sie ihren Inhalt aus ihrer Reinheit ausschließt und ihn für das *Negative* ihrer selbst nimmt. Sie erkennt daher weder in diesem Negativen, in dem Inhalte des Glaubens, sich selbst, noch bringt auch sie aus diesem Grunde die beiden Gedanken zusammen, den, welchen sie herbeibringt, und den, gegen welchen sie ihn herbeibringt. Indem sie nicht erkennt, daß dasjenige, was sie am Glauben verdammt, unmittelbar ihr eigener Gedanke ist, so ist sie selbst in der Entgegensetzung der beiden Momente, deren eines, nämlich jedesmal das dem Glauben entgegengesetzte, sie nur anerkennt, das andere aber, gerade wie der Glaube tut, davon trennt. Sie bringt daher nicht die Einheit beider als Einheit derselben, d.i. den Begriff hervor; aber er *entsteht* ihr für sich oder sie findet ihn nur als *vorhanden*. Denn an sich ist ebendies die Realisierung der reinen Einsicht, daß sie, deren Wesen der Begriff ist, zuerst sich selbst als ein absolut *Anderes* wird und sich verleugnet, denn der Gegensatz des Begriffes ist der absolute, und aus diesem Anderssein zu sich selbst, oder zu ihrem Begriffe kommt. – Die Aufklärung *ist* aber nur diese Bewegung, sie ist die noch bewußtlose Tätigkeit des reinen Begriffs, die zwar zu sich selbst, als Gegenstand, kommt, aber diesen für ein *Anderes* nimmt, auch die Natur des Begriffes nicht kennt, daß nämlich das Nichtunterschiedne es ist, was sich absolut trennt. – Gegen den Glauben also ist die Einsicht insofern die *Macht* des Begriffes, als sie die Bewegung und das Beziehen der in seinem Bewußtsein auseinanderliegenden Momente ist, ein Beziehen, worin der Widerspruch derselben zum Vorschein kommt. Hierin liegt das absolute *Recht* der Gewalt, welche sie über ihn ausübt; die *Wirklichkeit* aber, zu der sie diese Gewalt bringt, eben darin, daß das glaubende Bewußtsein selbst der Begriff ist, und also das Entgegengesetzte, das ihm die Einsicht herbeibringt, selbst anerkennt. Sie behält darum gegen es recht, weil sie an ihm das geltend macht, was ihm selbst notwendig ist und was es an ihm selbst hat.

Zuerst behauptet die Aufklärung das Moment des Begriffs, ein *Tun des Bewußtseins* zu sein; sie behauptet dies gegen den Glauben, – daß sein absolutes Wesen Wesen *seines* Bewußtseins als eines Selbsts, oder daß es durch das Bewußtsein *hervorgebracht* sei. Dem glaubenden Bewußtsein ist sein absolutes Wesen, ebenso wie es ihm *Ansich* ist, zugleich nicht wie ein fremdes Ding, welches darin, man weiß nicht wie und woher, *stünde*; sondern sein Vertrauen besteht gerade darin, sich als *dieses* persönliche Bewußtsein darin zu *fin-*

den, und sein Gehorsam und Dienst darin, es als *sein* absolutes Wesen durch sein *Tun* hervorzubringen. Hieran erinnert eigentlich nur den Glauben die Aufklärung, wenn er rein das *Ansich* des absoluten Wesens *jenseits* des *Tuns* des Bewußtseins ausspricht. – Aber indem sie zwar der Einseitigkeit des Glaubens das entgegengesetzte Moment des *Tuns* desselben gegen das *Sein*, an das er hier allein denkt, herbei-, selbst aber ihre Gedanken ebenso nicht zusammenbringt, isoliert sie das reine Moment des *Tuns* und spricht von dem *Ansich* des Glaubens aus, daß es *nur* ein *Hervorgebrachtes* des Bewußtseins sei. Das isolierte, dem *Ansich* entgegengesetzte Tun ist aber ein zufälliges Tun, und als ein vorstellendes ein Erzeugen von Fiktionen, – Vorstellungen, die nicht *an sich* sind; und so betrachtet sie den Inhalt des Glaubens. Umgekehrt aber sagt die reine Einsicht ebenso das Gegenteil. Indem sie das Moment des *Andersseins*, das der Begriff an ihm hat, behauptet, spricht sie das Wesen des Glaubens als ein solches aus, welches das Bewußtsein *nichts angehe, jenseits* desselben, ihm fremd und unerkannt sei. Dem Glauben ist es ebenso, wie er einerseits ihm vertraut und darin die *Gewißheit seiner selbst* hat, andererseits in seinen Wegen unerforschlich und in seinem Sein unerreichbar.

Ferner behauptet die Aufklärung gegen das glaubende Bewußtsein darin ein Recht, das es selbst einräumt, wenn sie den Gegenstand seiner Verehrung als Stein und Holz oder sonst als eine endliche anthropomorphische Bestimmtheit betrachtet. Denn da es dies entzweite Bewußtsein ist, ein *Jenseits* der *Wirklichkeit* und ein reines *Diesseits* von jenem *Jenseits* zu haben, so ist in ihm in der Tat *auch* diese Ansicht des sinnlichen Dinges vorhanden, nach welcher es *an* und *für sich* gilt; es bringt aber diese beiden Gedanken *des Anundfürsichseienden*, das ihm einmal das *reine Wesen*, das andere Mal ein gemeines *sinnliches Ding* ist, nicht zusammen. – Selbst sein reines Bewußtsein ist von der letztern Ansicht affiziert; denn die Unterschiede seines übersinnlichen Reichs sind, weil es des Begriffs entbehrt, eine Reihe von selbständigen *Gestalten* und ihre Bewegung ein *Geschehen*, d.h. sie sind nur in der *Vorstellung* und haben die Weise des sinnlichen Seins an ihnen. – Die Aufklärung isoliert ihrerseits ebenso die *Wirklichkeit* als ein vom Geiste verlassenes Wesen, die Bestimmtheit als eine unverrückte Endlichkeit, welche nicht in der geistigen Bewegung des Wesens selbst ein *Moment* wäre, nicht Nichts, auch nicht ein an und für sich *seiendes* Etwas, sondern ein verschwindendes.

Es ist klar, daß dasselbe bei dem *Grunde* des *Wissens* der Fall ist. Das glaubende Bewußtsein anerkennt selbst ein zufälliges *Wissen*; denn es hat ein Verhältnis zu Zufälligkeiten, und das absolute Wesen selbst ist ihm in der Form einer vorgestellten gemeinen Wirklichkeit; hiemit ist das glaubende Bewußtsein *auch* eine Gewißheit, welche nicht die Wahrheit an ihr selbst hat, und es bekennt sich als ein solches unwesentliches Bewußtsein, diesseits des sich selbst vergewissernden und bewährenden Geistes. Dies Moment vergißt es aber in seinem geistigen unmittelbaren Wissen von dem absoluten Wesen. – Die Aufklärung aber, welche es daran erinnert, denkt wieder *nur* an das zufällige Wissen und vergißt das Andere, – denkt nur an die Vermittlung, welche durch ein *fremdes* Drittes geschieht, nicht an die, worin das Unmittelbare sich selbst das Dritte ist, wodurch es sich mit dem Andern, nämlich mit *sich selbst*, vermittelt.

Endlich findet sie in ihrer Ansicht des *Tuns* des Glaubens das Wegwerfen des Genusses und der Habe unrecht und unzweckmäßig. – Was das Unrecht betrifft, so erhält sie die Übereinstimmung des glaubenden Bewußtseins darin, daß dieses selbst diese Wirklichkeit anerkennt, Eigentum zu besitzen, festzuhalten und zu genießen; es beträgt sich in der Behauptung des Eigentums um so isolierter und hartnäckiger, sowie in seinem Genusse um so roher dahingegeben, da jenseits dieser Wirklichkeit sein religiöses – Besitz und Genuß *aufgebendes* – Tun fällt und ihm die Freiheit für jene Seite erkauft. Dieser Dienst der Aufopferung des natürlichen Treibens und Genießens hat durch diesen Gegensatz in der Tat keine Wahrheit; die Beibehaltung hat *neben* der Aufopferung statt; diese ist nur ein *Zeichen*, das die wirkliche Aufopferung nur an einem kleinen Teile vollbringt, und sie daher in der Tat nur *vorstellt*.

In Ansehung der *Zweckmäßigkeit* findet die Aufklärung das Wegwerfen *einer* Habe, um von *der* Habe, die Versagung *eines* Genusses, um von *dem* Genusse sich befreit zu wissen und zu erweisen, für ungeschickt. Das glaubende Bewußtsein selbst faßt das absolute Tun als ein *allgemeines* Tun; nicht nur das Handeln seines absoluten Wesens als seines Gegenstandes ist ihm ein allgemeines, sondern auch das einzelne Bewußtsein soll sich ganz und allgemein von seinem sinnlichen Wesen befreit erweisen. Das Wegwerfen einer *einzelnen* Habe oder das Verzichten auf einen *einzelnen* Genuß ist aber nicht diese *allgemeine* Handlung; und indem in der Handlung wesentlich der *Zweck*, der ein allgemeiner, und die *Ausführung*, die eine einzelne ist, vor dem Bewußtsein in ihrer Unangemessenheit stehen müßte, so erweist sie sich als ein solches Handeln, woran das Bewußtsein keinen Anteil hat, und hiemit, dies Handeln eigentlich als zu *naiv*, um eine Handlung zu sein; es ist zu naiv zu fasten, um von der Lust der Mahlzeit sich befreit, – zu naiv, sich, wie Origenes, andere Lust *vom Leibe* wegzuschaffen, um sie abgetan zu erweisen. Die Handlung selbst erweist sich als ein *äußerliches* und *einzel-*

nes Tun; die Begierde aber ist *innerlich* eingewurzelt und ein *Allgemeines*; ihre Lust verschwindet weder mit dem Werkzeuge noch durch einzelne Entbehrung.

Die Aufklärung aber isoliert ihrerseits hier das *Innerliche, Unwirkliche* gegen die Wirklichkeit, wie sie gegen die Innerlichkeit des Glaubens in seiner Anschauung und Andacht die Äußerlichkeit der Dingheit festhielt. Sie legt das Wesentliche in die *Absicht*, in den *Gedanken*, und erspart dadurch das wirkliche Vollbringen der Befreiung von den natürlichen Zwecken; im Gegenteil ist diese Innerlichkeit selbst das Formale, das an den natürlichen Trieben seine Erfüllung hat, welche eben dadurch gerechtfertigt sind, daß sie innerlich [sind], daß sie dem *allgemeinen Sein*, der Natur angehören.

Die Aufklärung hat also über den Glauben darum eine unwiderstehliche Gewalt, daß sich in seinem Bewußtsein selbst die Momente finden, welche sie geltend macht. Die Wirkung dieser Kraft näher betrachtet, so scheint ihr Verhalten gegen ihn die *schöne* Einheit des *Vertrauens* und der unmittelbaren *Gewißheit* zu zerreißen, sein *geistiges* Bewußtsein durch niedrige Gedanken der *sinnlichen* Wirklichkeit zu verunreinigen, sein in seiner Unterwerfung *beruhigtes* und *sicheres* Gemüt durch die *Eitelkeit* des Verstandes und des eigenen Willens und Vollbringens zu zerstören. Aber in der Tat leitet sie vielmehr die Aufhebung der *gedankenlosen* oder vielmehr *begrifflosen Trennung* ein, welche in ihm vorhanden ist. Das glaubende Bewußtsein führt doppeltes Maß und Gewicht, es hat zweierlei Augen, zweierlei Ohren, zweierlei Zunge und Sprache, es hat alle Vorstellungen verdoppelt, ohne diese Doppelsinnigkeit zu vergleichen. Oder der Glaube lebt in zweierlei Wahrnehmungen, der einen, der Wahrnehmung des *schlafenden*, rein in begrifflosen Gedanken, der andern des *wachen*, rein in der sinnlichen Wirklichkeit lebenden Bewußtseins, und in jeder führt er eine eigene Haushaltung. – Die Aufklärung beleuchtet jene himmlische Welt mit den Vorstellungen der sinnlichen, und zeigt jener diese Endlichkeit auf, die der Glaube nicht verleugnen kann, weil er Selbstbewußtsein und hiemit die Einheit ist, welcher beide Vorstellungsweisen angehören, und worin sie nicht auseinanderfallen; denn sie gehören demselben untrennbaren *einfachen* Selbst an, in welches er übergegangen ist.

Der Glaube hat hiedurch den Inhalt, der sein Element erfüllte, verloren, und sinkt in ein dumpfes Weben des Geistes in ihm selbst zusammen. Er ist aus seinem Reiche vertrieben, oder dies Reich ist ausgeplündert, indem alle Unterscheidung und Ausbreitung desselben das wache Bewußtsein an sich riß, und seine Teile alle der Erde als ihr Eigentum vindizierte und zurückgab. Aber befriedigt ist er darum nicht, denn durch diese Beleuchtung ist allenthalben nur einzelnes Wesen entstanden, so daß den Geist nur wesenlose Wirklichkeit und von ihm verlaßne Endlichkeit anspricht. – Indem er ohne Inhalt ist und in dieser Leere nicht bleiben kann, oder indem er über das Endliche, das der einzige Inhalt ist, hinausgehend nur das Leere findet, ist er ein *reines Sehnen*, seine Wahrheit ein leeres Jenseits, dem sich kein gemäßer Inhalt mehr finden läßt, denn alles ist anders verwandt. – Der Glaube ist in der Tat hiemit dasselbe geworden, was die Aufklärung, nämlich das Bewußtsein der Beziehung des an sich seienden Endlichen auf das prädikatlose, unerkannte und unerkennbare Absolute; nur *daß sie* die *befriedigte, er* aber die *unbefriedigte* Aufklärung ist. Es wird sich jedoch an ihr zeigen, ob sie in ihrer Befriedigung bleiben kann; jenes Sehnen des trüben Geistes, der über den Verlust seiner geistigen Welt trauert, steht im Hinterhalte. Sie selbst hat diesen Makel des unbefriedigten Sehnens an ihr, – als *reinen*

Gegenstand an ihrem *leeren* absoluten Wesen, – als *Tun* und *Bewegung* an dem *Hinausgehen* über ihr Einzelwesen zum unerfüllten Jenseits, – als *erfüllten Gegenstand* an der *Selbstlosigkeit* des Nützlichen. Sie wird diesen Makel aufheben; aus der nähern Betrachtung des positiven Resultates, das ihr die Wahrheit ist, wird sich ergeben, daß er an sich darin schon aufgehoben ist.

b.
Die Wahrheit der Aufklärung.

Das dumpfe, nichts mehr in sich unterscheidende Weben des Geistes ist also in sich selbst jenseits des Bewußtseins getreten, welches dagegen sich klar geworden ist. Das erste Moment dieser Klarheit ist in seiner Notwendigkeit und Bedingung dadurch bestimmt, daß die reine Einsicht, oder sie, die *an sich* Begriff ist, sich verwirklicht; sie tut dies, indem sie das Anderssein oder die Bestimmtheit an ihr setzt. Auf diese Weise ist sie negative reine Einsicht, d.i. Negation des Begriffs; diese ist ebenso rein; und es ist damit das *reine Ding*, das absolute Wesen, das sonst keine weitere Bestimmung hat, geworden. Dies näher bestimmt, so ist sie, als absoluter Begriff, ein Unterscheiden von Unterschieden, die keine mehr sind, von Abstraktionen oder reinen Begriffen, die sich selbst nicht mehr tragen, sondern nur durch *das Ganze der Bewegung* Halt und Unterscheidung haben. Dieses Unterscheiden des Nichtunterschiednen besteht gerade darin, daß der absolute Begriff sich selbst zu seinem *Gegenstande* macht und jener *Bewegung* gegenüber sich als das *Wesen* setzt. Dies entbehrt hiedurch der Seite, worin die Abstraktionen oder

Unterschiede *auseinander gehalten* werden, und wird daher das *reine Denken* als *reines Ding*. – Dies ist also eben jenes dumpfe bewußtlose Weben des Geistes in ihm selbst, zu dem der Glaube herabsank, indem er den unterschiednen Inhalt verlor; es ist zugleich jene *Bewegung* des reinen Selbstbewußtseins, der es das absolut fremde Jenseits sein soll. Denn weil dies reine Selbstbewußtsein die Bewegung in reinen Begriffen, in Unterschieden ist, die keine sind, so fällt es in der Tat in das bewußtlose Weben, d.i. in das reine *Fühlen* oder in die reine *Dingheit* zusammen. – Der sich selbst entfremdete Begriff – denn er steht hier noch auf der Stufe dieser Entfremdung – aber erkennt nicht dies *gleiche Wesen* beider Seiten, der Bewegung des Selbstbewußtseins und seines absoluten Wesens, – nicht das *gleiche Wesen* derselben, welches in der Tat ihre Substanz und Bestehen ist. Indem er diese Einheit nicht erkennt, so gilt ihm das Wesen nur in der Form des gegenständlichen Jenseits, das unterscheidende Bewußtsein aber, das auf diese Weise das Ansich außer ihm hat, als ein endliches Bewußtsein.

Über jenes absolute Wesen gerät die Aufklärung selbst mit sich in den Streit, den sie vorher mit dem Glauben hatte, und teilt sich in zwei Parteien. Eine Partei bewährt sich erst dadurch als die *siegende*, daß sie in zwei Parteien zerfällt; denn darin zeigt sie das Prinzip, das sie bekämpfte, an ihr selbst zu besitzen, und hiemit die Einseitigkeit aufgehoben zu haben, in der sie vorher auftrat. Das Interesse, das sich zwischen ihr und der andern teilte, fällt nun ganz in sie und vergißt der andern, weil es in ihr selbst den Gegensatz findet, der es beschäftigt. Zugleich aber ist er in das höhere siegende Element erhoben worden, worin er geläutert sich darstellt. So daß also die in einer Partei entstehende Zwietracht, welche ein Unglück scheint, vielmehr ihr Glück beweist.

Das reine Wesen selbst hat keinen Unterschied an ihm, daher kommt er so an dasselbe, daß sich zwei solche reine Wesen für das Bewußtsein, oder ein zweifaches Bewußtsein desselben hervortut. – Das reine absolute Wesen ist nur in dem reinen Denken, oder vielmehr es ist das reine Denken selbst, also schlechthin *jenseits* des Endlichen, des *Selbst*bewußtseins, und nur das negative Wesen. Aber auf diese Weise ist es eben das *Sein*, das Negative des Selbstbewußtseins. Als *Negatives* desselben ist es *auch* darauf bezogen; es ist das *äußere Sein*, welches auf es, worin die Unterschiede und Bestimmungen fallen, bezogen die Unterschiede an ihm erhält, geschmeckt, gesehen, usf. zu werden; und das Verhältnis ist die *sinnliche* Gewißheit und Wahrnehmung.

Wird von diesem *sinnlichen* Sein, worein jenes negative Jenseits notwendig übergeht, ausgegangen, aber von diesen bestimmten Weisen der Beziehung des Bewußtseins abstrahiert, so bleibt die reine *Materie* übrig als das dumpfe Weben und Bewegen in sich selbst. Es ist hiebei wesentlich, dies zu betrachten, daß die *reine Materie* nur das ist, was *übrig* bleibt, wenn wir vom Sehen, Fühlen, Schmecken usf. *abstrahieren*, d.h. sie ist nicht das Gesehene, Geschmeckte, Gefühlte usf.; es ist nicht die *Materie*, die gesehen, gefühlt, geschmeckt wird, sondern die Farbe, ein Stein, ein Salz usf.; sie ist vielmehr die *reine Abstraktion*; und dadurch ist das *reine Wesen des Denkens*, oder das reine Denken selbst vorhanden, als das nicht in sich unterschiedene, nicht bestimmte, prädikatlose Absolute.

Die eine Aufklärung nennt das absolute Wesen jenes prädikatlose Absolute, das jenseits des wirklichen Bewußtseins im Denken ist, von welchem ausgegangen wurde; – die andere nennt es *Materie*. Wenn sie als *Natur* und Geist oder *Gott* unterschieden würden, so würde dem bewußtlosen Weben in sich selbst, um Natur zu sein, der Reichtum des entfalteten Lebens fehlen, dem Geiste oder Gotte das sich unterscheidende Bewußtsein. Beides ist, wie wir gesehen, schlechthin derselbe Begriff; der Unterschied liegt nicht in der Sache, sondern rein nur in dem verschiedenen Ausgangspunkte beider Bildungen, und darin, daß jede auf einem eigenen Punkte in der Bewegung des Denkens stehen bleibt. Wenn sie darüber hinwegsetzten, würden sie zusammentreffen und als dasselbe erkennen, was der einen, wie sie vorgibt, ein Greuel, der andern eine Torheit ist. Denn der einen ist das absolute Wesen in ihrem reinen Denken oder unmittelbar für das reine Bewußtsein, außer dem endlichen Bewußtsein, das *negative* Jenseits desselben. Würde sie darauf reflektieren, daß teils jene einfache Unmittelbarkeit des Denkens nichts anderes ist als das *reine Sein*, teils das, was *negativ* für das Bewußtsein ist, sich zugleich darauf bezieht, daß im negativen Urteile das „*ist*" (copula) beide Getrennten ebenso zusammenhält, – so würde sich die Beziehung dieses Jenseits in der Bestimmung eines *äußern Seienden* auf das Bewußtsein ergeben, und hiemit als dasselbe, was *reine Materie* genannt wird; das fehlende Moment der *Gegenwart* wäre gewonnen. – Die andere Aufklärung geht von dem sinnlichen Sein aus, *abstrahiert* dann von der sinnlichen Beziehung des Schmeckens, Sehens usf., und macht es zum reinen *Ansich*, zur *absoluten Materie*, dem nicht Gefühlten, noch Geschmeckten; dies Sein ist auf diese Weise das prädikatlose Einfache, Wesen des *reinen Bewußtseins* geworden; es ist der reine Begriff als *an sich* seiend, oder das *reine Denken in sich selbst*. Diese Einsicht macht in ihrem Bewußtsein nicht den entgegengesetzten Schritt vom *Seienden*, welches *rein* Seiendes ist, zum Gedachten, das dasselbe ist, als das *rein* Seiende, oder nicht vom rein Positiven zum rein Negativen; indem doch das Positive *rein* schlechthin nur durch die Negation ist, das *rein*

Negative aber, als reines, sich in sich selbst gleich und eben dadurch positiv ist. – Oder beide sind nicht zum Begriffe der Cartesischen Metaphysik gekommen, daß *an sich Sein* und *Denken* dasselbe ist, nicht zu dem Gedanken, daß *Sein, reines Sein* nicht ein *konkretes Wirkliches* ist, sondern die *reine Abstraktion*, und umgekehrt das reine Denken, die Sichselbstgleichheit oder das Wesen, teils das *Negative* des Selbstbewußtseins und hiemit *Sein*, teils als unmittelbare Einfachheit ebenso nichts anderes als *Sein* ist; das *Denken* ist *Dingheit*, oder *Dingheit* ist *Denken*.

Das Wesen hat hier die *Entzweiung* erst so an ihm, daß es zwei Arten der Betrachtungsweise angehört; teils muß das Wesen den Unterschied an ihm selbst haben, teils gehen eben darin die beiden Betrachtungsarten in Eine zusammen; denn die abstrakten Momente des reinen Seins und des Negativen, wodurch sie sich unterscheiden, sind alsdenn in dem Gegenstande dieser Betrachtungsweisen vereinigt. – Das gemeinschaftliche Allgemeine ist die Abstraktion des reinen Erzitterns in sich selbst, oder des reinen sich selbst Denkens. Diese einfache achsendrehende Bewegung muß sich auseinander werfen, weil sie selbst nur Bewegung ist, indem sie ihre Momente unterscheidet. Diese Unterscheidung der Momente läßt das Unbewegte als die leere Hülse des reinen *Seins*, das kein wirkliches Denken, kein Leben in sich selbst mehr ist, zurück; denn sie ist als der Unterschied aller Inhalt. Sie, die sich *außer* jener *Einheit* setzt, ist aber hiemit der *nicht in sich zurückkehrende* Wechsel der Momente des *Ansich-* und des *für ein anderes-* und des *Fürsich*seins; – die Wirklichkeit, wie sie Gegenstand für das wirkliche Bewußtsein der reinen Einsicht ist, – die *Nützlichkeit*.

So schlecht die Nützlichkeit dem Glauben oder der Empfindsamkeit, oder auch der sich Spekulation nennenden Abstraktion, welche sich das *Ansich* fixiert, aussehen mag, so ist sie es, worin die reine Einsicht ihre Realisierung vollendet und sich selbst ihr *Gegenstand* ist, den sie nun nicht mehr verleugnet, und der auch nicht den Wert des Leeren oder des reinen Jenseits für sie hat. Denn die reine Einsicht ist, wie wir sahen, der seiende Begriff selbst, oder die sich selbst gleiche reine Persönlichkeit, so sich in sich unterscheidend, daß jedes der Unterschiedenen selbst reiner Begriff, d.h. unmittelbar nicht unterschieden ist; sie ist einfaches reines Selbstbewußtsein, welches ebensowohl *für sich* als *an sich* in einer unmittelbaren Einheit ist. Sein *Ansichsein* ist daher nicht bleibendes *Sein*, sondern hört unmittelbar auf, in seinem Unterschiede etwas zu sein; ein solches Sein aber, das unmittelbar keinen Halt hat, ist nicht *an sich*, sondern wesentlich *für ein anderes*, das die Macht ist, die es absorbiert. Aber dies zweite dem ersten, dem *Ansich*sein, entgegengesetzte Moment verschwindet ebenso unmittelbar als das erste; oder als *Sein nur für anderes* ist es vielmehr das *Verschwinden* selbst, und es ist das in sich *Zurückgekehrt-*, das *Fürsichsein gesetzt*. Dies einfache Fürsichsein ist aber als die Sichselbstgleichheit vielmehr *ein Sein*, oder damit *für ein anderes*. – Diese Natur der reinen Einsicht in der *Entfaltung ihrer Momente*, oder sie als *Gegenstand* drückt das Nützliche aus. Es ist ein *an sich* Bestehendes oder Ding, dies Ansichsein ist zugleich nur reines Moment; es ist somit absolut *für ein anderes*, aber es ist ebenso nur für ein Anderes, als es an sich ist; diese entgegengesetzten Momente sind in die unzertrennliche Einheit des Fürsichseins zurückgekehrt. Wenn aber das Nützliche wohl den Begriff der reinen Einsicht ausdrückt, so ist es jedoch nicht als solche, sondern sie als *Vorstellung* oder als ihr *Gegenstand*; es ist nur der rastlose Wechsel jener Momente, deren eines zwar das in sich selbst Zurückgekehrtsein selbst ist, aber nur als *Fürsich*sein, d.h. als ein abstraktes, gegen die andern auf die Seite tretendes Moment. Das Nützliche selbst ist nicht das negative Wesen, diese Momente in ihrer Entgegensetzung zugleich *ungetrennt* in *einer* und *derselben Rücksicht* oder als ein *Denken* an sich zu haben, wie sie als reine Einsicht sind; das Moment des *Fürsichseins* ist wohl an dem Nützlichen, aber nicht so, daß es über die andern Momente, das *Ansich* und das *Sein für anderes*, *übergreift*, und somit das *Selbst* wäre. Die reine Einsicht hat also an dem Nützlichen ihren eigenen Begriff in seinen *reinen* Momenten zum *Gegenstande*; sie ist das Bewußtsein dieser *Metaphysik*, aber noch nicht das Begreifen derselben; es ist noch nicht zu der *Einheit* des *Seins* und des *Begriffs* selbst gekommen. Weil das Nützliche noch die Form eines Gegenstandes für sie hat, hat sie eine zwar nicht mehr an und für sich seiende, aber doch noch eine *Welt*, welche sie von sich unterscheidet. Allein indem die Gegensätze auf die Spitze des Begriffes herausgetreten sind, wird dies die nächste Stufe sein, daß sie zusammenstürzen, und die Aufklärung die Früchte ihrer Taten erfährt.

Den erreichten Gegenstand in Beziehung auf diese ganze Sphäre betrachtet, so hatte die wirkliche Welt der Bildung sich in die *Eitelkeit* des Selbstbewußtseins zusammengefaßt, – in das *Fürsichsein*, das ihre Verworrenheit noch zu seinem Inhalte hat, und noch der *einzelne* Begriff, noch nicht der für sich *allgemeine ist*. In sich aber zurückgekehrt ist er die *reine Einsicht*, – das reine Bewußtsein als das reine *Selbst*, oder die Negativität, wie der Glaube ebendasselbe als das *reine Denken* oder die Positivität. Der Glaube hat in jenem Selbst das ihn vervollständigende Moment; – aber durch diese Ergänzung untergehend, ist es nun an der reinen Einsicht, daß wir die beiden Momente sehen, als das absolute Wesen, das rein *gedacht* oder Negatives, und als *Materie*, die das positive *Seien*-

de ist. – Es fehlt dieser Vollständigkeit noch jene *Wirklichkeit* des Selbstbewußtseins, welche dem *eiteln* Bewußtsein angehört, – die Welt, aus welcher das Denken sich zu sich erhob. Dies Fehlende ist in der Nützlichkeit insofern erreicht, als die reine Einsicht daran die positive Gegenständlichkeit erlangte; sie ist dadurch wirkliches in sich befriedigtes Bewußtsein. Diese Gegenständlichkeit macht nun ihre *Welt* aus; sie ist die Wahrheit der vorhergehenden ganzen[,] der ideellen wie der reellen Welt geworden. Die erste Welt des Geistes ist das ausgebreitete Reich seines sich zerstreuenden Daseins und der vereinzelten *Gewißheit* seiner selbst; wie die Natur ihr Leben in unendlich mannigfaltige Gestalten zerstreut, ohne daß die *Gattung* derselben vorhanden wäre. Die zweite enthält die *Gattung*, und ist das Reich des *Ansichseins* oder der *Wahrheit*, entgegengesetzt jener Gewißheit. Das dritte aber, das *Nützliche* ist die *Wahrheit*, welche ebenso die *Gewißheit* seiner selbst ist. Dem Reiche der Wahrheit des *Glaubens* fehlt das Prinzip der *Wirklichkeit* oder Gewißheit seiner selbst als dieses *Einzelnen*. Der Wirklichkeit aber oder Gewißheit seiner selbst als dieses Einzelnen fehlt das *Ansich*. In dem Gegenstande der reinen Einsicht sind beide Welten vereinigt. Das Nützliche ist der Gegenstand, insofern das Selbstbewußtsein ihn durchschaut, und die *einzelne Gewißheit* seiner selbst, seinen Genuß, (sein *Fürsichsein*) in ihm hat; es *sieht* ihn auf diese Weise *ein*, und diese Einsicht enthält das *wahre* Wesen des Gegenstandes, (ein Durchschautes oder *für ein anderes zu sein*); sie ist also selbst *wahres Wissen*, und das Selbstbewußtsein hat ebenso unmittelbar die allgemeine Gewißheit seiner selbst, sein *reines Bewußtsein* in diesem Verhältnisse, in welchem also ebenso *Wahrheit*, wie Gegenwart und *Wirklichkeit* vereinigt sind. Beide Welten sind versöhnt, und der Himmel auf die Erde herunter verpflanzt.

III.
Die absolute Freiheit und der Schrecken.

Das Bewußtsein hat in der Nützlichkeit seinen Begriff gefunden. Aber er ist teils noch *Gegenstand*, teils ebendarum noch *Zweck*, in dessen Besitze es sich noch nicht unmittelbar befindet. Die Nützlichkeit ist noch Prädikat des Gegenstandes, nicht Subjekt selbst, oder seine unmittelbare und einzige *Wirklichkeit*. Es ist dasselbe, was vorhin so erschien: daß das *Fürsichsein* noch nicht sich als die Substanz der übrigen Momente erwiesen, wodurch das Nützliche unmittelbar nichts anderes als das Selbst des Bewußtseins und dieses hiedurch in seinem Besitze wäre. – Diese Rücknahme der Form der Gegenständlichkeit des Nützlichen ist aber *an sich* schon geschehen, und aus dieser innern Umwälzung tritt die wirkliche Umwälzung der Wirklichkeit, die neue Gestalt des Bewußtseins, die *absolute Freiheit* hervor.

Es ist nämlich in der Tat nicht mehr als ein leerer Schein von Gegenständlichkeit vorhanden, der das Selbstbewußtsein von dem Besitze trennt. Denn teils ist überhaupt alles Bestehen und Gelten der bestimmten Glieder der Organisation der wirklichen und geglaubten Welt in diese einfache Bestimmung als in ihren Grund und Geist zurückgegangen; teils aber hat diese nichts Eignes mehr für sich, sie ist vielmehr reine Metaphysik, reiner Begriff oder Wissen des Selbstbewußtseins. Von dem *An-* und *Fürsichsein* des Nützlichen als Gegenstandes erkennt nämlich das Bewußtsein, daß *sein Ansichsein* wesentlich *Sein für anderes* ist; das *Ansichsein* als das *Selbstlose* ist in Wahrheit das passive, oder was für ein anderes Selbst ist. Der Gegenstand ist aber für das Bewußtsein in dieser abstrakten Form des *reinen Ansichseins*, denn es ist reines *Einsehen*, dessen Unterschiede in der reinen Form der Begriffe sind. – Das *Fürsichsein* aber, in welches das Sein für anderes zurückgeht, das Selbst, ist nicht ein von dem Ich verschiednes, eignes Selbst dessen, was Gegenstand heißt; denn das Bewußtsein als reine Einsicht ist nicht *einzelnes* Selbst, dem der Gegenstand ebenso als *eignes* Selbst gegenüberstände, sondern es ist der reine Begriff, das Schauen des Selbsts in das Selbst, das absolute *sich selbst* doppelt Sehen; die Gewißheit seiner ist das allgemeine Subjekt und sein wissender Begriff das Wesen aller Wirklichkeit. Wenn also das Nützliche nur der nicht in seine eigne *Einheit* zurückkehrende Wechsel der Momente, und daher noch Gegenstand für das Wissen war, so hört er auf, dieses zu sein; denn das Wissen ist selbst die Bewegung jener abstrakten Momente, es ist das allgemeine Selbst, das Selbst ebenso seiner als des Gegenstandes, und als allgemeines die in sich zurückkehrende Einheit dieser Bewegung.

Hiemit ist der Geist als *absolute Freiheit* vorhanden; er ist das Selbstbewußtsein, welches sich erfaßt, daß seine Gewißheit seiner selbst das Wesen aller geistigen Massen der realen so wie der übersinnlichen Welt, oder umgekehrt, daß Wesen und Wirklichkeit das Wissen des Bewußtseins von *sich* ist. – Es ist seiner reinen Persönlichkeit und darin aller geistigen Realität bewußt, und alle Realität ist nur Geistiges; die Welt ist ihm schlechthin sein Wille, und dieser ist allgemeiner Wille. Und zwar ist er nicht der leere Gedanke des Willens, der in stillschweigende oder repräsentierte Einwilligung gesetzt wird, sondern reell allgemeiner Wille, Wille aller *Einzelnen* als solcher. Denn der Wille ist an sich das Bewußtsein der Persönlichkeit oder eines Jeden, und als dieser wahrhafte wirkliche Wille soll er sein, als *selbst*bewußtes Wesen aller und jeder Persönlichkeit, so daß jeder immer ungeteilt Alles tut, und was als Tun des Ganzen auftritt, das unmittelbare und bewußte Tun eines *Jeden* ist.

Diese ungeteilte Substanz der absoluten Freiheit erhebt sich auf den Thron der Welt, ohne daß irgend eine Macht ihr Widerstand zu leisten vermöchte. Denn indem in Wahrheit das Bewußtsein allein das Element ist, worin die geistigen Wesen oder Mächte ihre Substanz haben, so ist ihr ganzes System, das sich durch die Teilung in Massen organisierte und erhielt, zusammengefallen, nachdem das einzelne Bewußtsein den Gegenstand so erfaßt, daß er kein anderes Wesen habe als das Selbstbewußtsein selbst, oder daß er absolut der Begriff ist. Was den Begriff zum seienden *Gegenstande* machte, war seine Unterscheidung in abgesonderte *bestehende* Massen; indem aber der Gegenstand zum Begriffe wird, ist nichts Bestehendes mehr an ihm; die Negativität hat alle seine Momente durchdrungen. Er tritt so in die Existenz, daß jedes einzelne Bewußtsein aus der Sphäre, der es zugeteilt war, sich erhebt, nicht mehr in dieser besonderten Masse sein Wesen und sein Werk findet, sondern sein Selbst als den *Begriff* des Willens, alle Massen als Wesen dieses Willens erfaßt, und sich hiemit auch nur in einer Arbeit verwirklichen kann, welche ganze Arbeit ist. In dieser absoluten Freiheit sind also alle Stände, welche die geistigen Wesen sind, worein sich das Ganze gliedert, getilgt; das einzelne Bewußtsein, das einem solchen Gliede angehörte, und in ihm wollte und vollbrachte, hat seine Schranke aufgehoben; sein Zweck ist der allgemeine Zweck, seine Sprache das allgemeine Gesetz, sein Werk das allgemeine Werk.

Der Gegenstand und der *Unterschied* hat hier die Bedeutung der *Nützlichkeit*, die Prädikat alles realen Seins war, verloren; das Bewußtsein fängt seine Bewegung nicht an ihm an als an *einem Fremden*, von dem aus es erst in sich zurückkehrte, sondern der Gegenstand ist ihm das Bewußtsein selbst; der Gegensatz besteht also allein in dem Unterschiede des *einzelnen* und *allgemeinen* Bewußtseins; aber das einzelne ist sich unmittelbar selbst dasjenige, was nur *den Schein* des Gegensatzes hatte, es ist allgemeines Bewußtsein und Willen. Das *Jenseits* dieser seiner Wirklichkeit schwebt über dem Leichname der verschwundnen Selbständigkeit des realen oder geglaubten Seins nur als die Ausdünstung eines faden Gases, des leeren Etre suprême.

Es ist nach Aufhebung der unterschiedenen geistigen Massen, und des beschränkten Lebens der Individuen, sowie seiner beiden Welten also nur die Bewegung des allgemeinen Selbstbewußtseins in sich selbst vorhanden, als eine Wechselwirkung desselben in der Form der *Allgemeinheit* und des *persönlichen* Bewußtseins; der allgemeine Wille geht *in sich*, und ist *einzelner Wille*, dem das allgemeine Gesetz und Werk gegenübersteht. Aber dies *einzelne* Bewußtsein ist sich seiner ebenso unmittelbar als allgemeinen Willens bewußt; es ist sich bewußt, daß sein Gegenstand von ihm gegebenes Gesetz und von ihm vollbrachtes Werk ist; in Tätigkeit übergehend und Gegenständlichkeit erschaffend, macht es also nichts Einzelnes, sondern nur Gesetze, und Staatsaktionen.

Diese Bewegung ist hiedurch die Wechselwirkung des Bewußtseins mit sich selbst, worin es nichts in der Gestalt eines *freien* ihm gegenübertretenden *Gegenstandes* entläßt. Es folgt daraus, daß es zu keinem positiven Werke, weder zu allgemeinen Werken der Sprache noch der Wirklichkeit, weder zu Gesetzen und allgemeinen Einrichtungen der *bewußten*, noch zu Taten und Werken *der wollenden* Freiheit kommen kann. – Das Werk, zu welchem die sich *Bewußtsein* gebende Freiheit sich machen könnte, würde darin bestehen, daß sie als *allgemeine* Substanz sich zum *Gegenstande* und *bleibenden Sein* machte. Dies Anderssein wäre der Unterschied an ihr, wonach sie sich in bestehende geistige Massen und in die Glieder verschiedener Gewalten teilte; teils daß diese Massen die *Gedankendinge* einer gesonderten gesetzgebenden, richterlichen und ausübenden *Gewalt* wären, teils aber die *realen Wesen*, die sich in der realen Welt der Bildung ergaben, und indem der Inhalt des allgemeinen Tuns näher beachtet würde, die besondern Massen des Arbeitens, welche weiter als speziellere *Stände* unterschieden werden. – Die allgemeine Freiheit, die sich auf diese Weise in ihre Glieder gesondert, und ebendadurch zur *seienden* Substanz gemacht hätte, wäre dadurch frei von der einzelnen Individualität und teilte die *Menge* der *Individuen* unter ihre verschiedenen Glieder. Das Tun und Sein der Persönlichkeit fände sich aber dadurch auf einen Zweig des Ganzen, auf eine Art des Tuns und Seins beschränkt; in das Element des *Seins* gesetzt, erhielte sie die Bedeutung einer *bestimmten*; sie hörte auf, in Wahrheit allgemeines Selbstbewußtsein zu sein. Dieses läßt sich dabei nicht durch die *Vorstellung* des Gehorsams unter *selbstgegebenen* Gesetzen, die ihm einen Teil zuwiesen, noch durch seine *Repräsentation* beim Gesetzgeben und allgemeinen Tun um die *Wirklichkeit* betrügen, – nicht um die Wirklichkeit, *selbst* das Gesetz zu geben, und nicht ein einzelnes Werk, sondern das allgemeine *selbst* zu vollbringen; denn wobei das Selbst nur *repräsentiert* und *vorgestellt* ist, da ist es nicht *wirklich*; wo es *vertreten* ist, ist es nicht.

Wie in diesem *allgemeinen Werke* der absoluten Freiheit als daseiender Substanz sich das einzelne Selbstbewußtsein nicht findet, ebensowenig in eigentlichen *Taten* und *individuellen* Handlungen ihres Willens. Daß das Allgemeine zu einer Tat komme, muß es sich in das Eins der Individualität zusammennehmen und ein einzelnes Selbstbewußtsein an die Spitze stellen; denn der allgemeine Wille ist nur in einem Selbst, das Eines ist, *wirklicher* Wille. Dadurch aber sind *alle andern Einzelnen* von dem *Ganzen* dieser Tat ausgeschlossen und haben nur einen beschränkten Anteil an ihr, so daß die Tat nicht Tat des *wirklichen allgemeinen* Selbstbewußtseins sein würde. – Kein positives Werk noch Tat kann also die allgemeine Freiheit hervorbringen; es bleibt ihr nur das *negative Tun*; sie ist nur die *Furie* des Verschwindens.

Aber die höchste und der allgemeinen Freiheit entgegengesetzteste Wirklichkeit oder vielmehr der einzige Gegenstand, der für sie noch wird, ist die Freiheit und Einzelheit des wirklichen Selbstbewußtseins selbst. Denn jene Allgemeinheit, die sich nicht zu der Realität der organischen Gliederung kommen läßt, und in der ungeteilten Kontinuität sich zu erhalten den Zweck hat, unterscheidet sich in sich zugleich, weil sie Bewegung oder Bewußtsein überhaupt ist. Und zwar um ihrer eignen Abstraktion willen trennt sie sich in ebenso abstrakte Extreme, in die einfache unbiegsame kalte Allgemeinheit, und in die diskrete absolute harte Sprödigkeit und eigensinnige Punktualität des wirklichen Selbstbewußtseins. Nachdem sie mit der Vertilgung der realen Organisation fertig geworden und nun für sich besteht, ist dies ihr einziger Gegenstand; – ein Gegenstand, der keinen andern Inhalt, Besitz, Dasein und äußerliche Ausdehnung mehr hat, sondern er ist nur dies Wissen von sich als absolut reinem und freiem einzelnem Selbst. An was er erfaßt werden kann, ist allein sein *abstraktes* Dasein überhaupt. – Das Verhältnis also dieser beiden, da sie unteilbar absolut für sich sind, und also keinen Teil in die Mitte schicken können, wodurch sie sich verknüpften, ist die ganz *unvermittelte* reine Negation, und zwar die Negation des Einzelnen als *Seienden* in dem Allgemeinen. Das einzige Werk und Tat der allgemeinen Freiheit ist daher der *Tod*, und zwar ein *Tod*, der keinen innern Umfang und Erfüllung hat, denn was negiert wird, ist der unerfüllte Punkt des absolut freien Selbsts; er ist also der kälteste platteste Tod, ohne mehr Bedeutung als das Durchhauen eines Kohlhaupts oder ein Schluck Wassers.

In der Plattheit dieser Silbe besteht die Weisheit der Regierung, der Verstand des allgemeinen Willens, sich zu vollbringen. Die Regierung ist selbst nichts anders als der sich festsetzende Punkt oder die Individualität des allgemeinen Willens. Sie, ein Wollen und Vollbringen, das aus einem Punkte ausgeht, will und vollbringt zugleich eine bestimmte Anordnung und Handlung. Sie schließt damit einerseits die übrigen Individuen aus ihrer Tat aus, andererseits konstituiert sie sich dadurch als eine solche, die ein bestimmter Wille und dadurch dem allgemeinen Willen entgegengesetzt ist; sie kann daher schlechterdings nicht anders denn als eine *Faktion* sich darstellen. Die *siegende* Faktion nur heißt Regierung, und eben darin, daß sie Faktion ist, liegt unmittelbar die Notwendigkeit ihres Untergangs; und daß sie Regierung ist, dies macht sie umgekehrt zur Faktion und schuldig. Wenn der allgemeine Wille sich an ihr wirkliches Handeln als an das Verbrechen hält, das sie gegen ihn begeht, so hat sie dagegen nichts Bestimmtes und Äußeres, wodurch die Schuld des ihr entgegengesetzten Willens sich darstellte; denn ihr als dem *wirklichen* allgemeinen Willen steht nur der unwirkliche reine Wille, die *Absicht*, gegenüber. *Verdächtig werden* tritt daher an die Stelle oder hat die Bedeutung und Wirkung des *Schuldigseins*, und die äußerliche Reaktion gegen diese Wirklichkeit, die in dem einfachen Innern der Absicht liegt, besteht in dem trocknen Vertilgen dieses seienden Selbsts, an dem nichts sonst wegzunehmen ist als nur sein Sein selbst.

In diesem ihrem eigentümlichen *Werke* wird die absolute Freiheit sich zum Gegenstande, und das Selbstbewußtsein erfährt, was sie *ist*. *An sich* ist sie eben dies *abstrakte Selbstbewußtsein*, welches allen Unterschied und alles Bestehen des Unterschiedes in sich vertilgt. Als dieses ist sie sich der Gegenstand; der *Schrecken* des Todes ist die Anschauung dieses ihres negativen Wesens. Diese seine Realität findet aber das absolut freie Selbstbewußtsein ganz anders, als ihr Begriff von ihr selbst war, daß nämlich der allgemeine Wille nur das *positive* Wesen der Persönlichkeit sei, und diese in ihm sich nur positiv oder erhalten wisse. Sondern hier ist für es, das als reine Einsicht sein positives und negatives Wesen, – das prädikatlose Absolute als reines *Denken* und als reine *Materie* schlechthin trennt, – der absolute *Übergang* von dem einen in das andere, in seiner Wirklichkeit vorhanden. – Der allgemeine Wille, als absolut *positives* wirkliches Selbstbewußtsein, schlägt, weil es diese zum *reinen* Denken oder zur *abstrakten* Materie *gesteigerte* selbstbewußte Wirklichkeit ist, in das *negative* Wesen um, und erweist sich ebenso *Aufheben des Sichselbstdenkens* oder des Selbstbewußtseins zu sein.

Die absolute Freiheit hat also als *reine* Sichselbstgleichheit des allgemeinen Willens die *Negation*, damit aber *den Unterschied* überhaupt an ihr, und entwickelt diesen wieder als *wirklichen* Unterschied. Denn die reine *Negativität* hat an dem sichselbstgleichen allgemeinen Willen das *Element* des *Bestehens* oder die *Substanz*, worin ihre Momente sich realisieren, sie hat die Materie, welche sie in ihre Bestimmtheit verwenden kann; und insofern diese Substanz sich als das Negative für das einzelne Bewußtsein gezeigt hat, bildet sich also wieder die Organisation der geistigen Massen aus, denen die Menge der individuellen Bewußtsein[e] zugeteilt wird. Diese, welche die Furcht ihres absoluten Herrn, des Todes, empfunden, lassen sich die Negation und die Unterschiede wieder gefallen, ordnen sich unter die Massen, und kehren zu einem geteilten und beschränkten Werke, aber dadurch zu ihrer substantiellen Wirklichkeit zurück.

Der Geist wäre aus diesem Tumulte zu seinem Ausgangspunkte, der sittlichen und realen Welt der Bildung, zurückgeschleudert, welche durch die Furcht des Herrn, die wieder in die Gemüter gekommen, nur erfrischt und verjüngt worden. Der Geist müßte diesen Kreislauf der Notwendigkeit von neuem durchlaufen und immer wiederholen, wenn nur die vollkommne Durchdringung des Selbstbewußtseins und der Substanz das Resultat wäre, – eine Durchdringung, worin das Selbstbewußtsein, das die gegen es negative Kraft seines allgemeinen Wesens erfahren, sich nicht als dieses Besondre, sondern nur als Allgemeines wissen und finden wollte, und daher auch die gegenständliche es als Besondres ausschließende Wirklichkeit des allgemeinen Geistes ertragen könnte. – Aber in der absoluten Freiheit war nicht, weder das Bewußtsein, das in mannigfaltiges Dasein versenkt ist, oder das sich bestimmte Zwecke und Gedanken festsetzt, noch eine *äußere* geltende Welt, es sei der Wirklichkeit oder des Denkens, miteinander in Wechselwirkung, sondern die Welt schlechthin in der Form des Bewußtseins, als allgemeiner Wille, und ebenso das Selbstbewußtsein zusammengezogen aus allem ausgedehnten Dasein oder mannigfaltigem Zweck und Urteil in das einfache Selbst. Die Bildung, die es in der Wechselwirkung mit jenem Wesen erlangt, ist daher die erhabenste und letzte, seine reine einfache Wirklichkeit unmittelbar verschwinden und in das leere Nichts übergehen zu sehen. In der Welt der Bildung selbst kommt es nicht dazu, seine Negation oder Entfremdung in dieser Form der reinen Abstraktion anzuschauen; sondern seine Negation ist die erfüllte, entweder die Ehre oder der Reichtum, die es an die Stelle des Selbsts, dessen es sich entfremdete, gewinnt; – oder die Sprache des Geistes und der Einsicht, die das zerrissene Bewußtsein erlangt; oder sie ist der Himmel des Glaubens, oder das Nützliche der Aufklärung. Alle diese Bestimmungen sind in dem Verluste, den das Selbst in der absoluten Freiheit erfährt, verloren; seine Negation ist der bedeutungslose Tod, der reine Schrecken des Negativen, das nichts Positives, nichts Erfüllendes in ihm hat. – Zugleich aber ist diese Negation in ihrer Wirklichkeit nicht ein *Fremdes*; sie ist weder die allgemeine, jenseits liegende *Notwendigkeit*, worin die sittliche Welt untergeht, noch der einzelne Zufall des eignen Besitzes oder der Laune des Besitzenden, von dem das zerrissne Bewußtsein sich abhängig sieht, – sondern sie ist der *allgemeine Wille*, der in dieser seiner letzten Abstraktion nichts Positives hat, und daher nichts für die Aufopferung zurückgeben kann; – aber eben darum ist er unvermittelt eins mit dem Selbstbewußtsein, oder er ist das rein Positive, weil er das rein Negative ist; und der bedeutungslose Tod, die unerfüllte Negativität des Selbsts, schlägt im innern Begriffe zur absoluten Positivität um. Für das Bewußtsein verwandelt sich die unmittelbare Einheit seiner mit dem allgemeinen Willen, seine Forderung, sich als diesen bestimmten Punkt im allgemeinen Willen zu wissen, in die schlechthin entgegengesetzte Erfahrung um. Was ihm darin verschwindet, ist das abstrakte *Sein* oder die Unmittelbarkeit des substanzlosen Punkts, und diese verschwundne Unmittelbarkeit ist der allgemeine Wille selbst, als welchen es sich nun weiß, insofern es *aufgehobne Unmittelbarkeit*, insofern es reines Wissen oder reiner Wille ist. Hiedurch weiß es ihn als sich selbst und sich als Wesen, aber nicht als das *unmittelbar seiende* Wesen, weder ihn als die revolutionäre Regierung oder als die die Anarchie zu konstituieren strebende Anarchie, noch sich als Mittelpunkt dieser Faktion oder der ihr entgegengesetzten, sondern der *allgemeine Wille* ist sein *reines Wissen und Wollen*, und *es* ist allgemeiner Wille, als dieses reine Wissen und Wollen. Es verliert darin nicht *sich selbst*, denn das reine Wissen und Wollen ist vielmehr es, als der atome Punkt des Bewußtseins. Es ist also die Wechselwirkung des reinen Wissens mit sich selbst; das reine *Wissen* als *Wesen* ist der allgemeine Wille; aber dieses *Wesen* ist schlechthin nur das reine Wissen. Das Selbstbewußtsein ist also das reine Wissen von dem Wesen als reinem Wissen. Es ferner als *einzelnes Selbst* ist nur die Form des Subjekts oder wirklichen Tuns, die von ihm als *Form* gewußt wird; ebenso ist für es die *gegenständliche* Wirklichkeit, das *Sein*, schlechthin selbstlose Form; denn sie wäre das nicht Gewußte; dies Wissen aber weiß das Wissen als das Wesen.

Die absolute Freiheit hat also den Gegensatz des allgemeinen und einzelnen Willens mit sich selbst ausgeglichen; der sich entfremdete Geist, auf die Spitze seines Gegensatzes getrieben, in welchem das reine Wollen und das rein Wollende noch unterschieden sind, setzt ihn zur durchsichtigen Form herab, und findet darin sich selbst. – Wie das Reich der wirklichen Welt in das Reich des Glaubens und der Einsicht übergeht, so geht die absolute Freiheit aus ihrer sich selbst zerstörenden Wirklichkeit in ein anderes Land des selbstbewußten Geistes über, worin sie in dieser Unwirklichkeit als das Wahre gilt, an dessen Gedanken er sich labt, insofern *er Gedanke ist* und bleibt, und dieses in das Selbstbewußtsein eingeschlossene Sein als das vollkommne und vollständige Wesen weiß. Es ist die neue Gestalt des *moralischen Geistes* entstanden.

C.
Der seiner selbst gewisse Geist.
Die Moralität.

Die sittliche Welt zeigte den in ihr nur abgeschiednen Geist, *das einzelne Selbst*, als ihr Schicksal und ihre Wahrheit. Diese *Person des Rechts* aber hat ihre Substanz und Erfüllung außer ihr. Die Bewegung der Welt der Bildung und des Glaubens hebt diese Abstraktion der Person auf, und durch die vollendete Entfremdung, durch die höchste Abstraktion, wird dem Selbst des Geistes die Substanz zuerst zum *allgemeinen Willen*, und endlich zu seinem Eigentum. Hier also scheint das Wissen endlich seiner Wahrheit vollkommen gleich geworden zu sein; denn seine Wahrheit ist dies Wissen selbst, und aller Gegensatz beider Seiten verschwunden; und zwar nicht *für uns* oder *an sich*, sondern für das Selbstbewußtsein selbst. Es ist nämlich über den Gegensatz des Bewußtseins selbst Meister geworden. Dieses beruht auf dem Gegensatze der Gewißheit seiner selbst und des Gegenstandes; nun aber ist der Gegenstand ihm selbst die Gewißheit seiner, das Wissen – so wie die Gewißheit seiner selbst als solche nicht mehr eigne Zwecke hat, also nicht mehr in der Bestimmtheit, sondern reines Wissen ist.

Das Wissen des Selbstbewußtseins ist ihm also die *Substanz* selbst. Sie ist für es ebenso *unmittelbar* als absolut *vermittelt* in einer ungetrennten Einheit. *Unmittelbar* – wie das sittliche Bewußtsein weiß und tut es selbst die Pflicht und gehört ihr als seiner Natur an; aber es ist nicht *Charakter*, wie dieses, das um seiner Unmittelbarkeit willen ein bestimmter Geist ist, nur Einer der sittlichen Wesenheiten angehört und die Seite hat, *nicht zu wissen*. – Es ist *absolute Vermittlung*, wie das sich bildende und das glaubende Bewußtsein; denn es ist wesentlich die Bewegung des Selbsts, die Abstraktion des *unmittelbaren Daseins* aufzuheben und sich Allgemeines zu werden; – aber weder durch reine Entfremdung und Zerreißung seines Selbsts und der Wirklichkeit, – noch durch die Flucht. Sondern es ist sich *unmittelbar* in seiner Substanz *gegenwärtig*, denn sie ist sein Wissen, sie ist die angeschaute reine Gewißheit seiner selbst; und eben *diese Unmittelbarkeit*, die seine eigne Wirklichkeit ist, ist alle Wirklichkeit, denn das Unmittelbare ist das *Sein* selbst, und als die reine, durch die absolute Negativität geläuterte Unmittelbarkeit ist sie reines, ist sie *Sein* überhaupt oder *alles* Sein.

Das absolute Wesen ist daher nicht in der Bestimmung erschöpft, das einfache *Wesen* des *Denkens* zu sein, sondern es ist alle *Wirklichkeit*, und diese Wirklichkeit ist nur als Wissen; was das Bewußtsein nicht wüßte, hätte keinen Sinn und kann keine Macht für es sein; in seinen wissenden Willen hat sich alle Gegenständlichkeit und Welt zurückgezogen. Es ist absolut frei, darin daß es seine Freiheit weiß, und eben dies Wissen seiner Freiheit ist seine Substanz und Zweck und einziger Inhalt.

a.
Die moralische Weltanschauung.

Das Selbstbewußtsein weiß die Pflicht als das absolute Wesen; es ist nur durch sie gebunden, und diese Substanz ist sein eignes reines Bewußtsein; die Pflicht kann nicht die Form eines Fremden für es erhalten. So aber in sich selbst beschlossen ist das moralische Selbstbewußtsein noch nicht als *Bewußtsein* gesetzt und betrachtet. Der Gegenstand ist unmittelbares Wissen, und so rein von dem Selbst durchdrungen ist er nicht Gegenstand. Aber wesentlich die Vermittlung und Negativität, hat es in seinem Begriffe die Beziehung auf ein *Anderssein,* und ist Bewußtsein. Dies Anderssein ist einerseits, weil die Pflicht seinen einzigen wesentlichen Zweck und Gegenstand ausmacht, für es eine völlig *bedeutungslose* Wirklichkeit. Weil dies Bewußtsein aber so vollkommen in sich beschlossen ist, so verhält es sich gegen dies Anderssein vollkommen frei und gleichgültig, und das Dasein ist daher andererseits ein vom Selbstbewußtsein völlig freigelassenes, sich ebenso nur auf sich beziehendes Dasein; je freier das Selbstbewußtsein wird, desto freier auch der negative Gegenstand seines Bewußtseins. Er ist hiedurch eine zur eignen Individualität in sich vollendete Welt, ein selbständiges Ganzes eigentümlicher Gesetze, sowie ein selbständiger Gang und freie Verwirklichung derselben, – eine *Natur* überhaupt, deren Gesetze wie ihr Tun ihr selbst angehören, als einem Wesen, das unbekümmert um das moralische Selbstbewußtsein ist, wie dieses um sie.

Von dieser Bestimmung an bildet sich eine *moralische Weltanschauung* aus, die in der *Beziehung* des *moralischen* An- und Fürsichseins und des *natürlichen* An- und Fürsichseins besteht. Dieser Beziehung liegt zum Grunde sowohl die völlige *Gleichgültigkeit* und eigne *Selbständigkeit* der *Natur* und der *moralischen* Zwecke und Tätigkeit gegeneinander, als auf der andern Seite das Bewußtsein der alleinigen Wesenheit der Pflicht und der völligen Unselbständigkeit und Unwesenheit der Natur. Die moralische Weltanschauung enthält die Entwicklung der Momente, die in dieser Beziehung so ganz widerstreitender Voraussetzungen vorhanden sind.

Zuerst also ist das moralische Bewußtsein überhaupt vorausgesetzt; die Pflicht gilt ihm als das Wesen, ihm, das *wirklich* und *tätig* ist und in seiner Wirklichkeit und Tat die Pflicht erfüllt. Für dies moralische Bewußtsein ist aber zugleich die vorausgesetzte Freiheit der Natur, oder es *erfährt*, daß die Natur unbekümmert darum ist, ihm das Bewußtsein der Einheit seiner Wirklichkeit mit der ihrigen zu geben, und es also *vielleicht glücklich* werden läßt, *vielleicht* auch *nicht*. Das unmoralische Bewußtsein dagegen findet vielleicht zufälligerweise seine Verwirklichung, wo das moralische nur *Veranlassung* zum Handeln, aber durch dasselbe nicht das Glück der Ausführung und des Genusses der Vollbringung ihm zu Teil werden sieht. Es findet daher vielmehr Grund zu Klagen über solchen Zustand der Unangemessenheit seiner und des Daseins, und der Ungerechtigkeit, die es darauf einschränkt, seinen Gegenstand nur als *reine Pflicht* zu haben, aber ihm denselben, und *sich* verwirklicht zu sehen versagt.

Das moralische Bewußtsein kann nicht auf die Glückseligkeit Verzicht tun, und dies Moment aus seinem absoluten Zwecke weglassen. Der Zweck, der als *reine Pflicht* ausgesprochen wird, hat wesentlich dies an ihm, dies *einzelne* Selbstbewußtsein zu enthalten; die *individuelle Überzeugung* und das Wissen von ihr machten ein absolutes Moment der Moralität aus. Dieses Moment an dem *gegenständlich* gewordenen *Zwecke*, an der *erfüllten* Pflicht, ist das sich als verwirklicht anschauende *einzelne* Bewußtsein, oder der *Genuß*, der hiemit im Begriffe zwar nicht unmittelbar der Moralität als *Gesinnung* betrachtet liegt, allein im Begriffe der *Verwirklichung* derselben. Hiedurch aber liegt er auch in ihr als *Gesinnung*; denn diese geht darauf, nicht Gesinnung im Gegensatze des Handelns zu bleiben, sondern zu *handeln*, oder sich zu verwirklichen. Der Zweck als das Ganze mit dem Bewußtsein seiner

Momente ausgesprochen, ist also dies, daß die erfüllte Pflicht ebensowohl rein moralische Handlung, als realisierte *Individualität* sei, und die *Natur*, als die Seite der *Einzelheit* gegen den abstrakten Zweck, *eins* sei mit diesem. – So notwendig die Erfahrung von der Disharmonie beider Seiten ist, weil die Natur frei ist, ebenso ist auch die Pflicht allein das Wesentliche, und die Natur gegen sie das Selbstlose. Jener ganze *Zweck*, den die Harmonie ausmacht, enthält die Wirklichkeit selbst in sich. Er ist zugleich der *Gedanke* der *Wirklichkeit*. Die Harmonie der Moralität und der Natur, – oder indem die Natur nur insofern in Betracht kommt, als das Bewußtsein ihre Einheit mit ihm erfährt, – die Harmonie der Moralität und der Glückseligkeit ist *gedacht* als notwendig *seiend*, oder sie ist *postuliert*. Denn *Fordern* drückt aus, daß etwas *seiend* gedacht wird, das noch nicht wirklich ist; eine Notwendigkeit nicht des *Begriffes* als Begriffes, sondern des *Seins*. Aber die Notwendigkeit ist zugleich wesentlich die Beziehung durch den Begriff. Das gefordert *Sein* gehört also nicht dem Vorstellen des zufälligen Bewußtseins an, sondern es liegt im Begriffe der Moralität selbst, dessen wahrer Inhalt die *Einheit* des *reinen* und *einzelnen* Bewußtseins ist; dem letztern gehört dies an, daß diese Einheit *für es* als eine Wirklichkeit sei, was im *Inhalte* des Zwecks Glückseligkeit, in seiner *Form* aber Dasein überhaupt ist. – Dies geforderte Dasein oder die Einheit beider ist darum nicht ein Wunsch, oder als Zweck betrachtet, nicht ein solcher, dessen Erreichung noch ungewiß wäre, sondern er ist eine Forderung der Vernunft, oder unmittelbare Gewißheit und Voraussetzung derselben.

Jene erste Erfahrung und dies Postulat ist nicht das einzige, sondern es tut sich ein ganzer Kreis von Postulaten auf. Die Natur ist nämlich nicht nur diese ganz freie *äußerliche*

Weise, in welcher als einem reinen Gegenstande das Bewußtsein seinen Zweck zu realisieren hätte. Dieses ist *an ihm selbst* wesentlich ein solches, *für welches* dies andere freie Wirkliche ist, d.h. es ist selbst ein Zufälliges und Natürliches. Diese Natur, die ihm die seinige ist, ist die *Sinnlichkeit*, die in der *Gestalt* des Wollens, als *Triebe* und *Neigungen*, für sich eigene *bestimmte* Wesenheit oder *einzelne Zwecke* hat, also dem reinen Willen und seinem reinen Zwecke entgegengesetzt ist. Gegen diese Entgegensetzung aber ist dem reinen Bewußtsein vielmehr die Beziehung der Sinnlichkeit auf es, ihre absolute Einheit mit ihm das Wesen. Beides, das reine Denken und die Sinnlichkeit des Bewußtseins, sind *an sich Ein Bewußtsein*, und das reine Denken ist eben dieses, für welches und in welchem diese reine Einheit ist; für es aber als Bewußtsein ist der Gegensatz seiner selbst und der Triebe. In diesem Widerstreit der Vernunft und der Sinnlichkeit ist für jene dies das Wesen, daß er sich auflöse, und als *Resultat* die Einheit beider hervorgehe, die nicht jene *ursprüngliche*, daß beide in Einem Individuum sind, sondern eine solche ist, die aus dem *gewußten* Gegensatze beider hervorgeht. Solche Einheit erst ist die *wirkliche* Moralität, denn in ihr ist der Gegensatz, wodurch das Selbst Bewußtsein oder erst wirkliches und in der Tat Selbst und zugleich Allgemeines ist, enthalten; oder es ist diejenige *Vermittlung* darin ausgedrückt, welche der Moralität, wie wir sehen, wesentlich ist. – Indem unter den beiden Momenten des Gegensatzes die Sinnlichkeit schlechthin das *Anderssein* oder das Negative, hingegen das reine Denken der Pflicht das Wesen ist, von welchem nichts aufgegeben werden kann, so scheint die hervorgebrachte Einheit nur durch das Aufheben der Sinnlichkeit zustande kommen zu können. Da sie aber selbst Moment dieses Werdens, das Moment der *Wirklichkeit* ist, so wird man sich für die Einheit zunächst mit dem Ausdrucke begnügen müssen, daß die Sinnlichkeit der Moralität *gemäß* sei. – Diese Einheit ist gleichfalls ein *postuliertes Sein*, sie *ist* nicht *da*; denn was *da ist*, ist das Bewußtsein, oder der Gegensatz der Sinnlichkeit und des reinen Bewußtseins. Sie ist aber zugleich nicht ein Ansich wie das erste Postulat, worin die freie Natur eine Seite ausmacht und die Harmonie derselben mit dem moralischen Bewußtsein daher außer diesem fällt; sondern die Natur ist hier diejenige, welche an ihm selbst [ist], und es ist hier um die Moralität als solche zu tun, um eine Harmonie, welche die eigne des tuenden Selbsts ist; das Bewußtsein hat sie daher selbst zustande zu bringen, und in der Moralität immer Fortschritte zu machen. Die *Vollendung* derselben aber ist ins *Unendliche hinauszuschieben*; denn wenn sie wirklich einträte, so höbe sich das moralische Bewußtsein auf. Denn die *Moralität* ist nur moralisches *Bewußtsein* als das negative Wesen, für dessen reine Pflicht die Sinnlichkeit nur eine *negative* Bedeutung, nur *nicht gemäß* ist. In der Harmonie aber verschwindet die *Moralität* als *Bewußtsein* oder ihre *Wirklichkeit*, wie in dem moralischen *Bewußtsein* oder der Wirklichkeit ihre *Harmonie* verschwindet. Die Vollendung ist darum nicht wirklich zu erreichen, sondern nur als eine *absolute Aufgabe* zu denken, d.h. als eine solche, welche schlechthin Aufgabe bleibt. Zugleich ist jedoch ihr Inhalt als ein solcher zu denken, der schlechthin *sein* müsse, und nicht Aufgabe bleibe; es sei nun, daß man sich in diesem Ziele das Bewußtsein ganz aufgehoben, oder auch nicht, vorstelle; wie es eigentlich damit zu halten, läßt sich in der dunkeln Ferne der Unendlichkeit, wohin eben deswegen die Erreichung des Ziels zu schieben ist, nicht mehr deutlich unterscheiden. Es wird eigentlich gesagt werden müssen, daß die bestimmte Vorstellung nicht interessieren und nicht gesucht werden soll, weil dies auf Widersprüche führt, – einer Aufgabe, die Aufgabe bleiben, und doch erfüllt werden, – einer Moralität, die nicht Bewußtsein, nicht wirklich mehr sein soll. Durch die Betrachtung aber, daß die vollendete Moralität einen Widerspruch enthielte, würde die Heiligkeit der moralischen Wesenheit leiden und die absolute Pflicht als etwas Unwirkliches erscheinen.

Das erste Postulat war die Harmonie der Moralität und der gegenständlichen Natur, der Endzweck der *Welt*; das andere die Harmonie der Moralität und des sinnlichen Willens, der Endzweck des *Selbstbewußtseins* als solchen; das erste also die Harmonie in der Form des *Ansich*-, das andere in der Form des *Fürsichseins*. Was aber diese beiden extremen Endzwecke, die gedacht sind, als Mitte verbindet, ist die Bewegung des *wirklichen* Handelns selbst. Sie sind Harmonien, deren Momente in ihrer abstrakten Unterschiedenheit noch nicht zum Gegenstande geworden; dies geschieht in der Wirklichkeit, worin die Seiten im eigentlichen Bewußtsein, jede als die *andre* der *andern* auftritt. Die hiedurch entstehenden Postulate enthalten, wie vorher nur die getrennten an sich und *für* sich *seiende*[*n*] Harmonien, jetzt *an und für sich seiende*.

Das moralische Bewußtsein ist als das *einfache Wissen* und *Wollen* der reinen *Pflicht* im Handeln auf den seiner Einfachheit entgegengesetzten Gegenstand, auf die Wirklichkeit des *mannigfaltigen Falles* bezogen, und hat dadurch ein mannigfaltiges moralisches *Verhältnis*. Es entstehen hier dem Inhalte nach die *vielen* Gesetze überhaupt, und der Form nach die widersprechenden Mächte des wissenden Bewußtseins und des Bewußtlosen. – Was fürs erste die *vielen Pflichten* betrifft, so gilt dem moralischen Bewußtsein überhaupt nur die *reine Pflicht* in ihnen; die *vielen Pflichten* als viele sind *bestimmte* und daher als solche für das moralische Bewußtsein nichts Heiliges. Zugleich aber durch den Begriff des *Handelns*, das eine mannigfaltige Wirklichkeit und daher eine mannigfaltige moralische Beziehung in sich schließt, *notwendig*, müssen sie als an und für sich seiend betrachtet werden. Da sie ferner nur in einem moralischen *Bewußtsein* sein können, sind sie zugleich in einem andern als jenem, dem nur die reine Pflicht als die reine an und für sich und heilig ist.

Es ist also postuliert, daß ein *anderes* Bewußtsein sei, welches sie heiligt, oder welches sie als Pflichten weiß und will. Das erste erhält die reine Pflicht *gleichgültig* gegen allen *bestimmten Inhalt*, und die Pflicht ist nur diese Gleichgültigkeit gegen ihn. Das andere aber enthält die ebenso wesentliche Beziehung auf das Handeln und die *Notwendigkeit* des *bestimmten* Inhalts; indem ihm die Pflichten als *bestimmte* Pflichten gelten, so ist ihm damit der Inhalt als solcher ebenso wesentlich als die Form, wodurch er Pflicht ist. Dies Bewußtsein ist hiedurch ein solches, worin das Allgemeine und das Besondere schlechthin eins ist, sein Begriff also derselbe als der Begriff der Harmonie der Moralität und Glückseligkeit. Denn dieser Gegensatz drückt ebenso die Trennung des *sich selbst gleichen* moralischen Bewußtseins von der Wirklichkeit aus, die als das *vielfache Sein* dem einfachen Wesen der Pflicht widerstreitet. Wenn aber das erste Postulat nur die *seiende* Harmonie der Moralität und der Natur ausdrückt, weil die Natur darin dies Negative des Selbstbewußtseins, das Moment des *Seins* ist, so ist hingegen jetzt dies *Ansich* wesentlich als Bewußtsein gesetzt. Denn das Seiende hat nun die Form des *Inhalts* der *Pflicht*, oder ist die *Bestimmtheit* an der *bestimmten Pflicht*. Das Ansich ist also die Einheit solcher, welche als *einfache Wesenheiten*, Wesenheiten des Denkens, und daher nur in einem Bewußtsein sind. Dieses ist also nunmehr ein Herr und Beherrscher der Welt, der die Harmonie der Moralität und der Glückseligkeit hervorbringt, und zugleich die Pflichten als *viele* heiligt. Das letztere heißt soviel, daß dem Bewußtsein der *reinen Pflicht* die bestimmte nicht unmittelbar heilig sein kann; weil sie aber um des wirklichen Handelns [willen], das ein bestimmtes ist, gleichfalls *notwendig* ist, so fällt ihre Notwendigkeit außer jenem Bewußtsein in ein anderes, das somit das vermittelnde der bestimmten und reinen Pflicht und der Grund ist, daß jene auch gilt.

In der wirklichen Handlung aber verhält sich das Bewußtsein als dieses Selbst, als ein vollkommen einzelnes; es ist auf die Wirklichkeit als solche gerichtet, und hat sie zum Zwecke; denn es will vollbringen. Es fällt also die *Pflicht überhaupt* außer es in ein anderes Wesen, das Bewußtsein und der heilige Gesetzgeber der reinen Pflicht ist. Dem handelnden, eben weil es handelndes ist, gilt das Andere der reinen Pflicht nur unmitttelbar; diese ist also Inhalt eines andern Bewußtseins und nur mittelbar, nämlich in diesem, jenem heilig.

Weil es hiemit gesetzt ist, daß das Gelten der Pflicht als des *an und für sich* Heiligen außerhalb des wirklichen Bewußtseins fällt, so steht dieses hiedurch überhaupt als das *unvollkommne* moralische Bewußtsein auf der einen Seite. Sowohl seinem *Wissen* nach weiß es sich also als ein solches, dessen Wissen und Überzeugung unvollständig und zufällig ist; ebenso seinem *Wollen* nach als ein solches, dessen Zwecke mit Sinnlichkeit affiziert sind. Um seiner Unwürdigkeit willen kann es daher die Glückseligkeit nicht notwendig, sondern als etwas Zufälliges ansehen, und sie nur aus Gnade erwarten.

Ob aber schon seine Wirklichkeit unvollkommen ist, so gilt doch seinem *reinen* Willen und Wissen die Pflicht als das

Wesen; im Begriffe, insofern er der Realität entgegengesetzt ist, oder im Denken ist es also vollkommen. Das absolute Wesen aber ist eben dies Gedachte, und jenseits der Wirklichkeit Postulierte; es ist daher der Gedanke, in welchem das moralisch unvollkommne Wissen und Wollen für vollkommen gilt, hiemit auch, indem es dasselbe für vollwichtig nimmt, die Glückseligkeit nach der Würdigkeit, nämlich nach dem ihm *zugeschriebenen Verdienst* erteilt.

Die Weltanschauung ist hierin vollendet; denn in dem Begriffe des moralischen Selbstbewußtseins sind die beiden Seiten, reine Pflicht und Wirklichkeit, in Einer Einheit gesetzt, und dadurch die eine wie andre nicht als an und für sich seiend, sondern als *Moment* oder als aufgehoben. Dies wird in dem letzten Teile der moralischen Weltanschauung für das Bewußtsein; die reine Pflicht nämlich setzt es in ein andres Wesen, als es selbst ist, d.h. es setzt sie teils als ein *Vorgestelltes*, teils als ein solches, das nicht das ist, was an und für sich gilt, sondern das Nichtmoralische gilt vielmehr als vollkommen. Ebenso sich selbst setzt es als ein solches, dessen Wirklichkeit die der Pflicht unangemessen ist, aufgehoben, und als *aufgehobne* oder in der *Vorstellung* des absoluten Wesens, der Moralität nicht mehr widerspricht.

Für das moralische Bewußtsein selbst hat jedoch seine moralische Weltanschauung nicht die Bedeutung, daß es in ihr seinen eignen Begriff entwickelt und ihn sich zum Gegenstande macht; es hat weder ein Bewußtsein über diesen Gegensatz der Form, noch auch über den Gegensatz dem Inhalte nach, dessen Teile es nicht untereinander bezieht und vergleicht, sondern in seiner Entwicklung sich, ohne der zusammenhaltende *Begriff* der Momente zu sein, fortwälzt. Denn es weiß nur das *reine Wesen*, oder den Gegenstand, insofern er *Pflicht*, insofern er *abstrakter* Gegenstand seines reinen Bewußtseins ist, als reines Wissen oder als sich selbst. Es verhält sich also nur denkend, nicht begreifend. Daher ist ihm der Gegenstand seines *wirklichen* Bewußtseins noch nicht durchsichtig; es ist nicht der absolute Begriff, der allein das *Anderssein* als solches, oder sein absolutes Gegenteil als sich selbst erfaßt. Seine eigne Wirklichkeit sowie alle gegenständliche Wirklichkeit gilt ihm zwar als das *Unwesentliche*; aber seine Freiheit ist die Freiheit des reinen Denkens, welcher darum zugleich die Natur gegenüber als ein ebenso Freies entstanden ist. Weil beides auf gleiche Weise in ihm ist, die *Freiheit des Seins* und das Eingeschlossensein desselben in das Bewußtsein, so wird sein Gegenstand als ein *seiender*, der *zugleich* nur *gedacht* [ist]; in dem letzten Teile seiner Anschauung wird der Inhalt wesentlich so gesetzt, daß sein *Sein* ein *vorgestelltes* ist, und diese Verbindung des Seins und des Denkens als das ausgesprochen, was sie in der Tat ist, das *Vorstellen*.

Indem wir die moralische Weltanschauung so betrachten, daß diese gegenständliche Weise nichts anderes ist als der Begriff des moralischen Selbstbewußtseins selbst, den es sich gegenständlich macht, so ergibt sich durch dies Bewußtsein über die Form ihres Ursprungs eine andere Gestalt ihrer Darstellung. – Das erste nämlich, wovon ausgegangen wird, ist das *wirkliche* moralische Selbstbewußtsein, oder daß *es ein solches gibt*. Denn der Begriff setzt es in der Bestimmung, daß ihm alle Wirklichkeit überhaupt Wesen nur insofern hat, als sie der Pflicht gemäß ist, und er setzt dies Wesen als Wissen, d.h. in unmittelbarer Einheit mit dem wirklichen Selbst; diese Einheit ist somit selbst wirklich, sie *ist* ein moralisches wirkliches Bewußtsein. – Dieses nun als Bewußtsein stellt sich seinen Inhalt als Gegenstand vor, nämlich als *Endzweck der Welt*, als Harmonie der Moralität und aller Wirklichkeit. Indem es aber diese Einheit als *Gegenstand* vorstellt, und noch nicht der Begriff ist, der die Macht über den Gegenstand als solchen hat, so ist sie ihm ein Negatives des Selbstbewußtseins, oder sie fällt außer ihm, als ein Jenseits seiner Wirklichkeit, aber zugleich als ein solches, das *auch* als *seiend*, aber nur gedacht wird.

Was ihm, das als Selbstbewußtsein ein *anderes*, denn der Gegenstand ist, hiemit übrig bleibt, ist die Nichtharmonie des Pflichtbewußtseins und der Wirklichkeit, und zwar seiner eignen. Der Satz lautet hiemit jetzt so: *es gibt kein moralisch vollendetes wirkliches* Selbstbewußtsein; – und da das Moralische überhaupt nur ist, insofern es vollendet ist, denn die Pflicht ist das *reine* unvermischte *Ansich*, und die Moralität besteht nur in der Angemessenheit zu diesem Reinen, – so heißt der zweite Satz überhaupt so, daß es *kein moralisch Wirkliches* gibt.

Indem es aber drittens Ein Selbst ist, so ist es an sich die Einheit der Pflicht und der Wirklichkeit; diese Einheit wird ihm also Gegenstand, als die vollendete Moralität, – aber als ein *Jenseits* seiner Wirklichkeit, – aber das doch wirklich sein soll.

In diesem Ziele der synthetischen Einheit der beiden ersten Sätze ist die selbstbewußte Wirklichkeit sowohl als die Pflicht nur als aufgehobnes Moment gesetzt; denn keines ist einzeln, aber sie, in deren wesentlicher Bestimmung ist, *frei von dem andern* zu sein, sind somit jedes in der Einheit nicht mehr frei von dem andern, also jedes aufgehoben, und somit werden sie dem Inhalt nach als solche Gegenstand, deren *jedes für das andre* gilt, und der Form nach so, daß diese Austauschung derselben zugleich nur *vorgestellt* ist. – Oder das *wirklich nicht* Moralische, weil es ebenso reines Denken und über seine Wirklichkeit erhaben ist, ist in der Vorstellung doch moralisch, und wird für vollgültig genommen. Es wird hiedurch der erste Satz, daß es ein moralisches Selbstbewußtsein *gibt*, hergestellt, aber verbunden mit dem zweiten, daß es keines *gibt*, nämlich es *gibt* eines, aber nur in der Vorstellung; oder es gibt zwar keines, aber es wird von einem andern doch dafür gelten gelassen.

b.
Die Verstellung.

In der moralischen Weltanschauung sehen wir einesteils das Bewußtsein *selbst* seinen Gegenstand mit *Bewußtsein erzeugen*; wir sehen es denselben weder als ein Fremdes vorfinden, noch auch ihn bewußtlos ihm werden, sondern es verfährt überall nach einem Grunde, aus welchem es das *gegenständliche Wesen setzt*; es weiß dasselbe also als sich selbst, denn es weiß sich als das *tätige*, das es erzeugt. Es scheint somit hier zu seiner Ruhe und Befriedigung zu kommen, denn diese kann es nur da finden, wo es über seinen Gegenstand nicht mehr hinauszugehen braucht, weil dieser nicht mehr über es hinausgeht. Auf der andern Seite aber setzt es selbst ihn vielmehr *außer sich* hinaus, als ein Jenseits seiner. Aber dies An-undfürsichseiende ist ebenso als ein solches gesetzt, das nicht frei vom Selbstbewußtsein, sondern zum Behuf des letztern und durch dasselbe sei.

Die moralische Weltanschauung ist daher in der Tat nichts anderes als die Ausbildung dieses zum Grunde liegenden Widerspruchs nach seinen verschiedenen Seiten; sie ist, um einen Kantischen Ausdruck hier, wo er am passendsten ist, zu gebrauchen, ein *ganzes Nest* gedankenloser Widersprüche.

Das Bewußtsein verhält sich in dieser Entwicklung so, daß es ein Moment festsetzt und von da unmittelbar zum andern übergeht, und das erste aufhebt; wie es aber nun dies zweite *aufgestellt hat, verstellt* es *auch* dasselbe wieder, und macht vielmehr das Gegenteil zum Wesen. Zugleich ist es sich seines Widerspruchs und *Verstellens auch* bewußt, denn es geht von einem Momente *unmittelbar* in *Beziehung auf dieses selbst* zu dem entgegengesetzten über; *weil* ein Moment keine Realität für es hat, setzt es eben dasselbe als *reell,* oder was dasselbe ist, um *ein Moment* als an sich seiend zu behaupten, behauptet es das *entgegengesetzte* als das ansichseiende. Es bekennt damit, daß es ihm in der Tat mit keinem derselben Ernst ist. Dies ist in den Momenten dieser schwindelnden Bewegung näher zu betrachten.

Lassen wir die Voraussetzung, daß es ein wirkliches moralisches Bewußtsein gibt, zuerst auf sich beruhen, weil sie unmittelbar nicht in Beziehung auf etwas Vorhergehendes gemacht wird, und wenden uns an die Harmonie der Moralität und der Natur, das erste Postulat. Sie soll *an sich* sein, nicht für das wirkliche Bewußtsein, nicht gegenwärtig, sondern die Gegenwart ist vielmehr nur der Widerspruch beider. In der Gegenwart ist die *Moralität* als *vorhanden* angenommen, und die Wirklichkeit so gestellt, daß sie nicht in Harmonie mit ihr sei. Das *wirkliche* moralische Bewußtsein aber ist ein *handelndes;* darin besteht eben die Wirklichkeit seiner Moralität. Im *Handeln* selbst aber ist jene Stellung unmittelbar verstellt; denn das Handeln ist nichts anderes als die Verwirklichung des innern moralischen Zwecks, nichts anderes als die Hervorbringung einer durch den *Zweck bestimmten Wirklichkeit* oder der Harmonie des moralischen Zwecks und der Wirklichkeit selbst. Zugleich ist die Vollbringung der Handlung für das Bewußtsein, sie ist die *Gegenwart* dieser

Einheit der Wirklichkeit und des Zweckes; und weil in der vollbrachten Handlung das Bewußtsein sich als dieses einzelne verwirklicht, oder das Dasein in es zurückgekehrt anschaut, und der Genuß hierin besteht, so ist in der Wirklichkeit des moralischen Zwecks zugleich auch diejenige Form derselben enthalten, welche Genuß und Glückseligkeit genannt wird. – Das Handeln erfüllt also in der Tat unmittelbar dasjenige, was nicht stattzufinden aufgestellt war, und nur ein Postulat, nur Jenseits sein sollte. Das Bewußtsein spricht es also durch die Tat aus, daß es mit dem Postulieren nicht Ernst ist, weil der Sinn des Handelns vielmehr dieser ist, das zur Gegenwart zu machen, was nicht in der Gegenwart sein sollte. Und indem um des Handelns willen die Harmonie postuliert wird – was nämlich durch das Handeln *wirklich* werden soll, muß *an sich* so sein, sonst wäre die Wirklichkeit nicht *möglich*, – so ist der Zusammenhang des Handelns und des Postulats so beschaffen, daß um des Handelns, d.h. um der *wirklichen* Harmonie des Zwecks und der Wirklichkeit willen diese Harmonie als *nicht wirklich*, als *jenseits*, gesetzt wird.

Indem *gehandelt* wird, ist es also mit der *Unangemessenheit* des Zwecks und der Wirklichkeit überhaupt nicht Ernst; dagegen scheint es mit dem *Handeln* selbst Ernst zu sein. Aber in der Tat ist die wirkliche Handlung nur Handlung des *einzelnen* Bewußtseins, also selbst nur etwas Einzelnes und das Werk zufällig. Der Zweck der Vernunft aber als der allgemeine, alles umfassende Zweck ist nichts geringeres als die ganze Welt; ein Endzweck, der weit über den Inhalt dieser einzelnen Handlung hinausgeht und daher überhaupt über alles wirkliche Handeln hinauszustellen ist. Weil das allgemeine Beste ausgeführt werden soll, wird nichts Gutes getan. In der Tat aber ist die *Nichtigkeit* des wirklichen Handelns, und die *Realität* nur des *ganzen* Zwecks, die jetzt aufgestellt sind, nach allen Seiten auch wieder verstellt. Die moralische Handlung ist nicht etwas Zufälliges und Beschränktes, denn sie hat die reine *Pflicht* zu ihrem Wesen; diese macht den *einzigen ganzen* Zweck aus; und die Handlung also als Verwirklichung desselben ist bei aller sonstigen Beschränkung des Inhalts die Vollbringung des ganzen absoluten Zwecks. Oder wenn wieder die Wirklichkeit als Natur, die ihre *eignen* Gesetze hat und der reinen Pflicht entgegengesetzt ist, genommen wird, so daß also die Pflicht ihr Gesetz nicht in ihr realisieren kann, so ist es, indem die Pflicht als solche das Wesen ist, in der Tat *nicht um die Vollbringung* der reinen Pflicht, welche der ganze Zweck ist, zu tun; denn die Vollbringung hätte vielmehr nicht die reine Pflicht, sondern das ihr Entgegengesetzte, die *Wirklichkeit*, zum Zwecke. Aber daß es nicht um die Wirklichkeit zu tun sei, ist wieder verstellt; denn nach dem Begriffe des moralischen Handelns ist die reine Pflicht wesentlich *tätiges* Bewußtsein; es soll also allerdings gehandelt, die absolute Pflicht in der ganzen Natur ausgedrückt und das Moralgesetz Naturgesetz werden.

Lassen wir also dieses *höchste Gut* als das Wesen gelten, so ist es dem Bewußtsein mit der Moralität überhaupt nicht Ernst. Denn in diesem höchsten Gute hat die Natur nicht ein anderes Gesetz, als die Moralität hat. Somit fällt das moralische Handeln selbst hinweg, denn das Handeln ist nur unter der Voraussetzung eines Negativen, das durch die Handlung aufzuheben ist. Ist aber die Natur dem Sittengesetze gemäß, so würde ja dieses durch das Handeln, durch das Aufheben des Seienden verletzt. – Es wird also in jener Annahme als der wesentliche Zustand ein solcher eingestanden, worin das moralische Handeln überflüssig ist, und gar nicht stattfindet. Das Postulat der Harmonie der Moralität und der Wirklichkeit, – einer Harmonie, die durch den Begriff des moralischen Handelns, beide in Übereinstimmung zu bringen, gesetzt ist, – drückt sich also auch von dieser Seite so aus: weil das moralische Handeln der absolute Zweck ist, so ist der absolute Zweck, daß das moralische Handeln gar nicht vorhanden sei.

Stellen wir diese Momente, durch die das Bewußtsein sich in seinem moralischen Vorstellen fortwälzte, zusammen, so erhellt, daß es jedes wieder in seinem Gegenteile aufhebt. Es geht davon aus, daß *für es* die Moralität und Wirklichkeit nicht harmoniere, aber es ist ihm damit nicht Ernst, denn in der Handlung ist *für es* die Gegenwart dieser Harmonie. Es ist ihm aber auch mit diesem *Handeln*, da es etwas Einzelnes ist, nicht Ernst; denn es hat einen so hohen Zweck, *das höchste Gut*. Dies ist aber wieder nur eine Verstellung der Sache, denn darin fiele alles Handeln und alle Moralität hinweg. Oder es ist ihm eigentlich mit dem *moralischen* Handeln nicht Ernst, sondern das Wünschenswerteste, Absolute ist, daß das höchste Gut ausgeführt und das moralische Handeln überflüssig wäre.

Von diesem Resultate muß das Bewußtsein in seiner widersprechenden Bewegung sich weiter fortwälzen und das *Aufheben* des moralischen Handelns notwendig wieder verstellen. Die Moralität ist das Ansich; daß sie statt habe, kann der Endzweck der Welt nicht ausgeführt sein, sondern das moralische Bewußtsein muß *für sich* sein und eine ihm *entgegengesetzte Natur* vorfinden. Aber es an ihm selbst muß vollendet sein. Dies führt zum zweiten Postulate der Harmonie seiner und der Natur, welche an ihm unmittelbar ist, der Sinnlichkeit. Das moralische Selbstbewußtsein stellt seinen Zweck als rein, als von Neigungen und Trieben unabhängig auf, so daß er die Zwecke der Sinnlichkeit in sich vertilgt hat. – Allein diese aufgestellte Aufhebung des sinnlichen

Wesens verstellt es wieder. Es handelt, bringt seinen Zweck zur Wirklichkeit, und die selbstbewußte Sinnlichkeit, welche aufgehoben sein soll, ist gerade diese Mitte zwischen dem reinen Bewußtsein und der Wirklichkeit, – sie ist das Werkzeug des erstern zu seiner Verwirklichung oder das Organ, und das, was Trieb, Neigung genannt wird. Es ist daher nicht Ernst mit dem Aufheben der Neigungen und Triebe, denn eben sie sind das *sich verwirklichende Selbstbewußtsein*. Aber sie sollen auch nicht *unterdrückt*, sondern der Vernunft nur *gemäß* sein. Sie sind ihr auch gemäß, denn das moralische *Handeln* ist nichts anderes als das sich verwirklichende, also sich die Gestalt eines *Triebes* gebende Bewußtsein, d.h. es ist unmittelbar die gegenwärtige Harmonie des Triebs und der Moralität. Aber in der Tat ist der Trieb nicht nur diese leere Gestalt, die eine andere Feder, als er selbst ist, in sich haben und von ihr getrieben werden könnte. Denn die Sinnlichkeit ist eine Natur, die ihre eigenen Gesetze und Springfedern an ihr selbst hat; es kann der Moralität daher nicht Ernst damit sein, die Triebfeder der Triebe, der Neigungswinkel der Neigungen zu sein. Denn indem diese ihre eigne feste Bestimmtheit und eigentümlichen Inhalt haben, so wäre vielmehr das Bewußtsein, dem sie gemäß wären, ihnen gemäß; eine Gemäßheit, welche sich das moralische Selbstbewußtsein verbittet. Die Harmonie beider ist also nur *an sich* und *postuliert*. – In dem moralischen Handeln war soeben die *gegenwärtige* Harmonie der Moralität und der Sinnlichkeit aufgestellt, dies aber *ist nun* verstellt; sie ist jenseits des Bewußtseins in einer nebligen Ferne, worin nichts mehr genau zu unterscheiden noch zu begreifen ist; denn mit dem Begreifen dieser Einheit, das wir soeben versuchten, ging es nicht. – In diesem Ansich gibt aber überhaupt das Bewußtsein sich auf. Dieses Ansich ist seine moralische Vollendung, worin der Kampf der Moralität und der Sinnlichkeit aufgehört hat und die letztere der erstere auf eine Weise gemäß ist, die nicht zu fassen ist. – Darum ist diese Vollendung wieder nur eine Verstellung der Sache, denn in der Tat gäbe in ihr vielmehr die *Moralität* selbst sich auf, denn sie ist nur Bewußtsein des absoluten Zwecks als des *reinen*, also im *Gegensatze* gegen alle andern Zwecke; sie ist ebenso die *Tätigkeit* dieses reinen Zwecks, als sie sich der Erhebung über die Sinnlichkeit, der Einmischung derselben und ihres Gegensatzes und Kampfes mit ihr bewußt ist. Daß es mit der moralischen Vollendung nicht Ernst ist, spricht das Bewußtsein unmittelbar selbst darin aus, daß es sie in die *Unendlichkeit* hinaus verstellt, d.h. sie als niemals vollendet behauptet.

Vielmehr ist ihm also nur dieser Zwischenzustand der Nichtvollendung das Gültige, – ein Zustand, der aber doch ein *Fortschreiten* zur Vollendung wenigstens sein soll. Allein er kann auch dies nicht sein; denn das Fortschreiten in der Moralität wäre vielmehr ein Zugehen zum Untergang derselben. Das Ziel nämlich wäre das obige Nichts oder Aufheben der Moralität und des Bewußtseins selbst; dem Nichts aber immer näher und näher kommen, heißt *abnehmen*. Außerdem nähme *Fortschreiten* überhaupt ebenso wie *Abnehmen* Unterschiede der *Größe* in der Moralität an, allein von diesen kann in ihr keine Rede sein. In ihr als dem Bewußtsein, welchem der sittliche Zweck die *reine* Pflicht ist, ist an eine Verschiedenheit überhaupt nicht, am wenigsten an die oberflächliche der Größe zu denken; es gibt nur Eine Tugend, nur Eine reine Pflicht, nur Eine Moralität.

Indem es also mit der moralischen Vollendung nicht Ernst ist, sondern vielmehr mit dem Mittelzustande, d.h. wie soeben erörtert, mit der Nichtmoralität, so kommen wir von einer andern Seite auf den Inhalt des ersten Postulats zurück. Es ist nämlich nicht abzusehen, wie Glückseligkeit für dies moralische Bewußtsein um seiner *Würdigkeit* willen zu fordern ist. Es ist seiner Nichtvollendung sich bewußt und kann daher die Glückseligkeit in der Tat nicht als Verdienst, nicht als etwas, dessen es würdig wäre, fordern, sondern sie nur aus einer freien Gnade, d.h. die Glückseligkeit als *solche* an und für sich selbst verlangen, und nicht aus jenem absoluten Grunde, sondern nach Zufall und Willkür erwarten. – Die Nichtmoralität spricht eben hierin aus, was sie ist, – daß es nicht um die Moralität, sondern um die Glückseligkeit an und für sich ohne Beziehung auf jene zu tun ist.

Durch diese zweite Seite der moralischen Weltanschauung wird auch noch die andere Behauptung der erstern aufgehoben, worin die Disharmonie der Moralität und Glückseligkeit vorausgesetzt wird. – Es will nämlich die Erfahrung gemacht werden, daß es in dieser Gegenwart dem Moralischen oft schlecht, dem Unmoralischen hingegen oft glücklich gehe. Allein der Zwischenzustand der unvollendeten Moralität, der sich als das Wesentliche ergeben hat, zeigt offenbar, daß diese Wahrnehmung und seinsollende Erfahrung nur eine Verstellung der Sache ist. Denn da die Moralität unvollendet, d.h. die Moralität in der Tat *nicht* ist, was kann an der Erfahrung sein, daß es ihr schlecht gehe? – Indem es zugleich herausgekommen, daß es um die Glückseligkeit an und für sich zu tun ist, so zeigt es sich, daß bei Beurteilung, es gehe dem Unmoralischen gut, nicht ein Unrecht gemeint war, das hier stattfinde. Die Bezeichnung eines Individuums als eines unmoralischen fällt, indem die Moralität überhaupt unvollendet ist, *an sich* hinweg, hat also nur einen willkürlichen Grund. Der Sinn und Inhalt des Urteils der Erfahrung ist dadurch allein dieser, daß einigen die Glückseligkeit an und für sich nicht zukommen sollte, d.h. er ist

Neid, der sich zum Deckmantel die Moralität nimmt. Der Grund aber, warum Andern das sogenannte Glück zuteil werden sollte, ist die gute Freundschaft, die ihnen und sich selbst diese Gnade, d.h. diesen Zufall *gönnt* und *wünscht*.

Die Moralität also im moralischen Bewußtsein ist unvollendet; dies ist es, was jetzt aufgestellt wird. Aber es ist ihr Wesen, nur das *vollendete Reine* zu sein; die unvollendete Moralität ist daher unrein, oder sie ist Immoralität. – Die Moralität selbst ist also in einem andern Wesen als in dem wirklichen Bewußtsein; es ist ein heiliger moralischer Gesetzgeber. – Die im Bewußtsein *unvollendete* Moralität, welche der Grund dieses Postulierens ist, hat *zunächst* die Bedeutung, daß die Moralität, indem sie im Bewußtsein als *wirklich* gesetzt wird, in der Beziehung auf ein *Anderes*, auf ein Dasein steht, also selbst an ihr das Anderssein oder den Unterschied erhält, wodurch eine vielfache Menge von moralischen Geboten entsteht. Das moralische Selbstbewußtsein hält aber zugleich diese *vielen* Pflichten für unwesentlich; denn es ist nur um die *Eine* reine Pflicht zu tun, und *für es* haben sie, insofern sie *bestimmte* sind, keine Wahrheit. Sie können ihre Wahrheit also nur in einem Andern haben, und sind, was sie für es nicht sind, heilig durch einen heiligen Gesetzgeber. – Allein dies ist selbst wieder nur eine Verstellung der Sache. Denn das moralische Selbstbewußtsein ist sich das Absolute, und Pflicht schlechthin nur das, was *es* als Pflicht *weiß*. Es weiß aber nur die reine Pflicht als Pflicht; was ihm nicht heilig ist, ist an sich nicht heilig, und was an sich nicht heilig ist, kann durch das heilige Wesen nicht geheiligt werden. Es ist dem moralischen Bewußtsein auch überhaupt damit nicht Ernst, etwas *durch ein anderes* Bewußtsein, als es selbst ist, heiligen zu lassen; denn es ist ihm schlechthin nur das heilig, was ihm durch *sich selbst und in ihm* heilig ist. – Es ist also ebensowenig damit Ernst, daß dies andere Wesen ein heiliges sei, denn in ihm sollte etwas zur Wesenheit gelangen, was für das moralische Bewußtsein, d.h. an sich keine Wesenheit hat.

Wenn das heilige Wesen postuliert wurde, daß in ihm die Pflicht nicht als reine Pflicht, sondern als eine Vielheit *bestimmter* Pflichten ihre Gültigkeit hätte, so muß also dieses wieder verstellt, und das andere Wesen allein insofern heilig sein, als in ihm nur *die reine Pflicht* Gültigkeit hat. Die reine Pflicht hat auch in der Tat Gültigkeit nur in einem andern Wesen, nicht in dem moralischen Bewußtsein. Obschon in ihm die reine Moralität allein zu gelten scheint, so muß doch dieses anders gestellt werden, denn es ist zugleich natürliches Bewußtsein. Die Moralität ist in ihm von der Sinnlichkeit affiziert und bedingt, also nicht an und für sich, sondern eine Zufälligkeit des freien *Willens*; in ihm aber als reinem *Willen* eine Zufälligkeit des *Wissens*; *an und für sich* ist die Moralität daher in einem andern Wesen.

Dieses Wesen ist also hier die rein vollendete Moralität darum, weil sie in ihm nicht in Beziehung auf Natur und Sinnlichkeit steht. Allein die *Realität* der reinen Pflicht ist ihre *Verwirklichung* in Natur und Sinnlichkeit. Das moralische Bewußtsein setzt seine Unvollkommenheit darein, daß in ihm die Moralität eine *positive* Beziehung auf die Natur und Sinnlichkeit hat, da ihm dies für ein wesentliches Moment derselben gilt, daß sie schlechthin nur eine *negative* Beziehung darauf habe. Das reine moralische Wesen dagegen, weil es erhaben über den *Kampf* mit der Natur und Sinnlichkeit ist, steht nicht in einer *negativen* Beziehung darauf. Es bleibt ihm also in der Tat nur die *positive* Beziehung darauf übrig, d.h. eben dasjenige, was soeben als das Unvollendete, als das Unmoralische galt. Die *reine Moralität* aber ganz getrennt von der Wirklichkeit, so daß sie ebensosehr ohne positive Beziehung auf diese wäre, wäre eine bewußtlose, unwirkliche Abstraktion, worin der Begriff der Moralität, Denken der reinen Pflicht und ein Wille und Tun zu sein, schlechthin aufgehoben wäre. Dieses so rein moralische Wesen ist daher wieder eine Verstellung der Sache, und aufzugeben.

In diesem rein moralischen Wesen aber nähern sich die Momente des Widerspruchs, in welchem dies synthetische Vorstellen sich herumtreibt, und die entgegengesetzten *Auchs*, die es, ohne diese seine Gedanken zusammenzubringen, aufeinanderfolgen, und ein Gegenteil immer durch das andere ablösen läßt, so sehr, daß das Bewußtsein hier seine moralische Weltanschauung aufgeben und in sich zurückfliehen muß.

Es erkennt seine Moralität darum als nicht vollendet, weil es von einer ihr entgegengesetzten Sinnlichkeit und Natur affiziert ist, welche teils die Moralität selbst als solche trübt, teils eine Menge von Pflichten entstehen macht; durch die es im konkreten Falle des wirklichen Handelns in Verlegenheit gerät; denn jeder Fall ist die Konkretion vieler moralischer Beziehungen, wie ein Gegenstand der Wahrnehmung überhaupt ein Ding von vielen Eigenschaften ist; und indem die *bestimmte* Pflicht Zweck ist, hat sie einen Inhalt, und ihr *Inhalt* ist ein Teil des Zwecks, und die Moralität nicht rein. – Diese hat also in einem andern Wesen ihre *Realität*. Aber diese Realität heißt nichts anderes, als daß die Moralität hier *an* und *für sich* sei, – *für sich*, d.h. Moralität eines *Bewußtseins* sei, *an sich*, d.h. *Dasein* und *Wirklichkeit* habe. – In jenem ersten unvollendeten Bewußtsein ist die Moralität nicht ausgeführt; sie ist darin das *Ansich* im Sinne eines *Gedankendinges*; denn sie ist mit Natur und Sinnlichkeit, mit der Wirklichkeit des Seins und des Bewußtseins vergesellschaftet, die ihren Inhalt ausmacht, und Natur und Sinnlichkeit ist das moralisch Nichtige. – In dem zweiten ist die Moralität als *vollendet* und nicht als ein unausgeführtes Gedankending vorhanden. Aber diese Vollendung besteht eben darin, daß die Moralität in einem *Bewußtsein Wirklichkeit*, sowie *freie Wirklichkeit*, Dasein überhaupt hat, nicht das Leere, sondern das Erfüllte, Inhaltsvolle ist; – d.h. die Vollendung der Moralität wird darin gesetzt, daß das, was soeben als das moralisch Nichtige bestimmt wurde, in ihr und an ihr vorhanden ist. Sie soll das eine Mal schlechthin nur als das unwirkliche Gedankending der reinen Abstraktion Gültigkeit, aber ebensowohl in dieser Weise keine Gültigkeit haben; ihre Wahrheit soll darin bestehen, der Wirklichkeit entgegengesetzt und von ihr ganz frei und leer, und wieder darin, Wirklichkeit zu sein.

Der Synkretismus dieser Widersprüche, der in der moralischen Weltanschauung auseinandergelegt ist, fällt in sich zusammen, indem der Unterschied, worauf er beruht, von solchem, das notwendig gedacht und gesetzt werden müsse und doch zugleich unwesentlich sei, zu einem Unterschiede wird, der nicht einmal mehr in den Worten liegt. Was am Ende als ein Verschiedenes gesetzt wird, sowohl als das Nichtige wie als das Reelle, ist ein und ebendasselbe, das Dasein und die Wirklichkeit; und was absolut nur als das Jenseits des wirklichen Seins und Bewußtseins, und ebensowohl nur in ihm, und als ein Jenseits das Nichtige sein soll, ist die reine Pflicht und das Wissen derselben als des Wesens. Das Bewußtsein, das diesen Unterschied macht, der keiner ist, die Wirklichkeit für das Nichtige und das Reale zugleich, die reine Moralität ebenso für das wahre Wesen sowie für das Wesenlose aussagt, spricht die Gedanken, die es vorher trennte, zusammen aus, spricht es selbst aus, daß es ihm mit dieser Bestimmung und der Auseinanderstellung der Momente des *Selbsts* und des *Ansichs* nicht Ernst ist, sondern daß es das, was es als das absolute außer dem Bewußtsein Seiende aussagt, vielmehr in dem Selbst des Selbstbewußtseins eingeschlossen behält, und was es als das absolut *Gedachte* oder das absolute *Ansich* aussagt, eben darum für ein nicht Wahrheit Habendes nimmt. – Es wird für das Bewußtsein, daß das Auseinanderstellen dieser Momente eine Verstellung ist, und es wäre *Heuchelei*, wenn es sie doch beibehielte. Aber als moralisches reines Selbstbewußtsein flieht es aus dieser Ungleichheit seines *Vorstellens* mit dem, was sein *Wesen* ist, aus dieser Unwahrheit, welche das für wahr aussagt, was ihm für unwahr gilt, mit Abscheu in sich zurück. Es ist *reines Gewissen*, welches eine solche moralische Weltvorstellung verschmäht; es ist *in sich selbst* der einfache, seiner gewisse Geist, der ohne die Vermittlung jener Vorstellungen unmittelbar gewissenhaft handelt und in dieser Unmittelbarkeit seine Wahrheit hat. – Wenn aber diese Welt der Verstellung nichts anders als die Entwicklung des moralischen Selbstbewußtseins in seinen Momenten und hiemit seine *Realität* ist, so wird es durch sein Zurückgehen in sich seinem Wesen nach nichts anderes werden; sein Zurückgehen in sich ist vielmehr nur das *erlangte Bewußtsein*, daß seine Wahrheit eine vorgegebene ist. Es *müßte* sie noch immer für *seine* Wahrheit *ausgeben*, denn es müßte sich als gegenständliche Vorstellung aussprechen und darstellen, aber *wüßte*, daß dies nur eine Verstellung ist; es wäre hiemit in der Tat die Heuchelei, und jenes *Verschmähen* jener Verstellung schon die erste Äußerung der Heuchelei.

c.
Das Gewissen,
die schöne Seele,
das Böse und seine Verzeihung.

Die Antinomie der moralischen Weltanschauung, daß es ein moralisches Bewußtsein gibt, und daß es keines gibt, – oder daß das Gelten der Pflicht ein Jenseits des Bewußtseins ist, und umgekehrt nur in ihm stattfindet, war in die Vorstellung zusammengefaßt worden, worin das nichtmoralische Bewußtsein für moralisch gelte, sein zufälliges Wissen und Wollen für vollwichtig angenommen, und die Glückseligkeit ihm aus Gnade zuteil werde. Diese sich selbst widersprechende Vorstellung nahm das moralische Selbstbewußtsein nicht über sich, sondern verlegte sie in ein ihm andres Wesen. Aber dies Hinaussetzen dessen, was es als notwendig denken muß, außer sich selbst, ist ebenso der Widerspruch der Form nach, wie jener es dem Inhalte nach ist. Weil aber an sich eben das, was als widersprechend erscheint und in dessen Trennung und Wiederauflösung die moralische Weltanschauung sich herumtreibt, dasselbe ist, die reine Pflicht nämlich als das *reine Wissen* nichts anders als das *Selbst* des Bewußtseins, und das Selbst des Bewußtseins das *Sein* und *Wirklichkeit*, – ebenso was jenseits des *wirklichen* Bewußtseins sein soll, nichts anders als das reine Denken, also in der Tat das Selbst ist, so geht *für uns* oder *an sich* das Selbstbewußtsein in sich zurück, und weiß dasjenige Wesen als sich selbst, worin das *Wirkliche* zugleich *reines Wissen* und *reine Pflicht* ist. Es selbst ist sich das in seiner Zufälligkeit Vollgültige, das seine unmittelbare Einzelheit als das reine Wissen und Handeln, als die wahre Wirklichkeit und Harmonie weiß.

Dies *Selbst des Gewissens*, der seiner unmittelbar als der absoluten Wahrheit und des Seins gewisse Geist, ist das *dritte Selbst*, das uns aus der dritten Welt des Geistes geworden ist, und ist mit den vorherigen kurz zu vergleichen. Die Totalität oder Wirklichkeit, welche sich als die Wahrheit der sittlichen Welt darstellt, ist das Selbst der *Person*; ihr Dasein ist das *Anerkanntsein*. Wie die Person das substanzleere Selbst ist, so ist dies ihr Dasein ebenso die abstrakte Wirklichkeit; die Person *gilt* und zwar unmittelbar; das Selbst ist der in dem Elemente seines Seins unmittelbar ruhende Punkt; er ist ohne die Abtrennung von seiner Allgemeinheit, beide daher nicht in Bewegung und Beziehung aufeinander; das Allgemeine ist ohne Unterscheidung in ihm und weder Inhalt des Selbsts, noch ist das Selbst durch sich selbst erfüllt. – Das *zweite Selbst* ist die zu ihrer Wahrheit gekommne Welt der Bildung oder der sich wiedergegebne Geist der Entzweiung, – die absolute Freiheit. In diesem Selbst tritt jene erste unmittelbare Einheit der Einzelheit und Allgemeinheit auseinander; das Allgemeine, das ebenso rein geistiges Wesen, Anerkanntsein oder allgemeiner Wille und Wissen bleibt, ist *Gegenstand* und Inhalt des Selbsts und seine allgemeine Wirklichkeit. Aber es hat nicht die Form des vom Selbst freien Daseins; es kommt in diesem Selbst daher zu keiner Erfüllung und zu keinem positiven Inhalt, zu keiner Welt. Das moralische Selbstbewußtsein läßt seine Allgemeinheit zwar frei, so daß sie eine eigne Natur wird, und ebenso hält es sie in sich als aufgehoben fest. Aber es ist nur das verstellende Spiel der Abwechslung dieser beiden Bestimmungen. Als Gewissen erst hat es in seiner *Selbstgewißheit* den *Inhalt* für die vorhin leere Pflicht so wie für das leere Recht und den leeren allgemeinen Willen; und weil diese Selbstgewißheit ebenso das *Unmittelbare* ist, das Dasein selbst.

Zu dieser seiner Wahrheit gelangt, verläßt also oder hebt das moralische Selbstbewußtsein vielmehr die Trennung in sich selbst auf, woraus die Verstellung entsprungen, die Trennung des *Ansich* und des *Selbsts*, der reinen Pflicht als des reinen *Zwecks*, und der *Wirklichkeit* als einer dem reinen Zwecke entgegengesetzten Natur und Sinnlichkeit. Es ist, so in sich zurückgekehrt, *konkreter* moralischer Geist, der nicht am Bewußtsein der reinen Pflicht sich einen leeren Maßstab gibt, welcher dem wirklichen Bewußtsein entgegengesetzt wäre; sondern die reine Pflicht ebenso wie die ihr entgegengesetzte Natur sind aufgehobne Momente; er ist in unmittelbarer Einheit sich *verwirklichendes moralisches* Wesen, und die Handlung unmittelbar *konkrete* moralische Gestalt.

Es ist ein Fall des Handelns vorhanden; er ist eine gegenständliche Wirklichkeit für das wissende Bewußtsein. Dieses als Gewissen weiß ihn auf unmittelbare konkrete Weise, und er ist zugleich nur, wie es ihn weiß. Zufällig ist das Wissen, insofern es ein anderes ist als der Gegenstand; der seiner selbst gewisse Geist aber ist nicht mehr ein solches zufälliges Wissen und Erschaffen von Gedanken in sich, von denen die Wirklichkeit verschieden wäre, sondern indem die Trennung des *Ansich* und des *Selbsts* aufgehoben ist, so ist der Fall unmittelbar in der sinnlichen *Gewißheit* des Wissens, wie er *an sich* ist, und er ist nur so *an sich*, wie er in diesem Wissen ist. – Das Handeln als die Verwirklichung ist hiedurch die reine Form des Willens; die bloße Umkehrung der Wirklichkeit als eines *seienden* Falles in eine *getane* Wirklichkeit, der bloßen Weise des *gegenständlichen* Wissens in die Weise des Wissens von der *Wirklichkeit* als einem vom Bewußtsein Hervorgebrachten. Wie die sinnliche Gewißheit unmittelbar in das Ansich des Geistes aufgenommen oder vielmehr umgekehrt ist, so ist auch diese Umkehrung einfach und unvermittelt, ein Übergang durch den reinen Begriff ohne Änderung des Inhalts, der durch das Interesse des von ihm wissenden Bewußtseins bestimmt ist. – Das Gewissen sondert ferner die Umstände des Falles nicht in verschiedene Pflichten ab. Es verhält sich nicht als *positives allgemeines Medium*, worin die vielen Pflichten, jede für sich, unverrückte Substantialität erhielten, so daß *entweder* gar nicht gehandelt werden könnte, weil jeder konkrete Fall die Entgegensetzung überhaupt, und als moralischer Fall die Entgegensetzung der Pflichten enthält, in der Bestimmung des Handelns also Eine Seite, Eine Pflicht immer *verletzt* würde; – *oder* daß, wenn gehandelt wird, die Verletzung einer der entgegengesetzten Pflichten wirklich einträte. Das Gewissen ist vielmehr das negative Eins oder absolute Selbst, welches diese verschiedenen moralischen Substanzen vertilgt; es ist einfaches pflichtmäßiges Handeln, das nicht diese oder jene Pflicht erfüllt, sondern das konkrete Rechte weiß und tut. Es ist daher überhaupt erst das moralische *Handeln* als Handeln, worein das vorhergehende tatlose Bewußtsein der Moralität übergegangen ist. – Die konkrete Gestalt der Tat mag vom unterscheidenden Bewußtsein in verschiedene Eigenschaften, d.h. hier in verschiedene moralische Beziehungen analysiert, und diese entweder jede, wie es sein muß, wenn sie Pflicht sein soll, für absolut geltend ausgesagt, oder auch verglichen und geprüft werden. In der einfachen moralischen Handlung des Gewissens sind die Pflichten so verschüttet, daß allen diesen einzelnen Wesen unmittelbar *Abbruch* getan wird, und das prüfende Rütteln an der Pflicht in der unwankenden Gewißheit des Gewissens gar nicht stattfindet.

Ebensowenig ist im Gewissen jene hin- und hergehende Ungewißheit des Bewußtseins vorhanden, welches bald die sogenannte reine Moralität außer sich in ein anderes heiliges

Wesen setzt, und sich selbst als das unheilige gilt, bald aber auch wieder die moralische Reinheit in sich, und die Verknüpfung des Sinnlichen mit dem Moralischen in das andere Wesen setzt.

Es entsagt allen diesen Stellungen und Verstellungen der moralischen Weltanschauung, indem es dem Bewußtsein entsagt, das die Pflicht und die Wirklichkeit als widersprechend faßt. Nach diesem letztern handle ich moralisch, indem ich mir *bewußt* bin, nur die reine Pflicht zu vollbringen, nicht irgend *etwas anders*, dies heißt in der Tat, *indem ich nicht* handle. Indem ich aber wirklich handle, bin ich mir eines *andern*, einer *Wirklichkeit*, die vorhanden ist, und einer, die ich hervorbringen will, bewußt, habe einen *bestimmten* Zweck und erfülle eine *bestimmte* Pflicht; es ist was *anderes* darin als die reine Pflicht, die allein beabsichtigt werden sollte. – Das Gewissen ist dagegen das Bewußtsein darüber, daß, wenn das moralische Bewußtsein die *reine Pflicht* als das Wesen seines Handelns aussagt, dieser reine Zweck eine Verstellung der Sache ist; denn die Sache selbst ist, daß die reine Pflicht in der leeren Abstraktion des reinen Denkens besteht und ihre Realität und Inhalt nur an einer bestimmten Wirklichkeit hat, einer Wirklichkeit, welche Wirklichkeit des Bewußtseins selbst[,] und desselben nicht als eines Gedankendings sondern als eines Einzelnen ist. Das Gewissen hat *für sich selbst* seine Wahrheit an der *unmittelbaren Gewißheit* seiner selbst. Diese *unmittelbare* konkrete Gewißheit seiner selbst ist das Wesen; sie nach dem Gegensatze des Bewußtseins betrachtet, so ist die eigne unmittelbare *Einzelheit* der Inhalt des moralischen Tuns; und die *Form* desselben ist eben dieses Selbst als reine Bewegung, nämlich als das *Wissen* oder die *eigne Überzeugung*.

Dies in seiner Einheit und in der Bedeutung der Momente näher betrachtet, so erfaßte das moralische Bewußtsein sich nur als das *Ansich* oder *Wesen*; als Gewissen aber erfaßt es sein *Fürsichsein* oder sein *Selbst*. – Der Widerspruch der moralischen Weltanschauung *löst sich auf*, d.h. der Unterschied, der ihm zugrunde liegt, zeigt sich kein Unterschied zu sein, und er läuft in die reine Negativität zusammen; diese aber ist eben das Selbst; ein einfaches *Selbst*, welches ebensowohl *reines* Wissen, als Wissen seiner als *dieses einzelnen* Bewußtseins ist. Dies Selbst macht daher den Inhalt des vorher leeren Wesens aus, denn es ist das *wirkliche*, welches nicht mehr die Bedeutung hat, eine dem Wesen fremde und in eignen Gesetzen selbständige Natur zu sein. Es ist als das Negative der *Unterschied* des reinen Wesens, ein Inhalt und zwar ein solcher, welcher an und für sich gilt.

Ferner ist dies Selbst als reines sich selbst gleiches Wissen das *schlechthin Allgemeine*, so daß eben dies Wissen *als sein eignes* Wissen, als Überzeugung die *Pflicht* ist. Die Pflicht ist nicht mehr das dem Selbst gegenübertretende Allgemeine, sondern ist gewußt, in dieser Getrenntheit kein Gelten zu haben; es ist jetzt das Gesetz, das um des Selbsts willen, nicht um dessen willen das Selbst ist. Das Gesetz und die Pflicht hat aber darum nicht allein die Bedeutung des *Fürsichseins*, sondern auch des *Ansichseins*; denn dies Wissen ist um seiner Sichselbstgleichheit willen eben das *Ansich*. Dies *Ansich* trennt sich auch im Bewußtsein von jener unmittelbaren Einheit mit dem Fürsichsein; so gegenübertretend ist es *Sein*, *Sein für anderes*. – Die Pflicht eben wird jetzt als Pflicht, die vom Selbst verlassen ist, gewußt, nur *Moment* zu sein; sie ist von ihrer Bedeutung, *absolutes Wesen* zu sein, zum Sein, das nicht Selbst, nicht *für sich* ist, herabgesunken und also *Sein für anderes*. Aber dies *Sein für anderes* bleibt ebendarum wesentliches Moment, weil das Selbst als Bewußtsein den Gegensatz des Fürsichseins und des Seins für anderes ausmacht, und jetzt die Pflicht an ihr unmittelbar *Wirkliches*, nicht mehr bloß das abstrakte reine Bewußtsein ist.

Dies *Sein für anderes* ist also die *ansich*seiende, vom Selbst unterschiedne Substanz. Das Gewissen hat die reine Pflicht oder das *abstrakte Ansich* nicht aufgegeben, sondern sie ist das wesentliche Moment, als *Allgemeinheit* sich zu andern zu verhalten. Es ist das gemeinschaftliche Element der Selbstbewußtsein[e], und dieses die Substanz, worin die Tat *Bestehen* und *Wirklichkeit* hat; das Moment des *Anerkanntwerdens* von den andern. Das moralische Selbstbewußtsein hat dies Moment des Anerkanntseins, des *reinen Bewußtseins*, welches *d a i s t*, nicht; und ist dadurch überhaupt nicht handelndes, nicht verwirklichendes. Sein *Ansich* ist ihm entweder das abstrakte *unwirkliche* Wesen, oder das Sein als eine *Wirklichkeit*, welche nicht geistig ist. Die *seiende Wirklichkeit* des Gewissens aber ist eine solche, welche *Selbst* ist, d.h. das seiner bewußte Dasein, das geistige Element des Anerkanntwerdens. Das Tun ist daher nur das Übersetzen seines *einzelnen* Inhalts in das *gegenständliche* Element, worin er allgemein und anerkannt ist, und eben dies, daß er anerkannt ist, macht die Handlung zur Wirklichkeit. Anerkannt und dadurch wirklich ist die Handlung, weil die daseiende Wirklichkeit unmittelbar mit der Überzeugung oder dem Wissen verknüpft, oder das Wissen von seinem Zwecke unmittelbar das Element des Daseins, das allgemeine Anerkennen ist. Denn das *Wesen* der Handlung, die Pflicht besteht in der *Überzeugung* des Gewissens von ihr; diese Überzeugung ist eben das *Ansich* selbst; es ist das *an sich allgemeine* Selbst*bewußtsein*, oder das *Anerkanntsein* und hiemit die Wirklichkeit. Das mit der Überzeugung von der Pflicht Getane ist also unmittelbar ein solches, das Bestand und Dasein hat. Es ist also da keine Rede mehr davon, daß die gute Absicht nicht zustande komme, oder daß es dem Guten schlecht gehe; sondern das als Pflicht Gewußte vollführt sich und kommt zur Wirklichkeit, weil eben das Pflichtmäßige das Allgemeine aller Selbstbewußtsein[e], das Anerkannte und also Seiende ist. Getrennt und allein genommen, ohne den Inhalt des Selbsts, aber ist diese Pflicht das *Sein für anderes*, das Durchsichtige, das nur die Bedeutung gehaltloser Wesenheit überhaupt hat.

Sehen wir auf die Sphäre zurück, mit der überhaupt die *geistige Realität* eintrat, so war es der Begriff, daß das Aussprechen der Individualität das *Anundfürsich* sei. Aber die Gestalt, welche diesen Begriff unmittelbar ausdrückte, war das *ehrliche Bewußtsein*, das sich mit der *abstrakten Sache selbst* herumtrieb. Diese *Sache selbst* war dort *Prädikat*; im Gewissen aber erst ist sie *Subjekt*, das alle Momente des Bewußtseins an ihm gesetzt hat, und für welches alle diese Momente, Substantialität überhaupt, äußeres Dasein und Wesen des Denkens in dieser Gewißheit seiner selbst enthalten sind. Substantialität überhaupt hat die *Sache selbst* in der Sittlichkeit, äußeres Dasein in der Bildung, sich selbst wissende Wesenheit des Denkens in der Moralität; und im Gewissen ist sie das *Subjekt*, das diese Momente an ihm selbst weiß. Wenn das ehrliche Bewußtsein nur immer *die leere Sache selbst* ergreift, so gewinnt dagegen das Gewissen sie in ihrer Erfüllung, die es ihr durch sich gibt. Es ist diese Macht dadurch, daß es die Momente des Bewußtseins als *Momente* weiß, und als ihr negatives Wesen sie beherrscht.

Das Gewissen, in Beziehung auf die einzelnen Bestimmungen des Gegensatzes, der am Handeln erscheint, – und sein Bewußtsein über die Natur derselben betrachtet, so verhält es sich zuerst als *Wissendes* zur *Wirklichkeit* des *Falles*, worin zu handeln ist. Insofern das Moment der *Allgemeinheit* an diesem Wissen ist, gehört zum Wissen des gewissenhaften

Handelns, die vorliegende Wirklichkeit auf uneingeschränkte Weise zu umfassen, und also die Umstände des Falles genau zu wissen und in Erwägung zu ziehen. Dies Wissen aber, da es die Allgemeinheit als ein *Moment kennt*, ist daher ein solches Wissen von diesen Umständen, das sich bewußt ist, sie nicht zu umfassen oder darin nicht gewissenhaft zu sein. Die wahrhaft allgemeine und reine Beziehung des Wissens wäre eine Beziehung auf ein nicht *Entgegengesetztes*, auf sich selbst; aber das *Handeln* durch den Gegensatz, der in ihm wesentlich ist, bezieht sich auf ein Negatives des Bewußtseins, auf eine *an sich seiende* Wirklichkeit. Gegen die Einfachheit des reinen Bewußtseins, das absolute *andere*, oder die Mannigfaltigkeit *an sich*, ist sie eine absolute Vielheit der Umstände, die sich rückwärts in ihre Bedingungen, seitwärts in ihrem Nebeneinander, vorwärts in ihren Folgen unendlich teilt und ausbreitet. – Das gewissenhafte Bewußtsein ist dieser Natur der Sache und seines Verhältnisses zu ihr bewußt, und weiß, daß es den Fall, indem es handelt, nicht nach dieser geforderten Allgemeinheit kennt, und daß sein Vorgeben dieser gewissenhaften Erwägung aller Umstände nichtig ist. Diese Kenntnis und Erwägung aller Umstände aber ist nicht gar nicht vorhanden; allein nur als *Moment*, als etwas, das nur für *andere* ist; und sein unvollständiges Wissen, weil es *sein* Wissen ist, gilt ihm als hinreichendes vollkommenes Wissen.

Auf gleiche Weise verhält es sich mit der Allgemeinheit des *Wesens*, oder der Bestimmung des Inhalts durchs reine Bewußtsein. – Das zum Handeln schreitende Gewissen bezieht sich auf die vielen Seiten des Falles. Dieser schlägt sich auseinander, und ebenso die Beziehung des reinen Bewußtseins auf ihn, wodurch die Mannigfaltigkeit des Falles eine Mannigfaltigkeit von *Pflichten* ist. – Das Gewissen weiß, daß es unter ihnen zu wählen und zu entscheiden hat; denn keine ist in ihrer Bestimmtheit oder in ihrem Inhalte absolut, sondern nur die *reine Pflicht*. Aber dies Abstraktum hat in seiner Realität die Bedeutung des selbstbewußten Ich erlangt. Der seiner selbst gewisse Geist ruht als Gewissen in sich, und seine *reale* Allgemeinheit oder seine Pflicht liegt in seiner reinen *Überzeugung* von der Pflicht. Diese *reine* Überzeugung ist als solche so leer als die reine *Pflicht*, rein in dem Sinne, daß nichts in ihr, kein bestimmter Inhalt Pflicht ist. Es soll aber gehandelt, es muß von dem Individuum *bestimmt* werden; und der seiner selbst gewisse Geist, in dem das Ansich die Bedeutung des selbstbewußten Ich erlangt hat, weiß diese Bestimmung und Inhalt in der unmittelbaren *Gewißheit* seiner selbst zu haben. Diese ist als Bestimmung und Inhalt das *natürliche* Bewußtsein, d.h. die Triebe und Neigungen. – Das Gewissen erkennt keinen Inhalt für es als absolut, denn es ist absolute Negativität alles Bestimmten. Es bestimmt *aus sich selbst*; der Kreis des Selbsts aber, worein die Bestimmtheit als solche fällt, ist die sogenannte Sinnlichkeit; einen Inhalt aus der unmittelbaren Gewißheit seiner selbst zu haben, findet sich nichts bei der Hand als sie. – Alles, was in frühern Gestalten als Gut oder Schlecht, als Gesetz und Recht sich darstellte, ist ein *Anderes* als die unmittelbare Gewißheit seiner selbst; es ist ein *Allgemeines*, das jetzt ein Sein für anderes ist; oder anders betrachtet, ein Gegenstand, welcher, das Bewußtsein mit sich selbst vermittelnd, zwischen es und seine eigene Wahrheit tritt und es vielmehr von sich absondert, als daß er seine Unmittelbarkeit wäre. – Dem Gewissen aber ist die Gewißheit seiner selbst die reine unmittelbare Wahrheit; und diese Wahrheit ist also seine als *Inhalt* vorgestellte unmittelbare Gewißheit seiner selbst, d.h. überhaupt die Willkür des Einzelnen und die Zufälligkeit seines bewußtlosen natürlichen Seins.

Dieser Inhalt gilt zugleich als moralische *Wesenheit* oder als *Pflicht*. Denn die reine Pflicht ist, wie schon bei dem Prüfen der Gesetze sich ergab, schlechthin gleichgültig gegen jeden Inhalt und verträgt jeden Inhalt. Hier hat sie zugleich die wesentliche Form des *Fürsichseins*, und diese Form der individuellen Überzeugung ist nichts anderes als das Bewußtsein von der Leerheit der reinen Pflicht und davon, daß sie nur Moment, daß seine Substantialität ein Prädikat ist, welches sein Subjekt an dem Individuum hat, dessen Willkür ihr den Inhalt gibt, jeden an diese Form knüpfen und seine Gewissenhaftigkeit an ihn heften kann. – Ein Individuum vermehrt sein Eigentum auf eine gewisse Weise; es ist Pflicht, daß jedes für die Erhaltung seiner selbst wie auch seiner Familie, nicht weniger für die *Möglichkeit* sorgt, seinen Nebenmenschen nützlich zu werden und Hilfsbedürftigen Gutes zu tun. Das Individuum ist sich bewußt, daß dies Pflicht ist, denn dieser Inhalt ist unmittelbar in der Gewißheit seiner selbst enthalten; es sieht ferner ein, daß es diese Pflicht in diesem Falle erfüllt. Andere halten vielleicht diese gewisse Weise für Betrug; *sie* halten sich an andere Seiten des konkreten Falles, *es* aber hält diese Seite dadurch fest, daß es sich der Vermehrung des Eigentums als reiner Pflicht bewußt ist. – So erfüllt das, was Andere Gewalttätigkeit und Unrecht nennen, die Pflicht, gegen Andere seine Selbständigkeit zu behaupten; was sie Feigheit nennen, die Pflicht, sich das Leben und die Möglichkeit der Nützlichkeit für die Nebenmenschen zu erhalten; was sie aber die Tapferkeit nennen, verletzt vielmehr beide Pflichten. Die Feigheit darf aber nicht so ungeschickt sein, nicht zu wissen, daß die Erhaltung des Lebens und der Möglichkeit, Andern nützlich zu sein, Pflichten sind, – nicht von der Pflichtmäßigkeit ihres Handelns *überzeugt* zu sein und nicht zu wissen, daß in dem

Wissen das Pflichtmäßige besteht; sonst beginge sie die Ungeschicklichkeit, unmoralisch zu sein. Da die Moralität in dem Bewußtsein, die Pflicht erfüllt zu haben, liegt, so wird dem Handeln, das Feigheit, ebensowenig als dem, das Tapferkeit genannt wird, dies nicht fehlen; das Abstraktum, das Pflicht heißt, ist wie jedes, so auch dieses Inhalts fähig, – es weiß also, was es tut, als Pflicht, und indem es dies weiß und die Überzeugung von der Pflicht das Pflichtmäßige selbst ist, so ist es anerkannt von den Andern; die Handlung gilt dadurch und hat wirkliches Dasein.

Gegen diese Freiheit, die jeden beliebigen Inhalt in das allgemeine passive Medium der reinen Pflicht und Wissens einlegt so gut als einen andern, hilft es nichts, zu behaupten, daß ein anderer Inhalt eingelegt werden sollte; denn welcher es sei, jeder hat den *Makel der Bestimmtheit* an ihm, von der das reine Wissen frei ist, die es verschmähen, ebenso wie es jede aufnehmen kann. Aller Inhalt steht darin, daß er ein bestimmter ist, auf gleicher Linie mit dem andern, wenn er auch gerade den Charakter zu haben scheint, daß in ihm das Besondere aufgehoben sei. Es kann scheinen, daß, indem an dem wirklichen Falle die Pflicht sich überhaupt in den *Gegensatz* und dadurch den der *Einzelheit* und *Allgemeinheit* entzweit, diejenige Pflicht, deren Inhalt das Allgemeine selbst ist, dadurch unmittelbar die Natur der reinen Pflicht an ihr habe, und Form und Inhalt hiemit sich ganz gemäß werden; so daß also z.B. die Handlung für das allgemeine Beste der für das individuelle vorzuziehen sei. Allein diese allgemeine Pflicht ist überhaupt dasjenige, was als an und für sich seiende Substanz, als Recht und Gesetz *vorhanden* ist, und *unabhängig* von dem Wissen und der Überzeugung wie von dem unmittelbaren Interesse des Einzelnen gilt; es ist also gerade dasjenige, gegen dessen *Form* die Moralität überhaupt gerichtet ist. Was aber seinen *Inhalt* betrifft, so ist auch er ein *bestimmter*, insofern das allgemeine Beste dem einzelnen *entgegengesetzt* ist; hiemit ist sein Gesetz ein solches, von welchem das Gewissen sich schlechthin frei weiß und hinzu und davon zu tun, es zu unterlassen, so wie zu erfüllen, sich die absolute Befugnis gibt. – Alsdenn ist ferner jene Unterscheidung der Pflicht gegen das Einzelne und gegen das Allgemeine der Natur des Gegensatzes überhaupt nach nichts Festes. Sondern vielmehr was der Einzelne für sich tut, kommt auch dem Allgemeinen zugute; je mehr er für sich gesorgt hat, desto größer ist nicht nur seine *Möglichkeit*, *andern* zu nützen; sondern seine *Wirklichkeit* selbst ist nur dies, im Zusammenhange mit andern zu sein und zu leben; sein einzelner Genuß hat wesentlich die Bedeutung, damit andern das seinige preiszugeben und ihnen zum Erwerb ihres Genusses zu verhelfen. In der Erfüllung der Pflicht gegen den Einzelnen, also gegen sich, wird also auch die gegen das Allgemeine erfüllt. – Die *Erwägung* und *Vergleichung* der Pflichten, welche hier einträte, liefe auf die Berechnung des Vorteils hinaus, den das Allgemeine von einer Handlung hätte; aber teils fällt die Moralität hiedurch der notwendigen *Zufälligkeit* der *Einsicht* anheim, teils ist es gerade das Wesen des Gewissens, dies *Berechnen* und Erwägen *abzuschneiden*, und ohne solche Gründe aus sich zu entscheiden.

Auf diese Weise handelt und erhält sich also das Gewissen in der Einheit des *Ansich-* und des *Fürsichseins*, in der Einheit des reinen Denkens und der Individualität, und ist der seiner gewisse Geist, der seine Wahrheit an ihm selbst, in seinem Selbst, in seinem Wissen, und darin als dem Wissen von der Pflicht hat. Er erhält sich eben dadurch darin, daß, was *Positives* in der Handlung ist, sowohl der Inhalt als die Form der Pflicht und das Wissen von ihr ist, dem Selbst, der Gewißheit seiner, angehört; was aber dem Selbst als *eignes Ansich gegenübertreten* will, als nicht Wahres, nur als Aufgehobnes, nur als Moment gilt. Es gilt daher nicht das *allgemeine Wissen* überhaupt, sondern *seine Kenntnis* von den Umständen. In die Pflicht, als das allgemeine *Ansichsein*, legt es den Inhalt ein, den es aus seiner natürlichen Individualität nimmt; denn er ist der an ihm selbst vorhandne; dieser wird durch das allgemeine Medium, worin er ist, die *Pflicht*, die es ausübt, und die leere reine Pflicht ist eben hiedurch als Aufgehobnes oder als Moment gesetzt; dieser Inhalt ist ihre aufgehobne Leerheit oder die Erfüllung. – Aber ebenso ist das Gewissen von jedem Inhalt überhaupt frei; es absolviert sich von jeder bestimmten Pflicht, die als Gesetz gelten soll; in der Kraft der Gewißheit seiner selbst hat es die Majestät der absoluten Autarkie, zu binden und zu lösen. – Diese *Selbstbestimmung* ist darum unmittelbar das schlechthin Pflichtmäßige; die Pflicht ist das Wissen selbst; diese einfache Selbstheit aber ist das Ansich; denn das *Ansich* ist die reine Sichselbstgleichheit; und diese ist in diesem Bewußtsein. –

Dies reine Wissen ist unmittelbar *Sein für anderes*; denn als die reine Sichselbstgleichheit ist es die *Unmittelbarkeit*, oder das Sein. Dies Sein ist aber zugleich das reine Allgemeine, die Selbstheit Aller; oder das Handeln ist anerkannt und daher wirklich. Dies Sein ist das Element, wodurch das Gewissen unmittelbar mit allen Selbstbewußtsein[en] in der Beziehung der Gleichheit steht; und die Bedeutung dieser Beziehung ist nicht das selbstlose Gesetz, sondern das Selbst des Gewissens.

Darin aber, daß dies Rechte, was das Gewissen tut, zugleich *Sein für anderes* ist, scheint eine Ungleichheit an es zu kommen. Die Pflicht, die es vollbringt, ist ein *bestimmter* Inhalt; er ist zwar das *Selbst* des Bewußtseins und darin sein

Wissen von sich, seine *Gleichheit* mit sich selbst. Aber vollbracht, in das allgemeine Medium *des Seins* gestellt, ist diese Gleichheit nicht mehr *Wissen*, nicht mehr dieses Unterscheiden, welches seine Unterschiede ebenso unmittelbar aufhebt; sondern im *Sein* ist der Unterschied bestehend gesetzt, und die Handlung eine *bestimmte*, ungleich mit dem Elemente des Selbstbewußtseins Aller, also nicht notwendig anerkannt. Beide Seiten, das handelnde Gewissen und das allgemeine, diese Handlung als Pflicht anerkennende Bewußtsein sind gleich *frei* von der Bestimmtheit dieses Tuns. Um dieser Freiheit willen ist die Beziehung in dem gemeinschaftlichen Medium des Zusammenhangs vielmehr ein Verhältnis der vollkommnen Ungleichheit; wodurch das Bewußtsein, für welches die Handlung ist, sich in vollkommner Ungewißheit über den handelnden seiner selbst gewissen Geist befindet. Er handelt, er setzt eine Bestimmtheit als seiend; an dies *Sein* als an seine Wahrheit halten sich die andern, und sind darin seiner gewiß; er hat darin ausgesprochen, *was* ihm als Pflicht gilt. Allein er ist frei von irgend einer *bestimmten* Pflicht; er ist da heraus, wo sie meinen, daß er wirklich sei; und dies Medium des Seins selbst und die Pflicht als *an sich* seiend gilt ihm nur als Moment. Was er ihnen also hinstellt, verstellt er auch wieder oder vielmehr hat es unmittelbar verstellt. Denn seine *Wirklichkeit* ist ihm nicht diese hinausgestellte Pflicht und Bestimmung, sondern diejenige, welche er in der absoluten Gewißheit seiner selbst hat.

Sie wissen also nicht, ob dies Gewissen moralisch gut oder ob es böse ist, oder vielmehr sie können es nicht nur nicht wissen, sondern müssen es auch für böse nehmen. Denn wie es frei von der *Bestimmtheit* der Pflicht und von der Pflicht als *an sich* seiender ist, sind sie es gleichfalls. Was es ihnen hinstellt, wissen sie selbst zu verstellen; es ist ein solches, wodurch nur das *Selbst* eines Andern ausgedrückt ist, nicht ihr eignes; sie wissen sich nicht nur frei davon, sondern müssen es in ihrem eignen Bewußtsein auflösen, durch Urteilen und Erklären zunichte machen, um ihr Selbst zu erhalten.

Allein die Handlung des Gewissens ist nicht nur diese von dem reinen Selbst verlassne *Bestimmung* des Seins. Was als Pflicht gelten und anerkannt werden soll, ist es allein durch das Wissen und die Überzeugung davon als von der Pflicht, durch das Wissen seiner selbst in der Tat. Wenn die Tat aufhört, dieses Selbst an ihr zu haben, hört sie auf das zu sein, was allein ihr Wesen ist. Ihr Dasein von diesem Bewußtsein verlassen, wäre eine gemeine Wirklichkeit, und die Handlung erschiene uns als ein Vollbringen seiner Lust und Begierde. Was *da sein* soll, ist hier allein Wesenheit dadurch, daß es als sich selbst aussprechende Individualität *gewußt* wird; und dies *Gewußtsein* ist es, was das Anerkannte ist, und was, *als solches, Dasein* haben soll.

Das Selbst tritt ins Dasein, *als Selbst*; der seiner gewisse Geist existiert als solcher für andre; seine *unmittelbare* Handlung ist nicht das, was gilt und wirklich ist; nicht das *Bestimmte*, nicht das *Ansichseiende* ist das Anerkannte, sondern allein das sich wissende *Selbst* als solches. Das Element des Bestehens ist das allgemeine Selbstbewußtsein; was in dieses Element tritt, kann nicht die *Wirkung* der Handlung sein; diese hält nicht darin aus und erhält kein Bleiben, sondern nur das Selbstbewußtsein ist das Anerkannte und gewinnt die Wirklichkeit.

Wir sehen hiemit wieder die *Sprache* als das Dasein des Geistes. Sie ist das *für andre* seiende Selbstbewußtsein, welches unmittelbar *als solches vorhanden* und als *dieses* allgemeines ist. Sie ist das sich von sich selbst abtrennende Selbst, das als reines Ich = Ich sich gegenständlich wird, in dieser Gegenständlichkeit sich ebenso als *dieses* Selbst erhält, wie es unmittelbar mit den andern zusammenfließt und *ihr* Selbstbewußtsein ist; es vernimmt ebenso sich, als es von den Andern vernommen wird, und das Vernehmen ist eben das *zum Selbst gewordne Dasein*.

Der Inhalt, den die Sprache hier gewonnen, ist nicht mehr das verkehrte und verkehrende und zerrissne Selbst der Welt der Bildung, sondern der in sich zurückgekehrte, seiner und in seinem Selbst, seiner Wahrheit oder seines Anerkennens gewisse und als dieses Wissen anerkannte Geist. Die Sprache des sittlichen Geistes ist das Gesetz und der einfache Befehl und die Klage, die mehr eine Träne über die Notwendigkeit ist; das moralische Bewußtsein hingegen ist noch *stumm*, bei sich in seinem Innern verschlossen, denn in ihm hat das Selbst noch nicht Dasein, sondern das Dasein und das *Selbst* stehen erst in äußerer Beziehung auf einander. Die Sprache aber tritt nur als die Mitte selbständiger und anerkannter Selbstbewußtsein[e] hervor, und das *daseiende Selbst* ist unmittelbar allgemeines, vielfaches und in dieser Vielheit einfaches Anerkanntsein. Der Inhalt der Sprache des Gewissens ist *das sich als Wesen wissende Selbst*. Dies allein spricht sie aus, und dieses Aussprechen ist die wahre Wirklichkeit des Tuns und das Gelten der Handlung. Das Bewußtsein spricht seine *Überzeugung* aus; diese Überzeugung ist es, worin allein die Handlung Pflicht ist; sie *gilt* auch allein dadurch als Pflicht, daß die Überzeugung *ausgesprochen* wird. Denn das allgemeine Selbstbewußtsein ist frei von der *nur seienden bestimmten* Handlung; *sie* als *Dasein* gilt ihm nichts, sondern die *Überzeugung*, daß sie Pflicht ist, und diese ist in der Sprache wirklich. – Die Handlung verwirklichen heißt hier nicht ihren Inhalt aus der Form des *Zwecks* oder *Fürsichseins* in die Form der *abstrakten* Wirklichkeit übersetzen, sondern aus der Form der unmittelbaren *Gewißheit* seiner selbst, die ihr Wissen oder Fürsichsein als das Wesen weiß, in die Form der *Versicherung*, daß das Bewußtsein von der Pflicht überzeugt ist, und die Pflicht als Gewissen *aus sich selbst* weiß; diese Versicherung versichert also, daß es davon überzeugt ist, daß seine Überzeugung das Wesen ist.

Ob die Versicherung, aus Überzeugung von der Pflicht zu handeln, *wahr* ist, ob es *wirklich die Pflicht* ist, was getan wird, – diese Fragen oder Zweifel haben keinen Sinn gegen das Gewissen. – Bei jener Frage, ob die *Versicherung wahr* ist, würde vorausgesetzt, daß die innere Absicht von der vorgegebnen verschieden sei, d.h. daß das Wollen des einzelnen Selbsts sich von der Pflicht, von dem Willen des allgemeinen und reinen Bewußtseins trennen könne; der letztre wäre in die Rede gelegt, das erstere aber eigentlich die wahre Triebfeder der Handlung. Allein dieser Unterschied des allgemeinen Bewußtseins und des einzelnen Selbsts ist es eben, der sich aufgehoben, und dessen Aufheben das Gewissen ist. Das unmittelbare Wissen des seiner gewissen Selbsts ist Gesetz und Pflicht; seine Absicht ist dadurch, daß sie seine Absicht ist, das Rechte; es wird nur erfordert, daß es dies wisse und dies, daß es die Überzeugung davon, sein Wissen und Wollen sei das Rechte, sage. Das Aussprechen dieser Versicherung hebt an sich selbst die Form seiner Besonderheit auf; es anerkennt darin die *notwendige Allgemeinheit des Selbsts*; indem es sich *Gewissen* nennt, nennt es sich reines Sichselbstwissen und reines abstraktes Wollen, d.h. es nennt sich ein allgemeines Wissen und Wollen, das die Andern anerkennt, ihnen *gleich* ist, denn sie sind eben dies reine sich Wissen und Wollen, – und das darum auch von ihnen anerkannt wird. In dem Wollen des seiner gewissen Selbsts, in diesem Wissen, daß das Selbst das Wesen ist, liegt das Wesen des Rechten. – Wer also sagt, er handle so aus Gewissen, der spricht wahr, denn sein Gewissen ist das wissende und wollende Selbst. Er muß dies aber wesentlich *sagen*, denn dies Selbst muß zugleich *allgemeines* Selbst sein. Dies ist es nicht in dem *Inhalt* der Handlung, denn dieser ist um seiner *Bestimmtheit* willen an sich gleichgültig; sondern die Allgemeinheit liegt in der Form derselben; diese Form ist es, welche als wirklich zu setzen ist; sie ist das *Selbst*, das als solches in der Sprache wirklich ist, sich als das Wahre aussagt, eben darin alle Selbst anerkennt und von ihnen anerkannt wird.

Das Gewissen also in der Majestät seiner Erhabenheit über das bestimmte Gesetz und jeden Inhalt der Pflicht legt den beliebigen Inhalt in sein Wissen und Wollen; es ist die moralische Genialität, welche die innere Stimme ihres unmittelbaren Wissens als göttliche Stimme weiß, und indem sie an diesem Wissen ebenso unmittelbar das Dasein weiß, ist sie die göttliche Schöpferkraft, die in ihrem Begriffe die Lebendigkeit hat. Sie ist ebenso der Gottesdienst in sich selbst; denn ihr Handeln ist das Anschauen dieser ihrer eignen Göttlichkeit.

Dieser einsame Gottesdienst ist zugleich wesentlich der Gottesdienst einer *Gemeinde*, und das reine innere sich selbst *Wissen* und Vernehmen geht zum Momente des *Bewußtseins* fort. Die Anschauung seiner ist sein *gegenständliches* Dasein, und dies gegenständliche Element ist das Aussprechen seines Wissens und Wollens als eines *Allgemeinen*. Durch dies Aussprechen wird das Selbst zum Geltenden und die Handlung zur ausführenden Tat. Die Wirklichkeit und das Bestehen seines Tuns ist das allgemeine Selbstbewußtsein; das Aussprechen des Gewissens aber setzt die Gewißheit seiner selbst als reines und dadurch als allgemeines Selbst; die andern lassen die Handlung um dieser Rede willen, worin das Selbst als das Wesen ausgedrückt und anerkannt ist, gelten. Der Geist und die Substanz ihrer Verbindung ist also die gegenseitige Versicherung von ihrer Gewissenhaftigkeit, guten Absichten, das Erfreuen über diese wechselseitige Reinheit und das Laben an der Herrlichkeit des Wissens und Aussprechens, des Hegens und Pflegens solcher Vortrefflichkeit. – Insofern dies Gewissen sein *abstraktes* Bewußtsein noch von seinem *Selbstbewußtsein* unterscheidet, hat es sein Leben nur *verborgen* in Gott; er ist zwar *unmittelbar* seinem Geist und Herzen, seinem Selbst gegenwärtig; aber das Offenbare, sein wirkliches Bewußtsein und die vermittelnde Bewegung desselben ist ihm ein Anderes als jenes verborgene Innere und die Unmittelbarkeit des gegenwärtigen Wesens. Allein in der Vollendung des Gewissens hebt sich der Unterschied seines abstrakten und seines Selbstbewußtseins auf. Es weiß, daß das *abstrakte* Bewußtsein eben *dieses Selbst*, dieses seiner gewisse Fürsichsein ist, daß in der *Unmittelbarkeit* der *Beziehung* des Selbsts auf das Ansich, das außer dem Selbst gesetzt das abstrakte Wesen und das ihm Verborgene ist, eben die *Verschiedenheit aufgehoben* ist. Denn diejenige Beziehung ist eine *vermittelnde*, worin die Bezognen nicht ein und dasselbe, sondern ein *Anderes* füreinander und nur in einem Dritten eins sind; die *unmittelbare* Beziehung aber heißt in der Tat nichts anderes als die Einheit. Das Bewußtsein, über die Gedankenlosigkeit, diese Unterschiede, die keine sind, noch für Unterschiede zu halten, erhoben, weiß die Unmittelbarkeit der Gegenwart des Wesens in ihm als Einheit des Wesens und seines Selbsts, sein Selbst also als das lebendige Ansich, und dies sein Wissen als die Religion, die als angeschautes oder daseiendes Wissen das Sprechen der Gemeinde über ihren Geist ist.

Wir sehen hiemit hier das Selbstbewußtsein in sein Innerstes zurückgegangen, dem alle Äußerlichkeit als solche verschwindet, – in die Anschauung des Ich = Ich, worin dieses Ich alle Wesenheit und Dasein ist. Es versinkt in diesem Begriffe seiner selbst, denn es ist auf die Spitze seiner Extreme getrieben, und zwar so, daß die unterschiednen Momente, wodurch es real oder noch *Bewußtsein* ist, nicht für uns nur diese reinen Extreme sind, sondern das, was es für sich, und was ihm *an sich* und was ihm *Dasein* ist, zu Abstraktionen verflüchtigt, die keinen Halt, keine Substanz mehr für dies Bewußtsein selbst haben; und alles, was bisher für das Bewußtsein Wesen war, ist in diese Abstraktionen zurückgegangen. – Zu dieser Reinheit geläutert, ist das Bewußtsein seine ärmste Gestalt, und die Armut, die seinen einzigen Besitz ausmacht, ist selbst ein Verschwinden; diese absolute *Gewißheit*, in welche sich die Substanz aufgelöst hat, ist die absolute *Unwahrheit*, die in sich zusammenfällt; es ist das absolute *Selbstbewußtsein*, in dem das *Bewußtsein* versinkt.

Dies Versinken innerhalb seiner selbst betrachtet, so ist für das Bewußtsein die *ansich*seiende *Substanz* das *Wissen* als *sein* Wissen. Als Bewußtsein ist es in den Gegensatz seiner und des Gegenstandes, der für es das Wesen ist, getrennt; aber dieser Gegenstand eben ist das vollkommen durchsichtige, es ist *sein Selbst*, und sein Bewußtsein ist nur das Wissen von sich. Alles Leben und alle geistige Wesenheit ist in dies Selbst zurückgegangen und hat seine Verschiedenheit von dem Ich selbst verloren. Die Momente des Bewußtseins sind daher diese extremen Abstraktionen, deren keine steht, sondern in der andern sich verliert, und sie erzeugt. Es ist der Wechsel des unglücklichen Bewußtseins mit sich, der aber für es selbst innerhalb seiner vorgeht, und der Begriff der Vernunft zu sein sich bewußt ist, der jenes nur *an sich* ist.

Die absolute Gewißheit seiner selbst schlägt ihr also als Bewußtsein unmittelbar in ein Austönen, in Gegenständlichkeit seines Fürsichseins um; aber diese erschaffne Welt ist seine *Rede*, die es ebenso unmittelbar vernommen, und deren Echo nur zu ihm zurückkommt. Diese Rückkehr hat daher nicht die Bedeutung, daß es *an* und *für sich* darin ist; denn das Wesen ist ihm kein *Ansich*, sondern es selbst; ebensowenig hat es *Dasein*, denn das Gegenständliche kommt nicht dazu, ein Negatives des wirklichen Selbsts zu sein, so wie dieses nicht zur Wirklichkeit [kommt]. Es fehlt ihm die Kraft der Entäußerung, die Kraft sich zum Dinge zu machen und das Sein zu ertragen. Es lebt in der Angst, die Herrlichkeit seines Innern durch Handlung und Dasein zu beflecken; und um die Reinheit seines Herzens zu bewahren, flieht es die Berührung der Wirklichkeit und beharrt in der eigensinnigen Kraftlosigkeit, seinem zur letzten Abstraktion zugespitzten Selbst zu entsagen und sich Substantialität zu geben oder sein Denken in Sein zu verwandeln und sich dem absoluten Unterschiede anzuvertrauen. Der hohle Gegenstand, den es sich erzeugt, erfüllt es daher nun mit dem Bewußtsein der Leerheit; sein Tun ist das Sehnen, das in dem Werden seiner selbst zum wesenlosen Gegenstande sich nur verliert, und über diesen Verlust hinaus und zurück zu sich fallend, sich nur als verlornes findet; – in dieser durchsichtigen Reinheit seiner Momente eine unglückliche sogenannte *schöne Seele*, verglimmt sie in sich, und schwindet als ein gestaltloser Dunst, der sich in Luft auflöst.

Dies stille Zusammenfließen der marklosen Wesenheiten des verflüchtigten Lebens ist aber noch in der andern Bedeutung der *Wirklichkeit* des Gewissens, und in der *Erscheinung* seiner Bewegung zu nehmen, und das Gewissen als handelnd zu betrachten. – Das *gegenständliche* Moment in diesem Bewußtsein hat sich oben als allgemeines Bewußtsein bestimmt; das sich selbst wissende Wissen ist als *dieses* Selbst unterschieden von andern Selbst; die Sprache, in der sich alle gegenseitig als gewissenhaft handelnd anerkennen, diese allgemeine Gleichheit, zerfällt in die Ungleichheit des einzelnen Fürsichseins, jedes Bewußtsein ist aus seiner Allgemeinheit ebenso schlechthin in sich reflektiert; hiedurch tritt der Gegensatz der Einzelheit gegen die andern Einzelnen und gegen das Allgemeine notwendig ein, und dieses Verhältnis und seine Bewegung ist zu betrachten. – Oder diese Allgemeinheit und die Pflicht hat die schlechthin entgegengesetzte Bedeutung der bestimmten, von dem Allgemeinen sich ausnehmenden *Einzelheit*, für welche die reine Pflicht nur die an die *Oberfläche* getretene und nach außen gekehrte Allgemeinheit ist; die Pflicht liegt nur in den Worten und gilt als ein Sein für anderes. Das Gewissen zunächst nur *negativ* gegen die Pflicht *als diese bestimmte vorhandene* gerichtet, weiß sich frei von ihr; aber indem es die leere Pflicht mit einem *bestimmten* Inhalte *aus sich selbst* anfüllt, hat es das positive Bewußtsein darüber, daß es als *dieses* Selbst sich den Inhalt macht; sein reines Selbst, als leeres Wissen, ist das Inhalts- und Bestimmungslose; der Inhalt, den es ihm gibt, ist aus seinem Selbst *als diesem* bestimmten, aus sich als natürlicher Individualität genommen, und in dem Sprechen von der Gewissenhaftigkeit seines Handelns ist es sich wohl seines reinen Selbsts, aber, im *Zwecke* seines Handelns als wirklichem Inhalt, seiner als dieses besondern Einzelnen und des Gegensatzes desjenigen bewußt, was es für sich und was es für andere ist, des Gegensatzes der Allgemeinheit oder Pflicht und seines Reflektiertseins aus ihr.

Wenn sich so der Gegensatz, in den das Gewissen als *handelnd* eintritt, in seinem Innern ausdrückt, so ist er zugleich die Ungleichheit nach außen in dem Elemente des Daseins, die Ungleichheit seiner besondern Einzelheit gegen anderes Einzelnes. – Seine Besonderheit besteht darin, daß die beiden sein Bewußtsein konstituierenden Momente, das Selbst und das Ansich, mit *ungleichem Werte* und zwar mit der Bestimmung in ihm gelten, daß die Gewißheit seiner selbst das Wesen ist, gegen das *Ansich* oder das *Allgemeine*, das nur als Moment gilt. Dieser innerlichen Bestimmung steht also das Element des Daseins oder das allgemeine Bewußtsein gegenüber, welchem vielmehr die Allgemeinheit, die Pflicht das Wesen [ist], dagegen die Einzelheit, die gegen das Allgemeine für sich ist, nur als aufgehobnes Moment gilt. Diesem Festhalten an der Pflicht gilt das erste Bewußtsein als *das Böse*, weil es die Ungleichheit seines *Insichseins* mit dem Allgemeinen ist, und indem dieses zugleich sein Tun als Gleichheit mit sich selbst, als Pflicht und Gewissenhaftigkeit ausspricht, als *Heuchelei*.

Die *Bewegung* dieses Gegensatzes ist zunächst die formelle Herstellung der Gleichheit zwischen dem, was das Böse in sich ist, und was es ausspricht; es muß zum Vorschein kommen, daß es böse und so sein Dasein seinem Wesen gleich [ist], die *Heuchelei* muß *entlarvt* werden. – Diese Rückkehr der in ihr vorhandnen Ungleichheit in die Gleichheit ist nicht darin schon zustande gekommen, daß diese Heuchelei, wie man zu sagen pflegt, eben dadurch ihre Achtung für Pflicht und Tugend beweise, daß sie den *Schein* derselben annehme und als Maske für ihr eignes nicht weniger als für fremdes Bewußtsein gebrauche; in welchem Anerkennen des Entgegengesetzten an sich die Gleichheit und Übereinstimmung enthalten sei. – Allein sie ist zugleich aus diesem Anerkennen der Sprache ebensosehr heraus und in sich reflektiert, und darin, daß sie das Ansichseiende nur als ein *Sein für anderes* gebraucht, ist vielmehr die eigne Verachtung desselben und die Darstellung seiner Wesenlosigkeit für Alle enthalten. Denn was sich als ein äußerliches Werkzeug gebrauchen läßt, zeigt sich als ein Ding, das keine eigne Schwere in sich hat.

Auch kommt diese Gleichheit weder durch das einseitige Beharren des bösen Bewußtseins auf sich, noch durch das Urteil des Allgemeinen zustande. – Wenn jenes sich gegen das Bewußtsein der Pflicht verleugnet und, was dieses für Schlechtigkeit, für absolute Ungleichheit mit dem Allgemeinen, aussagt, als ein Handeln nach dem innern Gesetze und Gewissen behauptet, so bleibt in dieser einseitigen Versicherung der Gleichheit seine Ungleichheit mit dem Andern, da ja dieses sie nicht glaubt und nicht anerkennt. – Oder da das einseitige Beharren auf Einem Extreme sich selbst auflöst, so würde das Böse sich zwar dadurch als Böses eingestehen, aber darin sich *unmittelbar* aufheben und nicht Heuchelei sein, noch als solche sich entlarven. Es gesteht sich in der Tat als Böses durch die Behauptung ein, daß es, dem erkannten Allgemeinen entgegengesetzt, nach *seinem* innern Gesetze und Gewissen handle. Denn wäre dies Gesetz und Gewissen nicht das Gesetz seiner *Einzelheit* und *Willkür*, so wäre es nicht etwas Innres, Eignes, sondern das allgemein Anerkannte. Wer darum sagt, daß er nach *seinem* Gesetze und Gewissen gegen die Andern handle, sagt in der Tat, daß er sie mißhandle. Aber das *wirkliche* Gewissen ist nicht dieses Beharren auf dem Wissen und Willen, der dem Allgemeinen sich entgegensetzt, sondern das Allgemeine ist das Element seines *Daseins*, und seine Sprache sagt sein Tun als die *anerkannte* Pflicht aus.

Ebensowenig ist das Beharren des allgemeinen Bewußtseins auf seinem Urteil Entlarvung und Auflösung der Heuchelei. – Indem es gegen sie schlecht, niederträchtig usf.

ausruft, beruft es sich in solchem Urteil auf *sein* Gesetz, wie das *böse* Bewußtsein auf das *seinige*. Denn jenes tritt im Gegensatz gegen dieses und dadurch als ein besonderes Gesetz auf. Es hat also nichts vor dem andern voraus, legitimiert vielmehr dieses; und dieser Eifer tut gerade das Gegenteil dessen, was er zu tun meint, – nämlich das, was er wahre Pflicht nennt und das *allgemein* anerkannt sein soll, als ein *Nichtanerkanntes* zu zeigen, und hiedurch dem andern das gleiche Recht des Fürsichseins einzuräumen.

Dies Urteil aber hat zugleich eine andre Seite, von welcher es die Einleitung zur Auflösung des vorhandnen Gegensatzes wird. – Das Bewußtsein *des Allgemeinen* verhält sich nicht als *wirkliches* und *handelndes* gegen das erste, – denn dieses ist vielmehr das wirkliche, – sondern ihm entgegengesetzt, als dasjenige, das nicht in dem Gegensatze der Einzelheit und Allgemeinheit befangen ist, welcher in dem Handeln eintritt. Es bleibt in der Allgemeinheit des *Gedankens*, verhält sich als *auffassendes*, und seine erste Handlung ist nur das Urteil. – Durch dies Urteil stellt es sich nun, wie soeben bemerkt wurde, *neben* das erste, und dieses kommt *durch diese Gleichheit* zur Anschauung seiner selbst in diesem andern Bewußtsein. Denn das Bewußtsein der Pflicht verhält sich *auffassend, passiv*; es ist aber hiedurch im Widerspruche mit sich als dem absoluten Willen der Pflicht, mit sich, dem schlechthin aus sich selbst Bestimmenden. Es hat gut sich in der Reinheit bewahren, denn es *handelt nicht*; es ist die Heuchelei, die das Urteilen für *wirkliche* Tat genommen wissen will, und statt durch Handlung, durch das Aussprechen vortrefflicher Gesinnungen die Rechtschaffenheit beweist. Es ist also ganz so beschaffen wie dasjenige, dem der Vorwurf gemacht wird, daß es nur in seine Rede die Pflicht legt. In beiden ist die Seite der Wirklichkeit gleich unterschieden von der Rede, in dem einen durch den *eigennützigen Zweck* der Handlung, in dem andern durch das *Fehlen des Handelns* überhaupt, dessen Notwendigkeit in dem Sprechen von der Pflicht selbst liegt, denn diese hat ohne Tat gar keine Bedeutung.

Das Urteilen ist aber auch als positive Handlung des Gedankens zu betrachten und hat einen positiven Inhalt; durch diese Seite wird der Widerspruch, der in dem auffassenden Bewußtsein vorhanden ist, und seine Gleichheit mit dem ersten noch vollständiger. – Das handelnde Bewußtsein spricht dies sein bestimmtes Tun als Pflicht aus, und das beurteilende kann ihm dies nicht ableugnen; denn die Pflicht selbst ist die jeden Inhalts fähige, inhaltlose Form, – oder die konkrete Handlung, in ihrer Vielseitigkeit an ihr selbst verschieden, hat die allgemeine Seite, welche die ist, die als Pflicht genommen wird, ebensosehr an ihr als die besondere, die den Anteil und das Interesse des Individuums ausmacht. Das beurteilende Bewußtsein bleibt nun nicht bei jener Seite der Pflicht und bei dem Wissen des Handelnden davon, daß dies seine Pflicht, das Verhältnis und der Stand seiner Wirklichkeit sei, stehen. Sondern es hält sich an die andre Seite, spielt die Handlung in das Innere hinein, und erklärt sie aus ihrer von ihr selbst verschiednen *Absicht* und eigennützigen *Triebfeder*. Wie jede Handlung der Betrachtung ihrer Pflichtgemäßheit fähig ist, ebenso dieser andern Betrachtung der *Besonderheit*; denn als Handlung ist sie die Wirklichkeit des Individuums. – Dieses Beurteilen setzt also die Handlung aus ihrem Dasein heraus und reflektiert sie in das Innre oder in die Form der eignen Besonderheit. – Ist sie von Ruhm begleitet, so weiß es dies Innre als Ruhm*sucht*; – ist sie dem Stande des Individuums überhaupt angemessen, ohne über diesen hinauszugehen, und so beschaffen, daß die Individualität den Stand nicht als eine äußere Bestimmung an ihr hängen hat, sondern diese Allgemeinheit durch sich selbst ausfüllt und eben dadurch sich als eines Höhern fähig zeigt, so weiß das Urteil ihr Innres als Ehrbegierde usf. Indem in der Handlung überhaupt das Handelnde zur Anschauung *seiner selbst* in der Gegenständlichkeit oder zum Selbstgefühl seiner in seinem Dasein und also zum Genusse gelangt; so weiß das Urteil das Innre als Trieb nach eigner Glückseligkeit, bestünde sie auch nur in der innern moralischen Eitelkeit, dem Genusse des Bewußtseins der eignen Vortrefflichkeit und dem Vorschmacke der Hoffnung einer künftigen Glückseligkeit. – Es kann sich keine Handlung solchem Beurteilen entziehen, denn die Pflicht um der Pflicht willen, dieser reine Zweck, ist das Unwirkliche; seine Wirklichkeit hat er in dem Tun der Individualität und die Handlung dadurch die Seite der Besonderheit an ihr. – Es gibt keinen Helden für den Kammerdiener; nicht aber weil jener nicht ein Held, sondern weil dieser – der Kammerdiener ist, mit welchem jener nicht als Held, sondern als Essender, Trinkender, sich Kleidender, überhaupt in der Einzelheit des Bedürfnisses und der Vorstellung zu tun hat. So gibt es für das Beurteilen keine Handlung, in welcher es nicht die Seite der Einzelheit der Individualität der allgemeinen Seite der Handlung entgegensetzen und gegen den Handelnden den Kammerdiener der Moralität machen könnte.

Dies beurteilende Bewußtsein ist hiemit selbst *niederträchtig*, weil es die Handlung teilt, und ihre Ungleichheit mit ihr selbst hervorbringt und festhält. Es ist ferner *Heuchelei*, weil es solches Beurteilen nicht für eine *andre Manier*, böse zu sein, sondern für das *rechte Bewußtsein* der Handlung ausgibt, in dieser seiner Unwirklichkeit und Eitelkeit des gut und besser Wissens sich selbst über die heruntergemachten Taten hinaufsetzt, und sein tatloses Reden für eine vortreffliche *Wirklichkeit* genommen wissen will. – Hiedurch also dem Handelnden, welches von ihm beurteilt wird, sich gleich machend, wird es von diesem als dasselbe mit ihm erkannt. Dieses findet sich von jenem nicht nur aufgefaßt als ein Fremdes und mit ihm Ungleiches, sondern vielmehr jenes nach dessen eigner Beschaffenheit mit ihm gleich. Diese Gleichheit anschauend und sie *aussprechend, gesteht* es sich ihm ein, und erwartet ebenso, daß das Andre, wie es sich in der Tat ihm gleich gestellt hat, so auch seine *Rede* erwidern, in ihr seine Gleichheit aussprechen und [daß nun] das anerkennende Dasein eintreten werde. Sein Geständnis ist nicht eine Erniedrigung, Demütigung, Wegwerfung im Verhältnisse gegen das Andre; denn dieses Aussprechen ist nicht das einseitige, wodurch es seine *Ungleichheit* mit ihm setzte, sondern allein um der Anschauung der *Gleichheit* des andern willen mit ihm spricht es sich, es spricht *ihre Gleichheit* von seiner Seite in seinem Geständnisse aus, und spricht sie darum aus, weil die Sprache das *Dasein* des Geistes als unmittelbaren Selbsts ist; es erwartet also, daß das Andre das seinige zu diesem Dasein beitrage.

Allein auf das Eingeständnis des Bösen: *Ich bin's*, erfolgt nicht diese Erwiderung des gleichen Geständnisses. So war es mit jenem Urteilen nicht gemeint; im Gegenteil! Es stößt diese Gemeinschaft von sich und ist das harte Herz, das für sich ist und die Kontinuität mit dem andern verwirft. – Hiedurch kehrt sich die Szene um. Dasjenige, das sich bekannte, sieht sich zurückgestoßen, und das andere im Unrecht, welches das Heraustreten seines Innern in das Dasein der Rede verweigert, und dem Bösen die Schönheit seiner Seele, dem Bekenntnisse aber den steifen Nacken des sich gleichbleibenden Charakters und die Stummheit, sich in sich zu behalten und sich nicht gegen einen andern wegzuwerfen, entgegensetzt. Es ist hier die höchste Empörung des seiner selbst gewissen Geistes gesetzt; denn er schaut sich als dieses *einfache Wissen des Selbsts* im Andern an, und zwar so, daß auch die äußere Gestalt dieses Andern nicht wie im Reichtume das Wesenlose, nicht ein Ding ist, sondern es ist der Gedanke, das Wissen selbst, was ihm entgegengehalten [wird], es ist diese absolut flüssige Kontinuität des reinen *Wissens*, die sich verweigert, ihre Mitteilung mit ihm zu setzen, mit ihm, der schon in seinem Bekenntnisse dem *abgesonderten Fürsichsein* entsagte, und sich als aufgehobne Besonderheit und hiedurch als die Kontinuität mit dem Andern, als Allgemeines setzte. Das Andre aber behält *an ihm selbst* sich sein sich nicht mitteilendes Fürsichsein bevor; an dem bekennenden behält es eben dasselbe, was aber von diesem schon abgeworfen ist. Es zeigt sich dadurch als das geistverlaßne und den Geist verleugnende Bewußtsein; denn es erkennt nicht, daß der Geist in der absoluten Gewißheit seiner selbst über alle Tat und Wirklichkeit Meister [ist], und sie abwerfen und ungeschehen machen kann. Zugleich erkennt es nicht den Widerspruch, den es begeht, die Abwerfung, die in *der Rede* geschehen ist, nicht für das wahre Abwerfen gelten zu lassen, während es selbst die Gewißheit seines Geistes nicht in einer wirklichen Handlung, sondern in seinem Innern, und dessen Dasein in der *Rede* seines Urteils hat. Es ist es also selbst, das die Rückkehr des Andern aus der Tat in das geistige Dasein der Rede und in die Gleichheit des Geistes hemmt und durch diese Härte die Ungleichheit hervorbringt, welche noch vorhanden ist.

Insofern nun der seiner selbst gewisse Geist, als schöne Seele, nicht die Kraft der Entäußerung des an sich haltenden Wissens ihrer selbst besitzt, kann sie nicht zur Gleichheit mit dem zurückgestoßnen Bewußtsein und also nicht zur angeschauten Einheit ihrer selbst im Andern, nicht zum Dasein gelangen; die Gleichheit kommt daher nur negativ, als ein geistloses Sein, zustande. Die wirklichkeitslose schöne Seele, in dem Widerspruche ihres reinen Selbsts, und der Notwendigkeit desselben, sich zum Sein zu entäußern und in Wirklichkeit umzuschlagen, in der *Unmittelbarkeit* dieses festgehaltnen Gegensatzes, – einer Unmittelbarkeit, die allein die Mitte und Versöhnung des auf seine reine Abstraktion gesteigerten Gegensatzes, und die reines Sein oder das leere Nichts ist, – ist also, als Bewußtsein dieses Widerspruches in seiner unversöhnten Unmittelbarkeit, zur Verrücktheit zerrüttet, und zerfließt in sehnsüchtiger Schwindsucht. Es gibt damit in der Tat das harte Festhalten *seines Fürsichseins* auf, bringt aber nur die geistlose Einheit des Seins hervor.

Die wahre, nämlich die *selbstbewußte* und *daseiende* Ausgleichung ist nach ihrer Notwendigkeit schon in dem Vorhergehenden enthalten. Das Brechen des harten Herzens und seine Erhebung zur Allgemeinheit ist dieselbe Bewegung, welche an dem Bewußtsein ausgedrückt war, das sich selbst bekannte. Die Wunden des Geistes heilen, ohne daß Narben bleiben; die Tat ist nicht das Unvergängliche, sondern wird von dem Geiste in sich zurückgenommen, und die Seite der Einzelheit, die an ihr, es sei als Absicht oder als daseiende Negativität und Schranke derselben vorhanden ist, ist das unmittelbar Verschwindende. Das verwirklichende *Selbst*, die Form seiner Handlung, ist nur ein *Moment* des Ganzen, und ebenso das durch Urteil bestimmende und den Unterschied der einzelnen und allgemeinen Seite des Handelns festsetzende Wissen. Jenes Böse setzt diese Entäußerung seiner oder sich als Moment, hervorgelockt in das bekennende Dasein durch die Anschauung seiner selbst im

Andern. Diesem Andern aber muß, wie jenem sein einseitiges, nicht anerkanntes Dasein des besondern Fürsichseins, so ihm sein einseitiges nicht anerkanntes Urteil brechen; und wie jenes die Macht des Geistes über seine Wirklichkeit darstellt, so dies die Macht über seinen bestimmten Begriff.

Dieses entsagt aber dem teilenden Gedanken und der Härte des ihm festhaltenden Fürsichseins, darum weil es in der Tat sich selbst im ersten anschaut. Dies, das seine Wirklichkeit wegwirft, und sich zum *aufgehobnen Diesen* macht, stellt sich dadurch in der Tat als Allgemeines dar; es kehrt aus seiner äußern Wirklichkeit in sich als Wesen zurück; das allgemeine Bewußtsein erkennt also darin sich selbst. – Die Verzeihung, die es dem ersten widerfahren läßt, ist die Verzichtleistung auf sich, auf sein *unwirkliches* Wesen, dem es jenes andere, das *wirkliches* Handeln war, gleichsetzt, und es, das von der Bestimmung, die das Handeln im Gedanken erhielt, Böses genannt wurde, als gut anerkennt, oder vielmehr diesen Unterschied des bestimmten Gedankens und sein fürsichseiendes bestimmendes Urteil fahren läßt, wie das Andre das fürsichseiende Bestimmen der Handlung. – Das Wort der Versöhnung ist der *daseiende* Geist, der das reine Wissen seiner selbst als *allgemeinen* Wesens in seinem Gegenteile, in dem reinen Wissen seiner als der absolut in sich seienden *Einzelheit* anschaut, – ein gegenseitiges Anerkennen, welches der *absolute Geist* ist.

Er tritt ins Dasein nur auf der Spitze, auf welcher sein reines Wissen von sich selbst der Gegensatz und Wechsel mit sich selbst ist. Wissend, daß sein *reines Wissen* das abstrakte *Wesen* ist, ist er diese wissende Pflicht im absoluten Gegensatze gegen das Wissen, das sich als absolute *Einzelheit* des Selbsts das Wesen zu sein weiß. Jenes ist die reine Kontinuität des Allgemeinen, welches die sich als Wesen wissende

Einzelheit als das an sich Nichtige, als das *Böse* weiß. Dies aber ist die absolute Diskretion, welche sich selbst in ihrem reinen Eins absolut, und jenes Allgemeine als das Unwirkliche weiß, das nur *für andre* ist. Beide Seiten sind zu dieser Reinheit geläutert, worin kein selbstloses Dasein, kein Negatives des Bewußtseins mehr an ihnen ist, sondern jene *Pflicht* ist der sich gleichbleibende Charakter seines sich selbst Wissens, und dieses Böse hat ebenso seinen Zweck in seinem *Insichsein*, und seine Wirklichkeit in seiner Rede; der Inhalt dieser Rede ist die Substanz seines Bestehens; sie ist die Versicherung von der Gewißheit des Geistes in sich selbst. – Beide ihrer selbst gewissen Geister haben keinen andern Zweck als ihr reines Selbst, und keine andre Realität und Dasein als eben dieses reine Selbst. Aber sie sind noch verschieden; und die Verschiedenheit ist die absolute, weil sie in diesem Elemente des reinen Begriffes gesetzt ist. Sie ist es auch nicht nur für uns, sondern für die Begriffe selbst, die in diesem Gegensatze stehen. Denn diese Begriffe sind zwar *bestimmte* gegeneinander, aber zugleich an sich allgemeine, so daß sie den ganzen Umfang des Selbsts ausfüllen, und dies Selbst keinen andern Inhalt als diese seine Bestimmtheit hat, die weder über es hinausgeht, noch beschränkter ist als es; denn die eine, das absolut Allgemeine, ist ebenso das reine Sichselbstwissen als das andre, die absolute Diskretion der Einzelheit, und beide sind nur dies reine Sichwissen. Beide Bestimmtheiten sind also die wissenden reinen Begriffe, deren Bestimmtheit selbst unmittelbar Wissen oder deren *Verhältnis* und Gegensatz das Ich ist. Hiedurch sind sie *füreinander* diese schlechthin Entgegengesetzten; es ist das vollkommen *Innre*, das so sich selbst gegenüber und ins Dasein getreten ist; sie machen das *reine Wissen* aus, das durch diesen Gegensatz als *Bewußtsein* gesetzt ist. Aber noch ist es nicht

Selbstbewußtsein. Diese Verwirklichung hat es in der Bewegung dieses Gegensatzes. Denn dieser Gegensatz ist vielmehr selbst die *indiskrete Kontinuität* und *Gleichheit* des Ich = Ich; und jedes *für sich* eben durch den Widerspruch seiner reinen Allgemeinheit, welche zugleich seiner Gleichheit mit dem andern noch widerstrebt und sich davon absondert, hebt an ihm selbst sich auf. Durch diese Entäußerung kehrt dies in seinem Dasein entzweite Wissen in die Einheit des *Selbsts* zurück; es ist das *wirkliche* Ich, das allgemeine *sich selbst* Wissen in seinem *absoluten Gegenteile*, in dem *insich*seienden Wissen, das um der Reinheit seines abgesonderten Insichseins willen selbst das vollkommen Allgemeine ist. Das versöhnende *Ja*, worin beide Ich von ihrem entgegengesetzten *Dasein* ablassen, ist das *Dasein* des zur Zweiheit ausgedehnten *Ichs*, das darin sich gleich bleibt und in seiner vollkommnen Entäußerung und Gegenteile die Gewißheit seiner selbst hat; – es ist der erscheinende Gott mitten unter ihnen, die sich als das reine Wissen wissen.

[CC. Die Religion.]

VII.
Die Religion.

In den bisherigen Gestaltungen, die sich im allgemeinen als *Bewußtsein*, *Selbstbewußtsein*, *Vernunft* und *Geist* unterscheiden, ist zwar auch die *Religion*, als Bewußtsein des *absoluten Wesens* überhaupt vorgekommen, – allein vom *Standpunkte des Bewußtseins* aus, das sich des absoluten Wesens bewußt ist; nicht aber ist das absolute Wesen *an und für sich* selbst, nicht das Selbstbewußtsein des Geistes in jenen Formen erschienen.

Schon das *Bewußtsein* wird, insofern es *Verstand* ist, Bewußtsein des *Übersinnlichen* oder *Innern* des gegenständlichen Daseins. Aber das Übersinnliche, Ewige, oder wie man es sonst nennen mag, ist *selbstlos*; es ist nur erst das *Allgemeine*, das noch weit entfernt ist, der sich als Geist wissende Geist zu sein. – Alsdann war das *Selbstbewußtsein*, das in der Gestalt des *unglücklichen* Bewußtseins seine Vollendung hat, nur der sich zur Gegenständlichkeit wieder herausringende, aber sie nicht erreichende *Schmerz* des Geistes. Die Einheit des *einzelnen* Selbstbewußtseins und seines unwandelbaren *Wesens*, zu der jenes sich bringt, bleibt daher ein *Jenseits* desselben. – Das unmittelbare Dasein der *Vernunft*, die für uns aus jenem Schmerz hervorging, und ihre eigentümlichen Gestalten haben keine Religion, weil das Selbstbewußtsein derselben *sich* in der *unmittelbaren* Gegenwart weiß oder sucht.

Hingegen in der sittlichen Welt sahen wir eine Religion, und zwar die *Religion* der *Unterwelt*; sie ist der Glaube an die furchtbare unbekannte Nacht des *Schicksals* und an die Eumenide des *abgeschiednen Geistes*; – jene die reine Negativität in der Form der Allgemeinheit, diese dieselbe in der Form der Einzelheit. Das absolute Wesen ist in der letztern Form also zwar das *Selbst*, und *gegenwärtiges*, wie das Selbst nicht anders ist; allein das *einzelne* Selbst ist *dieser* einzelne Schatten, der die Allgemeinheit, welche das Schicksal ist, getrennt von sich hat. Er ist zwar Schatten, *aufgehobner Dieser*, und somit allgemeines Selbst; aber noch ist jene negative Bedeutung nicht in diese positive umgeschlagen, und daher bedeutet zugleich das aufgehobne Selbst noch unmittelbar diesen besondern und wesenlosen. Das Schicksal aber ohne das Selbst bleibt die bewußtlose Nacht, die nicht zur Unterscheidung in ihr, noch zur Klarheit des Sichselbstwissens kommt.

Dieser Glaube an das Nichts der Notwendigkeit und an die Unterwelt wird zum *Glauben* an den *Himmel*, weil das abgeschiedne Selbst mit seiner Allgemeinheit sich vereinen, in ihr das, was es enthält, auseinanderschlagen und so sich klar werden muß. Dieses *Reich* des Glaubens aber sahen wir nur im Elemente des Denkens seinen Inhalt ohne den Begriff entfalten und es darum in seinem Schicksale, nämlich in der *Religion* der *Aufklärung* untergehen. In dieser stellt sich das übersinnliche Jenseits des Verstandes wieder her, aber so, daß das Selbstbewußtsein diesseits befriedigt steht und das übersinnliche, das *leere* nicht zu erkennende noch zu fürchtende Jenseits weder als Selbst noch als Macht weiß.

In der Religion der Moralität ist endlich dies wiederhergestellt, daß das absolute Wesen ein positiver Inhalt ist; aber er ist mit der Negativität der Aufklärung vereinigt. Er ist ein *Sein*, das ebenso ins Selbst zurückgenommen und darin eingeschlossen bleibt, und ein *unterschiedner Inhalt*, dessen Teile ebenso unmittelbar negiert, als sie aufgestellt sind. Das Schicksal aber, worin diese widersprechende Bewegung versinkt, ist das seiner, als des Schicksals der *Wesenheit* und *Wirklichkeit*, bewußte Selbst.

Der sich selbstwissende Geist ist in der Religion unmittelbar sein eignes reines *Selbstbewußtsein*. Diejenigen Gestalten desselben, die betrachtet worden, – der wahre, der sich entfremdete und der seiner selbst gewisse Geist, – machen zusammen ihn in seinem *Bewußtsein* aus, das seiner Welt gegenübertretend in ihr sich nicht erkennt. Aber im Gewissen unterwirft er sich wie seine gegenständliche Welt überhaupt, so auch seine Vorstellung und seine bestimmten Begriffe und ist nun bei sich seiendes Selbstbewußtsein. In diesem hat er für sich, als *Gegenstand vorgestellt*, die Bedeutung, der allgemeine Geist zu sein, der alles Wesen und alle Wirklichkeit in sich enthält; ist aber nicht in der Form freier Wirklichkeit oder der selbständig erscheinenden Natur. Er hat zwar *Gestalt* oder die Form des Seins, indem er *Gegenstand* seines Bewußtseins ist, aber weil dieses in der Religion in der wesentlichen Bestimmung, *Selbstbewußtsein* zu sein, gesetzt ist, ist die Gestalt sich vollkommen durchsichtig; und die Wirklichkeit, die er enthält, ist in ihm eingeschlossen und in ihm aufgehoben, gerade auf die Weise, wie wenn wir *alle Wirklichkeit* sprechen; sie ist die *gedachte*, allgemeine Wirklichkeit.

Indem also in der Religion die Bestimmung des eigentlichen Bewußtseins des Geistes nicht die Form des freien *Andersseins* hat, so ist sein *Dasein* von seinem *Selbstbewußtsein* unterschieden; und seine eigentliche Wirklichkeit fällt außer der Religion; es ist wohl Ein Geist beider, aber sein Bewußtsein umfaßt nicht beide zumal, und die Religion erscheint als ein Teil des Daseins und Tuns und Treibens, dessen anderer Teil das Leben in seiner wirklichen Welt ist. Wie wir nun es wissen, daß der Geist in seiner Welt und der seiner als Geist bewußte Geist oder der Geist in der Religion dasselbe sind, so besteht die Vollendung der Religion darin, daß beides einander gleich werde, nicht nur daß seine Wirklichkeit von der Religion befaßt ist, sondern umgekehrt, daß er sich als seiner selbst bewußter Geist wirklich und *Gegenstand seines Bewußtseins* werde. – Insofern der Geist in der Religion sich ihm selbst *vorstellt*, ist er zwar Bewußtsein, und die in ihr eingeschlossne Wirklichkeit ist die Gestalt und das Kleid seiner Vorstellung. Der Wirklichkeit widerfährt aber in dieser Vorstellung nicht ihr vollkommnes Recht, nämlich nicht nur Kleid zu sein, sondern selbständiges freies Dasein; und umgekehrt ist sie, weil ihr die Vollendung in ihr selbst mangelt, eine *bestimmte* Gestalt, die nicht dasjenige erreicht, was sie darstellen soll, nämlich den seiner selbst bewußten Geist. Daß seine Gestalt ihn selbst ausdrückte, müßte sie selbst nichts anderes sein als er, und er sich so erschienen oder wirklich sein, wie er in seinem Wesen ist. Dadurch allein würde auch das erreicht, was die Forderung des Gegenteils zu sein scheinen kann, nämlich daß der *Gegenstand* seines Bewußtseins die Form freier Wirklichkeit zugleich hat; aber nur der Geist, der sich als absoluter Geist Gegenstand ist, ist sich eine ebenso freie Wirklichkeit, als er darin seiner selbst bewußt bleibt.

Indem zunächst das Selbstbewußtsein und das eigentliche Bewußtsein, die *Religion* und der Geist in seiner Welt oder das *Dasein* des Geistes unterschieden wird, so besteht das letztere in dem Ganzen des Geistes, insofern seine Momente als auseinandertretend und jedes für sich sich darstellt. Die Momente aber sind das *Bewußtsein*, das *Selbstbewußtsein*, die *Vernunft* und der *Geist*; – der Geist nämlich als unmittelbarer Geist, der noch nicht das Bewußtsein des Geistes ist. Ihre *zusammengefaßte* Totalität macht den Geist in seinem weltlichen Dasein überhaupt aus; der Geist als solcher enthält die bisherigen Gestaltungen in den allgemeinen Bestimmungen, den soeben genannten Momenten. Die Religion setzt den ganzen Ablauf derselben voraus und ist die *einfache* Totalität oder das absolute Selbst derselben. – Der Verlauf derselben ist übrigens im Verhältnis zur Religion nicht in der Zeit vorzustellen. Der ganze Geist nur ist in der Zeit, und die Gestalten, welche Gestalten des ganzen *Geistes* als solchen sind, stellen sich in einer Aufeinanderfolge dar; denn nur das Ganze hat eigentliche Wirklichkeit, und daher die Form der reinen Freiheit gegen anderes, die sich als Zeit ausdrückt. Aber die *Momente* desselben, Bewußtsein, Selbstbewußtsein, Vernunft und Geist, haben, weil sie Momente sind, kein voneinander verschiednes Dasein. – Wie der Geist von seinen Momenten unterschieden wurde, so ist noch drittens von diesen Momenten selbst ihre vereinzelte Bestimmung zu unterscheiden. Jedes jener Momente sahen wir nämlich wieder an ihm selbst sich in einem eignen Verlaufe unterscheiden und verschieden gestalten; wie z.B. am Bewußtsein die sinnliche Gewißheit [und die] Wahrnehmung sich unterschied. Diese letztern Seiten treten in der Zeit auseinander und gehören einem *besondern Ganzen* an. – Denn der Geist steigt aus seiner *Allgemeinheit* durch die *Bestimmung* zur *Einzelheit* herab. Die Bestimmung oder Mitte ist *Bewußtsein, Selbstbewußtsein* usf. Die Einzelheit aber machen die Gestalten dieser Momente aus. Diese stellen daher den Geist in seiner Einzelheit oder *Wirklichkeit* dar, und unterscheiden sich in der Zeit, so jedoch, daß die folgende die vorhergehenden an ihr behält.

Wenn daher die Religion die Vollendung des Geistes ist, worin die einzelnen Momente desselben, Bewußtsein, Selbstbewußtsein, Vernunft und Geist, als in ihren *Grund zurückgehen* und *zurückgegangen* sind, so machen sie zusammen die *daseiende Wirklichkeit* des ganzen Geistes aus, welcher nur *ist* als die unterscheidende und in sich zurückgehende Bewegung dieser seiner Seiten. Das Werden *der Religion überhaupt* ist in der Bewegung der allgemeinen Momente enthalten. Indem aber jedes dieser Attribute, wie es nicht nur im allgemeinen sich bestimmt, sondern wie es *an und für sich ist*, d.h. wie es in sich selbst sich als Ganzes verläuft, dargestellt wurde, so ist damit auch nicht nur das Werden der Religion *überhaupt* entstanden, sondern jene vollständigen Verläufe der *einzelnen* Seiten enthalten zugleich die *Bestimmtheiten* der *Religion* selbst. Der ganze Geist, der Geist der Religion, ist wieder die Bewegung, aus seiner Unmittelbarkeit zum *Wissen* dessen zu gelangen, was er *an sich* oder unmittelbar ist, und es zu erreichen, daß die *Gestalt*, in welcher er für sein Bewußtsein erscheint, seinem Wesen vollkommen gleiche und er sich anschaue, wie er ist. – In diesem Werden ist er also selbst in *bestimmten* Gestalten, welche die Unterschiede dieser Bewegung ausmachen; zugleich hat damit die bestimmte Religion ebenso einen *bestimmten wirklichen* Geist. Wenn also dem sich wissenden Geiste überhaupt Bewußtsein, Selbstbewußtsein, Vernunft und Geist angehören, so gehören den *bestimmten* Gestalten des sich wissenden Geistes die *bestimmten* Formen an, welche sich innerhalb des Bewußtseins, Selbstbewußtseins der Vernunft und des Geistes an jedem besonders entwickelten. Die *bestimmte* Gestalt der Religion greift für ihren wirklichen Geist aus den Gestalten eines jeden seiner Momente diejenige heraus, welche ihr entspricht. Die *Eine* Bestimmtheit der Religion greift durch alle Seiten ihres wirklichen Daseins hindurch und drückt ihnen dies gemeinschaftliche Gepräge auf.

Auf diese Weise ordnen sich nun die Gestalten, die bis hieher auftraten, anders, als sie in ihrer Reihe erschienen, worüber vorher noch das Nötige kurz zu bemerken ist. – In der betrachteten Reihe bildete sich jedes Moment, sich in sich vertiefend, zu einem Ganzen in seinem eigentümlichen Prinzip aus; und das Erkennen war die Tiefe, oder der Geist, worin sie, die für sich kein Bestehen haben, ihre Substanz hatten. Diese Substanz ist aber nunmehr herausgetreten; sie ist die Tiefe des seiner selbst gewissen Geistes, welche es dem einzelnen Prinzip nicht gestattet, sich zu isolieren und in sich selbst zum Ganzen zu machen, sondern diese Momente alle in sich versammelnd und zusammenhaltend, schreitet sie in diesem gesamten Reichtum ihres wirklichen Geistes fort, und alle seine besondern Momente nehmen und empfangen gemeinschaftlich die gleiche Bestimmtheit des Ganzen in sich. – Dieser seiner selbst gewisse Geist und seine Bewegung ist ihre wahrhafte Wirklichkeit und das *An- und Fürsich*sein, das jedem einzelnen zukommt. – Wenn also die bisherige Eine Reihe in ihrem Fortschreiten durch Knoten die Rückgänge in ihr bezeichnete, aber aus ihnen sich wieder in Eine Länge fortsetzte, so ist sie nunmehr gleichsam an diesen Knoten, den allgemeinen Momenten, gebrochen und in viele Linien zerfallen, welche in Einen Bund zusammengefaßt, sich zugleich symmetrisch vereinen, so daß die gleichen Unterschiede, in welche jede besondre innerhalb ihrer sich gestaltete, zusammentreffen. – Es erhellt übrigens aus der ganzen Darstellung von selbst, wie diese hier vorgestellte Beiordnung der allgemeinen Richtungen zu verstehen ist, daß es überflüssig wird, die Bemerkung zu machen, daß diese Unterschiede wesentlich nur als Momente des Werdens, nicht als Teile zu fassen sind; an dem wirklichen Geiste sind sie Attribute seiner Substanz, an der Religion aber vielmehr nur Prädikate des Subjekts. – Ebenso sind *an sich* oder *für uns* wohl alle Formen überhaupt im Geiste und in jedem enthalten;

aber es kommt bei seiner Wirklichkeit überhaupt allein darauf an, welche Bestimmtheit für ihn in seinem *Bewußtsein* ist, in welcher er sein Selbst ausgedrückt oder in welcher Gestalt er sein Wesen weiß.

Der Unterschied, der zwischen dem *wirklichen* Geiste und ihm, der sich als Geist weiß, oder zwischen sich selbst als Bewußtsein und als Selbstbewußtsein gemacht wurde, ist in dem Geiste aufgehoben, der sich nach seiner Wahrheit weiß; sein Bewußtsein und sein Selbstbewußtsein sind ausgeglichen. Wie aber hier die Religion erst *unmittelbar* ist, ist dieser Unterschied noch nicht in den Geist zurückgegangen. Es ist nur der *Begriff* der Religion gesetzt; in diesem ist das Wesen das *Selbstbewußtsein*, das sich alle Wahrheit ist und in dieser alle Wirklichkeit enthält. Dieses Selbstbewußtsein hat als Bewußtsein sich zum Gegenstande; der erst sich *unmittelbar* wissende Geist ist sich also Geist in der *Form* der *Unmittelbarkeit*, und die Bestimmtheit der Gestalt, worin er sich erscheint, ist die des *Seins*. Dies Sein ist zwar weder mit der Empfindung oder dem mannigfaltigen Stoffe, noch mit sonstigen einseitigen Momenten, Zwecken und Bestimmungen *erfüllt*, sondern mit dem Geiste, und wird von sich als alle Wahrheit und Wirklichkeit gewußt. Diese *Erfüllung* ist auf diese Weise ihrer *Gestalt*, er als Wesen seinem Bewußtsein nicht gleich. Er ist erst als absoluter Geist wirklich, indem er, wie er in der *Gewißheit seiner selbst*, sich auch in seiner *Wahrheit* ist, oder die Extreme, in die er sich als Bewußtsein teilt, in Geistsgestalt füreinander sind. Die Gestaltung, welche der Geist als Gegenstand seines Bewußtseins annimmt, bleibt von der Gewißheit des Geistes als von der Substanz erfüllt; durch diesen Inhalt verschwindet dies, daß der Gegenstand zur reinen Gegenständlichkeit, zur Form der Negativität des Selbstbewußtseins herabsänke. Die unmittelbare Einheit des Geistes mit sich selbst ist die Grundlage oder reines Bewußtsein, *innerhalb* dessen das Bewußtsein auseinandertritt. Auf diese Weise in sein reines Selbstbewußtsein eingeschlossen, existiert er in der Religion nicht als der Schöpfer einer *Natur* überhaupt; sondern was er in dieser Bewegung hervorbringt, sind seine Gestalten als Geister, die zusammen die Vollständigkeit seiner Erscheinung ausmachen; und diese Bewegung selbst ist das Werden seiner vollkommnen Wirklichkeit durch die einzelnen Seiten derselben, oder seine unvollkommnen Wirklichkeiten.

Die erste Wirklichkeit desselben ist der Begriff der Religion selbst, oder sie als *unmittelbare* und also *natürliche Religion*; in ihr weiß der Geist sich als seinen Gegenstand in natürlicher oder unmittelbarer Gestalt. Die *zweite* aber ist notwendig diese, sich in der Gestalt der *aufgehobnen Natürlichkeit* oder des *Selbsts* zu wissen. Sie ist also die *künstliche* Religion; denn zur Form des *Selbsts* erhebt sich die Gestalt durch das *Hervorbringen* des Bewußtseins, wodurch dieses in seinem Gegenstande sein Tun oder das Selbst anschaut. Die *dritte* endlich hebt die Einheitlichkeit der beiden ersten auf; das *Selbst* ist ebensowohl ein *unmittelbares* als die *Unmittelbarkeit Selbst* ist. Wenn in der ersten der Geist überhaupt in der Form des Bewußtseins, in der zweiten – des Selbstbewußtseins ist, so ist er in der dritten in der Form der Einheit beider; er hat die Gestalt des *An- und Fürsichseins*; und indem er also vorgestellt ist, wie er an und für sich ist, so ist dies die *offenbare Religion*. Ob er aber in ihr wohl zu seiner wahren *Gestalt* gelangt, so ist eben die *Gestalt* selbst und die *Vorstellung* noch die unüberwundne Seite, von der er in den *Begriff* übergehen muß, um die Form der Gegenständlichkeit in ihm ganz aufzulösen, in ihm, der ebenso dies sein Gegenteil in sich schließt. Alsdann hat der Geist den Begriff seiner selbst erfaßt, wie wir nur erst ihn erfaßt haben, und seine Gestalt oder das Element seines Daseins, indem sie der Begriff ist, ist er selbst.

A.
Die natürliche Religion.

Der den Geist wissende Geist ist Bewußtsein seiner selbst, und ist sich in der Form des Gegenständlichen; er *ist*; und ist zugleich das *Fürsichsein*. *Er ist für sich*, er ist die Seite des *Selbst*bewußtseins, und zwar gegen die Seite seines Bewußtseins, oder des sich auf sich als *Gegenstand* Beziehens. In seinem Bewußtsein ist die Entgegensetzung und hiedurch die *Bestimmtheit* der Gestalt, in welcher er sich erscheint und weiß. Um diese ist es in dieser Betrachtung der Religion allein zu tun; denn sein ungestaltetes Wesen, oder sein reiner Begriff hat sich schon ergeben. Der Unterschied des Bewußtseins und Selbstbewußtseins fällt aber zugleich innerhalb des letztern; die Gestalt der Religion enthält nicht das Dasein des Geistes, wie er vom Gedanken freie Natur, noch wie er vom Dasein freier Gedanke ist; sondern sie ist das im Denken erhaltne Dasein, so wie ein Gedachtes, das sich da ist. – Nach der *Bestimmtheit* dieser Gestalt, in welcher der Geist sich weiß, unterscheidet sich eine Religion von einer andern; allein es ist zugleich zu bemerken, daß die Darstellung dieses seines Wissens von sich nach dieser *einzelnen Bestimmtheit* in der Tat nicht das Ganze einer wirklichen Religion erschöpft. Die Reihe der verschiednen Religionen, die sich ergeben werden, stellt ebensosehr wieder nur die verschiednen Seiten einer einzigen und zwar *jeder einzelnen* dar, und die Vorstellungen, welche eine wirkliche Religion vor einer andern auszuzeichnen scheinen, kommen in jeder vor. Allein zugleich muß die Verschiedenheit auch als eine Verschiedenheit der Religion betrachtet werden. Denn indem der Geist sich im Unterschiede seines Bewußtseins und seines Selbstbewußtseins befindet, so hat die Bewegung das Ziel, diesen Hauptunterschied aufzuheben und der Gestalt, die Gegenstand des Bewußtseins ist, die Form des Selbstbewußtseins zu geben. Dieser Unterschied ist aber nicht dadurch schon aufgehoben, daß die Gestalten, die jenes enthält, auch das Moment des Selbsts an ihnen haben, und der Gott als *Selbstbewußtsein vorgestellt* wird. Das *vorgestellte* Selbst ist nicht das *wirkliche*; daß es, wie jede andre nähere Bestimmung der Gestalt, dieser in Wahrheit angehöre, muß es teils durch das Tun des Selbstbewußtseins in sie gesetzt werden, teils muß die niedrige Bestimmung von der höhern aufgehoben und begriffen zu sein sich zeigen. Denn das Vorgestellte hört nur dadurch auf, Vorgestelltes und seinem Wissen fremd zu sein, daß das Selbst es hervorgebracht hat, und also die Bestimmung des Gegenstandes als die *seinige*, somit sich in ihm anschaut. – Durch diese Tätigkeit ist die niedrigere Bestimmung zugleich verschwunden; denn das Tun ist das negative, das sich auf Kosten eines andern ausführt; insofern sie auch noch vorkommt, so ist sie in die Unwesentlichkeit zurückgetreten; so wie dagegen, wo die niedrigere noch herrschend ist, die höhere aber auch vorkommt, die eine selbstlos neben der andern Platz hat. Wenn daher die verschiednen Vorstellungen innerhalb einer einzelnen Religion zwar die ganze Bewegung ihrer Formen darstellen, so ist der Charakter einer jeden durch die besondre Einheit des Bewußtseins und des Selbstbewußtseins bestimmt, d.i. dadurch, daß das letztere die Bestimmung des Gegenstandes des erstern in sich gefaßt, sie durch sein Tun sich vollkommen angeeignet [hat] und sie als die wesentliche gegen die andern weiß. – Die Wahrheit des Glaubens an eine Bestimmung des religiösen Geistes zeigt sich darin, daß der *wirkliche* Geist so beschaffen ist wie die Gestalt, in der er sich in der Religion anschaut, – wie z.B. die Menschwerdung Gottes, die in der morgenländischen Religion vorkommt, keine Wahrheit hat, weil ihr wirklicher Geist ohne diese Versöhnung ist. – Hieher gehört es nicht, von der Totalität der Bestimmungen zu der einzelnen zurückzukehren und zu zeigen, in welcher Gestalt innerhalb ihrer und ihrer besondern Religion die Vollständigkeit der übrigen enthalten ist. Die höhere Form unter eine niedrigere zurückgestellt entbehrt ihrer Bedeutung für den selbstbewußten Geist, gehört ihm nur oberflächlich und seiner Vorstellung an. Sie ist in ihrer eigentümlichen Bedeutung und da zu betrachten, wo sie Prinzip dieser besondern Religion und durch ihren wirklichen Geist bewährt ist.

a.
Das Lichtwesen.

Der Geist, als das *Wesen*, welches *Selbstbewußtsein* ist, – oder das selbstbewußte Wesen, welches alle Wahrheit ist und alle Wirklichkeit als sich selbst weiß, – ist gegen die Realität, die er in der Bewegung seines Bewußtseins sich gibt, nur erst *sein Begriff*; und dieser Begriff ist gegen den Tag dieser Entfaltung die Nacht seines Wesens, gegen das Dasein seiner Momente als selbständiger Gestalten das schöpferische Geheimnis seiner Geburt. Dies Geheimnis hat in sich selbst seine Offenbarung; denn das Dasein hat in diesem Begriffe seine Notwendigkeit, weil er der sich wissende Geist ist, also in seinem Wesen das Moment hat, Bewußtsein zu sein und sich gegenständlich vorzustellen. – Es ist das reine Ich, das in seiner Entäußerung in sich als *allgemeinem Gegenstande* die Gewißheit seiner selbst hat, oder dieser Gegenstand ist für es die Durchdringung alles Denkens und aller Wirklichkeit.

In der unmittelbaren ersten Entzweiung des sich wissenden absoluten Geistes hat seine Gestalt diejenige Bestimmung, welche dem *unmittelbaren Bewußtsein* oder der *sinnlichen Gewißheit* zukommt. Er schaut sich in der Form des *Seins* an, jedoch nicht des geistlosen mit zufälligen Bestimmungen der Empfindung erfüllten *Seins*, das der sinnlichen Gewißheit angehört, sondern es ist das mit dem Geiste erfüllte Sein. Es schließt ebenso die Form in sich, welche an dem unmittelbaren *Selbstbewußtsein* vorkam, die Form des *Herrn* gegen das von seinem Gegenstande zurücktretende Selbstbewußtsein des Geistes. – Dies mit dem Begriffe des Geistes erfüllte *Sein* ist also die *Gestalt* der *einfachen* Beziehung des Geistes auf sich selbst, oder die Gestalt der Gestaltlosigkeit. Sie ist vermöge dieser Bestimmung das reine, alles enthaltende und erfüllende *Lichtwesen* des Aufgangs, das sich in seiner formlosen Substantialität erhält. Sein Anderssein ist das ebenso einfache Negative, die *Finsternis*; die Bewegungen seiner eignen Entäußerung, seine Schöpfungen in dem widerstandslosen Elemente seines Andersseins sind Lichtgüsse; sie sind in ihrer Einfachheit zugleich sein Fürsichwerden und Rückkehr aus seinem Dasein, die Gestaltung verzehrende Feuerströme. Der Unterschied, den es sich gibt, wuchert zwar in der Substanz des Daseins fort und gestaltet sich zu den Formen der Natur; aber die wesentliche Einfachheit seines Denkens schweift bestandlos und unverständig in ihnen umher, erweitert ihre Grenzen zum Maßlosen, und löst ihre zur Pracht gesteigerte Schönheit in ihrer Erhabenheit auf.

Der Inhalt, den dies reine *Sein* entwickelt, oder sein Wahrnehmen ist daher ein wesenloses Beiherspielen an dieser Substanz, die nur *aufgeht*, ohne in sich *niederzugehen*, Subjekt zu werden und durch das Selbst ihre Unterschiede zu befestigen. Ihre Bestimmungen sind nur Attribute, die nicht zur Selbständigkeit gedeihen, sondern nur Namen des vielnamigen Einen bleiben. Dieses ist mit den mannigfachen Kräften des Daseins und den Gestalten der Wirklichkeit als mit einem selbstlosen Schmucke angekleidet; sie sind nur eignen Willens entbehrende Boten seiner Macht, Anschauungen seiner Herrlichkeit und Stimmen seines Preises.

Dies taumelnde Leben aber muß sich zum *Fürsichsein* bestimmen und seinen verschwindenden Gestalten Bestehen geben. Das *unmittelbare Sein*, in welchem es sich seinem Bewußtsein gegenüberstellt, ist selbst die *negative* Macht, die seine Unterschiede auflöst. Es ist also in Wahrheit das *Selbst*; und der Geist geht darum dazu über, sich in der Form des Selbsts zu wissen. Das reine Licht wirft seine Einfachheit als eine Unendlichkeit von Formen auseinander und gibt sich dem Fürsichsein zum Opfer dar, daß das Einzelne das Bestehen an seiner Substanz sich nehme.

b.
Die Pflanze und das Tier.

Der selbstbewußte Geist, der aus dem gestaltlosen Wesen in sich gegangen oder seine Unmittelbarkeit zum Selbst überhaupt erhoben, bestimmt seine Einfachheit als eine Mannigfaltigkeit des Fürsichseins, und ist die Religion der geistigen *Wahrnehmung*, worin er in die zahllose Vielheit schwächerer und kräftigerer, reicherer und ärmerer Geister zerfällt. Dieser Pantheismus, zunächst das *ruhige* Bestehen dieser Geisteratomen, wird zur *feindseligen* Bewegung in sich selbst. Die Unschuld der *Blumenreligion*, die nur selbstlose Vorstellung des Selbsts ist, geht in den Ernst des kämpfenden Lebens, in die Schuld der *Tierreligion*, die Ruhe und Ohnmacht der anschauenden Individualität in das zerstörende Fürsichsein über. – Es hilft nichts, den Dingen der Wahrnehmung den *Tod der Abstraktion* genommen und sie zu Wesen geistiger Wahrnehmung erhoben zu haben; die Beseelung dieses Geisterreichs hat ihn durch die Bestimmtheit und die Negativität an ihr, die über die unschuldige Gleichgültigkeit derselben übergreift. Durch sie wird die Zerstreuung in die Mannigfaltigkeit der ruhigen Pflanzengestalten eine feindselige Bewegung, worin sie der Haß ihres Fürsichseins aufreibt. – Das *wirkliche* Selbstbewußtsein dieses zerstreuten Geistes ist eine Menge vereinzelter ungeselliger Völkergeister, die in ihrem Haß sich auf den Tod bekämpfen und bestimmter Tiergestalten als ihres Wesens sich bewußt werden, denn sie sind nichts anderes als Tiergeister, sich absondernde, ihrer ohne Allgemeinheit bewußte Tierleben.

In diesem Hasse reibt sich aber die Bestimmtheit des rein negativen Fürsichseins auf, und durch diese Bewegung des

Begriffs tritt der Geist in eine andere Gestalt. Das *aufgehobne Fürsichsein* ist die *Form des Gegenstandes*, die durch das Selbst hervorgebracht oder die vielmehr das hervorgebrachte, sich aufreibende, d.h. zum Dinge werdende Selbst ist. Über die nur zerreißenden Tiergeister behält daher der Arbeitende die Oberhand, dessen Tun nicht nur negativ, sondern beruhigt und positiv ist. Das Bewußtsein des Geistes ist also nunmehr die Bewegung, die über das unmittelbare *Ansichsein* wie über das abstrakte *Fürsichsein* hinaus ist. Indem das Ansich zu einer Bestimmtheit durch den Gegensatz herabgesetzt ist, ist es nicht mehr die eigne Form des absoluten Geistes, sondern eine Wirklichkeit, die sein Bewußtsein sich entgegengesetzt als das gemeine Dasein vorfindet, sie aufhebt, und ebenso nicht nur dies aufhebende Fürsichsein ist, sondern auch seine Vorstellung, das zur Form eines Gegenstandes herausgesetzte Fürsichsein hervorbringt. Dies Hervorbringen ist jedoch noch nicht das vollkommne, sondern eine bedingte Tätigkeit und das Formieren eines Vorhandnen.

c.
Der Werkmeister.

Der Geist erscheint also hier als der *Werkmeister*, und sein Tun, wodurch er sich selbst als Gegenstand hervorbringt, aber den Gedanken seiner noch nicht erfaßt hat, ist ein instinktartiges Arbeiten, wie die Bienen ihre Zellen bauen.

Die erste Form, weil sie die unmittelbare ist, ist sie die abstrakte des Verstandes, und das Werk noch nicht an ihm selbst vom Geiste erfüllt. Die Kristalle der Pyramiden und

Obelisken, einfache Verbindungen gerader Linien mit ebnen Oberflächen und gleichen Verhältnissen der Teile, an denen die Inkommensurabilität des Runden vertilgt ist, sind die Arbeiten dieses Werkmeisters der strengen Form. Um der bloßen Verständigkeit der Form willen ist sie nicht ihre Bedeutung an ihr selbst, nicht das geistige Selbst. Die Werke empfangen also nur den Geist entweder in sich als einen fremden abgeschiednen Geist, der seine lebendige Durchdringung mit der Wirklichkeit verlassen [hat], selbst tot in diese des Lebens entbehrende[n] Kristalle einkehrt; – oder sie beziehen sich äußerlich auf ihn als auf einen solchen, der selbst äußerlich und nicht als Geist da ist – als auf das aufgehende Licht, das seine Bedeutung auf sie wirft.

Die Trennung, von welcher der arbeitende Geist angab, des *Ansichseins*, das zum Stoffe wird, den er verarbeitet, – und des *Fürsichseins*, welches *die Seite* des arbeitenden Selbstbewußtseins ist, ist ihm in seinem Werke gegenständlich geworden. Seine fernere Bemühung muß dahin gehen, diese Trennung der Seele und des Leibs aufzuheben, jene an ihr selbst zu bekleiden und zu gestalten, diesen aber zu beseelen. Beide Seiten, indem sie einander näher gebracht werden, behalten dabei die Bestimmtheit des vorgestellten Geistes und seiner umgebenden Hülle gegeneinander; seine Einigkeit mit sich selbst enthält diesen Gegensatz der Einzelheit und Allgemeinheit. Indem das Werk in seinen Seiten sich selbst nähert, so geschieht dadurch zugleich auch das andre, daß es dem arbeitenden Selbstbewußtsein näher tritt, und dieses zum Wissen seiner, wie es an und für sich ist, in dem Werke gelangt. So aber macht es nur erst die abstrakte Seite der *Tätigkeit* des Geistes aus, welche nicht in sich selbst noch ihren Inhalt, sondern [ihn] an seinem Werke, das ein Ding ist, weiß. Der Werkmeister selbst, der ganze Geist, ist noch nicht erschienen, sondern ist das noch innre verborgne Wesen, welches als Ganzes, nur zerlegt in das tätige Selbstbewußtsein und in seinen hervorgebrachten Gegenstand, vorhanden ist.

Die umgebende Behausung also, die äußere Wirklichkeit, die nur erst in die abstrakte Form des Verstandes erhoben ist, arbeitet der Werkmeister zur beseeltern Form aus. Er verwendet das Pflanzenleben dazu, das nicht mehr wie dem frühern unmächtigen Pantheismus heilig ist, sondern von ihm, der sich als das fürsichseiende Wesen erfaßt, als etwas Brauchbares genommen und zur Außenseite und Zierde zurückgesetzt wird. Es wird aber nicht unverändert verwendet, sondern der Arbeiter der selbstbewußten Form vertilgt zugleich die Vergänglichkeit, welche die unmittelbare Existenz dieses Lebens an ihm hat, und nähert seine organischen Formen den strengern und allgemeinern des Gedankens. Die organische Form, die freigelassen in der Besonderheit fortwuchert, ihrerseits von der Form des Gedankens unterjocht, erhebt andererseits diese geradlinigen und ebnen Gestalten zur beseeltern Rundung, – eine Vermischung, welche die Wurzel der freien Architektur wird.

Diese Wohnung, die Seite des *allgemeinen Elements* oder der unorganischen Natur des Geistes, schließt nun auch eine Gestalt der *Einzelheit* in sich, die den vorher von dem Dasein abgeschiednen[,] ihm innern oder äußerlichen Geist der Wirklichkeit näher bringt, und dadurch das Werk dem tätigen Selbstbewußtsein gleicher macht. Der Arbeiter greift zuerst zur Form des *Fürsichseins* überhaupt, zur *Tiergestalt*. Daß er sich seiner nicht mehr unmittelbar im Tierleben bewußt ist, beweist er dadurch, daß er gegen dieses sich als die hervorbringende Kraft konstituiert und in ihm als *seinem* Werke sich weiß; wodurch sie zugleich eine aufgehobne und die Hieroglyphe einer andern Bedeutung, eines Gedankens wird. Daher wird sie auch nicht mehr allein und ganz vom Arbeiter gebraucht, sondern mit der Gestalt des Gedankens, mit der menschlichen, vermischt. Noch fehlt dem Werke aber die Gestalt und Dasein, worin das Selbst als Selbst existiert; – es fehlt ihm noch dies, an ihm selbst es auszusprechen, daß es eine innre Bedeutung in sich schließt, es fehlt ihm die Sprache, das Element, worin der erfüllende Sinn selbst vorhanden ist. Das Werk daher, wenn es sich von dem Tierischen auch ganz gereinigt, und die Gestalt des Selbstbewußtseins allein an ihm trägt, ist die noch tonlose Gestalt, die des Strahls der aufgehenden Sonne bedarf, um Ton zu haben, der vom Lichte erzeugt, auch nur Klang und nicht Sprache ist, nur ein äußeres Selbst, nicht das innre zeigt.

Diesem äußern Selbst der Gestalt steht die andere gegenüber, welche anzeigt, ein *Innres* an ihr zu haben. Die in ihr Wesen zurückgehende Natur setzt ihre lebendige sich vereinzelnde und in ihrer Bewegung sich verwirrende Mannigfaltigkeit zu einem unwesentlichen Gehäuse herab, das die *Decke des Innern* ist; und dieses Innre ist zunächst noch die einfache Finsternis, das Unbewegte, der schwarze formlose Stein.

Beide Darstellungen enthalten die *Innerlichkeit* und das *Dasein*, – die beiden Momente des Geistes; und beide Darstellungen [enthalten] beide [Momente] zugleich in entgegengesetztem Verhältnisse, das Selbst sowohl als Innres wie als Äußeres. Beides ist zu vereinigen. – Die Seele der menschlich geformten Bildsäule kommt noch nicht aus dem Innern, ist noch nicht die Sprache, das Dasein, das an ihm selbst innerlich ist, – und das Innre des vielformigen Daseins ist noch das Tonlose, sich nicht in sich selbst Unterscheidende, und von seinem Äußern, dem alle Unterschiede gehören, noch Getrennte. – Der Werkmeister vereint daher beides in der Vermischung der natürlichen und der selbstbewußten Gestalt, und diese zweideutigen sich selbst rätselhaften Wesen, das Bewußte ringend mit dem Bewußtlosen, das einfache Innre mit dem vielgestalteten Äußern, die Dunkelheit des Gedankens mit der Klarheit der Äußerung paarend, brechen in die Sprache tiefer schwerverständlicher Weisheit aus.

In diesem Werke hört die instinktartige Arbeit auf, die dem Selbstbewußtsein gegenüber das bewußtlose Werk erzeugte; denn in ihm kommt der Tätigkeit des Werkmeisters, welche das Selbstbewußtsein ausmacht, ein ebenso selbstbewußtes, sich aussprechendes Innres entgegen. Er hat sich darin zu der Entzweiung seines Bewußtseins emporgearbeitet, worin der Geist dem Geiste begegnet. In dieser Einheit des selbstbewußten Geistes mit sich selbst, insofern er sich Gestalt und Gegenstand seines Bewußtseins ist, reinigen sich also seine Vermischungen mit der bewußtlosen Weise der unmittelbaren Naturgestalt. Diese Ungeheuer an Gestalt, Rede und Tat lösen sich zur geistigen Gestaltung auf, – einem Äußern, das in sich gegangen, – einem Innern, das sich aus sich und an sich selbst äußert; zum Gedanken, der sich gebärendes und seine Gestalt ihm gemäß erhaltendes und klares Dasein ist. Der Geist ist *Künstler*.

B.
Die Kunst-Religion.

Der Geist hat seine Gestalt, in welcher er für sein Bewußtsein ist, in die Form des Bewußtseins selbst erhoben, und bringt eine solche sich hervor. Der Werkmeister hat das *synthetische* Arbeiten, das *Vermischen* der fremdartigen Formen des Gedankens und des Natürlichen aufgegeben; die Gestalt die Form der selbstbewußten Tätigkeit gewonnen, ist er geistiger Arbeiter geworden.

Fragen wir danach, welches der *wirkliche* Geist ist, der in der Kunstreligion das Bewußtsein seines absoluten Wesens hat, so ergibt sich, daß es der *sittliche* oder der *wahre* Geist ist. Er ist nicht nur die allgemeine Substanz aller Einzelnen, sondern indem sie für das wirkliche Bewußtsein die Gestalt des Bewußtseins hat, so heißt dies soviel, daß sie, die Individualisation hat, von ihnen als ihr eignes Wesen und Werk gewußt wird. Weder ist sie so für sie das Lichtwesen, in dessen Einheit das Fürsichsein des Selbstbewußtseins nur negativ, nur vergehend enthalten ist, und den Herrn seiner Wirklichkeit anschaut, – noch ist sie das rastlose Verzehren sich hassender Völker, – noch die Unterjochung derselben zu Kasten, die zusammen den Schein der Organisation eines vollendeten Ganzen ausmachen, dem aber die allgemeine Freiheit der Individuen fehlt. Sondern er ist das freie Volk, worin die Sitte die Substanz aller ausmacht, deren Wirklichkeit und Dasein alle und jeder einzelne als seinen Willen und Tat weiß.

Die Religion des sittlichen Geistes ist aber seine Erhebung über seine Wirklichkeit, das Zurückgehen *aus seiner Wahrheit* in das reine *Wissen seiner selbst*. Indem das sittliche Volk in der unmittelbaren Einheit mit seiner Substanz lebt und das Prinzip der reinen Einzelheit des Selbstbewußtseins nicht an ihm hat, so tritt seine Religion in ihrer Vollendung erst im *Scheiden* von seinem *Bestehen* auf. Denn die *Wirklichkeit* der sittlichen Substanz beruht teils auf ihrer ruhigen *Unwandelbarkeit* gegen die absolute Bewegung des Selbstbewußtseins, und hiemit darauf, daß dieses noch nicht aus seiner ruhigen Sitte und seinem festen Vertrauen in sich gegangen ist; – teils auf seiner Organisation in eine Vielheit von Rechten und Pflichten, sowie in die Verteilung in die Massen der Stände und ihres besondern Tuns, das zum Ganzen zusammenwirkt; – hiemit darauf, daß der Einzelne mit der Beschränkung seines Daseins zufrieden ist, und den schrankenlosen Gedanken seines freien Selbsts noch nicht erfaßt hat. Aber jenes ruhige, *unmittelbare* Vertrauen zur Substanz geht in das Vertrauen *zu sich* und in die *Gewißheit seiner selbst* zurück, und die Vielheit der Rechte und Pflichten wie das beschränkte Tun ist dieselbe dialektische Bewegung des Sittlichen, als die Vielheit der Dinge und ihrer Bestimmungen, – eine Bewegung, die nur in der Einfachheit des seiner gewissen Geistes ihre Ruhe und Festigkeit findet. – Die Vollendung der Sittlichkeit zum freien Selbstbewußtsein und das Schicksal der sittlichen Welt ist daher die in sich gegangene Individualität, der absolute Leichtsinn des sittlichen Geistes, der alle festen Unterschiede seines Bestehens und die Massen seiner organischen Gliederung in sich aufgelöst, und vollkommen seiner sicher zur schrankenlosen Freudigkeit und zum freisten Genusse seiner selbst gelangt ist. Diese einfache Gewißheit des Geistes in sich ist das Zweideutige, ruhiges Bestehen und feste Wahrheit, sowie absolute Unruhe und das Vergehen der Sittlichkeit zu sein. Sie schlägt aber in das letztre um; denn die Wahrheit des sittlichen Geistes ist nur erst noch dies substantielle Wesen und Vertrauen, worin das Selbst sich nicht als freie Einzelheit weiß, und das daher in dieser Innerlichkeit oder in dem Freiwerden des Selbsts zu Grunde geht. Indem also das Vertrauen gebrochen, die Substanz des Volks in sich geknickt ist, so ist der Geist, der die Mitte von bestandlosen Extremen war, nunmehr in das Extrem des sich als Wesen erfassenden Selbstbewußtseins herausgetreten. Dieses ist der in sich gewisse Geist, der über den Verlust seiner Welt trauert und sein Wesen, über die Wirklichkeit erhoben, nun aus der Reinheit des Selbsts hervorbringt.

In solcher Epoche tritt die absolute Kunst hervor; früher ist sie das instinktartige Arbeiten, das, ins Dasein versenkt, aus ihm heraus und in es hinein arbeitet, nicht an der freien Sittlichkeit seine Substanz, und daher auch zum arbeitenden Selbst nicht die freie geistige Tätigkeit hat. Später ist der Geist über die Kunst hinaus, um seine höhere Darstellung zu gewinnen; – nämlich nicht nur die aus dem Selbst geborne *Substanz*, sondern in seiner Darstellung als Gegenstand *dieses Selbst* zu sein, nicht nur aus seinem Begriffe sich zu gebären, sondern seinen Begriff selbst zur Gestalt zu haben, so daß der Begriff und das erzeugte Kunstwerk sich gegenseitig als ein und dasselbe wissen.

Indem also die sittliche Substanz aus ihrem Dasein sich in ihr reines Selbstbewußtsein zurückgenommen, so ist dieses die Seite des Begriffs oder der *Tätigkeit*, mit welcher der Geist sich als Gegenstand hervorbringt. Sie ist reine Form, weil der Einzelne im sittlichen Gehorsam und Dienste sich alles bewußtlose Dasein und feste Bestimmung so abgearbeitet hat, wie die Substanz selbst dies flüssige Wesen geworden ist. Diese Form ist die Nacht, worin die Substanz verraten ward, und sich zum Subjekte machte; aus dieser Nacht der reinen Gewißheit seiner selbst ist es, daß der sittliche Geist als die von der Natur und seinem unmittelbaren Dasein befreite Gestalt aufersteht.

Die *Existenz* des reinen Begriffs, in den der Geist aus seinem Körper geflohen, ist ein Individuum, das er sich zum Gefäße seines Schmerzes erwählt. Er ist an diesem als sein

Allgemeines und seine Macht, von welcher es Gewalt leidet, – als sein Pathos, dem hingegeben sein Selbstbewußtsein die Freiheit verliert. Aber jene positive Macht der Allgemeinheit wird vom reinen Selbst des Individuums, als der negativen Macht, bezwungen. Diese reine Tätigkeit, ihrer unverlierbaren Kraft bewußt, ringt mit dem ungestalteten Wesen; Meister darüber werdend, hat sie das Pathos zu ihrem Stoffe gemacht und sich ihren Inhalt gegeben, und diese Einheit tritt als Werk heraus, der allgemeine Geist individualisiert und vorgestellt.

a.
Das abstrakte Kunstwerk.

Das erste Kunstwerk ist als das unmittelbare, das abstrakte und einzelne. Seinerseits hat es sich aus der unmittelbaren und gegenständlichen Weise dem Selbstbewußtsein entgegen zu bewegen, wie andererseits dieses für sich im Kultus darauf geht, die Unterscheidung aufzuheben, die es sich zuerst gegen seinen Geist gibt, und hiedurch das an ihm selbst belebte Kunstwerk hervorzubringen.

Die erste Weise, in welcher der künstlerische Geist seine Gestalt und sein tätiges Bewußtsein am weitesten voneinander entfernt, ist die unmittelbare, daß jene als *Ding* überhaupt *da ist*. – Sie zerfällt an ihr in den Unterschied der Einzelheit, welche die Gestalt des Selbsts an ihr hat, – und der Allgemeinheit, welche das unorganische Wesen in Bezug auf die Gestalt, als seine Umgebung und Behausung, darstellt. Diese gewinnt durch die Erhebung des Ganzen in den reinen Begriff ihre reine, dem Geiste angehörige Form. Sie ist weder der verständige Kristall, der das Tote behaust, oder von der äußerlichen Seele beschienen wird, – noch die aus der Pflanze erst hervorgehende Vermischung der Formen der Natur und des Gedankens, dessen Tätigkeit hierin noch ein *Nachahmen* ist. Sondern der Begriff streift das ab, was von der Wurzel, dem Geäste und Geblätter den Formen noch anklebt, und reinigt sie zu Gebilden, worin das Geradlinige und Ebne des Kristalls in inkommensurable Verhältnisse erhoben ist, so daß die Beseelung des Organischen in die abstrakte Form des Verstandes aufgenommen und zugleich ihr Wesen, die Inkommensurabilität für den Verstand erhalten wird.

Der inwohnende Gott aber ist der aus dem Tiergehäuse hervorgezogne schwarze Stein, der mit dem Lichte des Bewußtseins durchdrungen ist. Die menschliche Gestalt streift die tierische, mit der sie vermischt war, ab; das Tier ist für den Gott nur eine zufällige Verkleidung; es tritt neben seine wahre Gestalt, und gilt für sich nichts mehr, sondern ist zur Bedeutung eines andern, zum bloßen Zeichen, herabgesunken. Die Gestalt des Gottes streift eben dadurch an ihr selbst auch die Bedürftigkeit der natürlichen Bedingungen des tierischen Daseins ab, und deutet die innerlichen Anstalten des organischen Lebens in ihre Oberfläche verschmolzen und nur dieser angehörig an. – Das *Wesen* des Gottes aber ist die Einheit des allgemeinen Daseins der Natur und des selbstbewußten Geistes, der in seiner Wirklichkeit jenem gegenüberstehend erscheint. Zugleich zunächst eine *einzelne* Gestalt, ist sein Dasein eines der Elemente der Natur, sowie seine selbstbewußte Wirklichkeit ein einzelner Volksgeist. Aber jenes ist in dieser Einheit das in den Geist reflektierte Element, die durch den Gedanken verklärte, mit dem selbstbewußten Leben geeinte Natur. Die Göttergestalt hat darum ihr Naturelement als ein aufgehobnes, als eine dunkle

Erinnerung in ihr. Das wüste Wesen und der verworrene Kampf des freien Daseins der Elemente, das unsittliche Reich der Titanen, ist besiegt und an den Saum der sich klar gewordnen Wirklichkeit, an die trüben Grenzen der sich im Geiste findenden und beruhigten Welt verwiesen. Diese alten Götter, in welche das Lichtwesen, mit der Finsternis zeugend, sich zunächst besondert, der Himmel, die Erde, der Ozean, die Sonne, das blinde typhonische Feuer der Erde usf. sind durch Gestalten ersetzt, die an ihnen nur noch den dunkel erinnernden Anklang an jene Titanen haben, und nicht mehr Naturwesen, sondern klare sittliche Geister der selbstbewußten Völker sind.

Diese einfache Gestalt hat also die Unruhe der unendlichen Vereinzelung – ihrer sowohl als des Naturelements, das nur als allgemeines Wesen notwendig, in seinem Dasein und Bewegung aber sich zufällig verhält, – wie ihrer als des Volks, das, in die besondere[n] Massen des Tuns und die individuellen Punkte des Selbstbewußtseins zerstreut, ein Dasein mannigfaltigen Sinnes und Tuns hat – an sich vertilgt und in ruhige Individualität zusammenbefaßt. Es steht ihr daher das Moment der Unruhe, ihr – dem *Wesen* das *Selbstbewußtsein* gegenüber, das als die Geburtsstätte derselben für sich, nichts übrig behielt, als die *reine Tätigkeit* zu sein. Was der Substanz angehört, gab der Künstler ganz seinem Werke mit, sich selbst aber als einer bestimmten Individualität in seinem Werke keine Wirklichkeit; er konnte ihm die Vollendung nur dadurch erteilen, daß er seiner Besonderheit sich entäußerte, und zur Abstraktion des reinen Tuns sich entkörperte und steigerte. – In dieser ersten unmittelbaren Erzeugung ist die Trennung des Werks und seiner selbstbewußten Tätigkeit noch nicht wieder vereinigt; das Werk ist daher nicht für sich das wirklich beseelte, sondern es ist *Ganzes* nur mit seinem *Werden* zusammen. Das Gemeine an dem Kunstwerke, daß es im Bewußtsein erzeugt und von Menschenhänden gemacht ist, ist das Moment des als Begriff existierenden Begriffes, der ihm gegenübertritt. Und wenn dieser, als Künstler oder als Betrachter, das Kunstwerk als an ihm selbst absolut beseelt auszusprechen, und sich, den Tuenden oder Schauenden, zu vergessen uneigennützig genug ist, so muß hiegegen der Begriff des Geistes festgehalten werden, der des Moments nicht entbehren kann, seiner selbst bewußt zu sein. Dies Moment aber steht dem Werke gegenüber, weil er in dieser seiner ersten Entzweiung beiden Seiten ihre abstrakten Bestimmungen des *Tuns* und *Ding*seins gegeneinander gibt, und ihre Rückkehr in die Einheit, von der sie ausgingen, noch nicht zustande gekommen ist.

Der Künstler erfährt also an seinem Werke, daß er *kein ihm gleiches* Wesen hervorbrachte. Es kommt ihm zwar daraus ein Bewußtsein so zurück, daß eine bewundernde Menge es als den Geist, der ihr Wesen ist, verehrt. Aber diese Beseelung, indem sie ihm sein Selbstbewußtsein nur als Bewunderung erwidert, ist vielmehr ein Bekenntnis, das diese Beseelung an den Künstler ablegt, nicht seinesgleichen zu sein. Indem es ihm als Freudigkeit überhaupt zurückkommt, findet er darin nicht den Schmerz seiner Bildung und Zeugung, nicht die Anstrengung seiner Arbeit. Sie mögen das Werk auch noch beurteilen, oder ihm Opfer bringen, auf welche Art es sei, ihr Bewußtsein darein legen, – wenn sie sich mit ihrer Kenntnis darüber setzen, weiß er, wieviel mehr seine *Tat* als ihr Verstehen und Reden ist; wenn sie sich *darunter* setzen und ihr sie beherrschendes Wesen darin erkennen, weiß er sich als den Meister desselben.

Das Kunstwerk erfordert daher ein anderes Element seines Daseins, der Gott einen andern Hervorgang als diesen, worin er aus der Tiefe seiner schöpferischen Nacht in das Gegenteil, in die Äußerlichkeit, die Bestimmung des selbstbewußtlosen *Dinges* herabfällt. Dies höhere Element ist die *Sprache*, ein Dasein, das unmittelbar selbstbewußte Existenz ist. Wie das *einzelne* Selbstbewußtsein in ihr ist, ist es ebenso unmittelbar als eine *allgemeine* Ansteckung; die vollkommne Besonderung des Fürsichseins ist zugleich die Flüssigkeit und die allgemein mitgeteilte Einheit der vielen Selbst; sie ist die als Seele existierende Seele. Der Gott also, der die Sprache zum Elemente seiner Gestalt hat, ist das an ihm selbst beseelte Kunstwerk, das die reine Tätigkeit, die ihm, der als Ding existierte, gegenüber war, unmittelbar in seinem Dasein hat. Oder das Selbstbewußtsein bleibt in dem Gegenständlichwerden seines Wesens unmittelbar bei sich. Es ist, so in seinem Wesen bei sich selbst seiend, *reines Denken* oder die Andacht, deren *Innerlichkeit* in der Hymne zugleich *Dasein* hat. Sie behält die Einzelheit des Selbstbewußtseins in ihr, und vernommen ist diese Einzelheit zugleich als allgemeine da; die Andacht in Allen angezündet ist der geistige Strom, der in der Vielfachheit des Selbstbewußtseins, seiner als eines gleichen *Tuns* Aller, und als *einfaches Sein* bewußt ist; der Geist hat als dieses allgemeine Selbstbewußtsein Aller seine reine Innerlichkeit ebensowohl, als das Sein für Andre und das Fürsichsein der Einzelnen in Einer Einheit.

Diese Sprache unterscheidet sich von einer andern Sprache des Gottes, die nicht die des allgemeinen Selbstbewußtseins ist. Das *Orakel* sowohl des Gottes der künstlerischen, als der vorhergehenden Religionen ist die notwendige erste Sprache desselben; denn in seinem *Begriffe* liegt ebensowohl, daß er das Wesen der Natur als des Geistes ist; und daher nicht nur natürliches, sondern auch geistiges Dasein hat. Insofern dies Moment erst in seinem *Begriffe* liegt, und noch nicht in der Religion realisiert ist, so ist die Sprache für das religiöse Selbstbewußtsein Sprache eines *fremden* Selbstbewußtseins. Das seiner Gemeine noch fremde Selbstbewußtsein *ist* noch nicht so *da*, wie sein Begriff fordert. Das Selbst ist das einfache und dadurch schlechthin *allgemeine* Fürsichsein; jenes aber, das von dem Selbstbewußtsein der Gemeine getrennt ist, ist nur erst ein *einzelnes*. – Der Inhalt dieser eignen und einzelnen Sprache ergibt sich aus der allgemeinen Bestimmtheit, in welcher der absolute Geist überhaupt in seiner Religion gesetzt ist. – Der allgemeine Geist des Aufgangs, der sein Dasein noch nicht besondert hat, spricht also ebenso einfache und allgemeine Sätze vom Wesen aus, deren substantieller Inhalt in seiner einfachen Wahrheit erhaben ist, aber um dieser Allgemeinheit willen dem weiter sich fortbildenden Selbstbewußtsein zugleich trivial erscheint.

Das weiter gebildete Selbst, das sich zum *Fürsichsein* erhebt, ist über das reine Pathos der Substanz, über die Gegenständlichkeit des aufgehenden Lichtwesens Meister und weiß jene Einfachheit der Wahrheit als das *Ansichseiende*, das nicht die Form des zufälligen Daseins durch eine fremde Sprache hat, sondern *als das sichre und ungeschriebene Gesetz der Götter, das ewig lebt, und von dem niemand weiß, von wannen es erschien.* – Wie die allgemeine Wahrheit, die vom Lichtwesen geoffenbart wurde, hier ins Innre oder Untre zurückgetreten und damit der Form der zufälligen Erscheinung enthoben ist, so ist dagegen in der Kunstreligion, weil die Gestalt des Gottes das Bewußtsein und damit die Einzelheit überhaupt angenommen hat, die eigne Sprache des Gottes, der der Geist des sittlichen Volkes ist, das Orakel, das die besondern Angelegenheiten desselben weiß und das Nützliche darüber kundtut. Die allgemeinen Wahrheiten aber, weil sie als das *Ansichseiende* gewußt werden, vindiziert sich das *wissende Den-*

ken, und die Sprache derselben ist ihm nicht mehr eine fremde, sondern die eigne. Wie jener Weise des Altertums, was gut und schön sei, in seinem eignen Denken suchte, dagegen den schlechten zufälligen Inhalt des Wissens, ob es ihm gut sei, mit diesem oder jenem umzugehen, oder einem Bekannten gut, diese Reise zu machen, und dergleichen bedeutungslose Dinge, dem Dämon zu wissen überließ, ebenso holt das allgemeine Bewußtsein das Wissen vom Zufälligen von den Vögeln oder von den Bäumen oder von der gärenden Erde, deren Dampf dem Selbstbewußtsein seine Besonnenheit nimmt; denn das Zufällige ist das Unbesonnene und Fremde, und das sittliche Bewußtsein läßt sich also auch, wie durch ein Würfeln, auf eine unbesonnene und fremde Weise darüber bestimmen. Wenn der Einzelne durch seinen Verstand sich bestimmt und mit Überlegung das wählt, was ihm nützlich sei, so liegt dieser Selbstbestimmung die Bestimmtheit des besondern Charakters zum Grunde; sie ist selbst das Zufällige, und jenes Wissen des Verstands, was dem Einzelnen nützlich ist, daher ein ebensolches Wissen als das jener Orakel oder des Loses; nur daß der das Orakel oder Los befragt, damit die sittliche Gesinnung der Gleichgültigkeit gegen das Zufällige ausdrückt, da jenes hingegen das an sich Zufällige als wesentliches Interesse seines Denkens und Wissens behandelt. Das Höhere als beide aber ist, zwar die Überlegung zum Orakel des zufälligen Tuns zu machen, aber diese überlegte Handlung selbst wegen ihrer Seite der Beziehung auf das Besondre und ihrer Nützlichkeit als etwas Zufälliges zu wissen.

Das wahre selbstbewußte Dasein, das der Geist in der Sprache erhält, die nicht die Sprache des fremden und also zufälligen, nicht allgemeinen Selbstbewußtseins ist, ist das Kunstwerk, das wir vorhin gesehen. Es steht dem dinglichen der Bildsäule gegenüber. Wie diese das ruhende, so ist jenes das verschwindende Dasein; wie in diesem die Gegenständlichkeit frei entlassen des eignen unmittelbaren Selbsts entbehrt, so bleibt sie dagegen in jenem zu sehr in das Selbst eingeschlossen, kommt zu wenig zur Gestaltung, und ist, wie die Zeit, unmittelbar nicht mehr da, indem sie da ist.

Die Bewegung beider Seiten, in der die im reinen empfindenden Elemente des Selbstbewußtseins *bewegte*, und die im Elemente der Dingheit *ruhende* göttliche Gestalt gegenseitig ihre verschiedne Bestimmung aufgeben, und die Einheit zum Dasein kommt, die der Begriff ihres Wesens ist, macht der *Kultus* aus. In ihm gibt sich das Selbst das Bewußtsein des Herabsteigens des göttlichen Wesens aus seiner Jenseitigkeit zu ihm und dieses, das vorher das unwirkliche und nur gegenständliche ist, erhält dadurch die eigentliche Wirklichkeit des Selbstbewußtseins.

Dieser Begriff des Kultus ist an sich schon in dem Strome des hymnischen Gesanges enthalten und vorhanden. Diese Andacht ist die unmittelbare reine Befriedigung des Selbsts durch und in sich selbst. Es ist die gereinigte Seele, welche in dieser Reinheit unmittelbar nur Wesen und eins mit dem Wesen ist. Sie ist um ihrer Abstraktion willen nicht das seinen Gegenstand von sich unterscheidende Bewußtsein, und also nur die Nacht des Daseins und die *bereitete Stätte* seiner Gestalt. Der *abstrakte Kultus* erhebt daher das Selbst dazu, dieses reine *göttliche Element* zu sein. Die Seele vollbringt diese Läuterung mit Bewußtsein; doch ist sie noch nicht das Selbst, das in seine Tiefen hinabgestiegen, sich als das Böse weiß, sondern es ist ein *seiendes*, eine Seele, welche ihre Äußerlichkeit mit Waschen reinigt, sie mit weißen Kleidern antut, und ihre Innerlichkeit den vorgestellten Weg der Arbeiten, Strafen und Belohnungen, den Weg der die Besonderheit entäußernden Bildung überhaupt durchführt, durch welchen sie in die Wohnungen und die Gemeinschaft der Seligkeit gelangt.

Dieser Kultus ist nur erst *ein geheimes*, d.h. ein nur vorgestelltes, unwirkliches Vollbringen; er muß *wirkliche* Handlung sein, eine unwirkliche Handlung widerspricht sich selbst. Das *eigentliche Bewußtsein* erhebt sich dadurch in sein *reines* Selbstbewußtsein. Das Wesen hat in ihm die Bedeutung eines freien Gegenstands; durch den wirklichen Kultus kehrt dieser in das Selbst zurück – und insofern er im reinen Bewußtsein die Bedeutung des reinen jenseits der Wirklichkeit wohnenden Wesens hat, steigt dies Wesen von seiner Allgemeinheit durch diese Vermittlung zur Einzelheit herunter und schließt sich so mit der Wirklichkeit zusammen.

Wie beide Seiten in die Handlung eintreten, bestimmt sich so, daß für die selbstbewußte Seite, insofern sie *wirkliches* Bewußtsein ist, das Wesen sich als die *wirkliche Natur* darstellt; einesteils gehört sie ihm als Besitz und Eigentum und gilt als das nicht *ansich*seiende Dasein; – andernteils ist sie *seine eigne* unmittelbare Wirklichkeit und Einzelheit, die von ihm ebenso als Nichtwesen betrachtet und aufgehoben wird. Zugleich aber hat für sein reines Bewußtsein jene äußere Natur die *entgegengesetzte* Bedeutung, nämlich das *ansichseiende* Wesen zu sein, gegen welches das Selbst seine Unwesentlichkeit aufopfert, wie es umgekehrt die unwesentliche Seite der Natur sich selbst aufopfert. Die Handlung ist dadurch geistige Bewegung, weil sie dies Doppelseitige ist, die Abstraktion des Wesens, wie die Andacht den Gegenstand bestimmt, aufzuheben und es zum Wirklichen zu machen, und das *Wirkliche*, wie das Handelnde den Gegenstand und sich bestimmt, auf- und in die Allgemeinheit zu erheben.

Die Handlung des Kultus selbst beginnt daher mit der reinen *Hingabe* eines Besitzes, das der Eigentümer scheinbar für ihn ganz nutzlos vergießt oder in Rauch aufsteigen läßt. Er tut hierin vor dem Wesen seines reinen Bewußtseins auf Besitz und Recht des Eigentumes und des Genusses desselben, auf die Persönlichkeit und die Rückkehr des Tuns in das Selbst Verzicht, und reflektiert die Handlung vielmehr in das Allgemeine oder in das Wesen, als in sich. – Umgekehrt aber geht darin ebenso das *seiende Wesen* zugrunde. Das Tier, das aufgeopfert wird, ist das *Zeichen* eines Gottes; die Früchte, die verzehrt werden, sind die *lebendige* Ceres und Bacchus *selbst*; – in jenem sterben die Mächte des obern Rechts, welches Blut und wirkliches Leben hat; in diesen aber die Mächte des untern Rechts, das blutlos die geheime listige Macht besitzt. – Die Aufopferung der göttlichen Substanz gehört, insofern sie *Tun* ist, der selbstbewußten Seite an; daß dieses wirkliche Tun möglich sei, muß das Wesen sich selbst schon *an sich* aufgeopfert haben. Dies hat es darin getan, daß es sich *Dasein* gegeben und zum *einzelnen Tiere* und zur *Frucht* gemacht hat. Diese Verzichtleistung, die also das Wesen schon *an sich* vollbracht, stellt das handelnde Selbst im Dasein, und für sein Bewußtsein dar, und ersetzt jene *unmittelbare* Wirklichkeit des Wesens durch die höhere, nämlich *die seiner selbst*. Denn die entstandne Einheit, die das Resultat der aufgehobnen Einzelheit und Trennung beider Seiten ist, ist nicht das nur negative Schicksal, sondern hat positive Bedeutung. Nur dem abstrakten unterirdischen Wesen wird das ihm Aufgeopferte ganz hingegeben, und damit die Reflexion des Besitzes und des Fürsichseins in das Allgemein von dem Selbst als solchem unterschieden bezeichnet. Zugleich aber ist dies nur ein geringer *Teil*, und das andres Opfern ist nur die Zerstörung des Unbrauchbaren und viel mehr die Zubereitung des Geopferten zum Mahle, dessen Schmaus die Handlung um ihre negative Bedeutung betrügt. Der Opfernde behält bei jenem ersten Opfer das Meiste, und von diesem das Nutzbare *seinem Genusse* auf. Dieser Genuß ist die negative Macht, welche das *Wesen* sowie die *Einzelheit* aufhebt, und zugleich ist er die positive Wirklichkeit, worin das *gegenständliche* Dasein des Wesens in *selbstbewußtes* verwandelt, und das Selbst das Bewußtsein seiner Einheit mit dem Wesen hat.

Dieser Kultus ist übrigens zwar eine wirkliche Handlung, ihre Bedeutung liegt jedoch mehr nur in der Andacht; was dieser angehört, ist nicht gegenständlich hervorgebracht, so wie das Resultat, im *Genusse* sich selbst seines Daseins beraubt. Der Kultus geht daher weiter und ersetzt diesen Mangel zunächst dadurch, daß er seiner Andacht ein *gegenständliches Bestehen* gibt, indem er die gemeinsame oder einzelne, jedem tunliche Arbeit ist, welche die Wohnung und den Putz des Gottes ihm zu Ehren hervorbringt. – Es wird dadurch teils die Gegenständlichkeit der Bildsäule aufgehoben, denn durch diese Weihung seiner Geschenke und Arbeiten macht der Arbeitende den Gott sich geneigt, und schaut sein Selbst ihm angehörig an; teils auch ist dies Tun nicht das einzelne Arbeiten des Künstlers, sondern diese Besonderheit ist in der Allgemeinheit aufgelöst. Es ist aber nicht nur die Ehre des Gottes, die zustande kommt, und der Segen seiner Geneigtheit fließt nicht nur in der *Vorstellung* auf den Arbeiter, sondern die Arbeit hat auch die umgekehrte Bedeutung gegen die erste der Entäußerung und der fremden Ehre. Die Wohnungen und Hallen des Gottes sind für den Gebrauch des Menschen, die Schätze, die in jenen aufbewahrt sind, im Notfalle die seinigen; die Ehre, die jener in seinem Schmucke genießt, ist die Ehre des kunstreichen und großmütigen Volkes. Am Feste schmückt dieses ebenso seine eignen Wohnungen und Bekleidungen, sowie seine Verrichtungen mit zierlichem Geräte. Es empfängt auf diese Weise für seine Gaben die Erwiderung von dem dankbaren Gotte und die Beweise seiner Geneigtheit, in der es sich mit ihm durch die Arbeit verband, nicht in der Hoffnung und einer späten Wirklichkeit, sondern hat in der Ehrenbezeugung und Darbringung der Gaben unmittelbar den Genuß seines eignen Reichtumes und Putzes.

b.
Das lebendige Kunstwerk.

Das Volk, das in dem Kultus der Kunstreligion sich seinem Gotte naht, ist das sittliche Volk, das seinen Staat und die Handlungen desselben als den Willen und das Vollbringen seiner selbst weiß. Dieser Geist, dem selbstbewußten Volke gegenübertretend, ist daher nicht das Lichtwesen, das selbstlos nicht die Gewißheit der Einzelnen in sich enthält, sondern vielmehr nur ihr allgemeines Wesen und die herrische Macht ist, worin sie verschwinden. Der Kultus der Religion dieses einfachen gestaltlosen Wesens gibt seinen Angehörigen daher nur dies im allgemeinen zurück, daß sie das Volk ihres Gottes sind; er erwirbt ihnen nur ihr Bestehen und einfache Substanz überhaupt, nicht aber ihr wirkliches Selbst, das vielmehr verworfen ist. Denn sie verehren ihren Gott als die leere Tiefe, nicht als Geist. Der Kultus aber der Kunstreligion entbehrt andererseits jener abstrakten *Einfachheit* des Wesens, und daher der *Tiefe* desselben. Das *Wesen* aber, das mit *dem Selbst unmittelbar geeinigt ist*, ist *an sich* der Geist und die *wissende Wahrheit*, ob zwar noch nicht die gewußte, oder die sich selbst in ihrer Tiefe wissende. Weil das Wesen also hier das Selbst an ihm hat, so ist seine Erscheinung dem Bewußtsein freundlich, und im Kultus erhält dieses nicht nur die allgemeine Berechtigung seines Bestehens, sondern auch sein in ihm selbst bewußtes Dasein; sowie umgekehrt das Wesen nicht in einem verworfnen Volke, dessen Substanz nur anerkannt wird, selbstlose Wirklichkeit hat, sondern in dem Volke, dessen *Selbst* in seiner Substanz anerkannt ist.

Aus dem Kultus tritt also das in seinem Wesen befriedigte Selbstbewußtsein und der Gott eingekehrt in es als in seine Stätte. Diese *Stätte* ist für sich die Nacht der Substanz oder ihre reine Individualität, aber nicht mehr die gespannte des Künstlers, die noch nicht mit ihrem *gegenständlich* werdenden Wesen sich ausgesöhnt hat, sondern die befriedigte Nacht, welche ihr Pathos unbedürftig an ihr hat, weil sie aus der Anschauung, der aufgehobnen Gegentändlichkeit zurückkehrt. – Dieses *Pathos* ist für sich das Wesen des *Aufgangs*, das aber nunmehr in sich *untergegangen* ist, und seinen Untergang, das Selbstbewußtsein und damit Dasein und Wirklichkeit an ihm selbst hat. – Es hat hier die Bewegung seiner Verwirklichung durchlaufen. Sich aus seiner reinen Wesenheit herabsetzend zu einer gegenständlichen Naturkraft und deren Äußerungen, ist es ein Dasein für das Andere, für das Selbst, von dem es verzehrt wird. Das stille Wesen der selbstlosen Natur gewinnt in seiner Frucht die Stufe, worin sie, sich selbst zubereitend und verdaut, sich dem selbstischen Leben darbietet; sie erreicht in der Nützlichkeit, gegessen und getrunken werden zu können, ihre höchste Vollkommenheit; denn sie ist darin die Möglichkeit einer höhern Existenz, und berührt das geistige Dasein; – teils zur stillkräftigen Substanz, teils aber zur geistigen Gärung, ist der Erdgeist in seiner Metamorphose dort zum weiblichen Prinzipe der Ernährung, hier zum männlichen Prinzipe der sich treibenden Kraft des selbstbewußten Daseins gediehen.

In diesem Genusse ist also jenes aufgehende Lichtwesen verraten, was es ist; er ist das Mysterium desselben. Denn das Mystische ist nicht Verborgenheit eines Geheimnisses oder Unwissenheit, sondern besteht darin, daß das Selbst sich mit dem Wesen Eins weiß, und dieses also geoffenbart ist. Nur das Selbst ist sich offenbar, oder was offenbar ist, ist es nur in der unmittelbaren Gewißheit seiner. In dieser aber ist durch den Kultus das einfache Wesen gesetzt worden; es hat als brauchbares Ding nicht nur das Dasein, das gesehen, gefühlt, gerochen, geschmeckt wird, sondern ist auch Gegenstand der Begierde, und wird durch den wirklichen Genuß eins mit dem Selbst und dadurch vollkommen an dieses verraten und ihm offenbar. – Dasjenige, von dem gesagt wird, es sei der Vernunft, dem Herzen offenbar, ist in der Tat noch geheim, denn es fehlt noch die wirkliche Gewißheit des unmittelbaren Daseins, sowohl die gegenständliche als die genießende, welche in der Religion aber nicht nur die gedankenlose unmittelbare, sondern zugleich die rein wissende des Selbsts ist.

Was hiemit durch den Kultus dem selbstbewußten Geiste in ihm selbst offenbar geworden, ist das *einfache* Wesen, als die Bewegung, teils aus seiner nächtlichen Verborgenheit herauf in das Bewußtsein zu treten, dessen stillernährende Substanz zu sein, teils aber sich ebenso wieder in die unterirdische Nacht, in das Selbst, zu verlieren und oben nur mit stiller Muttersehnsucht zu verweilen. – Der lautre Trieb aber ist das vielnamige Lichtwesen des Aufgangs, und sein taumelndes Leben, das von seinem abstrakten Sein ebenso abgelassen, sich zuerst in das gegenständliche Dasein der Frucht befaßt, dann dem Selbstbewußtsein sich hingebend in ihm zur eigentlichen Wirklichkeit gelangt, – nun als ein Haufen schwärmender Weiber umherschweift, der ungebändigte Taumel der Natur in selbstbewußter Gestalt.

Noch ist aber dem Bewußtsein nur der absolute Geist, der dieses einfache Wesen, und nicht der als der Geist an ihm selbst ist, verraten, oder nur der *unmittelbare* Geist, der Geist der Natur. Sein selbstbewußtes Leben ist daher nur das Mysterium des Brotes und des Weines, der Ceres und des Bacchus, nicht der andern, der eigentlich obern Götter, deren Individualität als wesentliches Moment das Selbstbewußtsein als solches in sich schließt. Noch hat sich ihm also der Geist als *selbstbewußter* Geist nicht geopfert, und das Mysterium des Brots und Weins ist noch nicht Mysterium des Fleisches und Blutes.

Dieser unbefestigte Taumel des Gottes muß sich zum *Gegenstande* beruhigen, und die Begeisterung, die nicht zum Bewußtsein kam, ein Werk hervorbringen, das ihr, wie der Begeisterung des vorhergehenden Künstlers die Bildsäule, zwar als ein ebenso vollendetes Werk gegenübertritt, aber nicht als ein an ihm lebloses, sondern als ein *lebendiges* Selbst. – Ein solcher Kultus ist das Fest, das der Mensch zu seiner eignen Ehre sich gibt, jedoch in einen solchen noch nicht die Bedeutung des absoluten Wesens legt; denn das *Wesen* ist ihm erst offenbar, noch nicht der Geist; nicht als solches, das *wesentlich* menschliche Gestalt annimmt. Aber dieser Kultus legt den Grund zu dieser Offenbarung und legt ihre Momente einzeln auseinander. So hier das *abstrakte* Moment der lebendigen *Körperlichkeit* des Wesens, wie vorhin die Einheit beider in bewußtloser Schwärmerei. Der Mensch stellt also an die Stelle der Bildsäule sich selbst als zur vollkommen freien *Bewegung* erzogene und ausgearbeitete Gestalt, wie jene die vollkommen freie *Ruhe* ist. Wenn jeder Einzelne wenigstens als Fackelträger sich darzustellen weiß, so hebt sich Einer aus ihnen hervor, der die gestaltete Bewegung, die glatte Ausarbeitung und flüssige Kraft aller Glieder ist; – ein beseeltes lebendiges Kunstwerk, das mit seiner Schönheit die Stärke paart und dem der Schmuck, womit die Bildsäule geehrt wurde, als Preis seiner Kraft, und die Ehre, unter seinem Volke, statt des steinernen Gottes, die höchste leibliche Darstellung ihres Wesens zu sein, zuteil wird.

In den beiden Darstellungen, die soeben vorkamen, ist die Einheit des Selbstbewußtseins und des geistigen Wesens vorhanden; es fehlt ihnen aber noch ihr Gleichgewicht. In der bacchischen Begeisterung ist das Selbst außer sich, in der schönen Körperlichkeit aber das geistige Wesen. Jene Dumpfheit des Bewußtseins und ihr wildes Stammeln muß in das klare Dasein der letztern, und die geistlose Klarheit der letztern in die Innerlichkeit der erstern aufgenommen werden. Das vollkommne Element, worin die Innerlichkeit ebenso äußerlich als die Äußerlichkeit innerlich ist, ist wieder die Sprache, aber weder die in ihrem Inhalte ganz zufällige und einzelne des Orakels, noch die empfindende und nur den einzelnen Gott preisende Hymne, noch das inhaltslose Stammeln der bacchischen Raserei. Sondern sie hat ihren klaren und allgemeinen Inhalt gewonnen; ihren *klaren* Inhalt, denn der Künstler hat sich aus der ersten ganz substantiellen Begeisterung heraus zur Gestalt gearbeitet, die eignes in allen seinen Regungen von der selbstbewußten Seele durchdrungenes und mitlebendes Dasein ist; – ihren *allgemeinen* Inhalt, denn in diesem Feste, das die Ehre des Menschen ist, verschwindet die Einseitigkeit der Bildsäulen, die nur einen Nationalgeist, einen bestimmten Charakter der Göttlichkeit enthalten. Der schöne Fechter ist zwar die Ehre seines besondern Volkes, aber er ist eine körperliche Einzelheit, worin die Ausführlichkeit und Ernst der Bedeutung, und der innere Charakter des Geistes, der das besondere Leben, Anliegen, Bedürfnisse und Sitten seines Volkes trägt, untergegangen ist. In dieser Entäußerung zur völligen Körperlichkeit hat der Geist die besondern Eindrücke und Anklänge der Natur abgelegt, die er als der wirkliche Geist des Volks in sich schloß. Sein Volk ist sich daher nicht mehr seiner Besonderheit in ihm, sondern vielmehr der Ablegung derselben und der Allgemeinheit seines menschlichen Daseins bewußt.

c.
Das geistige Kunstwerk.

Die Volksgeister, die der Gestalt ihres Wesens in einem besondern Tiere bewußt werden, gehen in Einen zusammen; so vereinigen sich die besondern schönen Volksgeister in Ein Pantheon, dessen Element und Behausung die Sprache ist. Die reine Anschauung seiner selbst als *allgemeiner Menschlichkeit* hat an der Wirklichkeit des Volksgeistes die Form, daß er sich mit den andern, mit denen er durch die Natur Eine Nation ausmacht, zu einer gemeinschaftlichen Unternehmung verbindet, und für dieses Werk ein Gesamtvolk, und damit einen Gesamthimmel bildet. Diese Allgemeinheit, zu der der Geist in seinem Dasein gelangt, ist jedoch nur diese erste, die von der Individualität des Sittlichen erst ausgeht, ihre Unmittelbarkeit noch nicht überwunden, nicht Einen Staat aus diesen Völkerschaften gebildet hat. Die Sittlichkeit des wirklichen Volksgeistes beruht teils auf dem unmittelbaren Vertrauen der Einzelnen zu dem Ganzen ihres Volkes, teils auf dem unmittelbaren Anteil, den Alle, des Unterschiedes von Ständen unerachtet, an den Entschlüssen und Handlungen der Regierung nehmen. In der Vereinigung, zunächst nicht in einer bleibenden Ordnung, sondern nur zu einer gemeinsamen Handlung, ist jene Freiheit des Anteils Aller und Jeder *einstweilen* auf die Seite gestellt. Diese erste Gemeinschaftlichkeit ist daher mehr eine Versammlung der Individualitäten als die Herrschaft des abstrakten Gedankens, der die Einzelnen selbstbewußten Anteils an Willen und Tat des Ganzen berauben würde.

Die Versammlung der Volksgeister macht einen Kreis von Gestalten aus, der jetzt die ganze Natur wie die ganze sittliche Welt befaßt. Auch sie stehen unter dem *Oberbefehl* mehr des Einen, als seiner *Oberherrschaft*. Für sich sind sie die allgemeinen Substanzen dessen, was das *selbstbewußte* Wesen *an sich* ist und tut. Dieses aber macht die Kraft und zunächst den Mittelpunkt wenigstens aus, um den jene allgemeinen Wesen sich bemühen, der nur erst zufälligerweise ihre Geschäfte zu verbinden scheint. Aber die Rückkehr des göttlichen Wesens in das Selbstbewußtsein ist es, die schon den Grund enthält, daß dieses den Mittelpunkt für jene göttlichen Kräfte bildet, und die wesentliche Einheit zunächst unter der Form einer freundlichen äußerlichen Beziehung beider Welten verbirgt.

Dieselbe Allgemeinheit, welche diesem Inhalte zukommt, hat notwendig auch die Form des Bewußtseins, in welcher er auftritt. Es ist nicht mehr das wirkliche Tun des Kultus, sondern ein Tun, das zwar noch nicht in den Begriff, sondern erst in die *Vorstellung*, in die synthetische Verknüpfung des selbstbewußten und des äußern Daseins erhoben ist. Das Dasein dieser Vorstellung, die Sprache, ist die erste *Sprache*, das *Epos* als solches, das den allgemeinen Inhalt, wenigstens als *Vollständigkeit* der Welt, ob zwar nicht als *Allgemeinheit* des *Gedankens* enthält. Der *Sänger* ist der Einzelne und Wirkliche, aus dem als Subjekt dieser Welt sie erzeugt und getragen wird. Sein Pathos ist nicht die betäubende Naturmacht, sondern die Mnemosyne, die Besinnung und gewordne Innerlichkeit, die Erinnerung des vorhin unmittelbaren Wesens. Er ist das in seinem Inhalte verschwindende Organ; nicht sein eignes Selbst gilt, sondern seine Muse, sein allgemeiner Gesang. Was aber in der Tat vorhanden ist, ist der Schluß, worin das Extrem der Allgemeinheit, die Götterwelt, durch die Mitte der Besonderheit mit der Einzelheit, dem Sänger, verknüpft ist. Die Mitte ist das Volk in seinen Helden, welche einzelne Menschen sind wie der Sänger, aber nur *vorgestellte* und dadurch zugleich *allgemeine*, wie das freie Extrem der Allgemeinheit, die Götter.

In diesem Epos *stellt* sich also überhaupt dem Bewußtsein dar, was im Kultus *an sich* zustande kommt, die Beziehung des Göttlichen auf das Menschliche. Der Inhalt ist eine *Handlung* des seiner selbst bewußten Wesens. Das *Handeln* stört die Ruhe der Substanz und erregt das Wesen, wodurch seine Einfachheit geteilt und in die mannigfaltige Welt der natürlichen und sittlichen Kräfte aufgeschlossen ist. Die Handlung ist die Verletzung der ruhigen Erde, die Grube, die durch das Blut beseelt, die abgeschiednen Geister hervorruft, welche, nach Leben durstend, es in dem Tun des Selbstbewußtseins erhalten. Das Geschäft, um welches die allgemeine Bemühung geht, bekommt die zwei Seiten, die *selbstische*, von einer Gesamtheit wirklicher Völker und den an ihrer Spitze stehenden Individualitäten, und die *allgemeine*, von ihren substantiellen Mächten vollbracht zu werden. Die *Beziehung* beider aber bestimmte sich vorhin so, daß sie die *synthetische* Verbindung des Allgemeinen und Einzelnen, oder das *Vorstellen* ist. Von dieser Bestimmtheit hängt die Beurteilung dieser Welt ab. – Das Verhältnis beider ist dadurch eine Vermischung, welche die Einheit des Tuns inkonsequent verteilt, und die Handlung überflüssigerweise von der einen Seite zur andern herüberwirft. Die allgemeinen Mächte haben die Gestalt der Individualität und damit das Prinzip des Handelns an ihnen; ihr Wirken erscheint daher als ein ebenso freies, von ihnen ganz ausgehendes Tun, als das der Menschen. Ein und dasselbe haben daher ebensowohl die Götter als die Menschen getan. Der Ernst jener Mächte ist ein lächerlicher Überfluß, da diese in der Tat die Kraft der handelnden Individualität sind; – und die Anstrengung und Arbeit dieser ist eine ebenso unnütze Bemühung, da jene vielmehr alles lenken. – Die übertägigen Sterblichen, die das Nichts sind, sind zugleich das mächtige *Selbst*, das die allgemeinen Wesen sich unterwirft, die Götter verletzt und ihnen überhaupt die Wirklichkeit und ein Interesse des Tuns verschafft; wie umgekehrt diese unmächtigen Allgemeinheiten, die sich von den Gaben der Menschen nähren und durch sie erst etwas zu tun bekommen, das natürliche Wesen und der Stoff aller Begebenheiten, und ebenso die sittliche Materie und das Pathos des Tuns sind. Wenn ihre elementarischen Naturen durch das freie Selbst der Individualität erst in Wirklichkeit und betätigtes Verhältnis gebracht werden, so sind sie ebensosehr das Allgemeine, das sich dieser Verbindung entzieht, in seiner Bestimmung unbeschränkt bleibt und durch die unüberwindliche Elastizität seiner Einheit die Punktualität des Tätigen und seine Figurationen auslöscht, sich selbst rein erhält, und alles Individuelle in seiner Flüssigkeit auflöst.

Wie sehr sie mit der entgegenstehenden selbstischen Natur in diese widersprechende Beziehung fallen, ebenso gerät ihre Allgemeinheit mit ihrer eignen Bestimmung und deren

Verhältnis zu andern in Widerstreit. Sie sind die ewigen schönen Individuen, die in ihrem eignen Dasein ruhend, der Vergänglichkeit und fremder Gewalt enthoben sind. – Aber sie sind zugleich *bestimmte* Elemente, *besondre* Götter, die sich also zu andern verhalten. Aber das Verhältnis zu andern, das nach seiner Entgegensetzung ein Streit mit ihnen ist, ist eine komische Selbstvergessenheit ihrer ewigen Natur. – Die Bestimmtheit ist in das göttliche Bestehen eingewurzelt und hat in seiner Begrenzung die Selbständigkeit der ganzen Individualität; durch diese verlieren ihre Charaktere zugleich die Schärfe der Eigentümlichkeit und vermischen sich in ihrer Vieldeutigkeit. – Ein Zweck der Tätigkeit und ihre Tätigkeit selbst, da sie gegen ein Anderes, und somit gegen eine unbesiegbare göttliche Kraft gerichtet ist, ist ein zufälliges leeres Aufspreizen, das ebenso zerfließt und den anscheinenden Ernst der Handlung in ein gefahrloses, seiner selbst sichres Spiel ohne Resultat und Erfolg verwandelt. Wenn aber an der Natur ihrer Göttlichkeit das Negative oder die Bestimmtheit derselben nur als die Inkonsequenz ihrer Tätigkeit und der Widerspruch des Zwecks und des Erfolgs erscheint, und jene selbständige Sicherheit über das Bestimmte das Übergewicht behält, so tritt ihr eben dadurch die *reine Kraft* des *Negativen* gegenüber, und zwar als ihre letzte Macht, über welche sie nichts vermögen. Sie sind das Allgemeine und Positive gegen das *einzelne Selbst* der Sterblichen, das nicht gegen ihre Macht aushält; aber das *allgemeine Selbst* schwebt darum über ihnen und über dieser ganzen Welt der Vorstellung, welcher der ganze Inhalt angehört, als die *begrifflose Leere* der *Notwendigkeit*, – ein Geschehen, gegen das sie sich selbstlos und trauernd verhalten, denn diese *bestimmten* Naturen finden sich nicht in dieser Reinheit.

Diese Notwendigkeit aber ist die *Einheit* des *Begriffes*, der die widersprechende Substantialität der einzelnen Momente unterworfen ist, worin die Inkonsequenz und Zufälligkeit ihres Tuns sich ordnet und das Spiel ihrer Handlungen seinen Ernst und Wert an ihnen selbst erhält. Der Inhalt der Welt der Vorstellung spielt losgebunden für sich in der *Mitte* seine Bewegung, versammelt um die Individualität eines Helden, der aber in seiner Kraft und Schönheit sein Leben gebrochen fühlt und einem frühen Tod entgegensehend trauert. Denn die *in sich feste und wirkliche Einzelheit* ist an die Extremität ausgeschlossen, und in ihre Momente entzweit, die sich noch nicht gefunden und vereint. Das eine Einzelne, das *abstrakte* Unwirkliche ist die Notwendigkeit, die an dem Leben der Mitte nicht Anteil hat, so wenig als das andre, das *wirkliche* Einzelne, der Sänger, der sich außer ihm hält, und in seiner Vorstellung untergeht. Beide Extreme müssen sich dem Inhalte nähern; das eine, die Notwendigkeit, hat sich mit dem Inhalte zu erfüllen, das andre, die Sprache des Sängers, muß Anteil an ihm haben, und der sich selbst vorher überlassene Inhalt die Gewißheit und feste Bestimmung des Negativen an ihm erhalten.

Diese höhere Sprache, die *Tragödie*, faßt also die Zerstreuung der Momente der wesentlichen und handelnden Welt näher zusammen; die *Substanz* des Göttlichen tritt *nach der Natur des Begriffes* in ihre Gestalten auseinander, und ihre *Bewegung* ist gleichfalls ihm gemäß. In Ansehung der Form hört die Sprache dadurch, daß sie in den Inhalt hereintritt, auf, erzählend zu sein, wie der Inhalt [aufhört,] ein vorgestellter [zu sein]. Der Held ist selbst der sprechende, und die Vorstellung zeigt dem Zuhörer, der zugleich Zuschauer ist, *selbstbewußte* Menschen, die ihr Recht und ihren Zweck, die Macht und den Willen ihrer Bestimmtheit *wissen* und zu *sagen* wissen. Sie sind Künstler, die nicht, wie die das gemeine Tun im wirklichen Leben begleitende Sprache, bewußtlos, natürlich und naiv das *Äußere* ihres Entschlusses und Beginnens aussprechen, sondern das innre Wesen äußern, das Recht ihres Handelns beweisen, und das Pathos, dem sie angehören, frei von zufälligen Umständen und von der Besonderheit der Persönlichkeiten in seiner allgemeinen Individualität besonnen behaupten und bestimmt aussprechen. Das *Dasein* dieser Charaktere sind endlich *wirkliche* Menschen, welche die Personen der Helden anlegen, und diese in wirklichem, nicht erzählendem, sondern eignem Sprechen darstellen. So wesentlich es der Bildsäule ist, von Menschenhänden gemacht zu sein, ebenso wesentlich ist der Schauspieler seiner Maske, – nicht als äußerliche Bedingung, von der die Kunstbetrachtung abstrahieren müsse; – oder insofern davon in ihr allerdings zu abstrahieren ist, so ist ebendies damit gesagt, daß die Kunst das wahre eigentliche Selbst noch nicht in ihr enthält.

Der *allgemeine Boden*, worauf die Bewegung dieser aus dem Begriffe erzeugten Gestalten vorgeht, ist das Bewußtsein der ersten vorstellenden Sprache und ihres selbstlosen auseinandergelassnen Inhalts. Es ist das gemeine Volk überhaupt, dessen Weisheit in dem *Chore* des *Alters* zur Sprache kommt; es hat an dessen Kraftlosigkeit seinen Repräsentanten, weil es selbst nur das positive und passive Material der ihm gegenübertretenden Individualität der Regierung ausmacht. Der Macht des Negativen entbehrend, vermag es den Reichtum und die bunte Fülle des göttlichen Lebens nicht zusammenzuhalten und zu bändigen, sondern läßt es auseinanderlaufen, und preist jedes einzelne Moment als einen selbständigen Gott, bald diesen, bald wieder einen andern, in seinen verehrenden Hymnen. Wo es aber den Ernst des Begriffes, wie er über diese Gestalten sie zertrümmernd einherschreitet, verspürt, und es zu sehen bekommt, wie schlecht es seinen gepriesenen Göttern geht, die sich auf diesen Boden, worauf der Begriff herrscht, wagen, ist es nicht selbst die negative Macht, die handelnd eingreift, sondern hält sich im selbstlosen Gedanken derselben, im Bewußtsein des *fremden Schicksals*, und bringt den leeren Wunsch der Beruhigung und die schwache Rede der Besänftigung herbei. In der *Furcht* vor den höhern Mächten, welche die unmittelbaren Arme der Substanz sind, vor ihrem Kampfe miteinander, und vor dem einfachen Selbst der Notwendigkeit, das auch sie wie die Lebendigen, die an sie geknüpft sind, zermalmt; – in dem *Mitleiden* mit diesen, die es zugleich als dasselbe mit sich selbst weiß, ist für es nur der untätige Schrecken dieser Bewegung, das ebenso hilflose Bedauern, und als Ende die leere Ruhe der Ergebung in die Notwendigkeit, deren Werk nicht als dis notwendige Handlung des Charakters, und nicht als das Tun des absoluten Wesens in sich selbst erfaßt wird.

Auf diesem zuschauenden Bewußtsein als auf dem gleichgültigen Boden des Vorstellens tritt der Geist nicht in seiner zerstreuten Mannigfaltigkeit, sondern in der einfachen Entzweiung des Begriffes auf. Seine Substanz zeigt sich daher nur in ihre zwei extremen Mächte auseinandergerissen. Diese elementarischen *allgemeinen* Wesen sind zugleich selbstbewußte *Individualitäten*, – Helden, welche in eine dieser Mächte ihr Bewußtsein setzen, an ihr die Bestimmtheit des Charakters haben und ihre Betätigung und Wirklichkeit ausmachen. – Diese allgemeine Individualisierung steigt, wie erinnert, noch zur unmittelbaren Wirklichkeit des eigentlichen Daseins herunter und stellt sich einer Menge von Zuschauern dar, die an dem Chore ihr Gegenbild oder vielmehr ihr eigne, sich aussprechende Vorstellung hat.

Der Inhalt und die Bewegung des Geistes, der sich hier Gegenstand ist, ist bereits als die Natur und Realisierung der sittlichen Substanz betrachtet worden. In seiner Religion erlangt er das Bewußtsein über sich, oder stellt sich seinem Bewußtsein in seiner reinern Form und einfachern Gestaltung dar. Wenn also die sittliche Substanz sich durch ihren Begriff, ihrem *Inhalte* nach, in die beiden Mächte entzweite, die als *göttliches* und *menschliches*, oder unterirdisches und oberes Recht bestimmt wurden, – jenes die *Familie*, dies die *Staatsmacht*, – und deren das erste der *weibliche*, das andere der *männliche Charakter* war, so schränkt sich der vorher vielformige und in seinen Bestimmungen schwankende Götterkreis auf diese Mächte ein, die durch diese Bestimmung der eigentlichen Individualität genähert sind. Denn die frühere Zerstreuung des Ganzen in die vielfachen und abstrakten Kräfte, die substantiiert erscheinen, ist die *Auflösung* des *Subjekts*, das sie nur als *Momente* in seinem Selbst begreift, und die Individualität ist daher nur die oberflächliche Form jener Wesen. Umgekehrt ist ein weiterer Unterschied der *Charaktere* als der genannte, zur zufälligen und an sich äußerlichen Persönlichkeit zu rechnen.

Zugleich teilt sich das Wesen seiner *Form* oder dem *Wissen* nach. Der *handelnde* Geist tritt als Bewußtsein dem Gegenstande gegenüber, auf den es tätig, und der somit als das *Negative* des Wissenden bestimmt ist; der handelnde befindet sich dadurch im Gegensatze des Wissens und Nichtwissens. Er nimmt aus seinem Charakter seinen Zweck und weiß ihn als die sittliche Wesenheit; aber durch die Bestimmtheit des Charakters weiß er nur die e i n e Macht der Substanz, und die andre ist für ihn verborgen. Die gegenwärtige Wirklichkeit ist daher ein anderes *an sich*, und ein anderes für das Bewußtsein; das obere und das untere Recht erhalten in dieser Beziehung die Bedeutung der wissenden und dem Bewußtsein sich offenbarenden, und der sich verbergenden und im Hinterhalte lauernden Macht. Die *eine* ist die *Lichtseite*, der Gott des Orakels, der nach seinem natürlichen Momente aus der alles beleuchtenden Sonne entsprungen, alles weiß und offenbart, – *Phöbus*, und *Zeus*, der dessen Vater ist. Aber die Befehle dieses wahrredenden Gottes, und seine Bekanntmachungen dessen, was *ist*, sind vielmehr trügerisch. Denn dies Wissen ist in seinem Begriffe unmittelbar das Nichtwissen, weil das *Bewußtsein* an sich selbst im Handeln dieser Gegensatz ist. Der, welcher die rätselhafte Sphinx selbst aufzuschließen vermochte, wie der kindlich Vertrauende, werden darum durch das, was der Gott ihnen offenbart, ins Verderben geschickt. Diese Priesterin, aus der der schöne Gott spricht, ist nichts anders als die doppelsinnigen Schicksalsschwestern, die durch ihre Verheißungen zum Verbrechen treiben und in der Zweizüngigkeit dessen, was sie als Sicherheit angaben, den, der sich auf den offenbaren Sinn verließ, betrügen. Daher das Bewußtsein, das reiner ist als das letztere, das den Hexen glaubt, und besonnener und gründlicher als das erstere, das der Priesterin und dem schönen Gotte traut, auf die Offenbarung, die der Geist des Vaters selbst über das Verbrechen, das ihn mordete, machte, mit der Rache zaudert, und andre Beweise noch veranstaltet, – aus dem Grunde, weil dieser offenbarende Geist auch der Teufel sein könnte.

Dies Mißtrauen ist darum gegründet, weil das wissende Bewußtsein sich in den Gegensatz der Gewißheit seiner selbst und des gegenständlichen Wesens setzt. Das Recht des sittlichen, daß die Wirklichkeit nichts *an sich* ist im Gegensatze gegen das absolute Gesetz, erfährt, daß sein Wissen einseitig, sein Gesetz nur Gesetz seines Charakters ist, daß es nur die eine Macht der Substanz ergriff. Die Handlung selbst ist diese Verkehrung des *Gewußten* in sein *Gegenteil*, das *Sein*, ist das Umschlagen des Rechts des Charakters und des Wissens in das Recht des Entgegengesetzten, mit dem jenes im Wesen der Substanz verknüpft ist, – in die Erinnye der andern feindlich erregten Macht und Charakters. Dies *untre* Recht sitzt mit *Zeus* auf dem Throne und genießt mit dem offenbaren und dem wissenden Gotte gleiches Ansehen.

Auf diese drei Wesen wird von der handelnden Individualität die Götterwelt des Chors eingeschränkt. Das Eine ist die *Substanz*, ebensowohl die Macht des Herdes und der Geist der Familienpietät, wie die allgemeine Macht des Staats und der Regierung. Indem der Substanz als solcher dieser Unterschied angehört, individualisiert er sich der Vorstellung nicht zu zwei unterschiednen Gestalten, sondern hat in der Wirklichkeit die zwei Personen seiner Charaktere. Hingegen der Unterschied des Wissens und Nichtwissens fällt in ein *jedes* der *wirklichen Selbstbewußtsein*[e] – und nur in der Abstraktion, im Elemente der Allgemeinheit verteilt er sich an zwei individuelle Gestalten. Denn das Selbst des Heros hat nur Dasein als ganzes Bewußtsein und ist daher wesentlich der *ganze* Unterschied, der der Form angehört; aber seine Substanz ist bestimmt, und es gehört ihm nur die eine Seite des Unterschieds des Inhalts an. Daher erhalten die beiden Seiten des Bewußtseins, die in der Wirklichkeit keine getrennte, einer jeden eigne Individualität haben, in der *Vorstellung* jede ihre besondere Gestalt, die eine die des offenbarenden Gottes, die andre die der sich verborgen haltenden Erinnye. Beide genießen teils gleicher Ehre, teils ist die *Gestalt* der *Substanz*, Zeus, die Notwendigkeit der *Beziehung* beider aufeinander. Die Substanz ist die Beziehung, daß das Wissen für sich ist, aber seine Wahrheit an dem Einfachen, der Unterschied, wodurch das wirkliche Bewußtsein ist, seinen Grund an dem ihn tilgenden innern Wesen, die sich klare *Versicherung* der *Gewißheit* ihre Bestätigung an der *Vergessenheit* hat.

Das Bewußtsein schloß diesen Gegensatz durch das Handeln auf; nach dem offenbaren Wissen handelnd, erfährt es den Betrug desselben, und dem Inhalte nach dem einen Attribute der Substanz ergeben, verletzte es das andre und gab diesem dadurch das Recht gegen sich. Dem wissenden Gotte folgend, ergriff es vielmehr das nicht Offenbare und büßt dafür, dem Wissen vertraut zu haben, dessen Zweideutigkeit, da sie seine Natur ist, auch *für es*, und eine *Warnung* dafür vorhanden sein mußte. Die Raserei der Priesterin, die unmenschliche Gestalt der Hexen, die Stimme des Baumes, des Vogels, der Traum usf. sind nicht die Weisen, in welchen die Wahrheit erscheint, sondern warnende Zeichen des Betrugs, der Nichtbesonnenheit, der Einzelheit und Zufälligkeit des Wissens. Oder was dasselbe ist, die entgegengesetzte Macht, die von ihm verletzt wird, ist als ausgesprochenes Gesetz und geltendes Recht vorhanden, es sei das Gesetz der Familie oder des Staates; das Bewußtsein folgte dagegen dem eignen Wissen und verbarg sich selbst das Offenbare. Die Wahrheit aber der gegeneinander auftretenden Mächte des Inhalts und Bewußtseins ist das Resultat, daß beide gleiches Recht und darum in ihrem Gegensatz, den das Handeln hervorbringt, gleiches Unrecht haben. Die Bewegung des Tuns erweist ihre Einheit in dem gegenseitigen Untergange beider Mächte und der selbstbewußten Charaktere. Die Versöhnung des Gegensatzes mit sich ist die *Lethe* der *Unterwelt* im Tode, – oder die *Lethe* der *Oberwelt*, als Freisprechung, nicht von der Schuld, denn diese kann das Bewußtsein, weil es handelte, nicht verleugnen, sondern vom Verbrechen, und seine sühnende Beruhigung. Beide sind die *Vergessenheit*, das Verschwundensein der Wirklichkeit und des Tuns der Mächte der Substanz, ihrer Individualitäten, und der Mächte des abstrakten Gedankens des Guten und des Bösen; denn keine für sich ist das Wesen, sondern dieses ist die Ruhe des Ganzen in sich selbst, die unbewegte Einheit des Schicksals, das ruhige Dasein und damit die Untätigkeit und Unlebendigkeit der Familie und der Regierung, und die gleiche Ehre und damit die gleichgültige Unwirklichkeit Apolls und der Erinnye, und die Rückkehr ihrer Begeistung und Tätigkeit in den einfachen Zeus.

Dieses Schicksal vollendet die Entvölkerung des Himmels, – der gedankenlosen Vermischung der Individualität und des Wesens, – einer Vermischung, wodurch das Tun des Wesens als ein inkonsequentes, zufälliges, seiner unwürdiges erscheint; denn dem Wesen nur oberflächlich anhängend, ist die Individualität die unwesentliche. Die Vertreibung solcher wesenlosen Vorstellungen, die von Philosophen des Altertums gefordert wurde, beginnt also schon in der Tragödie überhaupt dadurch, daß die Einteilung der Substanz von dem Begriffe beherrscht, die Individualität hiemit die wesentliche und die Bestimmungen die absoluten Charaktere sind. Das Selbstbewußtsein, das in ihr vorgestellt ist, kennt und anerkennt deswegen nur Eine höchste Macht, und diesen Zeus nur als die Macht des Staats oder des Herdes, und im Gegensatze des Wissens nur als den Vater des zur Gestalt werdenden Wissens des *Besondern*, – und als den Zeus des Eides und der Erinnye, des *Allgemeinen*, im Verborgnen wohnenden Innern. Die weiter aus dem Begriffe in die Vorstellung sich zerstreuenden Momente, die der Chor nacheinander gelten läßt, sind hingegen nicht das Pathos des Helden, sondern sinken ihm zur Leidenschaft herunter, – zu zufälligen wesenlosen Momenten, die der selbstlose Chor wohl preist, aber die nicht fähig sind, den Charakter der Helden auszumachen, noch von ihnen als ihr Wesen ausgesprochen und geachtet zu werden.

Aber auch die Personen des göttlichen Wesens selbst, sowie die Charaktere seiner Substanz, gehen in die Einfachheit des Bewußtlosen zusammen. Diese Notwendigkeit hat gegen das Selbstbewußtsein die Bestimmung, die negative Macht aller auftretenden Gestalten zu sein, in ihr sich selbst nicht zu erkennen, sondern darin vielmehr unterzugehen. Das Selbst tritt nur den *Charakteren* zugeteilt auf, nicht als die Mitte der Bewegung. Aber das Selbstbewußtsein, die einfache *Gewißheit* seiner, ist in der Tat die negative Macht, die Einheit des Zeus, des *substantiellen* Wesens, und der *abstrakten* Notwendigkeit, es ist die geistige Einheit, worein alles zurückgeht. Weil das wirkliche Selbstbewußtsein noch von der Substanz und dem Schicksale unterschieden wird, ist es *teils* der Chor oder vielmehr die zuschauende Menge, welche diese Bewegung des göttlichen Lebens als ein *Fremdes* mit Furcht erfüllt, oder in der sie als ein Nahes nur die Rührung des nicht handelnden *Mitleidens* hervorbringt. Teils insofern das Bewußtsein mithandelt und den Charakteren angehört, ist diese Vereinigung, weil die wahre, die des Selbsts, des Schicksals und der Substanz noch nicht vorhanden ist, eine äußerliche, eine *Hypokrisie*; der Held, der vor dem Zuschauer auftritt, zerfällt in seine Maske und in den Schauspieler, in die Person und das wirkliche Selbst.

Das Selbstbewußtsein der Helden muß aus seiner Maske hervortreten, und sich darstellen, wie es sich als das Schicksal sowohl der Götter des Chors als der absoluten Mächte selbst weiß, und von dem Chore, dem allgemeinen Bewußtsein, nicht mehr getrennt ist.

Die *Komödie* hat also vorerst die Seite, daß das wirkliche Selbstbewußtsein sich als das Schicksal der Götter darstellt. Diese elementarischen Wesen sind als *allgemeine* Momente, kein Selbst und nicht wirklich. Sie sind zwar mit der Form der Individualität ausgestattet, aber diese ist ihnen nur eingebildet und kommt ihnen nicht an und für sich selbst zu; das wirkliche Selbst hat nicht ein solches abstraktes Moment zu seiner Substanz und Inhalt. Es, das Subjekt, ist daher über ein solches Moment als über eine einzelne Eigenschaft erhoben, und angetan mit dieser Maske spricht es die Ironie derselben aus, die für sich etwas sein will. Das Aufspreizen der allgemeinen Wesenheit ist an das Selbst verraten; es zeigt sich in einer Wirklichkeit gefangen und läßt die Maske fallen, eben indem es etwas Rechtes sein will. Das Selbst hier in seiner Bedeutung als Wirkliches auftretend, spielt es mit der Maske, die es einmal anlegt, um seine Person zu sein, – aber aus diesem Scheine tut es sich ebenso bald wieder in seiner eignen Nacktheit und Gewöhnlichkeit hervor, die es von dem eigentlichen Selbst, dem Schauspieler sowie von dem Zuschauer, nicht unterschieden zu sein zeigt.

Diese allgemeine Auflösung der gestalteten Wesenheit überhaupt in ihrer Individualität wird in ihrem Inhalte ernsthafter und dadurch mutwilliger und bitterer, insofern er seine ernstere und notwendigere Bedeutung hat. Die göttliche Substanz vereinigt in ihr die Bedeutung der natürlichen und sittlichen Wesenheit. In Ansehung des Natürlichen zeigt das wirkliche Selbstbewußtsein schon in der Verwendung desselben zu seinem Putze, Wohnung usf. und im Schmause seines Opfers sich als das Schicksal, dem das Geheimnis verraten ist, welche Bewandtnis es mit der Selbstwesenheit der Natur hat; in dem Mysterium des Brotes und Weines macht es dieselbe zusammen mit der Bedeutung des innern Wesens sich zu eigen, und in der Komödie ist es sich der Ironie dieser Bedeutung überhaupt bewußt. – Insofern nun diese Bedeutung die sittliche Wesenheit enthält, ist sie teils das Volk in seinen beiden Seiten des Staats oder eigentlichen Demos und der Familieneinzelheit, teils aber das selbstbewußte reine Wissen oder das vernünftige Denken des Allgemeinen. – Jener *Demos*, die allgemeine Masse, die sich als Herrn und Regenten, so wie als den zu respektierenden Verstand und Einsicht weiß, zwingt und betört sich durch die Besonderheit seiner Wirklichkeit und stellt den lächerlichen Kontrast seiner Meinung von sich und seines unmittelbaren Daseins, seiner Notwendigkeit und Zufälligkeit, seiner Allgemeinheit und Gemeinheit dar. Wenn das Prinzip seiner vom Allgemeinen getrennten Einzelheit, in der eigentlichen Gestalt der Wirklichkeit, sich hervortut und des Gemeinwesens, dessen geheimer Schaden es ist, sich offenbar anmaßt und es einrichtet, so verrät sich unmittelbarer der Kontrast des Allgemeinen als einer Theorie und dessen, um was es in der Praxis zu tun ist, die gänzliche Befreiung der Zwecke der unmittelbaren Einzelheit von der allgemeinen Ordnung und der Spott jener über diese.

Das vernünftige *Denken* enthebt das göttliche Wesen seiner zufälligen Gestalt, und entgegengesetzt der begrifflosen Weisheit des Chors, die mancherlei Sittensprüche vorbringt, und eine Menge von Gesetzen und bestimmten Pflicht- und Rechtsbegriffen gelten läßt, hebt es sie in die einfachen Ideen des *Schönen* und *Guten* empor. – Die Bewegung dieser

Abstraktion ist das Bewußtsein der Dialektik, welche diese Maximen und Gesetze an ihnen haben, und hiedurch des Verschwindens der absoluten Gültigkeit, in der sie vorher erschienen. Indem die zufällige Bestimmung und oberflächliche Individualität, welche die Vorstellung den göttlichen Wesenheiten lieh, verschwindet, haben sie nach ihrer *natürlichen* Seite nur noch die Nacktheit ihres unmittelbaren Daseins, sie sind Wolken, ein verschwindender Dunst, wie jene Vorstellungen. Nach ihrer *gedachten* Wesentlichkeit zu den *einfachen* Gedanken des *Schönen* und *Guten* geworden, vertragen diese es, mit jedem beliebigen Inhalt erfüllt zu werden. Die Kraft des dialektischen Wissens gibt die bestimmten Gesetze und Maximen des Handelns der Lust und dem Leichtsinne der – hiemit – verführten Jugend Preis, und der Ängstlichkeit und Sorge des auf die Einzelheit des Lebens beschränkten Alters Waffen zum Betrug an die Hand. Die reinen Gedanken des Schönen und Guten zeigen also das komische Schauspiel, durch die Befreiung von der Meinung, welche sowohl ihre Bestimmtheit als Inhalt, wie ihre absolute Bestimmtheit, das Festhalten des Bewußtseins enthält, leer, und ebendadurch das Spiel der Meinung und der Willkür der zufälligen Individualität zu werden.

Hier ist also das vorher bewußtlose Schicksal, das in der leeren Ruhe und Vergessenheit besteht und von dem Selbstbewußtsein getrennt ist, mit diesem vereint. Das *einzelne Selbst* ist die negative Kraft, durch und in welcher die Götter, sowie deren Momente, die daseiende Natur und die Gedanken ihrer Bestimmungen, verschwinden; zugleich ist es nicht die Leerheit des Verschwindens, sondern erhält sich in dieser Nichtigkeit selbst, ist bei sich und die einzige Wirklichkeit. Die Religion der Kunst hat sich in ihm vollendet und ist vollkommen in sich zurückgegangen. Dadurch, daß das einzelne Bewußtsein in der Gewißheit seiner selbst es ist, das als diese absolute Macht sich darstellt, hat diese die Form eines *Vorgestellten*, von dem *Bewußtsein* überhaupt *Getrennten* und ihm Fremden verloren, wie die Bildsäule, auch die lebendige schöne Körperlichkeit oder der Inhalt des Epos und die Mächte und Personen der Tragödie waren; – auch ist die Einheit nicht die *bewußtlose* des Kultus und der Mysterien, sondern das eigentliche Selbst des Schauspielers fällt mit seiner Person zusammen, sowie der Zuschauer, der in dem, was ihm vorgestellt wird, vollkommen zu Hause ist und sich selbst spielen sieht. Was dies Selbstbewußtsein anschaut, ist, daß in ihm, was die Form von Wesenheit gegen es annimmt, in seinem Denken, Dasein und Tun sich vielmehr auflöst und preisgegeben ist, es ist die Rückkehr alles Allgemeinen in die Gewißheit seiner selbst, die hiedurch diese vollkommene Furcht- und Wesenlosigkeit alles Fremden, und ein Wohlsein und Sich-wohlsein-lassen des Bewußtseins ist, wie sich außer dieser Komödie keins mehr findet.

C.
Die offenbare Religion.

Durch die Religion der Kunst ist der Geist aus der Form der *Substanz* in die des *Subjekts* getreten, denn sie *bringt* seine Gestalt *hervor* und setzt also in ihr das *Tun* oder das *Selbstbewußtsein*, das in der furchtbaren Substanz nur verschwindet, und im Vertrauen sich nicht selbst erfaßt. Diese Menschwerdung des göttlichen Wesens geht von der Bildsäule aus, die nur die *äußere* Gestalt des Selbsts an ihr hat, das *Innre* aber, ihre

Tätigkeit, fällt außer ihr; im Kultus aber sind beide Seiten eins geworden, in dem Resultate der Religion der Kunst ist diese Einheit in ihrer Vollendung zugleich auch auf das Extrem des Selbsts herübergegangen; in dem Geiste, der in der Einzelheit des Bewußtseins seiner vollkommen gewiß ist, ist alle Wesenheit versunken. Der Satz, der diesen Leichtsinn ausspricht, lautet so: *das Selbst ist das absolute Wesen*; das Wesen, das Substanz und an dem das Selbst die Akzidentalität war, ist zum Prädikate heruntergesunken, und der Geist hat in *diesem Selbstbewußtsein*, dem nichts in der Form des Wesens gegenübertritt, sein *Bewußtsein* verloren.

Dieser Satz: *das Selbst ist das absolute Wesen*, gehört, wie von selbst erhellt, dem nichtreligiösen, dem wirklichen Geiste an; und es ist sich zu erinnern, welches die Gestalt desselben ist, die ihn ausdrückt. Sie wird zugleich die Bewegung und die Umkehrung desselben enthalten, welche das Selbst zum Prädikate herunterstimmt, und die Substanz zum Subjekte erhebt. So nämlich, daß der umgekehrte Satz nicht *an sich* oder *für uns* die Substanz zum Subjekte macht, oder was dasselbe ist, die Substanz so wiederherstellt, daß das Bewußtsein des Geistes zu seinem Anfange, der natürlichen Religion, zurückgeführt wird, sondern so, daß diese Umkehrung *für* und *durch das Selbstbewußtsein* selbst zustande gebracht wird. Indem dieses sich mit Bewußtsein aufgibt, so wird es in seiner Entäußerung erhalten und bleibt das Subjekt der Substanz, aber als sich ebenso entäußertes hat es zugleich das Bewußtsein derselben; oder indem es durch seine Aufopferung die Substanz als Subjekt *hervorbringt*, bleibt dieses sein eignes Selbst. Es wird hiedurch erreicht, daß, wenn in den beiden Sätzen, – in dem der ersten Substantialität das Subjekt nur verschwindet, – und in dem zweiten die Substanz nur Prädikat ist, und beide Seiten also in jedem mit der entgegengesetzten Ungleichheit des Wertes vorhanden sind, – daß die Vereinigung und Durchdringung beider Naturen hervorgeht, in der beide mit gleichem Werte ebenso *wesentlich*, als auch nur *Momente* sind; hiedurch ist also der Geist ebenso *Bewußtsein* seiner als seiner *gegenständlichen* Substanz, wie einfaches, in sich bleibendes *Selbstbewußtsein*.

Die Religion der Kunst gehört dem sittlichen Geiste an, den wir früher in dem *Rechtszustande* untergehen sahen; d.h. in dem Satze: *das Selbst als solches, die abstrakte Person ist absolutes Wesen*. Im sittlichen Leben ist das Selbst in dem Geiste seines Volks versenkt, es ist die *erfüllte* Allgemeinheit. Die *einfache Einzelheit* aber erhebt sich aus diesem Inhalte, und ihr Leichtsinn reinigt sie zur Person, zur abstrakten Allgemeinheit des Rechts. In dieser ist die *Realität* des sittlichen Geistes verloren, die inhaltsleeren Geister der Völkerindividuen sind in Ein Pantheon versammelt, nicht in ein Pantheon der Vorstellung, deren unmächtige Form jeden gewähren läßt, sondern in das Pantheon der abstrakten Allgemeinheit, des reinen Gedankens, der sie entleibt, und dem geistlosen Selbst, der einzelnen Person das An- und Fürsichsein erteilt.

Aber dies Selbst hat durch seine Leerheit den Inhalt freigelassen; das Bewußtsein ist nur *in sich* das Wesen; sein eignes *Dasein*, das rechtliche Anerkanntsein der Person, ist die unerfüllte Abstraktion; es besitzt also vielmehr nur den Gedanken seiner selbst; oder wie es *da ist* und sich als Gegenstand weiß, ist es das *unwirkliche*. Es ist daher nur die stoische *Selbständigkeit des Denkens*, und diese findet, durch die Bewegung des skeptischen Bewußtseins hindurchgehend, seine Wahrheit in derjenigen Gestalt, die das *unglückliche Selbstbewußtsein* genannt wurde.

Dieses weiß, welche Bewandtnis es mit dem wirklichen Gelten der abstrakten Person und ebenso mit dem Gelten derselben in dem reinen Gedanken hat. Es weiß ein solches Gelten vielmehr als den vollkommnen Verlust; es selbst ist dieser seiner bewußte Verlust und die Entäußerung seines Wissens von sich. – Wir sehen, daß dies unglückliche Bewußtsein die Gegenseite und Vervollständigung des in sich vollkommen glücklichen, des komischen Bewußtseins ausmacht. In das letztere geht alles göttliche Wesen zurück, oder es ist die vollkommne *Entäußerung* der *Substanz*. Jenes hingegen ist umgekehrt das tragische Schicksal der an und für sich sein sollenden *Gewißheit seiner selbst*. Es ist das Bewußtsein des Verlustes aller *Wesenheit* in *dieser Gewißheit* seiner und des Verlustes eben dieses Wissens von sich – der Substanz wie des Selbsts, es ist der Schmerz, der sich als das harte Wort ausspricht, daß *Gott gestorben ist*.

In dem Rechtszustande ist also die sittliche Welt und die Religion derselben in dem komischen Bewußtsein versunken, und das unglückliche das Wissen dieses *ganzen* Verlustes. Sowohl der Selbstwert seiner unmittelbaren Persönlichkeit ist ihm verloren, als seiner vermittelten, der *gedachten*. Ebenso ist das Vertrauen in die ewigen Gesetze der Götter, wie die Orakel, die das Besondre zu wissen taten, verstummt. Die Bildsäulen sind nun Leichname, denen die belebende Seele, sowie die Hymne Worte, deren Glauben entflohen ist; die Tische der Götter ohne geistige Speise und Trank, und aus seinen Spielen und Festen kommt dem Bewußtsein nicht die freudige Einheit seiner mit dem Wesen zurück. Den Werken der Muse fehlt die Kraft des Geistes, dem aus der Zermalmung der Götter und Menschen die Gewißheit seiner selbst hervorging. Sie sind nun das, was sie für uns sind, – vom Baume gebrochne schöne Früchte, ein freundliches Schicksal reichte sie uns dar, wie ein Mädchen jene Früchte präsentiert; es gibt nicht das wirkliche Leben ihres Daseins, nicht den Baum, der sie trug, nicht die Erde und die Elemente, die ihre Substanz, noch das Klima, das ihre Bestimmtheit ausmachte, oder den Wechsel der Jahreszeiten, die den Prozeß ihres Werdens beherrschten. – So gibt das Schicksal uns mit den Werken jener Kunst nicht ihre Welt, nicht den Frühling und Sommer des sittlichen Lebens, worin sie blühten und reiften, sondern allein die eingehüllte Erinnerung dieser Wirklichkeit. – Unser Tun in ihrem Genusse ist daher nicht das gottesdienstliche, wodurch unserem Bewußtsein seine vollkommne es ausfüllende Wahrheit würde, sondern es ist das äußerliche Tun, das von diesen Früchten etwa Regentropfen oder Stäubchen abwischt und an die Stelle der innern Elemente der umgebenden, erzeugenden und begeistenden Wirklichkeit des Sittlichen das weitläufige Gerüste der toten Elemente ihrer äußerlichen Existenz, der Sprache, des Geschichtlichen usf. errichtet, nicht um sich in sie hinein zu leben, sondern nur um sie in sich vorzustellen. Aber wie das Mädchen, das die gepflückten Früchte darreicht, mehr ist als die in ihre Bedingungen und Elemente, den Baum, Luft, Licht usf. ausgebreitete Natur derselben, welche sie unmittelbar darbot, indem es auf eine höhere Weise dies alles in den Strahl des selbstbewußten Auges und der darreichenden Gebärde zusammenfaßt, so ist der Geist des Schicksals, der uns jene Kunstwerke darbietet, mehr als das sittliche Leben und Wirklichkeit jenes Volkes, denn er ist die *Er-Innerung* des in ihnen noch *veräußerten* Geistes, – er ist der Geist des tragischen Schicksals, das alle jene individuellen Götter und Attribute der Substanz in das Eine Pantheon versammelt, in den seiner als Geist selbst bewußten Geist.

Alle Bedingungen seines Hervorgangs sind vorhanden, und diese Totalität seiner Bedingungen macht das *Werden*, den *Begriff* oder das *ansichseiende* Hervorgehen desselben aus. – Der Kreis der Hervorbringungen der Kunst umfaßt die Formen der Entäußerungen der absoluten Substanz; sie ist in der Form der Individualität, als ein Ding, als *seiender* Gegenstand des sinnlichen Bewußtseins, – als die reine Sprache oder das Werden der Gestalt, deren Dasein nicht aus dem Selbst heraustritt, und rein *verschwindender* Gegenstand ist; – als unmittelbare *Einheit* mit dem allgemeinen *Selbstbewußtsein* in seiner Begeisterung, und als vermittelte in dem Tun des Kultus; – als schöne *selbstische Körperlichkeit*, und endlich als das in die *Vorstellung* erhobne Dasein und die Ausbreitung desselben zu einer Welt, die sich zuletzt in die Allgemeinheit, die ebenso *reine Gewißheit ihrer selbst* ist, zusammennimmt. – Diese Formen und auf der andern Seite die *Welt* der *Person* und des Rechts, die verwüstende Wildheit der freigelassenen Elemente des Inhalts, ebenso die *gedachte* Person des Stoizismus und die haltlose Unruhe des skeptischen Bewußtseins, machen die Peripherie der Gestalten aus, welche erwartend und drängend um die Geburtsstätte des als Selbstbewußtsein werdenden Geistes umherstehen; der alle durchdringende Schmerz und Sehnsucht des unglücklichen Selbstbewußtseins ist ihr Mittelpunkt und das gemeinschaftliche Geburtswehe seines Hervorgangs, – die Einfachheit des reinen Begriffs, der jene Gestalten als seine Momente enthält.

Er hat die zwei Seiten an ihm, die oben als die beiden umgekehrten Sätze vorgestellt sind; die eine ist diese, daß die *Substanz* sich ihrer selbst entäußert und zum Selbstbewußtsein wird, die andre umgekehrt, daß das *Selbstbewußtsein* sich seiner entäußert und zur Dingheit oder zum allgemeinen Selbst macht. Beide Seiten sind sich auf diese Weise entgegengekommen, und hiedurch [ist] ihre wahre Vereinigung entstanden. Die Entäußerung der Substanz, ihr Werden zum

Selbstbewußtsein drückt den Übergang ins Entgegengesetzte, den bewußtlosen Übergang der *Notwendigkeit* oder dies aus, daß sie *an sich* Selbstbewußtsein ist. Umgekehrt die Entäußerung des Selbstbewußtseins dies, daß es *an sich* das allgemeine Wesen ist, oder – weil das Selbst das reine Fürsichsein ist, das in seinem Gegenteile bei sich bleibt, – dies, daß *für es* es ist, daß die Substanz Selbstbewußtsein, und ebendadurch Geist ist. Es kann daher von diesem Geiste, der die Form der Substanz verlassen, und in der Gestalt des Selbstbewußtseins in das Dasein tritt, gesagt werden, – wenn man sich der aus der natürlichen Zeugung hergenommenen Verhältnisse bedienen will, – daß er eine *wirkliche Mutter*, aber einen *ansich*seienden Vater hat; denn die *Wirklichkeit* oder das Selbstbewußtsein, und das *Ansich* als die Substanz sind seine beiden Momente, durch deren gegenseitige Entäußerung, jedes zum andern werdend, er als diese ihre Einheit ins Dasein tritt.

Insofern das Selbstbewußtsein einseitig nur *seine eigne* Entäußerung erfaßt, wenn ihm schon sein Gegenstand also ebensowohl Sein als Selbst ist und es alles Dasein als geistiges Wesen weiß, so ist dadurch dennoch noch nicht für es der wahre Geist geworden, insofern nämlich das Sein überhaupt oder die Substanz nicht *an sich* ebenso ihrerseits sich ihrer selbst entäußerte und zum Selbstbewußtsein wurde. Denn alsdann ist alles Dasein nur vom *Standpunkte des Bewußtseins aus* geistiges Wesen, nicht an sich selbst. Der Geist ist auf diese Weise dem Dasein nur *eingebildet*; dieses Einbilden ist die *Schwärmerei*, welche der Natur sowohl, als der Geschichte, wie der Welt so den mythischen Vorstellungen der vorhergehenden Religionen einen andern innern Sinn unterlegt, als sie in ihrer Erscheinung dem Bewußtsein unmittelbar darbieten, und in Ansehung der Religionen, als das Selbstbewußtsein, dessen Religionen sie waren, darin wußte. Aber diese Bedeutung ist eine geliehene und ein Kleid, das die Blöße der Erscheinung nicht bedeckt und sich keinen Glauben und Verehrung erwirbt, sondern die trübe Nacht und eigne Verzückung des Bewußtseins bleibt.

Daß diese Bedeutung des Gegenständlichen also nicht bloße Einbildung sei, muß sie *an sich* sein, d.h. *einmal* dem Bewußtsein aus dem *Begriffe* entspringen und in ihrer Notwendigkeit hervorgehen. So ist uns durch das Erkennen des *unmittelbaren Bewußtseins* oder des Bewußtseins des *seienden* Gegenstandes durch seine notwendige Bewegung der sich selbst wissende *Geist* entsprungen. Dieser Begriff, der als unmittelbarer auch die Gestalt der *Unmittelbarkeit* für sein Bewußtsein hatte, hat sich *zweitens* die Gestalt des Selbstbewußtseins *an sich*, d.h. nach eben der Notwendigkeit des Begriffes gegeben, als das *Sein* oder die *Unmittelbarkeit*, die der inhaltlose Gegenstand des sinnlichen Bewußtseins ist, sich seiner entäußert, und Ich für das Bewußtsein wird. – Von dem *denkenden Ansich* oder dem *Erkennen* der *Notwendigkeit* ist aber das *unmittelbare Ansich* oder die *seiende Notwendigkeit* selbst unterschieden, – ein Unterschied, der zugleich aber nicht außer dem Begriffe liegt, denn die *einfache Einheit* des Begriffes ist das *unmittelbare Sein* selbst; er ist ebenso das sich selbst entäußernde oder das Werden der *angeschauten Notwendigkeit*, als er in ihr bei sich ist und sie weiß und begreift. – Das *unmittelbare Ansich* des Geistes, der sich die Gestalt des Selbstbewußtseins gibt, heißt nichts anderes, als daß der wirkliche Weltgeist zu diesem Wissen von sich gelangt ist; dann erst tritt dieses Wissen auch in sein Bewußtsein, und als Wahrheit ein. Wie jenes geschehen, hat sich schon oben ergeben.

Dies, daß der absolute Geist sich die Gestalt des Selbstbewußtseins *an sich* und damit auch für sein *Bewußtsein* gegeben, erscheint nun so, daß es der *Glaube der Welt* ist, daß der

Geist als ein Selbstbewußtsein, d.h. als ein wirklicher Mensch *da ist*, daß er für die unmittelbare Gewißheit ist, daß das glaubende Bewußtsein diese Göttlichkeit *sieht* und *fühlt* und *hört*. So ist es nicht Einbildung, sondern es ist *wirklich an dem*. Das Bewußtsein geht dann nicht aus *seinem* Innern von dem Gedanken aus, und schließt *in sich* den Gedanken des Gottes mit dem Dasein zusammen, sondern es geht von dem unmittelbaren gegenwärtigen Dasein aus, und erkennt den Gott in ihm. – Das Moment des *unmittelbaren Seins* ist in dem Inhalte des Begriffes so vorhanden, daß der religiöse Geist in der Rückkehr aller Wesenheit in das Bewußtsein *einfaches* positives Selbst geworden ist, ebenso wie der wirkliche Geist als solcher im unglücklichen Bewußtsein eben diese *einfache* selbstbewußte Negativität. Das Selbst des daseienden Geistes hat dadurch die Form der vollkommnen Unmittelbarkeit; es ist weder als Gedachtes oder Vorgestelltes noch Hervorgebrachtes gesetzt, wie es mit dem unmittelbaren Selbst teils in der natürlichen, teils in der Kunstreligion der Fall ist. Sondern dieser Gott wird unmittelbar als Selbst, als ein wirklicher einzelner Mensch, sinnlich angeschaut; so nur *ist* er Selbstbewußtsein.

Diese Menschwerdung des göttlichen Wesens, oder daß es wesentlich und unmittelbar die Gestalt des Selbstbewußtseins hat, ist der einfache Inhalt der absoluten Religion. In ihr wird das Wesen als Geist gewußt, oder sie ist sein Bewußtsein über sich, Geist zu sein. Denn der Geist ist das Wissen seiner selbst in seiner Entäußerung; das Wesen, das die Bewegung ist, in seinem Anderssein die Gleichheit mit sich selbst zu behalten. Dies aber ist die Substanz insofern sie in ihrer Akzidentalität ebenso in sich reflektiert, nicht dagegen als gegen ein Unwesentliches und somit in einem Fremden sich Befindendes gleichgültig, sondern darin in sich, d.h. insofern sie *Subjekt* oder *Selbst* ist. – In dieser Religion ist deswegen das göttliche Wesen *geoffenbart*. Sein Offenbarsein besteht offenbar darin, daß gewußt wird, was es ist. Es wird aber gewußt, eben indem es als Geist gewußt wird, als Wesen, das wesentlich *Selbstbewußtsein* ist. – Dem *Bewußtsein* ist in seinem Gegenstand dann etwas geheim, wenn er ein *Anderes* oder *Fremdes* für es ist, und wenn es ihn nicht als *sich selbst* weiß. Dies Geheimsein hört auf, indem das absolute Wesen als Geist Gegenstand des Bewußtseins ist; denn so ist er als *Selbst* in seinem Verhältnisse zu ihm; d.h. dieses weiß unmittelbar sich darin, oder es ist sich in ihm offenbar. Es selbst ist sich nur in der eignen Gewißheit seiner offenbar; jener sein Gegenstand ist das *Selbst*, das Selbst aber ist kein Fremdes, sondern die untrennbare Einheit mit sich, das unmittelbar Allgemeine. Es ist der reine Begriff, das reine Denken oder *Fürsichsein*, das unmittelbar *Sein*, und damit *Sein für anderes*, und als dieses *Sein für anderes* unmittelbar in sich zurückgekehrt, und bei sich selbst; es ist also das wahrhaft und allein Offenbare. Das Gütige, Gerechte, Heilige, Schöpfer Himmels und der Erde usf. sind *Prädikate* eines Subjekts, – allgemeine Momente, die an diesem Punkte ihren Halt haben, und nur erst im Rückgehen des Bewußtseins ins Denken sind. Indem *sie* gewußt werden, ist ihr Grund und Wesen, das *Subjekt* selbst, noch nicht offenbar, und ebenso sind die *Bestimmungen* des Allgemeinen, nicht *dies Allgemeine* selbst. Das *Subjekt* selbst, und damit auch *dies reine Allgemeine*, ist aber offenbar als *Selbst*, denn dies ist eben dies in sich reflektierte Innre, das unmittelbar da, und die eigne Gewißheit desjenigen Selbsts ist, für welches es da ist. Dies – seinem *Begriffe* nach das Offenbare zu sein, – ist also die wahre Gestalt des Geistes, und diese seine Gestalt, der Begriff, ist ebenso allein sein Wesen und Substanz. Er wird gewußt als Selbstbewußtsein und ist diesem unmittelbar offenbar, denn er ist dieses selbst; die göttliche Natur ist dasselbe, was die menschliche ist, und diese Einheit ist es, die angeschaut wird.

Hier also ist in der Tat das Bewußtsein oder die Weise, wie das Wesen für es selbst ist, seine Gestalt, seinem Selbstbewußtsein gleich; diese Gestalt ist selbst ein Selbstbewußtsein; sie ist damit zugleich *seiender* Gegenstand, und dieses *Sein* hat ebenso unmittelbar die Bedeutung des *reinen Denkens*, des absoluten Wesens. – Das absolute Wesen, welches als ein wirkliches Selbstbewußtsein da ist, scheint von seiner ewigen Einfachheit *herabgestiegen* zu sein, aber in der Tat hat es damit erst sein *höchstes* Wesen erreicht. Denn der Begriff des Wesens, erst indem er seine einfache Reinheit erlangt hat, ist er die absolute *Abstraktion*, welche *reines Denken* und damit die reine Einzelheit des Selbsts, sowie um seiner Einfachheit willen das *Unmittelbare* oder *Sein* ist. – Was das sinnliche Bewußtsein genannt wird, ist eben diese reine *Abstraktion*, es ist dies Denken, für welches das *Sein*, das *Unmittelbare* ist. Das Niedrigste ist also zugleich das Höchste; das ganz an die *Oberfläche* herausgetretene Offenbare ist eben darin das *Tiefste*. Daß das höchste Wesen als ein seiendes Selbstbewußtsein gesehen, gehört usf. wird, dies ist also in der Tat die Vollendung seines Begriffes; und durch diese Vollendung ist das Wesen so unmittelbar *da*, als es Wesen ist.

Dies unmittelbare Dasein ist zugleich nicht allein und bloß unmittelbares Bewußtsein, sondern es ist religiöses Bewußtsein; die Unmittelbarkeit hat ungetrennt die Bedeutung nicht nur eines *seienden* Selbstbewußtseins, sondern des rein gedachten oder absoluten *Wesens*. Wessen wir uns in unserem Begriffe bewußt sind, daß das *Sein Wesen* ist, ist das religiöse Bewußtsein sich bewußt. Diese *Einheit* des Seins und Wesens, des *Denkens*, das unmittelbar *Dasein ist*, ist wie es der

Gedanke dieses religiösen Bewußtseins oder sein *vermitteltes* Wissen ist, ebenso *sein unmittelbares* Wissen; denn diese Einheit des Seins und Denkens ist das *Selbst*bewußtsein, und ist selbst *da*, oder die *gedachte* Einheit hat zugleich diese Gestalt dessen, was sie ist. Gott ist also hier *offenbar*, wie *er ist*; *er ist* so *da*, wie er *an sich* ist; er ist da, als Geist. Gott ist allein im reinen spekulativen Wissen erreichbar, und ist nur in ihm und ist nur es selbst, denn er ist der Geist; und dieses spekulative Wissen ist das Wissen der offenbaren Religion. Jenes weiß ihn als *Denken* oder reines Wesen, und dies Denken als Sein und als Dasein, und das Dasein als die Negativität seiner selbst, hiemit als Selbst, *dieses* und allgemeines Selbst; eben dies weiß die offenbare Religion. – Die Hoffnungen und Erwartungen der vorhergehenden Welt drängten sich allein auf diese Offenbarung hin, anzuschauen, was das absolute Wesen ist, und sich selbst in ihm zu finden; diese Freude wird dem Selbstbewußtsein und ergreift die ganze Welt, im absoluten Wesen sich zu schauen; denn es ist Geist, es ist die einfache Bewegung jener reinen Momente, die dies selbst ausdrückt, daß das Wesen dadurch erst, daß es als *unmittelbares* Selbstbewußtsein angeschaut wird, als Geist gewußt wird.

Dieser Begriff des sich selbst als Geist wissenden Geistes ist selbst der unmittelbare, und noch nicht entwickelt. Das Wesen ist Geist, oder es ist erschienen, es ist offenbar; dies erste Offenbarsein ist selbst *unmittelbar*; aber die Unmittelbarkeit ist ebenso reine Vermittlung oder Denken; sie muß daher an ihr selbst als solcher dies darstellen. – Bestimmter dies betrachtet, so ist der Geist in der Unmittelbarkeit des Selbstbewußtseins *dieses einzelne* Selbstbewußtsein, dem *allgemeinen* entgegengesetzt; er ist ausschließendes Eins, das für das Bewußtsein, *für welches* es da ist, die noch unaufgelöste Form eines *sinnlichen Andern* hat; dieses weiß den Geist noch nicht als den seinen, oder der Geist ist noch nicht, wie er *einzelnes* Selbst ist, ebensowohl als allgemeines, als Alles Selbst da. Oder die Gestalt hat noch nicht die Form des *Begriffs*, d.h. des allgemeinen Selbsts, des Selbsts, das in seiner unmittelbaren Wirklichkeit ebenso aufgehobnes, Denken, Allgemeinheit ist, ohne in dieser jene zu verlieren. – Die nächste und selbst unmittelbare Form dieser Allgemeinheit ist aber nicht schon die Form *des Denkens* selbst, *des Begriffes als Begriffes*, sondern die Allgemeinheit der Wirklichkeit, die Allheit der Selbst, und die Erhebung des Daseins in die Vorstellung; wie überall, und um ein bestimmtes Beispiel anzuführen, das aufgehobne *sinnliche Dieses* erst das Ding der *Wahrnehmung*, noch nicht das *Allgemeine* des Verstandes ist.

Dieser einzelne Mensch also, als welcher das absolute Wesen offenbar ist, vollbringt an ihm als Einzelnem die Bewegung des *sinnlichen Seins*. Er ist der *unmittelbar* gegenwärtige Gott; dadurch geht sein *Sein* in *Gewesensein* über. Das Bewußtsein, für welches er diese sinnliche Gegenwart hat, hört auf, ihn zu sehen, zu hören; es *hat* ihn gesehen und gehört; und erst dadurch, daß es ihn nur gesehen, gehört *hat*, wird es selbst geistiges Bewußtsein, oder wie er vorher als *sinnliches Dasein* für es aufstand, ist er jetzt *im Geiste* aufgestanden. – Denn als solches, das ihn sinnlich sieht und hört, ist es selbst nur unmittelbares Bewußtsein, das die Ungleichheit der Gegenständlichkeit nicht aufgehoben, nicht ins reine Denken zurückgenommen hat, sondern diesen gegenständlichen Einzelnen, nicht aber sich selbst als Geist weiß. In dem Verschwinden des unmittelbaren Daseins des als absoluten Wesens Gewußten erhält das Unmittelbare sein negatives Moment; der Geist bleibt unmittelbares Selbst der Wirklichkeit, aber als *das allgemeine Selbstbewußtsein* der Gemeine, das in seiner eignen Substanz ruht, so wie diese in ihm allgemeines

Subjekt ist; nicht der Einzelne für sich, sondern zusammen mit dem Bewußtsein der Gemeine, und das, was er für diese ist, ist das vollständige Ganze desselben.

Vergangenheit und *Entfernung* sind aber nur die unvollkommne Form, wie die unmittelbare Weise vermittelt oder allgemein gesetzt ist; diese ist nur oberflächlich in das Element des Denkens getaucht, ist als sinnliche Weise darin aufbewahrt und mit der Natur des Denkens selbst nicht in Eins gesetzt. Es ist nur in das *Vorstellen* erhoben, denn dies ist die synthetische Verbindung der sinnlichen Unmittelbarkeit und ihrer Allgemeinheit oder des Denkens.

Diese *Form des Vorstellens* macht die Bestimmtheit aus, in welcher der Geist, in dieser seiner Gemeine, seiner bewußt wird. Sie ist noch nicht das zu seinem Begriffe als Begriffe gediehene Selbstbewußtsein desselben; die Vermittlung ist noch unvollendet. Es ist also in dieser Verbindung des Seins und Denkens der Mangel vorhanden, daß das geistige Wesen noch mit einer unversöhnten Entzweiung in ein Diesseits und Jenseits behaftet ist. Der *Inhalt* ist der wahre, aber alle seine Momente haben, in dem Elemente des Vorstellens gesetzt, den Charakter, nicht begriffen zu sein, sondern als vollkommen selbständige Seiten zu erscheinen, die sich *äußerlich* aufeinander beziehen. Daß der wahre Inhalt auch seine wahre Form für das Bewußtsein erhalte, dazu ist die höhere Bildung des letztern notwendig, seine Anschauung der absoluten Substanz in den Begriff zu erheben, und *für es selbst* sein Bewußtsein mit seinem Selbstbewußtsein auszugleichen, wie dies für uns oder *an sich* geschehen ist.

Dieser Inhalt ist in der Weise, wie er in seinem Bewußtsein ist, zu betrachten. – Der absolute Geist ist *Inhalt*, so ist er in der Gestalt seiner *Wahrheit*. Aber seine Wahrheit ist, nicht nur die Substanz der Gemeine, oder das *Ansich* derselben zu sein, noch auch nur aus dieser Innerlichkeit in die Gegenständlichkeit des Vorstellens heraufzutreten, sondern wirkliches Selbst zu werden, sich in sich zu reflektieren und Subjekt zu sein. Dies ist also die Bewegung, welche er in seiner Gemeinde vollbringt, oder dies das Leben desselben. Was dieser sich offenbarende Geist *an und für sich* ist, wird daher nicht dadurch herausgebracht, daß sein reiches Leben in der Gemeine gleichsam aufgedreht und auf seinen ersten Faden zurückgeführt wird, etwa auf die Vorstellungen der ersten unvollkommnen Gemeine oder gar auf das, was der wirkliche Mensch gesprochen hat. Dieser Zurückführung liegt der Instinkt zu Grunde, auf den Begriff zu gehen; aber sie verwechselt den *Ursprung* als das *unmittelbare Dasein* der ersten Erscheinung mit der *Einfachheit* des *Begriffes*. Durch diese Verarmung des Lebens des Geistes, durch das Wegräumen der Vorstellung der Gemeine und ihres Tuns gegen ihre Vorstellung, entsteht daher statt des Begriffes vielmehr die bloße Äußerlichkeit und Einzelheit, die geschichtliche Weise der unmittelbaren Erscheinung und die geistlose Erinnerung einer einzelnen gemeinten Gestalt und ihrer Vergangenheit.

Der Geist ist Inhalt seines Bewußtseins zuerst in der Form der *reinen Substanz*, oder ist Inhalt seines reinen Bewußtseins. Dies Element des Denkens ist die Bewegung, zum Dasein oder der Einzelheit herunterzusteigen. Die Mitte zwischen ihnen ist ihre synthetische Verbindung, das Bewußtsein des Anderswerdens oder das Vorstellen als solches. – Das dritte ist die Rückkehr aus der Vorstellung und dem Anderssein oder das Element des Selbstbewußtseins selbst. – Diese drei Momente machen den Geist aus; sein Auseinandertreten in der Vorstellung besteht darin, auf eine *bestimmte* Weise zu sein; diese Bestimmtheit aber ist nichts anderes, als eines seiner Momente. Seine ausführliche Bewegung ist also diese, in jedem seiner Momente, als in einem Elemente, seine Natur auszubreiten; indem jeder dieser Kreise sich in sich vollendet, ist diese seine Reflexion in sich zugleich der Übergang in den andern. Die *Vorstellung* macht die Mitte zwischen dem reinen Denken und dem Selbstbewußtsein als solchem aus, und ist nur *eine* der Bestimmtheiten; zugleich aber, wie sich gezeigt, ist ihr Charakter, die synthetische Verbindung zu sein, über alle diese Elemente ausgebreitet, und ihre gemeinschaftliche Bestimmtheit.

Der Inhalt selbst, der zu betrachten ist, ist zum Teil schon als die Vorstellung des *unglücklichen* und *glaubenden* Bewußtseins vorgekommen; – in jenem aber in der Bestimmung des aus dem *Bewußtsein hervorgebrachten* und *ersehnten* Inhalts, worin der Geist sich nicht ersättigen noch Ruhe finden kann, weil er noch nicht *an sich* oder als seine *Substanz* sein Inhalt ist; – in diesem dagegen ist er als das selbstlose *Wesen* der Welt oder als wesentlich *gegenständlicher* Inhalt des Vorstellens betrachtet worden, – eines Vorstellens, das der Wirklichkeit überhaupt entflieht und daher ohne die *Gewißheit des Selbstbewußtseins* ist, die sich teils als Eitelkeit des Wissens, teils als reine Einsicht von ihm trennt. – Das Bewußtsein der Gemeinde hingegen hat ihn zu seiner *Substanz*, ebenso als er ihre *Gewißheit* des eignen Geistes ist.

Der Geist zuerst als Substanz im *Elemente des reinen Denkens vorgestellt*, ist er hiemit unmittelbar das einfache sich selbst gleiche, ewige *Wesen*, das aber nicht diese abstrakte *Bedeutung* des Wesens, sondern die Bedeutung des absoluten Geistes hat. Allein der Geist ist dies, nicht Bedeutung, nicht das Innre, sondern das Wirkliche zu sein. Das einfache ewige Wesen daher würde nur dem leeren Worte nach Geist sein, wenn es bei der Vorstellung und dem Ausdrucke des einfachen ewigen Wesens bliebe. Das einfache Wesen aber, weil es die Abstraktion ist, ist es in der Tat das *Negative an sich selbst*, und zwar die Negativität des Denkens oder sie, wie sie im *Wesen* an sich ist; d.h. es ist der absolute *Unterschied* von sich, oder sein reines Anderswerden. Als *Wesen* ist es nur *an sich* oder für uns; aber indem diese Reinheit eben die Abstraktion oder Negativität ist, ist es *für sich selbst*, oder das *Selbst*, der *Begriff*. – Es ist also *gegenständlich*; und indem die Vorstellung die soeben ausgesprochne *Notwendigkeit* des Begriffs als ein *Geschehen* auffaßt und ausspricht, so wird gesagt werden, daß das ewige Wesen sich ein Anderes *erzeugt*. Aber in diesem Anderssein ist es ebenso unmittelbar in sich zurückgekehrt; denn der Unterschied ist der Unterschied *an sich*, d.h. er ist unmittelbar nur von sich selbst unterschieden, er ist also die in sich zurückgekehrte Einheit.

Es unterscheiden sich also die drei Momente, des *Wesens*, des *Fürsichseins*, welches das Anderssein des Wesens ist und für welches das Wesen ist, und des *Fürsichseins* oder sich selbst Wissens *im Andern*. Das Wesen schaut nur sich selbst in seinem Fürsichsein an; es ist in dieser Entäußerung nur bei sich; das Fürsichsein, das sich von dem Wesen ausschließt, ist das *Wissen des Wesens seiner selbst*; es ist das Wort, das ausgesprochen den Aussprechenden entäußert und ausgeleert zurückläßt, aber ebenso unmittelbar vernommen ist, und nur dieses sich selbst Vernehmen ist das Dasein des Wortes. So daß die Unterschiede, die gemacht sind, ebenso unmittelbar aufgelöst als sie gemacht, und ebenso unmittelbar gemacht als sie aufgelöst sind, und das Wahre und Wirkliche eben diese in sich kreisende Bewegung ist.

Diese Bewegung in sich selbst spricht das absolute Wesen als *Geist* aus; das absolute Wesen, das nicht als Geist erfaßt wird, ist nur das abstrakte Leere, so wie der Geist, der nicht als diese Bewegung erfaßt wird, nur ein leeres Wort ist.

Indem seine *Momente* in ihrer Reinheit gefaßt werden, sind sie die ruhelosen Begriffe, die nur sind, ihr Gegenteil an sich selbst zu sein und ihre Ruhe im Ganzen zu haben. Aber das *Vorstellen* der Gemeine ist nicht dies *begreifende* Denken; sondern hat den Inhalt ohne seine Notwendigkeit, und bringt statt der Form des Begriffes die natürlichen Verhältnisse von Vater und Sohn in das Reich des reinen Bewußtseins. Indem es so im Denken selbst sich *vorstellend* verhält, ist ihm das Wesen zwar offenbar, aber die Momente desselben treten ihm um dieser synthetischen Vorstellung willen teils selbst auseinander, so daß sie nicht durch ihren eignen Begriff sich aufeinander beziehen, teils tritt es von diesem seinem reinen Gegenstand zurück, bezieht sich nur äußerlich auf ihn; er ist ihm von einem Fremden geoffenbart, und in diesem Gedanken des Geistes erkennt es nicht sich selbst, nicht die Natur des reinen Selbstbewußtseins. Insofern über die Form des Vorstellens und jener Verhältnisse, die aus dem Natürlichen hergenommen sind, und damit besonders auch darüber hinausgegangen werden muß, die Momente der Bewegung, die der Geist ist, für isolierte nichtwankende Substanzen oder Subjekte, statt für übergehende Momente zu nehmen, – ist dies Hinausgehen, wie vorhin bei einer andern Seite erinnert wurde, für ein Drängen des Begriffes anzusehen; aber indem es nur Instinkt ist, verkennt es sich, verwirft mit der Form auch den Inhalt, und, was dasselbe ist, setzt ihn zu einer geschichtlichen Vorstellung und einem Erbstücke der Tradition herab; hierin ist das rein Äußerliche des Glaubens nur beibehalten und damit als ein erkenntnisloses Totes, das *Innerliche* desselben aber ist verschwunden, weil dies der Begriff wäre, der sich als Begriff weiß.

Der absolute Geist, im reinen Wesen vorgestellt, ist zwar nicht das *abstrakte* reine Wesen, sondern dieses ist vielmehr ebendadurch, daß es im Geiste nur Moment ist, zum *Elemente* herabgesunken. Die Darstellung des Geistes aber in diesem Elemente hat denselben Mangel der Form nach an sich, den das *Wesen* als Wesen hat. Das Wesen ist das Abstrakte, und darum das Negative seiner Einfachheit, ein Anderes; ebenso der *Geist* im Elemente des Wesens ist die *Form* der *einfachen Einheit*, die darum ebenso wesentlich ein Anderswerden ist. – Oder was dasselbe ist, die Beziehung des ewigen Wesens auf sein Fürsichsein ist die unmittelbar-einfache des reinen Denkens; in diesem *einfachen* Anschauen seiner selbst im Andern ist also das *Anderssein* nicht als solches gesetzt; es ist der Unterschied, wie er im reinen Denken unmittelbar *kein Unterschied* ist; ein Anerkennen *der Liebe*, worin die beiden nicht ihrem Wesen nach sich *entgegensetzten*. – Der Geist, der im Elemente des reinen Denkens ausgesprochen ist, ist wesentlich selbst dieses, nicht in ihm nur, sondern *wirklicher* zu sein, denn in seinem Begriffe liegt selbst das *Anderssein*, d.h. das Aufheben des reinen nur gedachten Begriffes.

Das Element des reinen Denkens, weil es das abstrakte ist, ist selbst vielmehr das *Andre* seiner Einfachheit, und geht daher in das eigentliche Element des *Vorstellens* über, – das Element, worin die Momente des reinen Begriffes ein *substantielles* Dasein ebenso gegeneinander erhalten, als sie *Subjekte* sind, die nicht für ein Drittes die Gleichgültigkeit des Seins gegeneinander haben, sondern in sich reflektiert sich selbst von einander absondern und entgegenstellen.

Der also nur ewige oder abstrakte Geist wird sich *ein Anders* oder tritt in das Dasein und unmittelbar in das *unmittelbare Dasein*. Er *erschafft* also eine *Welt*. Dieses *Erschaffen* ist das Wort der Vorstellung für den *Begriff* selbst nach seiner absoluten Bewegung oder dafür, daß das als absolut ausgesagte Einfache oder reine Denken, weil es das abstrakte ist, vielmehr das Negative und hiemit sich Entgegengesetzte oder *Andre* ist; – oder weil, um dasselbe noch in einer andern Form zu sagen, das als *Wesen* Gesetzte die einfache *Unmittelbarkeit* oder das *Sein* ist, aber als Unmittelbarkeit oder Sein des Selbsts entbehrt, und also, der Innerlichkeit ermangelnd, *passiv* oder *Sein für anderes* ist. – Dies *Sein für anderes* ist zugleich *eine Welt*; der Geist in der Bestimmung des *Seins für anderes* ist das ruhige Bestehen der vorhin in das reine Denken eingeschlossenen Momente, also die Auflösung ihrer einfachen Allgemeinheit und das Auseinandergehen derselben in ihre eigne Besonderheit.

Die Welt ist aber nicht nur dieser auseinander in die Vollständigkeit und deren äußere Ordnung geworfene Geist, sondern da er wesentlich das einfache Selbst ist, ist dieses an ihr ebenso vorhanden: der *daseiende Geist*, der das einzelne Selbst ist, welches das Bewußtsein hat, und sich als Andres oder als Welt von sich unterscheidet. – Wie dieses einzelne Selbst so unmittelbar erst gesetzt ist, ist es noch nicht *Geist für sich*; es *ist* also nicht *als* Geist, es kann *unschuldig*, aber nicht wohl *gut* genannt werden. Daß es in der Tat Selbst und Geist sei, muß es ebenso, wie das ewige Wesen sich als die Bewegung, in seinem Anderssein sich selbst gleich zu sein, darstellt, zunächst sich selbst ein *Anderes* werden. Indem dieser Geist bestimmt ist als erst unmittelbar daseiend oder als in die Mannigfaltigkeit seines Bewußtseins zerstreut, so ist sein Anderswerden das *Insich*gehen des Wissens überhaupt. Das unmittelbare Dasein schlägt in den Gedanken, oder das nur sinnliche Bewußtsein in das Bewußtsein des Gedankens um; und zwar, weil er der aus der Unmittelbarkeit herkommende oder *bedingte* Gedanke ist, ist er nicht das reine Wissen, sondern der Gedanke, der das Anderssein an ihm hat, und also der sich selbst entgegengesetzte Gedanke des *Guten* und *Bösen*. Der

Mensch wird so vorgestellt, daß es *geschehen* ist, als etwas nicht Notwendiges, – daß er die Form der Sichselbstgleichheit durch das Pflücken vom Baume des Erkenntnisses des *Guten* und *Bösen* verlor, und aus dem Zustande des unschuldigen Bewußtseins, aus der arbeitslos sich darbietenden Natur und dem Paradiese, dem Garten der Tiere, vertrieben wurde.

Indem dies Insichgehen des daseienden Bewußtseins sich unmittelbar als das sich selbst *Ungleich*werden bestimmt, so erscheint das *Böse* als das erste Dasein des in sich gegangenen Bewußtseins; und weil die Gedanken des *Guten* und *Bösen* schlechthin entgegengesetzte und diese Entgegensetzung noch nicht aufgelöst ist, so ist dies Bewußtsein wesentlich nur das Böse. Zugleich aber ist um eben dieser Entgegensetzung willen auch das *gute* Bewußtsein gegen es vorhanden, und ihr Verhältnis zu einander. – Insofern das unmittelbare Dasein in den *Gedanken* umschlägt, und das *Insichsein* teils selbst Denken, teils das Moment des *Anderswerdens* des Wesens damit näher bestimmt ist, so kann das Bösewerden weiter rückwärts aus der daseienden Welt hinaus schon in das erste Reich des Denkens verlegt werden. Es kann also gesagt werden, daß schon der erstgeborne Lichtsohn als in sich gehend es sei, der abgefallen, aber an dessen Stelle sogleich ein anderer erzeugt worden. Solche bloß der Vorstellung, nicht dem Begriff angehörige Form wie *Abfallen*, ebenso wie *Sohn*, setzt übrigens die Momente des Begriffs ebenso umgekehrt in das Vorstellen herab, oder trägt daß Vorstellen in das Reich des Gedankens hinüber. – Ebenso gleichgültig ist es, dem einfachen Gedanken des *Andersseins* im ewigen Wesen noch eine Mannigfaltigkeit anderer Gestalten beizuordnen, und das *Insichgehen* in diese zu verlegen. Diese Beiordnung muß darum zugleich gutgeheißen werden, weil dadurch dies Moment des *Andersseins*, wie es soll, die Verschiedenheit zugleich ausdrückt; und zwar nicht als Vielheit überhaupt, sondern zugleich als bestimmte Verschiedenheit, so daß der eine Teil, der Sohn, das einfache sich selbst als Wesen Wissende ist, der andre Teil aber die Entäußerung des Fürsichseins, die nur im Preise des Wesens lebt; in diesen Teil kann dann auch wieder das Zurücknehmen des entäußerten Fürsichseins und das Insichgehen des Bösen gelegt werden. Insofern das Anderssein in zwei zerfällt, wäre der Geist in seinen Momenten bestimmter, und wenn sie gezählt werden, als Viereinigkeit, oder weil die Menge wieder selbst in zwei Teile, nämlich in gut gebliebne und böse gewordne zerfällt, gar als Fünfeinigkeit ausgedrückt. – Die Momente aber zu *zählen* kann überhaupt als unnütz angesehen werden, indem teils das Unterschiedne selbst ebensosehr nur *Eines* ist, nämlich eben der *Gedanke* des Unterschiedes, der nur Ein Gedanke ist, als er *dieses* Unterschiedne, das zweite gegen das erste ist, – teils aber, weil der Gedanke, der das Viele in Eines befaßt, aus seiner Allgemeinheit aufgelöst und in mehr als drei oder vier Unterschiedne unterschieden werden muß; – welche Allgemeinheit gegen die absolute Bestimmtheit des abstrakten Eins, des Prinzips der Zahl, als Unbestimmtheit in der Beziehung auf die Zahl selbst erscheint, so daß nur von *Zahlen* überhaupt, d.h. nicht von einer *Anzahl* der Unterschiede die Rede sein könnte, also hier überhaupt an Zahl und ans Zählen zu denken ganz überflüssig, wie auch sonst der bloße Unterschied der Größe und Menge begrifflos und nichtssagend ist.

Das *Gute* und das *Böse* waren die bestimmten Unterschiede des Gedankens, die sich ergaben. Indem ihr Gegensatz sich noch nicht aufgelöst, und sie als Wesen des Gedankens vorgestellt werden, deren jedes für sich selbständig ist, so ist der Mensch das wesenlose Selbst und der synthetische Boden ihres Daseins und Kampfs. Aber diese allgemeinen Mächte gehören ebensosehr dem Selbst an, oder das Selbst ist ihre Wirklichkeit. Nach diesem Momente geschieht es also, daß, wie das Böse nichts anderes ist als das Insichgehen des natürlichen Daseins des Geistes, umgekehrt das Gute in die Wirklichkeit tritt und als ein daseiendes Selbstbewußtsein erscheint. – Was im rein gedachten Geiste als das *Anders*werden des göttlichen Wesens überhaupt nur angedeutet ist, tritt hier seiner Realisierung für das Vorstellen näher; sie besteht ihm in der Selbsterniedrigung des göttlichen Wesens, das auf seine Abstraktion und Unwirklichkeit Verzicht tut. – Die andere Seite, das Böse, nimmt das Vorstellen als ein dem göttlichem Wesen fremdes Geschehen; es in demselben selbst, *als seinen Zorn* zu fassen, ist die höchste, härteste Anstrengung des mit sich selbst ringenden Verstellens, die, da sie des Begriffs entbehrt, fruchtlos bleibt.

Die Entfremdung des göttlichen Wesens ist also auf ihre gedoppelte Weise gesetzt; das Selbst des Geistes und sein einfacher Gedanke sind die beiden Momente, deren absolute Einheit der Geist selbst ist; seine Entfremdung besteht darin, daß sie auseinandertreten und das eine einen ungleichen Wert gegen das andre hat. Diese Ungleichheit ist darum die gedoppelte, und es entstehen zwei Verbindungen, deren gemeinschaftliche Momente die angegebnen sind. In der einen gilt das *göttliche* Wesen als das Wesentliche, das natürliche Dasein aber und das Selbst als das Unwesentliche und Aufzuhebende; in der andern gilt dagegen das *Fürsichsein* als das Wesentliche, und das einfache Göttliche als das Unwesentliche. Ihre noch leere Mitte ist das *Dasein* überhaupt, die bloße Gemeinschaftlichkeit der beiden Momente derselben.

Die Auflösung dieses Gegensatzes geschieht nicht sowohl durch den Kampf der beiden, die als getrennte und selbständige Wesen vorgestellt sind. In ihrer *Selbständigkeit* liegt es, daß *an sich*, durch seinen Begriff, jedes an ihm selbst sich auflösen muß; der Kampf fällt erst dahin, wo beide aufhören, diese Vermischungen des Gedankens und des selbständigen Daseins zu sein, und wo sie nur als Gedanken einander gegenüberstehen. Denn alsdenn sind sie als bestimmte Begriffe wesentlich nur in der entgegengesetzten Beziehung; als selbständige hingegen haben sie außer der Entgegensetzung ihre Wesentlichkeit; ihre Bewegung ist also die freie und eigne ihrer selbst. Wie also die Bewegung beider die Bewegung *an sich* ist, weil sie an ihnen selbst zu betrachten ist, so fängt sie auch dasjenige von beiden an, welches als das Ansichseiende gegen das andre bestimmt ist. Es wird dies als ein freiwilliges Tun vorgestellt; aber die Notwendigkeit seiner Entäußerung liegt in dem Begriffe, daß das Ansichseiende, welches nur im Gegensatze so bestimmt ist, ebendarum nicht wahrhaftes Bestehen hat; dasjenige also, dem nicht das Fürsichsein, sondern das Einfache als das Wesen gilt, ist es, das sich selbst entäußert, in den Tod geht, und dadurch das absolute Wesen mit sich selbst versöhnt. Denn in dieser Bewegung stellt es sich als *Geist* dar; das abstrakte Wesen ist sich entfremdet, es hat natürliches Dasein und selbstische Wirklichkeit; dies sein Anderssein oder seine sinnliche Gegenwart wird durch das zweite Anderswerden zurückgenommen, und als aufgehobne, als *allgemeine* gesetzt; dadurch ist das Wesen in ihr sich selbst geworden; das unmittelbare Dasein der Wirklichkeit hat aufgehört, ein ihm fremdes oder äußerliches zu sein, indem es aufgehobnes, allgemeines ist; dieser Tod ist daher sein Erstehen als Geist.

Die aufgehobne unmittelbare Gegenwart des selbstbewußten Wesens ist es als allgemeines Selbstbewußtsein; dieser Begriff des aufgehobnen einzelnen Selbsts, das absolutes Wesen ist, drückt daher unmittelbar die Konstituierung einer Gemeinde aus, die bisher im Vorstellen verweilend jetzt in sich, als in das Selbst, zurückkehrt; und der Geist geht somit aus dem zweiten Elemente seiner Bestimmung, dem Vorstellen, in das *dritte*, das Selbstbewußtsein als solches über. – Betrachten wir noch die Art, wie jenes Vorstellen sich in seinem Fortgange benimmt, so sehen wir zuerst dies ausgedrückt, daß das göttliche Wesen die menschliche Natur annimmt. Darin ist es schon *ausgesprochen*, daß *an sich* beide nicht getrennt sind; – wie darin, daß das göttliche Wesen sich selbst *von Anfang* entäußert, sein Dasein in sich geht und böse wird, es nicht ausgesprochen, aber darin *enthalten* ist, daß *an sich* dies böse Dasein nicht ein ihm Fremdes ist; das absolute Wesen hätte nur diesen leeren Namen, wenn es in Wahrheit ein ihm *Anderes*, wenn es einen *Abfall* von ihm gäbe; – das Moment des *Insichseins* macht vielmehr das wesentliche Moment des *Selbsts* des *Geistes* aus. – Daß das *Insichsein* und damit erst *Wirklichkeit* dem Wesen selbst angehöre, dies, was für uns Begriff ist, und insofern es *Begriff* ist, erscheint dem vorstellenden Bewußtsein als ein unbegreifliches *Geschehen*; das *Ansich* nimmt die Form des *gleichgültigen Seins* für es an. Der Gedanke aber, daß jene sich zu fliehen scheinende[n] Momente des absoluten Wesens und des fürsichseienden Selbsts nicht getrennt sind, erscheint diesem Vorstellen *auch*, – denn es besitzt den wahren Inhalt, – aber nachher, – in der Entäußerung des göttlichen Wesens, das Fleisch wird. Diese Vorstellung, die auf diese Weise noch *unmittelbar* und daher nicht geistig ist, oder die menschliche Gestalt des Wesens nur erst als eine besondre, noch nicht allgemeine weiß, wird für dies Bewußtsein geistig in der Bewegung des gestalteten Wesens[,] sein unmittelbares Dasein wieder aufzuopfern, und zum Wesen zurückzukehren; das Wesen als *in sich reflek-*

tiertes ist erst der Geist. – Die *Versöhnung* des göttlichen Wesens mit dem *Andern* überhaupt und bestimmt mit dem *Gedanken* desselben, dem *Bösen*, ist also hierin vorgestellt. – Wenn diese Versöhnung nach *ihrem Begriffe* so ausgedrückt wird, daß sie darin bestehe, weil *an sich* das *Böse dasselbe* sei, was das *Gute*, oder auch das göttliche Wesen *dasselbe*, was die Natur in ihrem ganzen Umfange, so wie die Natur getrennt vom göttlichen Wesen nur das *Nichts*, – so ist dies als eine ungeistige Weise sich auszudrücken anzusehen, die notwendig Mißverständnisse erwecken muß. – Indem das Böse *dasselbe* ist, was das Gute, ist eben das Böse nicht Böses noch das Gute Gutes, sondern beide sind vielmehr aufgehoben, das Böse überhaupt das insichseiende Fürsichsein, und das Gute das selbstlose Einfache. Indem so beide nach ihrem Begriffe ausgesprochen werden, erhellt zugleich ihre Einheit; denn das insichseiende Fürsichsein ist das einfache Wissen; und das selbstlose Einfache ist ebenso das reine in sich seiende Fürsichsein. – Sosehr daher gesagt werden muß, daß nach diesem ihrem Begriffe das Gute und Böse, d.h. insofern sie nicht das Gute und das Böse sind, *dasselbe* seien, ebensosehr muß also gesagt werden, daß sie *nicht* dasselbe, sondern schlechthin *verschieden* sind; denn das einfache Fürsichsein, oder auch das reine Wissen sind gleicherweise die reine Negativität, oder der absolute Unterschied an ihnen selbst. – Erst diese beiden Sätze vollenden das Ganze, und dem Behaupten und Versichern des ersten muß mit unüberwindlicher Hartnäckigkeit das Festhalten an dem andern gegenübertreten; indem beide gleich Recht haben, haben beide gleich Unrecht, und ihr Unrecht besteht darin, solche abstrakte[n] Formen, wie *dasselbe* und *nicht dasselbe*, die *Identität* und die *Nichtidentität* für etwas Wahres, Festes, Wirkliches zu nehmen, und auf ihnen zu beruhen. Nicht das eine oder das andre hat Wahrheit, sondern eben ihre Bewegung, daß das einfache Dasselbe die Abstraktion und damit der absolute Unterschied, dieser aber als Unterschied an sich, von sich selbst unterschieden[,] also die Sichselbstgleichheit ist. Eben dies ist der Fall mit der *Dieselbigkeit* des göttlichen Wesens und der Natur überhaupt und der menschlichen insbesondre; jenes ist Natur, insofern es nicht Wesen ist; diese ist göttlich nach ihrem Wesen; – aber es ist der Geist, worin beide abstrakte Seiten wie sie in Wahrheit sind, nämlich als *aufgehobne* gesetzt sind, – ein Setzen, das nicht durch das Urteil und das geistlose *Ist*, die Copula desselben, ausgedrückt werden kann. – Ebenso ist die Natur *nichts außer* ihrem Wesen; aber dies Nichts selbst *ist* ebensosehr; es ist die absolute Abstraktion, also das reine Denken oder Insichsein, und mit dem Momente seiner Entgegensetzung gegen die geistige Einheit ist es das *Böse*. Die Schwierigkeit, die in diesen Begriffen stattfindet, ist allein das Festhalten am *Ist*, und das Vergessen des Denkens, worin die Momente ebenso *sind* als *nicht sind*, – nur die Bewegung sind, die der Geist ist. – Diese geistige Einheit oder die Einheit, worin die Unterschiede nur als Momente oder als aufgehobne sind, ist es, die für das vorstellende Bewußtsein in jener Versöhnung geworden, und indem sie die Allgemeinheit des Selbstbewußtseins ist, hat dieses aufgehört, vorstellendes zu sein; die Bewegung ist in es zurückgegangen.

Der Geist ist also in dem dritten Elemente, im *allgemeinen Selbstbewußtsein* gesetzt; er ist seine *Gemeinde*. Die Bewegung der Gemeinde als des Selbstbewußtseins, das sich von seiner Vorstellung unterscheidet, ist, das *hervorzubringen*, was *an sich* geworden ist. Der gestorbne göttliche Mensch oder menschliche Gott ist *an sich* das allgemeine Selbstbewußtsein; er hat dies *für dies Selbstbewußtsein* zu werden. Oder indem es die Eine Seite des Gegensatzes der Vorstellung ausmacht, nämlich die böse, der das natürliche Dasein und das einzelne Fürsichsein als das Wesen gilt, so hat diese; die als selbständig, noch nicht als Moment vorgestellt ist, um ihrer Selbständigkeit willen an und für sie selbst sich zum Geiste zu erheben, oder die Bewegung desselben an ihr darzustellen.

Sie *ist* der *natürliche Geist*; das Selbst hat aus dieser Natürlichkeit sich zurückzuziehen und in sich zu gehen, das hieße, *böse* zu werden. Aber sie ist schon *an sich* böse; das Insichgehen besteht daher darin, *sich zu überzeugen*, daß das natürliche Dasein das Böse ist. In das vorstellende Bewußtsein fällt das *daseiende* Bösewerden und Bösesein der Welt, sowie die *daseiende* Versöhnung des absoluten Wesens; in das *Selbstbewußtsein* aber als solches fällt der Form nach dieses Vorgestellte nur als aufgehobnes Moment, denn das *Selbst* ist das Negative; also das *Wissen*, – ein Wissen, das ein reines Tun des Bewußtseins in sich selbst ist. – An dem Inhalte muß dies Moment des *Negativen* gleichfalls sich ausdrücken. Indem nämlich das Wesen *an sich* mit sich schon versöhnt und geistige Einheit ist, worin die Teile der Vorstellung *aufgehobne* oder *Momente* sind, so stellt sich dies dar, daß jeder Teil der Vorstellung hier die *entgegengesetzte* Bedeutung erhält, als er vorher hatte; jede Bedeutung vervollständigt sich dadurch an der andern, und der Inhalt ist erst dadurch ein geistiger; indem die Bestimmtheit ebensosehr ihre entgegengesetzte ist, ist die Einheit im Anderssein, das Geistige, vollendet; wie sich für uns oder *an sich* vorhin die entgegengesetzten Bedeutungen vereinigten, und selbst die abstrakten Formen des *Desselben* und des Nicht*desselben*, der *Identität* und *Nichtidentität* aufhoben.

Wenn also in dem vorstellenden Bewußtsein das *Innerlich*werden des natürlichen Selbstbewußtseins das *daseiende*

Böse war, so ist das *Innerlichwerden* im Elemente des Selbstbewußtseins das *Wissen* von *dem Bösen* als einem solchen, das *an sich* im Dasein ist. Dies Wissen ist also allerdings ein Bösewerden, aber nur Werden des *Gedankens* des *Bösen*, und ist darum als das erste Moment der Versöhnung anerkannt. Denn als ein Zurückgehen in sich aus der Unmittelbarkeit der Natur, die als das Böse bestimmt ist, ist es ein Verlassen derselben, und das Absterben der Sünde. Nicht das natürliche Dasein als solches wird von dem Bewußtsein verlassen, sondern es zugleich als ein solches, das als Böses gewußt wird. Die unmittelbare Bewegung des *Insichgehens* ist ebensosehr eine vermittelte; – sie setzt sich selbst voraus oder ist ihr eigner Grund; der Grund des Insichgehens ist nämlich, weil die Natur schon an sich in sich gegangen ist; um des Bösen willen muß der Mensch in sich gehen, aber das *Böse* ist selbst das Insichgehen. – Diese erste Bewegung ist eben darum selbst nur die unmittelbare, oder ihr *einfacher Begriff*, weil sie dasselbe, was ihr Grund ist. Die Bewegung oder das Anderswerden muß daher in seiner eigentlichern Form erst noch eintreten.

Außer dieser Unmittelbarkeit ist also die *Vermittlung* der Vorstellung notwendig. *An sich* ist das *Wissen* von der Natur als dem unwahren Dasein des Geistes, und diese in sich gewordne Allgemeinheit des Selbsts die Versöhnung des Geistes mit sich selbst. Dies *Ansich* erhält für das nicht begreifende Selbstbewußtsein die Form eines *Seienden* und *ihm Vorgestellten*. Das Begreifen also ist ihm nicht ein Ergreifen dieses Begriffes, der die aufgehobne Natürlichkeit als allgemeine, also als mit sich selbst versöhnte weiß, sondern ein Ergreifen jener *Vorstellung*, daß durch das *Geschehen* der eignen Entäußerung des göttlichen Wesens, durch seine geschehene Menschwerdung und seinen Tod das göttliche Wesen mit seinem Dasein versöhnt ist. – Das Ergreifen dieser Vorstellung drückt nun bestimmter dasjenige aus, was vorhin in ihr das geistige Auferstehen genannt wurde, oder das Werden seines einzelnen Selbstbewußtseins zum Allgemeinen oder zur Gemeinde. – Der *Tod* des göttlichen Menschen *als Tod* ist die *abstrakte* Negativität, das unmittelbare Resultat der Bewegung, die nur in die *natürliche* Allgemeinheit sich endigt. Diese natürliche Bedeutung verliert er im geistigen Selbstbewußtsein, oder er wird sein soeben angegebner Begriff; der Tod wird von dem, was er unmittelbar bedeutet, von dem Nichtsein *dieses Einzelnen* verklärt zur *Allgemeinheit* des Geistes, der in seiner Gemeine lebt, in ihr täglich stirbt und aufersteht.

Dasjenige, was dem Elemente *der Vorstellung* angehört, daß der absolute Geist, als *ein einzelner* oder vielmehr als ein *besonderer*, an seinem Dasein die Natur des Geistes vorstellt, ist also hier in das Selbstbewußtsein selbst versetzt, in das in seinem *Anderssein* sich erhaltende Wissen; dies *stirbt* daher nicht wirklich, wie der *Besondere vorgestellt* wird, *wirklich* gestorben zu sein, sondern seine Besonderheit erstirbt in seiner Allgemeinheit, d.h. in seinem *Wissen*, welches das sich mit sich versöhnende Wesen ist. Das zunächst vorhergehende *Element des Vorstellens* ist also hier als aufgehobnes gesetzt, oder es ist in das Selbst, in seinen Begriff, zurückgegangen; das in jenem nur Seiende ist zum Subjekte geworden. Eben damit ist auch das *erste Element, das reine Denken* und der in ihm ewige Geist nicht mehr jenseits des vorstellenden Bewußtseins noch des Selbsts, sondern die Rückkehr des Ganzen in sich ist ebendies, alle Momente in sich zu enthalten. Der vom Selbst ergriffne Tod des Mittlers ist das Aufheben seiner *Gegenständlichkeit* oder seines *besondern Fürsichseins*; dies *besondre* Fürsichsein ist allgemeines Selbstbewußtsein geworden. – Auf der andern Seite ist das *Allgemeine* eben dadurch Selbstbewußtsein, und der reine oder unwirkliche Geist des bloßen Denkens *wirklich* geworden. – Der Tod des Mittlers ist Tod nicht nur der *natürlichen Seite* desselben oder seines besondern Fürsichseins, es stirbt nicht nur die vom Wesen abgezogne schon tote Hülle, sondern auch die *Abstraktion* des göttlichen Wesens. Denn er ist, insofern sein Tod die Versöhnung noch nicht vollendet hat, das Einseitige, welches das Einfache des Denkens als das *Wesen* weiß im Gegensatze gegen die Wirklichkeit; dies Extrem des Selbsts hat noch nicht gleichen Wert mit dem Wesen; dies hat das Selbst erst im Geiste. Der Tod dieser Vorstellung enthält also zugleich den Tod der *Abstraktion des göttlichen Wesens,* das nicht als Selbst gesetzt ist. Er ist das schmerzliche Gefühl des unglücklichen Bewußtseins, daß *Gott selbst gestorben* ist. Dieser harte Ausdruck ist der Ausdruck des innersten sich einfach Wissens, die Rückkehr des Bewußtseins in die Tiefe der Nacht des Ich = Ich, die nichts außer ihr mehr unterscheidet und weiß. Dies Gefühl ist also in der Tat der Verlust der *Substanz* und ihres Gegenübertretens gegen das Bewußtsein; aber zugleich ist es die reine *Subjektivität* der Substanz, oder die reine Gewißheit seiner selbst, die ihr als dem Gegenstande oder dem Unmittelbaren oder dem reinen Wesen fehlte. Dies Wissen also ist die *Begeistung,* wodurch die Substanz Subjekt, ihre Abstraktion und Leblosigkeit gestorben, sie also *wirklich* und einfaches und allgemeines Selbstbewußtsein geworden ist.

So ist also der Geist *sich selbst* wissender Geist; er weiß *sich,* das, was ihm Gegenstand ist, ist, oder seine Vorstellung ist der wahre absolute *Inhalt;* er drückt, wie wir sahen, den Geist selbst aus. Er ist zugleich nicht nur *Inhalt* des Selbstbewußtseins und nicht nur *für es* Gegenstand, sondern er ist auch *wirklicher Geist.* Er ist dies, indem er die drei Elemente seiner Natur durchläuft; diese Bewegung durch sich selbst hindurch macht seine Wirklichkeit aus; – was sich bewegt, ist er, er ist das Subjekt der Bewegung und er ist ebenso *das Bewegen* selbst, oder die Substanz, durch welche das Subjekt hindurchgeht. Wie uns der Begriff des Geistes geworden war, als wir in die Religion eintraten, nämlich als die Bewegung des seiner selbst gewissen Geistes, der dem Bösen verzeiht und darin zugleich von seiner eignen Einfachheit und harten Unwandelbarkeit abläßt, oder die Bewegung, daß das absolut *Entgegengesetzte* sich als *dasselbe* erkennt und dies Erkennen als das *Ja* zwischen diesen Extremen hervorbricht, – diesen Begriff *schaut* das religiöse Bewußtsein, dem das absolute Wesen offenbar, *an*, und hebt die *Unterscheidung* seines *Selbsts* von seinem *Angeschauten* auf, ist, wie es das Subjekt ist, so auch die Substanz, und *ist* also selbst der Geist, eben weil und insofern es diese Bewegung ist.

Vollendet aber ist diese Gemeinde noch nicht in diesem ihrem Selbstbewußtsein; ihr Inhalt ist überhaupt in der Form des *Vorstellens* für sie, und diese Entzweiung hat auch die *wirkliche Geistigkeit* derselben, ihre Rückkehr aus ihrem Vorstellen, noch an ihr, wie das Element des reinen Denkens selbst damit behaftet war. Sie hat nicht auch das Bewußtsein über das, was sie ist; sie ist das geistige Selbstbewußtsein, das sich nicht als dieses Gegenstand ist, oder sich nicht zum Bewußtsein seiner selbst aufschließt; sondern insofern sie Bewußtsein ist, hat sie Vorstellungen, die betrachtet wurden. – Wir sehen das Selbstbewußtsein auf seinem letzten Wendungspunkte sich *innerlich* werden und zum *Wissen* des *Insichseins* gelangen; wir sehen es sein natürliches Dasein entäußern, und die reine Negativität gewinnen. Aber die *positive* Bedeutung, daß nämlich diese Negativität oder reine *Innerlichkeit* des *Wissens* ebensosehr das *sichselbstgleiche Wesen* ist, –

oder daß die Substanz hierin dazu gelangt, absolutes Selbstbewußtsein zu sein, dies ist ein *anderes* für das andächtige Bewußtsein. Es ergreift diese Seite, daß das reine Innerlichwerden des Wissens *an sich* die absolute Einfachheit oder die Substanz ist, als die Vorstellung von Etwas, das nicht dem *Begriffe* nach so ist, sondern als die Handlung einer *fremden* Genugtuung. Oder es ist nicht dies für es, daß diese Tiefe des reinen Selbsts die Gewalt ist, wodurch das *abstrakte Wesen* aus seiner Abstraktion herabgezogen und durch die Macht dieser reinen Andacht zum Selbst erhoben wird. – Das Tun des Selbsts behält dadurch diese negative Bedeutung gegen es, weil die Entäußerung der Substanz von ihrer Seite ein *Ansich* für jenes ist, das es nicht ebenso erfaßt und begreift, oder nicht in *seinem* Tun als solchem findet. – Indem *an sich* diese Einheit des Wesens und des Selbsts zustande gekommen, so hat das Bewußtsein auch noch diese *Vorstellung* seiner Versöhnung, aber als Vorstellung. Es erlangt die Befriedigung dadurch, daß es seiner reinen Negativität die positive Bedeutung der Einheit seiner mit dem Wesen *äußerlich* hinzufügt; seine Befriedigung bleibt also selbst mit dem Gegensatze eines Jenseits behaftet. Seine eigne Versöhnung tritt daher als ein *Fernes* in sein Bewußtsein ein, als ein Fernes der *Zukunft*, wie die Versöhnung, die das andere *Selbst* vollbrachte, als eine Ferne der *Vergangenheit* erscheint. So wie der *einzelne* göttliche Mensch einen *ansich*seienden Vater und nur eine *wirkliche* Mutter hat, so hat auch der allgemeine göttliche Mensch, die Gemeinde, ihr *eignes Tun* und *Wissen* zu ihrem Vater, zu ihrer Mutter aber die *ewige Liebe*, die sie nur *fühlt*, nicht aber in ihrem Bewußtsein als wirklichen unmittelbaren *Gegenstand* anschaut. Ihre Versöhnung ist daher in ihrem Herzen, aber mit ihrem Bewußtsein noch entzweit, und ihre Wirklichkeit noch gebrochen. Was als das

Ansich oder die Seite der *reinen Vermittlung* in ihr Bewußtsein tritt, ist die jenseits liegende Versöhnung; was aber als *gegenwärtig*, als die Seite der *Unmittelbarkeit* und des *Daseins*, ist die Welt, die ihre Verklärung noch zu gewarten hat. Sie ist wohl *an sich* versöhnt mit dem Wesen; und vom *Wesen* wird wohl gewußt, daß es den Gegenstand nicht mehr als sich entfremdet erkennt, sondern in seiner Liebe als sich gleich. Aber für das Selbstbewußtsein hat diese unmittelbare Gegenwart noch nicht Geistsgestalt. Der Geist der Gemeinde ist so in seinem unmittelbaren Bewußtsein getrennt von seinem religiösen, das zwar es ausspricht, daß sie *an sich* nicht getrennt seien, aber ein *Ansich*, das nicht realisiert, oder noch nicht ebenso absolutes Fürsichsein geworden.

[DD. Das absolute Wissen.]
VIII.
Das absolute Wissen.

Der Geist der offenbaren Religion hat sein Bewußtsein als solches noch nicht überwunden, oder, was dasselbe ist, sein wirkliches Selbstbewußtsein ist nicht der Gegenstand seines Bewußtseins; er selbst überhaupt und die in ihm sich unterscheidenden Momente fallen in das Vorstellen und in die Form der Gegenständlichkeit. Der *Inhalt* des Vorstellens ist der absolute Geist; und es ist allein noch um das Aufheben dieser bloßen Form zu tun, oder vielmehr weil sie dem *Bewußtsein als solchem* angehört, muß ihre Wahrheit schon in den Gestaltungen desselben sich ergeben haben. – Diese Überwindung des Gegenstandes des Bewußtseins ist nicht als das Einseitige zu nehmen, daß er sich als in das Selbst zurückkehrend zeigte, sondern bestimmter so, daß er sowohl als solcher sich ihm als verschwindend darstellte, als noch vielmehr, daß die Entäußerung des Selbstbewußtseins es ist, welche die Dingheit setzt, und daß diese Entäußerung nicht nur negative, sondern positive Bedeutung, sie nicht nur für uns oder an sich, sondern für es selbst hat. *Für es* hat das Negative des Gegenstandes oder dessen sich selbst Aufheben dadurch die positive Bedeutung, oder es *weiß* diese Nichtigkeit desselben dadurch einerseits, daß es sich selbst entäußert, – denn in dieser Entäußerung setzt es *sich* als Gegenstand, oder den Gegenstand um der untrennbaren Einheit des *Fürsichseins* willen als sich selbst. Andererseits liegt hierin zugleich dies andre Moment, daß es diese Entäußerung und Gegenständlichkeit ebensosehr auch aufgehoben und in sich zurückgenommen hat, also in *seinem* Anderssein als solchem bei sich ist. – Dies ist die Bewegung des *Bewußtseins*, und dieses ist darin die Totalität seiner Momente. – Es muß sich ebenso zu dem Gegenstande nach der Totalität seiner Bestimmungen verhalten, und ihn nach jeder derselben so erfaßt haben. Diese Totalität seiner Bestimmungen, macht *ihn an sich* zum geistigen Wesen, und für das Bewußtsein wird er dies in Wahrheit durch das Auffassen einer jeden einzelnen derselben als des Selbsts, oder durch das eben genannte geistige Verhalten zu ihnen.

Der Gegenstand ist also teils *unmittelbares* Sein, oder ein Ding überhaupt – was dem unmittelbaren Bewußtsein entspricht; teils ein Anderswerden seiner, sein Verhältnis oder *Sein für anderes*, und *Fürsichsein*, die Bestimmtheit – was der Wahrnehmung, – teils *Wesen* oder als Allgemeines, – was dem Verstande entspricht. Er ist, als Ganzes, der Schluß oder die Bewegung des Allgemeinen durch die Bestimmung zur Einzelheit, wie die umgekehrte, von der Einzelheit durch sie als aufgehobne oder die Bestimmung zum Allgemeinen. – Nach diesen drei Bestimmungen also muß das Bewußtsein ihn als sich selbst wissen. Es ist dies jedoch nicht das Wissen als reines Begreifen des Gegenstandes, von dem die Rede ist; sondern dies Wissen soll nur in seinem Werden oder in seinen Momenten nach der Seite aufgezeigt werden, die dem Bewußtsein als solchem angehört, und die Momente des eigentlichen Begriffes oder reinen Wissens in der Form von Gestaltungen des Bewußtseins. Darum erscheint der Gegenstand im Bewußtsein als solchem noch nicht als die geistige Wesenheit, wie sie von uns soeben ausgesprochen wurde, und sein Verhalten zu ihm ist nicht die Betrachtung desselben in dieser Totalität als solcher, noch in ihrer reinen Begriffsform, sondern teils Gestalt des Bewußtseins überhaupt, teils eine Anzahl solcher Gestalten, die *wir* zusammennehmen, und in welchen die Totalität der Momente des Gegenstandes und des Verhaltens des Bewußtseins nur aufgelöst in ihre Momente aufgezeigt werden kann.

Es ist hiemit für diese Seite des Erfassens des Gegenstandes, wie es in der Gestalt des Bewußtseins ist, nur an die frühern Gestalten desselben zu erinnern, die schon vorgekommen sind. – In Ansehung des Gegenstandes also, insofern er unmittelbar, ein *gleichgültiges Sein* ist, so sahen wir die beobachtende Vernunft, in diesem gleichgültigen Dinge sich selbst *suchen* und *finden*, d.h. ihres Tuns als eines ebenso äußerlichen sich bewußt sein, als sie des Gegenstands nur als eines unmittelbaren bewußt ist. – Wir sahen auch auf ihrer Spitze ihre Bestimmung in dem unendlichen Urteile aussprechen, daß das *Sein des Ich ein Ding ist*. – Und zwar ein sinnliches unmittelbares Ding: wenn Ich *Seele* genannt wird, so ist es zwar auch als Ding vorgestellt, aber als ein unsichtbares, unfühlbares usf., in der Tat also nicht als unmittelbares Sein, und nicht als das, was man unter einem Dinge meint. – Jenes Urteil, so genommen wie es unmittelbar lautet, ist es geistlos oder vielmehr das Geistlose selbst. Seinem *Begriffe* nach aber ist es in der Tat das Geistreichste, und dieses *Innre* desselben, das an ihm noch nicht *vorhanden* ist, ist es, was die beiden andern zu betrachtenden Momente aussprechen.

Das Ding ist Ich; in der Tat ist in diesem unendlichen Urteile das Ding aufgehoben; es ist nichts an sich; es hat nur Bedeutung im Verhältnisse, nur *durch Ich* und *seine Beziehung* auf dasselbe. – Dies Moment hat sich für das Bewußtsein in der reinen Einsicht und Aufklärung ergeben. Die Dinge sind schlechthin *nützlich*, und nur nach ihrer Nützlichkeit zu betrachten. – Das *gebildete* Selbstbewußtsein, das die Welt des sich entfremdeten Geistes durchlaufen, hat durch seine Entäußerung das Ding als sich selbst erzeugt, behält daher in ihm noch sich selbst und weiß die Unselbständigkeit desselben, oder daß das Ding *wesentlich* nur *Sein für anderes* ist; oder vollständig das *Verhältnis*, d.h. das, was die Natur des Gegenstandes hier allein ausmacht, ausgedrückt, so gilt ihm das Ding als ein *fürsichseiendes*, es spricht die sinnliche Gewißheit als absolute Wahrheit aus, aber dies *Fürsichsein* selbst als Moment, das nur verschwindet, und in sein Gegenteil, in das preisgegebne Sein für anderes übergeht.

Hierin ist aber das Wissen des Dinges noch nicht vollendet; es muß nicht nur nach der Unmittelbarkeit des Seins und nach der Bestimmtheit, sondern auch als *Wesen* oder *Inneres*, als das Selbst gewußt werden. Dies ist in dem *moralischen Selbstbewußtsein* vorhanden. Dies weiß sein Wissen als die *absolute Wesenheit*, oder das *Sein* schlechthin als den reinen Willen oder Wissen; es *ist* nichts, als nur dieser Wille und Wissen; anderem kommt nur unwesentliches Sein, d.h. nicht *ansich*seiendes, nur seine leere Hülse zu. Insofern das moralische Bewußtsein das *Dasein* in seiner Weltvorstellung aus dem Selbst entläßt, nimmt es dasselbe ebensosehr wieder in sich zurück. Als Gewissen ist es endlich nicht mehr dieses noch abwechselnde Stellen und Verstellen des Daseins und des Selbsts, sondern es weiß, daß sein *Dasein* als solches diese reine Gewißheit seiner selbst ist; das gegenständliche Element, in welches es als handelnd sich hinausstellt, ist nichts anderes, als das reine Wissen des Selbsts von sich.

Dies sind die Momente, aus denen sich die Versöhnung des Geistes mit seinem eigentlichen Bewußtsein zusammensetzt; sie für sich sind einzeln, und ihre geistige Einheit allein ist es, welche die Kraft dieser Versöhnung ausmacht. Das letzte dieser Momente ist aber notwendig diese Einheit selbst, und verbindet, wie erhellt, sie in der Tat alle in sich. Der seiner selbst in seinem Dasein gewisse Geist hat zum Elemente des *Daseins* nichts anderes, als dies Wissen von sich; das Aussprechen, daß was er tut, er nach Überzeugung von der Pflicht tut, diese seine Sprache ist das *Gelten* seines Handelns. – Das Handeln ist das erste *ansich*seiende Trennen der Einfachheit des Begriffs und die Rückkehr aus dieser Trennung. Diese erste Bewegung schlägt in die zweite um, indem das Element des Anerkennens sich als *einfaches* Wissen von der Pflicht gegen den *Unterschied* und die *Entzweiung* setzt, die im Handeln als solchem liegt und auf diese Weise eine eiserne Wirklichkeit gegen das Handeln bildet. In der Verzeihung sahen wir aber, wie diese Härte von sich selbst abläßt, und sich entäußert. Die Wirklichkeit hat also hier für das Selbstbewußtsein sowohl als *unmittelbares Dasein* keine andere Bedeutung, als das reine Wissen zu sein; – ebenso als *bestimmtes* Dasein, oder als Verhältnis, ist das sich Gegenüberstehende ein Wissen teils von diesem rein einzelnen Selbst, teils von dem Wissen als allgemeinem. Hierin ist zugleich dies gesetzt, daß das *dritte* Moment, die *Allgemeinheit* oder das *Wesen* jedem der beiden gegenüberstehenden nur als *Wissen* gilt; und den leeren noch übrigen Gegensatz heben sie endlich ebenso auf, und sind das Wissen des Ich = Ich; dieses *einzelne* Selbst, das unmittelbar reines Wissen oder allgemeines ist.

Diese Versöhnung des Bewußtseins mit dem Selbstbewußtsein zeigt sich hiemit von der gedoppelten Seite zustande gebracht, das eine Mal im religiösen Geiste, das andere Mal im Bewußtsein selbst als solchem. Sie unterscheiden sich beide so voneinander, daß jene diese Versöhnung in der Form des *Ansich*seins, diese in der Form des *Fürsich*seins ist. Wie sie betrachtet worden, fallen sie zunächst auseinander; das Bewußtsein ist in der Ordnung, in der uns seine Gestalten vorkamen, teils zu den einzelnen Momenten derselben, teils zu ihrer Vereinigung längst gekommen, ehe auch die Religion ihrem Gegenstande die Gestalt des wirklichen Selbstbewußtseins gab. Die Vereinigung beider Seiten ist noch nicht aufgezeigt; sie ist es, welche diese Reihe der Gestaltungen des Geistes beschließt; denn in ihr kommt der Geist dazu, sich zu wissen nicht nur wie er *an sich*, oder nach seinem absoluten *Inhalte*, noch nur wie er *für sich* nach seiner inhaltslosen Form oder nach der Seite des Selbstbewußtseins, sondern wie er *an und für sich* ist.

Diese Vereinigung aber ist *an sich* schon geschehen, zwar auch in der Religion, in der Rückkehr der Vorstellung in das Selbstbewußtsein, aber nicht nach der eigentlichen Form, denn die religiöse Seite ist die Seite des *Ansich*, welche der Bewegung des Selbstbewußtseins gegenübersteht. Die Vereinigung gehört daher dieser andern Seite an, die im Gegensatze die Seite der Reflexion in sich, also diejenige ist, die sich selbst und ihr Gegenteil, und nicht nur *an sich* oder auf eine allgemeine Weise, sondern *für sich* oder entwickelt und unterschieden enthält. Der Inhalt, sowie die andre Seite des selbstbewußten Geistes, insofern sie die *andre* Seite ist, ist in ihrer Vollständigkeit vorhanden und aufgezeigt worden; die Vereinigung, welche noch fehlt, ist die einfache Einheit des Begriffs. Dieser ist an der Seite des Selbstbewußtseins selbst auch schon vorhanden; aber wie er im Vorhergehenden vorgekommen, hat er, wie alle übrigen Momente, die Form, eine *besondere Gestalt des Bewußtseins* zu sein. – Er ist also derjenige Teil der Gestalt des seiner selbst gewissen Geistes, der in seinem Begriffe stehen bleibt, und die *schöne Seele* genannt wurde. Sie ist nämlich sein Wissen von sich selbst, in seiner reinen durchsichtigen Einheit, – das Selbstbewußtsein, das dieses reine Wissen von dem *reinen Insichsein* als den Geist weiß, – nicht nur die Anschauung des Göttlichen, sondern die Selbstanschauung desselben. – Indem dieser Begriff sich seiner Realisierung entgegengesetzt festhält, ist er die einseitige Gestalt, deren Verschwinden in leeren Dunst, aber auch ihre positive Entäußerung und Fortbewegung wir sahen. Durch diese Realisierung hebt sich das Aufsichbeharren dieses gegenstandslosen Selbstbewußtseins, die *Bestimmtheit* des Begriffs gegen seine *Erfüllung* auf; sein Selbstbewußtsein gewinnt die Form der Allgemeinheit, und was ihm bleibt, ist sein wahrhafter Begriff, oder der Begriff, der seine Realisierung gewonnen; es ist er in seiner Wahrheit, nämlich in der Einheit mit seiner Entäußerung, – das Wissen von dem reinen Wissen, nicht als abstraktem *Wesen*, welches die Pflicht ist, – sondern von ihm als Wesen, das *dieses* Wissen, *dieses* reine Selbstbewußtsein, das also zugleich wahrhafter *Gegenstand* ist, denn er ist das fürsichseiende Selbst.

Seine Erfüllung gab sich dieser Begriff einesteils im *handelnden* seiner selbst gewissen Geist, andernteils in der *Religion*: in der letztern gewann er den absoluten *Inhalt als Inhalt* oder in der Form der *Vorstellung*, des Andersseins für das Bewußtsein; hingegen in jener Gestalt ist die Form das Selbst selber, denn sie enthält den *handelnden* seiner selbst gewissen Geist; das Selbst führt das Leben des absoluten Geistes durch. Diese Gestalt ist, wie wir sehen, jener einfache Begriff, der aber sein ewiges *Wesen* aufgibt, *da ist*, oder handelt. Das *Entzweien* oder Hervortreten hat er an der *Reinheit* des Begriffs, denn sie ist die absolute Abstraktion oder Negativität. Ebenso hat er das Element seiner Wirklichkeit oder des Seins in ihm an dem reinen Wissen selbst, denn es ist die einfache *Unmittelbarkeit*, die ebenso *Sein* und *Dasein* als *Wesen* ist; jenes das negative Denken, dies das positive Denken selbst. Dies

Dasein ist endlich ebensosehr das aus ihm – wie als Dasein so als Pflicht – in sich Reflektiert- oder *Böse*sein. Dies Insichgehen macht den *Gegensatz* des *Begriffs* aus, und ist damit das Auftreten des *nichthandelnden, nichtwirklichen* reinen Wissens des Wesens. Dies sein Auftreten in diesem Gegensatze aber ist die Teilnahme daran; das reine Wissen des Wesens hat sich *an sich* seiner Einfachheit entäußert, denn es ist das *Entzweien* oder die Negativität, die der Begriff ist; sofern dies Entzweien das *Fürsichwerden* ist, ist es das Böse; sofern es das *Ansich* ist, ist es das Gutbleibende. – Was nun zuerst *an sich* geschieht, ist zugleich *für das Bewußtsein* und ebenso selbst gedoppelt, sowohl *für es*, als es sein *Fürsichsein* oder sein eignes Tun ist. Dasselbe, was schon *an sich* gesetzt ist, wiederholt sich also jetzt als Wissen des Bewußtseins von ihm, und bewußtes Tun. Jedes läßt für das andere von der Selbständigkeit der Bestimmtheit, in der es gegen es auftritt, ab. Dies Ablassen ist dasselbe Verzichttun auf die Einseitigkeit des Begriffs, das *an sich* den Anfang ausmachte; aber es ist nunmehr *sein* Verzichttun, so wie der Begriff, auf welchen es Verzicht tut, der seinige ist. – Jenes *Ansich* des Anfangs ist als Negativität in Wahrheit ebensosehr das *vermittelte*; so wie es in Wahrheit ist, *setzt* es sich also jetzt, und das *Negative* ist als *Bestimmtheit* eines jeden für das andere und an sich das sich selbst aufhebende. Der eine der beiden Teile des Gegensatzes ist die Ungleichheit des *In sich*- in seiner *Einzelheit*-Seins gegen die Allgemeinheit, – der andere die Ungleichheit seiner abstrakten Allgemeinheit gegen das Selbst; jenes stirbt seinem Fürsichsein ab, und entäußert, bekennt sich; dieses entsagt der Härte seiner abstrakten Allgemeinheit, und stirbt damit seinem unlebendigen Selbst und seiner unbewegten Allgemeinheit ab; so daß also jenes durch das Moment der Allgemeinheit, die Wesen ist, und dieses durch die Allgemeinheit, die Selbst ist, sich ergänzt hat. Durch diese Bewegung des Handelns ist der Geist, – der so erst Geist ist, daß er *da ist*, sein Dasein in den *Gedanken* und dadurch in die absolute *Entgegensetzung* erhebt, und aus dieser eben durch sie und in ihr selbst zurückkehrt, – als reine Allgemeinheit des Wissens, welches Selbstbewußtsein ist, – als Selbstbewußtsein, das einfache Einheit des Wissens ist, hervorgetreten.

Was also in der Religion *Inhalt* oder Form des Vorstellens eines *andern* war, dasselbe ist hier eignes *Tun* des *Selbsts*; der Begriff verbindet es, daß der *Inhalt* eignes *Tun* des *Selbsts* ist; – denn dieser Begriff ist, wie wir sehen, das Wissen des Tuns des Selbsts in sich als aller Wesenheit und alles Daseins, das Wissen von *diesem Subjekte* als *der Substanz*, und von der Substanz als diesem Wissen seines Tuns. – Was wir hier hinzugetan, ist allein teils die *Versammlung* der einzelnen Momente, deren jedes in seinem Prinzip das Leben des ganzen Geistes darstellt, teils das Festhalten des Begriffes in der Form des Begriffes, dessen Inhalt sich in jenen Momenten, und der sich in der Form einer *Gestalt des Bewußtseins* schon selbst ergeben hätte.

Diese letzte Gestalt des Geistes, der Geist, der seinem vollständigen und wahren Inhalte zugleich die Form des Selbsts gibt, und dadurch seinen Begriff ebenso realisiert, als er in dieser Realisierung in seinem Begriffe bleibt, ist das absolute Wissen; es ist der sich in Geistsgestalt wissende Geist oder das *begreifende Wissen*. Die *Wahrheit* ist nicht nur *an sich* vollkommen der *Gewißheit* gleich, sondern hat auch die *Gestalt* der Gewißheit seiner selbst, oder sie ist in ihrem Dasein, d.h. für den wissenden Geist in der *Form* des Wissens seiner selbst. Die Wahrheit ist der *Inhalt*, der in der Religion seiner Gewißheit noch ungleich ist. Diese Gleichheit aber ist darin, daß der Inhalt die Gestalt des Selbsts erhalten. Dadurch ist dasjenige zum Elemente des Daseins oder zur *Form der Gegenständlichkeit* für das Bewußtsein geworden, was das Wesen selbst ist, nämlich der *Begriff*. Der Geist in diesem Elemente dem Bewußtsein *erscheinend*, oder was hier dasselbe ist, darin von ihm hervorgebracht, *ist die Wissenschaft*.

Die Natur, Momente und Bewegung dieses Wissens hat sich also so ergeben, daß es das reine *Fürsichsein* des Selbstbewußtseins ist; es ist Ich, das *dieses* und kein anderes *Ich* und das ebenso unmittelbar *vermittelt* oder aufgehobenes *allgemeines* Ich ist. – Es hat einen *Inhalt*, den es von sich *unterscheidet*; denn es ist die reine Negativität oder das sich Entzweien; es ist *Bewußtsein*. Dieser Inhalt ist in seinem Unterschiede selbst das Ich, denn er ist die Bewegung des sich selbst Aufhebens, oder dieselbe reine Negativität, die Ich ist. Ich ist in ihm als unterschiedenem in sich reflektiert; der Inhalt ist allein dadurch *begriffen*, daß Ich in seinem Anderssein bei sich selbst ist. Dieser Inhalt bestimmter angegeben, ist er nichts anders als die soeben ausgesprochene Bewegung selbst; denn er ist der Geist, der sich selbst und zwar *für sich* als Geist durchläuft, dadurch, daß er die Gestalt des Begriffes in seiner Gegenständlichkeit hat.

Was aber das *Dasein* dieses Begriffs betrifft, so erscheint in der Zeit und Wirklichkeit die *Wissenschaft* nicht eher, als bis der Geist zu diesem Bewußtsein über sich gekommen ist. Als der Geist, der weiß, was er ist, existiert er früher nicht, und sonst nirgends als nach Vollendung der Arbeit, seine unvollkommene Gestaltung zu bezwingen, sich für sein Bewußtsein die Gestalt seines Wesens zu verschaffen, und auf diese Weise sein *Selbstbewußtsein* mit seinem *Bewußtsein* auszugleichen. – Der an und für sich seiende Geist in seinen Momenten unterschieden, ist *fürsich*seiendes Wissen, das *Begrei-*

fen überhaupt, das als solches die *Substanz* noch nicht erreicht hat oder nicht an sich selbst absolutes Wissen ist.

In der Wirklichkeit ist nun die wissende Substanz früher da, als die Form oder Begriffsgestalt derselben. Denn die Substanz ist das noch unentwickelte *Ansich*, oder der Grund und Begriff in seiner noch unbewegten Einfachheit, also die *Innerlichkeit* oder das Selbst des Geistes, das noch nicht *da ist*. Was *da ist*, ist als das noch unentwickelte Einfache und Unmittelbare, oder der Gegenstand des *vorstellenden* Bewußtseins überhaupt. Das Erkennen, weil es das geistige Bewußtsein ist, dem, was *an sich ist*, nur insofern ist, als es *Sein für* das *Selbst*, und Sein des *Selbstes* oder Begriff ist, – hat aus diesem Grunde zuerst nur einen armen Gegenstand, gegen welchen die Substanz und deren Bewußtsein reicher ist. Die Offenbarkeit, die sie in diesem hat, ist in der Tat Verborgenheit, denn sie ist das noch *selbstlose Sein*, und offenbar ist sich nur die Gewißheit seiner selbst. Zuerst gehören dem *Selbst*bewußtsein daher von der Substanz nur die *abstrakten Momente* an; aber indem diese als die reinen Bewegungen sich selbst weiter treiben, bereichert es sich, bis es die ganze Substanz dem Bewußtsein entrissen, den ganzen Bau ihrer Wesenheiten in sich gesogen, und – indem dieses negative Verhalten zur Gegenständlichkeit ebensosehr positiv, Setzen ist, – sie aus sich erzeugt und damit für das Bewußtsein zugleich wiederhergestellt hat. In dem *Begriffe*, der sich als Begriff weiß, treten hiemit die *Momente* früher auf als das *erfüllte Ganze*, dessen Werden die Bewegung jener Momente ist. In dem *Bewußtsein* dagegen ist das Ganze, aber unbegriffne, früher als die Momente. – Die *Zeit* ist der *Begriff* selbst, der *da ist*, und als leere Anschauung sich dem Bewußtsein vorstellt; deswegen erscheint der Geist notwendig in der Zeit, und er erscheint so lange in der Zeit, als er nicht seinen reinen Begriff *erfaßt*, d.h. nicht die Zeit tilgt. Sie ist das *äußere* angeschaute vom Selbst *nicht erfaßte* reine Selbst, der nur angeschaute Begriff; indem dieser sich selbst erfaßt, hebt er seine Zeitform auf, begreift das Anschauen, und ist begriffnes und begreifendes Anschauen. – Die Zeit erscheint daher als das Schicksal und die Notwendigkeit des Geistes, der nicht in sich vollendet ist, – die Notwendigkeit, den Anteil, den das Selbstbewußtsein an dem Bewußtsein hat, zu bereichern, die *Unmittelbarkeit* des *Ansich*, – die Form, in der die Substanz im Bewußtsein ist, – in Bewegung zu setzen oder umgekehrt[,] das Ansich als das *Innerliche* genommen, das was erst *innerlich* ist, zu realisieren und zu offenbaren, d.h. es der Gewißheit seiner selbst zu vindizieren.

Es muß aus diesem Grunde gesagt werden, daß nichts *gewußt* wird, was nicht in der *Erfahrung* ist, oder wie dasselbe auch ausgedrückt wird, was nicht als *gefühlte Wahrheit, als innerlich geoffenbartes* Ewiges, als *geglaubtes* Heiliges, oder welche Ausdrücke sonst gebraucht werden, – vorhanden ist. Denn die Erfahrung ist ebendies, daß der Inhalt – und er ist der Geist – *an sich*, Substanz und also *Gegenstand* des *Bewußtseins* ist. Diese Substanz aber, die der Geist ist, ist das *Werden* seiner zu dem, was er *an sich* ist; und erst als dies sich in sich reflektierende Werden ist er an sich in Wahrheit *der Geist*. Er ist an sich die Bewegung, die das Erkennen ist, – die Verwandlung jenes *Ansichs* in das *Fürsich*, der *Substanz* in das *Subjekt*, des Gegenstands des *Bewußtseins* in Gegenstand des *Selbstbewußtseins*, d.h. in ebensosehr aufgehobnen Gegenstand, oder in den *Begriff*. Sie ist der in sich zurückgehende Kreis, der seinen Anfang voraussetzt, und ihn nur im Ende erreicht. – Insofern der Geist also notwendig dieses Unterscheiden in sich ist, tritt sein Ganzes angeschaut seinem einfachen Selbstbewußtsein gegenüber, und da also jenes das

Unterschiedene ist, so ist es unterschieden in seinen angeschauten reinen Begriff, in *die Zeit*, und in den Inhalt oder in das *Ansich*; die Substanz hat, als Subjekt, *die erst innere* Notwendigkeit an ihr, sich an ihr selbst als das darzustellen, was sie *an sich* ist, *als Geist*. Die vollendete gegenständliche Darstellung ist erst zugleich die Reflexion derselben oder das Werden derselben zum Selbst. – Eh daher der Geist nicht *an sich*, nicht als Weltgeist sich vollendet, kann er nicht als *selbstbewußter* Geist seine Vollendung erreichen. Der Inhalt der Religion spricht darum früher in der Zeit, als die Wissenschaft, es aus, was der *Geist ist*; aber diese ist allein sein wahres Wissen von ihm selbst.

Die Bewegung, die Form seines Wissens von sich hervorzutreiben, ist die Arbeit, die er als *wirkliche Geschichte* vollbringt. Die religiöse Gemeine, insofern sie zuerst die Substanz des absoluten Geistes ist, ist das rohe Bewußtsein, das ein um so barbarischeres und härteres Dasein hat, je tiefer sein innerer Geist ist, und sein dumpfes Selbst eine um so härtere Arbeit mit seinem Wesen, dem ihm fremden Inhalte seines Bewußtseins. Erst nachdem es die Hoffnung aufgegeben, auf eine äußerliche d.h. fremde Weise das Fremdsein aufzuheben, wendet es sich, weil die aufgehobne fremde Weise die Rückkehr ins Selbstbewußtsein ist, an sich selbst, an seine eigne Welt und Gegenwart, entdeckt sie als sein Eigentum und hat somit den ersten Schritt getan, aus der *Intellektualwelt* herabzusteigen, oder vielmehr deren abstraktes Element mit dem wirklichen Selbst zu begeisten. Durch die Beobachtung einerseits findet es das Dasein als Gedanken, und begreift dasselbe, und umgekehrt in seinem Denken das Dasein. Indem es so zunächst die unmittelbare *Einheit* des Denkens *und Seins*, des abstrakten Wesens und des Selbsts, selbst abstrakt ausgesprochen und das erste Lichtwesen *reiner*, nämlich als Einheit der Ausdehnung und des Seins, – denn Ausdehnung ist die dem reinen Denken gleichere Einfachheit, denn das Licht ist, – und hiemit im Gedanken die *Substanz* des Aufgangs wieder erweckt hat, schaudert der Geist zugleich von dieser abstrakten Einheit, von dieser *selbstlosen* Substantialität zurück, und behauptet die Individualität gegen sie. Erst aber nachdem er diese in der Bildung entäußert, dadurch sie zum Dasein gemacht und in allem Dasein sie durchgesetzt, – zum Gedanken der Nützlichkeit gekommen, und in der absoluten Freiheit das Dasein als seinen Willen erfaßt, kehrt er somit den Gedanken seiner innersten Tiefe heraus, und spricht das Wesen als Ich = Ich aus. Dies Ich = Ich ist aber die sich in sich selbst reflektierende Bewegung; denn indem diese Gleichheit als absolute Negativität der absolute Unterschied ist, so steht die Sichselbstgleichheit des Ich diesem reinen Unterschiede gegenüber, der als der reine und zugleich dem sich wissenden Selbst gegenständliche, als die *Zeit* auszusprechen ist, so daß wie vorhin das Wesen als Einheit des Denkens und der Ausdehnung ausgesprochen wurde, es als Einheit des Denkens und Zeit zu fassen wäre; aber der sich selbst überlassne Unterschied, die ruhe- und haltlose Zeit fällt vielmehr in sich selbst zusammen; sie ist die gegenständliche Ruhe der *Ausdehnung*, diese aber ist die reine Gleichheit mit sich selbst, das Ich. – Oder Ich ist nicht nur das Selbst, sondern es ist die *Gleichheit des Selbsts mit sich*; diese Gleichheit aber ist die vollkommne und unmittelbare Einheit mit sich selbst, oder *dies Subjekt* ist ebensosehr *die Substanz*. Die Substanz für sich allein wäre das inhaltsleere Anschauen oder das Anschauen eines Inhalts, der als bestimmter nur Akzidentalität hätte und ohne Notwendigkeit wäre; die Substanz gälte nur insofern als das Absolute, als sie als die *absolute*

Einheit gedacht oder angeschaut wäre, und aller Inhalt müßte nach seiner Verschiedenheit außer ihr in die Reflexion fallen, die ihr nicht angehört, weil sie nicht Subjekt, nicht das über sich und sich in sich Reflektierende oder nicht als Geist begriffen wäre. Wenn doch von einem Inhalte gesprochen werden sollte, so wäre es teils nur, um ihn in den leeren Abgrund des Absoluten zu werfen, teils aber wäre er äußerlich aus der sinnlichen Wahrnehmung aufgerafft; das Wissen schiene zu Dingen, dem Unterschiede von ihm selbst, und dem Unterschiede mannigfaltiger Dinge gekommen zu sein, ohne daß man begriffe, wie und woher.

Der Geist aber hat sich uns gezeigt, weder nur das Zurückziehen des Selbstbewußtseins in seine reine Innerlichkeit zu sein, noch die bloße Versenkung desselben in die Substanz und das Nichtsein seines Unterschiedes, sondern *diese Bewegung* des Selbsts, das sich seiner selbst entäußert und sich in seine Substanz versenkt, und ebenso als Subjekt aus ihr in sich gegangen ist, und sie zum Gegenstande und Inhalte macht, als es diesen Unterschied der Gegenständlichkeit und des Inhalts aufhebt. Jene erste Reflexion aus der Unmittelbarkeit ist das sich Unterscheiden des Subjekts von seiner Substanz, oder der sich entzweiende Begriff, das Insichgehen und Werden des reinen Ich. Indem dieser Unterschied das reine Tun des Ich = Ich ist, ist der Begriff die Notwendigkeit und das Aufgehen des *Daseins*, das die Substanz zu seinem Wesen hat, und für sich besteht. Aber das Bestehen des Daseins für sich ist der in der Bestimmtheit gesetzte Begriff und dadurch ebenso seine Bewegung *an ihm selbst*, nieder in die einfache Substanz zu gehen, welche erst als diese Negativität und Bewegung Subjekt ist. – Weder hat Ich sich in der *Form* des *Selbstbewußtseins* gegen die Form der Substantialität und Gegenständlichkeit festzuhalten, als ob es Angst vor seiner Entäußerung hätte; – die Kraft des Geistes ist vielmehr, in seiner Entäußerung sich selbst gleich zu bleiben, und als das *An-* und *Fürsich*seiende das *Fürsichsein* ebensosehr nur als Moment zu setzen wie das Ansichsein, – noch ist es ein Drittes, das die Unterschiede in den Abgrund des Absoluten zurückwirft, und ihre Gleichheit in demselben ausspricht; sondern das Wissen besteht vielmehr in dieser scheinbaren Untätigkeit, welche nur betrachtet, wie das Unterschiedne sich an ihm selbst bewegt, und in seine Einheit zurückkehrt.

In dem Wissen hat also der Geist die Bewegung seines Gestaltens beschlossen, insofern dasselbe mit dem überwundnen Unterschiede des Bewußtseins behaftet ist. Er hat das reine Element seines Daseins, den Begriff, gewonnen. Der Inhalt ist nach der *Freiheit* seines *Seins* das sich entäußernde Selbst, oder die *unmittelbare* Einheit des Sichselbstwissens. Die reine Bewegung dieser Entäußerung macht, sie am Inhalte betrachtet, die *Notwendigkeit* desselben aus. Der verschiedne Inhalt ist als *bestimmter* im Verhältnisse, nicht an sich, und [ist] seine Unruhe, sich selbst aufzuheben, oder die *Negativität*; also ist die Notwendigkeit oder Verschiedenheit, wie das freie Sein, ebenso das Selbst; und in dieser selbstischen *Form*, worin das Dasein unmittelbar Gedanke ist, ist der Inhalt *Begriff*. Indem also der Geist den Begriff gewonnen, entfaltet er das Dasein und Bewegung in diesem Äther seines Lebens, und ist *Wissenschaft*. Die Momente seiner Bewegung stellen sich in ihr nicht mehr als bestimmte *Gestalten* des *Bewußtseins* dar, sondern indem der Unterschied desselben in das Selbst zurückgegangen, als *bestimmte Begriffe*, und als die organische in sich selbst gegründete Bewegung derselben. Wenn in der Phänomenologie des Geistes jedes Moment der Unterschied des Wissens und der Wahrheit, und die

Bewegung ist, in welcher er sich aufhebt, so enthält dagegen die Wissenschaft diesen Unterschied und dessen Aufheben nicht, sondern indem das Moment die Form des Begriffs hat, vereinigt es die gegenständliche Form der Wahrheit und des wissenden Selbsts in unmittelbarer Einheit. Das Moment tritt nicht als diese Bewegung auf, aus dem Bewußtsein oder der Vorstellung in das Selbstbewußtsein und umgekehrt herüber und hinüber zu gehen, sondern seine reine von seiner Erscheinung im Bewußtsein befreite Gestalt, der reine Begriff, und dessen Fortbewegung hängt allein an seiner reinen *Bestimmtheit*. Umgekehrt entspricht jedem abstrakten Momente der Wissenschaft eine Gestalt des erscheinenden Geistes überhaupt. Wie der daseiende Geist nicht reicher ist als sie, so ist er in seinem Inhalte auch nicht ärmer. Die reinen Begriffe der Wissenschaft in dieser Form von Gestalten des Bewußtseins zu erkennen, macht die Seite ihrer Realität aus, nach welcher ihr Wesen, der Begriff, der in ihr in seiner *einfachen* Vermittlung als *Denken* gesetzt ist, die Momente dieser Vermittlung auseinanderschlägt und nach dem innern Gegensatze sich darstellt.

Die Wissenschaft enthält in ihr selbst diese Notwendigkeit, der Form des reinen Begriffs sich zu entäußern, und den Übergang des Begriffes ins *Bewußtsein*. Denn der sich selbst wissende Geist, ebendarum daß er seinen Begriff erfaßt, ist er die unmittelbare Gleichheit mit sich selbst, welche in ihrem Unterschiede die *Gewißheit vom Unmittelbaren* ist, oder das *sinnliche Bewußtsein*, – der Anfang, von dem wir ausgegangen; dieses Entlassen seiner aus der Form seines Selbsts ist die höchste Freiheit und Sicherheit seines Wissens von sich.

Doch ist diese Entäußerung noch unvollkommen; sie drückt die *Beziehung* der Gewißheit seiner selbst auf den Gegenstand aus, der eben darin, daß er in der Beziehung ist, seine völlige Freiheit nicht gewonnen hat. Das Wissen kennt nicht nur sich, sondern auch das Negative seiner selbst, oder seine Grenze. Seine Grenze wissen, heißt sich aufzuopfern wissen. Diese Aufopferung ist die Entäußerung, in welcher der Geist sein Werden zum Geiste, in der Form des *freien zufälligen Geschehens* darstellt, sein reines *Selbst*, als die *Zeit* außer ihm, und ebenso sein *Sein* als Raum anschauend. Dieses sein letzteres Werden, *die Natur*, ist sein lebendiges unmittelbares Werden; sie, der entäußerte Geist, ist in ihrem Dasein nichts, als diese ewige Entäußerung ihres *Bestehens* und die Bewegung, die das *Subjekt* herstellt.

Die andere Seite aber seines Werdens, die *Geschichte*, ist das *wissende*, sich *vermittelnde* Werden – der an die Zeit entäußerte Geist; aber diese Entäußerung ist ebenso die Entäußerung ihrer selbst; das Negative ist das Negative seiner selbst. Dies Werden stellt eine träge Bewegung und Aufeinanderfolge von Geistern dar, eine Galerie von Bildern, deren jedes mit dem vollständigen Reichtume des Geistes ausgestattet, ebendarum sich so träge bewegt, weil das Selbst diesen ganzen Reichtum seiner Substanz zu durchdringen und zu verdauen hat. Indem seine Vollendung darin besteht, das was *er ist*, seine Substanz, vollkommen zu *wissen*, so ist dies Wissen sein *Insichgehen*, in welchem er sein Dasein verläßt und seine Gestalt der Erinnerung übergibt. In seinem Insichgehen ist er in der Nacht seines Selbstbewußtseins versunken, sein verschwundnes Dasein aber ist in ihr aufbewahrt; und dies aufgehobne Dasein, – das vorige, aber aus dem Wissen neugeborne, – ist das neue Dasein, eine neue Welt und Geistesgestalt. In ihr hat er ebenso unbefangen von vorn bei ihrer Unmittelbarkeit anzufangen, und sich von ihr auf wieder groß zu ziehen, als ob alles Vorhergehende für ihn verloren wäre, und er aus der Erfahrung der frühern Geister nichts gelernt hätte. Aber die *Er-Innerung* hat sie aufbewahrt und ist das Innre und die in der Tat höhere Form der Substanz. Wenn also dieser Geist seine Bildung, von sich nur auszugehen scheinend, wieder von vorn anfängt, so ist es zugleich auf einer höhern Stufe, daß er anfängt. Das Geisterreich, das auf diese Weise sich in dem Dasein gebildet, macht eine Aufeinanderfolge aus, worin einer den andern ablöste, und jeder das Reich der Welt von dem vorhergehenden übernahm. Ihr Ziel ist die Offenbarung der Tiefe, und diese ist *der absolute Begriff*; diese Offenbarung ist hiemit das Aufheben seiner Tiefe oder seine *Ausdehnung*, die Negativität dieses insichseienden Ich, welche seine Entäußerung oder Substanz ist, – und seine *Zeit*, daß diese Entäußerung sich an ihr selbst entäußert und so in ihrer Ausdehnung ebenso in ihrer Tiefe, dem Selbst ist. *Das Ziel*, das absolute Wissen, oder der sich als Geist wissende Geist hat zu seinem Wege die Erinnerung der Geister, wie sie an ihnen selbst sind und die Organisation ihres Reiches vollbringen. Ihre Aufbewahrung nach der Seite ihres freien in der Form der Zufälligkeit erscheinenden Daseins, ist die Geschichte, nach der Seite ihrer begriffnen Organisation aber die *Wissenschaft* des *erscheinenden Wissens*; beide zusammen, die begriffne Geschichte, bilden die Erinnerung und die Schädelstätte des absoluten Geistes, die Wirklichkeit, Wahrheit und Gewißheit seines Throns, ohne den er das leblose Einsame wäre; nur –

    aus dem Kelche dieses Geisterreiches
    schäumt ihm seine Unendlichkeit.